CW00809841

LOUISE WEISS

ROMANS

La Parade des impies, Grasset.
La bague était brisée, Corrêa.
Les Saisons du mélèze, Corrêa.
La Dernière Innocence, Corrêa (prix Théophraste-Renaudot).
Contre-champ, Plon.
La Comédienne, Grasset.
Je t'appellerai Amérique, Grasset.
Liens de famille, Grasset.

ESSAIS

Haute-couture, terre inconnue, Hachette.
Le Temps des femmes, Hachette.
Elles ont vingt ans, Plon.
La Femme à Vienne au temps de Freud, Stock.
Femmes sous l'Occupation, Stock.

BIOGRAPHIES

Mayerling ou le destin fatal des Wittelsbach, Librairie Perrin.
La Dernière Bonaparte, Librairie Perrin (prix Sainte-Beuve, couronné par
    l'Académie française).
Jean Renoir, Éditions du Rocher (couronné par l'Académie française).
Jean Renoir, cinéaste, Découvertes Gallimard Cinéma.

Célia Bertin

LOUISE WEISS

Albin Michel

« Je ne devrais garder [...] qu'une certaine forme d'aspiration, mais aspiration qui ravagerait mon existence, aspiration à la chimère, élan vers l'impossible. »

Louise Weiss
Mémoires d'une Européenne, tome I

I

Née trop tôt

Le 29 décembre 1945, Paul Weiss se meurt et il en a conscience. Jeanne Javal, Mme Paul Weiss, a décidé que, chacun à son tour, leurs six enfants iraient s'entretenir une dernière fois avec celui qu'elle nomme « votre créateur ». Louise est l'aînée mais, selon la volonté de la mère, Jacques, son cadet d'un an, pénétrera le premier dans la chambre du mourant. Les décisions maternelles sont irrévocables, aussi Louise s'incline-t-elle sans discuter. Par habitude. À l'intérieur du cercle familial, la préséance lui importe peu.

Pourtant, à cinquante-deux ans, bientôt cinquante-trois, Louise Weiss est l'une des femmes les plus célèbres et les plus estimées de l'époque. Elle assume son personnage public avec panache, et n'autoriserait personne à prendre le pas sur elle. La Seconde Guerre mondiale s'est terminée, en Europe, il y a sept mois, mais les désastres, les crimes sont loin d'être oubliés et, dans la confusion qui a suivi la libération du territoire, elle n'a pas encore obtenu le rôle qui lui siérait. Les luttes qu'elle a livrées, dans le passé, ne se comptent plus, et elle est prête à en livrer d'autres, aussi nombreuses. Sans doute plus âpres encore que celles d'avant 1940.

Mais, ce jour-là, Louise oublie les batailles passées et futures, ses victoires comme ses défaites. Cette dernière entrevue est, pour elle, d'une importance capitale. Elle n'a en tête que le but qu'elle s'est fixé : faire la paix avec ce père dont elle s'est si souvent sentie proche et qui ne lui a jamais accordé la reconnaissance méritée.

Paul Weiss termine sa vie relégué au fond du grand appartement
où il a installé sa famille, avant la naissance de son quatrième
enfant. Louise remarque qu'il expire dans le lit où elle est née. La
chambre est nue, sans aucun ornement, sans un seul objet qui y
apporterait un peu de beauté ou évoquerait un souvenir familier.
Avec ses instruments de laboratoire, ses nombreux flacons et boîtes de médicaments, c'est un mouroir anonyme où rien n'accroche
ni ne distrait le regard. Étrange antinomie entre les apparences
d'harmonie que reflète le reste de l'appartement conforme au statut de grands bourgeois de la famille et la réalité d'un être qui a
sciemment brisé ses aspirations, tenté d'oublier ses rêves, pour
rester fidèle à sa classe et au serment prêté le jour de son mariage.

Soumis à la rigueur de son éducation protestante, se voulant
parfaitement intègre, Paul Weiss est un homme de son siècle. Il
en a adopté les règles morales et les clichés. Mais cela n'implique
pas forcément le dénuement dont sa chambre donne l'image. Le
décor de cette chambre a été conçu par Jeanne Weiss, s'accordant
à l'idée qu'elle se fait de l'événement attendu et de son vieux
compagnon, atteint depuis des années de la maladie de Parkinson.
Son chagrin et son amertume, mêlés peut-être de sentiments plus
terribles encore, se montrent sous cette froideur. Nul n'y fera
jamais allusion. Ils seront ensevelis avec celui qui les a suscités.
A-t-on jamais parlé d'amour filial dans cette famille ? La bonne
éducation empêche de mentionner ce qui est strictement personnel.
Paul Weiss, lui-même, s'est toujours gardé d'exprimer ce qu'il
considérait comme son moi intime.

Le jour et l'heure choisis par sa mère pour faire ses adieux à
son « créateur » sont pour Louise un moment exceptionnel. Elle
fait appel à toute sa lucidité pour constater, sans sentimentalité
inutile, les changements apportés par l'approche de la mort sur le
visage et le corps si frêle deviné sous les couvertures. Elle réprime
autant que possible son émotion, en se préparant à recueillir le
dernier souvenir qu'elle gardera de son père. Et remercier le mourant de l'avoir dotée « de son goût pour l'effort, de son ordre, de
sa volonté d'analyse » est son désir le plus fort. Elle ne croit pas
pouvoir aller jusqu'à lui dire combien il lui a toujours été cher.
Simplement, elle va lui adresser une marque de tendresse. Elle se
penche pour baiser la main amaigrie, « sèche comme une patte
d'oiseau », se souvient-elle.

Rien de ce qu'elle espère n'aura lieu. « Une voix à peine audi-
ble » lui murmure : « J'ai toujours haï ta liberté pour n'avoir pas

réussi à préserver la mienne[1]. » Louise éclate en sanglots, réaction inévitable après cet ultime rejet. Mais, dans le dernier volume de ses *Mémoires d'une Européenne* où elle relate la scène, elle ajoute qu'elle est « outrée ». L'épithète, si forte soit-elle, semble faible pour qualifier le traumatisme provoqué par pareil aveu. Car, sur le moment, impossible de mesurer le désespoir qui a acculé le mourant à cette reconnaissance d'échec. Louise, ne pouvant que sentir l'abîme qui ne pourra jamais être comblé entre eux, s'effondre. Les sanglots sont rares chez cette femme, on le conçoit aisément. Avant d'apprendre à dominer les autres, se dominer a été pour elle un indispensable mode de survie. Mais, dans les papiers consultés à la Bibliothèque nationale, comme dans les autres tomes de ses *Mémoires*, à bien des endroits, j'ai trouvé trace de l'attachement profond qui l'unissait à ce père avec qui elle aurait voulu tant partager.

Le souvenir de cette horrible scène, Louise l'enfouit en elle jusqu'à la rédaction de ce dernier volume de *Mémoires* qu'elle publie en 1976. Beaucoup d'autres expériences traumatiques ont ainsi disparu. J'en ai retrouvé quelques-unes, certainement pas toutes. Elle a pris soin de se construire une image cohérente de réussite. Le courage était une de ses caractéristiques. Les deux côtés de sa famille n'en manquaient pas. Il n'y a que dans les œuvres de fiction qu'elle se laisse aller à avouer sa fragilité et sa souffrance. Ses relations avec le père sur lesquelles elle ne s'étend guère dans ses écrits autobiographiques sont particulièrement intéressantes car cet homme renfermé, lointain, malheureux et amer ne semble pas avoir été démasqué par ses autres enfants, d'après ce que j'ai pu entendre et aussi lire sous la plume de sa petite-fille Élisabeth Roudinesco[2].

Louise avait conscience d'être celle qui ressemblait le plus à son « créateur ». Lui-même le savait, son accusation le prouve. Souvent, tout en refusant ce qu'elle avait choisi d'être, il l'avait traitée en égale. Bien qu'opposé à ce qu'elle voulait devenir, très tôt, il lui avait fait partager ses préoccupations, lui révélant ses responsabilités de haut fonctionnaire, ses devoirs envers l'État, puis ses nouveaux devoirs, différents après avoir choisi de travailler pour des sociétés privées. L'Histoire et son déroulement les avaient, en quelque sorte, unis.

Cette fille aînée, dont l'intelligence peut se comparer à la sienne, sait cela depuis bien longtemps. Et, quelques années plus tard, elle tracera un portrait révélateur de son père. Protégée par les masques — inutile de tricher dans un roman —, elle se laissera aller à décrire la dissemblance de ses parents. Dans la famille, personne n'osera rapprocher la fiction de la réalité. Elle n'encourra aucun blâme, aucune question ne lui sera posée. D'ailleurs, elle s'est toujours sentie libre d'agir à sa guise. Selon elle, les autres, apparemment prisonniers des conventions bourgeoises imposées par leur milieu, ne se soucient pas de la manière dont elle mène sa vie. La vérité les dérangerait, ils préfèrent l'ignorer. Et elle est trop orientée vers l'action pour s'interroger souvent sur ses blessures. Pourtant, il y a longtemps qu'elle souffre du non-dit pratiqué autour d'elle.

La vie de cette rebelle, secrète, peu fiable, pleine de contradictions, qui commença par suivre avec rigueur la tradition de sa famille laïque et républicaine, reflète notre époque tout entière avec sa cruelle incohérence. Le malheur d'être née trop tôt dans une société qui n'était pas prête à faire une place prépondérante à une femme d'une telle envergure est vite perceptible. Surtout en lisant ses œuvres d'imagination qui font mesurer son mal vivre. Elle avait l'étoffe d'un chef de gouvernement, d'un grand politique, voire d'un homme d'État.

Pour compenser les rejets subis sur le plan personnel et amoureux, aussi bien que sur le plan des aspirations professionnelles et politiques, peu à peu, Louise Weiss s'est construit un personnage. Cette « certaine forme d'aspiration », cet « élan vers l'impossible » qu'elle revendiquait se sont éloignés. Des scènes comme celle qui s'est déroulée au chevet de son père moribond, il y en eut d'autres. Et l'intense souffrance, la fragilité bien dissimulée, ses contradictions, ses échecs inavoués lui donnent une dimension à la fois tragique et pitoyable.

Comme la plupart des enfants mal-aimés, Louise s'est, très jeune, posé des questions sur le comportement d'autrui. Elle a observé ces adultes qui n'essayaient pas de la comprendre. Elle s'est trompée parfois, ou bien, pour se protéger de la souffrance, elle ne s'est pas avoué ses découvertes.

Sa mère possède, dans le domaine de l'intelligence et du raisonnement, la richesse qui lui manque dans celui de la chaleur humaine. Longtemps Louise ne voudra voir que ce qu'elle lui doit et ne pourra s'empêcher de l'aimer. Cette femme — à qui son temps a refusé l'instruction et, cela va sans dire, le droit à l'indépendance — a œuvré pour la réussite de sa fille. Elle n'a jamais songé à se rebeller. Elle a admis que la société la soumette à ses règles ; mais Louise aspirant à pousser ses études jusqu'au concours qui en est l'apogée, elle n'a pas hésité à la laisser faire et même à l'encourager, de façon sournoise et efficace. Entreprise secrète, risquée à l'époque, qui demandait du courage et une grande liberté d'esprit. Elle a aussi dû exiger de la part de Louise quelques gages pour apaiser la colère du père. Selon lui, si leur fille obtenait un diplôme universitaire, il serait impossible de lui trouver des prétendants. Pourtant tout a été mis en œuvre pour que Louise poursuive ses études comme elle le souhaitait et, à vingt et un ans, elle fut reçue à l'agrégation de lettres. Plus tard, je dirai comment elle y parvint et les événements qui bientôt suivirent.

L'Histoire, celle de l'Europe entière, joue un grand rôle dans l'existence de Louise. Sa famille, plus que d'autres, y est liée directement, aussi bien du côté paternel que du côté maternel. Par leurs origines et aussi par leurs traditions, leurs attitudes morales et politiques. Il est intéressant de voir en quoi, face aux événements, les comportements des membres de ces familles se ressemblent malgré leurs différences sociales, qui sont grandes.

Paul Louis Weiss est alsacien. Ses ancêtres, du côté paternel, sont originaires de La Petite-Pierre, un village fortifié aux confins de l'Alsace Bossue (*Heckenland*, le pays des haies) et de la Lorraine. Si l'on appartient à cette région, la question : d'où venons-nous ? entraîne l'évocation d'autres nationalités. La Petite-Pierre fut, jusqu'à la Révolution française, une possession de différentes lignées de la maison de Wittelsbach.

Le premier ancêtre figurant sur l'arbre généalogique de Paul est Bernhart Weiss, sans doute originaire de Lixheim, dans le Palatinat, venu s'installer à La Petite-Pierre où il fut cordonnier et échevin et où il fut enterré le 11 janvier 1655. Il avait eu cinq enfants dont le troisième, Hans-Jacob, musicien et échevin, est un ancêtre direct de Paul. Le plus jeune fils de ce dernier, Philippe-Jacob, sera l'arrière-grand-père de Paul Weiss. Il était boucher et fut nommé maire de La Petite-Pierre le 4 juin 1801. En 1814, après deux mois de siège, La Petite-Pierre dut capituler devant les armées de l'Autriche et de la Prusse. Les soldats badois de l'armée des alliés arrêtèrent Philippe-Jacob Weiss chez lui et le traînèrent en chemise devant leur major qui décida de ne pas l'exécuter. Mais sur le chemin du retour, pris entre deux feux, le maire faillit perdre la vie. La guerre était là, présente, aveugle. Impossible d'y échapper même si le village ne présentait aucun intérêt stratégique. Philippe-Jacob avait eu huit enfants dont le dernier Georges-Adam, arrière-grand-père de Louise, avait épousé Christina-Catharina Erckmann, la sœur de Jean-Philippe Erckmann, l'un de ses beaux-frères. Ce dernier et Juliana Weiss furent les parents d'Émile Erckmann (1826-1890), auteur avec, son ami Alexandre Chatrian, de *L'Ami Fritz*, de *Madame Thérèse* et d'autres romans populaires exaltant le patriotisme des Alsaciens devenus allemands malgré eux, après la défaite française et le traité de Francfort de mai 1871 [3]. Le patriotisme et le pacifisme peuvent aller de pair chez ceux qui perdent leur nationalité et sont exposés à la cruauté des hommes en guerre.

Du côté de la mère de Paul Weiss, née Émilie Boeckel, la ligne directe remonte plus loin dans le temps que du côté paternel. Dès le milieu du XVIe siècle apparaissent Jacob Boeckel et son fils Michael, tous deux tonneliers. Le petit-fils, Jacob Boeckel, était né en 1573, en Alsace même, à Barr, non loin de Sélestat, où il fut drapier et marchand. Il fut aussi investi de charges publiques : juge forestier, écoutête et pour finir prévôt de Barr, receveur et surveillant de la paroisse, juré. Il appartenait à une famille luthérienne, depuis la Réforme introduite vers 1550 dans sa ville. On sait aussi qu'il engendra six enfants avec une première épouse et sept avec une seconde. Cette lignée a donc pris racine en Alsace depuis plus longtemps encore que les Weiss. Ils seront soit tonneliers, soit bouchers, tous notables de leur village. Si l'on regarde la sixième génération, les descendants de Jacob Boeckel furent maires de leur commune ou pasteurs. Jonas Boeckel quitta le milieu artisanal et fit des études qui le conduisirent au grade de « magister ». Il était encore, en 1791, le précepteur des onze fils du docteur Koecklin, à Mulhouse. Ainsi était-il parvenu à gagner sa vie et à poursuivre ses études de théologie. En décembre de l'année suivante, il était pasteur et maire de Rothau. Il fut arrêté et incarcéré, avec Oberlin, le théologien et pédagogue philanthrope, à Sélestat, le 9 décembre 1793. En dépit d'une déclaration faite à cette date — qui est alors le 19 frimaire an II — où il se dit républicain et prêt à renoncer au pastorat pour mieux servir la Patrie, il fut condamné à mort par le Tribunal révolutionnaire. Il échappa à cette sentence grâce à la chute de Robespierre et fut relâché le 1er août 1794 [4].

Dans la brève évocation de ce que vécut cet ancêtre de Louise, se retrouvent les dangers de l'intolérance et du fanatisme. C'est par un coup de chance, dû aux arcanes du calendrier, que Jean-Frédéric Oberlin et Jonas Boeckel échappèrent à la mort. En 1803, Jonas Boeckel se retrouva pasteur à Guebwiller, et en février 1820, pasteur de la paroisse Saint-Thomas à Strasbourg. À la génération suivante, la septième, il y a deux médecins : Théodore Boeckel (1802-1869), Eugène Boeckel (1811-1896) et un troisième frère, libraire-éditeur, Charles Boeckel (1808-1893). Ce fut à la huitième génération qu'Émilie (1830-1908), fille de Théodore Boeckel et petite-fille de Jonas, le pasteur qui l'avait échappé belle sous la Terreur, épousa Georges-Émile Weiss. Ce Georges-Émile était le fils de Georg-Adam Weiss et de Christina-Catharina Eckermann. Georg-Adam Weiss, aubergiste-brasseur surnommé Georges-de-la-bière, avait la passion du jeu. Certains disent que d'ordinaire il « plumait » les clients de l'auberge, ses principaux partenaires, d'autres racontent que sa femme cachait l'argent pour l'empêcher de jouer car, comme tous les joueurs, il perdait plus souvent qu'il ne gagnait. C'est lui, d'après Jeanne Javal-Weiss, éprise d'anecdotes familiales et de généalogie, le responsable du goût des cartes qu'elle avait constaté chez ses enfants, à l'exception de Louise.

Georges-Émile Weiss délaissa La Petite-Pierre, berceau de la famille, pour embrasser la profession de notaire. Il débuta à Phalsbourg, comme saute-ruisseau. Devenu clerc, il économisa sur son salaire autant qu'il le put et, avec des moyens limités, acheta une étude qui périclitait, sachant qu'il devrait encore se priver longtemps et travailler beaucoup pour la remettre à flot. À l'époque de son mariage avec Émilie Boeckel, qui eut lieu en 1851 à Phalsbourg, l'étude prospérait déjà. Pour établir sa réussite, il en acquit une autre à Strasbourg. Le père de Louise, Paul-Louis Weiss, né en 1867, était le fils de Georges-Émile et d'Émilie. Il avait deux frères aînés : Théodore Weiss (1851-1942), qui fut professeur de clinique chirurgicale à Nancy, et Eugène Weiss (1853-1938), qui fut ingénieur en chef des Ponts et Chaussées et directeur général des Chemins de fer de l'Est. Il avait également une sœur, Louise Weiss, née en 1856 et morte, sans doute d'une appendicite, à neuf ans, donc avant sa naissance. Quand survint la guerre de 70, le père, Georges-Émile, présidait la chambre des notaires de Strasbourg, étant devenu le membre le plus éminent de la corporation dans cette ville. Mais après le siège, il dut se rendre à Berlin pour négocier le régime des études notariales d'Alsace-Lorraine. Ne voulant pas prêter serment aux Hohenzollern, il vendit très mal sa charge à son premier clerc et partit pour Nancy, où il mourut de chagrin. Ainsi, aussi bien du côté paternel que du côté maternel, les ancêtres de Paul Weiss, tous membres de l'Église luthérienne d'Alsace, furent directement mêlés aux événements historiques qui malmenèrent leur province.

Curieusement, les ancêtres paternels de Jeanne Weiss, née Javal, étaient, eux aussi, d'origine alsacienne. Mais ils quittèrent cette région plus tôt que les Weiss. La famille Javal, « aisée », dit-on, était originaire de Seppois-le-Bas, village situé dans le Haut-Rhin[5]. Le premier recensement des juifs en Alsace datant de 1784, l'arbre généalogique des Javal ne remonte qu'à cette date. Le décret impérial du 20 juillet 1808 obligeant les juifs à prendre un patronyme, Hirsch Jacob, le chef de famille, né en 1751, choisit de s'appeler Javal et fit enregistrer ses déclarations à Mulhouse. Dorénavant, il s'appelait Jacques Javal, et son fils Schiele, né en 1780, aussi à Seppois-le-Bas, se nommait Jacques Javal également. Ils étaient tous les deux négociants. Il est intéressant de voir comme les grands principes de la Révolution influent sur le comportement des membres de cette famille. Chacun prend à cœur le rôle qu'il peut assumer pour améliorer le sort de ses compatriotes, leur apporter plus d'égalité et de justice.

Jacques Javal, le fils, fait un beau mariage en épousant Schiffera Abraham, dite, en 1808, Julie Blumenthal. Et il va bâtir une fortune considérable. Transportant son négoce à Paris, il crée, en 1819, à Saint-Denis, une usine de textile et une banque. Dans sa fabrique de toiles peintes, il emploie plus de 500 ouvriers. Au mépris des règlements draconiens, il introduit en France des machines anglaises : tours à guillocher, machines pour l'impression en plusieurs couleurs, matériel de gravure. En 1820, il entre au Conseil des manufactures et crée à Munster (Haut-Rhin) une filature de coton. Ses productions obtiendront la grande médaille d'or à l'Exposition de 1827. D'autre part, avec Jacques et Martin Laffitte, il arme, en 1822, *Le-Héros*, premier navire de commerce français qui effectuera le tour du monde et desservira la Chine, la Californie et l'Australie. Il est apte à brasser de grosses affaires et Charles X sanctionne l'un de ses projets, qui risque de donner trop d'essor à son pouvoir. En 1827, avec deux associés, il crée la ligne Strasbourg-Bâle qui sera l'une des premières lignes de chemin de fer françaises. Il est président du Consistoire israélite de Paris. Il acquiert le domaine de Grandchamp, au Pecq, finit par s'y retirer et y meurt, en février 1858.

Léopold, le fils de Jacques Javal le jeune et de Schiffera-Julie, né à Mulhouse en 1804, fait ses études à Nancy et à Paris. Il entre tôt dans l'une des affaires de son père, la compagnie de messageries Caillard et Laffitte, qui l'envoie à Londres. En 1830, il prend une part active à la révolution de Juillet puis se rend en Algérie pour s'engager comme volontaire dans l'armée de la conquête. Il se distingue à la prise de Blida et de Médéa. Il est nommé sous-lieutenant et reçoit la Légion d'honneur. Son père le rappelle à Paris et en fait un administrateur de ses lignes de chemins de fer.

Léopold, qui ne manque pas d'entregent, crée pour sa part une société d'omnibus, L'Orléanaise, puis de grands magasins et les bains de La Samaritaine. Il fait aussi des opérations financières à Montrouge. En 1847, il achète le domaine de Vauluisant dans l'Yonne, où il organise une ferme modèle, tandis que dans la région d'Arcachon il acquiert environ 3 000 hectares couverts de prairies artificielles. Il obtient plusieurs médailles dans des concours agricoles et la médaille d'or de l'Exposition de 1855. Il est membre du Consistoire central israélite.

Toujours attaché à l'idée qu'il se fait du bien public, Léopold s'occupe activement de politique et réussit à faire carrière. D'abord élu conseiller général de la Gironde en 1852, à partir de 1857, il siège au Corps législatif comme député de l'Yonne, malgré l'opposition du gouvernement impérial. Il sera réélu en 1863 et en 1869. Pendant le Second Empire, il reçoit chez lui « les saint-simoniens les plus célèbres et ses collègues républicains : Ernest Picard, Jules Favre, Jules Simon, Barthélemy Saint-Hilaire, Jules Grévy, Émile Ollivier, les Carnot. Il connut un peu Gambetta dont commençait l'éclatante carrière », écrit Louise Weiss. Leur conscience civique et l'intérêt que ses ancêtres ont porté à la politique sont pour elle un exemple qui ne manque pas de la frapper. Son premier volume de *Mémoires*, publié en 1945, a pour titre *Souvenirs d'une enfance républicaine*[6]. Ce titre met bien l'accent sur l'esprit dans lequel elle a été élevée. Elle le reprit ensuite pour la première partie de l'édition définitive d'*Une petite fille du siècle*[7].

« Dans son discours le plus important, mon arrière-grand-père s'était prononcé contre le rachat du service militaire, estimant que les hommes d'une démocratie devaient tous passer sous les drapeaux, » écrit encore Louise. Et « Léopold avait laissé dans la famille, en même temps que d'importantes ressources, une tradition d'intérêt au sort du pays et du peuple. Au nombre des dona-

teurs de la Ligue de l'enseignement, de la Ligue des Droits de
l'homme, des grandes institutions charitables de la IIIe République, parmi les fondateurs de l'École de Grignon figure le nom
des miens. Les richesses acquises qui les avaient insensiblement
transformés de petites gens en grands bourgeois et de grands bourgeois en féodaux ne leur avaient jamais fait oublier leur devoir
social[8] ».

Après le 4 septembre 1870, cet arrière-grand-père signe, avec
vingt de ses confrères, la déchéance de l'empereur. Il reste à Paris
durant le siège et est réélu le 8 février 1871 à l'Assemblée nationale de Bordeaux. Il siège sur les bancs de la gauche modérée,
mais n'est inscrit à aucun groupe. Il est progressiste et libre-échan-
giste. À la Chambre, il intervient pour obtenir l'abaissement des
tarifs ferroviaires, la révision de la loi sur la presse. Il vote pour
la paix, pour l'abrogation des lois d'exil, contre la dénonciation
des traités de commerce. En 1872, il meurt à Paris. À la fin de sa
vie, Louise, écrivant ses *Mémoires*, se délecte en évoquant le chemin parcouru par cet ancêtre qui correspond si bien à ce qu'elle
aime et qui fait preuve d'une intelligence empreinte de pragmatisme, d'un humanisme qui permet la réflexion sur le déroulement
des événements historiques, et d'indépendance dans les choix,
assurée par une solide fortune.

Dans cette famille, il est naturel de se sentir européen. Les relations avec les parents qui réussissent brillamment à Munich, à
Mannheim, à Bade, à Francfort ou à Vienne demeurent fréquentes.
On correspond, on se rend visite, on se marie entre cousins plus
ou moins éloignés ou par alliance. Le milieu social est le même,
l'éducation, les intérêts intellectuels, les goûts artistiques aussi.

Ce Léopold Javal, qui se montra toujours grand patriote, avait
épousé à Osbach (grand-duché de Bade) Augusta von Laemmel,
née à Prague en 1817 et qui, après sa mort, continua de vivre à
Paris où elle mourut en 1893. Mais Augusta, tout en préférant
demeurer en France, n'avait pas rompu ses liens avec les parents
originaires de *Mitteleuropa*. Grâce à elle, ceux-ci se resserrèrent.
Elle venait d'une famille de négociants et de banquiers dont l'histoire ne manque pas d'intérêt.

Son grand-père était né en Bohême mais c'est à Prague qu'il
avait ouvert un commerce de laine en gros. Intéressé par l'élevage,
« il posséda le troupeau de moutons le plus important du pays.
Pendant les guerres napoléoniennes, il prit de très gros risques

pour sa personne même, rachetant à l'armée française, en apparence pour son compte, mais en réalité pour celui des autorités autrichiennes en 1801, des surplus d'intendance, et, en 1805, des munitions d'artillerie. En 1809, il assura la contribution de guerre imposée par la France ». C'est pour ces services qu'il fut anobli par l'empereur François II : il fut fait chevalier von Laemmel et obtint le droit de s'établir à Vienne (brevet du 7 janvier 1812). En 1815, « il signa, avec plusieurs autres personnalités, l'adresse demandant au congrès de Vienne l'émancipation des juifs ».

Son fils, Leopold von Laemmel, père d'Augusta, lui succéda en 1845 dans les affaires qu'il avait créées, « mais surtout il se distingua par ses capacités financières ». Il commença par fonder la caisse d'épargne de Prague et, alors que les banquiers officiels de la Cour s'étaient récusés, il assura à lui seul, « semble-t-il », le succès d'un emprunt d'État de 20 millions de thalers, prévu pour 8. En 1848, il arrête par son autorité le début d'une panique financière à Prague. Sa notice biographique rapporte bien d'autres succès : il faut noter encore qu'il est l'un des fondateurs de la Creditanstalt, « première banque d'Autriche aujourd'hui », et d'une compagnie de chemins de fer de Bohême. Il fut fait chevalier par François-Joseph et reçut l'ordre autrichien de la Couronne de Fer, la même année, en 1856. Comme son père et l'une de ses sœurs, il fut aussi un grand philanthrope.

Il est donc question de membres d'une famille européenne qui occupent le devant de la scène. Ils sont anoblis par l'empereur ou par les princes allemands. Le terme *Hoffaktor* ou *Hofagent* définit le rôle qu'ils tenaient auprès de ces souverains qu'ils conseillaient pour ce qui concernait les finances et la politique. Ils se mariaient dans leur milieu. Augusta était vraiment une représentante de cette société cosmopolite : sa mère, la baronne Sophie d'Eichthal, fille de Leonhard, le premier baron de ce nom, était la sœur de Simon von Eichthal qui devint banquier de Louis Ier de Bavière dont il finança les projets et les collections d'art. C'est ainsi que ce personnage particulièrement célèbre dans l'histoire de Bavière fait partie de l'ascendance de Louise Weiss. Bien d'autres considérés comme éminents en font également partie car, Sophie d'Eichthal, épouse von Laemmel, née à Mannheim et qui mourut à Vienne, était alliée aux Ellissen et autres grandes familles de cette partie de l'Europe.

Le fils aîné d'Augusta et de Léopold Javal, Louis-Émile, le

grand-père de Louise dont il sera question plus loin, épousa une Ellissen, Maria, fille d'Eduard David Ellissen (1808-1857) et de Theodora Ladenburg (1819-1911), celle que ses petits enfants et arrière-petits-enfants appelaient « Grossmama ».

Dans les *Mémoires* de Louise, « Grossmama » occupe une place de premier plan. Theodora Ladenburg était d'origine badoise, elle était la fille du banquier de la Cour et avait épousé, en 1843, Eduard David Ellissen. La famille Ellissen, originaire de Francfort, s'était répandue dans tout l'empire austro-hongrois[9]. À dix huit ans, « Grossmama » avait été conviée par la grande-duchesse de Bade, Stéphanie de Beauharnais, à aller apprendre ce que doit être la cuisine sous la direction du maître queux du palais ducal. Il lui en était resté quelque chose et, dans sa vieillesse, son plus grand intérêt était sa table, toujours d'un raffinement et d'une somptuosité extrêmes. Depuis son mariage, Theodora avait vécu en France. Après son veuvage, en 1857, elle habita Paris et Saint-Cloud où elle avait acheté le domaine des comtes de Béarn. Elle y mourut, en 1911, à l'âge de quatre-vingt-onze ans. Ses fils furent banquiers à New York et à Vienne. Sa fille Maria, la grand-mère de Louise Weiss, née en 1847, épousa donc Louis-Émile Javal et mourut en 1933. « Grossmama » avait une autre fille, Anna, qui épousa Louis Gonse, le frère du général Gonse de l'affaire Dreyfus. Louise aimait bien cette grand-tante et ce grand-oncle qu'elle voyait constamment parce que tous résidaient en été à Saint-Cloud, dans la propriété de « Grossmama ».

Les Gonse avaient, pour l'enfant Louise puis la jeune fille, le charme des dilettantes qu'ils paraissaient être. Ils semblaient se soucier surtout d'art ; ils avaient amoncelé des collections d'objets et de peintures chinois et japonais. Louis Gonse écrivit deux livres : l'un sur l'art gothique et l'autre sur les musées de province. Il avait « un flair d'artiste », se rappelle Louise qui note aussi que, « séduisant Parisien », il s'était épris de sa grand-tante Anna, « au cours d'un bal resté célèbre dans les annales de l'époque, le bal donné par l'amateur d'art d'Extrême-Orient, le mécène Cernuschi, le premier bal parisien éclairé à l'électricité[10] ». Louise se sentait en sécurité. Ils ne la jugeaient pas et elle trouvait auprès d'eux une certaine chaleur qui n'existait pas ailleurs.

Les enfants Weiss aimaient les séjours à Saint-Cloud, où ils s'installaient avec leur mère du printemps au mois de novembre. Petits, ils y jouissaient d'une liberté totale. Le domaine du comte de Béarn devenu celui de « Grossmama » était pour eux un lieu de rêve, un univers magique par sa variété, sa diversité et son peuplement. Il était si vaste qu'une surveillance rigoureuse était impossible à exercer et d'ailleurs la domesticité de « Grossmama » était trop particulière pour s'occuper de vérifier si les recommandations faites aux enfants étaient suivies. Louise et deux de ses cadets ne connurent pas tout de suite ce lieu un peu féerique car ils étaient nés à Arras où leur père, après sa sortie de Polytechnique, travaillait comme ingénieur au Service des Mines.

« Grossmama » n'avait jamais abandonné la langue allemande, jamais non plus les parents, les amis disséminés à travers l'Europe. Ceux-ci restaient proches d'elle, elle en parlait, elle leur écrivait. Ils donnèrent à la jeune Louise le sentiment que d'autres modes de vie, d'autres climats, d'autres pays existaient. Et l'enfant perçut vite qu'elle ne leur était pas étrangère. Elle aimait savoir que les plaisirs de la table, si importants pour « Grossmama », dépendaient, pour une grande part, d'apports venus de ces autres pays. « Grossmama » commandait son gingembre en Angleterre, son cumin à Munich. Ses parents d'Autriche lui envoyaient des cailles de leur chasse, ouverte avant la nôtre. Et cette délicieuse *Sacher Torte*, « un gâteau au chocolat fourré de groseilles que nos cuisinières mettaient encore religieusement au four pour nos repas d'anniversaire » ; « Grossmama » en devait la recette à Mme Sacher, la propriétaire du célèbre hôtel, qui la lui avait confiée alors qu'elle était à Vienne, en visite chez ses fils.

De Saint-Cloud, il y avait de fréquents voyages à Paris, pour faire les courses. Louise était invitée à accompagner son arrière-grand-mère dans ces expéditions qui réclamaient plus de préparation que les soirées aux ballets russes. Celles-ci faisaient l'objet des conversations des grandes personnes qui assistaient régulièrement aux spectacles, ainsi qu'aux concerts. Mais la vieille dame ne s'y rendait que rarement et ne les commentait guère. Pour les sacro-saintes courses, la liste des fournisseurs dressée et plusieurs fois rectifiée, on décidait de l'itinéraire avec le cocher, Cocatrix.

« Grossmama » partait avec Clémence, sa femme de chambre, dans la voiture attelée de deux chevaux énormes, Germinal et Thermidor, qui devaient leurs noms à Cocatrix, « un révolutionnaire bon enfant ». Les courses finies, « Grossmama » goûtait chez Rumpelmeyer. Goûter auquel Louise assistait mais ne participait pas. Tous les gâteaux étaient pour la vieille dame qui assurait :

« Tu goûteras à la maison », mais l'enfant savait bien que le temps du goûter serait passé quand elles rentreraient à Saint-Cloud.

Devant « Grossmama », impossible de faire entendre sa voix et Louise trouvait naturel d'accepter. Elle acquit le sentiment qu'on ne contrariait pas une grande dame et apprit de cette aïeule la manière de se faire respecter en étant soi-même. Souvent ce qu'elle n'osait pas lui dire, elle le faisait transmettre à « Grossmama » par Mme Ruffat, sa dame de compagnie.

À Paris, la grande dame fréquentait les Rothschild. Ces Rothschild qui étaient à ses yeux des roturiers ! Se rendant au mariage de l'un d'eux dans son piteux équipage, elle pratiqua ce que Louise appelle « la tradition des châtelaines d'autrefois dont le luxe délabré n'empêchait pas les belles manières ». Parée de ses magnifiques bijoux, de ses dentelles, faisant son entrée après le président du Jockey Club et le président du Sénat, elle supporta sans mot dire les laquais du baron aboyant : « L'ambassade d'Auvergne ! » à la vue de Coquatrix, de son « petit domestique », aussi peu soignés l'un que l'autre, et de ses vieux chevaux impotents. Cet épisode que Mme Ruffat raconta à la famille ne pouvait qu'enchanter Louise qui se garda bien de l'oublier. Elle avait hérité de la vieille dame le goût du faste et le mépris des convenances bourgeoises. La 2 CV au volant de laquelle elle se plaisait à circuler à la fin de sa vie est l'équivalent de l'attelage de Thermidor et Germinal guidés par Coquatrix.

En plus des merveilles toujours mystérieuses et des rencontres insolites que leur offrait le parc, les distractions ne manquaient pas à Saint-Cloud pour Louise et ses frères. L'oncle Louis emmenait les enfants à la foire, leur offrant généreusement bâtons de guimauve, tours de manège et visites au stand de tir à la carabine. Tout se gâte quand, souffrant, il est remplacé par Paul Weiss. Le père de la tribu refuse d'acheter la guimauve qu'il juge aussi répugnante que les discours des bonimenteurs. Il se querelle avec Louise qu'il empêche de taquiner les singes. Les frères sont rapatriés par Coquatrix mais elle obtient la permission de tirer à la carabine. Ce qui va déclencher une prise de conscience.

Au stand de tir, quand elle fait mouche, la fillette doit détourner son regard pour ne pas voir les scènes grivoises qui apparaissent au moment où tombe le volet choisi pour cible : *Rêve d'amour, La Belle et la Bête* ou *Le Cœur galant*. L'une de ces cases s'intitule *Port-Arthur*. La guerre russo-japonaise faisant rage, Paul Weiss dit à sa fille de choisir cette cible. Il pense qu'il s'agit de la représentation d'une scène de bataille. Pas du tout, le volet tombé, il découvre un mari en chemise surprenant sa femme au lit avec un amant. Indigné, il s'en prend au forain et Louise ne devra plus tirer à la carabine ! « J'eus l'impression que la vérité sur l'existence ne m'était pas dite. D'autre part, la guerre en Extrême-Orient prit soudain dans mon imagination une importance considérable. Les souffrances des soldats me hantèrent. On parlait de tortures. Ces monstruosités devaient cesser. Il me semblait que plus tard je n'aurais de cesse d'agir[11]. »

Le temps a fait son œuvre et déforme sûrement le souvenir de Louise. Mais il est certain que la guerre russo-japonaise, elle en avait entendu parler souvent avant cet épisode. Dans cette famille, on se tenait au courant des événements qui se déroulaient à travers le monde aussi bien que de ceux qui arrivaient chez nous. Ainsi Louise se rappelle Miss Eyre, sa gouvernante anglaise, qui courait s'enfermer dans sa chambre quand Paul Weiss insultait les Anglais, agresseurs des Boers.

Cela se passait à Paris, car, à Arras, l'existence avait été bien différente. Il n'y avait pas de gouvernante anglaise, Jeanne Weiss jouait le jeu : âgée de vingt-deux ans à peine à la naissance de Louise, femme de fonctionnaire, elle s'était adaptée à la petite ville de province. Seuls choquaient les habitants de la préfecture du Pas-de-Calais les pantalons bouffants qu'elle portait pour ses promenades à bicyclette. Autrement, elle affectait un style d'une certaine médiocrité qui se fondait dans l'atmosphère ambiante. Afficher une certaine austérité lui plaisait. Consciente de la fortune de sa famille, elle faisait tout pour la faire oublier, comme si elle voulait elle-même s'en libérer. Jeune mère de famille, elle était parvenue à créer un entourage familial limité : il comprenait « bonne maman », Mme Weiss mère, née Émilie Boeckel, fille de médecin et alsacienne jusqu'au plus profond de son âme luthérienne, Isabelle, la bonne d'enfant de Louise, une blanchisseuse qui venait deux fois par semaine et ne faisait pas vraiment partie des serviteurs, peu nombreux.

Ce fut avant la naissance d'André, le troisième fils, en 1899, que Paul Weiss regagna la capitale où il fut nommé ingénieur en chef puis inspecteur général des Mines. Il choisit lui-même l'endroit où installer sa famille et où il mourra près d'un demi-siècle plus tard. Au bout de l'avenue Henri-Martin, tout près du Bois, au cinquième étage, en plein soleil, cet appartement l'avait séduit.

Il l'avait jugé salubre, confortable, pratique pour sa famille qui devait s'agrandir. Jeanne Weiss souhaitait habiter rive gauche, elle ne se plut jamais dans cette partie du XVIe arrondissement trop récente, qui ne ressemblait pas au Paris qu'elle aimait, celui que marquaient l'histoire et les arts.

Sans doute est-ce la raison pour laquelle, à leur arrivée, elle se replia chez ses parents boulevard de Latour-Maubourg. Les Javal habitaient une maison « étroite et haute, éclairée au milieu par une verrière formant toit ». On l'appelait « la Tour », à cause de ses proportions. « C'était un intérieur de grands bourgeois avec maître d'hôtel et plusieurs valets. » Il y avait deux salons ; le grand-père ophtalmologiste vivait dans le deuxième tandis que le salon d'apparat était réservé à la grand-mère qui y recevait les visites. Cette grand-mère, Louise ne la découvrit qu'à l'arrivée de la famille à Paris. Elle n'avait pas pensé la connaître un jour et s'en était fort bien passée car elle détesta tout de suite la manière dont celle-ci lui pinçait le nez pour la forcer à avaler la peau du lait et la soupe de semoule épaisse, peu alléchante, qu'elle lui faisait servir.

Mme Javal ne ressemblait pas à sa sœur Anna. Et il était difficile d'imaginer deux couples aussi différents que les grands-parents de Louise et les Gonse, la grand-tante Anna et le grand-oncle Louis. Mais le séjour à « la Tour » fut plein d'enseignement pour la petite fille. Sa sensibilité aiguisée par l'absence d'amour de sa mère, elle-même frustrée, ne perdit rien de ce que pouvait lui apporter le spectacle de ces grandes personnes à la fin de leurs vies, repliées sur leur solitude ou leur amertume. Cependant par l'exemple que lui donnait son aïeul Javal, l'enfant apprit ce qu'était une existence vouée à une cause, à un métier, à une recherche et surtout, peut-être, elle se rendit compte de l'importance de la démarche du médecin pour qui le sort de ses patients est la priorité absolue.

Émile Javal (1839-1907) était ophtalmologiste (on disait alors oculiste, plus fréquemment). Il fut un grand clinicien et Louise dans *Mémoires d'une Européenne* lui donne sa juste place. Il avait fait l'École des mines puis avait décidé d'étudier la médecine afin de guérir l'une de ses sœurs, Sophie, affectée de strabisme convergent. Il parvint également à corriger l'astigmatisme inverse dont il était affligé. Ses observations pratiquées sur lui-même l'avaient conduit à créer des instruments dont il conservait les modèles auprès de lui. Ces instruments, encore fabriqués sous son nom, sont toujours en usage dans le monde entier. « Il avait découvert un certain nombre de phénomènes concernant la répulsion et la centralisation des images dans les vues anormales et traduisit Helmholtz, physicien alors peu connu en France. » *L'Optique physiologique*, ouvrage fondamental de Hermann von Helmholtz, parut en 1856 et fut traduit par Javal avec « de nombreuses remarques qui seront prises en compte par Helmholtz dans ses éditions ultérieures [12] ».

La petite Louise s'instruisait auprès de ce grand-père, fascinée qu'elle était par ses discours. Ce qui leur convenait à tous les deux. Il lui montrait ses instruments de travail : un ophtalmoscope, un ophtalmomètre (dont il voulait qu'elle retînt les noms), une grosse loupe. Il ne lui disait pas qu'il était aveugle. Simplement, il lui demandait de lui faire la lecture du *Journal des débats*, lecture souvent interrompue par la grand-mère qui envoyait l'enfant lire ce même journal à « Grossmama ».

L'hiver, « Grossmama » habitait elle aussi « la Tour », chez sa fille. Elle y régnait dans les étages supérieurs où Louise ne s'aventurait pas sauf sur ordre de sa grand-mère, ce qui lui déplaisait. À Paris, Louise n'appréciait pas de devoir lui lire le journal, d'autant que « Grossmama » ne s'intéressait qu'aux mondanités. Heureusement, son attention tombait vite. La vieille dame s'endormait et Louise, libérée, s'enfuyait sur la pointe des pieds, rejoindre son grand-père et continuer leur lecture de ce même journal. « Ta grand-mère est jalouse et veut vous séparer, ne le comprends-tu pas, petite bête ? » lui disait sa mère. Ainsi, dès son plus jeune âge, Louise se rendit compte que les rapports entre les membres de cette famille n'étaient pas simples.

Il était aussi évident que son cher grand-père et sa peu aimable grand-mère n'étaient pas faits pour s'entendre. Il soutenait, « en soupirant », qu'elle prétendait aimer les plaisanteries mais qu'elle les trouvait toutes mauvaises. Elle avait aussi la manie de renvoyer les domestiques. « Tu es libre de choisir tes serviteurs et tu es même libre de t'en séparer, lui disait-il. Mais chaque fois que tu renverras l'un de ces pauvres diables, je lui donnerai cent francs pour qu'il garde un bon souvenir de toi. » Et, « cent francs, c'était une somme [13] ! » ajoute Louise, qui apprit aussi très jeune la valeur de l'argent.

La petite fille trouvait ce grand-père juste et bon. Elle comprit vite aussi que souvent il s'appliquait à la faire rire, sans en avoir lui-même envie. Ce qui l'amena à découvrir le courage dont il faisait preuve en toutes circonstances. Il n'en parlait jamais, pourtant on savait autour de lui qu'il avait prévu sa cécité, due au glaucome. Il publia l'étude de son cas. Il était entré à l'Académie de médecine en 1885, étant déjà devenu alors le plus grand spécialiste de pathologie oculaire. Il était officier de la Légion d'honneur.

En lisant Louise, on se rend compte qu'il était un savant typique du XIX siècle. « Il publia plus de deux cents mémoires et articles dans la *Revue des sciences médicales*, la *Revue scientifique*, les *Annales d'oculistique*, la *Revue d'hygiène*, le *Dictionnaire de médecine et de chirurgie pratique*. Parmi ses ouvrages : *Essai sur la physiologie de l'écriture*, 1893 ; *Entre aveugles, Conseils à l'usage des personnes qui viennent de perdre la vue*, 1903 ; *Controverse sur le néo-malthusianisme*, 1905[14]. Les quelques phrases extraites d'une de ses brochures que cite Louise complètent le portrait : « Le nombre des services rendus est égal au produit du nombre des oculistes par le nombre des malades examinés par chacun d'eux. Les yeux mesurés utilement à l'ophtalmomètre se comptent par centaines de mille. Il vaut donc la peine de faire les efforts les plus persévérants pour augmenter, même dans une faible mesure, la précision et la rapidité de l'observation[15]. »

De son père, Jeanne Weiss disait que « par un mélange très personnel de science pure et de science appliquée, sa contribution à la thérapeutique s'apparenterait aux nouveautés qu'aurait pu y apporter un Rousseau médecin[16] ». Et Émile Javal, en effet, goûtait les *Confessions* dont Louise lui lut, plus tard, à haute voix, des chapitres.

Ce qu'elle apprit de ce savant contribua sans doute à forger son caractère et à comprendre l'importance de vocations éloignées de la sienne, comme celle de sa sœur Jenny qui devint un remarquable médecin neurologue puis une psychanalyste, mais elle devait regarder son patriotisme et sa manière de voir le monde politique comme les plus importants des dons qu'il lui fit.

En effet, Émile Javal avait profité de l'exemple de son père en ce qui concernait ses devoirs de citoyen. Lui-même avait hérité du patriotisme de ce dernier et aussi du goût pour la politique. Goût qu'il avait su maîtriser afin de se donner entièrement à son travail scientifique. En 1870, il avait été médecin major dans l'armée du Nord et, en 1871, il logeait à Versailles, chez Ernest Picard qui, comme son père, avait été député républicain sous l'Empire et à qui il n'avait pas caché ses sympathies pour la Commune. Sa carrière politique fut plus brève que celle de son père, le banquier, à qui il succéda en 1871 comme conseiller général de Villeneuve-l'Archevêque. Il devint député de l'Yonne en 1885 mais ne se représenta pas aux élections de 1889 [17]. Pour Louise, « sa liberté d'esprit et son indépendance s'accommodaient mal des combinaisons de partis et il avait décidé de se consacrer complètement à la science ». Il fallut une affaire aussi bouleversante pour la conscience des Français que l'accusation portée contre le capitaine Dreyfus pour que, « de toutes ses forces de pédagogue et de savant, il se lançât à la poursuite de la vérité ». En 1899, il se rendit à Rennes pour la révision du procès, « prêt à mettre son expérience des écritures au service de la justice ». Mais sa première crise de cécité complète le frappa à Rennes. Il voulut la dissimuler aux siens et demanda à un ami de l'aider.

Après le tournant du siècle, vivant dans une nuit à peu près totale, Émile Javal réfléchit peut-être plus encore aux moyens d'éviter la guerre, fléau qu'il avait toujours détesté. Il s'attacha aux lois de prévoyance sociale et aux problèmes de communication entre humains ; ce qui l'amena à s'intéresser à ce projet de langue universelle qu'est l'espéranto. La traduction française de l'ouvrage du linguiste polonais Zamenhof, *Langue internationale, Préface et manuel complet*, parut en 1899, il crut y trouver une réponse aux questions qui le tourmentaient. Il aida financièrement le Dr Zamenhof et, assisté d'une secrétaire, suivit les congrès espérantistes. Louise, qui fut obligée de se familiariser avec cette langue pour ne pas décevoir son grand-père bien-aimé, note que sa grand-mère « n'appréciait pas le Dr Zamenhof et la cohorte de Polonais faméliques, de Russes, de Baltes qui surgissaient à sa suite et dont il fallait, à table, apaiser les appétits toujours renaissants. Elle les surnommait, avec une moue, "Les Ostrogoths !" ».

Louise évoque aussi la mort d'Émile Javal, le 20 janvier 1907, après d'abominables souffrances provoquées par un cancer de l'intestin. Il légua aux chirurgiens de son service, pour autopsie, son œil qui l'avait rendu aveugle à Rennes et, « dans la fantasmagorie des derniers instants », il dit : « Je n'ai été qu'un troubadour. » Sa fille, Jeanne Weiss, éprouva un chagrin si violent qu'elle dut s'aliter, ce qui n'était pas dans ses habitudes ! Elle aimait et admirait cet homme, Louise en donne des preuves multiples et on peut penser que, même si cette admiration et cet amour ne se traduisaient pas en gestes habituels, ces sentiments existèrent et furent durant toute sa vie ce qu'il y eut de plus fort et de plus vrai chez cette femme qui s'était domptée au point de ne pas se laisser aller à éprouver les élans protecteurs ou la tendresse d'une mère. Émile Javal était conscient de cet amour et de cette intelligence. Elle avait certainement avec lui une relation privilégiée. Ainsi, en 1899, ce fut elle qu'il emmena avec lui à Rennes, pour la révision du procès Dreyfus.

Louise rapporte une anecdote qui est, me semble-t-il, la conséquence directe des sentiments et convictions partagés par le grand-père et la mère. Nous sommes au cœur de ce qu'elle nomme par ailleurs « une enfance républicaine », voici ce que de jeunes enfants ne pouvaient oublier :

« En 1900 ma mère nous avait emmenés à l'Exposition universelle. Dans la galerie des Machines, un camelot d'une société de froid artificiel avait versé de l'air liquide dans nos bérets. Brusquement ma mère mit fin à notre stupeur. Elle avait aperçu dans la foule un vieux monsieur dont la figure lasse me frappa. Elle nous traîna vers lui en nous recommandant d'écouter et, s'étant approchée, lui cracha au visage :

« — Assassin !

« De pâle, l'homme était devenu livide. Il s'appelait le général Mercier et passait pour un des bourreaux de Dreyfus [18]. »

Jeanne Weiss souhaitait élever ses enfants selon les principes qu'elle avait elle-même reçus et ne voulait pas tarder à les instruire, employant au besoin des moyens imprévus de la part d'une femme de son monde.

Mais le patriotisme leur était également enseigné par leur père. Chassé en 1871, à un âge tendre, de sa chère Alsace, Paul Weiss ne manquait pas de faire un pèlerinage chaque année avec sa femme et les enfants, à partir du moment où ceux-ci purent se débrouiller avec les bicyclettes de ce temps-là qui étaient lourdes et difficiles à manier. Il emmena d'abord Louise, Jacques et Francis, puis André et enfin Jenny née en 1903. La dernière fille, France, ne participa jamais à ces expéditions, elle naquit pendant la Grande Guerre, en 1916.

Jeanne Weiss était une vaillante cycliste et n'oubliait pas que les Javal avaient eux aussi des racines alsaciennes. Les enfants apprirent ainsi, sur le terrain, les drames qu'avait engendrés, au sein des familles, la perte de cette province. Il y avait ceux qui étaient partis, comme le grand-père Georges-Émile Weiss, et ceux qui n'avaient pas eu le courage ou la possibilité de tout laisser derrière eux. Jeanne, Paul et leurs enfants allaient à Colmar où ils étaient reçus par l'oncle Alfred, médecin qui, plus tard, dit à Louise : « Si nous n'étions pas restés, il n'y aurait plus d'Alsace française. La revanche n'aurait plus de raison d'être. » D'après lui, ce furent l'élite et le peuple qui partirent. L'oncle Alfred dit aussi que « le peuple n'avait rien [eu] à perdre, sauf la liberté ». De chez lui, les Weiss rendaient visite à Grethel, la nourrice qui avait transporté le petit Paul Weiss, âgé de trois ans, caché dans un panier, à travers les lignes ennemies, quand les parents avaient fui jusqu'à Nancy. Ils allaient aussi voir d'autres cousins. Une année, ils se rendirent à Strasbourg où il y avait deux oncles Jules. L'un était chirurgien, l'autre négociant « assez habile mais ergoteur impénitent ».

Paul Weiss conduisit aussi les siens à La Petite-Pierre, berceau de la famille, où « des bouleaux et des hêtres se mêlaient aux sapins, les rochers devenaient moins roses, les crêtes s'arrondissaient. Des masures fortifiées apparaissaient au détour des vallons [19] ». Un autre été, ils allèrent à Zelsheim, près de Sélestat, revoir une maison que la grand-mère Weiss, née Boeckel, avait habitée. On ne laissait pas oublier aux enfants que tous ces endroits familiers, ces demeures de parents remplies de souvenirs ne faisaient plus partie du territoire national. Il y avait chaque année un moment d'émotion et de colère en franchissant la frontière.

Les sentiments patriotiques, l'attachement à la République que leurs parents et leurs aïeux avaient en commun étaient certainement le plus facile de cet apprentissage que doivent faire les jeunes. Facile également pour ceux qui voulaient les leur transmettre, tous s'accordaient là-dessus. On verrait plus tard ce que chacun en tirerait, jusqu'à quel point ils en seraient influencés. Le reste était moins simple, la complexité du comportement de ces hommes et de ces femmes entrait en jeu. Il y avait bien quelques constantes mais les apparences les masquaient. Le milieu social, avec ses attitudes imposées, ne permettait pas de découvrir aisément le vrai.

Pourtant, il semble exister dans cette famille un manque d'harmonie profond entre les femmes et les hommes. Et les femmes entre elles ne sont pas solidaires, ce qui accentue les différences. Elles ont toutes un caractère fort, souvent allié à une grande intelligence qu'elles appliquent, ou n'appliquent pas à élargir leurs connaissances, leur culture et leur jugement, selon leur propre pen-

chant et l'environnement familial. Qu'elles appartiennent à une
génération ou à une autre, avant celle de Louise, leur instruction
n'est jamais poussée. Elle ne doit pas l'être, car les hommes ne
le souhaitent pas. Il en va différemment de l'étude des langues
étrangères. Celle-ci leur est imposée. Elle fait partie de l'éducation
aristocratique qui, servant de modèle au groupe, révèle l'ambition
sociale. Dans cette famille, les hommes sont pour la plupart remarquables et sont tous diplômés des grandes écoles. Mais, s'investis-
sant totalement dans les affaires ou les sciences, ils laissent aux
femmes le soin des enfants et de la maison. Attitude courante à
l'époque, renforcée chez eux par la tradition germanique des trois
K : *Kinder, Kirche, Küche* (enfants, église, cuisine), les trois
domaines réservés aux femmes.

Néanmoins, certaines femmes de cette famille prouvèrent leurs
compétences et se consacrèrent avec succès à développer, elles
aussi, leurs biens, tout en respectant la règle familiale du « devoir
social », ainsi que le définit Louise. L'une d'elles, Sophie Wallerstein, née Javal, apparaît souvent dans les *Mémoires* de Louise.
Elle est la sœur dont le strabisme qui la défigurait avait déterminé
le choix de la carrière du grand-père de Louise. Par ailleurs, elle
avait hérité du vaste domaine d'Arès, en bordure du bassin d'Arcachon acquis par leur père, Léopold Javal. Elle avait épousé Paul
Wallerstein, qui mourut, jeune, d'une crise cardiaque. Le couple
n'avait pas d'enfants. Femme seule et riche, Sophie joua un grand
rôle dans sa région. Elle aussi avait subi l'influence de leur père.
Comme son frère, le médecin, elle était patriote et imprégnée de
tradition républicaine. Jusqu'à la fin de sa vie, elle reçut dans son
salon parisien ou dans son château proche de la côte atlantique les
hommes politiques dévoués à la cause de l'égalité des droits des
citoyens et de la laïcité.

Femme forte, principalement occupée de ses affaires et de ses
bonnes œuvres, la châtelaine d'Arès employa à bon escient son
besoin d'activité et son goût des entreprises qui réussissent. Son
domaine devint exemplaire car elle ne négligea aucune des ressources qu'il pouvait offrir et s'employa à en tirer le maximum.
D'autre part, elle avait fait construire une maison de santé pour
les malades de la commune et un aérium pour les enfants délicats,
établissements qui fonctionnaient à ses frais. Louise n'oublie rien
de ce qu'elle accomplit, mais ne dissimule nullement le caractère
autoritaire de la vieille dame qui ne pouvait manquer de s'opposer

à cette petite-nièce dont elle sentait bien qu'elle lui ressemblait d'une certaine façon.

Louise conserve des souvenirs de la tante Sophie depuis sa petite enfance. Il est normal qu'elle se réfère à ce personnage, qu'elle lie souvent à celui de sa mère. Régulièrement, la tante Wallerstein invitait ses petits-neveux à passer des vacances chez elle. Louise assure que les enfants Weiss n'appréciaient guère ces séjours où ils étaient soumis à un emploi du temps strict et immuable, qui n'avait rien à voir avec les délices et la liberté de Saint-Cloud. Elle décrit avec humour ces vacances qui, selon elle, n'en étaient pas.

Il est certain que, la voyant grandir, la tante Sophie l'observait avec inquiétude. Elle se méfiait de cette fille qui dominait ses frères, ne leur abandonnant jamais son rôle d'aînée. À dix-huit ans, Louise lui parut s'engager sur une mauvaise voie. Sophie Wallerstein avait l'habitude de ne pas taire ses opinions : elle lui prêcha le mariage. Elle était hostile à ces études poussées et n'approuvait pas l'assentiment de sa nièce Jeanne Weiss, fille de son bien-aimé frère Émile Javal. Les concours surtout lui déplaisaient. Quand Louise eut vingt ans, Sophie intervint encore. Elle lui demanda de rester à la maison, auprès de sa mère. Elle ne comprenait pas ce désir d'avoir un métier. C'était superflu. « Le journalisme te déclassera », lui dit-elle. À cette époque, dans leur milieu, le journalisme n'était pas une carrière souhaitable, même pour un garçon. Elle ne fut pas écoutée. Sophie Wallerstein revint souvent à la charge. La mère de Louise ne commentait pas ces attaques. Mieux, Louise et elle ne s'en parlaient pas. Jeanne Weiss, qui était maîtresse chez elle, n'appréciait pas les conseils de sa tante. Sa bonne éducation l'empêchait de protester. En fait, sa bonne éducation n'était pas seule en cause, son comportement était surtout dicté par le respect et l'envie que lui inspirait la fortune de sa tante. Pareille réalité vaut des sacrifices. Louise était consciente du rôle et de l'influence de ces deux femmes dans la formation de son caractère. Dans ses *Mémoires*, elle finit pas les appeler « mes Médées ». La tante et la nièce étaient fort différentes. La générosité de la tante Sophie n'impressionnait pas Mme Weiss, qui avait une vie beaucoup moins satisfaisante. Riche elle-même, elle refusait de le paraître et l'argent était le problème majeur qu'elle ne parvint jamais à résoudre. Elle en mesurait les avantages, mais elle éleva ses enfants sur un budget aussi maigre qu'il se pouvait. Cela donnait parfois lieu à des situations insensées. Elle leur apprit à calculer au plus juste leurs dépenses et aussi à profiter de ce que l'on peut se procurer avec l'argent des autres.

Jeanne Weiss influença sa fille aînée sur ce chapitre. Et Louise souffrira de cette maladie de l'argent. Le dissimulant, parce qu'elle se sentait coupable d'en avoir. Mais par ailleurs, comme la tante Sophie, faisant de son mieux pour en acquérir davantage — elle y réussissait le plus souvent.

Fascinée par la forte personnalité de sa fille, Jeanne Weiss s'employa à lui donner toutes ses chances, sans jamais l'encourager par des compliments. Il est évident qu'elle attendait beaucoup de Louise. Une revanche sur sa condition d'épouse et de mère à laquelle elle n'avait pu échapper. À la naissance de Jenny, après trois fils, elle décida que cette petite fille-là, elle la pousserait aussi vers les études. Et à la naissance de France, la benjamine, elle prit la même décision. Sans le dire, elle entendait donner à ses filles la même éducation qu'aux garçons. Ensuite ? L'Histoire elle-même vint brouiller les cartes et ce contrôle que Jeanne Javal Weiss comptait bien continuer d'exercer, sur Louise d'abord, lui échappa.

II

Une étrange solitude

Louise n'est certes pas une petite fille comme les autres. Ses souvenirs ne ressemblent pas à ceux de la plupart des enfants qui se rappellent avec délices ce temps où ils avaient le sentiment d'être le centre d'attention et l'objet d'amour absolu des parents. Pour Louise, il y a surtout les expéditions familiales en Alsace, chaque été, avec ses frères. Mais dans les anecdotes se rapportant au domaine paradisiaque de « Grossmama » à Saint-Cloud, malgré la présence de ses frères qui, eux, paraissent toujours jouer ensemble, elle demeure isolée. Elle rapporte une seule remarque de « Grossmama » qui, la découvrant en train de pêcher, seule, dans l'étang, avec une épingle en guise de hameçon au bout d'une ligne de sa fabrication, la traite de « vilain crapaud ». Elle raconte aussi qu'elle détache le bouc de sa mangeoire, « une bête farouche d'une force incroyable », qu'elle enfourche pour se présenter caracolant sur la terrasse des marronniers devant les dames, invitées par « Grossmama » pour le thé.

Ce désir d'étonner, voire de choquer, lui est naturel et le restera. Louise a besoin de reconnaissance. « Grossmama » est trop âgée pour s'intéresser à elle. Elle se protège ; s'attacher à un jeune être qui semble déjà d'un tempérament fort serait une source d'émotions dérangeantes. Elle refuse même de s'appesantir sur la mort d'un de ses fils qu'on lui annonce avec ménagement. « Je suis trop vieille pour pleurer longtemps », avoue-t-elle. Louise qui, comme elle le dit, « déjà [cherchait] des cœurs à envahir et des cerveaux à vaincre », était fascinée par ce personnage excentrique, exotique en quelque sorte par son comportement si singulier. Elle voulait en savoir davantage et, par le truchement de Mme Ruffat, la fidèle dame de compagnie, elle essaya de l'interroger sur son mariage. Mais « Grossmama » fit répondre que les souvenirs de ce temps-là l'avaient fuie. Après tout, elle n'avait été mariée que treize ans. Louise, qui avait alors juste cet âge, pensait que treize ans, c'était beaucoup ; mais elle dut se contenter des récits ou réflexions dont son arrière-grand-mère voulait bien l'instruire. À Saint-Cloud, elle passait beaucoup de son temps avec elle et recherchait aussi la compagnie de la tante et de l'oncle Gonse.

Louise les intéressait tous les deux. Ils la connaissaient très bien. Lorsqu'elle grandit et que s'éveilla en elle le désir de plaire, ils furent les seuls à lui apporter le réconfort que sont les compliments. La grand-tante Anna Gonse lui donnait des conseils : « Une jeune fille se devait à la coquetterie. Moins sauvage et surtout plus soignée, je pourrais plaire, se rappelle Louise. Ce langage m'était si nouveau qu'il me fallut des mois, presque des années pour le comprendre. » Et le grand-oncle Louis remarqua, ce qui l'enchanta : « Sais-tu que tu plairas aux hommes, ma Louison[1] ? »

Les Gonse percevaient clairement les difficultés qu'elle aurait à surmonter avec ses parents. Ils voyaient aussi la force de ses pulsions. Quoi de plus révélateur que l'ex-libris offert par l'oncle Louis et dont elle se servit toute sa vie ? Elle le fit reproduire souvent pour l'offrir à des amis tant cette devise l'avait conquise, et probablement rassurée. L'ex-libris représente un chêne, surmonté d'une banderole avec cette devise : « Un rien m'agite, rien ne m'ébranle. » La citation, tirée d'une lettre de Pauline de Beaumont à son ami et confident Rulhière, à propos de son amour pour l'infidèle François René de Chateaubriand, s'applique à Louise, telle qu'elle était déjà. Mais nul, en dehors des Gonse, ne paraissait s'en apercevoir. Elle-même n'en était sans doute pas consciente. Elle était alors « agitée » par la façon dont ses parents la traitaient, lui donnant le sentiment d'être coupable, de ne jamais être telle qu'elle le devrait. Ils contrariaient tous ses élans, tous ses goûts spontanés.

Elle aimait la poésie qui entretenait ses songes mais, d'après les réprimandes de son père, réciter des vers était un passe-temps blâmable. Elle souffrait aussi parce qu'elle se croyait laide. Sa mère lui jetait un regard tellement moqueur et méprisant lorsqu'elle se regardait dans un miroir qu'elle se détournait en hâte. La façon dont sa mère l'habillait ne l'avantageait pas ; pourtant, inutile de critiquer. Même les Gonse ne s'y risquaient pas. Les souvenirs ne manquent pas et reflètent tous la même volonté de rigueur de la part de la mère, le même manque de légèreté dans l'existence quotidienne. Avec le temps, « le dédain de ma mère pour la toilette s'accentua. Elle m'emmena un jour, avenue de l'Opéra, dans un magasin aujourd'hui disparu, Le Gagne-Petit, pour renouveler mes chemises de nuit. Elle demanda un article épais, à manches longues. La vendeuse crut bien faire en lui proposant un modèle moins sévère, agrémenté de broderies mécaniques. Offensée dans ses habitudes de commandement et ses principes d'austérité, ma mère entra dans une si violente colère que cette accorte personne, suffoquée, la considéra avec une expression de terreur mêlée de pitié. Un inspecteur accourut. Ma mère avait planté là le rayon des chemises de nuit et m'emmenait vers la porte.

« — Quelle chiennerie ! murmurait-elle. Quelle chiennerie ! »

Une autre fois, Mme Weiss conduisit Louise chez Loisel, « le perruquier de la Madeleine », parce que la mode étant aux franges postiches et aux fausses boucles, la tante Anna et l'oncle Louis l'avaient persuadée de coiffer Louise de façon moins sévère. Le patron demanda à Louise d'ôter ses épingles. Il dénoua les lourdes tresses « et devant l'épaisseur de ma toison, il s'exclama, tourné vers ma mère :

« — Huit cents francs pour vous, Madame, si je coupe.

« Je sentis mon sang se figer, ma mère me dit :

« — Si tu acceptais, tu pourrais t'offrir une nouvelle bicyclette[2]. »

Ce n'est pas seulement avec Louise que Mme Weiss est ce qu'on peut appeler « regardante ». Louise rapporte qu'en 1911, sa mère était préoccupée par ses fils. Elle correspondait avec leurs professeurs ou réparait leurs fonds de culottes à la machine. « Pour s'amuser, elle récapitulait, en vérifiant son livre de ménage, que, depuis leur naissance, ils avaient usé cent trente-cinq paires de chaussures, autant de costumes complets et qu'elle leur avait payé cinquante mille heures de cours. » Louise se rendait sûrement compte que la façon d'agir de sa mère était peu ordinaire mais son malaise intérieur ne s'en accentua pas moins. Elle n'arrivait pas à trouver un équilibre ou à se guérir d'aimer et d'admirer ses parents. Elle les trouvait remarquables, l'un et l'autre.

Il y avait de quoi émouvoir et rendre fière la fillette que Louise était encore quand, lors de la catastrophe de Courrières, dans le nord de la France — cette explosion de grisou qui ensevelit onze

cents hommes au fond des galeries de mines de charbon, en mars
1906 —, son père décida de prendre part au sauvetage. Paul
Weiss, affecté aux carrières de la Seine, ne contrôlait plus les
concessions du Pas-de-Calais. Ce qui se passait à Courrières ne le
concernait donc pas mais il « étouffait de douleur et d'inquiétude ». Jeanne Weiss le poussa à partir : « Il n'y a pas d'administration qui tienne quand des vies humaines sont en jeu », lui dit-elle.
Puis, « convulsée d'angoisse, elle attendit, comme les femmes du
carreau, l'arrivée des nouvelles ». « Pas de sensiblerie », mur-
mura-t-elle à Louise qui voulait l'embrasser. « Finalement, une
voix au téléphone annonça : — Votre mari est sauf, ne vous
inquiétez pas. La compagnie lui doit treize rescapés. [...] Mon père
avait pris des mains défaillantes des ingénieurs harassés la direction du sauvetage, se rappelle Louise. Il était descendu dans les
puits asphyxiants à la tête d'une équipe de techniciens allemands
qui étaient accourus de Westphalie avec des appareils perfection-
nés et il avait ordonné un renversement d'aération grâce auquel
des survivants réfugiés dans un cul-de-sac muré par l'oxyde de
carbone avaient pu, guidés par l'air frais, apparaître soudain après
dix-huit jours de réclusion. Au cours de ses explorations, il avait
fallu plusieurs fois le remonter à demi-évanoui à la surface[3]. »
Pareille conduite avait de quoi impressionner ses enfants. Les frères furent marqués par le comportement exceptionnel de ce couple
et une petite fille de treize ans, aussi imaginative et passionnée que
Louise, ne pouvait rester indifférente au courage de ses parents.

L'ambivalence de Louise à leur égard vient du fait qu'elle doit
sans cesse réfléchir, se remémorer leurs caractères. Ce qu'elle en
connaît doit l'amener à penser qu'ils font pour elle tout ce que
leur permet leur éthique rigide. Il n'y a jamais entre eux et leurs
enfants une attitude chaleureuse qui les réjouirait assez pour se
sentir heureux d'être tous ensemble. Mais, dans sa solitude, quand
elle pense à leur façon de vivre, à leurs différences aussi, elle est
reconnaissante envers sa mère qui a pris seule, et à contre-courant,
la décision primordiale de l'envoyer au lycée Molière.

Ce lycée existe depuis une dizaine d'années dans leur quartier,
fréquenté par les filles de la bourgeoisie libérale. Les écoles religieuses ne sont pas du goût de Mme Weiss qui se veut aussi laïque
que républicaine, comme tous les Javal. Parmi les élèves, il y avait
les petites filles d'un académicien, « la progéniture myope d'un
rabbin », la fille de Paul Doumer « qui venait de rentrer de notre

colonie d'Extrême-Orient », la fille d'un futur premier président de la Cour de cassation, alors avocat général. Et parmi les professeurs, Mlle Marie Dugard, un professeur de français, agrégée de lettres, auteur d'un essai sur Emerson, l'œuvre de sa vie. Elle a laissé le souvenir d'« une célibataire active » qui fut « déléguée, en 1893, à l'Exposition internationale de Chicago pour y représenter l'enseignement secondaire féminin [4] ». Convertie au protestantisme, elle s'efforce d'éveiller la spiritualité chez ses élèves. Son autorité deviendra aussi « de plus en plus brutale et méprisante avec les élèves ». Louise aura avec elle une relation privilégiée dont le développement est révélateur.

La lycéenne est d'abord fascinée par les connaissances de cette femme qui évalue sans indulgence le travail de ses élèves, y compris celui de Louise, qu'elle encouragera bientôt, jugeant sa pensée « encore bien conventionnelle » mais « la tournure » de ses phrases en progrès. Évidemment, Mlle Dugard mesure la qualité de son élève et ne résiste pas au désir d'exercer son influence sur ce jeune esprit encore en friche. Louise semble répondre à son intérêt mais elle se détachera, à cause d'Emerson. Après avoir analysé elle-même les œuvres du philosophe américain, elle met en question la rigueur de la pensée de son professeur : « Intarissable, [la] logique cartésienne [de Marie Dugard] transformait à tel point les fuligineuses vaticinations qu'en fin de compte il n'en restait rien. Encore tout à l'émoi de la sensation qui, après m'avoir surprise, s'était dissipée en me laissant l'esprit particulièrement clair, je m'aperçus que je résistais à Mlle Marie Dugard, oui, qu'une forme sourdant des régions de mon être où personne jamais n'avait eu accès repoussait son emprise. Nouvelle sensation et combien pure ! J'étais animée d'une vie propre. Aucun être au monde ne me dominerait. Aucune union d'aucun ordre ne me paraîtrait jamais possible. Je me sentais trop forte. Puis le tragique de cette situation m'apparut. Elle me condamnait à l'isolement [5]. » Louise écrivit cela à la fin de sa vie, mais, je lui fais confiance, elle a dû se détacher très jeune de son professeur, en prenant conscience, à la fois de sa propre intelligence, de la justesse de son raisonnement et de la solitude à laquelle ses dons la voueraient. Tout ce qui se rapporte à l'analyse de ses sentiments vis-à-vis des membres de sa famille ou des êtres auxquels elle a tenu d'une manière ou d'une autre au cours de sa vie paraît juste et sans tricherie. Elle est trop lucide et trop familiarisée avec la psychanalyse, comme nous le verrons, pour ignorer les racines de sa souffrance.

Heureusement, au cours de son adolescence et de sa jeunesse,
l'apport du monde extérieur va beaucoup compter et la réconforter. Dans ce monde-là, mieux armée que lorsqu'il s'agit de sa
famille, Louise agit avec sang-froid et réussit tout ce qu'elle entreprend. Elle n'est pas en demande avec les étrangers comme elle
l'est avec ce père et cette mère qu'elle aime. Au lycée, comme il
se doit, elle obtient sans grand effort les premières places et ses
rapports avec les autres élèves sont bons.

Les rapports avec l'administration du lycée le sont également.
Louise a l'habitude de se plier à des règles strictes. La discipline
ne la gêne pas. Une fois, elle est victime d'un malentendu qui les
conduit, son frère Jacques et elle, à une exploration d'un domaine
qui ne les a pas encore intrigués. La directrice de Molière a accusé
Louise d'avoir voulu « débaucher » un jeune garçon. Alors que,
le jugeant pauvre, l'adolescente lui a simplement offert de l'argent
pour s'acheter des friandises. « Débaucher », Louise n'a aucune
idée de ce que cela peut vouloir dire. Jacques ne le sait pas non
plus. Le frère et la sœur se donnent rendez-vous la nuit, pour
regarder secrètement, avec méthode, dans l'*Encyclopédie*, tous les
mots qu'ils ont entendus et ne comprennent pas. Ils vont ainsi se
renseigner sur la sexualité, la naissance des enfants — sujets
tabous dans leur famille.

Les enfants Weiss sont très protégés. Leurs relations, étroite-
ment surveillées, se limitent à quelques amis ou à des cousins.
Ces enfants qui passent des vacances avec eux sont des proches,
une amitié existe entre leurs parents et les Weiss, ils entrent dans
le cercle familial sans poser de problème. Aucun de ceux-là ne
risque de briser l'isolement de Louise. Elle se sent avec eux
comme avec ses frères. Elle les aime, sans qu'ils aient accès à son
univers intérieur.

De plus, il arrive que Louise ait un traitement particulier et cela
contribue à accentuer encore l'indépendance de son caractère.
Dans son désir de lui donner une éducation complète, aussi poussée que celle qui revient, avec l'approbation de tous — de droit,
pense-t-on — à ses frères, sa mère décide de l'envoyer quelque
temps à Colmar apprendre l'allemand. Louise ne sera pas hébergée
par l'oncle Alfred mais par la veuve d'un fonctionnaire prussien
qui tient une petite pension. Le séjour tourne mal parce que Louise
réussit mieux en classe que ses compagnes et aussi parce qu'elle
veut fréquenter la piscine, « due par malheur à la municipalité

allemande ». Puis, un jour, il lui prend la fantaisie de décharger du bois pour la pension avec des charretiers allemands et l'une des filles de son hôtesse. Comme récompense, elle obtient des charretiers une promenade à califourchon sur les chevaux attelés en flèche et la voiture passe au galop devant la maison de l'oncle Alfred, qui n'apprécie pas. À la suite de ce mini-scandale, Louise a une sérieuse conversation avec l'oncle sur les questions morales qui se sont posées à ceux qui ont été contraints de choisir de rester en Alsace, le plus souvent pour des raisons financières.

Malgré ses exagérations qui, dans un premier temps, choquaient, Louise avait d'instinct un certain savoir-faire avec les êtres. Son appétit de vivre, son excessive énergie la poussaient à se rendre utile. Elle savait plaire à toutes sortes de gens très différents car elle savait les écouter. Qualité précoce chez elle, qu'elle développa par la suite et qui servit son image publique.

Une autre année, sa mère l'emmena en Angleterre, à Bexhill-on-Sea, pour parfaire son anglais. Encore une fois, il s'agit d'une petite pension. Mais là, les compagnes de classe remettent chaque jour en question la gloire de Jeanne d'Arc et celle de Napoléon. Louise est de taille à supporter ces attaques et à y répondre... Elle se souviendra surtout des lectures de Shakespeare organisées par la directrice de l'école pour ses amies, « une douzaine de duègnes locales » qui se partageaient les rôles. Elle était chargée d'ouvrir la porte et de lire « *Exit* ou *exeunt* quand il le [fallait] » et de prononcer « les Ah ! de la page cornée ».

Quand sa mère vient la rechercher, Louise reçoit une gifle magistrale parce qu'elle a imité les bégaiements du pasteur, hôte de la directrice. « Ces gens méritent ton respect ! »

Jeanne Weiss avait un sens aigu de l'observation et une interprétation toute personnelle des choses. Louise se rappelle nombre de ses commentaires. À plusieurs reprises, elle trace un portrait moral de sa mère qui sonne juste : « Toutefois, il ne faudrait pas s'y méprendre, écrit-elle. Le libéralisme de ma mère et son désintéressement qui contrastaient de si violente façon avec les manières de penser du milieu professionnel de mon père ne s'accommodaient — je me répète peut-être — d'aucune complaisance ni pour autrui ni pour elle-même. Sa largeur d'esprit ne l'incitait qu'à se montrer plus stricte dans sa conduite et, par un curieux détour, lui dictait une austérité qui, dans ses effets, ressemblait parfois aux manifestations de la morale hypocrite et bornée de ceux qui l'entouraient. [...] Les personnes âgées pensaient qu'elle manquait d'expérience de la vie, ce qui était vrai dans une certaine mesure, car elle avait bâti son existence avec une telle force et une telle clarté et elle avait si exactement satisfait aux lois de son destin d'épouse et de mère, qu'elle pouvait ignorer les compromissions des autres femmes cherchant à tâtons le bonheur. Les réserves ou les silences de ses amies quant à leurs arrangements privés, arrangements qu'une autre moins intelligente et plus souple aurait admis, la froissaient plus que de raison. Elle avait confectionné un étui de soie pour une édition précieuse des *Lettres provinciales*. Elle relisait volontiers les diatribes de Pascal contre les jésuites et se servit pendant plusieurs années du nom d'Escobar comme insulte favorite[6]. »

Quand, à dix-sept ans, Louise quitte le lycée Molière, « chargée de prix et de lauriers », son père s'exclame : « Et maintenant, trêve de plaisanterie ! À la soupe ! À la soupe ! En Allemagne[7] ! » Sa mère a prévenu Louise : « Tu vas cacher tes livres de prix. Inutile que ton père les voie. Il est déjà assez mécontent que le lycée ait fait de toi une fille savante, alors que dans leurs classes tes frères ne sont pas en tout les premiers. Par ta facilité aux études tu lui ressembles et c'est probablement ce qu'il ne parvient pas à te pardonner. Il aurait voulu voir ses fils hériter de ses lauriers et voilà que sa fille est toujours la première. Avec ses idées, il y a de quoi le fâcher, tu le conçois[8]. »

Louise doit donc faire un autre séjour loin des siens pour apprendre à vivre autrement et aussi pour perfectionner son allemand. Comme les filles de la bourgeoisie cossue et de la petite noblesse terrienne, elle se retrouve pensionnaire à l'École ménagère de la grande-duchesse Louise de Bade, célèbre dans toute l'Allemagne, assure-t-elle. Les élèves portaient robe de laine bleue, tablier à raies, col empesé, bonnet de linon. Le soir de l'arrivée de Louise, le dîner était commencé, il y avait vingt-cinq ou trente de ces jeunes filles en uniforme autour de la table. Mlle Furschner, une vieille demoiselle, directrice de l'École, présenta Louise comme « la Parisienne ».

Bientôt, pour améliorer son allemand, rouillé depuis longtemps après Colmar, Louise échangea ses talents d'écrivain public contre l'aide que ses compagnes pouvaient lui fournir dans les tâches ménagères. Elle se spécialisa dans la rédaction des lettres d'amour. Elle raconte ses souvenirs de l'École avec simplicité et bonne humeur : la visite de la grande-duchesse à qui elle adressa la

parole, malgré l'interdiction de la directrice, et le salut à l'empereur Guillaume auquel elle refusa de participer. Finalement, elle
rentra à Paris avant les fêtes de Noël et la direction n'insista pas
pour qu'elle terminât ensuite son trimestre. Mais de retour à la
maison, Louise cuisina « comme une folle », pour montrer à son
père qu'elle n'avait pas perdu son temps et ce dernier cessa de
faire des commentaires sur son éducation et ses talents ménagers.

Après Bade, Louise ne sait que faire. À cette époque, le baccalauréat ne sanctionne pas la fin des études secondaires des jeunes
filles dont les programmes diffèrent de ceux de l'enseignement
secondaire masculin. Il paraît peu probable que Louise trouve une
occupation qui lui conviendrait. Oisive et n'aimant pas l'être, elle
accepte avec joie d'aider l'un de ses anciens professeurs,
Mlle Marguerite Scott, à préparer l'arbre de Noël que celle-ci offre
à des enfants défavorisés du quartier d'Auteuil. Le jour de la fête,
elle revoit Mlle Marie Dugard qui lui enjoint de poursuivre ses
études et offre de s'en occuper, « bénévolement, bien entendu,
pour mon plaisir personnel », assure cette éducatrice passionnée.
Elle voit tout de suite comment organiser le travail qu'elles feront
ensemble. Elle recevra son ancienne élève chaque dimanche
matin, « les trois heures nécessaires à la direction d'une culture
supérieure ». Avant de s'engager, elles auront deux entretiens qui
permettront à Louise de décider.

Au cours de la première rencontre, Mlle Dugard parle à Louise
de l'amour et du mariage. Elle croit que « quand les femmes affi-
nées par le travail et la pensée sont recherchées pour leur qualité
d'âme par des époux dignes de leur culture, le mariage représente
pour elles une institution idéale. Par leur élévation de caractère,
elles dégagent la vie commune de toute sensualité, de toute molle
tendresse ou encore de la tyrannie de la répugnante nature physique. Il vaut la peine de travailler ». En conclusion de sa harangue
qui se poursuit par des recommandations destinées à empêcher
Louise d'épouser quelqu'un qui ne serait pas digne d'elle, « en
leur haute conscience libérées par l'exercice de leur profession,
vos pareilles pourront consulter leurs sentiments. Elles ne recher-
cheront plus à échapper par n'importe quelle union à la médiocrité
de leur vie familiale. L'adultère leur paraîtra inutile puisqu'elles
se seront mariées selon leur goût. Vous pouvez m'en croire :
désormais les grands romans ne seront plus d'amour illégitime !

"Choisir, ne pas être choisie !" C'était bien cela que je voulais. Si tel était l'enjeu, j'étais prête à des années de labeur ».

Le portrait que Louise a tracé jusque-là de Mlle Dugard rend ce discours plausible. Cette femme encore jeune, courageuse, pétrie des espérances et des rêves de son temps, a tout sacrifié à sa profession. Elle imagine qu'à la génération de Louise, les femmes, plus avancées sur la voie de la libération et de l'indépendance, changeront la société et, avant tout, l'attitude de leurs compagnons qui verront en elles un partenaire, un *alter ego*. Louise souhaiterait la croire mais, en plus de ses nombreuses qualités, elle ne manque pas de bon sens.

Au cours du second entretien, Marie Dugard essaie de la décourager de s'inscrire au collège Sévigné qui seul lui est ouvert, car Louise n'a pas le précieux baccalauréat qu'exige la Sorbonne et refuse d'être interne à l'École normale supérieure de Sèvres. D'après son professeur, elle devrait aussi refuser d'entrer dans ce collège. Sévigné prépare au certificat d'aptitude à l'enseignement secondaire, diplôme qui précède l'agrégation. « Mais vous n'avez par cette voie que peu de chance de réussir car vous la trouverez encombrée de jeunes filles de grande expérience universitaire, ayant déjà essuyé plusieurs échecs. » Comme Louise n'a pas besoin de gagner sa vie — Mlle Dugard ne manque pas de le souligner —, elle peut s'adonner à « la culture désintéressée, la seule qui vaille, et vous fier entièrement à moi ».

Louise décide de ne pas se laisser enfermer dans « le cercle de son influence, de [ne pas] rester confinée dans un troisième couvent plus immatériel que les précédents, un couvent sans tablier noir, ni cloche, un couvent sans balais, ni casseroles, mais plus fermé au monde que le Lycée ou l'École de Bade ». S'adressant directement à Mlle Dugard, elle lui dira : « Vous systématisez tout. L'amour n'est pas ce que vous prétendez. Le mariage encore moins. Pourquoi donc en parlez-vous ? Je vous aime tendrement mais pas comme vous le croyez. Je vous aime de tout mon cœur reconnaissant, pas en idée, comme vous m'aimez, vous. Je ne transigerai plus sur ma liberté de discuter, de penser, de vivre. Comprenez-moi. Je veux vivre. Je veux réussir. Et vous m'en empêchez ! » Après cette discussion, elles vont tout de même continuer de travailler ensemble.

Il est à la fois extraordinaire et d'une importance capitale que Mme Weiss ait approuvé Louise, dès le début. « Sans le prétexte d'un concours tu ne pourrais pas résister à ton père qui se prépare à exiger de toi un certain sacrifice à la vie mondaine. Je te donnerai un peu d'argent pour que tu puisses prendre quelques leçons en dehors de Mlle Marie Dugard à laquelle tu dois cependant le plus clair de ton temps. L'intérêt qu'elle te porte t'oblige, ne l'oublie pas [9]. » Louise s'est soumise à une dure discipline : huit heures de travail par jour, plus quatre pour la préparation du concours précédant l'agrégation, le certificat d'aptitude à l'enseignement. Mme Weiss approuve la discipline tout autant que le reste. Elle tient un langage que sa fille est prête à entendre et Louise s'attendait probablement à une telle réaction de sa part. Sa mère lui parle de ces femmes qui peuvent « sacrifier à l'action les conventions de la société [...]. Tu pourras devenir un professeur d'élite si tu résistes à la mondanité et reste célibataire. Je veillerai d'ailleurs à ce que tu ne perdes pas ton temps à aucune billevesée [10] ».

Jeanne Weiss ne croit pas que les études supérieures, la carrière de professeur vont donner à Louise la possibilité de rencontrer l'homme dont Mlle Dugard rêve pour elle. Elle est plus réaliste que la néophyte zélée de l'Église réformée, mais il est surprenant que le célibat ne l'effraie pas. Un bon mariage est, pourrait-on penser, l'idéal d'une telle mère de famille pour sa progéniture. Le père s'est prononcé sur la question il y a longtemps déjà, son opinion est radicalement opposée à celle de sa femme puisque, prévoyant, il avait refusé l'idée que sa fille entrât au lycée, pensant au risque qu'elle courrait ensuite de ne pas trouver de mari.

Son épouse ne se laissait pas influencer. Ni par lui ni par personne. Elle avait ses propres convictions qu'elle exprimait avec force. Ainsi, dans les papiers de Louise, figure une lettre datée du 16 septembre 1899, adressée par Jeanne à son amie Juliette Droz. Mme Weiss dit qu'elle souffre de l'arrêt de Rennes contre le capitaine Dreyfus. « Le fantôme du jésuite vous égaie, écrit-elle. C'est cependant la seule chose qui me fasse vraiment peur. Comment et pourquoi accorde-t-on la toute-puissance à ces gens ? Pourquoi l'Angleterre compte-t-elle tant de conversions tous les ans ? Le retour au catholicisme est un problème incompréhensible. Qu'on y croupisse, je le conçois. Qu'on s'en dégage, parfait, mais qu'on retourne à son vomissement... ? ? ? [sic][*]. » « Telle est cependant

---

[*] En Grande-Bretagne, les conversions au catholicisme auxquelles Jeanne Weiss fait allusion sont dues au cardinal Newman dont les écrits continuèrent à avoir de l'influence longtemps après 1890, date de son décès.

la petite mort qui me guette en la personne de mes petits enfants : j'en crie. C'est ce qui me fait tolérer la tyrannie socialiste, j'aime encore mieux qu'on me prenne ma galette, qu'on m'oblige à appeler frères ces tyranneaux sans éducation, mais les curés, pouah[11] ! » Jeanne Weiss était fidèle à son éducation laïque, sa rigueur morale était tout aussi forte que celle de son mari puritain. Impossible de faire changer d'avis une femme pareille ! Paul Weiss le savait, leurs enfants aussi.

Jeanne Weiss, qui compte sur la réussite de sa fille à l'agrégation, envoie Louise passer l'été à Oxford pour perfectionner son anglais. En août, cette année-là, il fait très chaud. Comme sa mère lui a donné peu d'argent, l'étudiante loge d'abord à L'Isis, « boarding house de modèle courant ». Puis, l'université le permettant, elle s'installe à Lady Margaret Hall où elle occupe une chambre confortable. Elle se fait quelques relations et raconte de façon drôle ses mondanités diverses. Un souper chez une vieille lady, une réception chez une parente de Tennyson. Cette non moins vieille demoiselle, « pauvre et cocasse », lui murmure en secret des vers de Swinburne, « le rimailleur licencieux, maudit par les critiques imbus de morale victorienne ».

En regagnant son Hall après la soirée chez la parente de Tennyson, Louise s'aperçut qu'elle était suivie. Des daims et des chevreuils folâtraient sous les frondaisons par cette chaude nuit et, soudain, un faon vint s'accroupir sous un saule « d'un mouvement si ravissant » que Louise s'arrêta. L'homme s'arrêta aussi et tenta de l'embrasser. Elle le repoussa rudement et le faon bondit. « Donc j'avais éveillé le désir, à ma connaissance pour la première fois[12]. » L'indifférence marquée par les hommes en général à son égard la préoccupe. Elle ne sait comment attirer leur attention. Cette grande fille un peu lourde et mal habillée n'a pas d'amies de son âge pour la renseigner. D'ailleurs, elle refuserait leurs conseils car, en même temps, elle est fière d'être ce qu'elle est. Mais elle se croit placée à jamais dans la catégorie des bas-bleus dont on écoute les propos, sans les regarder. Elle sent le besoin du regard des hommes.

Les cours que suivait Louise avaient lieu à Balliol College. La conférence inaugurale confiée à lord Haldane, secrétaire d'État à la Guerre et membre du comité judiciaire du Conseil privé du roi, jugée trop favorable à l'Allemagne, avait suscité quelque émotion et même une polémique dans les journaux. Louise ignorait le degré de tension de la situation internationale mais elle se rendait compte que les étudiants allemands étaient plus nombreux que les français. Les cours qu'elle suivait étaient des cours d'histoire industrielle, de finance générale, d'échanges commerciaux, organisés par une association « qui se proposait de donner aux travailleurs manuels des notions de culture générale ».

Louise en profite pleinement elle aussi : « La dignité de ces travailleurs, leur force, leur respect pour Oxford, leur foi en l'avenir de l'humanité me frappaient. Ils discutaient avec passion de Karl Marx dont j'ignorais même le nom alors qu'il soulevait les socialistes allemands et les révolutionnaires russes depuis de longues années. Je lus le *Manifeste du parti communiste* et quelques chapitres du *Capital*. Leurs démonstrations m'attiraient. Ouvriers et professeurs se retrouvaient fréquemment pour de libres débats dont les questions religieuses faisaient les frais. La Bible était soumise à rude examen. » L'animateur de l'association était « un fervent anglican, apôtre paternaliste pour prolétaires ». Elle a l'occasion d'assister dans le hall de la Société des débats à une conférence contradictoire sur le thème : « Le système des partis politiques est-il ou n'est-il pas un obstacle au progrès national ? » Il y avait des femmes en robe du soir, des messieurs en habit et des ouvriers en veston. Une Australienne « électrice et députée fit remarquer à ses sœurs encore privées de leurs droits civiques qu'aux antipodes d'où elle venait il n'y avait pas de parti conservateur. Elle fut acclamée [13] ».

Louise ne dit pas comment et pourquoi ces cours furent choisis comme sujets de ses études. Déjà il apparaît qu'elle cherche à s'informer des questions sociales et de ce qui se passe dans le monde. Et si, jusqu'à son arrivée à Oxford, elle ignorait le nom de Lénine, « [elle avait] pris dans Tolstoï, en lisant *Résurrection*, la notion de la gravité d'âme et de mœurs convenant à des apôtres [14] ».

Dans le domaine littéraire et artistique, elle voulait également s'instruire. N'oublions pas qu'elle préparait l'agrégation de lettres. Mlle Marguerite Scott lui écrivit pour lui donner rendez-vous à Stratford-on-Avon pour assister à une représentation de *La Tempête* avec, dans le rôle de Caliban, Benson, un acteur célèbre dont elle avait entendu parler durant son premier séjour en Angleterre à Bexhill-on-Sea. Devant toujours faire grande attention à ne pas dépenser trop, cinquante francs était le maximum de ce que pouvait lui coûter cette expédition. Elle est plutôt déçue par la repré-

sentation, moins enivrée par Shakespeare que lors des lectures de
sa pension. Mais sa déception a sans doute une autre cause : avant
le spectacle, Mlle Scott lui redit que, comme Mlle Marie Dugard,
elle est contre sa préparation de l'agrégation. Louise n'a pas
besoin de passer ce concours, elle ne doit pas essayer de prendre
une place si vitale pour d'autres. Et, d'ailleurs, n'ayant pas l'expérience nécessaire, il est plus que certain qu'elle échouera. Ce prêche la trouble. Pourtant elle n'abandonnera pas.

À la fin de ces cours d'été, munie d'un diplôme de l'université
d'Oxford, Louise voudrait bien revisiter Londres mais elle n'a
plus d'argent. Elle décide de prendre un train de très bonne heure
le matin, de s'arrêter à Londres et de regagner Paris par le dernier
train du soir. De Victoria Station où elle consigne ses bagages,
elle descend à pied vers la Tamise et va à la Tate Gallery. Là, elle
découvre Turner. Elle peut avoir des élans lyriques et un enthousiasme touchants. Elle est une vraie passionnée que le romantisme
bouleverse [15]. Troublée par sa découverte, elle rencontre Madeleine, une de ses compagnes du lycée Molière à qui Marguerite
Scott a donné rendez-vous devant *L'Espérance* de George Frederick Watts. Après Turner, ce peintre académique n'est pas du goût
de Louise, comme on peut s'y attendre.

La jeune fille refait ses comptes et demande à Madeleine de
l'héberger. Si elles ne se nourrissent que de rôties, Louise peut
tenir quarante-huit heures de plus qu'elles passeront à visiter la
capitale. Mlle Scott suggère qu'elles aillent dans l'East End.
Madeleine se récuse et Louise prend seule l'autobus pour aller
voir « l'exploitation humaine sur laquelle [est] fondée l'Empire »,
selon les dires de Mlle Scott. Puis, Madeleine et Louise, avec leurs
derniers pence, invitent leur professeur au théâtre pour voir la
pièce de G.B. Shaw, *Fanny's First Play*, qui obtient un grand
succès. Mlle Scott est prête à mettre ses anciennes élèves en garde
contre les exagérations de Shaw mais les jeunes filles savent son
admiration secrète pour l'auteur appartenant à la Fabian Society
dont le socialisme comble ses idées généreuses, sans que le marxisme offense sa morale de chrétienne. En effet, les trois Françaises sont conquises. Puis Louise part pour Boulogne où l'attend
une autre camarade qui passe ses vacances à Wimereux et qu'elle
a prévenue par carte postale. N'ayant rien mangé depuis la veille,
elle dévore le goûter qui lui est offert. Sa faim apaisée, son exaltation révolutionnaire provoquée par la pièce de Shaw retombe. Paul
Weiss va chercher sa fille à la gare du Nord et la prie de régler la

course car cela fait partie de ses frais d'éducation. Mais il s'aperçoit qu'elle n'a plus que deux sous.

L'été qui suit la mort de « Grossmama », Jeanne Weiss loue en
Bretagne, au Minihic, entre Saint-Malo et Paramé, une maison,
qui a appartenu aux Petites Sœurs des Pauvres et est divisée en de
nombreuses cellules. Cela lui convient car, comme d'habitude, en
plus des siens, des enfants d'amis passent leurs vacances avec eux.
Louise n'oublie pas de noter que tout ce beau monde fait le trajet
en troisième classe, alors que, dans ces temps lointains, aller en
Bretagne représentait de nombreuses heures de train, et la réputation d'inconfort des wagons de troisième classe n'était pas exagé-
rée. On retrouve ici les histoires d'argent propres à la famille où
éthique puritaine et avarice se confondent.
   Jeanne Weiss, fidèle à l'esprit des siens, est consciente des iné-
galités sociales et désireuse de les voir disparaître. Mais elle ne
possède ni la générosité ni l'assurance fière de sa tante Sophie ou
celle de sa grand-mère. Pour apaiser sa mauvaise conscience, elle
prétend être pauvre. Son désir d'oublier que ses ressources sont
sans commune mesure avec celles des autres domine le reste. Elle
se présente comme une mère de famille déjà nombreuse — nous
avons vu qu'une autre fille, Jenny, est née en 1903 —, avec des
principes d'économie rigoureux, que les vrais pauvres n'appliquent jamais, mais qu'elle inculque à ses enfants. Elle n'est pas
de ceux qui croient que la révolution internationale rendrait le
monde meilleur mais la phrase de la lettre à son amie : « J'aime
encore mieux qu'on me prenne ma galette » prouve qu'elle l'accepte, surtout si celle-ci n'est pas pour le lendemain ! Le malheur
d'autrui la tourmente, alors qu'il laisse indifférents la plupart des
gens de son rang.
   À cause d'elle, les Weiss se souciaient, par exemple, de la
misère des fermiers du Minihic et de celle des gardiens exploités
par les propriétaires. Ce qui n'empêche pas les frères de Louise
de se plaindre : ils n'ont pas d'argent pour acheter les engins de
pêche qu'ils convoitent ou pour s'aventurer à explorer la région.
« Je ne vous défends pas d'en gagner », leur dit « négligemment »
leur mère qui, par amour filial, relit Jean-Jacques Rousseau.
Louise et ses frères comprennent le message : ils se mettent à
pêcher sérieusement lançons, pieuvres, homards. Passe-temps fati-
gant qui provoque des égratignures parfois douloureuses, mais le
produit de leur pêche qu'ils vont vendre aux bourgeois en villégia-

ture dans le voisinage leur rapporte, et ils sont ravis. Aujourd'hui il est normal que, pendant les vacances, les étudiants fassent de « petits boulots », quand ils en trouvent. Du temps de l'adolescence de Louise, « les bourgeois en villégiature » devaient être très surpris de voir ces jeunes gens issus de leur milieu agir ainsi. Et il devait leur paraître impensable que les parents eussent donné leur assentiment. Le comportement de Jeanne Weiss la rendait, parfois, en avance sur son temps.

Cette même année 1911, où Louise passe l'été à Oxford, la famille offre aux Weiss, mère et fille, une croisière en Syrie et en Palestine organisée par *La Revue générale des sciences*. Louise précise, par ailleurs, qu'un seul billet est offert, pas les deux ! Sur le bateau, elle rencontre une de ses compagnes du lycée Molière, Marie-Louise, l'Argentine, surnommée « La Beauté des pampas ». Marie-Louise voyage avec plusieurs amis, dont un peintre, René Ménard, « neveu de l'helléniste. Il était l'ami de Lucien Simon, de Dauchez, de Cottet, de Jacques-Émile Blanche, artistes qui poursuivaient sans affres, éloignés de leurs contemporains Van Gogh, Cézanne et Picasso, des recherches qui les conduisaient à la cimaise du Luxembourg ». À travers ces jugements peu tendres, percent l'attrait pour le vrai génie et l'exigence de la jeunesse. Ce sont les mêmes dispositions qui lui font noter sur la page de garde du journal de route qu'elle tient à l'intention de Marie Dugard : « *Faits à ne pas méconnaître* / Primo : Je ne suis pas belle / Secundo : Je ne suis pas riche / Tertio : Je ne suis pas musicienne / Quarto : Je suis laïque / Quinto :... » Observations qui assombrissent sa vie quotidienne.

Les détails, vus sous cet angle, prennent une dimension insupportable. Ainsi Louise se rend compte que son unique robe de dîner, une misérable robe de coton, est défraîchie, ce qui l'affecte beaucoup. Pourtant, le dernier soir sur le bateau, elle a envie de se faire aussi belle que possible. Pour, au moins, améliorer un peu sa silhouette, elle s'apprête à nouer ses cheveux en catogan.

« Ma mère, qui avait noté les symptômes de la métamorphose à laquelle j'aspirais et en ressentait une sorte de panique, me fit lâcher mon peigne par cette réflexion :

« — Tu veux jouer aux beautés maintenant, c'est grotesque. »

« Elle en voulait aux circonstances qui m'avaient initiée à d'autres soucis que ceux de la vie universitaire. Elle trépignait sur la confiance que j'avais essayé de garder en moi-même en dépit des réactions surprises chez les autres. Je défis mon catogan. En passant, pour la vingtième fois, ma robe de toile odieusement fripée, je sentis que m'abandonnait le courage de remédier à mon insuffisance féminine [16]. » La conviction qu'elle ne sera jamais jolie, élégante, désirable, comme « La Beauté des pampas », demeurera.

La voilà donc, très jeune encore, persuadée de ne devoir compter que sur son intelligence. Après la mort de « Grossmama », également en 1911, et la vente du domaine de Saint-Cloud, elle voit moins souvent la tante Anna et l'oncle Louis Gonse — les seuls membres de la famille qui la rassuraient sur son apparence. Aussi affichera-t-elle bientôt une arrogance due à sa supériorité intellectuelle, ainsi qu'une espèce de narcissisme éclatant. Mais cette défense ne compensera pas l'« insuffisance féminine » qu'elle imagine et qu'elle s'efforcera toujours de cacher. Ses écrits, ses romans en portent la trace, comme nous le verrons plus tard.

Cette « insuffisance féminine » déformait sa perception des situations ; ainsi Louise refusa de reconnaître le plaisir qu'elle prit aux péripéties d'une expédition qui les conduisit, son père et elle, jusqu'au cœur de la Galice.

En août 1912, Paul Weiss avait accepté d'aller expertiser d'anciennes mines d'or et décida que Louise l'accompagnerait. Ils partirent en voiture avec un industriel, surnommé Julot par la famille Weiss, qui administrait plusieurs sociétés privées. Devant la vie, l'attitude de ce dernier était opposée à celle du haut fonctionnaire qui représentait la raison d'État. Jeanne Weiss se méfiait de Julot et de ses combinaisons politiques. Elle réprouvait aussi ses aventures galantes. Louise était intriguée par ce personnage bien différent de ceux qu'elle avait l'habitude de voir dans l'entourage de ses parents.

Ils partent donc tous les trois dans une automobile « carrossée par le bon faiseur » mais dont la capote refuse de se déplier quand, à Moulins, ils essuient un gros orage. Trempés, ils s'arrêtent à Vichy, à l'Hôtel du Parc. Louise porte une blouse bleue qui a déteint sur ses dessous. Elle doit découper un mouchoir pour l'épingler sur les taches car la robe d'après-midi qu'elle compte mettre pour le dîner a un haut transparent, « d'un joli effet », lui semble-t-il. Julot apparaît dans la salle à manger en smoking, un diamant à l'auriculaire, trait de vulgarité qui ne déplaît pas à Louise. Tout en poursuivant avec Paul Weiss une conversation concernant les affaires, il fait, à l'intention de la jeune fille, des commentaires sur les vedettes du monde et du demi-monde assises aux tables voisines, lui laissant deviner ses bonnes fortunes. Comportement qui ne manque pas de la troubler. Elle n'en dit rien mais rapporte l'arrivée d'une très belle femme qui soudain transforme l'atmosphère de la salle à manger. Les dîneurs, comme au spectacle, admirent cette apparition en se taisant. Le silence est total et on a l'impression que la soirée va commencer. Mais Paul Weiss choisit ce moment pour se retirer, Louise doit le suivre. Qui est donc cette magicienne ? Louise ne le dit pas. Elle ne précise pas non plus les impressions qu'elle garde de cette soirée comme elle n'en a encore jamais connu.

Le père et la fille passent deux autres jours avec Julot puis s'en vont, « sans Julot, dans les solitudes de Vieille Castille, vers la province de León et les sierras limitrophes du Portugal. Les conditions de vie des populations cantabriques réveillèrent mes préoccupations sociales. Les sentiments ou plutôt les instincts qui auraient pu s'emparer de moi à Vichy tournèrent court. Jules sortit du champ de mes pensées ». Cette façon de ne pas s'étendre sur ce qui dérange le personnage qu'elle s'est construit est caractéristique de la jeune fille à cette période de sa vie. L'Espagne éveille son indignation « par le spectacle de son chaos, de son ignorance, de son dénuement ».

À Orense, le père et la fille furent reçus par un groupe d'anarchistes qui avaient obtenu de la police la permission de les traiter à leur table. « Ils nous offrirent quelques olives et du chocolat fortement vanillé ; menu qu'ils complétèrent par les théories de Georges Sorel. Ils usaient d'un français appris dans les cafés de Perpignan et finirent par se disputer entre eux de façon si furieuse que nous dûmes les départager. »

Les Weiss explorèrent les hautes terres de Galice à cheval. Des coups de feu éclataient, le guide ne pouvait dire qui les avait tirés : « Par ici, nous sommes toujours un peu en révolution. » Louise évoque brièvement l'atmosphère de ces villages, la nuit venue, les gens déambulant sur les places, les guitares, les carillons. Elle se souvient aussi de l'atmosphère des dimanches, de la chaleur, des vignes échelonnées sur les collines qui dominent la baie de Vigo. Un cimetière à l'ombre d'un eucalyptus géant, où, empalés sur les lattes de bois qui l'entourent, des crânes « dardaient sur nous leurs orbites vides. Bref, l'Espagne payait pour le massacre des Aztèques et pour l'Inquisition ».

Louise a déjà pris l'habitude de regarder autour d'elle en situant ce qu'elle voit dans un contexte historique et politique. Mais on voudrait savoir quels étaient les propos que le père et la fille échangeaient. Louise ne les relate pas. Paul Weiss l'a emmenée pour ne pas être seul dans ce voyage, mais aussi, certainement, parce qu'il savait qu'elle ne l'ennuierait pas. Il refusait de reconnaître ses qualités mais son comportement vis-à-vis d'elle prouve qu'il les appréciait. Il fut sans doute, autant que Jeanne Weiss, à l'origine de la passion de Louise pour la vie politique et les affaires publiques.

Ce qui se passait au collège Sévigné, son père continuait à vouloir l'ignorer. S'il l'avait interrogée, Louise ne luit eût sans doute pas avoué la vérité. Le niveau intellectuel était « de haute qualité » mais il y avait une grande fantaisie dans les horaires des cours. Les professeurs arrivaient en retard, les salles de classes n'étaient pas libres. Il fallait attendre pour se caser. Les élèves, déjà surchargées par leur travail quotidien, perdaient ainsi beaucoup de temps. Les professeurs étaient tous célèbres : l'historien socialiste Albert Thomas devint ministre aux Armements pendant la Grande Guerre, puis fut plus tard l'un des instigateurs de la fondation du Bureau international du Travail à Genève ; le linguiste Michel Bréal, membre du Collège de France, traducteur du linguiste allemand Franz Bopp, Émile-Auguste Chartier, le philosophe qui signait Alain et fut le maître à penser de plusieurs générations. Louise eût voulu savoir si le concours consacrait la connaissance du programme ou l'habileté à enseigner et elle ne parvenait pas à élucider cette grave question. La crainte de l'échec était si forte parmi les étudiantes qu'une de ses camarades se suicida. Le seul bon souvenir qu'elle conserva de ces durs trimestres était le cours de Charles Salomon qui, chaque jeudi matin, leur commentait les poètes. « De cette perfection, M. Charles Salomon, deux lorgnons sur le nez et les doigts accrochés dans sa barbe rousse, se montrait tellement ému qu'il réussissait à me faire retrouver les sources d'une joie que, depuis ma rencontre avec William Turner, j'avais crue tarie [17]. »

Attachée à l'indépendance d'esprit dont font preuve ses parents, Louise ne se montre pas d'accord avec « l'idéologie même du collège. Un certain socialisme y était de bon ton qui trouvait son prolongement dans quelques salons de la rive droite, rue de la Faisanderie notamment, où, dans son magnifique hôtel particulier,

Mme Ménard-Dorian poussait le snobisme de la révolution jusqu'à régaler, avec les revenus qu'elle tirait de ses forges, les protagonistes de la IIe Internationale [18] ».

Jeanne Weiss la connaissait depuis l'enfance et se rendait
volontiers rue de la Faisanderie où elle retrouvait « les descendants des familles républicaines de l'Empire ». Mme Ménard-
Dorian avait marié sa fille unique, Pauline, au petit-fils de Victor
Hugo, Georges. Ils divorcèrent rapidement, mais eurent le temps
de produire un fils, Jean. Georges épousa Dora, une cousine de
Pauline, qui divorça de l'écrivain Ajalbert, tandis que Pauline
épousait le dessinateur Hermann Paul, raconte Louise qui soudain
paraît s'immerger dans ce que l'on appelle le parisianisme, avec
un certain plaisir. Elle expose là le brillant carnet d'adresses de sa
mère ; celui de son père est d'ailleurs aussi bien garni mais cible
un autre milieu, celui des grands commis de l'État, du personnel
politique, des gouvernants. Louise, fournissant des éléments de la
biographie de l'amie d'enfance de sa mère, montre également la
manière dont elle s'intéresse aux autres et la diversité de ses goûts
artistiques aussi bien que littéraires.

Celles qui furent ses proches à un moment ou à un autre m'ont
assurée qu'elle n'aimait pas la musique. Mais son intérêt pour
ceux qui pratiquent cet art lui a permis de retenir que
Mme Ménard-Dorian avait lancé Delna, « la future Brunehilde
découverte par ses amis dans l'arrière-cuisine d'une guinguette de
Meudon », qu'elle soutenait, à ses débuts, le trio Cortot-Thibaut-
Casals et, « comble de raffinement, [qu'elle] fit entendre deux
jours de suite, dans le même programme, Maria Freund, la Polonaise, et Paola Fritsch, l'Allemande, afin de donner à son cénacle
l'occasion de juger de deux écoles de chant ».

L'engagement politique de cette femme richissime intriguait
Louise plus que tout le reste. Ainsi, Mme Ménard-Dorian avait
consacré un petit bureau aux archives de la révolution mondiale,
raconte notre mémorialiste : « Des casiers y étaient entassés déco-
rés d'étiquettes dont les inscriptions m'étonnaient : révolution
russe, révolution allemande, révolution chinoise, révolution hol-
landaise, révolution espagnole, révolution suisse. Toutes les révolutions étaient escomptées. Un mépris des préjugés allié à une
solide haine des religions tenait lieu à Mme Ménard-Dorian d'une
sorte de foi qu'elle confessait avec ostentation. Jamais elle ne fran-
chissait le seuil d'une église. À l'occasion d'un bal paré elle cos-
tuma en religieuse la jeune Pauline qui, dans son froc, dansa un

fandango [19]. » Louise précise que la dame ne comprenait pas toujours très bien les affaires politiques qui la préoccupaient. « "Une Madame Roland moins l'intelligence et la guillotine", ainsi la définissait Mme Georges Coulon », la femme du vice-président du Conseil d'État, sœur du radical Camille Pelletan.

À ces dîners où Louise était invitée avec sa mère « et les prophètes socialistes ou socialisants qui battaient le pavé de Paris, sûrs du soutien de la sociale-démocratie allemande », Mme Ménard-Dorian présidait. Avec ses cheveux d'argent, ses robes de dentelle, ses longs gants, elle ressemblait au portrait qu'Eugène Carrière avait fait d'elle, « en camaïeu, le corsage piqué d'une rose dont les pétales vifs relevaient seuls le ton bistre de sa toile ».

La jeune fille se fit rapidement une opinion. Son hôtesse « n'avait retenu des propos échangés par les hommes remarquables qui l'entouraient que des partis pris qui lui tenaient lieu de jugement. Les idées lui échappaient et il était curieux de démêler comment par sa volonté, sa santé, sa fortune, elle animait un centre d'influence dont le rayonnement dépassait celui de ses forces intellectuelles. Son manque d'objectivité qui flattait ses amis m'exaspéra très vite. Certes, je n'en savais long ni sur la France, ni sur l'Allemagne, toutefois j'avais l'avantage sur ceux qui comptaient de bonne foi sur la révolte du prolétariat allemand de m'être heurtée, à Colmar et à Bade, au système des Hohenzollern. De ce système j'avais éprouvé la résistance, je connaissais la texture. Marcel Sembat, l'incapable Gustave Hervé, le sublime Jaurès se trompaient ; ils tenaient la guerre pour impossible et professaient le mépris des militaires qui allaient nous sauver. Cette volonté de ne pas tenir compte de la plus évidente réalité me semblait si coupable que je ne serais pas retournée chez Mme Ménard-Dorian, si je n'avais été sensible au lyrisme des parlementaires qui tonnaient sous ses lambris. Malgré moi d'ailleurs. Ma sévère formation me poussait à considérer que chanter la révolution n'était pas la faire et je me demandais où se cachait le sociologue, où se terrait le savant qui étudiait le monde pour en déduire les principes d'une science, donc d'une action objectivement révolutionnaire [20] ».

Certainement « le système des Hohenzollern » l'a frappée à un âge tendre et même si ses Mémoires rédigés des décennies plus tard reflètent avant tout les sentiments d'une femme qui a passé sa vie à réfléchir sur le monde politique et son personnel, on sent la jeune Louise déjà fascinée et évaluant les paroles des hommes qui détiennent ou détiendront le pouvoir.

Chez Mme Ménard-Dorian, Louise rencontre Léon Blum. Elle est séduite par ses manières, son physique, sa voix mais elle ne peut admettre qu'un socialiste mange du foie gras, « un mets que "Grossmama" qualifiait de comestible royal ». Elle a, et elle le conservera toute sa vie, un côté naïf qui n'est pas rare chez ceux que leur tempérament oriente vers une carrière politique. Il faut soi-même croire certaines choses simples pour les faire croire aux autres. Centrée sur elle-même et sur ce qu'elle éprouve, ce qui ne l'empêche pas d'observer autrui — et en cela elle est exception- nelle —, elle n'hésite pas à s'en remettre aux jugements qui lui traversent l'esprit et qui la séduisent par leur côté évident ou au contraire insolite. Elle possède, heureusement, un tour d'esprit moqueur, qui se développera au cours des ans et l'empêchera de se prendre totalement au sérieux. La vie est si forte en elle que, malgré ses doutes, ses prétentions, ses échecs, elle conservera le don de rire et de faire rire.

Son agenda de jeune fille bien élevée comporte aussi des mani- festations mondaines auxquelles sa mère et elle ne peuvent totale- ment échapper. Le premier bal de Louise est celui que l'École des mines donne chaque année dans les salons du ministère des Tra- vaux publics. Elle est mal à l'aise, porte mal sa robe de tulle, danse « gauchement », reconnaît-elle. Dans ses Mémoires, elle relate la soirée de la manière à la fois narquoise et distante qui convient. Le décor est celui qu'on attend en pareil endroit : les habituelles chaises dorées, les tentures, les miroirs. Les mères scrutent sans bienveillance les jeunes visages, les garçons plus effrayés que les filles par leurs commentaires. Un jeune homme s'enfuit lorsque, répondant à sa demande, elle lui dit étudier à la Bibliothèque nationale, alors qu'il est fier de préparer une licence de lettres, en plus des Mines. Puis un autre disparaît, pris de panique : des mères, qui le convoitent pour leurs filles, le félicitent de ses fian- çailles supposées avec Louise.

« Les bourgeois qui nous entouraient [ma mère et moi] tenaient en horreur le travail des femmes, le manque d'argent et la libre- pensée. S'ils nous faisaient bonne figure, c'était à cause de la situation administrative de mon père qui le mettait en relation avec les membres du gouvernement. » Louise ne se faisait pas d'illu- sion et n'avait pas envie d'entrer en compétition avec les jeunes filles à marier qui cherchaient aussi frénétiquement que leurs mères à attirer le « bon parti » : un jeune homme à l'avenir prometteur et appartenant au même milieu. Sa mère ne lui reprocherait pas de se tenir à l'écart, elle le savait. Mais ce n'était pas seulement parce qu'elle souhaitait par-dessus tout que son aînée fît carrière dans l'enseignement ou ailleurs, il y avait une autre raison : « Pour ses filles, la perspective de l'amour l'angoissait, écrit Louise. Soit mépris de la chair, soit pudeur maternelle [21]... » De plus, Jeanne Weiss éprouvait, comme son mari, une sorte d'envie à l'égard de Louise. Elle se refusait de penser à ce que pourrait être plus tard la vie amoureuse de la jeune fille, étant donné la liberté qu'elle avait encouragée. Elle était aussi puritaine que les Weiss. Elle ne s'attachait qu'au succès dans le domaine intellectuel. Elle l'avait désiré et était prête à l'encourager, à le soutenir, à condition d'être certaine d'entretenir, en même temps, la vulnérabilité de sa fille.

À mesure que la date du concours de l'agrégation approchait, Louise se préoccupait uniquement de son travail auquel elle se consacrait dix-huit heures par jour. Elle avait cessé de s'intéresser à ce qui se passait sur la planète. L'archiduc François-Ferdinand fut assassiné à Sarajevo, le 28 juin 1914, quelques jours avant le concours redouté. Paul Weiss apporta les journaux dans la salle à manger, ce qui n'était pas son habitude. « "C'est sérieux !" dit-il. Il était au nombre des rares Français qui connaissaient la géographie politique du continent et avait réfléchi aux raisons profondes des dissensions qui, depuis le coup d'Agadir, s'aggravaient en Europe. »

Louise et ses frères ne portèrent pas grande attention à cette prédiction. Jacques allait commencer sa première année à Polytechnique, Francis passer son baccalauréat et le troisième, André, songeait tour à tour au droit, aux sciences ou à la médecine. La mère, tourmentée par le surmenage de ses enfants, ne pensait qu'à l'organisation des vacances.

Quelques jours plus tard, Paul Weiss déclara : « Heureusement que le 75 existe ! » Louise s'aperçut alors qu'elle n'avait jamais pensé au problème des armements, mais elle y réfléchirait, quand elle aurait le temps, l'agrégation passée.

III

La plus terrible des guerres

Louise était à bout de force. Dans une salle du lycée Montaigne, elle attendait les résultats du concours de l'agrégation. Onze noms sur la liste. En entendant le sien, elle ne réagit pas. Le président du jury lui dit que c'était « très, très bien », puis il ajouta qu'elle devait tenir compte de son avis et que son « air n'est pas celui qui sied à une femme professeur ». Louise portait une robe sombre et un chapeau de paille « orné d'une modeste rose ».

« Ma réponse cingla :

« — Voilà, Monsieur, le premier compliment que je reçois depuis que je suis agrégée.

« Je le saluai et partis. À la maison, ma mère me félicita. Préoccupé par la tension internationale qui devenait de plus en plus angoissante, et toujours indifférent à mes études, mon père ne s'enquit même pas des résultats du concours.

« Au bout de quelques jours, je lui demandai doucement s'il ne tenait pas à en être informé.

« — Ah ! oui, au fait ? me répondit-il sans marquer la moindre curiosité.

« Je crus nécessaire d'user de précaution comme pour l'annonce d'une mauvaise nouvelle. Je ne m'étais pas trompée :

« — Tu entends ! s'exclama-t-il en se tournant vers ma mère. Ta fille ferait mieux de se marier. Et, complétant sa pensée, il ajouta :

« — J'aurais préféré que ton fils sortît premier de Polytechnique [1]. »

Mlle Marie Dugard, son ancien professeur du lycée Molière qui l'avait d'abord encouragée et aidée à poursuivre ses études, jugea également la nouvelle sans intérêt : Louise le rappelle et ne commente pas. Elle n'insiste pas sur son succès qui est exceptionnel, étant donné son âge et son inexpérience du monde universitaire. Si elle avait suivi la filière de l'École de Sèvres, qui était la voie normale pour passer le concours, sa réussite eût été moins extraordinaire. Par contre, elle tient à montrer sa force de caractère. Elle se rend au ministère de l'Instruction publique, apprend sa nomination à Châtellerault, avec un traitement dérisoire, ainsi que les plaisanteries qui circulent suscitées par la rose de son chapeau et sa réponse au président du jury ; elle démissionne le jour même et en est fière. Elle raconte qu'elle danse de joie, en sortant des bureaux de la rue de Grenelle. Cette joie, « par la suite, je devais la retrouver chaque fois que le courage ne m'avait pas fait défaut de m'éloigner des êtres ou des situations incompatibles avec ma nature ». Il y a chez elle une simple franchise qui demeurera. Elle dissimulera rarement ses sentiments, et quand elle sera amenée à le faire, elle ne se départira pas d'une certaine lucidité proche du cynisme.

Dans cette première prise de position importante pour son avenir, qui montre bien la rapidité de ses décisions, elle apparaît telle qu'elle sera toujours, pleine d'audace. Il y a aussi, qui ne se perçoivent pas ici mais impossible de les oublier à son propos, un goût de la stratégie dans les relations avec autrui et une sorte de rudesse. Sans doute développés par la fréquentation des milieux politiques où la subtilité manque souvent.

Juillet 1914 touchait à sa fin, la guerre se rapprochait, Jeanne Weiss décida de rester à Paris et de ne pas suivre ses enfants qui devaient passer les vacances en Bretagne, à Saint-Quay-Portrieux. Certaine que le conflit allait éclater, elle voulait servir la patrie et pensait être plus utile dans la capitale. Son aînée prendrait soin de la famille. Louise se rendit d'abord à Cormeilles-en-Parisis, dire au revoir à la tante Anna et à l'oncle Louis. Sa tante, dont la fortune était placée à Vienne et qui conservait des liens avec l'Autriche-Hongrie, ne croyait pas à la guerre. Elle lui recommanda de se marier et de bien choisir. Dans le train qui la ramenait à Paris, la jeune fille vit de nombreux soldats. Sa mère avait raison, pensa-t-elle, la guerre était là. Soudain, elle se demanda si la guerre n'était pas pour elle « une solution, une sorte d'issue, de libération. Cette pensée m'effleura : elle me fit horreur ».

À son arrivée à Saint-Quay, la côte bretonne fleurie d'ajoncs et de bruyères sembla à Louise plus belle que jamais. La maison, *Ker Armen*, construite sur la falaise, appartenait à l'oncle Eugène, le frère de Paul Weiss, ancien directeur général de la Société des chemins de fer de l'Est, veuf depuis longtemps et sans enfants. Il avait pris sa retraite volontairement à soixante ans et il « rassemblait en un seul personnage — remarquable il est vrai par l'intelligence, les connaissances techniques et la probité — les interdits dont j'allais avoir tant de peine à m'affranchir », écrit Louise.

Ker Armen signifie « Maison de la Petite-Pierre, en gaélique. Jeanne Weiss avait désiré donner ce nom à la demeure bâtie par son beau-frère pour rappeler le village proche de Saverne, berceau de sa belle-famille. Elle montrait ainsi son attachement à la terre d'Alsace, le souvenir qu'elle gardait des séjours là-bas avec son mari et leurs enfants. L'atmosphère de la petite station balnéaire située dans la baie de Saint-Brieuc était calme. Aucune menace ne paraissait exister. Dans le jardin, les hauts massifs d'hortensias, l'abondance des roses, la douceur du climat faisaient oublier la tension entre les peuples. Pour les Weiss de la génération des parents, l'enjeu de cette guerre était clair : le pays des ancêtres allait recouvrer la liberté, il ne serait plus question du malheur de ceux qui avaient perdu la fierté d'être français. À *Ker Armen*, on n'oubliait pas les membres de la famille auxquels on allait rendre visite en franchissant une frontière détestée. Les domestiques, elles aussi alsaciennes, « une décrépite Emma, une antique Salomé, la chère vieille Grethel », nounou de Paul Weiss, éprouvaient le même ressentiment à l'égard des vainqueurs de la guerre de 70.

D'autres villas des alentours étaient occupées par d'autres protestants alsaciens du Haut et du Bas-Rhin, tous plus ou moins parents des Weiss, transformant cette « bourgade sans prétention, alors peu préparée au tourisme, en une colonie où l'expression "sale Boche" revenait constamment. Quand ces deux mots ne suffisaient pas au commentaire de l'actualité, trois autres y étaient ajoutés : "Haut les cœurs !" Qui en aurait demandé plus[2] ? » Louise ajoute que l'assassinat de Jean Jaurès, ce socialiste fondateur du journal *L'Humanité*, avait été bien accueilli dans les villas. Depuis leur arrivée à Saint-Quay, ses frères et elle ne parlaient pas de la guerre, ni de la raison pour laquelle leur mère était restée à Paris ; elle qui avait tant désiré effacer par le repos breton toutes les émotions de l'année scolaire.

« Tout à coup, le tocsin de Saint-Quay-Portrieux s'ébranla. Des flammes inusitées s'élevèrent du mât du sémaphore, une clameur partit de la plage où les enfants jouaient, les parasols se fermèrent et la foule se rua au télégraphe par le petit chemin qui longeait notre villa. Je vis passer une paysanne qui pleurait : une fleur de genêt était restée accrochée aux ailes de sa coiffe. Des hommes défilèrent ; le dernier posait sa main sur la tête frisée d'un petit garçon. L'enfant agitait une crécelle. Puis ce fut un couple absorbé dans un amour à peine éclos et déjà tranché, puis un moissonneur en blouse, la faux sur l'épaule, vociférant dans son ignorance qu'il irait à Rome, s'il le fallait, en découdre avec les Prussiens, puis un matelot, puis des femmes, des femmes, encore des femmes, qui toutes pleuraient. Je me sentais indigne du spectacle de cette détresse, car mon cœur n'appartenait à personne[3]. »

Louise donne de ces premières heures où tout bascule dans la vie de tant d'hommes et de femmes à travers l'Europe une image conforme à la réalité quotidienne de cette région, dont le décor simple, l'ambiance douce n'avaient pas changé, lorsque je l'ai connue, plus tard, dans mon enfance. Ses frères, partis à la pêche avec la marée, n'ont pas entendu le tocsin. Elle remet à l'aîné son ordre de mobilisation. Il trouve que c'est bête. « Bête à pleurer, bête à mourir. » Tous les deux ne savent que penser. Ils n'ont pas réfléchi à ce qu'était une guerre. Ils avaient de toutes leurs jeunes forces rejeté cette idée trop terrible. Mais les voilà soudain plongés dans cet événement redoutable et redouté. Jacques dit qu'il est furieux. Et Louise, pourquoi reste-t-elle sans voix ? D'abord il faut manger les crevettes qu'il vient de pêcher. La cuisinière le laisse faire et, bientôt, ils sont installés, avec les deux autres frères, une miche de pain et un pot de beurre, se partageant les crevettes bouillantes. On imagine la scène et l'émotion qui devait les étreindre tous.

Son bagage prêt, Jacques recommande à Louise de veiller sur la flaque où il a pêché le congre. « Quelques bouquets se cachent encore, à gauche, sous le rocher tapissé d'une espèce de membrane rose. Tu m'écriras dès que tu auras pu les prendre. Aujourd'hui la marée ne nous en a pas laissé le temps. Jure-moi que tu m'écriras. Jure-le. Eh bien ! Eh bien ! On dirait que tu pleures ! Est-ce que je me lamente, moi[4] ? » Louise et les autres l'aident à porter ses bagages.

Ce récit est celui du départ d'un jeune homme comme tant d'autres dont la vie va être changée, peut-être interrompue à jamais par cette guerre. Il reflète la haine que Louise avait de la guerre, dépourvue de sens pour elle, malgré les sentiments patriotiques exaltés de sa famille alsacienne. « Toute ma jeune vie avait été dédiée au culte de la connaissance, à la religion de l'humanité, à l'adoration du clair jugement. Voici que devant la stupidité et, pour moi, l'imprévu de l'événement, ma raison sans expérience sombrait, submergée. »

Autour d'elle, les étudiants, amis et connaissances, n'imaginent pas ce qu'est réellement la guerre, Louise est frappée par ce manque de réalisme que ses frères et elle-même partagent. La guerre de 1870 et ses suites ont laissé des souvenirs horribles. La défaite de Frœschwiller, celle de Forbach, le désastre de Sedan et leurs conséquences ne sont pas oubliés. Pendant le siège de Paris, on a eu faim, on a acheté des rats pour les manger, la Commune s'est terminée par un bain de sang. La mort et la guerre vont de pair. Comment n'y ont-ils pas pensé, tous ces jeunes ? Bientôt, tous les compagnons de l'adolescence de Louise sont mobilisés. À l'exception de ses frères et de son cousin Pierre Weiss, que nous retrouverons à plusieurs reprises, ils seront tués rapidement. Tous ! Louise cite quelques lettres lyriques d'un patriotisme enflammé de leur ami d'enfance, « Jean le Lorrain », qui avait l'habitude de passer les vacances d'été avec eux. Heureux à la pensée de donner sa vie pour la France. Très vite il la donna ! Louise évoque avec retenue et émotion la folie de ces jeunes hommes, aptes à devenir l'élite de la nation, qui acceptent volontiers le sacrifice suprême réclamé par la patrie.

Paul Weiss est mobilisé à Paris, comme officier supérieur, à la tête de son administration, la direction des Mines au ministère des Travaux publics. Jeanne Weiss ne réussit pas à s'employer ailleurs que dans des ouvroirs privés ou dans des hôpitaux, pour les soins aux incurables dont personne ne se souciait plus. « Elle s'empressa auprès de grabataires de toutes sortes, tuberculeux, cancéreux, syphilitiques. Les infections faisaient alors des ravages que la médecine d'aujourd'hui ne connaît plus. Je sentis, à ma surprise, que ces occupations insolites, en lui permettant de s'évader honorablement d'un foyer qu'elle n'avait jamais quitté, représentaient pour elle une sorte d'émancipation[5]. » L'oncle Eugène voulait qu'elle rejoignît sa famille à Saint-Quay mais elle ne se laissa pas convaincre.

« — Je suis une mobilisée volontaire », lui rétorqua-t-elle. « Le contact de ma mère avec d'autres milieux que le sien fut toutefois trop bref pour lui apporter une expérience valable, écrit Louise. Elle resta jusqu'à sa mort incroyablement ignorante des sentiments véritables des salariés et des convoitises que masquait la courtoisie de son entourage. Bénévole parce qu'elle le pouvait, elle n'autorisait aucune remarque sur les ressources qui lui permettaient de mener une existence confortable et niait même son luxe, en se comparant à de plus riches encore. Elle se voulait officiellement pauvre mais eût détesté l'être, moins par ennui de se restreindre que par crainte de ne plus en imposer. Les privations ne lui faisaient pas peur. À ce point de vue, la guerre lui réserva bien des joies. Elle surenchérissait d'austérité, sans perdre aucun des avantages de la fortune et gagnait même un certain éclat à cet ascétisme exemplaire [6]. »

Ce complément au portrait de sa mère accentue la justesse de l'analyse de Louise, montrant, encore une fois, l'importance de l'argent dans l'esprit, la conduite de Mme Weiss. Sa fille aînée, qui souffrira du même mal, est tout à fait consciente de ce qu'elle dénonce. Elle sait aussi à quel point elle est concernée. Elle est trop intelligente pour se leurrer. Mais, sans doute avec plus d'habileté que sa mère, elle parviendra à duper les autres. L'exemple maternel lui servira, elle saura mieux se taire et aussi quelles cordes jouer pour faire appel aux sentiments. Le fait d'être seule rend pour elle les choses plus faciles. Les chances d'être contestée seront moins nombreuses.

Pour cette période de sa vie, les *Mémoires d'une Européenne* ne peuvent être utilisés de façon succincte. Ils sont la seule source d'informations accessible et on y trouve rassemblés tous les personnages qui ont, sans le vouloir et sans le savoir le plus souvent, contribué à former Louise. Ils font revivre l'atmosphère familiale, la vie de l'entourage, et rappellent, en même temps, ce qu'étaient l'atmosphère, les règles de cette société si différente de la nôtre aujourd'hui. Les six volumes qui composent cette œuvre nous apportent des détails, des précisions, des anecdotes qui animent les faits. Les témoins de cette période de la vie de Louise ont, bien évidemment, tous disparu et, après la défaite de 1940, pendant l'Occupation, les nazis pillèrent sa bibliothèque et s'emparèrent des papiers, des journaux et de toutes les correspondances appartenant à Louise.

Les documents qu'elle a elle-même déposés, plus tard, à la Bibliothèque nationale sont, pour la plupart, des manuscrits, des lettre, des carnets datant d'après la Seconde Guerre mondiale.

Aucun journal, aucun cahier de notes antérieurs ne sont accessibles à présent et les précieuses correspondances que Louise Weiss entretint avec les plus grands noms de l'Europe de l'entre-deux-guerres ont disparu. Parfois, rarement, dans les cartons de la Bibliothèque nationale, des notes brèves, de la main de Louise, relatent des faits antérieurs à la Seconde Guerre mondiale, des souvenirs dont elle avait l'intention de se servir ou dont elle s'est servie pour la rédaction de ses *Mémoires*.

Dans les *Mémoires* qui retracent l'itinéraire de la récente agrégée des lettres après qu'éclate la guerre de 1914, sa mère n'est pas la seule dont l'auteur continue d'esquisser le portrait moral. L'oncle Eugène est un autre de ses modèles. Il fait confiance à sa nièce pour diriger sa maison et, dans ce domaine, entre eux, tout se passe bien. Les dons d'organisatrice de la jeune fille apparaissent déjà. Elle n'a pas la tête dans les nuages. Elle sait spontanément prendre soin des choses matérielles. Elle sait aussi se réserver du temps pour ce qu'elle aime. Ainsi, elle va nager chaque jour. Sur la plage, elle noue une amitié avec un vieux pêcheur, le père Louis, qui contrôle le périmètre au-delà duquel les nageurs ne doivent pas s'aventurer.

Un jour, alors qu'elle nage autour du canot, elle entend des appels au secours et voit, à une dizaine de mètres, un grand dadais en train de couler, en proie à une crise d'étouffement. Elle se précipite, le frappe pour l'immobiliser, afin de retrouver sa liberté de mouvement, et le ramène au rivage. Elle le remet au baigneur de la commune qui s'est porté à sa rencontre « en se mouillant, exceptionnellement, jusqu'au ventre ». Le père du garçon, accouru du fond de la plage, ne la remercie même pas et donne « cent sous » au baigneur. Elle remonte vite à *Ker Armen* pour raconter son « exploit » à ses cadets. Mais l'oncle Eugène trouve choquant qu'elle ait étreint ce jeune homme presque nu, il dit qu'elle aurait dû « laisser crever ce voyou ».

Des corps d'hommes, Louise allait bientôt prendre l'habitude d'en voir et d'en toucher. L'état-major français avait sous-évalué les effectifs allemands sur le front de l'Ouest : il comptait 46 divisions alors qu'il y en avait 68. Mais les Français étaient unanimes dans la volonté de reconquérir l'Alsace et la Lorraine. Dès le 7 août, un détachement de la Ire armée avait franchi la frontière par la trouée de Belfort, direction Colmar et destruction des ponts du Rhin. Le général Buré entre triomphalement à Mulhouse et le généralissime Joffre adresse une proclamation aux Alsaciens. Ils sont « les premiers ouvriers de la grande œuvre de la *revanche* ». Mais les Allemands contre-attaquent dès le lendemain et les troupes françaises doivent se replier sur Belfort. Une autre offensive française, plus importante, entre en Alsace et occupe Mulhouse, le 19 août. De nouveau, il faudra battre en retraite pour ne garder finalement que la petite ville de Thann. Pendant ce temps, les troupes allemandes se sont emparées de Liège, dès le 16 août, et l'armée belge a dû se réfugier dans le camp retranché d'Anvers. La guerre ne se déroulait donc pas comme prévu et le gouvernement lui-même n'en savait rien car l'état-major demeurait silencieux. Les civils étaient on ne peut plus mal informés, les journaux ne révélant pas les défaites successives de nos armées ; pour remplir leurs colonnes, ils inventaient des défaites allemandes.

Soudain, le 25 août, moins d'un mois après l'ouverture des hostilités, une cousine, restée à Saint-Quay à cause de la guerre, dit à Louise qu'il y avait à Saint-Brieuc des hordes de réfugiés, avec leurs bagages, leurs chiens, leurs chats, leurs canaris. Ils étaient allongés par terre, dans la gare, la tête sur des boules de pain distribuées par les soldats. Et le 28, à la mairie de Portrieux, le communiqué copié à la main qu'un employé afficha sur le mur extérieur rapportait : « Situation inchangée de la Somme aux Vosges. » Ce communiqué apprit aux Français, qui ne se doutaient de rien, que le nord de la France était envahi. Quel réveil pour les civils confiants en une proche victoire ! « J'en tremblais, écrit Louise. Vivre oui, mais pas en îlote. Un flot de passion m'envahit pour le pays attaqué, meurtri, violé. Ce communiqué ? Un coup de foudre, le premier de ma jeune vie. J'avais pris feu. Moi aussi, j'aimais la France et je voulais la servir [7]. »

Louise pense d'abord à ces réfugiés vus par sa cousine en gare de Saint-Brieuc, puis à l'Union sacrée prêchée par le président de la République, Poincaré, qui a réussi à réunir autour du président du Conseil, Viviani, des hommes venant de tous les horizons politiques : les partisans de Jaurès assassiné, les socialistes, et Maurice Barrès. S'inspirant de cette démarche, elle va trouver le curé pour qu'il lui prête le bâtiment qui, en temps de paix, abritait le patronage. Le curé accepte et l'oncle Eugène donne quelque argent. Elle demande à « la mère Heurtel, *Transports en tous genres* » de lui prêter une charrette. Celle-ci insiste pour l'accompagner.

Ensemble, elles quêtent à la ronde et recueillent sommiers, matelas, couvertures, chaises, casseroles, fourneaux.

La générosité des Bretons surprit Louise qui se trouva bientôt à la tête d'une vingtaine de lits qu'elle installa en trois dortoirs dans la maison du patronage où le confort était absent. L'eau, il fallait aller la chercher à une borne fontaine, et, pour se rendre aux dortoirs du premier étage, l'escalier, raide comme une échelle, se trouvait à l'extérieur. Mais Louise n'eut aucun mal à remplir son local. Il lui suffit d'aller à Saint-Brieuc pour ramener « les Grévilliers-Dufour, une famille gigogne originaire d'Aniche-Oberchicourt, plus un couple avec enfant, les Delange, de leur état gargotiers à Senelle-Maubeuge. [...] Le jeune Maurice Thorez, qui fut si longtemps le chef du communisme français, passa lui aussi dans ces conditions à Saint-Brieuc. Il aurait pu devenir mon pensionnaire. Le hasard en décida autrement [8] ». Louise raconte, avec sa bonne humeur habituelle, les questions d'intendance auxquelles elle fut soumise. Toutes ces planches qu'on lui demandait ! Elle était hantée par les planches. Planches pour accrocher les casseroles, planches pour ranger les assiettes, planches à repasser ! Et puis le maire vint la voir avec deux médecins militaires : ils lui donnèrent l'ordre d'accueillir des blessés et non des réfugiés.

Troublée à cette idée mais gardant la tête froide, Louise leur dit qu'ils n'avaient pas le droit de réquisitionner un local privé déjà affecté à un service public. Finalement elle proposa de leur trouver un autre lieu. Une certaine Mlle Vallée, qui avait généreusement participé à l'aide aux réfugiés, accepta de transformer sa maison en hôpital. Et Louise pensa qu'elle pouvait demander une nouvelle fois de l'argent à l'oncle Eugène, qui serait content de voir sa nièce faire quelque chose d'honorable. Elle obtint des officiers médecins qu'on lui envoyât des blessés n'exigeant pas de soins particuliers, accompagnés d'un gradé ayant autorité sur eux, d'un médecin ou d'une infirmière. Elle voulait aussi des médicaments. Elle fixa un délai d'une semaine pour transformer *Locmaria Ker*, la maison de Mlle Vallée. Malgré toutes les difficultés, les complications administratives qu'elle découvrit, elle tint parole. Toutefois, de telles initiatives de la part d'une jeune fille de vingt et un ans, on n'en avait pas l'habitude et cela ne dut pas lui faciliter la tâche.

Louise ne dit rien à ce propos. Son aide aux réfugiés, la création de l'hôpital et la mise sur pied de son bon fonctionnement dans une maison privée dont elle connaît à peine la propriétaire, cela lui paraît presque simple. Alors que les détails qu'elle donne montrent combien tout dut être difficile. Elle commence sans rien, il lui faut quêter à la ronde les lits et la literie, les chaises, les casseroles, les fourneaux, et s'installer dans le plus grand inconfort. Elle est motivée par son besoin de servir la France, qu'elle aime, elle le déclare. Cette pulsion, née en lisant le communiqué de l'état-major affiché sur le mur extérieur de la mairie de Portrieux, ne la surprend pas. Louise ne voit rien d'extraordinaire à trouver en soi-même les moyens d'atteindre son but. Cette femme qui peut paraître si imbue de sa supériorité, chaque fois qu'elle accomplit un acte vraiment exceptionnel ne le souligne pas. Elle le présente, au contraire, comme naturel.

À Saint-Quay, seul un vieux médecin à la retraite, le docteur Latty, l'un des estivants, reprit du service auprès de la jeune directrice de ces activités caritatives imprévues et l'aida à mettre sur pied et à faire fonctionner le petit hôpital. Le pharmacien de Portrieux était mobilisé mais Louise se procura les clefs de l'officine. Elle emporta tout ce qu'elle jugea utile, y compris plus d'un kilogramme d'iode en paillettes qui lui servit de monnaie d'échange avec le service de Santé de Saint-Brieuc, pourtant bien décidé à ne pas l'aider. Elle avait également à se défendre contre les associations caritatives de dames qui se jalousaient et comblaient ses pensionnaires de dons avec l'espoir qu'elle adoptât l'une d'elles. Ce qu'elle ne fit pas, car cela l'eût privée des dons des autres. Elle envoyait ses blessés, sénégalais, musulmans, aux messes célébrées à la mémoire des combattants du bourg morts au combat. Les villageois appréciaient et cela les mettait dans de bonnes dispositions envers elle et ses œuvres.

Fin novembre, l'arrivée de Paul Weiss, en uniforme de colonel, fut très remarquée à *La Vallée*. Il venait demander à sa fille de le rejoindre à Bordeaux où le gouvernement s'était replié, dès le 2 septembre, et où il était « chargé de l'approvisionnement du pays — usines et population — en charbon, tâche difficile ; mon père revenait d'une inspection des ports bretons puisque les routes du bassin houiller du Pas-de-Calais étaient coupées [9] ». Un hôpital comportant plusieurs centaines de lits était en voie d'aménagement dans un ancien couvent. Il deviendrait donc bientôt raisonnable de fermer *La Vallée*. « D'ailleurs soigner des corps continuait à me faire horreur, écrit Louise Weiss. Compter du linge sale et des haricots m'exaspérait. Je voulais comprendre la guerre et aider à la victoire autrement qu'en garde-malade et en gestionnaire de clinique. »

En attendant la fermeture de *La Vallée*, elle ouvrit une consultation pour les habitants de la commune. L'idée lui en avait été suggérée par l'institutrice de l'école primaire « qui menait un rude combat contre l'obscurantisme breton ». L'école laïque étant en butte à la vindicte des fanatiques nombreux, même à Saint-Quay où la population locale avait de bons contacts avec les résidents temporaires qui lui ouvraient le monde extérieur. Louise souhaita aussi améliorer le sort des premiers prisonniers de guerre allemands arrivés blessés à Saint-Brieuc. Les Bretons n'étaient pas prêts à l'entendre. Le médecin, un Alsacien, accepta ses colis mais refusa de les lui laisser remettre elle-même aux prisonniers. Il régnait sur l'hôpital-caserne-prison et professait qu'un médecin se devait de soigner indistinctement toutes les victimes du conflit. Pourtant, quand il lui parla des Allemands blessés, il lui apparut comme un reître.

« Délestée de mes paquets, je remontai dans le tortillard de Saint-Quay en proie à un débat intérieur qu'un demi-siècle de méditations ne m'a pas permis de trancher. Dès lors qu'une nation engageait l'ensemble de ses forces contre une autre nation, elle ne pouvait logiquement souhaiter que l'anéantissement de celle-ci, donc n'en épargner ni les blessés ni les civils. Remettre sur pied des combattants que l'instant d'avant le devoir obligeait à massacrer me paraissait de l'hypocrisie. Les sauver ne pouvait s'interpréter que comme un démenti à la juste cause. Ou bien alors la guerre était un jeu comportant des règles que des tribunaux internationaux devaient codifier et les belligérants respecter au nom d'un certain honneur. Oui, peut-être la guerre n'était-elle qu'un jeu ? Un sport, plus dangereux qu'un autre, n'allant pas sans le respect du vaincu ? Ce respect, je le ressentais sans doute par tradition humanitaire, mais non sans une certaine contrariété. Alors quoi ? Je jouais ! Stupide XIXe siècle [10] ! »

Le souci des problèmes moraux qui impliquent la sauvegarde de la dignité de l'homme commença, sans doute, dès lors à la hanter. Je l'ai dit, nous ne possédons, pour cette période, que son témoignage tel qu'elle l'a publié. Mais elle a sûrement éprouvé l'indignation et le chagrin qu'elle décrit. Elle vient d'une famille traditionnellement humaniste, ce qui devrait tendre vers le pacifisme et, en effet, au moins du côté Javal, on est pacifiste. Quand elle apprend que le nord de la France est envahi, son émotion est compréhensible. On sait que la nouvelle fit fuir vers le Sud cinq cent mille Parisiens. Son sentiment n'est pas surprenant pour celles et ceux qui ont vécu l'épisode dramatique de juin 1940. Louise réagit avec la violence de son tempérament passionné et applique à la situation ses capacités immenses. Le fait d'être Mlle Weiss, de *Ker Armen*, l'aide certainement dans ses démarches mais d'autres jeunes filles, d'autres femmes, aussi bien placées qu'elle, n'ont rien fait ou n'ont pas fait grand-chose.

La pensée que d'autres dépendent d'elle la satisfait, la rassure. C'est aussi pour elle une manière de se valoriser. Elle a besoin d'intervenir dans la vie d'autrui. Ainsi elle va s'occuper de Francis, son deuxième frère, qui s'engage dans les dragons. Elle surveillera ses piqûres antityphiques, veillera sur son équipement. Ensuite après avoir fermé *La Vallée*, « vérifié les comptes, restitué les meubles prêtés, assuré le financement du patronage », elle embarque son frère André, sa petite sœur Jenny et les servantes pour Paris. Finalement, « après avoir dit adieu aux cousines, emballé mon costume de bain et mes tabliers, je me rendis à la gare où je pris mon billet pour Bordeaux. Le maire, les soldats, les dames des villas, le père Louis, la mère Heurtel, les réfugiés s'étaient groupés dans le hall pour me souhaiter bon voyage. Ils m'embrassèrent. Je leur promis de revenir souvent. Et le tortillard m'emporta, ivre de lassitude, entre des fougères roussies et des pommiers noirs [11] ». Elle rapporte une dernière anecdote caractéristique de l'atmosphère qui régnait dans ces bourgs, où les convictions politiques et religieuses jouaient comme toujours en France un rôle important : le boulanger franc-maçon qu'elle a, croit-il, favorisé en se fournissant chez lui sans partage monte à la halte suivante pour la remercier. Il lui offre un énorme gâteau et un billet de cent francs plié dans une enveloppe ornée des trois points et du triangle. « Il avait cru qu'en choisissant son pain, j'avais commis un acte de foi politique et, par ce biais, publiquement affirmé ma sympathie pour les "gauches". »

À Bordeaux, Louise est tout de suite plongée dans un climat totalement différent : celui qui entoure les gouvernants. Elle dit se rendre compte que si von Klück avait investi Paris il y aurait eu une crise de régime et la République n'aurait pas résisté. Mais la victoire inespérée de la Marne a été décisive et annonce la chute des Empires centraux, à plus ou moins longue échéance, du moins le croit-elle. Son père lui raconte que « son ministre », Marcel Sembat, et le garde des Sceaux, Aristide Briand, « se sont risqués à Paris pour s'assurer de l'humeur du général Gallieni. Ils ne peuvent supporter l'idée qu'en réquisitionnant des taxis, un militaire de métier se soit éventuellement acquis des droits à la tyrannie. Pourtant une gentille petite dictature ferait rudement bien mon affaire pour me dépêtrer de l'incompétence économique du gouvernement. Pas un ministre qui sache ce qu'est un bateau, une mine, une banque, une usine. C'est à désespérer. Et pas un qui me croit quand je soutiens qu'aujourd'hui la guerre est avant tout une entreprise industrielle. Ils en sont demeurés à Valmy, à Jeanne d'Arc [12] ».

Devant sa fille, Paul Weiss s'exprime librement. Il ne lui demande pas son avis mais sait qu'elle peut entendre le sien. « Mon père avait raison, écrit-elle. Ceci les Allemands le comprirent même avant nous. Ce furent eux qui inventèrent les massacres aux gaz en premier du côté d'Ypres. Toujours est-il que cette logique, alors si nouvelle pour l'ensemble des combattants, allait transformer les pays des adversaires en de vastes usines puis exciter les penseurs de guerre à tel point qu'ils en arriveraient à l'usage de l'atome quel que fût son prix [13]. »

Elle continue d'analyser la guerre, de donner son avis tel qu'elle le forma au cours des années. Il est certain que ces quelques semaines à Bordeaux où elle fut seule avec son père lui apprirent beaucoup et l'orientèrent vers ce qui allait être le premier et le principal intérêt de sa vie : ce qu'est la guerre, comment celle-ci affecte les hommes et comment lutter pour tenter de l'éradiquer des consciences qui la considèrent comme une inévitable catastrophe naturelle.

Son père ne réagit pas toujours comme elle le souhaiterait vis-à-vis d'elle. Ainsi il refuse de lui faire connaître Marcel Sembat dont elle a lu un pamphlet « prophétique », publié en 1913, intitulé *Faites un roi, sinon faites la paix*, qui dénonçait le danger que faisait courir à l'Europe l'épouvante que la France et l'Allemagne s'inspiraient l'une à l'autre. Sujet qui a retenu particulièrement l'attention de Louise. Au cours de ses séjours en Alsace annexée par le Reich et à l'école ménagère de la grande-duchesse de Bade, elle s'est fait une opinion sur les différences entre Français et Allemands. Paul Weiss ne veut certainement pas que Louise interroge « son ministre », un socialiste, sur les raisons qui l'ont poussé à faire partie de ce ministère d'Union sacrée. Il lui propose de lui faire rencontrer « Belle Fleur », tel est le surnom de Georgette Sembat. Mais Louise refuse. Elle connaîtra les Sembat plus tard, sans l'aide de personne, et elle semble avoir eu beaucoup d'affection et d'admiration pour eux. Marcel Sembat avait accepté d'entrer au gouvernement après l'échec de la grève générale à laquelle il avait cru, mais qui avait été boycottée par les socialistes allemands, quelques jours avant la mobilisation. Il s'était résigné, jugeant alors la guerre inévitable.

Paul Weiss demande à Louise d'organiser, chez lui, quelques déjeuners auxquels il veut convier des collègues. Ida, la domestique choisie par Mme Weiss pour veiller sur son mari et qui n'aime pas Louise, se plaint que celle-ci dépense trop. Paul Weiss, au contraire, se montre satisfait de la manière dont sa fille reçoit. La façon dont elle parle de lui dans ses *Mémoires* devrait aussi le satisfaire. Elle a une haute idée de son action au ministère. Par exemple, elle pense qu'il est le premier à avoir envisagé la mise en commun par la France et l'Angleterre de leurs ressources en fret et en charbon pour la durée de la guerre. En fait, ce fut Jean Monnet, un jeune homme de vingt-six ans originaire de Cognac, réformé pour raison de santé, qui, convaincu de la nécessité de ces accords industriels et financiers, demanda à être reçu, en septembre 1914, par le président du Conseil Viviani, à Bordeaux, où la confusion régnait encore, après le miracle de la bataille de la Marne. « Très vite, écrit Jean Monnet, je sus ce que j'avais à faire, car il était clair qu'un formidable problème allait se poser aux Alliés qui n'étaient pas préparés à le résoudre : celui de la coordination de l'effort de guerre. S'il s'imposait à mon esprit, c'est *parce que* j'étais très jeune et non *bien que* je fusse jeune. C'était en effet un problème nouveau, déjà un problème du XXe siècle qu'une intelligence sans préjugés, sans souvenirs du passé, discernait mieux que les experts nourris des conceptions du XIXe siècle [14]. » Louise note d'ailleurs qu'elle entendit pour la première fois, à Bordeaux, le nom de Jean Monnet qu'elle retrouva « à Genève ensuite, comme secrétaire général adjoint de la Société des Nations et en Europe plus tard, promoteur de la Communauté du Charbon et de l'Acier ainsi que du super-État continental [15]... ». Son père prit évidemment part aux négociations, étant donné le poste qu'il occupait à la tête des Charbonnages, au ministère des Travaux publics.

Même si la vie, active dans le domaine mondain, avec un arrière-plan politique, qu'elle mène auprès de son père lui convient, Louise n'oublie pas ce que représente la guerre pour ceux qui sont mobilisés. Le sort de ses frères en particulier la tourmente. L'aîné, Jacques, « ne s'habituait pas au devoir de tuer », écrit-elle. Il ne s'habituait pas non plus « au langage cru des popotes ». Francis, le deuxième frère, engagé volontaire, avait retrouvé à Libourne, au 15ᵉ dragons, leur camarade Jean Roger, le petit-fils de Ferdinand Buisson, « un notable de l'enseignement laïque, un apôtre de l'éducation des filles, qui recevrait un jour le prix Nobel de la paix ». Jean Roger avait les dons nécessaires pour devenir un excellent médecin, il est tué au combat. Louise est éprouvée par cette mort, comme elle le sera chaque fois qu'un des jeunes familiers de l'avenue Henri-Martin disparaîtra.

Son frère Francis n'avait pas encore quitté Libourne, où il était en sûreté, quand il eut besoin d'aide : il s'était battu à coups de polochon avec ses camarades de chambrée, et le polochon, lancé à travers la fenêtre, était tombé sur la tête d'un capitaine. Il avait aussi caché une pie dans les draps de son maréchal des logis. Les punitions pleuvaient. Paul Weiss dépêcha Louise pour amadouer le colonel.

« Depuis sa visite à *La Vallée*, son point de vue sur moi s'était quelque peu modifié et il se plaisait à soupirer :

« — Ah ! si tu étais un homme !

« A quoi je lui répondais :

« — Je serais tuée [16]. »

Au quotidien, la présence de son père seul semblait procurer à Louise la confiance en soi dont elle avait besoin. Son aspect physique ne la tourmentait plus. Elle se rendait compte que la préfète de Bordeaux et ses invités « qui donnaient le ton en Gironde faute de pouvoir l'imposer à Paris ne m'avaient jugée que comme un bas-bleu mal fagotée », mais cela ne l'impressionnait pas. Elle décida, en allant voir le colonel, de se réformer. « La famille et l'université s'étaient acharnées à détruire en moi les instincts légitimes. Mais il n'était pas trop tard. La vigueur de mon tempérament m'avait permis de surmonter les dégâts de mes expériences charnelles bretonnes et je me sentais une ardeur terrible que personne malheureusement n'avait envie de partager [17]. »

On ne sait rien de ses « expériences charnelles bretonnes », faute de témoins et de témoignages toujours, mais on peut les imaginer. Dans les familles bourgeoises de cette époque, même bien surveillées, les filles curieuses, coquettes ou passionnées, trouvaient moyen de s'instruire des choses de l'amour. Louise ne devait pas être la dernière à vouloir acquérir des connaissances sur ce chapitre. Des garçons en villégiature, comme elle, ou bien des fils de notables du lieu, voire de jeunes paysans, avaient dû répondre à ses avances avec trop de véhémence et pas assez de savoir-faire. Cette année-là, après l'ordre de mobilisation, ils avaient disparu de Saint-Quay et des environs, sans laisser de regrets chez Louise. Mais au moins, ces « expériences charnelles » — complètes ou partielles —, bien que loin de la satisfaire, ne l'avaient pas découragée. On conçoit d'ailleurs qu'avec son tempérament, elle devait être la tentation incarnée pour les individus de l'autre sexe, doués ou non doués. Et elle n'entendait pas se laisser illusionner sur un sujet qu'elle savait capital. Quelques faux départs ne compteraient pas pour elle. On imagine aussi aisément cette « ardeur terrible » qu'elle dit avoir éprouvée.

« Mon frère cadet [Francis], écrit Louise, fut bientôt enseveli à Souchez dans un trou d'obus dont il se dégagea péniblement. Il en resta choqué. Ensuite la grippe espagnole faillit l'emporter à l'hôpital militaire où il se remettait d'une blessure bénigne. » C'est une blessure « légère au muscle du bras », dont Jeanne Weiss parle dans une lettre à son amie Juliette Droz, datée du 26 décembre 1915 [18]. Il y a confusion de date de la part de l'auteur des *Mémoires d'une Européenne*, car la grippe espagnole n'apparaît que plus tard, en 1918.

Ce frère était un problème pour Louise, ainsi que pour ses parents, ses frères et sœurs. En général, tous brillaient dans les études, mais le plus jeune frère André avait rattrapé Francis et passé son baccalauréat avant lui. Il y a toujours, dans les familles, un des membres qui n'est pas conforme à ce qu'on attend de lui. Ces handicaps, plus ou moins sérieux, dont fils ou fille sont atteints, on les cache. On va même jusqu'à les nier lorsque quelqu'un, en dehors de la famille, se risque à les nommer. Louise ne revient pas ailleurs sur l'état de son frère mais on sait que, par la suite, elle s'intéressa à lui, le reçut, l'intégra à sa vie, dans la mesure du possible. Taisant toujours son nom devant les étrangers. Le reste de la famille agit de même, sauf Jenny, médecin neurologue, qui, beaucoup plus tard, discuta franchement de l'état de Francis avec sa fille, comme cette dernière le mentionne dans son livre *Généalogies* [19].

Au début de la guerre, nous l'avons vu, Francis a choisi de

s'engager et il a été reconnu apte à porter les armes. Louise se fait du souci pour lui comme pour les autres. Par ailleurs, elle est aussi angoissée du fait qu'on envoie au front, à la mort, les jeunes hommes les plus doués de la nation. Elle sait que, « du point de vue de Dieu », un homme en vaut un autre, mais, « plus humaniste que chrétienne », elle pense qu'on devrait protéger l'élite. « Plus de Péguy, d'Alain-Fournier, de fils Maspero, de fils Durkheim », se dit-elle. L'un ses cousins, Marc Weiss, jeune interne des hôpitaux de Paris, lui écrivit alors des centaines de lettres, illustrées et constellées de notes de musique. Un brillant avenir de médecin l'attendait. Il ne mourut pas à la guerre mais « après tant de périls une profonde dépression nerveuse le ravagea et il ne put la surmonter ». Elle a été si impressionnée qu'elle publie quelques-unes de ses lettres à la fin du premier tome de ses *Mémoires*[20].

Elle ne fut pas la seule dans sa famille tourmentée par ces situations qui paraissaient alors inextricables. D'autres, comme son oncle Jean Javal, l'étaient aussi. Le frère jumeau de sa mère « qui avait succédé à mon grand-père et à mon arrière-grand-père à la députation de l'Yonne, présidait un conseil de révision à Tours. Il lui revenait donc de décider quels jeunes hommes il enverrait à la mort. Ce choix constant le crucifiait. Il se sentait coupable d'infanticide — différé sans doute — mais d'infanticide quand même. Plutôt que d'expédier inexorablement les plus sains et les plus beaux au carnage, il préféra se détruire lui-même, il se suicida.

« Je revois ma grand-mère effondrée sur le tapis de sa chambre et me souviens de ses hurlements de louve. » La mère de Louise écrit simplement, dans cette même lettre déjà citée du 26 décembre 1915, à Juliette Droz, que son frère Jean « s'est tué d'une balle au cœur. Une profonde neurasthénie accrue par cette guerre que son âme pacifiste jugeait détestable. Sa femme ignore le suicide[21] ».

Louise avait hérité de cette « âme pacifiste », elle en tirait le lyrisme qui l'habitait. Son frère Jacques continuait de trouver la guerre idiote et d'en chercher les mobiles profonds ; ils avaient le même point de vue. Louise pensait à lui plus encore qu'à tous les autres. Elle se tourmenta particulièrement pour lui, quand elle le sut en Belgique, du côté de Poperinghe, au 60e régiment d'artillerie. Il risquait la mort chaque jour.

« Et surtout, surtout, il ne voulait pas tuer.

« Mais son capitaine ne lui demandait pas son avis. Rapidement, l'épreuve se révéla au-dessus de ses forces. Il était resté six semaines sans se déshabiller. Son cheval dormait en marchant. Lui-même dormait sur son cheval. Il pleuvait impitoyablement. Les imperméables manquaient. Les premiers obus au chlore tombèrent autour d'Ypres. » Et Jacques cracha le sang. Durant son évacuation sur un affût de canon, sa colonne vertébrale fut endommagée. Il séjourna en Espagne et en Algérie pour guérir ses poumons, « puis rempila en 1916, dans la DCA, du côté de l'Hartmannswillerkopt. Il retomba malade. [...] Incorporé dans l'aviation au mois d'août 1918, il supplia ses chefs de l'affecter à un poste où il ne massacrerait personne, sa vocation d'objecteur de conscience s'étant précisée ». En novembre 1918, il venait d'obtenir son brevet de pilote. « Mon frère expliquait par notre éducation allergique aux contacts humains que ses grands souvenirs de guerre n'eussent pas été de victoires ou de défaites, mais de révélations sur la psychologie de ses compagnons d'armes[22]. » Louise gardera elle aussi, de ces quatre années, des images qui ne ressemblent en rien aux clichés habituels. Elle y puisera l'horreur de la guerre qu'elle conservera jusqu'à la fin de sa vie et qu'elle répandit de son mieux.

Des années après la fin du cauchemar de la Grande Guerre, elle apprendra que « peu à peu, le plus discrètement du monde pour ne point heurter la férocité des familles, quelques créatures d'exception furent retirées des premières lignes. Ainsi, sans l'initiative d'un peintre bien en cour, Guirand de Scévola, le pays aurait-il perdu des artistes qui le lendemain firent sa gloire. Groupés par Guirand dans une section de camouflage relativement à l'abri, ils n'eurent qu'à peindre de fausses forêts, de faux canons, de faux obus. Dunoyer de Segonzac se trouvait parmi eux, il me l'a raconté ». Le peintre fit aussi autre chose. Je veux parler des dessins bouleversants dans leur simplicité de soldats au front qui portent tous, avec celle de son talent, la marque de son extrême sensibilité, et que l'on peut voir au musée de l'Hôtel des Invalides. Louise remarque encore : « En attendant, je demeure convaincue que si la IIIe République est morte en 40, son Empire colonial déjà virtuellement perdu, la faute en revient à ce massacre indistinct. Les jeunes chefs qui l'eussent sauvée pourrissaient sous les mauvaises herbes qui après l'armistice proliférèrent sur les champs de bataille — jadis terres superbement cultivées. Les États se livrent aujourd'hui à une chasse aux cerveaux qui en dit long sur leurs convictions inégalitaires[23]. »

Le pacifisme de Louise est l'une des raisons qui l'ont conduite à vouloir devenir journaliste. Elle sentait le besoin de s'exprimer sur les grands sujets qui l'obsédaient et voulait une tribune. Quelques femmes, comme Séverine, avaient réussi à s'imposer dans la carrière, mais au prix des plus grands sacrifices. Pour Louise, une occasion se présenta plus tôt qu'elle ne l'espérait et d'une manière tout à fait imprévue.

Un jour, à Bordeaux, Paul Weiss rencontra Justin Perchot, un ancien camarade devenu sénateur des Basses-Alpes, qui errait dans les couloirs du bâtiment où s'était installé le ministère des Travaux publics. Le père de Louise tempêtant contre l'incompétence du gouvernement, Perchot lui proposa aussitôt d'écrire quelques articles dans *Le Radical*, « l'une de ces obscures gazettes qui faisaient alors la pluie et le beau temps parlementaires » et dont il était propriétaire.

« Mon père sursauta d'horreur, écrit Louise.

« — Me prend-il pour un plumitif, ce politicaillon ?

« Je saisis la balle au bond. Ces articles, il pouvait les inspirer. Je les rédigerais, moi, dans le plus grand secret. »

Ces articles, qu'elle signait Louis Lefranc, obtinrent un vif succès. Mais les sujets de récriminations de Paul Weiss s'épuisèrent et Louise lui proposa de continuer sa collaboration au *Radical* avec des sujets de son choix, toujours sous le couvert du secret. Elle promit de continuer d'échapper autant que possible à la censure. Les grands ciseaux d'« Anastasie » avaient supprimé le journal de Clemenceau, *L'Homme libre*, qui reparaissait sous le titre *L'Homme enchaîné*. Louise suivait avec autant de passion la presse que les événements. « Le journalisme m'enivrait », note-t-elle.

L'arrivée de sa mère à Bordeaux l'« enivrait » moins. Ida, la servante dévouée à Mme Weiss, avait dû se plaindre, jugeant néfaste l'influence de Louise. Jeanne Weiss allait reprendre en main la maisonnée. Elle avait mis dans ses bagages « un lainage carrelé de vert » et un coupon de velours noir pour deux robes que sa malheureuse fille devrait porter pendant quatre ans. Elle lut les articles, en vérifia la syntaxe, y découvrit des coquilles, mais dans l'ensemble les estima. « Ce qui m'encouragea », remarque Louise. Mais « la guerre qui m'humanisait avait au contraire libéré en elle de surprenants instincts de châtiments, jusqu'alors contrariés par la longue période de paix et de bonheur dont elle avait joui. Son évolution allait dans le même sens que les hostilités avec ce qu'une exceptionnelle austérité, une maîtrise de soi confinant à l'insensibilité, un inconscient amour du danger comportaient de forces destructrices. Elle constata ma transformation. Je lui appartenais moins. Sa tendresse pour moi s'éteignit graduellement, ce que je ne compris pas immédiatement, abusée par l'intérêt qu'elle portait à mon travail. Et d'abord, elle m'éloigna de mon père, entendant rester seule maîtresse chez elle[24] ».

La tendresse de sa mère, Louise n'en avait encore rien dit. Elle n'en avait pas non plus donné de preuve. Cette phrase m'a surprise, mais, par contre, il est certain que Louise avait « appartenu » à sa mère, sans même s'en rendre compte. Elle n'avait jamais encore pris ses distances, jamais mesuré l'amour qu'elle avait éprouvé. Et cette tendresse qui paraît bien improbable, elle a dû l'imaginer et y croire. Elle ne s'est encore jamais interrogée sur les raisons qui rendaient sa mère si sévère, souvent même agressive à son égard.

Pour la séparer de son père, Jeanne Weiss fit inviter Louise à Arès, chez sa tante Sophie Wallerstein. Il y avait de nombreux autres invités au château. Parmi eux, Jacques et Marthe, le fils et la fille d'Alexandre Millerand, le ministre de la Guerre, avec qui la tante Sophie était fort liée car, après la défaite de 1870, ses parents avaient reçu à Arès les fondateurs de la IIIe République et elle s'était fait un devoir de conserver leurs amitiés.

Louise se rappelle la puissante voiture du ministre s'immobilisant devant la véranda dans un crissement de pneus. Et Alexandre Millerand, qui arrivait directement de Bordeaux, s'installait au coin du feu pour raconter à la tante Sophie les dernières nouvelles des tranchées. En réalité, il ne lui confiait rien de secret. Il lui répétait les communiqués du Grand Quartier Général « auxquels sa voix ajoutait sans doute quelque chose, mais si peu : un demi-ton supplémentaire d'espoir, un soupir de confiance ». Louise trouvait « assommant » ce ministre que sa tante choyait, « prisant le double fait qu'Alexandre Millerand avait été socialiste, preuve de sa volonté de justice, et qu'il ne le fût pas resté, preuve de son dédain des utopies. De ce progrès social, si cher à la châtelaine d'Arès, si conforme à la tradition de mes aïeux maternels, mon père et ses collègues se souciaient beaucoup moins que de la bonne marche d'une administration qu'ils voulaient sérieuse, intelligente, honnête et respectueuse de la majesté de l'État ». Louise dit encore qu'« aux grandiloquentes motions patriotiques des

Assemblées [Millerand] préférait les rapports des hauts commis qui assuraient l'administration du pays. Aussi la compétence de mon père lui plaisait-elle. Estime réciproque dont ma tante Sophie ne laissait pas de se montrer jalouse ».

Le 20 décembre 1914, le gouvernement regagna Paris et les Weiss se réinstallèrent tôt après dans l'appartement de l'avenue Henri-Martin. Louise poursuivit sa collaboration au *Radical*. Collaboration non rétribuée, croyait-elle, ce qu'elle jugeait très acceptable car, pour une débutante, c'était une bonne façon d'acquérir du métier. Mais voilà qu'un matin son père lui dit que Perchot envoyait un billet de 50 francs — par « lettre chargée », comme cela se faisait alors — pour chaque article de Louis Lefranc.

« [Il] me demanda si je désirais une part de cet argent. Je protestai. Puisqu'il n'était pour rien dans ces articles, qu'il ne lisait même pas, il devait me remettre mes honoraires intégraux. Il s'y refusa en grondant :

« — Les femmes n'ont pas besoin d'argent !

« Or les vingt francs qui m'étaient alloués chaque mois pour mes livres, mes déjeuners d'étudiante, mes charités, mes bas, mes gants, mes moyens de communication ne me suffisaient pas. Faute de tickets d'omnibus, je revenais souvent à pied de la Bibliothèque nationale, où je préparais une thèse de doctorat sur la poésie politique du XVIe siècle — thèse que les événements me contraignirent de laisser en plan.

« Je vis rouge :

« — Ce sera tout ou rien. »

« Mon père essaya de négocier, mais en vain. » La jeune personne résolue qu'elle était continua à envoyer gratuitement ses articles au *Radical*. Ses gains s'accumulaient dans un tiroir de la commode de son père, entre les mouchoirs et les chaussettes. « Un autre matin, son café avalé, mon père, sans un mot, me lança au visage une volée de billets et sortit de la salle à manger en claquant la porte. Je ramassais ces coupures sur le tapis. »

Louise était déterminée à suivre le chemin ouvert devant elle, mais après son retour à Paris, elle était aussi prête à aider sa grand-tante Sophie et l'une de ses cousines. Sophie Wallerstein et sa nièce Marguerite Javal, la fille de son frère Ernest qui avait été directeur de l'Institut des Sourds-Muets, avaient fondé l'une Le Vêtement du prisonnier de guerre, l'autre Le Secours aux dépôts d'éclopés. « Malgré leur orgueil », l'une veuve, l'autre célibataire, elles apprenaient à avoir un comportement modeste, n'ayant pas de fils à sacrifier, raconte Louise. Toutes les deux avaient installé leurs bureaux sur les Champs-Élysées. Sophie au numéro 63, dans un immeuble prêté par la comtesse de Béarn, Marguerite du côté pair. Louise fut impressionnée en voyant la file de camions chargés des dons de leurs œuvres aux victimes des Allemands. Sophie Wallerstein « a commencé modestement en novembre 1914, avec la volonté de venir en aide aux prisonniers et 20 paquets par jour. [....] En 1917, 300 femmes bénévoles confectionnent de 1 000 à 2 000 paquets par jour pour desservir 350 camps répertoriés dans un vaste fichier[25] ». On imagine l'organisation que cela représente : il faut acheter les vivres, le linge, les vêtements, les médicaments que contiennent les colis, tenir les fichiers à jour, etc. « Des tonnes de vêtements partaient également pour Schaffhouse et Zurich pour les femmes, enfants et vieillards des départements du Nord que les Allemands avaient déportés dans les pays du Rhin avant de se décider à les renvoyer en France[26]. »

Le Vêtement du prisonnier brassait des millions et Sophie Wallerstein engagea un administrateur, M. Lévi-Strauss, un industriel parent de l'ethnologue. M. Franck Puaux, un protestant de haut lignage, faisait aussi partie du personnel de la tante. « Son ascendant direct, Claude Puaux, participait, en 1586, à l'Assemblée protestante de Privas. Pétri des traditions huguenotes de l'Ardèche, élève d'Amiel, ami de Gustave Ador, pasteur de l'Église réformée de Stockholm, auteur d'une *Histoire du protestantisme français*, il calmait de ses parfaites manières de T.H.S.P. l'irascibilité de ma tante[27]. » La tante Sophie voulut d'abord employer Louise au service d'emballage, mais celle-ci répliqua : « Ta nièce est restée au temps où tes parents bien-aimés payaient des remplaçants quand l'envie leur manquait de rejoindre les armées. Je trouverai bien quelque monnaie pour t'envoyer ma concierge. » Elle n'allait pas tarder à se servir de l'association caritative pour obtenir des renseignements sur ce qui se passait dans les camps allemands.

Grâce aux deux amis qu'elle s'était faits dans la place, Louise réussit à persuader sa tante qu'un service de propagande s'imposait pour alimenter sa trésorerie toujours déficitaire. Elle rédigea quelques communiqués qu'elle alla elle-même présenter aux journaux. Des rédacteurs lui demandèrent de leur donner des informations sur ces camps de prisonniers. Louise adressa aux captifs des colis « truffés de messages clandestins assortis d'un code pour les réponses ». Il y eut aussi quelques évadés qui apparurent dans les bureaux avec des journaux rédigés dans les camps. Bientôt elle fut en possession d'un dossier qu'elle eut l'idée de présenter au médiéviste Joseph Bédier, membre du Collège de France, qui dirigeait alors une série de publications sur les atrocités allemandes.

Joseph Bédier suggéra à Louise d'écrire elle-même l'étude sur les camps et leurs prisonniers et de la confier à Ernest Lavise, l'historien académicien, qui dirigeait la *Revue de Paris*. Lavise donna l'ordre au secrétaire de la *Revue* « de débarrasser ma prose de son fatras patriotique (fatras que j'estimais sublime) et de la faire paraître immédiatement, m'octroyant ainsi le pas sur les auteurs en renom devenus inactuels ». Il y avait des exactions commises aussi bien contre les déportés civils que contre les militaires, mais il ne s'agissait pas d'extermination. Ses renseignements furent repris par toute la presse. Les colis arrivèrent en quantité, des familles venaient aux nouvelles avenue des Champs-Élysées, les dons affluaient. Mais, « secouée de rage, Sophie Wallerstein, brandissant mon premier article, m'accusa d'exhibitionnisme, d'abus de documents, de perversion littéraire, de relations coupables avec les prisonniers. Ces prisonniers lui appartenaient. Personne, en dehors d'elle, n'avait droit d'en faire usage ». Les femmes de cette famille ne sont pas des petites natures ! Exclue du côté impair, Louise traversa l'avenue et alla proposer ses services à Marguerite Javal, elle aussi toujours en déficit.

Marguerite se montra prête à l'envoyer porter des secours aux éclopés, et Louise partit en expédition, en compagnie d'une des collaboratrices de sa cousine, Marguerite Hentsch, d'une famille de banquiers genevois. « Les Éclopés étaient des soldats particulièrement malheureux. Trop malades pour rester dans les tranchées, pas assez pour être admis dans les hôpitaux surchargés de l'arrière, ils passaient non pas à côté du danger mais à côté de la gloire. Personne ne les plaignait. On les trouvait même ridicules avec leurs furoncles, leurs fluxions, leurs entorses, leurs migraines, leurs rhumes, leurs coliques. Parqués dans de mauvaises baraques — des écoles évacuées, des docks sifflants de courants d'air, des églises aux clochers effondrés — ils attendaient, broyant du noir, des jours meilleurs. Marguerite leur envoyait des lainages, des cigarettes, des douceurs. Un officier lui avait signalé la révolte qui couvait dans plusieurs dépôts de la région de Sermaize. Le rude hiver 1915-1916 s'éternisait. »

Louise et Marguerite Hentsch partirent dans une grande voiture découverte où avait été arrimée une pyramide de colis. « Au terme de routes couvertes de neige ou verglacées, [elles distribuèrent] leurs colis à des hommes en mauvais état, mal soignés, en peine de courrier, incertains de leur destinée, tarabustés par des officiers obéissant à la consigne de récupérer le plus de combattants possible. Les caisses que nous devions récupérer en chemin dans les gares n'étaient pas arrivées. Le désordre des services de transports et étapes de l'arrière nous parut monstrueux et nous revînmes à Paris, outrées. Ma cousine me proposa d'ameuter son comité présidé par Mme Jules Ferry, la veuve du grand homme d'État, assistée par Mme Ferdinand Dreyfus, la femme d'un influent sénateur [28]. »

Louise prépara un rapport et demanda à sa cousine l'autorisation d'en faire paraître l'essentiel dans *Le Radical*, « grâce au concours d'un certain Louis Lefranc ». Marguerite Javal fut d'accord, elle se réjouissait à l'avance du scandale. Mais d'abord elle emmena Louise chez Mme Jules Ferry lire son rapport aux membres du comité du Secours aux dépôts d'éclopés, qui s'en montrèrent « fort émus ». Et Louise écrit qu'elle rentra ensuite chez ses parents « la conscience tranquille ».

Louise ne se doutait pas des suites qu'allait avoir son succès chez Mme Jules Ferry. La véritable identité de Louis Lefranc fut révélée à partir de cette lecture. Mme Ferdinand Dreyfus parla à son mari du rapport qu'elle avait entendu et de l'auteur, parente de Mlle Javal. Quand parut l'article du *Radical* sur le même sujet, le sénateur fut également frappé. Ils ne tardèrent pas à rapprocher les deux et Ferdinand Dreyfus dit à son collègue Justin Perchot :

« — Alors, sagouin, c'est ainsi que tu fais rédiger tes éditoriaux par un tendron aux tresses blondes ?

« — Quel tendron ?

« — Louis Lefranc.

« Les deux compères s'expliquèrent [29]. »

À son tour Justin Perchot, qui connaissait bien Paul Weiss, usa de prudence pour faire savoir qu'il avait découvert le subterfuge. Mme Perchot invita les Weiss à l'Opéra, leur demandant d'amener leur fille dont la sienne eût été heureuse de faire la connaissance. Après avoir consulté son mari, Mme Weiss répondit qu'hélas, précisément ce jour-là, Louise allait être retenue ailleurs. Mais quand, pour rendre la politesse, ils invitèrent les Perchot à dîner, il leur fut impossible de la cacher. Après le repas, au moment du café, servi par Louise, le sénateur attira la jeune fille dans un coin du salon et lui dit à mi-voix :

« — Ma chère Louis Lefranc, vous plairait-il de devenir ma secrétaire ? »

Puis lui ayant raconté comment il avait appris l'identité de ce mystérieux collaborateur, Perchot demanda :

« — Je casse le morceau ?

« — Oh oui ! » s'exclama Louise.

Et le sénateur lui proposa de l'engager régulièrement, pour 500 francs par mois. Les Weiss firent contre mauvaise fortune bon cœur.

Dans tous les souvenirs de cette période de sa vie, Louise rapporte, sans la signaler, une distance étrange entre ce qu'elle accomplit et l'attitude de sa famille qui la traite comme une adolescente irresponsable.

IV

Succès professionnels, tragédie personnelle

À Paris, la vie continuait, cette vie de l'arrière qui avait mauvaise réputation auprès des « poilus », à cause des « embusqués ». Pourtant ces non-combattants profiteurs de guerre n'étaient qu'une frange de la population de la capitale. Ils provoquaient la colère parce que leur existence, leurs actes mercantiles apparaissaient comme une insulte pour tous ceux qui, à chaque instant, risquaient la mort dans ces batailles dont le public savait à présent l'horreur. En dehors de ces soldats handicapés que, d'ailleurs, on ne rencontrait pas en grand nombre, le spectacle de la rue ressemblait à celui du temps de paix, il offrait la même diversité, les mêmes couleurs. Les femmes y prenaient part, comme avant, et le plus souvent, en les regardant, on ne remarquait rien d'inhabituel dans leur comportement. Pour elles, cependant, dans toutes les classes de la société, des changements s'étaient produits. Elles devaient remplacer les hommes sur les lieux de travail qu'ils avaient désertés pour répondre à l'appel des armes. À la maison, elles se retrouvaient sans eux.

Son âge et la situation de sa famille font que Louise se préoccupe peu alors de leur sort. Elle mentionne l'engagement des deux femmes qui l'ont le plus marquée : sa mère et sa grand-tante Sophie. Le travail de Mme Paul Weiss dans des ouvroirs, qui passent pour être le refuge de femmes du monde inexpérimentées, indisciplinées ou dans des services de gériatrie des hôpitaux, ne semble guère utile. Tandis que l'utilité du Vêtement du prisonnier de guerre, de Sophie Wallerstein, est unanimement appréciée et l'organisation mise sur pied par sa fondatrice est souvent citée en exemple, ce qui ne coïncide pas avec le jugement de Louise.

D'ailleurs, après ses entreprises réussies de Saint-Quay-Portrieux, Louise était bien déterminée à ne pas se lancer de nouveau dans l'assistance aux blessés ou aux malades. Elle était satisfaite de ce que l'offre de Justin Perchot lui avait permis d'accomplir et considérait son passage au *Radical* comme une expérience positive. Elle se voyait déjà poursuivant une carrière de journaliste politique qui lui permettrait de défendre ses idées, de plus en plus précises, sur la guerre et sur la paix. Mais il lui fallait d'abord se faire connaître. Son diplôme d'agrégée de l'université ne suffisait pas puisqu'elle n'allait pas suivre une carrière d'enseignante. Personne ne savait qu'elle le possédait. Elle voulait être reconnue pour sa propre valeur, elle n'avait pas le désir d'appartenir à une institution. Elle s'apprêtait à évoluer dans un milieu tout à fait différent de celui de la fonction publique. Un milieu touché comme les autres par la guerre, mais où on faisait semblant de continuer à mener la vie d'avant.

Tout autant que les relations de ses parents, les alliances de sa famille aidèrent Louise à prendre pied dans la société parisienne. L'un de ses cousins était le beau-frère de Claire de Jouvenel, née Boas, « une ravissante et richissime hôtesse ». « M. Boas père prétendait, avec ses écus, à un gendre titré mais dreyfusard. L'oiseau n'était pas facile à dénicher. Henry de Jouvenel le séduisit. Il était éloquent, un brun aux yeux de velours, de carrure superbe, à la bourse plate et aux goûts fastueux », raconte Louise intéressée, tout comme sa mère, par les histoires de famille et les généalogies [1]. Claire eut un fils, Bertrand. Elle conserva le nom de Jouvenel après son divorce et le remariage, en 1912, du bel Henry avec Colette, l'auteur des *Claudine*, divorcée de Willy depuis deux ans.

Claire habitait un somptueux appartement boulevard Saint-Germain. Louise appréciait ses invitations à déjeuner. « Le spectacle y était d'une fantaisie frisant l'aberration. Les invités arrivaient en surnombre. [...] Quelquefois, Claire oubliait ses commensaux et n'apparaissait alors que dans l'après-midi, ondulant dans ses boas de plumes, les cheveux fleuris de violettes. » Le repas, toujours excellent, et presque terminé, il arrivait à la maîtresse de maison de ne pas reconnaître ces personnes qui lui demandaient de les excuser de s'être mis à table sans l'attendre. Chez Claire de Jouvenel, Louise rencontra Philippe Berthelot, futur secrétaire général du Quai d'Orsay, qui présidait souvent les déjeuners. Il l'invita à écouter, dans le salon de l'hôtel particulier qu'il avait fait construire boulevard des Invalides, Paul Claudel lire des pages de *Connaissance de l'Est*. Il lui présenta un autre hôte de Claire, celui qu'elle appelle « le doux Jean », Jean Giraudoux. Anatole France aimait lui aussi figurer parmi les invités. Louise était « fascinée » par « cette drôle de société ». Un jour, « deux godelureaux, étranges éphèbes » : André Germain et Maurice Rostand traversèrent le salon « sur leurs rotules » en s'exclamant « Maître ! Maître ! » pour aller baiser la main de l'auteur des *Dieux ont soif*.

Amusée par le comportement de la maîtresse de maison, ainsi que par celui des hôtes et par les conversations, Louise parvenait à oublier la guerre. Ce qui ne lui arrivait nulle part ailleurs. Elle se préoccupait toujours beaucoup du sort de ses frères et de leurs amis, ne pouvant accepter ces sacrifices humains dont les progrès de la science servaient à multiplier le nombre. Elle rencontra aussi chez Claire le colonel Peppino Garibaldi, le petit-fils de Giuseppe, et son père Ricciotti, chef de la légion garibaldienne combattant en France. Ils étaient beaux l'un et l'autre — ce qui ne lui déplaisait pas — et comme elle admirait le grand homme de la famille, elle les fit inviter par sa mère à deux déjeuners successifs, dont l'un présidé par son père qui ne comprenait pas ce qu'il faisait là. L'Italie n'avait pas de charbon et, si elle entrait dans la guerre aux côtés des Alliés, il ne pouvait être question de lui en donner, pensait Paul Weiss.

Le traité de Londres, signé le 26 avril 1915 entre l'Italie et les Alliés, était tenu secret mais Claire avait appris que Gabriele D'Annunzio, alors au sommet de sa gloire littéraire, devait se rendre le 5 mai à Quarto, près de Gênes, au Rocher des Mille pour prononcer un discours. Une façon de susciter l'enthousiasme du peuple italien en rappelant que mille partisans de Giuseppe Garibaldi, en 1860, s'étaient embarqués là pour aller libérer la Sicile. Les deux descendants de Garibaldi accompagneraient le poète et Claire de Jouvenel parvint à décider Jeanne Weiss à partir avec eux, jouant la carte du souvenir des Chemises rouges qui avaient enflammé le cœur des Français. Elle réussit même à obtenir que Louise vienne également. « Décision si cocasse que je fus stupéfaite d'entendre ma mère la proclamer, écrit Louise. Mais quoi ? Son père avait eu de l'amitié pour Zola ; fillette, elle avait suivi les obsèques de Victor Hugo ; les couvertures de ses cahiers d'école étaient illustrées de hauts faits de Garibaldi et de Gambetta — images et aspirations si bien enchevêtrées en elle qu'elle croyait prolonger à Quarto une sorte d'épopée personnelle[2]. »

Louise voyage dans le wagon réservé de Gabriele D'Annunzio. Elle trouve le poète « incroyablement laid et charmant ». Elle fera un compte rendu de l'expédition et des cérémonies de Quarto qui lui a été commandé par Valentine Thomson, la fille du ministre de la Marine britannique, pour son journal *La Vie féminine*. L'article fut publié mais Louise ne fut jamais payée. C'était son premier reportage à l'étranger.

La collaboration officielle de Louise au quotidien de Justin Perchot débute après cette aventure. Ses projets ne correspondent pas à ceux de son patron : Louise sait pourquoi et comment elle veut exercer sa profession de journaliste, tandis que Justin Perchot lui dit : « Lisez *L'Officiel*, pour le reste votre imagination y suffira. » Aussi n'a-t-elle pas l'intention de se laisser enfermer dans le bureau de ce sénateur sans ambition pour son journal. Selon leurs conventions, elle écrit le « Premier Paris » de chaque numéro, qu'elle lui apporte le matin pour paraître le lendemain sous le titre : « C'est la guerre ! » Elle n'est certes pas dénuée d'imagination et s'en donne « à cœur joie de récriminations et de prophéties », mais elle manque d'informations directes. Et elle se rend compte que Perchot ne lui procurera pas les moyens d'en recueillir. Sa collaboration au *Radical* ne pourra durer.

La jeune fille veut avoir la possibilité de voyager. Elle veut travailler sur le terrain, approcher des spécialistes qui l'informeront directement. Les milieux politiques l'attirent. Elle veut participer à l'élaboration des prises de position, influencer des décisions par son action. Elle est consciente de ses possibilités, de son talent. Elle a besoin d'une vraie tribune. Une tribune libre, telle qu'elle l'entend. Celle dont elle dispose ne le sera jamais.

Elle n'ignore pas qu'il lui faudra du temps pour trouver ce qu'elle souhaite.

En 1916, après la publication du livre de Clemenceau *La France devant l'Allemagne*, Louise réussit à en parler à l'auteur. Elle était allée lui porter des notes de son père sur le déficit de la France. Elle avait apprécié le livre où elle dit avoir trouvé une analyse des ambitions allemandes qu'Hitler allait « réincarner » vingt ans plus tard. Elle commence de côtoyer des hommes politiques, des personnages en vue et ses *Mémoires* sont truffés d'anecdotes les concernant : Georges Mandel, les Jouvenel — Henry et son frère Robert —, Anatole de Monzie, l'historien Aulard et son futur gendre Albert Bayet, parmi d'autres.

Perchot semblait disposé à utiliser Louise au maximum pour son journal et souhaitait aussi se décharger sur elle de tâches qui l'ennuyaient. Ainsi lui demanda-t-il de préparer un rapport qu'il devait déposer au Sénat sur la limitation des bénéfices des industriels travaillant pour l'armée. Louise fit ses recherches avec l'aide d'un contrôleur général, ami de Perchot, qui réglait au ministère de la Guerre la passation des marchés. Elle ignorait tout dans ce domaine et s'en remit au fonctionnaire, un « total crétin », jugea-t-elle plus tard. Si bien que le rapport du sénateur « endoctriné par un fonctionnaire bilieux et une agrégée saoule de théories éclata comme une bombe au Luxembourg ». Il était temps pour Louise de travailler ailleurs. Perchot le comprit aussi mais il s'était pris d'affection pour elle et n'avait pas envie de s'en séparer. La vie, toujours aussi imprévisible qu'inventive, allait se charger des changements.

À un déjeuner chez Claire Boas, Louise se trouva assise, en bout de table, à côté d'un lieutenant inconnu, Milan Stefanik. « L'homme était petit, le col court, les épaules trapues, le front dégagé par un début de calvitie. Il maniait ses couverts d'argent avec une précision qui me frappa. Ses doigts manucurés appartenaient à des mains pâles qui sortaient à peine des manches trop longues de son dolman. » À la question « Que faites-vous ici ? » il répondit : « Je fais le grand-duché indépendant de Bohême » et Louise demanda encore : « Alors vous êtes tchèque ? » Comment le savait-elle ? Parce qu'elle avait étudié l'histoire. Elle avait lu les cinq volumes sur la Bohême de František Palacký. Elle savait donc que les Tchèques avaient été battus par les Impériaux à la Montagne Blanche en 1620 et le royaume de Bohême était alors devenu une province de l'Empire autrichien. En 1848, Palacký présida le Congrès panslave, Rieger rédigea la Charte de la Bohême, il prit part à l'insurrection. La même année, la révolte, qui avait commencé en Bohême et s'était étendue aux autres nations de l'empire, fut cruellement écrasée à Prague par le maréchal Windischgraetz. En 1867, Rieger, hostile à la double monarchie austro-hongroise, reparut sur la scène politique. Il est l'auteur de la Déclaration nationale de Bohême, en 1868. Milan Stefanik lui raconta à son tour qu'« engagé volontaire, il avait survécu à la meurtrière retraite de Serbie ». Pour le moment il était affecté à une escadrille qui se hasardait en courtes missions de reconnaissance au-dessus des lignes ennemies — ce qui était déjà beaucoup pour l'époque. Un général était venu inspecter l'escadrille. Le commandant lui avait expliqué que ses avions ne pourraient pas prendre l'air le lendemain. Le mauvais temps les en empêcherait, lui dit-il. Ce général, c'était Foch.

« Milan Stefanik était sorti du rang et avait dit à Foch :

« — Mon général, je vous assure que demain il fera beau.

« Le soleil brilla, en effet. »

Surpris, Foch se renseigna. Il apprit que ce jeune officier d'origine étrangère avait étudié à l'Observatoire de Meudon et Anatole de Monzie lui avait confié, en 1913, la mission d'obtenir la concession des installations de TSF en Équateur. Jusqu'à la veille de la guerre, Milan Stefanik avait travaillé à Quito.

Les invités de Claire de Jouvenel étaient partis depuis longtemps quand Louise et Milan Stefanik prirent congé l'un de l'autre. Louise lui avait fait raconter toute sa vie et elle était « transportée de passion ».

Né le 21 juillet 1880, en Slovaquie, à Kosariska, un hameau de la commune de Brezova, Milan Ratislav Stefanik était fils de pasteur. Il reçut pour tout héritage une solide éducation. Puis il partit étudier l'astronomie et les mathématiques à Prague. À l'Université technique, il suivit les cours du philosophe Thomas Masaryk. Dès 1901, il épousa la cause du rapprochement tchéco-slovaque et collabora à des revues nationalistes et libérales[3]. Il avait souffert de l'oppression hongroise « féodale, catholique, obscurantiste et policière ». Pauvre et la haine de la domination des Habsbourg au cœur, il arriva à Paris sans argent. Janssen lui ouvrit son foyer et son laboratoire de Meudon. En 1912, Stefanik demanda et obtint la nationalité française.

Louise était comblée. Elle découvrait une cause qu'elle pouvait faire sienne et à laquelle elle se dévouerait, partageant l'action d'un homme qu'elle aimait et qu'elle allait, croyait-elle, conquérir. Pour elle, il ne faisait pas de doute non plus que Milan était un génie. « Je n'éprouvais pour lui aucun attrait physique, mais je lui appartenais sans réserve, spirituellement. Il m'emploierait pour sa cause, comme bon lui semblerait[4]. » Ils se revirent bientôt après leur première rencontre. En fait, tout en lui l'enchantait. Elle aimait qu'il fût pauvre. Un vrai pauvre. Il habitait au dernier étage d'un immeuble dont les fenêtres donnaient sur la prison de la Santé, l'appartement était « minuscule », « meublé d'un lit de fer et de quelques casseroles. Mais sublimant ce quotidien, une vitrine remplie de coquillages, d'oiseaux et d'instruments de navigation brillait dans un coin. [...] Toutefois rien ne comptait à côté du télescope gros comme un obusier qui, pointé au travers de l'une de ses fenêtres, permettait à Milan Stefanik d'observer le ciel de Paris ». Il lui parlait de l'empire sclérosé des Habsbourg, des espoirs des Slaves, de l'effondrement prochain des tsars. « Il définissait la Sibérie comme l'un des berceaux de la future industrie mondiale. Je m'étonnais. Les grands lacs de l'Asie du Nord, me démontrait-il, ses grands fleuves, voies de pénétration vers les régions polaires qui ne resteraient pas toujours glacées, appelaient l'hydravion à patins ou à flotteurs. Je pouvais tenir pour certain que les télécommunications encombreraient l'atmosphère terrestre [5]. »

Ses discours politiques entremêlés de souvenirs, aussi longs et détaillés que ses prédictions futuristes, Louise était prête à les écouter. Elle ne se lassait pas de la voix, de la présence de cet homme. Hélas, Milan s'absentait souvent. Et « nos rapports amoureux restèrent toujours maladroitement définis. À essayer maintenant de les préciser, je les résumerais ainsi : une communion spirituelle totale dans un climat d'ascétisme inhumain. Pour l'équilibre et l'orientation de ma jeune vie, aucune aventure sentimentale ne pouvait être plus néfaste. En me contraignant à séparer le moral du physique, ségrégation combien douloureuse ! elle accentua le caractère masculin de l'esprit dont la nature m'avait dotée et me barra à plusieurs reprises le chemin du bonheur pour lequel j'avais été élevée [6] ».

Passons sur « le caractère masculin de l'esprit » qui rappelle une théorie aujourd'hui dépassée mais à laquelle il est intéressant de voir l'auteur des *Mémoires d'une Européenne* se référer. Passons aussi sur « le chemin du bonheur » : je ne crois pas à une Louise s'établissant jeune dans une relation amoureuse qui eût supplanté, pour plus ou moins longtemps, sa carrière de journaliste ; mais il est certain que cette étrange passion ne pouvait être bénéfique. Habité, plus qu'elle encore, par le but qu'il s'est fixé, poursuivant un idéal auquel il est prêt à tout sacrifier, Stefanik est d'une énergie indomptable en dépit d'un mauvais état de santé. Quelques semaines après le déjeuner chez Claire de Jouvenel, il est opéré d'un ulcère à l'estomac. De grandes douleurs physiques allaient l'obliger, par périodes, à cesser toute activité. On peut concevoir qu'elles ne le portaient pas à l'ardeur dont Louise rêvait.

Mais pour fonder la Tchécoslovaquie, Stefanik comptait sur le dévouement de sa nouvelle amie. Peu de temps après son opération de l'estomac, il créa à Paris, avec Thomas Masaryk et Edvard Benès, le Conseil national des Pays tchèques. Masaryk arrivait de Londres, Benès s'était échappé de Prague en septembre 1915. Stefanik s'empressa de les faire connaître tous les deux à Louise. Masaryk n'avait pas d'ambition politique. À Paris, il rencontra Briand à qui il expliqua que pour casser le pangermanisme il fallait morceler l'Autriche-Hongrie et réduire l'Allemagne à ses propres forces. « Thèse qui fut progressivement admise par les Alliés », ajoute Louise qui demanda à sa mère de recevoir solennellement à dîner Thomas Masarik, « ce grand maître de la pensée démocratique, ce révolutionnaire contempteur d'un ordre datant de Charles Quint — ce à quoi elle consentit volontiers, fière de continuer la tradition de Léopold Javal [son grand-père] ouvrant les portes de son domaine de Grandchamp, près de Saint-Germain-en-Laye, à Palacký et à Rieger. Lorsque Thomas Garrigue Masaryk accompagné d'Edvard Benès, un autre réfugié politique, entra dans notre salon, mon père en eut le souffle coupé ! Il se trouvait en face de deux intellectuels sérieux, pauvrement mais décemment vêtus, parlant mal le français et qui n'étaient après tout que des Boches — des Austro-Boches évidemment, mais des Boches quand même ! Que fricotait sa fille avec ces conspirateurs sans feu ni lieu ? Dostoïevsky et autres ivrognes de la taïga, de la steppe ou du tchernoziom ne lui avaient jamais rien dit qui vaille. Un froncement de sourcil de ma mère le réduisit au silence. Il soupira, résigné[7] ».

Cette scène brève, recréée par la mémoire de Louise, montre ce qu'étaient les relations entre ses parents et illustre en quelque sorte le terrible aveu de Paul Weiss lors de la dernière visite de sa fille. L'importance de Jeanne Weiss dans la famille est incontestable après ces quelques lignes, ainsi que l'influence qu'elle exerça sur Louise. Jeanne Weiss décida des séjours à l'étranger de son aînée, comme elle décida — et pour les mêmes raisons politico-sociales liées à sa famille — du voyage à Quarto. Louise ne l'oublie pas. Ces liens familiaux renforcent ses tendances et déterminent certainement son choix de Stefanik.

Au cours de l'été 1916, Milan partit brusquement pour Moscou, en passant par Londres et Mourmansk. L'administration tsariste se méfiait de l'influence de Thomas Masaryk sur les Tchèques de Russie. Elle voulait retirer toute autorité au Conseil national des Pays tchèques, en créant des scissions. Stefanik avait pour mission de mettre fin à ces manœuvres ; officier français il avait l'appui du gouvernement. Louise accompagna Milan à la gare du Nord et il lui remit une rose « dont je possède encore les pétales enfermés dans une boîte d'écaille ». Il réussit à assujettir les groupes tchèques de Russie au Conseil national de Paris par un accord signé à Kiev en août 1916. Mais de nouvelles intrigues tsaristes firent échouer cette convention. Et la révolution de février 1917 bouleversa tout ce que Stefanik avait entrepris.

Sa passion pour l'un des fondateurs de la future République tchécoslovaque décida Louise à quitter *Le Radical* pour travailler avec un « publiciste », Hyacinthe Philouze, personnage aux « qualités des plus contestables. Maître chanteur à l'occasion », dit de lui Perchot, qui se méfiait et regrettait de voir partir Louise. Philouze avait fait ses classes chez les jésuites de Lyon et ses premières armes au *Nouvelliste*, journal lyonnais qu'il avait quitté pour ne s'occuper que de journalisme financier. Il avait aussi été rédacteur de la page financière du *Journal*, trempant alors dans « mille combinaisons. Trop ou pas assez réalistes ? Impossible à dire ». Bien que n'ayant pas envie de « collaborer avec ce bellâtre besogneux », Louise lui déclara, en pensant à Milan, qu'un seul projet l'intéresserait : une revue politique qui s'appellerait *L'Europe nouvelle*. Philouze — associé avec un ami, un autre publiciste, « encore plus louche, Guy Rol » — était attiré par cette idée d'un hebdomadaire. Guy Rol pouvait compter sur de l'argent mis à sa disposition par son ancien camarade de tranchées, un importateur de charbon de Caen, Louis Allainguillaume, lecteur passionné de Tolstoï. Louise serait secrétaire de rédaction et toucherait 750 francs par mois « dont ils ne me donnèrent jamais que 700 ».

Les deux hommes ne poursuivaient pas les mêmes buts que leur recrue. Il était évident que le sort des Tchèques ne les tourmentait pas. Ils souhaitaient simplement tirer le maximum d'argent de leur journal et pratiquer le chantage ne les effrayait pas. Toutefois, Louise reconnaît qu'ayant besoin d'apprendre son métier, Philouze, bon journaliste, lui enseigna « à rédiger, sans m'y reprendre, un article de la longueur précise exigée par des machines impatientes, à dicter des informations, à m'introduire de force dans les cercles où naissaient les événements ». Au départ, elle fit exactement ce qu'elle avait désiré faire et ses deux patrons la laissaient agir à sa guise.

Louise découvrit au fond d'une cour de la rue de Lille un rez-de-chaussée idéal pour installer la revue. « J'aimais les demeures anciennes » et, d'après le propriétaire, Fersen et Marie-Antoinette s'étaient retrouvés dans celle-ci. Le grand salon de musique, dont les boiseries dataient du xviiie, donnait sur un jardin. « À gauche s'ouvrait une pièce de style Directoire décorée de trumeaux en porcelaine à reliefs blancs sur fond bleu pâle et, à droite, une salle à manger où les peintres de faux marbre du Second Empire s'en étaient donné à cœur joie. Côté cour, s'alignaient sous plafond bas deux séries de chambrettes superposées reliées entre elles par un malfaisant escalier. Pas un coin qui ne fût camouflé, délabré, dégoûtant. Le jardin tenait plus de la brousse des fortins que des bosquets de Versailles, et la cuisine, communiquant par un couloir insensé avec le vestibule de pierre, ressemblait à un dépotoir[8]. » La secrétaire de rédaction a carte blanche pour tout mettre en état. Elle est ravie. Elle installe Philouze et Rol dans les grandes pièces et elle choisit une cellule. « Je la fis tapisser de bleu, couleur de mes prunelles. Garnie de coussins gris, une banquette permettait de s'asseoir près de ma table à écrire. Seul ornement de la pièce : la reproduction d'une frise grecque dédiée aux neuf Muses qui me permettait d'apprécier la culture de mes visiteurs. Tous, en effet, s'évertuaient sans y réussir, à réciter les noms de ces filles. Je les appelais mes Amis-à Trois, à Quatre, à Six ou à Huit (Muses). Les Amis-à-Neuf se comptaient sur les doigts[9]. »

Le premier numéro de *L'Europe nouvelle* paraît le 12 janvier 1918. Le format des cinquante-six pages imprimées sur deux colonnes rappelle celui des revues anglaises, avec le sommaire sur la couverture que Louise juge « affreusement » illustrée d'une boule ailée qui représente la Terre volant dans le Cosmos. Le contenu, supérieur au contenant, « fit sensation par son idéologie et sa liberté d'allure, par la place qu'il accordait à la politique étrangère et aux problèmes économiques, par le contexte international toujours présent dans ses commentaires. Une flamme humanitaire éclairait ses propos. Nous annoncions notre désir d'accueillir les penseurs et les artistes de la génération du feu ». Ce commentaire sous la plume de Louise n'a rien de surprenant mais il est certain que le périodique avait de la tenue, et qu'il n'allait pas tarder à compter, pour les confrères et dans l'opinion. C'était la période des pourparlers entre l'Allemagne et la République soviétique qui aboutiraient au traité de Brest-Litovsk. Le président

Wilson venait d'adresser au Congrès son message sur les « Quatorze Points » nécessaires au maintien de la paix.

Le premier éditorial énonçait les idées fortes qui guideraient la publication. Hyacinthe Philouze en était l'auteur. Il ménageait, bien entendu, les positions qu'il comptait prendre selon l'évolution de la situation militaire et diplomatique. Louise n'était pas d'accord avec lui, ne retrouvant que partiellement ce qu'elle voulait défendre. Par exemple : à propos de l'Autriche-Hongrie, il s'en tenait à « un vague souhait d'autonomies internes. Et, en contradiction avec lui-même, il n'avait pas voulu non plus s'engager à soutenir l'idée d'une future Société des Nations. Mais que faire [s'interroge Louise Weiss] ? Il était le patron ». Edvard Beneš, lui aussi, s'indigne. Pourtant il demande à Louise de rester, afin de limiter les dégâts.

Ce premier numéro obtint un grand succès et bientôt les bureaux de *L'Europe nouvelle* accueillirent des visiteurs en permanence. Collaborateurs ou amis. Guillaume Apollinaire apportait des échos qu'il signait « L'Écolâtre ». Grâce à lui, à l'insu de Louise et de Philouze, tous les deux trop occupés de politique et de diplomatie, « *L'Europe nouvelle* manifesta sa sympathie aux cercles littéraires d'avant-garde et rompit des lances en faveur d'inconnus du grand public qui avaient noms : Picasso, Van Dongen, Dunoyer de Segonzac, Vlaminck, Jean Cocteau dont nous aurions pu, sur l'heure, acheter des toiles pour quatre sous ». Le docteur Mardrus, célèbre traducteur des *Mille et Une Nuits*, Maurice Genevoix, Georges Duhamel fréquentaient eux aussi les bureaux de la rue de Lille. Pierre Drieu la Rochelle, « éphèbe au teint brouillé », envoyé par Marcel Sembat, lut à la rédaction *Chant de guerre pour des hommes d'aujourd'hui*, texte qui fut loin d'enthousiasmer Louise.

Les littérateurs ne sont pas les seuls personnages qu'elle apprit à connaître et à juger. Elle évalua vite les politiciens dont les noms restent attachés à ces années terribles. Comme tous les bons portraits, ceux qu'elle en trace la révèlent elle-même autant que ses modèles. Le choix qu'elle fait des événements auxquels ceux-ci furent mêlés, la façon dont elle rappelle leurs positions, leurs opinions, ou dont elle raconte des anecdotes, les situent et soulignent certains traits de leurs caractères.

Louise rêvait toujours d'un avenir partagé avec Milan Stefanik « qui, de son bastion de Bohême, inspirerait la marche du monde ». Elle avait réussi à convaincre Philouze de réserver une large place aux analyses des événements, fondées sur des revues de presse. Les problèmes intérieurs étaient aussi traités. Louis Marin, député de Nancy, écrivit une série d'articles sur les erreurs d'administration du ministère des Affaires étrangères pendant la période critique d'avant-guerre. Benès amena des universitaires de la Sorbonne, spécialistes de l'histoire contemporaine.

Masaryk, Benès et Stefanik s'employèrent si bien à mettre sur pied une armée tchèque que les chancelleries décidèrent de l'indépendance de leur pays dès que la victoire commune fut acquise. Le tourment majeur de Foch, qui dirigeait le Comité exécutif interallié depuis février 1918, était les effectifs. Sans les troupes américaines débarquant à une cadence accélérée, il n'y aurait pas eu assez de soldats. Aussi les états-majors s'ouvraient-ils volontiers aux déserteurs qui n'avaient d'Austro-Hongrois que leurs uniformes. Stefanik, devenu général français, recrutait dans les camps de prisonniers, dans les colonies d'émigrés civils. Il allait d'Italie en Russie, des États-Unis en Sibérie, tout en continuant d'être malade. Il lui arrivait de s'évanouir de douleur pendant ses missions.

Les déserteurs devenaient de plus en plus nombreux dans les Alpes, les Carpates et l'Oural. Et des volontaires s'envolaient des grandes villes américaines. De Chicago surtout. Milan disait à Louise : « Courage ! Restez ce que vous êtes. Nous pensons de même. Nous travaillons unis. À bientôt ! » Il était obsédé par ses différends avec Benès, « ce socialiste primaire, ce révolutionnaire paperassier, ce diplomate tortueux ». Benès, à son tour, le traitait « d'astronome qui se voulait militaire, ce paysan qui se voulait aristocrate, ce politicien qui se croyait génial et n'était que brouillon ». Benès était toujours présent à Paris. Louise apprit à le connaître et à l'apprécier. Une grande amitié naquit alors entre eux et elle s'efforça, en vain, d'apaiser Stefanik. Masaryk était toujours respecté par ses deux compatriotes.

Un État tchèque indépendant avait été reconnu le 3 septembre 1918 par l'Angleterre et les États-Unis, le 28 par la France et le 3 octobre par l'Italie. Les Austrophiles étaient évidemment contre la thèse des Tchèques selon laquelle, si la double monarchie était maintenue, elle se jetterait dans les bras de l'Allemagne, renforçant ses rêves d'hégémonie. Ils croyaient au contraire que le démantèlement de l'Empire austro-hongrois pousserait l'Autriche à se rattacher à l'Allemagne.

L'armistice entra en vigueur le 11 novembre à 11 heures du matin. Louise était dans son bureau, imaginant les périls encourus par Milan Stefanik qui se trouvait en Sibérie. « Les cloches sonnaient, le canon tonnait. Le travail s'était arrêté net alors qu'il me fallait immédiatement décider des directives du numéro qui saluerait la fin du conflit auquel j'assistais soulevée d'horreur depuis quatre ans. La fin ? Du moins en France. La fin ? Pas pour moi, puisque mon cœur était en Sibérie, perdu dans les remous d'événements énormes et confus. Posément, je fermai ma fenêtre. Les cloches cessèrent de m'assaillir. J'écrivis encore un peu et puis, ne résistant plus à la frénésie des Parisiens que je percevais jusque dans ma retraite, je sortis à mon tour. Bientôt je fus entraînée par une foule qui hurlait de joie et de haine. Sans doute était-elle belle cette déferlante mer humaine avec ses drapeaux, ses poilus portés en triomphe, ses armes prises à l'ennemi et traînées le long des trottoirs, ses embrassades, ses farandoles et ses femmes en deuil. Elle me parut affreuse. Pire ! Imbécile. Elle fêtait une victoire à laquelle, certes, j'avais cru, à laquelle j'avais collaboré de toutes mes forces minuscules mais, de seconde en seconde, cette victoire me paraissait moins digne d'être célébrée. Ces manifestants étaient des sauvages. Ils glorifiaient leur manque de sagesse, le triomphe de leur agressivité. Si je l'avais rencontré, je me serais jetée aux pieds du Surhomme qui aurait empêché ce déchaînement, apothéose de tant de massacres insupportables pour le cœur et contraires à la raison. Il n'existait pas ce Surhomme [10]. »

Émouvante profession de foi, que n'eût pas reniée sa mère. Louise, ce jour lointain, se réfugia dans l'arrière-salle d'un café, espérant y trouver la solitude pour rêver à ce qu'était en train d'accomplir Stefanik entre Irkoutsk et Vladivostok dans ce chaos sanglant qu'était la Russie d'alors, pour essayer de ramener ses Tchèques en France, par le Japon et les États-Unis, ou bien en leur frayant un passage à travers la Russie méridionale jusqu'à Prague. Mais bientôt le café fut envahi. « Mon croissant me resta dans la gorge. J'étais seule. Je ne pensais comme personne. »

Comme elle sait décrire l'émotion, le malheur des autres le jour de la déclaration de guerre, elle sait rendre compte des contradictions de l'explosion de « joie et de haine » du 11 novembre et constate sa solitude. En 1914, « [son] cœur n'appartenait à personne », en 1918, son cœur était en Russie et elle ne pensait « comme personne ».

Louise se ressaisit vite. Elle était de moins en moins d'accord avec Philouze et son acolyte. Mais Paris étant devenu le centre de la diplomatie mondiale, Philouze et elle recevaient de nombreuses visites de conseillers, d'experts plus ou moins fiables, plus ou moins attachés aux cabinets des grands partenaires qui préparaient le traité de paix et l'avenir de l'Europe. Ces visiteurs entendaient leur faire prendre position en leur faveur. Louise se lança à fond dans l'étude des problèmes qui retardaient les partages, les nouveaux tracés des frontières. « Et ceux des provinces baltes, de la Lituanie et de l'Ukraine. Et ceux de la Ruthénie, de la Bessarabie, du banat du Temesvar, de la Dobroudja et de Constantinople. Et ceux de Dantzig, de Teschen, de Klagenfurt, du Monténégro, de Trieste et de Fiume. Et ceux d'Irlande et de Catalogne. Et ceux du Liban et de la Syrie, d'Alexandrette, de Mossoul et des dynasties arabes. Et ceux de Mandchourie et du Japon. Et ceux du Vatican et de l'Islam [11]. »

Pendant ce temps, Hyacinthe Philouze et Guy Rol, « le bohème et l'avide », menaient grand train à la revue. Les bureaux furent transformés « non seulement en un pince-fesse, mais en un habitacle où les tractations que je devais ignorer se poursuivaient souvent tard dans la nuit, arrosées de bonnes bouteilles. Des pourboires neutralisaient le concierge », tandis que Louise passait ses soirées chez l'imprimeur, au marbre. Elle serait volontiers partie, mais Benès « me l'avait quasiment interdit ». Louise avait aussi lié amitié avec Hanna, la femme de Benès, qui était restée quatre ans dans les prisons autrichiennes et venait de le rejoindre. Blonde, « n'ayant pas encore dépouillé ses allures provinciales, rougissant à tous propos mais d'une énergie indomptable. Les cheveux tressés au-dessus de son front clair. [...] Elle ne devait jamais complètement se remettre des dures privations matérielles et des tourments moraux de ces quatre années de séparation ».

Par bonheur, durant quelques jours, Louise va pouvoir oublier les tourments que lui donne la revue. Elle accompagne sa famille à Strasbourg pour assister « aux fêtes de la Désannexion, à la commémoration du retour de notre Alsace à la France ». À l'occasion de ce voyage, les Weiss font un pèlerinage à des lieux qui portent la trace de l'histoire ou qui leur sont chers. La puissante voiture qui les emmène tous s'arrête au cœur des Vosges, à l'ancienne frontière, et Paul Weiss ramasse des cailloux qu'il distribue à chacun. Arrivés à Strasbourg, ils vont voir sa maison natale, rue de la Nuée-Bleue, le lundi 9 décembre au matin, pendant que les membres du gouvernement déposent une gerbe au pied de la statue de Kléber. Ils ont apporté aux cousins de la résistance intérieure aux Hohenzollern du café, du thé, du chocolat, de la farine blutée, des épices, « auxquels ma mère crut bon d'ajouter du savon, du fil à coudre, de la laine à tricoter, des bougies. Mon costume d'Alsacienne — la guimpe, le châle, le tablier à fleurettes, le nœud de soie — fut repassé. Il avait autrefois été porté par Grethel, la nourrice de mon père. »

Louise, très honorée, prit place dans la tribune officielle dressée place de la République (« l'ancienne place de l'Empereur », note-t-elle car elle ne l'a connue que sous ce nom). « Pour la première fois, les hommes me trouvaient belle. Cela m'était égal d'ailleurs. Des spahis coiffés de leurs chéchias rouges gardaient les gradins. Je m'assis légèrement en retrait de Raymond Poincaré et de Georges Clemenceau. La veille, en Lorraine, cédant à l'émotion, les deux vieux rivaux s'étaient embrassés. Et un défilé fantastique commença. » Un défilé que Louise l'Alsacienne décrit et qui dura des heures. Puis, en conclusion : « C'était un torrent, une coulée de braise. Personne n'avait prévu sa splendeur, sa passion. Valait-il la mort de deux millions de Français ? Personne non plus ne s'interrogeait. »

Louise n'oublie pas ce qu'a été cette guerre. Son pacifisme ne se laisse pas émousser par les parades militaires, qu'elle apprécie pourtant. Elle ne sera jamais insensible au charme des hommes en uniforme.

Le 14 décembre, Louise était de retour à Paris et assistait à l'arrivée du président et de Mme Wilson, accueillis par le président et Mme Poincaré à la gare du Bois de Boulogne. Alors que *L'Europe nouvelle* informait les Français que l'élection de Wilson s'était faite à une faible majorité, en 1916, et qu'il était fort possible que l'Amérique fût bientôt gouvernée par les Républicains, comme en 1912. Louise rencontra Woodrow Wilson dans le privé, grâce à sir Thomas Barclay, qu'elle décrit comme étant « le conseiller d'Édouard VII, l'un des artisans officieux de l'Entente cordiale ». « Le président me serra la main et me dit un mot gentil, sans plus. Mais je l'observais se déplacer et converser entre un palmier en pot et un buffet sans attrait. Je m'y connaissais en puritains. Le président avait un tempérament de pape auquel ses lorgnons ajoutaient un rien de glace. Ses messages autant de bulles. Or une bulle incite toujours à une certaine indocilité. Et puis, chez les Français, l'idée ou plutôt la sensation d'un pape protestant provoquait un scandale confus très difficile à apaiser. [...] L'impassibilité du président masquait des ardeurs de Savonarole, mais d'un Savonarole sans passé. [...] Faire la guerre à la guerre était son idée. Elle était également la nôtre [12]. »

Durant la conférence de la paix, Louise est sur le qui-vive. Elle se reproche dans ses *Mémoires* son manque d'expérience qui la pousse à affirmer l'avènement d'une nouvelle organisation du monde, croyant qu'une telle affirmation y contribuerait. Philouze, dont l'opinion va dans le même sens que la sienne, est poussé, lui, par son désir de faire carrière à gauche qui coïncide, croit-il, avec son intérêt. Les princes allemands, les aristocrates russes qui s'imaginent réintégrer rapidement leurs palais et leurs terres incitent les Occidentaux à aider les adversaires de la révolution. Elle assure que Kerenski et Milioukov faisaient chorus. Et rien ne se réglait.

C'est durant cette période que Milan Stefanik rentra à Paris le plus rapidement possible après avoir appris, à Tokyo, sa nomination de ministre de la Guerre du premier gouvernement de la République tchécoslovaque. Masaryk présidait le ministère et Benès avait dû « se résoudre » à la décision concernant Stefanik alors qu'il se chargeait des Affaires étrangères. L'air plus malade que jamais, Stefanik comprit immédiatement la place qu'Edvard Benès s'était taillée auprès des plénipotentiaires alliés. Masaryk, « nullement grisé, mesurait l'ampleur de la tâche que lui avait léguée la victoire ». Stefanik, furieux, voulait rentrer à Prague avant Benès, retenu en France par les préparatifs de la signature du traité avec l'Autriche. Il pensait prendre en main la destinée du pays, sous l'égide de Masaryk. Mais Louise n'est pas aveuglée par son amour. Elle reconnaît que Stefanik n'avait plus la même admiration pour son vieux maître, il commençait à le jalouser. Il comptait l'emporter sur Benès, grâce à « sa gloire de chef combattant ». Et, dit-elle, « il avait décidé, pour frapper les imaginations, qu'il descendrait par le ciel, en avion, au milieu de son peuple. Héros de rêve ! La symbolique des Ailes avait alors une force émotionnelle immense ».

Stefanik exposa à son amie, comme d'habitude avec force détails, son action en Sibérie ; la situation telle qu'il l'avait trouvée et comment elle s'était transformée. Le général français Janin, dont la mission avait été de prendre le commandement de toutes les forces alliées en Sibérie, composées de Polonais, de Roumains, de Yougoslaves, d'autonomistes ukrainiens et lettons, de Japonais et de quelques Chinois, avait quitté Paris le 27 août 1918 et devait rejoindre Stefanik à Washington. Les événements qui s'étaient déroulés en Russie avaient modifié leurs desseins. Finalement, la mission du général Janin avait été d'« établir (à partir de la Sibérie) la liaison avec les bases alliées sur l'Océan Glacial et les groupements de la Russie méridionale favorables à l'Entente ». Milan Stefanik, à son retour, pensait que « les Alliés devaient à tout prix se tirer du guêpier trans-ouralien ». Alors qu'à son départ, il avait espéré « combattre le communisme dont le caractère anti-occidental commençait à se dégager ». Louise se fit confirmer ses dires plus tard par un général Janin attristé de l'inutilité de sa propre mission et aussi par sa sinistre visite à la maison Ypatiev à Ekaterinbourg où la famille impériale avait été assassinée et d'où il avait rapporté des débris humains ainsi que des fragments de bijoux, d'objets ayant appartenu aux victimes et dont personne, y compris le grand-duc Nicolas, ne voulait.

Sur le plan personnel, ce retour de Milan Stefanik, qu'elle avait tant souhaité, fut pour Louise « infiniment douloureux » : à Rome, lors du congrès des Nationalités opprimées, en avril 1918, Milan avait rencontré la marquise Giuliana Benzoni qu'il avait revue lors d'un récent voyage en Italie pour organiser le retour de ses soldats en Bohême. Il s'était fiancé avec la marquise, une très jeune fille.

Mieux vaut laisser Louise rapporter avec ses mots le souvenir de leur dialogue et son chagrin :

« Je ne pouvais pas le croire, écrit-elle.

« — Et moi ? lui dis-je.

« — Toi ? me répondit-il en usant du tutoiement pour la première fois. Je voudrais que tu me dises que je suis libre. Je te dois beaucoup, ajouta-t-il. Trop ! Et puis je ne serais jamais ton maître.

« Il l'était pourtant. Il ajouta :

« — Je n'ai jamais rien eu à t'apprendre.

« Muette de douleur, je l'écoutais poursuivre contre moi son plaidoyer :

« — Et puis tu n'es pas innocente, innocente comme cette perle que je lui destine.

« Il ouvrit sa vitrine et me présenta une perle dont l'orient mauve me frappa.

« Il vit mes larmes mais dédaigna de me consoler.

« — Ton expérience est innée, étonnante. Tu te conduis comme un vieil homme d'État, si bien que l'innocence physique n'a chez toi aucune valeur. Tu réfléchis constamment. C'est une vierge que je veux présenter à mon peuple, une vierge de corps mais surtout d'âme. D'âme ! Tu comprends.

« Le silence tomba entre nous. Impossible de combattre Giuliana. D'ailleurs l'idée ne m'en vint pas. La dévotion de Milan pour elle, frêle aristocrate élevée dans un palais au sein d'une puissante famille, ajouterait beaucoup à sa légende — à sa légende qu'il aimait par-dessus tout et que je chérissais comme lui.

« — Je lui ai parlé de toi, me prêcha-t-il, comme de ma meilleure amie. Je lui ai recommandé, si jamais elle se trouvait dans la peine, de s'adresser à toi d'abord. Tu l'aiderais. Promets-le-moi.

« Je pleurais.

« — Tu me restes indispensable, murmura-t-il.

« Brusquement, notre entretien me parut irréel.

« — Vous n'épouserez pas Giuliana, lui dis-je. Ni elle, ni moi, ni personne. Vous n'appartenez qu'à vous-même.

« — Peut-être, ma chérie.

« Nous nous dîmes adieu. L'événement n'avait pas rompu notre attachement. Milan Stefanik repartit pour Rome. Le 4 mai 1919, il monta dans un avion Caproni et franchit la frontière sud de la Bohême. À l'atterrissage, son avion s'écrasa et il fut tué[13]. »

Tous les éléments de la tragédie sont réunis. Y compris la culpabilité. Louise s'imagine avoir jeté un maléfice : « Vous n'épouserez pas Giuliana. » Mais elle n'en dit rien, étant, en digne fille de sa mère, réfractaire à ces pratiques magiques. Pourtant elle est frappée par la coïncidence, puisqu'elle la relève. Quant au reste : l'analyse qu'elle fait de son caractère, de la façon dont le premier homme qu'elle aime la perçoit et se comporte est d'une lucidité qui n'appartient qu'à elle.

Les propos qu'elle prête à Milan Stefanik la définissent clairement. Sans doute croit-elle « innée et étonnante » son expérience. Nous savons que dans le domaine intellectuel sa réussite lui donnait toutes les raisons de ne pas douter de sa valeur. Ce jugement peut très bien être celui qu'elle portait sur elle-même. Mais quand elle lui fait ajouter : « Je te dois beaucoup. Trop ! » c'est vraiment la voix de l'aimé, celle d'un homme voulant ne devoir qu'à soi-même ce qu'il accomplit. De plus, il n'aime pas la concurrence, sa haine de Benès en est la preuve. Il veut surpasser autrui. Être inégalé en tout. Louise a reconnu sa jalousie naissante à l'égard de Masaryk, la figure exemplaire de sa jeunesse, étrangère à l'ambition politique qui dresse les deux disciples l'un contre l'autre. Mais devoir « beaucoup » à une femme est pire encore. C'est vraiment « trop » pour un homme tel que Stefanik.

La conduite de Louise comparable à celle d'un « vieil homme d'État », sa manière de réfléchir « constamment » ont dû lui être reprochées plus d'une fois au cours de sa vie par des hommes qui se détachaient d'elle, s'apercevant vite qu'ils ne seraient jamais son maître — ce qui, comme elle le remarque dans le cas de Stefanik, était faux. Elle admirait totalement son petit général et était prête à le suivre, sans faire aucune réserve sur le choix de la voie qu'il lui eût imposée. Pendant le temps que dura leur relation, elle se voulut soumise à sa volonté et le fut.

Une relation moins étrange qu'il n'y paraît d'abord car Stefanik n'a pas cessé de torturer Louise. Il ne lui épargne aucune souffrance : la fiancée choisie est encore plus jeune qu'elle, d'une classe sociale encore supérieure à la sienne, et, alors qu'elle n'a reçu de lui aucun présent — il lui a juste offert, une fois, une rose —, il lui montre une perle dont il veut faire don à Giuliana. Mais il l'assure, avec une habileté inconsciente, tant il est névrosé lui-même, qu'elle lui « [reste] indispensable » et il lui demande de promettre, étant sa « meilleure amie », d'aider sa rivale. Louise a raison d'écrire : « L'événement n'avait pas rompu notre attachement. » Ce genre de lien est indestructible si l'on refuse de s'avouer sa nature. D'après la façon dont elle relate cette scène, il semble évident que Louise a compris le sadomasochisme de leurs rapports. Quand cela s'est-il produit ? Bien avant qu'elle ne rédige ses *Mémoires*, certes. L'itinéraire de cette femme vouée à la solitude comporte une prise de conscience, nous le verrons, mais celle-ci est encore loin.

La mort de Milan Stefanik fut un immense chagrin pour Louise. Son amour pour cet homme qu'elle avait magnifié et auquel elle se croyait totalement et librement dévouée l'avait empêchée de se sentir seule.

V

Dans l'Europe en lambeaux

La mort de Milan Stefanik fut certainement difficile à supporter mais elle donna à Louise un nouvel élan. Elle renforça encore son appétit de vivre. Dans ses *Mémoires*, la grande Européenne s'en explique, avec une lucidité venue plus tard. Elle croit qu'elle fut, après ce deuil, prête à se garder de l'irréalisme, « fautif de tant de bévues » et du matérialisme, « fautif de tant de bassesse ». Elle prétend qu'elle comprit alors l'impossibilité de « créer une œuvre intellectuelle pour l'amour d'un homme, [de] poursuivre un idéal en femme forte d'une communion totale avec l'être chéri ». Cet être n'existait plus. « Je sentais qu'un moment viendrait où je devrais même renoncer au courage que je tirais de mes noces avec un souvenir. La sagesse était de guérir et de ne pas recommencer. » Elle prête à son ami disparu une vision du futur de l'Europe et de la paix hautement prophétique. Nous avons déjà vu qu'elle le parait de toutes les qualités de la suprême intelligence — pour ne pas utiliser le mot génie qu'elle n'hésite pas, elle, à employer. Elle prétend qu'il avait même prévu la conquête du cosmos. Pourquoi pas ? De plus, il avait toujours des solutions pour les situations incroyables qu'il envisageait. Ce premier amour répondait aux rêves de la jeune femme. Stefanik et elle s'étaient trouvés, leur névrose les avait unis. Et sans doute chacun d'eux se faisait-il beaucoup d'illusion sur ce que leur étrange attachement leur eût permis de construire dans l'avenir.

Louise, rendue à son habituelle solitude et à son inaltérable bon sens, voulait que son travail fût « la plus belle oraison funèbre de Milan[1] ». Ses commentaires, rédigés cinquante ans après les événements qu'ils relatent, ne trahissent pas la jeune femme qu'elle devait être. Ils donnent même le sentiment qu'en les écrivant, elle retrouve sa qualité d'autrefois. Elle apparaît avec l'ingénuité, l'idéalisme de sa jeunesse dans ces passages de ses *Mémoires*.

Louise continue à appartenir au milieu dans lequel elle a toujours vécu. Elle n'a rien renié et demeure, en apparence, la jeune Parisienne du XVIe arrondissement qui vit chez ses parents. Ce qui ne l'empêche pas d'entrer en contact, soit par *L'Europe nouvelle*, soit directement, avec des personnages qui ne sont habituellement pas en relations avec les Weiss. Ainsi dans ses *Mémoires*, elle relate ses rencontres avec Boni de Castellane, qui ne lui plaît guère mais qui, voisin des bureaux de l'hebdomadaire, rue de Lille, passe lui faire le récit de ses aventures amoureuses dictées par la nécessité. Depuis son divorce d'avec la richissime héritière américaine Anna Gould, il avait dû abandonner le Palais Rose et dépendait, pour survivre, de « mères Machins fort diverses ». Louise le décrit « entrant sur le coup de midi à la revue, bombant le torse, l'œil bleu, le poil teint, les joues raidies de paraffine, maniant sa canne à pommeau d'or — inoubliablement élégant. Il déposait sur nos beaux parquets le petit chien aussi soigné que lui qu'il portait sous son bras et claironnait :

« — Misère ! Ma bourse est tellement plate qu'il me faudra encore, cet après midi, honorer de mes faveurs la mère Machin. » Le marquis de Castellane n'apparaissait pas seulement pour conter, sans aucune discrétion, ses bonnes-mauvaises fortunes, il fascinait Hyacinthe Philouze, l'entretenant de rumeurs, de « coups » à tenter dans le monde des affaires. Louise évitait ces discours-là.

Hyacinthe Philouze était un curieux personnage, très intelligent, avec une courtoisie slave qu'il devait à une mère polonaise. Il avait fait ses débuts à Lyon, au *Nouvelliste*, puis, comme je l'ai dit, il avait été chargé de la page financière du *Journal*, le quotidien dirigé par le sénateur Charles Humbert qui, en 1917, l'avait fait racheter avec de l'argent allemand. Philouze était l'amant d'une écuyère, à laquelle il rendait visite à cheval. Sans doute est-ce là ce qui avait amusé Louise, du moins pendant un temps. Elle note aussi que, la dernière fois qu'elle l'avait rencontré, son ancien rédacteur en chef était « saoul et avec une dent ». Elle ne commente pas, nullement apitoyée[2].

Dans ces mêmes carnets de Louise Weiss se trouvent aussi des anecdotes sur le personnel politique de la IIIe République, comme

Henri Chéron, un ministre qui triomphait dans les foires et marchés car il connaissait le nom des bestiaux et des chiens de ses
électeurs. Mais il n'était encore jamais sorti de France (ce qui,
alors, n'était pas aussi rare qu'elle semble le croire), avant de se
rendre aux deux conférences de La Haye où s'élabora le plan
Young. Ce plan qui réduisait considérablement la dette allemande,
comprenait la création d'une Banque des Règlements internationaux pour recevoir et répartir les versements allemands. Comme
au moment où il devait entrer en vigueur, commença la crise économique mondiale, en 1931, Herbert Hoover proposa et fit accepter la suspension du paiement de toutes les dettes pendant un an.
Il refusa ensuite de prolonger le moratoire, ce qui renforça la position isolationniste des États-Unis et la tension internationale.

À cette époque, Louise avait établi sa situation dans le monde
politique. Elle avait ouvertement lutté pour faire triompher ses
convictions pacifistes. « La guerre ne pouvait pas rester l'une des
données premières de l'organisation des sociétés. La codifier, la
limiter, soigner ses blessés, célébrer ses morts, en un mot l'humaniser — Quelle comédie ! Elle était inacceptable. Il fallait la sup-
primer[3] », et Louise l'avait déjà clamé bien haut dans *L'Europe
nouvelle*, l'hebdomadaire qu'elle considéra toujours comme sien.
Elle ne manque jamais de répéter qu'elle en a été l'inspiratrice
depuis le début et d'ailleurs personne ne le conteste.

Il y a, dans les manuscrits déposés à la Bibliothèque nationale,
des carnets évoquant des rencontres qui eurent lieu durant la longue période où Louise habitait encore chez ses parents, apportant
des précisions sur les personnes rencontrées et qui n'avaient rien
à voir avec *L'Europe nouvelle*. Ainsi, des notes se réfèrent à
Nathalie Barney, la célèbre expatriée qui louait, rue Jacob, un
charmant hôtel entre cour et jardin que complétait un petit temple
dédié à l'Amitié. Certains ont toujours appelé cet édifice le Temple de l'Amour, en pensant aux nombreuses liaisons que Miss
Barney entretint, tout au long de sa vie, avec des jeunes femmes,
connues pour la plupart. Ayant entendu mentionner le nom de
Louise, la trépidante Américaine ne voulait pas que ce jeune talent
lui échappât. Elle se présenta, un dimanche, au domicile des
Weiss, avenue Henri-Martin. « Elle aimait attirer chez elle les jeunes lionnes de son temps, écrit Louise. Elle apparut en costume
de tennis clair et souliers plats, dans toute la gloire de ses célèbres
cheveux dorés et de son teint de rose. »

Nathalie Barney était venue pour inviter Louise, mais elle avait su immédiatement apprécier la présence auprès de la jeune fille de « ma très jolie tante Lili Jean Javal qu'elle avait invitée en ces termes : "Vous trouverez chez moi un penseur, si vous aimez la causerie, un danseur, si vous aimez la danse, ou une amie si..." ». Lili Jean Javal était la veuve du frère jumeau de Jeanne Weiss qui, en 1917, s'était suicidé d'une balle au cœur. Sa présence chez les Weiss, lors de la visite inattendue de Nathalie Barney, est une preuve de ces liens qui demeurent et demeureront toujours entre Louise et sa famille.

Nathalie Barney recevait tous les vendredis rue Jacob. Déjà à Washington, en écoutant Jules Cambon, l'ambassadeur de France, elle avait appris ce qu'était l'art de la conversation et ce que pouvait être un salon parisien. La littérature l'intéressait plus encore que la musique et les autres arts. La liste des écrivains dont elle aimait à s'entourer est longue et réserve des surprises par sa diversité. Pierre Louÿs, Robert de Montesquiou, André Germain, André Rouveyre furent des habitués de ses réceptions. Elle réussit à attirer également, à différentes périodes, Paul Claudel, Rainer Maria Rilke, Gabriele D'Annunzio, O.-V. de L. Milosz, Edmond Jaloux, Francis de Miomandre, Lucie Delarue-Mardrus, le docteur J.-C. Mardrus, traducteur des *Mille et Une Nuits*, aussi bien que Rabindranath Tagore, Max Jacob, Ezra Pound ou Paul Valéry. À la fin de sa vie, Remy de Gourmont, qui ne sortait plus depuis des années, écrivit pour elle les *Lettres à l'Amazone*. Ces essais, d'abord publiés dans *Le Mercure de France* dont il était l'un des fondateurs, donnèrent à la séductrice encore jeune et belle la renommée qu'elle souhaitait. D'importantes personnalités politiques fréquentaient également chez elle : Philippe Berthelot, Paul-Boncour, Daniel Serruys, Pierre Mille dont la femme, sœur de Serruys, était « une sculptrice de grand talent », d'après Louise, ainsi que les amies de cœur de cette audacieuse amazone : la duchesse de Clermont-Tonnerre, Liane de Pougy ou Émilienne d'Alençon.

La première fois que Louise se rendit à l'un de ces thés du vendredi, avec sa ravissante tante, « Georges Clemenceau-Gatineau (petit-fils du Tigre) faisait un numéro de claquettes, une mulâtresse au piano accompagnait les acrobaties d'un nègre frénétique. Il y avait André Germain [déjà rencontré chez Claire de Jouvenel] qui dévisageait l'assistance à travers un face-à-main de femme, coiffé de bandeaux "à la vierge", Mme Francis de Miomandre... ». Parmi tous ces invités, Louise connaissait « le frère de Rémy de Gourmont, Jean. Suzanne, la femme de Jean, habillée d'une cape en poils de singe et une guenon sur l'épaule, Adrienne Monnier chez qui fréquentaient James Joyce, Anatole de Monzie, Mathilde Pommès et les gens de la NRF ». La jeune femme remarqua le divan blanc au fond du salon et Nathalie Barney lui dédicaça un livre : « À Louise Weiss qui n'a jamais rougi que de plaisir. »

Ailleurs, au cours de ses sorties dans différents salons parmi ceux qui composaient alors le Paris mondain, Louise rencontra « Mathilde de Morny, fille du duc, demi-frère de Napoléon, toujours habillée en homme ». Dans les mêmes carnets manuscrits, on lit plus loin : « Mathilde de Morny a épousé le richissime marquis de Belbœuf, propriétaire en Normandie. La mère de Mathilde, une Troubetskoï, épousa en secondes noces le duc de Sesto qui aimait bien Mathilde. Le duc de Morny était le fils naturel de la reine Hortense et de Flahaut. Flahaut était le fils naturel de Talleyrand, sa mère descendait de Louis XV par les bâtards. » Et aussi : « Bertrand de Jouvenel dépucelé par Colette à Rosven, près de Cancale, maison offerte à Colette par Mathilde de Morny [...] Jouvenel divorce, motif : il a surpris Colette et Bertrand au lit. [...] Bertrand très jaloux téléphonait pour suivre Colette à la piste. Il restait chez les concierges. Il montait au dessert. Il épousa Marcelle Prat (Maurice Rostand avait été sur les rangs). En réalité, Marcelle voulait épouser Maeterlinck, son oncle[4]. »

Louise avait-elle l'intention de faire quelque chose de ces informations glanées dans un lointain passé et qui resurgissaient soudain ? Ou bien était-ce pour la vieille dame qui déposa ces manuscrits à la Bibliothèque nationale, toujours solitaire malgré elle, un passe-temps qui lui permettait d'exercer sa mémoire ? En les lisant, je m'aperçus que, jusqu'à la fin, elle goûta les anecdotes lestes et rapporta des mots grivois. Cette manière qu'elle avait de se prendre pour un échotier qui ne craint pas les propos salaces est un des traits inattendus de sa nature complexe. Il y en avait maints autres, tout aussi curieux.

Par ailleurs, Louise menait une existence qui ne pouvait exclure la rigueur. Elle travaillait beaucoup, avec la même facilité que durant sa période scolaire et celle où elle préparait l'agrégation. Elle suivait de très près les événements, avait vite réussi à trier les informateurs fiables et savait se faire une opinion « comme un vieil homme d'État », ainsi que le lui avait reproché Stefanik. Ses préoccupations pacifistes et jacobines lui firent désirer être invitée à la signature du traité de paix. Mais les invitations à Versailles étaient rarissimes ; pourtant, décidée à en obtenir une, il était certain qu'elle y parviendrait. Lord Ridell, qui dirigeait la presse de la délégation britannique, lui remit le carton tant convoité, « pour le prix de deux lèvres mouillées appuyées un instant sur mon bras ». Il est évident que Louise n'a pas encore atteint sa période féministe, car sa conduite ne lui procure qu'« un petit remords ». Mais il est vrai que son sacrifice ne peut se comparer à l'importance qu'avait, pour la journaliste de *L'Europe nouvelle*, d'assister à cet événement dont devait dépendre l'établissement de la paix dans le monde.

Louise ne perd rien de ce qu'elle voit ni de ce qu'elle entend. Comme Foch, Briand est absent, à Versailles. Il s'est récusé. Il considère que le traité est « une calamité ». Elle aussi a été déçue par les débats préliminaires et leurs conclusions. Elle prépare le prochain numéro de *L'Europe nouvelle* à paraître juste après la signature du traité, qui a lieu le 28 juin 1919.

Ce numéro, comme les précédents, Louise en a âprement discuté avec son « patron », Hyacinthe Philouze. Elle sait de mieux en mieux comment l'hebdomadaire atteindra le but qu'elle s'est fixé en le créant. Elle parvient à inclure une déclaration de Woodrow Wilson faite, après la signature du traité — qui ne sera jamais ratifié par le Congrès américain —, juste avant que le président ne quitte Paris. Elle a été reçue par Wilson avec un groupe d'intellectuels conduits par Henri Barbusse, l'auteur du *Feu*, qui a obtenu le prix Goncourt en 1916. Le succès immense de ce roman dure encore car les horreurs de la guerre, présentes dans toutes les mémoires, y sont exposées. L'allocution de Wilson reproduite par Louise est sans illusion sur la paix, aussi peu satisfaisante pour les vainqueurs que pour les vaincus. La secrétaire de rédaction — tel est encore le titre de Louise — a réussi à introduire également d'autres articles qui lui tiennent à cœur car ils vont dans le même sens. Mais il y a aussi l'opinion de Philouze, auteur de l'éditorial, prônant la nécessité de satisfaire les « impérialismes majeurs », au nombre de cinq : français, anglais, italien, américain et japonais, afin que leur absence de nouveaux appétits soit la garantie d'une paix durable. Le rédacteur en chef voit en eux la seule force capable de concilier et d'équilibrer les impérialismes mineurs. Point de vue pragmatique, à l'encontre des

« grands principes modernes », écrit Louise, que Philouze emprunte à un nouveau bailleur de fonds richissime.

La journaliste se rend compte qu'elle ne peut pas continuer à collaborer avec Philouze et son acolyte, Guy Rol, qui cependant n'apparaît jamais dans les discussions d'ordre idéologique ou politique. Ramsay MacDonald, pacifiste comme elle, ne voit dans la paix de 1919 que « la ruine de l'Europe et le germe de conflits futurs. Dans son ouvrage *Labour Leader*, il dénonce avec clairvoyance ces erreurs des traités, causes de tant de maux à venir : "Pour châtier l'Allemagne, ils outragent l'Europe ; des millions d'Allemands, de Russes, de Yougoslaves, de Bulgares, de Turcs sont coupés de leurs racines ; les frontières sont tirées sans aucun respect des volontés populaires ; des zones riches en minerais sont rattachées à des nations étrangères pour satisfaire la convoitise des capitalistes[5]" ». Il est donc temps pour Louise de quitter *L'Europe nouvelle*. Momentanément, se dit-elle déjà. Un long voyage en Europe lui est indispensable. Ses amis, Edvard et Hanna Benès, vont regagner Prague où Benès doit être nommé ministre des Affaires étrangères. Louise désire aller sur le terrain acquérir « des connaissances réelles » qui lui donneront l'autorité nécessaire pour imposer ses vues.

Louise voulait être accréditée par un journal. Cela lui paraissait nécessaire pour accomplir un travail sérieux. Elle en discuta avec les Benès et, comme elle le souhaitait, Edvard Benès la recommanda à Élie-Joseph Bois, le puissant rédacteur en chef du *Petit Parisien*. Ce quotidien tirait à plus d'un million d'exemplaires. À une époque où la presse écrite était le seul mode d'information du public, « son appui déterminait les élections ».

La jeune femme fut impressionnée par le personnage, « une éminence grise du régime », qui allait jouer un rôle essentiel dans sa carrière et dans sa vie. Elle le décrit à trois reprises : dans les dernières pages du premier volume de ses *Mémoires*, dans le deuxième tome et également dans ses notes inédites de 1971. « Élie-Joseph Bois incarnait le mâle tel que les miens le haïssaient : libre et sensuel, endetté et fastueux[6] », écrit-elle. Il était d'origine modeste et en avait souffert, ajoute-t-elle, alors que « ses prunelles sombres striées d'or », dardées sur elle quand elle entre dans son bureau, suffisent à révéler l'irrésistible séducteur. Né dans l'Allier, élevé chez les Pères blancs, il était monté à Paris chercher fortune, après avoir épousé une bourgeoise de sa région qui ne s'était pas habituée aux obligations professionnelles de son mari. Il végétait au journal *Le Temps* où il assurait la chronique religieuse, et ne supportait pas sa pauvreté. « André Tardieu le recommanda à Jean Dupuy en mal de rédacteur en chef pour *Le Petit Parisien.* » Jean Dupuy cherchait à accroître l'influence du journal populaire dont il était propriétaire. Rapide, souple, habile aux négociations, sachant rassembler les influences occultes, sensible aux hommages, Élie-Joseph Bois réussit sans tarder. Il était grand, mince, sombre de cheveux, mat de peau, vif de gestes, le visage éclairé par un admirable regard doré. L'élégance très recherchée du patron surprenait ses collaborateurs. Plus tard cette élégance s'accentua et devint presque féminine. Un premier mariage se solda par un divorce. Des maîtresses, d'autres femmes dont les portraits ornaient ses murs. Il aimait les artistes. Il poussa Vlaminck, son beau-frère de la main gauche, précise Louise ailleurs. Élie-Joseph Bois eut une longue liaison avec la sœur du peintre qu'il finit par épouser dans un élan de pitié parce qu'elle était gravement malade et devenait aveugle. Il connaissait tous les gouvernants, le totalitarisme lui faisait horreur[7]. Louise termine cette note sur le grand patron de presse en citant quatre noms : Andrée Viollis, Albert Londres, Jean Massip et Louise Weiss. Ces journalistes, qui furent ses collaborateurs, acquirent, grâce à lui, une grande réputation.

La première entrevue de Louise avec Élie-Joseph Bois faillit tourner court. Il refusa tout net de l'envoyer en Europe centrale.

« Vous n'y pensez pas ! Une correspondante en jupons dans un pays où l'on se bat. Béla Kun, les Ukrainiens, Minsk sont bien quelque part là-bas. Non ! *Le Petit Parisien* est une maison sérieuse.

« — Et moi j'ai du talent !

« — J'ai dit non !

« — Alors, au revoir, monsieur. J'ai été contente de vous connaître. »

L'impertinence de Louise le surprit. Il attaqua le point faible de la jeune femme :

« Mais vous me tenez des propos de fille malheureuse. Qu'allez-vous politicailler dans cette marmelade slave ! Vous feriez mieux de chercher l'amour ici. Et de le trouver ! À votre âge !

« Cette algarade me touchait. Je sentis le poids de ma gangue puritaine. Personne n'avait essayé d'en desserrer l'étau. Élie-Joseph Bois était le premier. Un sentiment d'épouvante m'envahit.

Et si j'allais manquer ma vie[8] ? » Question qui la hantait, nous le savons déjà. Prisonnière de l'image qu'elle avait construite avec tant de peine, quand elle rédigea ses volumes de *Mémoires*, la souffrance d'avoir raté la part affective de sa longue existence ne s'était pas atténuée, malgré les ans.

Il paraît évident que dès le premier jour elle fut intéressée par ce bel homme dont elle admirait le talent, le pouvoir et aussi ce regard doré qu'elle mentionne plusieurs fois. Élie-Joseph Bois, l'ayant fait se rasseoir, finit par lui demander de lui envoyer quelques articles, sans lui promettre de les publier. Elle dut ultérieurement déployer tout son charme et, si elle avait échoué, le ton de ses souvenirs le concernant eût été moins chaleureux. Elle l'admirait et elle l'aima, sans aucun doute. Il faillit y avoir une vraie histoire d'amour entre eux, nous le verrons. Comment se termina-t-elle ? Il paraît peu probable que Louise choisit la fuite, comme elle le prétend, préférant sa carrière, l'œuvre qu'elle espérait accomplir, au rôle traditionnel de compagne vivant dans l'ombre protectrice de l'aimé.

Au cours de ce premier entretien, sur le plan professionnel, la proposition de l'accepter comme pigiste ne pouvait convenir à Louise. En sortant du bureau d'Élie Bois, elle se précipita chez son oncle Lazare Weiller, qui paraissait toujours bien disposé à son égard lorsqu'elle le rencontrait chez ses grands-parents ou chez la tante Sophie Wallerstein. Elle était certaine qu'il allait l'aider.

Comme il n'a pas encore paru dans ses *Mémoires*, pour le situer, elle dit que sa mère le détestait. Sans préciser pourquoi. Industriel important, il était le mari d'Alice née Javal, sœur de Jeanne Weiss. Mariage qui avait d'abord surpris la famille mais, Lazare Weiller, muni d'un diplôme d'Oxford, un diplôme « bizarre, qui certifiait qu'il avait étudié le grec et, en même temps, la physique et la chimie [...], était à la fois un passionné de technique, un passionné d'industrie et un grand amateur de politique ». De plus, il savait s'entourer « d'hommes de talent » : polytechnicien, ingénieur des mines ou docteur ès sciences, « pur produit du méritocratisme scolaire français, fils d'un cordonnier de village [...] ancien boursier et préparateur à l'École normale supérieure », et bien d'autres. Weiller était sans conteste « le principal maître d'ouvrage », mais « il s'était appuyé sur une structure internatio-

nale de première force, qui allait, de 1896 jusqu'à la guerre de
1914, jouer un rôle moteur dans l'électrification française ».

Avec des hauts et des bas, sa réussite fut éclatante, aux Tréfileries et laminoires du Havre qui s'étaient d'abord appelés Établissements Lazare Weiller, avec la compagnie qui fabriqua et
développa les compteurs automatiques et enregistreurs du tarif des
fiacres urbains, la Compagnie générale des compteurs (Taximè-
tres). Lazare Weiller entreprit ensuite de faire naître de nouvelles
compagnies de transport qui mettraient ces appareils sur des « fiacres automobiles », c'est-à-dire les taxis tels que nous les connais-
sons. Il suscita la création de compagnies similaires à Londres,
en Suisse, à Milan, à New York où la banque Morgan lui servit
d'intermédiaire pour créer la première Yellow Cab Company. Sa
passion des sports mécaniques l'entraîna à développer une
Compagnie générale de navigation aérienne. Les frères Wright,
sous contrat avec lui, vinrent en France présenter leurs aéroplanes,
que Weiller devait se charger de fabriquer grâce à des partenaires
industriels. Pour des raisons d'interdiction de fabrication hors des
frontières, le succès financier de cette entreprise laissa à désirer
mais la Compagnie générale aérienne reçut quelques compensa-
tions. Elle valorisa auprès de plusieurs constructeurs français les
procédés de gouverne mis au point par les Wright et loua les brevets dans toute l'Europe et en Asie. Dès 1912, Lazare Weiller
investit dans les télécommunications, luttant contre le monopole
britannique. Mais « [son] projet aussi pionnier qu'ambitieux : la
Compagnie universelle de télégraphie sans fil, échoua, tué par la
concurrence, l'incompréhension et les rivalités politiques [9] ».

Quand Louise l'appela à l'aide, Lazare Weiller, las des combats
inégaux, pensait à prendre sa retraite. Mais il était loin d'avoir
perdu toute influence et Léon Chavanon, le directeur du journal
financier *L'Information*, était encore « à sa botte, et souriant, dans
la barbe parfumée qui dissimulait sa perle de cravate, à l'idée de
contrer une famille qui faisait, prétendait-il, sauter l'embêtomètre ;
il m'introduisit auprès de son ami Léon ». Louise se rendit compte
tout de suite que ce dernier ressemblait, au physique et au moral,
à un « super-Hyacinthe Philouze », et elle avait appris à traiter
avec ce genre d'individus. Elle obtint « un contrat pour deux articles par semaine à cent cinquante francs l'un, sur lequel il eut la
gentillesse de me consentir une petite avance. Il me devenait donc
possible de prendre mon billet ». En relatant son désir de partir en

reportage, une fois de plus, elle se plaint de ne pas avoir l'argent nécessaire pour entreprendre librement ce voyage.

À vingt-six ans, Louise est encore sous la domination de ses parents. C'est le catéchisme maternel qu'elle récite là, sans le savoir. Pourtant, sur d'autres sujets, elle est parvenue à une lucidité totale. Ainsi elle constate la jalousie qu'elle provoque chez sa mère ; « Sans doute supportait-elle très mal que mon nom qui commençait à briller fût le sien. » Jeanne Weiss a probablement oublié la part qui lui revient dans la réussite de sa fille mais cela vaut mieux, car s'en souvenir ne ferait qu'accentuer son amertume.

Avec son contrat de *L'Information* en poche, à la mi-août 1919, Louise monte dans le train de Prague. Personne ne l'accompagne à la gare, aucun membre de sa famille n'a pris cette peine. Elle regrette *L'Europe nouvelle* où elle sentait son importance auprès de ses visiteurs familiers. Elle est résolue à ne pas les perdre, elle imagine déjà la joie qu'elle aurait à revoir la rue de Lille, à retrouver son bureau.

Ce premier voyage, elle l'entreprend dans l'angoisse. Elle pense à son amour mort, à ses rêves qu'elle ne peut oublier, aussi aux déceptions apportées par le cortège d'erreurs de jugement qui ont présidé aux traités de paix. La beauté de la capitale de la Bohême va la toucher. Elle est, et le sera toujours, sensible aux lieux, comme elle l'est à la nature. Mais Prague a encore une autre signification pour elle. L'histoire de sa famille y est liée. Son aïeul, Léopold Javal, y a rencontré Augusta von Laemmel, fille de Léopold von Laemmel, un grand financier qui reçut l'ordre autrichien de la Couronne de Fer et fut fait chevalier, en 1856. Augusta était née à Prague, en 1817 ; elle épousa Léopold Javal en 1838 et le couple vécut à Paris. D'autres ancêtres de Louise étaient aussi nés à Prague, certains y étaient morts. Elle n'oublie pas non plus la visite de Chateaubriand au roi Charles X, réfugié au palais Hradschin, après l'accession de Louis-Philippe au trône de France. Elle s'accroche à ces souvenirs de sa famille, à tout ce qu'elle a appris de cette ville. Ses amis Benès ne sont pas là pour l'accueillir, ils n'ont pas encore pu quitter Paris.

Louise sait le genre d'informations qu'elle est venue chercher dans cette Europe centrale dont la géographie politique vient d'être modifiée. Ces nouveaux pays ont-ils conscience du rôle qu'ils ont à jouer ? Elle veut s'en rendre compte en observant, en interrogeant le peuple aussi bien que les dirigeants. Elle met tant d'espoir dans ces nations ! Elle souhaite que chacune d'entre elles soit consciente du rôle qu'elle a à tenir pour établir l'équilibre indispensable à l'Europe.

Louise a une certaine peine à commencer son enquête sur l'état politique, social et économique de la Tchécoslovaquie qui vient de naître et qui montre déjà des zones de fracture. Elle n'est pas certaine que ses interlocuteurs soient disposés à l'écouter. Ce qui la dérange. Mais des satisfactions d'amour-propre la réconfortent. Son arrivée suivant de près la mort de Milan Stefanik, considéré comme un héros national, elle assure s'apercevoir qu'elle fait partie de sa légende. Lors de sa visite à l'Assemblée, le président, M. Stanck, interrompt les débats et la fait applaudir par les députés debout. Le président Masaryk la reçoit dans sa résidence de Kolodèje. Elle décrit le palais qui « avait pris une allure de couvent démocratique. Et Th. G. Masaryk lui-même, défendu par le strict cérémonial [...], apparaissait au visiteur comme le grand maître des valeurs nouvelles qu'il se devait d'imposer[10] ».

Thomas Masaryk, le président de la République tchécoslovaque, n'est pas différent de l'homme que les Weiss ont reçu à dîner avenue Henri-Martin, en 1916. Le pouvoir ne l'a pas changé. Son intelligence et son intégrité transparaissent sur son visage que marque une lourde tristesse. La vie personnelle de Masaryk est obscurcie par la perte d'un fils et la maladie mentale dont souffre sa femme. Ses enfants font de leur mieux pour l'entourer.

Les deux filles, Alice et Olga, vénèrent leur père mais rien ne les a préparées à leur nouveau statut social. Alice était enseignante et Olga infirmière, à Vienne. Pendant la guerre, dans une prison autrichienne, Alice a subi le même sort douloureux qu'Hanna Benès, tandis qu'Olga a été expédiée auprès de son père, en Angleterre, où elle s'est sentie très isolée. Elles sont toutes les deux belles et, à présent, Louise les voit comme des captives. « Captives de leur père d'abord, captives de leur morale puritaine ensuite — je connaissais le problème —, captives surtout de l'image que l'opinion se faisait d'elles et qui ne cadrait pas avec les possibilités que leur offrait la société qui encerclait le Hradčany. Encore pétri de monarchisme, le peuple considérait Alice et Olga comme des princesses[11]. » Louise, consciente de leurs difficultés, ne parvient pas à se sentir proche d'elles. Elle sait qu'en leur avouant ce qu'elle pense, elle se heurterait à une incompréhension qui briserait l'amitié. « Elles aspiraient à un bonheur simple mais éclatant, comme si quiétude et renommée pouvaient jamais aller de pair », écrit-elle, désabusée.

Il y a aussi un fils, Jean, séduisant, excellent pianiste et « auquel manquait le tempérament d'un dauphin ». Il va pourtant devoir suivre la route tracée par son père. Il ne peut lui refuser ce sacrifice — qui, plus tard, entraînera celui de sa vie. Il admire et respecte celui qu'il appelle « le Vieil Homme ». L'honnêteté intellectuelle héritée de son père lui fait garder les yeux ouverts. Il lui sera toujours impossible d'aimer être un homme d'État. Il ne possède pas la force de caractère nécessaire pour assumer avec succès les responsabilités qu'entraîne cette fonction. Il est un ardent patriote, cela fait aussi partie de l'héritage paternel qu'il a appris à reconnaître. Et son patriotisme complique la situation, la rendant inextricable. Avec de telles obligations morales, ce pour quoi il se sent doué devient dérisoire. Qu'est-ce qu'une carrière de virtuose, qu'est-ce que la musique elle-même, comparées à l'œuvre que le « Vieil Homme » s'est juré de mener à bien et qu'il devra poursuivre après lui ?

Dans les moments où il ne réfléchit pas à l'inévitable avenir, Jean Masaryk sait profiter de la vie. Il y a le piano et il y a les femmes. Les femmes l'appellent Jenda. Elles en raffolent. Elles viennent à lui, attirées par son charme autant que par la musique. Quand Louise le découvre, elle est sensible à ses talents de séducteur. Sa manière de jouer le *Prélude de la goutte de pluie*, « tantôt comme un Polonais, tantôt comme un tzigane, mais toujours avec coquetterie » l'enchante. Jean a sept ans de plus qu'elle et à la fin de son voyage à travers ces pays, qui ne lui ont pas tous apporté ce qu'elle en attendait, Louise retourne à Kolodèje.

Après ce dernier dîner avec le président, Jean emmena sa nouvelle amie dans son appartement où un feu de bois ajoutait sa chaleur à celle du traditionnel grand poêle de faïence, et où aussi « des pipes, des publications, des babouches traînaient. Il ouvrit son piano ». Très probablement, après une soirée de musique, en tête à tête, elle passa le reste de la nuit avec ce pianiste malheureux qui « d'un geste pensif, tisonna le feu et me dit en soupirant :

« — *Isn't it terrible to be the son of the president and moreover of a great man ?* (N'est-il point terrible d'être le fils du président et, par surcroît, d'un grand homme ?)

« J'éclatai de rire. C'était tout ce que moi j'eusse aimé. J'aurais régné. Mais lui n'avait ni le goût du pouvoir, ni la capacité de l'exercer.

« — Buvons, me proposa-t-il. »

Louise, bien sûr, est d'une autre trempe. Mais, « comme Jenda était jeune, ce soir de décembre 1919, à Kolodèje. Il rouvrit son piano. Dans quelques jours, je me retrouverais à Paris, enrichie d'une expérience qui me semblait merveilleuse ».

Ce premier reportage à l'étranger, après les courtes hésitations, les incertitudes du début, Louise l'a mené avec maestria. Après son arrivée à Prague, les jours où elle s'est documentée sur la vie de la nouvelle capitale et où elle s'est entretenue avec Stefen Osusky, un Slovaque originaire du même village que Stefanik qu'elle retrouvera plus tard ambassadeur à Paris, elle est partie pour la Slovaquie, prête à couvrir ensuite toute la région est du pays. Le chef de la mission militaire française auprès du gouvernement tchécoslovaque, le général Pellé, lui a été d'une grande aide. Il soutenait l'action du président Masaryk et, connaissant bien le terrain, il l'a dirigée utilement, lui procurant des facilités de transport et les lettres d'introduction dont elle avait besoin.

Deux fois par semaine, comme prévu, *L'Information* publie ce que Louise envoie. Elle adresse à Élie-Joseph Bois un entretien avec le comte Michel Karolyi, cet aristocrate hongrois qui fut, à Budapest, le premier président de la République. Chassé de la capitale, six mois plus tard, par Béla Kun, il s'était réfugié en Bohême où Louise raconte l'avoir découvert dans un cellier, caché derrière un tonneau, tant il craignait d'être assassiné. Cette manière de présenter leur entrevue montre qu'elle n'apprécia pas le personnage, ni les idées de gauche qu'il avait professées et appliquées avant son arrivée au pouvoir, alors qu'il était un membre puissant de la noblesse et le gendre de Jules Andrassy.

Élie-Joseph Bois n'ayant pas publié son article, Louise s'inquiète. D'autant qu'à Paris une grève paralyse les journaux pendant dix semaines, ce qui la force à emprunter de l'argent pour continuer de travailler. C'est ce qu'elle assure, sans donner de détails. Mais, à la fin de la grève, l'article sur le comte Karolyi et deux autres envoyés ensuite paraissent, sous sa signature, en première page du *Petit Parisien*. Louise ne s'attendait pas à pareil succès. Payée par Bois et rassérénée, elle s'embarque pour Bratislava.

De là, elle va explorer les Carpates, en remontant le cours de la Waag, puis elle découvre la Grande Tatra et la Ruthénie. Les habitants sont pauvres et le climat rude. Elle est reçue dans « l'inclément diocèse de Spies » où le luxe de l'archevêque et de ses chanoines l'horrifie. Plus loin, à Munkacevo, elle prend pension dans une vaste demeure, mi-ferme mi-château, où logent le commandant Marty et ses officiers. Elle visite de misérables villages ruthènes. La population de Munkacevo est en partie juive et plus pauvre encore que les paysans des villages environnants. Elle parle très bien de ces défavorisés, maintenus par « les rabbins dans des barbelés d'interdits monstrueux ». « Le Talmud fabriquait comme à plaisir des castrats sociaux », écrit-elle encore, une de ces formules percutantes qui viennent parfois sous sa plume. Elle analyse aussi, en quelques lignes d'une intelligente clarté, « les tenailles de l'envie » qui sont à l'origine de l'antisémitisme. On sent alors combien ce problème, dont elle paraît souvent éloignée, l'a tourmentée.

Après une expédition pour voir les forêts de la frontière nord et l'incendie, au petit matin, du poste du commandant Marty (sans doute « un attentat magyaron », dit-on) qu'elle raconte avec sa faconde gauloise, Louise quitte Munkacevo et retourne à Bratislava, d'où elle part pour Budapest par le train qui longe la rive gauche du Danube. Mais à Estergom le pont a été endommagé par la guerre et les voyageurs le franchissent à pied pour passer de Tchécoslovaquie en Hongrie. Louise, saisie de vertige, se fait aider par un soldat slovaque, relayé par un Magyar. Puis au lieu d'attendre le train, pendant de longues heures, elle se présente à l'archevêché, où habite le cardinal Czernoch, prince primat de Hongrie. Celui-ci est prêt à l'accueillir, à la nourrir (ses émotions l'ont affamée) et à lui parler. Il est ravi de cette occasion de s'entretenir avec un interlocuteur appartenant au camp victorieux et se montre plein de bon sens. « A son idée, l'Église devait s'arranger des nouvelles démocraties libérales — tout haïssables qu'elles fussent — plutôt que de s'épuiser à pleurer un conservatisme impossible à restaurer. La religion marxiste, tel était le véritable danger. » Après cette halte intéressante, la journaliste rejoint son train qui met neuf heures pour atteindre Budapest.

À Budapest, Louise loge sous les combles d'un palace. « Mieux valait occuper un trou de souris dans un établissement de premier ordre que la chambre d'honneur d'un hôtel médiocre », observe-t-elle avec justesse, surtout étant donné l'époque. Son séjour se place peu de temps après le départ précipité de Béla Kun chassé du pouvoir. Les aristocrates magyars n'impressionnent pas Louise.

Ils séduisent les occupants britanniques par leurs talents de cavaliers et de tireurs. Ils s'étaient retirés dans leurs châteaux et comprenaient beaucoup moins bien que le prince primat de Hongrie la situation politique, dit-elle.

Louise ne s'attarde pas à Budapest, elle gagne Vienne, où elle décide de loger à l'hôtel Sacher. La Mme Sacher qui avait donné la recette de la *torte* à « Grossmama » s'y cache peut-être, si elle vit encore. Son hôtel, Louise lui trouve l'air d'un tombeau. La ville entière l'effraie. Lady Paget, déléguée de la Croix-Rouge anglaise à Bratislava, lui avait décrit la misère des enfants, c'est ce qui l'avait décidée à inclure Vienne dans sa série d'articles ; mais ce qu'elle découvre est pire encore. Les Viennois sont à bout de ressources. Ils n'ont plus rien à manger et pas même de quoi faire du feu. Les enfants meurent en grand nombre de sous-alimentation et de tuberculose, et pas seulement dans les classes défavorisées.

Frédéric Adler reçoit Louise à l'Hôtel de Ville. Il a succédé à son père, Victor Adler, le fondateur du parti social-démocrate autrichien. En 1916, il a assassiné le Premier ministre, le comte Stürgkh. Condamné à mort sous les Habsbourg, il a été amnistié après la chute de l'empire. Il fait accompagner la jeune femme dans les quartiers les plus pauvres de la ville. En s'entretenant avec lui, Louise entend le terme *Anschluss* pour la première fois. Frédéric Adler pense que l'Autriche ne peut se sauver qu'en s'intégrant à l'Allemagne. Louise est, comme nous le savons, loin de partager cet avis. De plus, elle juge ses théories contraires à de récentes déclarations d'obédience marxiste qu'il a faites. Ce qu'elle lui rappelle et qui le fâche. Elle décide de s'en aller. L'effroyable misère de la ville a commencé avant l'armistice. Dès 1917, les armées de l'Allemagne avaient tout dévasté. « Politiciens et journalistes voulurent me retenir à Vienne. À quoi bon rester, sans mains pleines ? Vienne n'était qu'une plaie. Inguérissable peut-être. Une plaie, donc un danger. »

Avant d'aller à Varsovie, Louise repasse par Prague pour retrouver ses amis les Beneš qui y sont rentrés, après la signature du traité de Saint-Germain, le 19 septembre 1919. Elle revoit le président Masaryk et le général Pellé. Tous l'encouragent à passer par Tiesin, une petite ville qui va, par plébiscite, décider de son sort : devenir tchèque ou polonaise. Il est clair que les Tchèques voteront pour la Tchécoslovaquie et les Polonais pour la Pologne.

La décision doit donc dépendre des habitants allemands mais, d'après les règles du plébiscite, la cité ne peut opter pour la République de Weimar. L'hiver fait déjà son apparition et Louise ne manque pas d'apprécier les changements que la neige apporte aux paysages urbains aussi bien qu'à la campagne.

Elle note aussi qu'à son arrivée dans la capitale polonaise, Charles de Gaulle y servait dans le contingent d'officiers français, mais « la fée des journalistes, d'habitude si prévenante pour moi, ne me permit point de le rencontrer ». Elle se laisse piloter par Charles Rivet, le correspondant du *Temps*. Quoique pauvre, la Pologne n'est pas affamée comme Vienne. La reporter débutante le constate rapidement. Il y a de quoi être frappé par l'instabilité du pays et elle ne manque pas de l'être. Les Polonais, sans essayer de comprendre ce qui doit se passer conformément au traité de paix qui vient d'être signé, se sont lancés dans des combats au-delà de leur frontière orientale, celle de la Galicie. Mais des hordes de paysans de l'armée nationaliste ukrainienne — se réclamant d'un État ukrainien indépendant, gouverné par Petlioura qui a repris le pouvoir en 1918 — ont entravé leur marche vers la mer Noire. Pourtant, plus tard, en 1920, les gouvernements de Paris et de Londres apprendront que le maréchal Pilsudski est entré à Kiev, sans les prévenir. Ayant conclu une alliance avec Petlioura et son armée nationaliste ukrainienne, il s'est proclamé protecteur de la République ukrainienne indépendante. Londres et Paris protestent et l'Armée rouge réagit avec violence. Les Polonais sont chassés d'Ukraine, Trotski marche sur Varsovie. L'Allemagne, elle aussi, s'est redressée. Elle craignait les Soviets mais leur succès eût mis fin au traité de Versailles. Finalement, « Weygand avait battu Trotski, colmatant du coup en Europe la subversion soviétique. Nouvelle victoire qui permettrait aux signataires du traité de Versailles de retourner tranquillement à leurs querelles et aux socialistes de la IIe Internationale de revenir à leurs chimères », interprète Louise dans ses *Mémoires*.

En quelques semaines, ainsi qu'elle le croyait déjà avant de partir, Louise a appris à évaluer ces problèmes et à prévoir leur évolution. Bien entendu, ce qu'elle a vu, constaté, retenu reflète les opinions qui la guidaient avant son arrivée sur le terrain. Comme c'est le cas en ce qui concerne sa présentation du comte Michel Karolyi. Il faut aussi se souvenir des décennies écoulées entre ses expériences et le moment où elle a rédigé ses *Mémoires*.

Mais j'ai essayé de ne pas la trahir en livrant sa version des événements historiques auxquels elle a assisté, afin que le lecteur puisse comprendre et juger les bases auxquelles elle va se référer au cours de sa carrière. Dans les pages qui traitent de ce premier reportage elle écrit : « D'ailleurs mes voyages devaient assez rapidement me persuader qu'en matière de doctrine politique l'alternative était la suivante : ou bien les hommes étaient faits pour les principes et donc modelés, contraints, conduits, voire occis au nom de ces principes. Alors que vivent le bolchevisme, le fascisme, le nazisme et en avant le lavage des cerveaux ! Ou bien les principes étaient faits pour les hommes, afin de les développer, de les protéger, de les réconforter, de les aider à mourir dans leur lit. Alors que vivent les valeurs morales des libres démocraties, celles du choix individuel, continu, délibéré. » C'est son credo de bonne républicaine qu'elle expose là. Elle semble objective, elle ne peut l'être totalement. Elle ne peut pas non plus être impartiale. Son engagement politique transparaît dans sa manière de relater les faits. C'est la raison pour laquelle j'ai choisi de laisser entendre sa propre voix. Et je compte continuer de le faire chaque fois que cela me semblera nécessaire pour la compréhension du personnage.

Avec Charles Rivet toujours, Louise visita le ghetto de Varsovie qui deviendra vingt ans plus tard un des lieux les plus tragiques des crimes nazis. Un autre jour, Ignace Paderewski, le virtuose, qui venait de se démettre de son poste de président du Conseil du gouvernement de coalition, la reçut et lui exposa avec passion ses démêlés avec le maréchal Pilsudski. Louise rappelle que, pendant la guerre, le grand pianiste avait su créer un mouvement de sympathie envers la Pologne, aux États-Unis, où il avait fondé un comité de soutien auquel il avait offert ses cachets fabuleux, pour aider ses compatriotes victimes des hostilités. En se prononçant pour une Pologne unie et indépendante, le président Wilson avait tenu compte de l'action de Paderewski. Et en 1918, quand il retourna dans sa patrie, le pianiste, compatriote de Chopin, fut accueilli, à son arrivée à Dantzig, comme un héros national.

Louise tenait à se rendre à Lvov, où les combats entre Russes et Autrichiens avaient fait rage. Puis aussi ceux de la « mini-guerre » polono-ukrainienne. Au début, les bolcheviques avaient plutôt encouragé les nationalistes d'Ukraine à se jeter sur les Galiciens de l'ancienne Autriche. Or les Slaves de Galicie étaient uniates, ils acceptaient les dogmes du catholicisme, reconnaissaient l'autorité du pape, et Mgr Andrèas Sceptitski, archevêque uniate de Lvov, avait prêché le châtiment des envahisseurs accourus de Russie. Les Alliés, qui désapprouvaient l'humeur guerrière des Polonais et entendaient faire respecter les frontières établies par leur traité, l'avaient aidé en sous-main, assure Louise. Tandis que les Soviétiques voulaient se servir des nationalistes indépendantistes ukrainiens pour étendre l'empire russe, jusqu'à Cracovie, si possible. Après quoi, ils se seraient occupés de les faire rentrer dans le rang. Louise voit là l'origine de la pensée stratégique hitlérienne : en envoyant la Wehrmacht vers Stalingrad, le Führer comptait sur l'appui que celle-ci aurait dû trouver auprès des Ukrainiens.

À Lvov, Louise logea chez une vieille princesse Lubomirska qu'elle avait rencontrée dans le train et qui regagnait son palais pour inventorier les dégâts, après les combats. Elle la trouvait charmante, mais elle la tourmentait beaucoup. La vieille dame était affolée par les récits de son emploi du temps. Fervente catholique romaine, elle ne pouvait supporter que Louise se rendît chez des uniates ou chez des juifs. Elle avait failli s'évanouir en apprenant que son hôte allait au théâtre juif de la ville qui avait survécu à la guerre. L'une des comédies parut à la jeune Française pleine d'enseignement. Elle montrait trois générations de juifs polonais : les vieux se parlaient en yiddish, les jeunes ne s'exprimaient qu'en allemand tandis que les adultes s'adressaient à eux en allemand et les vieux en yiddish. Tous essayaient de mettre en ordre leur famille, soit par un retour aux vieilles hiérarchies, soit en l'adaptant au progrès. L'auteur poussait les jeunes à s'émanciper des pratiques du Talmud et à quitter les ghettos. Les acteurs, fort bien dirigés, jouaient parfaitement. Louise fut certainement impressionnée ; elle n'avait encore jamais assisté à un spectacle de ce genre, bien différent de ceux qu'elle avait vus jusque-là. Rien d'approchant n'existait à Paris. Elle n'avait jamais entendu parler d'une troupe de théâtre jouant en yiddish. Elle alla aussi voir un rabbin miraculeux. Elle le trouva « entouré de fidèles qui le servaient, le soignaient, l'écoutaient avec la déférence à la fois familière et terrorisée qui devait entourer les oracles antiques ». Mais cette visite la déçut plutôt.

Lorsqu'elle quitta sa vieille princesse, la neige tombait depuis quelques jours et Louise faillit avoir des ennuis avec le cocher chargé de la conduire à la gare, qui prit, sans prévenir, une autre direction. Elle s'en aperçut. Où l'emmenait-il ? Mieux valait ne pas poser cette question et se laisser glisser subrepticement hors de la voiture, avec sa valise. Ce qu'elle fit. Puis elle regarda le fiacre s'éloigner dans la boue et la grisaille de la nuit de neige. Elle retrouva en trébuchant la route qui menait à la station du chemin de fer, où elle raconta sa mésaventure au chef de gare. L'heure du train était passée mais c'était sans importance car le retard atteignait une demi-journée. Le cheminot lui apporta un verre de thé et l'installa devant un poêle chauffé à blanc, en lui conseillant de dormir. Il chassa à coups de pied le cocher qui, vers minuit, surgit des ténèbres pour réclamer le prix de sa course. Et quand le train qui devait la ramener à Prague arriva enfin, il conduisit lui-même sa protégée dans le wagon qui lui parut en moins mauvais état que les autres.

À Prague, du courrier attendait Louise : le directeur de *L'Information* la félicitait et *Le Petit Parisien* avait publié ses articles. Le travail n'allait pas lui manquer, elle en avait la réconfortante certitude. Il était temps de faire ses adieux aux Benès et au président Masaryk. Elle n'avait pas oublié Jenda qu'elle alla retrouver, cette nuit de décembre, à Kolodèje.

Mais sa mère avait fait le voyage de Prague. Elle était venue chercher Louise, la croyant « enlisée en Europe centrale ». Soudain, elle avait régressé. Elle reprenait à son compte les valeurs de son milieu, les préjugés qu'elle avait naguère rejetés. Niant ce que ce premier grand reportage représentait pour la carrière de sa fille, elle considérait que celle-ci avait fui. Il était de son devoir de la ramener à la maison, de la remettre dans le droit chemin. La liberté prise par son aînée l'offensait, bien que, pour Louise, les liens de famille fussent demeurés forts et le contact constant avec parents, frères et sœurs. Mais Jeanne Weiss se moquait des preuves d'attachement qui ne lui importaient pas davantage que les articles parus, ou la carrière qui s'ouvrait devant Louise. Elle était opposée à ce qu'elle avait elle-même contribué à créer. Seule la sauvegarde des apparences comptait pour elle. Et « l'Europe que j'avais vu dépecer pendant la conférence de la paix, l'Europe dont je venais de parcourir quelques pantelants lambeaux, l'Europe avait définitivement perdu son caractère d'affaire de famille [12] », écrit Louise.

VI

Pour que vive la paix

Louise croit encore possible de vivre selon les principes enseignés par sa famille. Elle n'oublie pas le chagrin causé par tous ces jeunes morts à la guerre, elle n'oublie pas non plus la raison du suicide de son oncle Jean, ni ce qui est arrivé à son cadet Jacques, gazé à Ypres, puis engagé dans l'aviation après l'hôpital et la convalescence. Jacques a accompli son devoir de citoyen mais il n'a jamais cessé de se plaindre, ne pouvant supporter l'idée de tuer. Sa vie entière sera marquée par ces quatre ans où son esprit s'est sauvé par des spéculations métaphysiques auxquelles il finira par se consacrer entièrement. Démobilisé, après l'armistice, il a courageusement commencé ses études à Polytechnique, où il avait été admis juste avant d'être appelé, dès la mobilisation. Louise est consciente des changements créés par ces années de guerre chez ceux qui ont survécu et aussi de l'appauvrissement causé dans tous les domaines par les 1 310 000 tués ou disparus et les 1 100 000 invalides. La France est la nation qui a été la plus touchée par cette guerre que l'on appelle la Grande Guerre. Ses pertes en vies humaines sont les plus élevées et les générations à venir vont en souffrir.

Souvent, les meilleurs citoyens ont été les plus exposés, Louise ne l'oubliera jamais. Vingt ans plus tard, la baisse de qualité que leur absence a engendrée pèsera encore. Le pays a aussi été gravement mis à mal : les provinces de l'Est et du Nord, ainsi que les voies de communication ont été dévastées. La jeune femme a fait, avec ses parents, un pèlerinage à Arras. La maison où elle est née n'existe plus, la ville entière a été détruite. La gare, le beffroi sont en ruine. « Puis nous parcourûmes les champs de bataille. Une route avait été refaite. Des armes tordues pointaient hors des friches. Des pans de capote moisissaient dans les fondrières. Partout des débris d'acier, des barbelés enchevêtrés à des cailloux qui ressemblaient à des os. Quelques croix isolées se défendaient contre les mauvaises herbes. Mais à l'horizon, épousant la forme des collines, dévalaient des cimetières infinis. Rien que des croix. Encore des croix, grises, maladroites, uniformes. Des croix. Et, à leurs pieds, des nappes de coquelicots. Ces coquelicots ? Du sang ? Des étendards ? Un appel ? Des reproches ? Qu'en savais-je[1] ? »

Louise voudrait une réponse à ces questions. Elle sait déjà que l'écriture sera son moyen pour « faire la guerre à la guerre », comme elle l'a écrit à propos de T. Woodrow Wilson. Pour que d'autres croix ne s'ajoutent pas, un jour, à celles-ci. Elle sait aussi que la tâche ne sera pas facile. Le fait d'être une femme sera-t-il un handicap ? Elle n'a pas encore réfléchi à ce problème et refuse d'avoir à en tenir compte dans la poursuite de sa carrière. Elle croit sa génération différente de celle de Mlles Dugard et Scott, ses professeurs du lycée Molière qui avaient dû mettre toute leur énergie dans leur lutte pour obtenir le droit d'enseigner, et maîtriser leurs aspirations à établir des liens affectifs. Elle connaît l'opinion de son père sur le travail des femmes mais, jusque-là, elle n'a pas eu à s'en préoccuper. Puisque nul ne l'a empêchée de faire ce qu'elle désirait. À présent, sa mère et son père partageant le même avis, la situation va se compliquer. Louise est encore jeune — elle a tout juste vingt-sept ans —, elle peut remettre à plus tard l'organisation de sa vie personnelle. Il faudra surtout éviter d'aborder ce sujet avec ses parents. Elle veut les persuader que seul son avenir professionnel compte et que cela représente ce qu'elle doit d'abord assurer. Le reste suivra.

Au retour de Prague, en compagnie de sa mère, sa préoccupation majeure est de récupérer le plus vite possible l'hebdomadaire qu'elle estime avoir créé. Lorsqu'elle quitta *L'Europe nouvelle*, pour ne plus avoir à se soumettre aux variations politiques et aux jongleries financières de Hyacinthe Philouze et de Guy Rol, elle savait qu'elle ne partait pas pour toujours. Le magazine qu'elle a laissé entre les mains de Hyacinthe Philouze, cet impie, est exactement l'instrument dont elle a besoin. Sous un prétexte quelconque (un stylo en or qu'elle a oublié en partant), elle retourne rue de Lille, où, comme elle l'a soigneusement calculé, elle rencontre

Philouze qui la félicite, avec enthousiasme, pour ses articles sur les problèmes des pays d'Europe centrale qu'elle vient de parcourir. Et elle l'écoute, sans surprise, lui demander de reprendre sa place à la rédaction.

Avant de se décider à faire cette visite soi-disant impromptue, Louise s'est renseignée sur l'état des finances et de l'administration de l'hebdomadaire depuis son départ. Comme prévu, c'est le désastre. L'hebdomadaire est dans un état financier exécrable car le traité de Versailles signé, « les intermédiaires dont [Philouze] avait tiré tant de subsides s'étaient envolés sous d'autres cieux[2] ». D'avance, elle est donc persuadée que Philouze acceptera ses conditions. Ce qu'il fait, sans discuter. Elle est prête à diriger elle-même, selon ses principes et ses idées, ce périodique qui s'adresse à un public restreint mais parfaitement ciblé pour entendre ce qu'elle désire faire savoir. *L'Europe nouvelle* doit mener le combat pour permettre à la Société des Nations d'établir la paix en réglant le problème de la sécurité des nations et celui des réparations sur des bases d'équilibre dans la justice.

Voilà Louise de nouveau chez elle, les mains libres. Ce qui n'était pas le cas avant. Philouze, ébahi, accepte qu'elle soit rédacteur en chef, qu'elle contrôle les abonnements, qu'elle ait un droit de regard sur la comptabilité et siège au conseil d'administration. Ce conseil sera présidé par Paul Weiss.

Le plus surprenant, en apparence, de la part de Louise, est d'exiger la présidence du conseil d'administration pour son père, mais elle a ses raisons : « Depuis qu'il avait quitté le ministère des Travaux publics sous les coups de boutoir d'Édouard Herriot, mon père avait retrouvé, dans les mines privées, l'occasion d'employer sa valeur. La guerre avait détruit les puits du Pas-de-Calais. Il les reconstruisait. Une publication hebdomadaire ne manquerait pas de lui être fort utile. Je savais aussi qu'il préférerait la possibilité de me surveiller au sein d'une entreprise qu'il contrôlerait à l'éventualité de me laisser échapper complètement[3]. » Ses rapports avec son « créateur », comme l'appelle sa mère, sont toujours ambigus. Il y a, d'une part, le rôle de modèle qu'il occupe dans le domaine de l'éthique et dans celui des capacités intellectuelles (sans aucun doute, cela remplit Louise de fierté) ; et d'autre part l'emprise que ce modèle, conscient de sa valeur, veut conserver sur elle. Et cette emprise, la jeune femme la redoute, sans la fuir tout à fait.

Philouze et tous ceux qui l'approchaient dans son milieu professionnel ne pouvaient se douter que Louise conservait ce genre de rapports avec sa famille. Dans sa manière de travailler et de mener sa vie privée, elle leur apparaissait comme totalement libérée. Elle faisait certainement tout pour donner le change. Sans choquer personne car, même dans les milieux intellectuels, artistiques ou bohèmes, il fallait faire attention. À sa manière, Louise a été témoin des changements, elle y a participé mais elle se tait sur ce chapitre. Son intelligence et son sens de l'observation l'ont préservée des indiscrétions qui eussent ajouté des difficultés dans ses rapports sociaux et familiaux.

Même après les différentes tâches vitales pour la nation qu'elles avaient assumées durant la guerre, les femmes étaient encore considérées comme des mineures sous tutelle. Le seul droit qui leur était reconnu : la libre disposition de leur fortune ne s'appliquait qu'aux célibataires. Ce droit-là, il n'en était pas question pour Louise, à cette époque. L'argent que lui rapportait son travail de journaliste servait à l'entretenir durant ses voyages, rapporte-t-elle, et, avenue Henri-Martin où elle était nourrie et logée, ses parents étaient disposés à lui allouer 20 francs d'argent de poche par semaine, comme ils le faisaient à ses frères et sœurs. Avec son statut de « jeune fille vivant chez ses parents », peu importait qu'elle fût en train de devenir l'une des journalistes les plus connues de Paris, elle devait, en apparence, se plier aux règles de son milieu. Pour ne pas les « déshonorer », comme son père et sa mère ne manquaient pas de le lui répéter, n'hésitant pas à employer des mots forts, chaque fois qu'ils la soupçonnaient de vouloir s'écarter des conventions.

Cette situation paraît aujourd'hui invraisemblable, mais il suffit de penser à la littérature de l'époque. L'exemple le plus souvent cité est celui de *La Garçonne*, le roman de Victor Margueritte, publié en 1921 et qui, malgré une lettre de protestation d'Anatole France aux membres du conseil de l'Ordre, coûta à l'auteur sa Légion d'honneur, parce qu'il offrait une image « nuisible et fausse » de la jeune fille française. Les personnages de ce roman appartenant à la bonne société ne pouvaient être accusés d'être intéressés ou de mal se conduire. L'auteur, tout fils de général qu'il était, méritait un blâme public. Inutile d'ajouter que le livre connut une immense diffusion et suscita une mode : coupe de cheveux « à la garçonne », robe couvrant à peine le genou, etc.

Louise est encore loin de suivre la mode. Observant la volonté de sa mère, elle s'habille toujours comme une salutiste en congé. Montrer ou même seulement revendiquer une certaine indépendance est impossible sans causer, au sein de la famille, un scandale tel qu'elle en serait la première victime. On peut penser qu'elle éprouve du ressentiment ou tout au moins de l'irritation devant le partage de sa vie qui lui est imposé. Sans faire de rapprochement avec ce qui se passe pour elle, elle mentionne un souvenir que lui a raconté Dunoyer de Segonzac : lors du premier vernissage auquel il participa, un de ses tableaux étant exposé au salon des Indépendants, sa mère lui reprocha de nuire au mariage de sa sœur.

Voulant profiter du fait que ses articles ont eu du succès, aussi bien ceux de *L'Information* que ceux du *Petit Parisien*, comme elle l'a appris par le courrier qui l'attendait à Prague, Louise ne se contente pas de reprendre en main *L'Europe nouvelle*, elle veut faire d'autres voyages qui lui apporteront les contacts avec le monde politique et diplomatique international qu'elle recherche depuis ses débuts dans le journal du sénateur Perchot. La presse écrite, la seule qui existe — la radio commence à peine —, a une influence sur l'opinion que l'on imagine mal à présent. Plus que jamais, la jeune journaliste croit à la nécessité d'avoir une connaissance des pays qui ne peut s'acquérir qu'en y séjournant. Cette connaissance acquise, elle fera ensuite prévaloir ses idées sur l'Europe à construire.

Au début de l'année 1920, le traité de Versailles existe seul. Le 4 juin, sera signé le traité de Trianon qui fixe le sort de la Hongrie. Louise se sent bien armée pour étayer son jugement sur les territoires cédés par l'ancien royaume de l'aigle à deux têtes à ses voisins roumain et tchécoslovaque. Ces pays, qu'elle vient de visiter, l'intéressaient déjà longtemps avant qu'elle ne les découvrît.

Élie-Joseph Bois est le patron pour lequel Louise souhaite travailler. Elle veut faire partie de son équipe pour qu'il l'envoie en reportage. Mais, de nouveau, elle se heurte à un refus. Il s'oppose à ce que sa signature apparaisse régulièrement, dans les pages de politique étrangère. Pourtant, elle obtient de lui une faveur extraordinaire : si elle le veut, aussi souvent qu'elle le veut, elle peut monter le voir au marbre, le soir, pendant qu'il termine le journal. Ce qui signifie qu'il est prêt à l'aider à améliorer le métier qu'elle a déjà. Elle ne manque pas de reconnaître qu'il s'agit de l'occasion inespérée de faire une expérience passionnante. Élie Bois est un vrai patron de presse ; ils sont rares. Il n'en existe pas toujours un par génération. La comparaison avec Pierre Lazareff vient évidemment à l'esprit. Mais Lazareff appartenait à une autre époque, où le pouvoir sur l'opinion était déjà fortement entamé par le développement des médias, et il ne se faisait pas d'illusions sur le sujet. Son *France-Soir* n'influençait pas le vote des Français, il le savait, il l'a dit à ses proches. L'éthique aussi n'était pas la même. La Seconde Guerre mondiale avait changé bien des choses.

Avant le nazisme qui rendit capitale la position politique, la conception de l'information était différente. Ce que Louise rappelle dans ses *Mémoires* sur les combats menés par Bois contre ses rivaux, comme lui responsables de journaux populaires, le montre toujours déçu. Opter pour la qualité, pour une certaine tenue, c'est perdre. Le tirage n'augmente et ne dépasse celui des autres que si *Le Petit Parisien* joue la carte du « sang à la une » et pratique la surenchère de l'horreur dans la description des crimes.

Mais le journalisme que Louise désire faire ne relève pas de la presse à sensation. Cependant, Élie Bois lui apprend beaucoup au cours de ses visites nocturnes au marbre. Cette expérience lui servira car il s'agit toujours d'évaluer les faits et de provoquer des réactions de la part d'êtres humains, même dans le domaine de la politique étrangère, celui qui l'intéresse plus que tout. Sans doute encore à cause de sa passion passée pour Milan Stefanik.

Se débarrasser de Philouze est son premier objectif. Les sujets de discorde sont nombreux entre eux. Il en existe de toutes sortes. Argumenter dans le domaine des idées pourrait durer des années. Un accrochage à propos d'une employée épileptique qu'il envoie, à n'importe quelle heure du jour et de la nuit, porter à bicyclette des plis que la poste pourrait acheminer dans le même temps, convient parfaitement. Comme Philouze, homme de cheval, ne se sépare jamais de sa cravache, dans le feu de la discussion, il menace Louise. Elle se dit qu'être cravachée ne serait pas payer trop cher le départ de son ancien patron. Quelle belle conclusion ! Sous les yeux de tous les employés ameutés par ses cris, ravis du spectacle, Philouze, qui la poursuit en brandissant sa cravache, renonce à la frapper. Louise le chasse. Et il s'en va.

Guy Rol, qui avait apporté, au départ, une partie de l'argent et qui ne participait jamais aux conseils de rédaction, reste dans la maison. Depuis le début, il assurait l'administration, aussi mal que possible mais d'une manière profitable pour lui et pour Philouze.

En examinant les comptes, Louise s'aperçoit que la jeune femme chargée de la publicité reçoit des commissions à des taux abusifs. Il est facile de lui faire avouer qu'elle ristourne la moitié de ses gains à Guy Rol. Louise décide aussitôt de signer un nouveau contrat avec elle, à un tarif normal, et accepte d'écrire un brouillon de lettre afin qu'elle se débarrasse de « son proxénète », comme l'appelle Louise. Évidemment, le secret n'est pas gardé. Guy Rol hurle ; n'obtenant pas de réaction, il change brusquement de ton, et, pour amadouer le véritable auteur de la lettre, l'invite à déjeuner à La Tour d'argent. Déjeuner inachevé car Louise, écœurée par ses propos sur la manière d'organiser les finances du magazine, décide de partir au moment où le soufflé au Grand Marnier arrive à leur table.

Les anecdotes concernant ces deux compères, Philouze et Rol, ont dû être améliorées, elles sont probablement assez loin de la réalité et ont toutes un ton de farce. Pourtant l'épisode Rol se termine de façon mélodramatique : sa mort, présentée comme accidentelle par la police, était en fait un règlement de comptes entre truands. D'après Louise, le clou de cette histoire est que Rol avait l'intention de la faire chanter en lui proposant des lettres de Philouze qu'il avait volées et trafiquées afin de leur donner un ton d'intimité. Sa veuve la prévient de la manœuvre et les lettres sont récupérées sans dommage, dans le bureau du mort.

Pour clarifier la situation financière du périodique, Louise déclare discrètement la société de *L'Europe nouvelle* en faillite et fonde, avec l'aide d'un expert envoyé par son père, une autre société, la *Société nouvelle de l'Europe nouvelle* pour l'exploitation de l'hebdomadaire. Elle dit que son père « aimait tellement à assainir les affaires en difficulté qu'il s'était pris d'un intérêt réel pour la publication. Notre principal créancier était un vieil imprimeur du Sentier, le père Barnagaud. Je revois son visage rougeaud encadré de poils blancs et ses yeux bienveillants pendant qu'il écoutait mon désastreux exposé :

« —J'attendrai, me dit-il simplement. Je vous ai vue manier le plomb chaud sous les bombardements. Vous réussirez.

« 400 000 francs ! Ah ! le bon billet qu'avait la Société des Nations [4] ».

Se faire le porte-parole de l'action qui devrait être celle de la Société des Nations, voilà la ligne que Louise s'est tracée. Son pacifisme est positif. Elle veut réussir à l'imposer. Elle ne prêche pas la peur de la guerre et ne se complaît pas dans le deuil. Elle veut que les nouvelles nations et celles qui, également endommagées par les combats et les bombardements, ont été modifiées parce qu'elles ont perdu la guerre, ne développent pas d'agressivité envers leurs voisins, envers les vainqueurs. Elle sait qu'empêcher l'Allemagne de reconstituer ses pertes serait une dangereuse erreur. Le terme polémologie n'existe pas encore mais l'idée d'« étudier scientifiquement et sociologiquement les guerres » lui convient pour réaliser son désir de les éradiquer.

La Société des Nations a été créée officiellement à la ratification du traité de Versailles. Son premier conseil s'est tenu à Paris, le 16 janvier 1920 ; le deuxième à Londres, en février, avec déjà un programme chargé et, à la demande de lord Balfour, une conférence financière internationale doit se tenir après la troisième session. De tout cela, Louise rend compte dans les colonnes de *L'Europe nouvelle*, mais il est important, pour son hebdomadaire, qu'elle se déplace et assiste à la quatrième session. Elle doit donner son point de vue personnel. Il lui faut recueillir les échos des séances et expliquer l'esprit du secrétariat général qui a commencé à prendre forme, la position des délégués sur les sujets les plus brûlants, telles l'Arménie, la Pologne, et aussi dire à ses lecteurs quelle conception de la première assemblée générale de la Société des Nations sortira de cette session. La Société des Nations est une organisation internationale nouvelle. Il n'en a jamais existé de semblable jusque-là. Il faut familiariser le public avec cette conception réellement démocratique de règlement des questions qui s'élèvent entre les nations, après ce conflit d'où la carte du monde sort changée.

Louise croit encore, parce que anglophile depuis l'adolescence, à la responsabilité que doivent se partager l'Angleterre et la France. Les États-Unis, hostiles à l'idée de cette puissante justice dont ils ne seront pas maîtres, n'ont pas ratifié le traité signé par Woodrow Wilson.

La quatrième session, qui aura lieu, après la décision du Congrès américain, se tiendra à Londres, en avril 1920. Suivre le développement de la Société des Nations, en tâchant d'anticiper les décisions qu'elle va prendre, en discutant ses décisions afin de rappeler les buts qu'elle doit atteindre est d'une grande importance, la direction de *L'Europe nouvelle* en a fait son projet majeur. Pourtant, impossible à Louise de se rendre libre à cette date. Elle n'en donne pas la raison.

Elle n'ira à Londres que quelques semaines plus tard. Selon son habitude, elle loge au Savoy, sous les combles d'où elle domine une cascade de toits, plus embrumés alors que ceux de Paris. En dépouillant la presse anglaise qui remplit chaque matin sa petite chambre, elle constate que l'Angleterre envisage le relèvement de l'Allemagne et l'évacuation sans condition des provinces du Rhin occupées par les troupes françaises. Les Britanniques, qui soutiennent la Société des Nations, sont contre le traité de Versailles dans lequel ils voient le désir des Français de dominer l'Europe. Louise a de la peine à admettre que cette Société des Nations, qui représente pour elle l'espoir d'établir une paix durable, est, pour les Britanniques, le moyen d'obtenir la destruction du nationalisme français. Elle reconnaît avoir commis « une grande faute d'analyse et, donc, de jugement » en ne se rendant pas compte plus tôt de la stratégie britannique. Elle affirme que le Foreign Office envoie à Genève des diplomates qui ne sont pas parmi les plus brillants et qui ont pour consigne de suivre les intérêts de l'Empire tels que l'entend l'*Establishment*. Le Quai d'Orsay est tout aussi opposé et méprisant.

Pourtant, en France, certaines personnalités politiques et universitaires soutiennent la Société des Nations : « Les vieux fondateurs de la Cour de La Haye », Albert Thomas, ex-ministre socialiste, « inspirateur » du Bureau international du Travail, André Honnorat, ministre de l'Instruction publique. Mais Philippe Berthelot pense qu'en les suivant on perdra ce qu'on a gagné à Versailles. Les anciens combattants sont divisés. Certains attendent de voir les anciens combattants allemands demander le châtiment des coupables, d'autres sont prêts à faire le pèlerinage de Genève.

Après le départ de Hyacinthe Philouze, les membres du patronat qui soutenaient sa politique à *L'Europe nouvelle* s'empressèrent de murmurer que la revue était devenue dangereuse, que « la jeune directrice bafouait la religion et la patrie. À de rares exceptions près, dont Henri de Paeyerimhof, président du Comité des Houillères, ceux d'entre eux qui connaissaient mon père le plaignaient de n'avoir pas su mater sa "folle de fille". Mais, en fin de compte, c'était plutôt l'ignorance des possibilités de la Société qui prévalait[5] ». Louise croyait donc que, si l'on s'efforçait de faire comprendre clairement aux Français l'importance, la nécessité de l'organisation, sans les leurrer dans un sens ou dans l'autre, l'espoir était permis.

La jeune directrice de *L'Europe nouvelle* sait s'entourer de collaborateurs de qualité, dévoués à la cause qu'elle entend défendre et qui occuperont plus tard des positions importantes, sous la IIIe ou même sous la IVe République : Roger Auboin, qui dirigea pendant vingt ans la Banque des Règlements internationaux, Pierre Viénot, qui devint sous-secrétaire d'État aux Affaires étrangères en 1936-1937, Roger Nathan, Jean Allary, futur rédacteur en chef de la section diplomatique de l'AFP, Georges Bonnet, futur ministre des Affaires étrangères, René Massigli qui collaborera fréquemment mais ne signera pas ses articles. Il sera ambassadeur à Londres de 1944 à 1955, Julien Cain, futur administrateur de la Bibliothèque nationale, Yves de Boisanger, futur gouverneur de la Banque de France. Louis Joxe devient le secrétaire particulier de Louise. Henry de Jouvenel, en 1926, et Wladimir d'Ormesson, en 1928, sont membres du comité de rédaction.

Des collaborateurs occasionnels apportent leur renommée et leur compétence : Aristide Briand, Édouard Herriot, Marcel Cachin, Léon Blum, Saint-John Perse, Paul Valéry, Élie Faure, le colonel Lawrence « noircit nos pages de ses imprécations contre les imbécillités de son gouvernement et du nôtre vis-à-vis des Arabes ».

Au début de l'année 1920, Louise engage Philippe Millet comme directeur politique. Il partage ses vues et définit avec constance et clarté la ligne de conduite de la revue. Normalien, agrégé de philosophie, fils d'ambassadeur, Philippe Millet rédigera les éditoriaux jusqu'à sa mort soudaine en octobre 1923. Louise a tracé de lui un portrait rapide : « Un grand garçon pâle, aux yeux bleus. L'habitude des sports avait libéré sa démarche, la fréquentation de la haute société libéré ses manières et la méditation des philosophes libéré son esprit. Il s'était battu dans un régiment de zouaves. Blessé à Charleroi, il avait repris du service dans l'interprétariat des états-majors. Lui aussi aimait l'Angleterre. Lui aussi, transfuge de l'Université, avait entendu l'appel pacifiste de la génération du feu[6]. » Il avait treize ans de plus qu'elle.

Il insiste pour que *L'Europe nouvelle* publie *in extenso* des documents diplomatiques d'actualité. « Comme il n'existait pas de *Journal officiel* international, *L'Europe nouvelle* en tint bientôt lieu. » Philippe Millet était aussi anglophile que Louise et « au lieu de corriger mon appréciation insuffisamment critique des partis pris par l'*Establishment*, il en aggrava les erreurs. La mésentente franco-anglaise nous paraissait à tous les deux d'une telle absurdité que nous ne pouvions pas nous résoudre à la tenir pour sérieuse ». Malgré ce manque de clairvoyance, toujours d'après Louise, de grands quotidiens sollicitent la collaboration de Philippe Millet et l'envoient faire de lointains reportages. Ce qui profite à *L'Europe nouvelle* sur le plan de l'information et n'empêche pas le directeur politique de publier régulièrement, chaque semaine, son éditorial. Sa présence permet à Louise de réaliser son rêve de partir, elle aussi, enquêter à l'étranger. Elle n'a pas abandonné son projet d'aller voir ce qui arrive en Russie. Les Occidentaux ne parviennent pas à se mettre d'accord sur ce « problème [qui] dominait le monde », comme elle l'écrit. Elle dit aussi que Milan Stefanik et le président Masaryk l'ont entraînée à réfléchir, depuis 1916, sur le drame russe. Mais que s'est-il passé exactement ? Que se passe-t-il là-bas ? En vérité, on l'ignore. Louise n'a pas manqué d'approcher les quelques voyageurs qui en reviennent. Leurs récits, totalement différents les uns des autres, ne permettent pas de se faire une opinion. Et elle veut savoir ce que peut nous apporter cet énorme pays dont elle a rêvé autrefois en lisant l'ouvrage de Melchior de Vogüé sur *Le Roman russe* et en découvrant ensuite les œuvres de ses immenses romanciers.

Louise entend se faire une opinion de la situation en allant elle-même enquêter à Moscou. Et elle est décidée à ne travailler que pour *Le Petit Parisien*. Le tirage de *L'Information* ne lui convient pas. Louise sait bien plaider sa cause, et exercer son charme sur ce grand patron de presse la ravit. Mais Élie-Joseph Bois ne se laisse pas fléchir dans le domaine du métier. Il refuse avec énergie de l'envoyer chez les Soviets. C'est trop dangereux, pense-t-il. Mais il ne dit plus non à tout. Il consent à l'accréditer pour une seconde expédition en Europe centrale. La Petite Entente vient de naître entre la Tchécoslovaquie, la Roumanie et la Yougoslavie pour veiller à l'exécution des traités de Saint-Germain et de Trianon, qui complètent le traité de Versailles. Comment va fonctionner la Petite Entente ? Que vaut-elle ? Élie Bois fait confiance à Louise pour l'expliquer à ses lecteurs. Plus que jamais, Louise a Moscou en tête, mais aller à Prague, pourquoi pas ? C'est sur son chemin. Et son ami Edvard Benès a expédié auprès des Soviets une mission chargée de rapatrier les soldats tchèques et slovaques perdus en Sibérie, alors qu'ils devaient atteindre le Pacifique. Elle se dit que cette mission pourrait l'aider. Mieux vaut n'en pas parler à Bois.

Louise part donc. Dans des conditions bien différentes de la première fois : le directeur politique de son hebdomadaire ainsi que sa secrétaire particulière l'accompagnent à la gare et, en arrivant à Prague, elle découvrira que sa mère a glissé dans sa valise des croquettes en chocolat. Ce qui, écrit-elle, lui donne « le sentiment, fallacieux d'ailleurs », que sa famille commence à admettre sa profession.

À Prague, le président Masaryk, Edvard Benès, le général Pellé, chef de la mission militaire française dont les conseils et les recommandations l'ont aidée lors de son premier voyage, sont heureux de la revoir. Benès se montre dubitatif quant à son voyage à Moscou, pourtant il ne la décourage pas (mais qui se hasarderait à essayer de décourager Louise ?). Il désire tant savoir avec plus de précision ce qui se passe pour la Légion des volontaires tchéco-slovaques que Stefanik, en sa qualité de ministre de la Défense tchécoslovaque, avait été chargé, en 1918, de réorganiser et de ramener hors de la Russie, qu'il lui promet l'hébergement par sa mission, si elle obtient un visa soviétique. Les rapports de son délégué à Moscou sont trop succincts, il compte sur elle pour l'informer. Or Louise n'obtient pas son visa. Elle se fait néanmoins une idée de ce qui se passe en Union soviétique, interrogeant tous ceux, partisans ou adversaires, qui peuvent la renseigner.

En rentrant à Paris, elle fera, le 21 mars 1921, une conférence au Comité national d'Études sociales et politiques, sur « La Situation en Russie », sous la présidence de Paul Painlevé, ancien président du Conseil et ministre de la Guerre. Elle introduit son sujet en racontant comment l'idée d'aller là-bas lui était venue d'abord « quand la propagande communiste commença à s'infiltrer dans nos pays d'Occident. J'assistais ici à la crise sociale et politique qui aboutit récemment seulement à la scission du Parti socialiste français au congrès de Tours. J'étais assez liée avec divers de nos chefs socialistes. Je lisais des brochures qui arrivaient du Kremlin. J'entendais aussi les récits de nos compatriotes qui arrivaient de Moscou et de Petrograd, horrifiés des scènes qu'ils avaient vécues. Tiraillée, tantôt d'un côté, tantôt de l'autre, perdue dans un océan de renseignements contradictoires, vivant au milieu de gens passionnés, aussi passionnés d'ailleurs qu'insuffisamment informés, j'étais acculée pourtant à prendre parti à cause de la revue dont je venais d'assumer la rédaction en chef.

« Alors je me dis ceci, peut-être avec trop d'ambition : je veux voir clair. Je veux comprendre. Sans préjugé, sans souvenir, sans intérêts matériels d'aucune sorte, je veux aller discuter de la situation avec les chefs communistes que je pourrai atteindre sans trop grandes difficultés.

« J'ai commencé par aller voir Krassine à Londres. Puis je suis partie pour Prague, Belgrade, Bucarest. Je connaissais la Pologne, la Galicie orientale, les confins de l'Ukraine. Je n'ai pas pénétré en Russie mais j'ai causé librement avec des centaines de Russes, communistes ou non, intellectuels, marchands, fonctionnaires, étudiants, ingénieurs. J'ai lu d'innombrables brochures bolcheviques ou non. J'ai passé toute ma documentation au crible d'un sévère examen critique[7] ».

Les nazis ont négligé d'emporter le texte de cette conférence que Louise a retrouvé et photocopié. Elle y a ajouté des notes écrites après sa rencontre avec Leonid Krassine. De cette entrevue, au cours d'un déjeuner à Londres qu'elle raconte dans ses *Mémoires*, elle retient trois points :

1. messianisme des dirigeants soviétiques,
2. les rapports du Kremlin avec les paysans,
3. la valeur pratique de la constitution des Soviets.

Dans sa conférence, pour traiter du messianisme elle se sert de l'entretien qu'elle eut ensuite avec Gillerson, le chef de la mission bolchevique de Prague. Elle traite Gillerson d'apôtre maximaliste. Elle lui dit : « "Votre religion me terrifie. Je ne veux pas de vos promesses. Je veux penser ce qui me plaît : je veux un salaire qui me permette de vivre ; je veux du lait tout de suite pour mes petits enfants." Mais Gillerson me regardait en souriant ; il poursuivait son rêve intérieur. Aucun cri du cœur humain, aucun désespoir ne pourra l'atteindre ; il a la foi, une implacable foi. Nous sommes sortis ensemble dans la rue et, en vérité, je me suis demandé pourquoi, au lieu de me tendre la main en m'aidant à monter les marches du tramway, il ne dressait pas un bûcher fait des planches qui traînaient là, contre le talus, pour me jeter dans le feu afin de sauver mon âme. Voilà l'impression que j'eus toujours lorsque j'ai causé avec d'autres leaders bolcheviks. »

Des paysans, Gillerson lui a dit : « Ils sont d'une ingratitude noire à notre égard. »

Elle cite Lénine : « La liberté, superstition bourgeoise. »

Louise rapporte également que des Russes, réfugiés à Paris, ont assisté à sa conférence. « M. Avksentief est en France depuis deux ans, c'est un démocrate russe. Pour lui, les bolcheviks sont des usurpateurs qui n'ont rien de socialiste. » Il n'est pas d'accord avec Louise qui dit qu'ils sont anarchistes. Les matelots de Cronstadt veulent faire une révolution antibolchevique et anticommuniste. Ils veulent la libération de toute la Russie et en faire une vraie République.

La conférencière note que M. Milioukov admire son rapport pour sa lucidité et le sérieux de sa documentation. M. Maklakov aussi. Qui sont-ils ? Pavel Nikolaïevitch Milioukov était un « historien, dirigeant du parti constitutionnel-démocrate de 1907 à 1917, ministre des Affaires étrangères dans le premier cabinet du gouvernement provisoire, [qui] émigra en 1918 », et Vassili Alexeïevitch Maklakov était « un avocat journaliste, un des leaders du parti constitutionnel-démocrate, ambassadeur russe à Paris non accrédité (1917-1924), directeur de l'Office pour les affaires des émigrés russes auprès du ministère de l'Intérieur français, franc-maçon[8] ». Louise cite juste leurs noms, sans rien préciser, mais ces notes se rapportant à la conférence sont brèves, et elle ne mentionne pas cette conférence dans ses *Mémoires*. Elle ne devait pourtant pas parler souvent en public à cette époque et la présence de Paul Painlevé et de ces Russes éminents prouve qu'elle était en train de devenir une célébrité parisienne[9].

Si Louise n'oublie pas le déjeuner chez Krassine, à Londres, c'est à cause du personnage lui-même. Leonid Krassine était un ingénieur qui, en 1904-1907, avait fabriqué clandestinement des explosifs pour les groupes d'action bolcheviques. Il avait été commissaire au commerce et à l'industrie en 1918, au commerce extérieur en 1920-1923, représentant plénipotentiaire en Grande-Bretagne en 1920, puis premier ambassadeur des Soviets à Paris en 1924. Son invitée le décrit : « Grand bourgeois rallié depuis longtemps et par intelligence à la cause de la Révolution qu'il estimait gagnante, il avait été tout simplement récompensé de sa fidélité par ce poste éclatant. S'il invectivait le capitalisme occidental dans les termes voulus par son gouvernement, il n'en aguichait pas moins les Anglais par la perspective d'une fructueuse reprise des relations commerciales.[...] L. Krassine portait beau à la manière des gens de sa classe : les ingénieurs internationaux. Le vêtement cossu, la barbiche bien taillée, la table abondante, une épouse peu ralliée au communisme mais qui, par décence diplomatique et conjugale, se gardait de trahir ses sentiments, de ravissantes filles dont l'une devint la femme de Gaston Bergery, un jeune politicien français, après que son père eut fastueusement reçu la société parisienne [10]. » Cette même Louba Krassine épousa ensuite Emmanuel d'Astier de La Vigerie.

Au déjeuner de Londres, en 1920, Louise trouve l'homme inquiétant. Il est à ses yeux, par ce mélange d'opportunisme, d'intelligence, d'une certaine grandeur alliée au désir de conquérir et de tromper, une vivante incarnation de cet immense pays dont on ne sait plus rien. Elle dit dans ses *Mémoires* que c'est cette rencontre avec Krassine qui la détermina à partir pour Moscou. Mais elle avait déjà songé avant à cet improbable voyage. Elle dut attendre dix-huit mois, durant lesquels elle ne ménagea pas ses efforts et son habileté, pour obtenir les papiers nécessaires.

Enquêter sur la Petite Entente ne lui déplaît pas. Elle est très favorable à la Tchécoslovaquie, cela va sans dire. Elle écoute ce que lui dit Benès depuis ses débuts dans le journalisme. La Tchécoslovaquie est restée, après la mort de Stefanik, une sorte de seconde patrie pour elle. Elle n'a pu oublier le rêve d'y jouer, un jour, un rôle. Rêve qui fut si cher à son cœur. Il y a ainsi chez elle parfois des bouffées de sentimentalisme — qui ne sont pas feintes, bien au contraire. Je crois même que, si elle en avait conscience, elle préférerait leur échapper. Son plan d'entretiens au cours de ce voyage et les recommandations d'Edvard Benès, initiateur de cette Petite Entente qu'elle veut définir et placer dans la perspective européenne de la recherche de la paix, l'amènent à rencontrer tous les dirigeants des pays concernés.

Quand sa sentimentalité n'est pas en cause, ses jugements, sur les personnes comme sur les événements, ne manquent pas de finesse. Son amitié pour Edvard Benès ne l'aveugle pas. Il est prisonnier des institutions démocratiques auxquelles il doit le pouvoir et il le sait. « Je ne conteste pas l'obscurantisme des verdicts du nombre, soupirait Edvard Benès. Mais que faire ? Un autre que moi, prisonnier des mêmes données politiques, n'agirait ni autrement ni mieux. Le peuple reste notre maître, avec ses bulletins de vote. » Louise pense qu'il fait fausse route en ne prenant pas les mesures nécessaires pour que les trois pays de la Petite Entente passent entre eux de libres accords qui, « dictés par les économies complémentaires des régions en cause, remplaceraient en effet et heureusement la férule des Habsbourg. Les carences de la Petite Entente aboutirent à l'*Anschluss* ».

Lorsqu'elle rédige ses *Mémoires*, plus d'un demi-siècle après les rencontres qu'elle relate avec Benès, son analyse de la situation en Europe centrale lui inspire quelques réflexions sur la manière dont la France a été amenée, par l'institution du suffrage universel, à être gouvernée par des politiciens-gens de métier seuls capables, selon eux, d'exercer le pouvoir. Avec moins d'excuses qu'Edvard Benès, ils se croyaient, écrit-elle, « l'incarnation même de la patrie telle que l'avait voulue la Grande Révolution et son idole : la déesse Majorité ». Ce qui engendra « le mécanisme des instabilités ministérielles qui conduisirent les IIIe et IVe Républiques françaises à leur perte ». De la part de cette femme qui a passé sa vie dans le monde politique, qui a joué le jeu plus longtemps et mieux qu'aucune autre, ce jugement désabusé surprend. D'une part parce qu'il se rapporte — c'est l'évidence — à certains de ses meilleurs amis, et d'autre part parce qu'elle le rattache à ce qu'elle appelle « la confession de Benès ». Et cette confession, qui remonte à 1920, la pousse à s'écrier : « Eh bien ! que meurent Vienne et Budapest ! »

Louise est et sera toujours imprévisible dans ses réactions aux événements. Elle aura souvent des conclusions opposées à ce qu'elle assure défendre. Je suis restée plus d'une fois perplexe en analysant ses positions, ses actions et les explications qu'elle en donnait. Là encore, peut-être plus qu'ailleurs, elle chemine seule. Il ne paraît jamais y avoir quelqu'un pour la contredire, ou, plus certainement, elle n'entend pas les contradicteurs.

Au commencement de son reportage, Louise expose une attitude et une pensée différentes de ses affirmations finales. En quittant la Tchécoslovaquie, elle retourne à Vienne. Pour constater qu'on y a encore faim. Les partisans de l'intégration austro-allemande se taisent car seuls les vainqueurs peuvent nourrir ces populations affamées. Les signataires de la Petite Entente promettent aux instances internationales de coopérer au relèvement de l'Autriche et de la Hongrie mais, en fait, ils ne feront que s'assurer réciproquement contre toute surenchère à la baisse des produits autrichiens et hongrois qui gênerait leur économie. La situation demeurait terrible, comme l'était également celle de l'Allemagne weimarienne. Louise se fait un devoir d'expliquer à ses lecteurs ce qu'elle voit et de rendre compte de ce que pensent les dirigeants politiques, de leurs attitudes souvent différentes des idées nées de leurs interprétations des traités. Elle est persuadée de l'importance de sa tâche qui consiste à apprendre au public ce qui se passe réellement ailleurs.

Dans ce volume de *Mémoires* intitulé *Combats pour l'Europe*, en plus des souvenirs de ses expériences se rapportant à la politique internationale, Louise règle quelques comptes personnels. Ainsi elle s'en prend à une célèbre Viennoise, Berta Zuckerkandl, fille du propriétaire du *Neues Wiener Tagblatt*, Moritz Szeps, ami de l'archiduc Rodolphe de Habsbourg et de Clemenceau.

Jusqu'à sa visite à Vienne, en 1920, Louise n'avait pas rencontré Berta, qu'elle connaissait de réputation et qui l'invite aussitôt. Elle note que l'ambassade de France fournit à la grande dame de Vienne son sucre et son thé. Avant la guerre, Berta Zuckerkandl avait un salon où se réunissaient l'intelligentsia et les arts. Elle a rouvert ce salon dans sa grande maison de Nusswaldgasse qu'elle n'a plus les moyens d'entretenir et qu'elle quittera bientôt pour un appartement de quatre pièces, Oppolzergasse, où elle continuera de recevoir, chaque dimanche, les invités les plus divers. Louise, plus jeune d'une trentaine d'années, n'a aucune raison de la considérer comme une rivale. Elles se reverront plusieurs fois dans l'entre-deux-guerres, et le fils, qui les croit amies, écrit à Louise avec beaucoup de sensibilité, en 1945, pour lui annoncer la mort de sa mère. Après l'*Anschluss*, Berta avait fui Vienne où elle ne retourna jamais et s'installa à Paris. Chassée par l'Occupation, elle se réfugia à Alger. Elle y restera jusqu'à la fin de la guerre, mais réussit à rentrer à Paris, très malade, un mois avant de mourir, en octobre 1945.

La sœur de Berta avait épousé le frère de Clemenceau et Berta elle-même était aussi à l'aise à Paris qu'à Vienne. Dans son enfance, elle avait rencontré Liszt, Disraëli, et beaucoup d'autres grands personnages. À dix-sept ans, elle était la secrétaire personnelle de son père. Elle assistait aux entretiens avec l'archiduc Rodolphe, qui collaborait au *Neues Wiener Tagblatt* et avec bien des membres de l'aristocratie, avec des politiciens, des journalistes, des artistes. Très jeune, elle épousa un brillant médecin anatomiste, Emil Zuckerkandl, qui devint vite professeur à la faculté de Vienne. Journaliste, elle vécut toujours dans les milieux politiques de l'une et l'autre capitales [11].

C'est la première fois que, dans ses *Mémoires*, Louise se montre ainsi partiale et franchement hostile. La jalousie qu'elle éprouve à l'égard de la Viennoise vient de leurs traits communs, inacceptables pour elle. À l'origine, elles appartiennent à peu près au même milieu. « Grossmama » n'eût sans doute pas été de cet avis, car elle eût traité Moritz Szeps de roturier. Mais ce roturier-là avait réussi et sa profession, ses goûts l'avaient conduit à faire évoluer sa famille beaucoup plus librement, dans des milieux beaucoup plus lancés et moins conformistes que les Javal ou les Weiss. Berta avait le don de se faire aimer, elle cultiva de longues amitiés avec les artistes les plus renommés de Vienne et d'ailleurs. Ce sont ses relations amicales avec Rodin et Eugène Carrière qui encouragèrent les peintres et les architectes créateurs de ce mouvement, proche de l'Art nouveau, qui renouvela l'art à Vienne, et qu'ils appelèrent Sécession, à aller lui demander de les aider en parlant d'eux autour d'elle, pour les lancer. Elle était aussi liée avec les musiciens. Elle connaissait et admirait Maurice Ravel, et c'est dans son salon que Gustav Mahler rencontra sa future épouse, Alma Schindler. Elle reçut aussi le couturier Paul Poiret, quand il présenta son « Cirque de la mode Poiret » dans la capitale autrichienne.

Louise avait un vif désir de fréquenter des artistes. Même dans les années où elle fut le plus absorbée par son action politique, elle voulait paraître s'intéresser à autre chose : être connue pour son amour des arts plastiques et de la littérature. Son beau-frère, le docteur Alexandre Roudinesco, amateur averti et collectionneur, lui avait fait rencontrer des peintres parmi les meilleurs. Sans lui, elle ne réussit pas à s'attacher à des artistes vraiment grands. Elle voulut aussi avoir un salon, et devenir un écrivain célèbre. Elle mena, nous le verrons, des campagnes insensées pour se faire reconnaître. La directrice de L'Europe nouvelle se garde de le mentionner mais Berta Zuckerkandl était aussi appréciée comme journaliste, et spécialisée, comme elle, dans la politique étrangère. La Viennoise, qui est âgée de plus d'un demi-siècle lorsqu'elles se rencontrent, a été et a obtenu tout ce qu'elle a pu désirer être et obtenir. L'envie que Louise éprouve à son égard vient de là. Un dernier élément de comparaison est plus cruel encore : Berta a réussi sa vie de femme. Elle a épousé un homme remarquable, qui l'admirait, et elle eut un fils qui demeura toujours proche d'elle. Alors que Louise ne réussit jamais à sortir totalement de la solitude qu'elle n'avait pas choisie. Elle souffrira de cet isolement jusqu'à la fin de sa vie.

Quelques aveux pathétiques lui échappent parfois, bien qu'elle croie tout maîtriser. Ainsi, à propos d'un petit enfant russe abandonné et affamé qui l'a émue de façon profonde : « J'étais seule et ne dépendait que de ma plume pour vivre. Élever cet enfant sans délaisser ma vocation dépassait mes forces. Encore une fois la vie m'obligeait à choisir entre un amour et un engagement. À cet engagement j'avais déjà sacrifié le grand Élie-Joseph Bois. Je renonçais à l'angelot en perdition. Pas d'attachement incompatible avec l'œuvre que m'avait léguée Milan Stefanik [12]. »

Au moment de sa visite chez Berta Zuckerkandl, Louise ne fut sans doute pas aussi irritée qu'en se la remémorant. Pendant ces quelques jours à Vienne, elle pensait surtout à ce qu'elle allait dire, aux lecteurs du *Petit Parisien* et aussi à ceux de *L'Europe nouvelle*, sur l'avenir de ces États qui réunissaient des peuples si différents dont le droit à disposer d'eux-mêmes n'avait pas toujours été respecté par les traités qui les avaient créés.

Après Vienne, Louise se rendit directement à Belgrade, capitale du royaume des Serbes, des Croates et des Slovènes auxquels s'étaient adjoints quelques minorités de Monténégrins et de Macédoniens. Ce royaume, qui regroupait les Slaves du Sud, était gouverné par le vieux roi Pierre Ier Karageorgevitch qui, sorti de Saint-Cyr, s'était engagé pour combattre, en 1870, dans la Légion étrangère et avait été décoré pour sa conduite téméraire au feu. Il était trop malade pour recevoir Louise et mourut l'année suivante. Son fils, qui lui succéda sous le nom d'Alexandre Ier, gouvernait déjà à sa place. Louise ne le vit pas non plus. « Un moustique français [...] d'une culture hors ligne » qui avait fondé l'agence de presse Avala, Albert Mousset, la renseigna sur la situation qu'il connaissait fort bien. Il « n'attendait que leurs ordres pour zigzaguer autour des chancelleries occidentales et les piquer aux endroits sensibles qui avaient noms : Fiume, Trieste, Soutari d'Albanie et Salonique ».

La ville ne s'était pas encore relevée de ses ruines et Louise la parcourut « sous un soleil brûlant, l'haleine coupée par le vent et la poussière ». Elle dut compter sur l'aide d'Albert Mousset car « les ministres du nouvel État yougoslave gîtaient dans des bâtiments de fortune en général lézardés. Ils essayaient de récupérer à Vienne, à Budapest et ailleurs les archives des régions qu'ils commençaient d'administrer. Quant à moi, j'avais peine à me débrouiller dans le dédale de leurs bureaux improvisés. Les huissiers voyaient un *Comitadji* dans le plus affable visiteur et, pour me laisser entrer, exigeaient des multitudes de papiers qu'ils ne savaient pas lire.

« — Afin de trouver les ministres qui vous intéressent, me conseilla Albert Mousset, vous n'avez qu'à suivre les tapis rouges. Comme il ne s'en trouve qu'un par bâtiment, ce tapis vous conduira à la porte cherchée. »

Louise réussit tout de même à se faire une opinion et un ami, Momtchilo Nintchitch, qu'elle revit plus tard et qui était un ardent partisan de la Petite Entente. Elle essayait de se montrer aussi optimiste que possible mais elle recoupait les informations, écoutait les échos qui lui parvenaient d'autres sources, d'autres pays et elle se rendait compte que l'idéologie des hommes au pouvoir ne parviendrait pas à leur permettre les sacrifices exigés pour conclure de libres accords économiques, qui eussent été possibles étant donné la complémentarité des ressources de ces régions.

La Roumanie était le dernier pays que Louise devait visiter. Elle prit d'abord un bateau « mal graissé qui pétarada toute la nuit. Je franchis les Portes de Fer — médiocres comparées à leur réputation — et débarquai à Turnu-Severin où j'attendis pendant douze heures le train qui devait surgir d'une minute à l'autre pour m'emmener à Bucarest ». Ce voyage fut pénible comme tous les voyages qu'elle entreprit, à cette époque, dans l'Europe dont les ruines n'avaient pas encore été relevées.

Pourtant, le séjour à Bucarest fut plus facile qu'ailleurs. Tout le monde parlait français « avec ferveur » et, à son habitude, Louise rencontra les personnages qu'il était nécessaire de rencontrer. Même le légendaire sir Basil Zaharof, qui cherchait à réarmer le pays. Take Jonesco, Jean Duca, Nicolas Titulesco, ces trois hommes d'État devinrent ses amis, surtout Nicolas Titulesco qui était « le type même de ces politiciens trop grands pour leur pays ». Elle fit la connaissance de la princesse Marthe Bibesco qui la reçut dans son palais de Mogosoëa. Il ne lui vint pas à l'esprit de jalouser la princesse. Elle l'admira, au contraire, sans réserve. Elle apprécia le train de vie mené dans le palais, à trois lieues de Bucarest. Une demeure somptueuse que la princesse Marthe Bibesco avait choisi de faire revivre. La restauration par des architectes vénitiens avait duré dix-sept ans et coûté une fortune. Louise trouva en la maîtresse de cet endroit grandiose une Européenne d'un type qui la fascinait : « Marthe confessait avoir chéri charnellement ou d'esprit — mais peu de cœur — des hommes divers qu'elle avait toujours éblouis, quelquefois subjugués, rarement retenus. Qu'importait ? Sans leur expérience, elle n'eût pas été la femme d'élite qui s'était imposée au continent, de Paris à Rome, de Londres à Constantinople. Il y avait, en Europe, un style Bibesco reconnu par une jurande cosmopolite de ministres, d'écrivains, de millionnaires, d'inventeurs et de snobs. » Louise peut parfois se montrer généreuse dans ses jugements et ouverte en présence d'une certaine grande richesse qui n'est pas seulement matérielle. Dans cette partie de ses *Mémoires*, elle mentionne également la reine Marie de Roumanie, épouse du roi Ferdinand et mère du roi Carol et de la reine Marie de Yougoslavie. La reine mère de Roumanie l'impressionna beaucoup moins que Marthe Bibesco, et elle décrit ses appartements comme une « espèce de bazar turc gagné par la démesure munichoise », avant de l'évoquer de la même plume allègre et moqueuse.

Ce séjour roumain et ses autres enquêtes dans les pays de la Petite Entente l'amenèrent à conclure que le Kremlin « dominait l'évolution de la conjoncture ». Il lui fallait encore trouver le moyen de s'y rendre.

VII

Une femme sans peur

Plus encore que le précédent, le reportage chez les signataires du pacte de la Petite Alliance fut un succès pour Louise. Son cher patron ne lui ménagea pas les compliments et des noms jusque-là inconnus apparurent au sommaire de *L'Europe nouvelle*. Ces collaborateurs étrangers étaient les amis découverts dans les pays qu'elle avait parcourus. Mais Moscou demeurait encore une terre inconnue. Et la journaliste désirait plus que tout aller voir ce qui s'y passait réellement. Elle réussit à convaincre Élie-Joseph Bois. « Je ne prends cette décision que dans l'intérêt du *Petit Parisien*, [lui dit-il]. Personnellement, elle m'est odieuse. J'expédie aux pays des épidémies, de la famine et de la police secrète une jeune toquée qui m'est chère[1]. » Ainsi rapporte-t-elle la conclusion de leur entretien qui eut lieu « un soir, sur le coup de minuit ». Heure à laquelle ils se parlaient souvent, quand ils se retrouvaient au marbre où Élie-Joseph Bois bouclait le quotidien qui tomberait quelques heures plus tard.

Louise avait hâte de partir. Elle espérait que Philippe Berthelot, secrétaire général du Quai d'Orsay, lui faciliterait la tâche en l'introduisant auprès de nos ministres plénipotentiaires accrédités dans les Pays baltes, où elle comptait obtenir son visa soviétique — la France n'ayant plus de relations diplomatiques directes avec Moscou. Désormais rien n'allait être simple.

D'abord Philippe Berthelot l'accueillit « amusé par ce que mon entreprise avait d'insensé et, de sa diction martelée, m'assomma d'un conseil :

« — Votre succès relève de deux conditions que voici : premièrement vous mal conduire et, deuxièmement, vous foutre de l'opinion des tiers.

« Je me cabrai sous l'offense. Ma réponse cingla :

« — À en juger par vous, Monsieur l'ambassadeur, l'avis est bon.

« Et je rougis, interdite de mon audace. Philippe éclata de rire. Il édicta :

« — Excellente réponse ! Vous parviendrez à vos fins[2] ».

Ce fragment de dialogue, reconstitué, comme les autres, après toutes ces années, montre l'idée que Louise se faisait de soi-même : toujours victorieuse, parce que audacieuse malgré elle, pourrait-on dire. Et elle est à son meilleur quand elle prétend ne pas contrôler les reparties percutantes qui lui viennent naturellement devant l'obstacle ou devant ce qu'elle considère comme une injure.

La prédiction de Philippe Berthelot se révéla juste, Louise réussit son enquête. En grande partie, comme elle l'avait espéré, grâce à lui qui lui donna toutes les introductions qu'il était en son pouvoir de donner. À cause du sinistre causé par l'abominable sécheresse qui, de l'Altaï à la Volga, avait calciné les champs de blé, affamant des millions de personnes, il écrivit une lettre de recommandation au général Pau, président de la Croix-Rouge française, pour qu'il la chargeât d'une mission de secours. Plus que sur les introductions fournies par Philippe Berthelot, Louise comptait sur l'aide d'Edvard Benès pour apprendre des médecins allemands, qui avaient fait la campagne de Russie, comment ils s'étaient protégés du typhus et pour être hébergée à Moscou par sa mission. Edvard Benès lui avait promis d'avertir le chef de sa mission qui l'accueillerait si elle obtenait son visa pour Moscou. Il comptait sur elle pour lui donner des informations plus détaillées sur le travail accompli par ses compatriotes qu'il avait envoyés à Moscou, pour continuer ce qu'avait entrepris Stefanik, je l'ai dit.

Après avoir été mandaté par le ministère français des Affaires étrangères pour rassembler Tchèques et Slovaques qui se trouvaient dans des camps de prisonniers de différents pays alliés, en 1916 Stefanik avait réussi à lever en Russie une Légion de 30 000 volontaires parmi les prisonniers tchéco-slovaques. En 1918, pendant toute l'année, il retourne en Serbie, en Italie puis en Russie où, conséquence de la révolution, la Légion des volontaires s'était désagrégée, après avoir choisi de se battre aux côtés des Blancs. Il ne peut ramener aucun de ses légionnaires dans la République tchécoslovaque bien qu'i agisse en qualité de ministre de la Défense du nouveau gouvernement de Prague, et toujours avec le concours du gouvernement français. Après sa mort, Benès envoya une mission à Moscou pour continuer son œuvre, mais il ne recevait que rarement des nouvelles très insuffisantes. Être chargée d'envoyer directement à Benès des renseignements sur cette mission ne pouvait que plaire à Louise : c'était, une fois encore, renouer ses liens avec la mémoire de Stefanik.

Avant de partir, la journaliste mit les choses au point avec Philippe Millet, en ce qui concernait le programme de *L'Europe nouvelle*, et elle se chargea aussi du renouvellement du bail de la rue de Lille dont l'expiration était proche. Pour le bail, elle demanda à Olivier Jallu, un avocat ancien secrétaire de Raymond Poincaré, de s'en occuper. Elle tenait à conserver ces bureaux dont elle disait avoir fait « un des centres culturels de Paris ». Les journalistes, les écrivains, les hommes politiques et tous les amis de la revue avaient pris l'habitude de s'y réunir. Lieu d'autant plus important qu'elle habitait toujours chez ses parents, et que ceux-ci continuaient de la traiter comme une mineure de ce temps-là, contrôlant ses entrées et ses sorties. Nous le verrons.

Ce voyage à Moscou qui passe par Prague, Berlin, Riga renseigne non seulement sur ce que Louise est allée chercher dans le nouvel État russe : la République socialiste fédérative des Soviets de la Russie, mais sur ses rencontres moscovites et l'entourage dans lequel elle vivait déjà en 1921, avant de quitter Paris. Ainsi elle évoque cet homme étonnant qu'était Zinovi Pechkov, fils adoptif de Maxime Gorki, qui avait émigré en France, à l'âge de vingt ans, en 1904. Il s'était engagé en 1914 dans la Légion étrangère française. En 1915, il fut blessé à un bras et dut être amputé jusqu'à l'épaule. Ce qui ne l'empêcha pas de retourner au feu avec la même bravoure, toujours dans la Légion, l'année suivante. Décoré, il a le grade de colonel et il est envoyé, à la tête d'une mission française en Chine, au Japon et en Mandchourie. Il fut chargé de mission, en 1920, auprès de Koltchak, amiral et explorateur polaire qui était chef des armées blanches en Sibérie, et de Denikine, général durant la guerre de 1914 qui forma en 1917, avec l'aide de la France et de l'Angleterre, une armée pour lutter contre les bolcheviks.

Pechkov était donc, à cette époque troublée et trouble, en rapport avec les Russes blancs. Il ne fut naturalisé français qu'en

1923 et fit deux fois campagne au Maroc avec Lyautey. En 1940, il rejoignit le général de Gaulle à Londres. C'est lui que le Général envoya le représenter auprès du général MacArthur. Chef de la mission militaire française au Japon en 1945, Pechkov était alors général de corps d'armée. Il termina sa carrière en 1950, à Tokyo, puis se retira à Paris. Mais, en 1964, le général de Gaulle, ayant reconnu la République populaire de Chine, eut encore besoin de lui et l'envoya en mission diplomatique à Taiwan, pour expliquer les raisons de cette reconnaissance. Zinovi Pechkov, justement célèbre et aimé, mourut à Paris le 28 novembre 1966. Il est enterré au cimetière russe de Sainte-Geneviève-des-Bois, dans le même caveau que N.A. Obolenski, héros de la Résistance[3].

Louise ne dit pas comment elle a connu le colonel Pechkov mais il n'est guère étonnant qu'elle l'ait rencontré. Comme elle, il aimait à se tenir informé et fréquentait des milieux très divers. Elle était certainement alors curieuse de tout ce qui était slave. Elle voulait se faire une opinion sur la société russe, aussi bien sur les émigrés, à Paris et ailleurs en Europe, que sur le moyen de rencontrer des gens intéressants à Moscou. Grâce à Zinovi Pechkov, elle entra en relation, à Berlin, avec l'actrice russe Maria Andreïeva, qui avait été la deuxième épouse de Gorki et qui, après avoir fait partie de la troupe du Théâtre d'art de Moscou, fut, à partir de 1918, commissaire des théâtres et des spectacles de Petrograd. Puis, en 1921, elle fut nommée à la représentation commerciale soviétique de Berlin. Maria Andreïeva affirme à Louise que les Soviets manquent de cadres et que Lénine ne prend pas Gorki pour un révolutionnaire sérieux. À Berlin, Louise rencontre plusieurs Russes. Des réfugiés officiels, et d'autres qui ont fui : des aristocrates, des intellectuels, des artistes. Elle fait leur connaissance en se promenant Unter den Linden, où l'on peut se croire encore loin de la révolution.

À Riga aussi, il y a des Russes surprenants, dont Chaliapine, toujours ivre, avec qui Louise renonce à s'entretenir. Le diplomate qui représente les intérêts français est aussi étrange. Le comte Damien de Martel ne manque ni d'originalité ni de panache. Pour obtenir son visa, il est préférable pour elle qu'il ne se mêle pas des démarches auprès de l'agent soviétique. Louise en convient aisément car la France n'a pas bonne presse parmi les bolcheviks. Le comte l'invite à jouer au tennis, à faire de très bons dîners. Il ne manque pas de moyens personnels, il est fin, intelligent mais il s'ennuie dans ce coin du monde au bord de l'abîme. Elle est donc la bienvenue, même après lui avoir fait comprendre qu'elle réserverait les informations recueillies à Moscou — si elle y parvient jamais — aux lecteurs de son journal. Il ne pourra donc pas envoyer au Quai d'Orsay des rapports bien documentés grâce à ce qu'elle lui communiquerait, comme il espérait le faire. Il l'avait priée de lui montrer ses notes, mais elle lui avait rapidement ôté ses illusions.

À la mission soviétique, le camarade Moghilevski, qui parle français, reçoit Louise avec enthousiasme et lui promet son visa pour le lendemain. Cela prendra vingt-huit jours... Chaque matin, lorsqu'elle se présente, on l'assure que ce sera prêt « Si tchas », demain. Elle obtient le précieux sésame en menaçant de repartir pour Paris et de dire, dans les colonnes de son journal, les deux raisons pour lesquelles elle n'a pu l'avoir : primo, leur révolution est si peu solide que les Soviets craignent la présence d'une jeune bourgeoise qui ne parle même pas le russe, et secundo, peu leur importent les sinistrés de la Volga. La disette leur est utile. Elle alimente leur propagande. Après cette sortie, Louise claque la porte de la mission et rentre à son hôtel. Elle est en train de boucler ses bagages, lorsqu'un émissaire lui apporte son visa et son billet pour Moscou. Le train part une heure plus tard.

Le comte Damien de Martel ne l'accompagna pas à la gare mais il lui fit porter des fleurs. Voyant dans le bouquet un œillet rouge, elle l'épingla à sa boutonnière puis alla trouver le commissaire du train pour qu'il lui dénichât une place dans ces wagons surchargés. Le commissaire l'installa dans un compartiment réservé où elle n'eut pour compagnon qu'un jeune Américain taciturne, un Pulitzer « de la dynastie de presse du même nom ». Il n'était pas ravi de devoir partager son compartiment avec une inconnue. Mais comme le train était lent et le trajet long, ils finirent par se parler. Il lui apprit qu'une convention avait été signée à Riga, au nom du Conseil des commissaires du peuple et de l'American Relief Administration (ARA), pour la distribution de secours aux victimes de la famine. « Il ajouta que l'explorateur du Pôle, le docteur Fritjhof Nansen, mandaté par la Croix-Rouge internationale et plusieurs autres institutions d'assistance, avait le 27 août conclu à Moscou avec Georges Tchitcherine, commissaire du peuple aux Affaires étrangères, une autre convention prévoyant l'affectation de 10 millions de livres sterling à des achats de première nécessité pour les victimes du sinistre. La charité de l'Occident avait négligé les imprécations des bolchevistes contre les serpents du capitalisme, lesquels, en l'occurrence, s'étaient vraiment montrés de bons reptiles [4]. »

Le 14 septembre 1921, le train dans lequel Louise a pris place à Riga finit par arriver à Moscou. Elle se rend à la mission tchécoslovaque où l'attend, comme prévu, Girsa, le chef de la mission, qui envoie si peu de nouvelles à Prague. Il ne parle que le tchèque et le russe. Son interprète traduit en allemand. Rien d'encourageant dans ses propos. D'après lui, la demoiselle ferait bien de repartir dès le lendemain. Ce à quoi Louise lui fait répondre qu'elle a tout son temps. Le premier soir, elle dîne avec lui et l'interprète à la mission, « dans la salle de bal d'une vie antérieure aménagée en réfectoire pour leurs rapatriés ». Puis, après lui avoir remis une liasse de roubles qui pèse plusieurs kilos (et ne représente que quelques couronnes tchèques), car il serait dangereux pour elle de changer de l'argent, Girsa la conduit à sa chambre, qui est propre, et où il lui recommande de s'enfermer. Il la prévient aussi contre la Tcheka, la police secrète du régime, qui est partout.

Le jour suivant, Louise se lance à la découverte de la ville et de sa misère. Elle marche pendant une dizaine d'heures. Elle voit beaucoup de choses qu'elle raconte longuement dans ses *Mémoires*. Cette seule journée suffit à documenter son enquête sur la faim, pense-t-elle. Elle sait aussi bien voir que faire parler. Ses descriptions devaient captiver le public en France. Les lecteurs des journaux d'alors n'avaient comme sources d'information que les témoignages de ces reporters qui n'étaient même pas tous armés d'appareils photographiques, ceux-ci n'étant pas facilement transportables. Mais Louise ne veut pas se contenter de décrire la misère qu'elle trouve à chaque coin de rue, aussi bien qu'à chaque échelon de la société et dans chaque groupe d'âge. Elle veut savoir et faire savoir ce qui se passe, ce que croient, ce que veulent les dirigeants, ce qu'ils peuvent obtenir et comment. Elle s'est renseignée, elle sait à quelles portes frapper. Mais ces portes s'ouvriront-elles ? Lui répondra-t-on ? Et les réponses seront-elles crédibles ?

Passionnée par tous les sujets qui se présentent, la journaliste est disposée à s'intéresser à des découvertes aux conséquences imprévues. Ainsi, de façon purement fortuite, elle rencontre, dans la rue, une Française en pleurs. Cette femme est venue de Toula

— ce qui a pris plusieurs semaines — pour apprendre qu'il n'y a plus de consulat de France à Moscou. Qui est-elle ? Que faisait-elle à Toula ? Elle était institutrice dans une famille noble dont elle a élevé les enfants. Le château a brûlé, les partisans ont tué le châtelain. La femme de ce seigneur s'est cachée ou s'est enfuie, les enfants ont disparu. La Française s'est retrouvée seule, sans aucun bagage, avec entre les mains une jarre d'huile qu'elle a échangée contre une place dans un wagon. Elle ne sait que faire, elle ne connaît plus personne en France. Elle ne peut aller nulle part.

Louise l'a trouvée à la porte d'« Au Petit Paris », un hôtel de voyageurs occupé par l'administration soviétique où un ancien officier français dispose d'un bureau. Agrégé de l'université, mobilisé à la mission militaire française auprès de l'état-major des armées du tsar, cet officier s'est converti au marxisme et s'est inscrit au Parti communiste russe. Louise, qui a parlé avec lui, dit savoir qu'il est inutile d'essayer de le convaincre. Le sort de la malheureuse institutrice ne l'intéresse pas, il a refusé de s'en occuper et ne changera pas d'avis. À elle d'apporter de l'aide. Elle le fait en amenant sa protégée à la mission tchécoslovaque, après avoir télégraphié à Edvard Benès et obtenu son accord. Mais le sort de cette institutrice n'est pas unique. D'autres institutrices et gouvernantes ont, comme elle, tout perdu. Comme elle aussi, elles ont entendu dire qu'il existe, Au Petit Paris, un puissant compatriote qui devrait pouvoir les aider. Elles sont désemparées, désespérées. Ces familles d'aristocrates russes étaient devenues leurs familles. Louise sait où trouver ces compatriotes naufragées ; elle retourne le lendemain et les jours suivants dans la rue qui mène Au Petit Paris.

Ce compatriote puissant qui, selon elle, refusait ou eût refusé de les aider, Louise donne son nom : Pierre Pascal. Après avoir été envoyé en 1916 auprès de l'attaché militaire français à Saint-Pétersbourg, il resta en Russie soviétique comme socialiste chrétien, membre du groupe communiste français de Moscou et rentra en France en 1933, d'après Nina Berberova. « Il devint un slaviste et un traducteur renommé, auteur entre autres d'une étude sur *Avvakoum et les débuts du raskol : la crise religieuse du XVIIᵉ siècle en Russie*. Il occupa la chaire de russe à l'École des langues orientales de 1950 à 1960, puis à la Sorbonne [5]. Il est difficile de penser que lorsqu'elle écrivit ses *Mémoires*, Louise Weiss ne possédait pas ces informations le concernant. Ce qu'on ignore c'est la raison pour laquelle il aurait refusé d'aider ces Françaises, victimes innocentes de la Révolution. Il est plus probable qu'il lui ait été impossible de le faire. Dans cet ouvrage intéressant qu'il a intitulé *Mon journal de Russie*, il ne mentionne ni les gouvernantes ni Louise[6].

Par contre, Louise assure qu'elle est décidée à faire sortir ces femmes de ce pays où elles risquent la mort. Mais elle-même, ne doit-elle pas se méfier de ce qu'elle appelle leurs « racontars » qui pourraient la compromettre, la mettre en danger, comme le sont déjà ces pauvres exilées ? Aussi annonce-t-elle son indifférence à sa première compatriote rencontrée en pleurs. « Entendez-le bien et répétez-le partout ! lui ressassai-je. N'empêche que vous pouvez me suivre. Je vous indiquerai quelqu'un qui vous nourrira et, peut-être même, vous donnera un billet pour Paris. » Et elle ajoute : « L'indifférence du Français du Petit Paris me conféra une sorte d'immunité. Grâce à la générosité d'Edvard Benès, je parvins à rapatrier environ cent vingt-cinq de ces institutrices dont plusieurs avaient quitté la France depuis un demi-siècle[7]. »

Ce bienfait ne fut pas perdu car, quelque temps plus tard, il lui valut la Légion d'honneur. Louise assure qu'elle songea d'abord à refuser d'être décorée, mais Édouard Herriot, qui avait entrepris les démarches, insista. Ses parents, toujours les premiers à la dénigrer, lui dirent :

« Seules les macrobites de la Croix-Rouge ou les sœurs de charité obtiennent la Légion d'honneur dans des conditions admissibles. Pour les autres, le ruban ne consacre que leur déshonneur.

« — Aussi l'ai-je refusée, leur rétorquai-je. »

Finalement, « [son] corsage s'orna d'un mince filet rouge à cause de la pitié que [lui] avaient inspirée une centaine de vieilles filles affamées, de la folle casuistique d'un Français membre du parti communiste, de la charité d'un ministre tchécoslovaque, de la bienveillance d'un ministre de la Troisième République, de la verve d'un expert en Réparations, des ressentiments d'un chef du protocole et de la pusillanimité d'un général libre penseur en mal de bénédiction[8] ». Louise exprime là à la fois sa satisfaction et son ressentiment d'une manière qui lui est habituelle. Cette décoration lui tenait à cœur et nous verrons plus tard comment elle fit de son mieux pour gravir les échelons qui la menèrent aux honneurs les plus hauts.

Louise demanda à son père d'assister à la remise de sa médaille de chevalier et de rester jusqu'au départ du dernier de ses invités.

Il accepta en maugréant et tint sa promesse. « Merveilleusement intelligent, comme toujours lorsque tombait sa gangue de préjugés, et mesurant, de plus en plus, la finesse du tour que je lui avais joué, il reconnut ce qu'il avait pressenti lors de notre séjour à Bordeaux — à savoir qu'il ne pouvait pas trouver de conseillère plus sûre que sa fille aînée dont il regrettait tant qu'elle ne fût pas un garçon. Dès lors, il prit l'habitude de m'exposer les vastes problèmes avec lesquels il se colletait. Il me nomma même administrateur de l'une de ses mines en Sarre, à cause de ma connaissance de l'Allemagne. Il avait détruit mon affection mais les plaisirs de la raison animèrent nos rapports presque jusqu'à la fin de sa vie. Le ruban à trente-deux ans ! » Avec sa mère, rien n'était arrangé et rien ne le fut jamais. Aux lignes qu'on vient de lire, Louise ajoute : « Ma mère se rallia vis-à-vis de moi à une attitude d'admiration officielle, la pire. »

À Moscou, Louise remplit l'emploi du temps qu'elle s'est fixé d'avance et s'aperçoit que les embûches sur son chemin sont encore plus dangereuses qu'elle ne les a imaginées. À plusieurs reprises, malgré sa perspicacité et sa méfiance, elle tombe dans des pièges qui auraient pu la conduire en prison ou tout simplement l'éliminer. Girsa, le chef de la mission tchécoslovaque, la met, chaque jour, en garde contre les périls. Mais curieuse de voir comment vit une femme soviétique, pourquoi n'accepterait-elle pas, par exemple, l'invitation d'une militante dont elle a fait la connaissance sur le ballast du train de Riga ?

Vera B., Louise la désigne ainsi, habite une chambre de l'ancien hôtel Métropole devenu d'une part le ministère des Affaires étrangères, d'autre part la Deuxième Maison des Soviets. Un enfant geint derrière le rideau qui coupe la petite pièce en deux. Il ne peut s'habituer à la nourriture de Moscou. Vera montre une espèce de brouet tiède qui sent le chou. Elle commence à raconter sa vie. Emprisonnée à dix-sept ans pour ses opinions politiques, elle s'est réfugiée à Paris. « Sa propagande actuelle parmi les ouvrières et les paysannes lui [semble] hérissée de difficultés. »

Comme elle arrive de Riga, des camarades viennent frapper à sa porte espérant qu'elle leur donnera quelques provisions : un peu de sucre, de la farine. Le téléphone sonne sans cesse. Une jeune femme d'origine austro-hongroise, « bonne communiste », vivant seule avec ses deux enfants dont le père a été fusillé après la chute de Béla Kun, s'assied avec elles. « Comme pour exorciser ses craintes, Vera me décrit l'existence idéale qui serait celle des femmes dans la future société communiste. » Il est minuit, l'enfant geint toujours et Louise veut se retirer. Elle rentrera à pied mais Vera insiste pour qu'elle reste, des amis vont venir et la voiture de l'un d'eux est réparée, il la raccompagnera.

En effet « la misérable pièce se remplit de quantité de personnages liés par un accord tacite dont j'étais sans doute l'objet. Moghilevski, de la Mission soviétique de Riga, surgit. Puis une Française, la doctoresse Pelletier. Je la connaissais, elle était venue à *L'Europe nouvelle* de la part de Marcel Cachin, me demander je ne sais quel service. L'entouraient un ou deux autres communistes parisiens qui s'étaient déguisés en clochards pour que leurs camarades russes n'eussent rien à leur envier. Soudain, l'assemblée s'institua en une sorte de tribunal. Assise sur la chaise de l'amitié, je faisais face à un demi-cercle d'inquisiteurs [9] ». Inutile d'ajouter que Louise va très bien se défendre. Elle assure qu'elle est une bourgeoise, représentant un grand journal bourgeois.

« Constatez plutôt que je respecte trop votre idéologie et le malheur actuel de la Russie pour mentir...

« Les camarades se dévisagèrent. Je repris en souriant :

« — Pour mentir, Madame, comme vous.

« La doctoresse se rebiffa :

« — Mentir ? Moi ! expliquez-vous ?

« Mon sac contenait un bâton de rouge. Je le décapuchonnai posément et le passai sur mes lèvres. La doctoresse blêmit. Ce rouge bourgeois était-il une insulte ? À ses idées ? À sa laideur ? Ou l'évocation de délices dont les femmes russes rêvaient et que la révolution ne pouvait satisfaire ?

« — Mais oui, continuai-je. À Paris, vous ne prétendiez pas, ainsi que vous l'affirmez à Moscou, que le Grand Soir arrive...

« Un camarade étouffa un rire. Plus les hommes sont féroces, moins ils supportent les mégères [10]. »

Je cite cette partie du récit que fait Louise de cette soirée guet-apens parce qu'elle me paraît légère quant à son contenu. Pourtant, ce genre d'accrochage pouvait, en effet, mal se terminer. Pour ce qui est du docteur Madeleine Pelletier, Louise se trompe. Peut-être l'a-t-elle vue à *L'Europe nouvelle*, envoyée par Marcel Cachin, comme elle le dit, mais le docteur Pelletier n'a rien d'une mégère : d'une vingtaine d'années plus âgée qu'elle (Madeleine Pelletier est née en 1874), elle est la première femme à passer l'internat de psychiatrie, en 1906. « Elle adhéra de bonne heure (et pendant la plus grande partie de sa vie) au socialisme. Elle rejoignit la Section française de l'Internationale ouvrière (SFIO) en 1905, puis les communistes en 1920 lors de la scission du parti socialiste, et elle quitta le Parti communiste français en 1925 pour devenir membre du Parti de l'unité prolétarienne. Mais les théories politiques et économiques de Marx ne l'enthousiasmèrent jamais », écrit Joan W. Scott, l'historienne américaine, professeur au célèbre Institute for Advanced Study de l'université de Princeton, qui lui consacre une large partie d'un de ses livres [11].

Ce voyage en Russie au cours duquel elle rencontre Louise « la déçoit profondément : l'égalité est dans la loi, mais quel manque de toute liberté, quelle atroce misère... Elle soutient le Bloc ouvrier et paysan, c'est-à-dire les communistes mais écrit dans *Le Libertaire* ». Elle a fait partie, très jeune, des groupes libertaires, « mais les "anars" imbus de la misogynie de Proudhon ne la traitent pas en égale. Madeleine reprend ses études [12] ».

Pour terminer cette pénible soirée, Moghilevski lui-même demande qu'on laisse Louise en paix et offre de la reconduire chez Girsa. En route, il cherche à lui faire peur, dit-elle encore. Il y réussit quand, après l'avoir longtemps promenée à travers Moscou, il arrête la voiture devant l'immeuble de la Tcheka et lui demande si elle connaît le bâtiment. Elle répond en plaisantant qu'elle le connaît et c'est la preuve qui permettra à son compagnon de l'accuser d'espionnage. Certain d'avoir provoqué de l'angoisse chez elle, il remet le moteur en marche et la dépose, comme convenu, à la mission tchécoslovaque.

Les jours suivants, de nombreux visiteurs suspects demandent Louise à la mission. Girsa lui conseille, une fois encore, de se méfier, de ne recevoir personne mais c'est impossible. Il est impossible aussi de faire un tri sans s'accuser. Pourquoi considérerait-elle qu'une personne est dangereuse et qu'une autre ne l'est pas, si elle n'a rien à cacher ? La seule solution était de recevoir tous ces gens, de distinguer entre les agents provocateurs et ceux qui ne correspondaient pas à cet emploi. « D'ailleurs, ajoute-t-elle, je n'eus pas à distinguer. Provocateurs ? Ils l'étaient tous. » Et elle évoque rapidement « un Ukrainien, efflanqué et roux, venu sonder mes intentions quant aux révoltes vertes — les révoltes paysannes. Un marin de la mer Noire, ancien compagnon du rebelle Marty, me harcela de gros plans contre-révolutionnaires. Plus dangereux me parut le président du Syndicat des poètes. Ce camarade des Muses m'emmena aux Écuries de Pégase, un café puant la police secrète, repaire d'écrivains ratés qui s'acharnaient à monopoliser l'expression esthétique de l'émotion révolutionnaire. Ce dangereux ami me courtisa [13]... ». Les autres, Louise avait vu tout de suite leur jeu, mais il n'y avait pas grand risque qu'elle se laissât captiver par le président des poètes, même si « ses lèvres sensuelles ne manquaient pas d'un certain charme ».

Les souvenirs de ce voyage à Moscou, tels que Louise l'Européenne les rapporte, forment un des passages les plus attachants de ses *Mémoires*. Toujours à cause des décennies qui les séparent de leur rédaction, des réserves s'imposent, mais l'ambiguïté des sentiments de l'auteur, vis-à-vis des personnes rencontrées et de ce que représentent ces hommes et ces femmes divisés, là comme ailleurs, entre croyants et impies, doit dater de l'époque du voyage. L'évaluation de la doctrine porte la marque d'une remise en question ultérieure aux premières impressions reçues. On sent Louise touchée par un certain idéalisme qu'elle recherche obscurément, sans toutefois que sa tête bien faite, éprise de cartésianisme, puisse l'accepter. Il y a pourtant chez elle une sorte d'état de grâce, que j'ai découvert d'abord dans ces pages, qui lui permet de s'adapter, plus facilement que d'autres, à l'absence de rationalisme. Mais ces bolcheviques, elle les juge sur plusieurs niveaux. Récupérant sa belle intelligence, elle a aussi perçu, au cours de ce séjour, les abus, les menaces de ce régime dirigé par des tyrans. En même temps, elle est séduite par le peuple russe, touchée par ce qu'elle n'oserait nommer « l'âme slave » mais qu'elle laisse apparaître dans son désordre effervescent.

Assister à une réunion plénière du Soviet de Moscou qui se tient, comme toutes les réunions de cette assemblée, dans le palais de l'ancien Cercle de la noblesse est une obligation pour la correspondante d'un grand quotidien étranger. Le jour choisi, Trotski parle. « Impérieux, comique parfois », il rend compte de son inspection en Ukraine. Louise décrit le lieu, la séance, le discours de celui qui est alors au sommet de son pouvoir. Elle le reverra. D'abord, une fois encore en représentation : un jour où il harangue les troupes sur la place Rouge. Mais à côté des manifestations publiques qu'elle doit décrire à ses lecteurs pour leur donner une idée de la façon dont se déroule le calendrier des événements liés au régime, elle s'est promis d'interroger des personnages importants ou suffisamment informés qui lui permettront de mieux comprendre comment Lénine projette de régler, avec sa Nouvelle Politique Économique (NEP), les innombrables problèmes résultant de la guerre civile, de la famine, de toutes les calamités engendrées par les irrémédiables changements. Trotski est en haut de la liste des personnalités que Louise a décidé de voir. Il la reçoit dans ses bureaux de l'*Arbatskaïa Plochat*, dans l'ancienne École militaire Alexandre.

Ce premier entretien privé commence mal. Depuis l'arrivée de Louise à Moscou, les relations avec la Pologne se sont envenimées à cause d'une note du chargé d'affaires de la République de Pologne prévoyant « que des circonstances pourraient se produire où son gouvernement estimerait superflu un plus long séjour de son ambassade à Moscou ». Trotski ainsi que la presse tiennent la France pour responsable de cet ultimatum. Il ne cache pas sa fureur à Louise qui entame une discussion. Après quelques échanges de propos vigoureux, le commissaire du peuple aux Affaires militaires lui demande s'il s'agit d'un entretien ou d'une polémique. Il l'assure que s'il doit y avoir une autre guerre avec la Pologne, son gouvernement tiendrait la France pour responsable. Et il ajoute que sa visiteuse serait renvoyée. Elle ne manque pas de remarquer que c'est lui attribuer trop d'importance. Mais lui, toujours furieux, continue de vociférer contre la France qui veut que les bolcheviques se soumettent ou se démettent. Le gouvernement bolcheviste ne cédera pas, répète-t-il. Louise attribue sa rage à « l'affront » que lui a infligé Weygand en 1920, oubliant que Pilsudski a repoussé les bolcheviques avant l'arrivée du général et des autres conseillers militaires français. Heureusement, les relations soviético-polonaises s'apaisèrent. Trotski consentit à revoir Louise. « Son hostilité finit par fondre au point qu'il me parla de lui, de son drame en Sibérie, de ses jours d'exil en Occident, de l'aide qu'il avait en effet reçue des Allemands, de la coexistence avec les régimes parlementaires que prônaient certains camarades — des félons. Le communisme devait s'imposer à brève échéance au monde entier sous peine de disparaître. C'est en souvenir de cet homme d'exception et de la confiance qui s'était établie entre nous, qu'en 1946, à Mexico, je rendis visite à Nathalie Sedova, sa veuve. »

Les pages que Louise consacre à Trotski et sa visite à Coyoacán sont particulièrement intéressantes. Il fallait un homme de cette dimension pour qu'elle suivît sa démarche. Elle concevait qu'il préconisât la poursuite du communisme de guerre, qu'il s'opposât à la Nouvelle Politique Économique, représentant une relative liberté économique. Et surtout, plus surprenant encore, elle admettait qu'il heurtât ses principes pacifistes par l'idéal de révolution universelle, permanente, qu'il représentait.

Louise rencontra un certain nombre d'autres dirigeants du régime. Aucun ne lui laissa cette forte impression. Elle tenait à voir Lénine et, n'y ayant pas réussi, à la fin de son séjour, elle visita le Kremlin « entre un personnage myope de la Troisième Internationale, un professeur famélique et une servante qui serrait dans ses bras une miche de pain ». Mais Lénine n'était pas visible au Kremlin ce jour-là. Elle l'aperçut, « de loin dans sa loge du Bolchoï, acclamé par une foule qui se lèverait ensuite vingt fois en l'honneur de Boris Goudounov ». Louise dit de lui : « Pour plus de sécurité il avait choisi de mener lui-même, comme homme d'État, l'opposition à la foi qu'il professait comme homme de parti, c'est-à-dire de délimiter et de conduire la NEP — ce Thermidor prolétarien, tel que défini par Tchitcherine [qui avait succédé à Trotsky au poste de commissaire du peuple aux Affaires étrangères, en 1918]. C'était à l'aide d'un prodigieux arsenal d'arguments qu'il justifiait sa conduite gouvernementale, ne se contredisant que pour un observateur superficiel. Ses concessions antimarxistes à la réalité ? Des manœuvres dont ses fidèles ne devaient pas s'inquiéter. Il combattait les purs théoriciens :
« — Je préfère, disait-il, dix ingénieurs qui réalisent à deux cents communistes qui rêvent. »

Tous les dignitaires étaient d'un accès difficile. Ainsi fallut-il à Louise beaucoup de temps et une certaine patience pour arriver jusqu'au bureau du commissaire Semashko, responsable du ministère de la Santé publique. Elle voulait le voir, ce qui était naturel pour son enquête d'abord et également à cause de la lettre du président de la Croix-Rouge française. Mais elle ne pouvait pas demander au commissaire de la recevoir sans passer par le ministère des Affaires étrangères. Autrement, elle risquait d'être accusée de « contre-révolution technique ». Elle courut en vain « les vipérins *glafs* — bureaux centraux — dont l'incurie paralysait la nouvelle vie administrative ». Sa seule chance d'arriver à ses fins était de supplier Kamenev de lui attacher une interprète.
Youri Kamenev était président du Soviet de Moscou et du Comité panrusse de lutte contre la famine. Louise s'était présentée

chez lui en premier lieu. Les bâtiments du Soviet de Moscou se trouvaient au centre de la ville, sur la Tverskaïa. Elle raconte qu'elle prit vite l'habitude de planter son laissez-passer sur la baïonnette d'un des gardes rouges qui veillaient aux portes.

Kamenev avait vécu en exil à Paris et son visage exprimait « une subtile douceur ». « — Les souffrances qui vous bouleversent, comme elles me bouleversent moi-même, sont et seront inévitables pendant des mois et des années — tant que des classes nouvelles n'auront pas surgi des décombres de la société effondrée. La création du nouvel ordre communiste est à peine commencée. Mais nous sommes résolus. Déjà les résultats moraux de notre œuvre sont considérables. L'âme russe était une âme d'esclave. Nous l'avons libérée. » Et son discours continue : « — L'Occident a voulu nous étrangler. Il n'a pas réussi. Nous l'avons emporté. » Kamenev fut le premier à parler en ces termes à la jeune journaliste.

« Toutefois, meurtri par l'indescriptible malheur du pays, Kamenev souffrait en sa foi, écrit-elle. La victoire de sa doctrine ne lui semblait plus aussi certaine. Aussi étudiait-il avec une surprenante souplesse comment pouvait s'opérer l'adaptation du pays aux conditions économiques de la vie moderne [14]. »

Le côté humain de Kamenev lui paraissait réconfortant, ce fut la raison pour laquelle elle lui demanda une interprète. Hélas, celle qu'il lui trouva ne convint pas. Affamée, recrue de fatigue, elle n'avait plus la force de rassembler les mots d'une langue étrangère, et moins encore celle de se battre contre les *glafs*. Louise dut se débrouiller seule. Une fois de plus.

Le commissaire du peuple aux Affaires étrangères était l'un des personnages clés du régime. Georges Tchitcherine, qui avait succédé à Léon Trotski trois ans plus tôt, était d'origine aristocratique. Il avait rompu avec son milieu et s'était exilé dès 1904, mais n'avait adhéré au parti bolchevique qu'en 1918. Ce petit homme roux aux yeux marron, « aussi laid que distingué », recevait dans son bureau — « un repaire tapissé de paperasses » — entre 8 heures du soir et 4 heures du matin. « Encore un camarade chez lequel les prisons avaient distordu l'univers du temps », note Louise. Ses proches disaient de lui : « C'est un analyste minutieux des situations politiques mais tout à coup son instinct le domine et il se passionne comme un fou. »

Il prit plaisir à tourmenter sa visiteuse, en même temps qu'il lui montrait l'étendue de son érudition, « en me posant sur l'histoire de France une question qui me laissa coite ». Cela ne devait pas arriver souvent ! Et, sans doute pour cette curieuse raison, Louise prit au sérieux ses menaces. Alors qu'elle ne craignit pas Karl Radek, le rédacteur en chef de la *Pravda*, journal fondé par Trotsky, quand il conclut leur interminable entretien par : « "Quel dommage que vous n'ayez pas fait votre Université. D'ailleurs, il n'y a pas de temps de perdu !" Avoir fait son Université signifiait, pour les camarades, avoir passé par des prisons de tous les degrés », nous apprend-elle.

Louise était allée chez Karl Radek « une nuit que le vent et la pluie isolaient sa demeure du Kremlin ». Le rédacteur en chef de la *Pravda* devait expliquer à sa jeune consœur l'organisation du Parti. « Il eut une formule préliminaire : — Je serais l'un des jeunes Turcs du gouvernement si ma tête ne fourmillait d'idées, mais je m'en juge plutôt le jésuite ! Oui, le jésuite. Les idées aiment les jésuites. Elles n'aiment pas les Turcs. Et la réciproque est vraie [15]. » Radek, d'origine polonaise, fut l'un des dirigeants de l'Internationale communiste de 1918 à 1924. Il sera exclu du Parti en 1927, rallié en 1929, arrêté en 1936, jugé en 1937, mort en 1939 et réhabilité en 1988.

Ce soir de mauvais temps d'automne à Moscou, Radek exposa brillamment à Louise la construction politique en cours. Louise l'écoutait avec passion mais elle fut épuisée avant la fin du monologue. Elle savait fort bien se faire une opinion et choisir ses interlocuteurs. Avant le discours de Radek, à propos d'une épuration, par exemple, elle recueillit trois témoignages : celui d' « un vermisseau apolitique employé dans un *glaf* », celui d' « une souris communiste du même *glaf* » et, pour conclure, elle interrogea le chef d'une mission étrangère.

Au début de son enquête politique, elle avait choisi de s'entretenir avec Alexandra Kollontaï, la première femme ayant fait partie du gouvernement des Soviets (à la tête de la section féminine du comité central). Elle avait un vrai passé de révolutionnaire. Dès le début du siècle, elle était chargée de politiser les ouvrières russes, jusqu'à son exil. Elle collabora avec des sociaux-démocrates allemands, des grévistes françaises. Ensuite elle alla en Belgique, en Norvège, au Danemark, aux États-Unis. Elle fut expulsée de Suède, arrêtée en Allemagne dès les premiers jours d'août 1914. Surveillée au Danemark, elle se rendit aux États-Unis à l'appel des socialistes d'extrême gauche. Elle parla dans 81 cités contre la guerre mondiale et pour la guerre civile. Rentrée en Russie après la chute du tsarisme, elle fut emprisonnée par Kerenski qui n'eut pas le temps d'instruire son procès. Dès leur arrivée au pouvoir, les bolchevistes la nommèrent commissaire du peuple à l'Assistance publique, mais elle démissionna, ne pouvant admettre la paix de Brest-Litvosk avec les impérialistes allemands. En 1919, elle fut chargée de la propagande en Ukraine. Elle devint porte-parole de l'Opposition ouvrière en 1920-1921, représentant plénipotentiaire en 1923 en Norvège, au Mexique et en Suède. Elle sera la première femme ambassadeur au monde, et elle écrivit des romans sur l'émancipation sexuelle. Elle avait vingt ans de plus que Louise qui lui reconnaissait « une intelligence de feu ». En 1921, lors du séjour de Louise, elle était à la tête du mouvement des femmes communistes et opposée à la NEP de Lénine.

Elle expliqua à Louise qu'à présent, dans son pays, la femme, ainsi que l'homme, était considérée comme une unité de travail. La femme avait le droit et le devoir d'exercer ses facultés, soulagée dans ses fonctions maternelles par la société qu'elle perpétuait en procréant. Les formes de la famille, par conséquent du mariage, n'étaient que des aspects de la réalité économique et transitoires comme cette réalité. « La famille telle que vous la concevez s'oppose à l'avènement du communisme. Réduisons-la à sa plus simple expression : l'union de l'homme et de la femme fondée sur l'amour. Quand cesse l'amour, cesse la vie du couple. La République des travailleurs ne s'intéresse qu'à l'enfant, lui aussi unité de travail et qui accroît sa force. Les affaires conjugales ne la regardent pas, sauf quand il s'agit de l'hygiène de la race ou de la régulation des naissances. »

Après ce discours qu'elle présente comme un prêche, Louise voulut à son tour marquer un point et elle mit en opposition « ce palais de la maternité où les mères n'auraient qu'à jouir du radieux sourire de leurs enfants », et le décret autorisant les avortements. « À la porte de vos faiseuses d'anges stationnent des files interminables, les mêmes qui assiègent vos boulangeries. »

La réplique de Kollontaï ne se fit pas attendre. Elle savait que dans la Russie des Soviets la misère seule était responsable. Elle savait aussi comment réagissent les êtres — ce qui séduisit Louise qui, plus que la plupart, était sensible aux difficultés des relations amoureuses. Mais « il était vrai également qu'en Russie des Soviets les thèses hardies d'Alexandra Kollontaï connaîtraient une certaine récession. En attendant, à Moscou, la disparition totale des vieilles conventions laissait à chacun une inimaginable indépendance. En matière de morale individuelle, la tolérance même n'existait plus car elle eût supposé l'intolérance. Le monde d'autrefois achevait de mourir. Celui de demain n'existait pas encore.

« — Je lis tous les jours un chapitre d'*Anna Karenine* à mes filles pour leur apprendre ce qu'était la société de mon enfance, m'avait murmuré une ancienne grande dame devenue laveuse de vaisselle chez Girsa [16]. »

Ces petites touches de souvenirs donnent vie aux pages sur Moscou. Les idées exprimées par les interlocuteurs de la voyageuse autant que les faits rapportés semblent, aujourd'hui mieux que naguère, s'accorder avec ce que nous avons finalement appris du régime des Soviets.

Un autre sujet important sur lequel Louise tint à s'informer était l'organisation de l'école. Elle procéda selon son habitude : elle s'adressa au commissaire du peuple à l'Instruction, Anatole Lounatcharski, qui occupait ce poste depuis 1917 et qui y restera jusqu'en 1929, ce qui n'est pas fréquent chez les gouvernants russes. Il émigra ensuite et mourra à Menton, en 1933. Critique littéraire et dramaturge, intellectuel inquiet, il avait foi en la science et une seule passion : la liquidation de l'analphabétisation. Mais, en même temps, il savait qu'instruire le peuple pouvait être dangereux pour « le communisme libérateur ».

« — Aussi, parallèlement à notre effort d'instruction, notre propagande marxiste veille-t-elle à la cimenter en annulant les effets désagrégateurs de la réflexion critique acquise », dit-il à Louise.

« — Il ne s'agit de rien moins que de la liberté spirituelle de la jeunesse, observai-je.

« — Vous me saisissez très bien, me réplique-t-il étonné. »

Il invita Louise à visiter les écoles et surtout les théâtres. Il croyait à la communication directe par le spectacle. L'état de l'instruction publique telle qu'il l'avait trouvée après la chute du tsar était misérable et la réalisation du programme — une école pour tous, mixte, unique, obligatoire et gratuite — très difficile. Il se heurtait à la mauvaise volonté des maîtres mais aussi à celle des parents. Le désordre était infini. Tout manquait. Aussi bien les locaux que les livres, les fournitures scolaires, le personnel enseignant, à tous les stades de l'éducation.

Le commissaire du peuple à l'Instruction avait beaucoup à faire et n'était pas heureux. Sa carrière d'auteur dramatique le satisfaisait davantage. Ses pièces étaient jouées dans les plus grands théâtres de la ville. Louise vit l'une d'elles, qui durait cinq heures et contenait tous les poncifs imaginables, conclut-elle. Le monde marxiste d'Anatole Lounatcharsky était à l'antipode de celui d'Alexandra Kollontaï.

Le commissaire à l'Instruction publique était pourtant responsable de la venue à Moscou de la célèbre Isadora Duncan qui, après l'échec de ses récents spectacles en Europe, lui avait offert de « danser pour le peuple des danses du peuple dans l'esprit du peuple ». La danseuse n'était pas connue pour son conformisme mais Louise raconte qu'ayant échoué, non seulement auprès du public mais aussi auprès des agents qui n'essayaient plus de lui trouver de contrats, elle s'était convertie au bolchevisme, « masquant sa faillite par d'incendiaires déclarations marxistes. [...] Emportant de longues robes rouges, des douzaines d'écharpes rouges, les cheveux teints en rouge, Isadora avait donc débarqué au pays des Soviets. Raisonnant par similitude de classe, les autorités l'avaient fourrée dans l'appartement temporairement vacant de la Geltzer, la danseuse étoile du Grand Théâtre. Le scandale n'a pas tardé. Je laisse Isadora le raconter en son jargon français mâtiné d'irlando-américain :
« — Ces révolutionnaires ! Quels farceurs ! Le salon de leur Geltzer était rempli de petits rubans, de petites fleurs en papier, de petits coussins, de petites franges qui détruisaient mon âme. J'ai ouvert les fenêtres pour respirer. Ah ! respirer ! Et puis, j'ai jeté dans la rue les éventails de la Geltzer, ses napperons, ses pantoufles. Je suis sûre que le peuple que je suis venue sauver ne les a même pas ramassés. La baba de cette affreuse personne pleurait. Je lui ai arraché son tablier. Je lui ai donné une tunique. Je l'ai coiffée à la grecque. Et j'ai prévenu mon ami Lounatcharsky : "Pas de pantoufles en Russie rouge, camarade ! Méfiez-vous ! Quand les pantoufles se montrent, la Contre Révolution approche !" » On imagine le retour de la Geltzer et la suite... L'histoire d'Isadora Duncan en Russie est raconté avec verve et gaieté, mais il y manque la rencontre avec le poète Sergueï Alexandrovitch Essenine, d'une vingtaine d'années plus jeune, chantre de la vie paysanne, chef des « imaginistes », qui finit par épouser la danseuse et se suicida, en 1925, dans une chambre d'hôtel de Leningrad.

Louise dit que pendant son séjour à Moscou elle allait voir Isadora Duncan une ou deux fois par semaine, dans le palais que les commissaires du peuple, « ne sachant que faire de cette furie », lui avaient prêté. Isadora avait masqué les stucs par des draperies et aménagé une immense salle pour son école de danse. « Divers agents la surveillaient. Elle ne semblait pas s'en soucier. » Elle buvait. Mais Louise parvint à lui faire retrouver, une fois, sa jeunesse perdue, en lui demandant de danser pour elle seule sur le thème de l'hiver qui venait. Isadora se plaignait que « les Soviets [lui mesurassent] leur vodka », et Louise dut lui apporter une bouteille de kirsch de chez son hôte Girsa pour qu'elle consentît à danser. De nouveau, la jeune journaliste retrouva l'enchantement qu'elle avait connu lors de la *Danse aux palmes*, sur la scène de l'ancien Trocadéro, « un souvenir inoubliable ».

Ces visites à la scandaleuse Isadora, on imagine qu'elles apportent un élément de fantaisie à cette jeune femme presque encore débutante, qui lutte, s'affirme, apprécie la réussite des autres autant que la sienne et aime les personnages hors du commun. Souvent, elle n'hésite pas à rehausser les couleurs déjà vives qu'ils présentent et à ne voir que ce qu'elle a décidé d'avance de voir et de montrer. Elle n'a que vingt-huit ans mais son parcours est déjà important, les aventures dues à sa carrière, nombreuses.

À son retour à Paris, ce qui arrive à Louise s'accorde mal avec son caractère : « J'avais retrouvé chez mes parents ma chambre de jeune fille. Mon père m'y enferma inopinément à clef », écrit-elle. Cet épisode qui semble incroyable, même pour l'époque — la Première Guerre mondiale est finie depuis trois ans —, est probablement vrai. Et en voici l'explication :

« Il [Paul Weiss] n'avait imaginé que ce moyen pour m'empêcher de rejoindre un innocent journaliste russo-américain du nom de Lévine qui se proposait, tout en m'emmenant au cinéma, de me raconter la fin de son séjour à Moscou.

« — Chez tes monstres, trancha mon père, tu étais libre d'agir à ta guise. À Paris, interdiction de salir la famille en sortant seule avec un homme en général et un métèque en particulier.

« Ma vie était cassée en morceaux, comme la Russie, conclut Louise. Ceci pendant que mes lignes faisaient le tour du monde. »

Élie-Joseph Bois s'était montré enthousiaste. Il avait publié tous ses articles en première page de son quotidien. Louise prétend que l'opinion du gouvernement et celle du public sur le problème russe en furent transformées. Malheureusement, savoir que « dans un élan d'exaltation morale », Bois a décidé d'épouser Solange de Vlaminck, frappée d'une « irrémédiable cécité », la bouleversa davantage que l'effet inespéré produit par son reportage. Elle explique : « Il ne l'aimait plus. Il voulait la rassurer, la protéger, la remercier, mais à condition de garder vis-à-vis d'elle sa liberté, ce à quoi elle avait consenti, trop heureuse de ne pas être répudiée. Cet arrangement se révéla désastreux. Au fil des années, leur union devint infernale. Élie divorça une seconde fois. Solange se brouilla même avec son frère qui me tint sur elle des propos orduriers et elle finit par mourir, indigente vieille almée [17]. » Louise ne parvient pas à se modérer quand il s'agit d'Élie Bois.

Elle était certainement très attachée à cet homme, qui n'eût sans doute pas convenu à sa famille, à cause de ses origines sociales et aussi à cause du journal populaire qu'il dirigeait. Chez les Weiss ou chez les Javal, on ne trouvait *Le Petit Parisien* qu'à l'office. Bois gagnait beaucoup d'argent mais, pour les parents de Louise, l'argent n'était pas le seul critère. L'éducation, le milieu comptaient davantage. Autre chose reste à savoir quand il s'agit de Bois : est-ce le côté sentimental ou le côté Don Juan, tout aussi fort chez Louise, qui se souvient ? Et, en réalité, est-ce elle ou lui qui empêcha une liaison stable de s'établir entre eux ? Plus personne les ayant connus n'est là pour le dire.

Parmi les incidents qui chagrinèrent Louise à son retour de Moscou, fin novembre 1921, il y eut la gêne inattendue que lui causa la perte du local de la rue de Lille qu'elle avait restauré et qui était devenu le seul endroit où recevoir ses amis et « les élites indispensables à ma tâche ». L'avocat qu'elle avait chargé de proroger le bail de *L'Europe nouvelle* l'avait prorogé à son profit. Elle prit ce manque de loyauté comme un effet du capitalisme. C'est dire combien ce voyage chez les bolchevistes l'a troublée, combien il compte et comptera pour elle. Elle raconte qu'invitée chez Latinville par son collaborateur Roger Lévy, alors qu'elle s'apprêtait à déguster une tasse de chocolat, assise à l'un des guéridons de marbre du grand pâtissier du quartier de Saint-Augustin, elle éclata en sanglots, se rappelant soudain « les hommes inoubliables en lutte avec une détresse affreuse, un peuple merveilleux que j'aimais pour son courage et sa grandeur, une doctrine dont les fins idéales me laisseraient une nostalgie inguérissable ».

Elle écrit d'ailleurs qu'après plusieurs expériences politiques durant les premières conférences internationales auxquelles elle assista alors que s'établissait la Société des Nations, elle décida de retourner à Moscou. Pour y rester.

Avant ce second départ pour Moscou, la vie quotidienne à Paris comportera sa dose habituelle de surprises, bonnes et mauvaises, de réussites, de projets, de changements. Louise devra d'abord trouver de nouveaux bureaux pour *L'Europe nouvelle*. Elle déménagea, une première fois, rue de Miromesnil, dans un rez-de-chaussée que son père lui avait obtenu, grâce à une de ses sociétés minières. Mais ce local, beaucoup trop petit pour accueillir les amis, conserver les archives et les numéros invendus, ne pouvait être que temporaire. Paul Weiss continuait à présider le conseil d'administration de la revue qui, financièrement, ne se portait toujours pas bien. Louise dut reprendre les comptes qu'elle avait tenus comme le carnet d'une ménagère et un ami, Roger Auboin, jeune auditeur au Conseil d'État qui deviendra directeur de la Banque des Règlements internationaux, lui apprit à présenter un bilan « de façon, prétendais-je, à ce que personne, même pas leur auteur, n'y comprît plus rien. En m'inculquant les principes de la comptabilité industrielle, ignorée en général par les gens de ma profession, il me rendit un service inappréciable ».

Ayant besoin de trouver de l'argent ailleurs car Louise pouvait à grand-peine faire tourner sa revue et vivre, du moins l'assure-t-elle, elle accepta de rédiger les télégrammes qu'un de ses confrères anglais, Walter Ryall, qui partait pour la Ruhr, lui demanda d'envoyer à sa place au *Manchester Guardian*. Ces dépêches, qui lui coûtèrent beaucoup de peine, furent bien payées et l'aidèrent, dit-elle, à entretenir la revue. Mais sa collaboration régulière au grand journal anglais cessa lorsque la rédaction lui demanda de suivre le procès de Landru. Le « tueur de dames » qui incinérait le corps de ses victimes dans la cuisinière de sa maison de campagne de Gambais passionnait les lecteurs britanniques. « La tâche se révéla impossible. Je tombais de fatigue. Je m'aperçus également que si je pouvais débattre, dans le jargon des agences de nouvelles, de n'importe quelle question politique, il m'était bien plus difficile de raconter dans la langue de Pickwick comment des veuves passionnées, lasses de leur solitude, avaient été transformées en tas de cendres au fond d'une petite cuisinière, ce qu'un mystérieux carnet de rendez-vous et une épingle à cheveux résistant aux braises semblaient prouver. »

Louise voulait aussi s'échapper de l'appartement familial mais, manquant d'argent pour s'installer, elle proposa de payer le loyer d'un studio au rez-de-chaussée de l'immeuble de l'avenue Henri-Martin. Les Weiss avaient loué ce studio, pendant la guerre, pour y installer France, la dernière de leurs enfants, née en 1916, avec Ida, toujours dévouée à sa patronne mais affolée par les bombardements de la grosse Bertha. Ses parents acceptèrent à condition de conserver une clé et d'avoir le montant du loyer remis directement entre leurs mains. Ils trouvaient inutile que les propriétaires fussent au courant de leurs arrangements familiaux. Ce loyer était une lourde charge, affirme Louise, mais elle avait obtenu, grâce à Edvard Benès, une collaboration régulière avec une agence de presse praguoise.

La situation fut, en fait, aussi intolérable que la précédente : son père entrait quatre fois par jour voir ce qui se passait dans le studio. Si Louise était seule, il s'en allait ; autrement, il s'asseyait. Sans se mêler à la conversation. Il écoutait et ne se décidait à partir que s'il jugeait les propos inintéressants. Elle commit une autre erreur : elle envoya son linge chez le blanchisseur de la famille. Ainsi Ida découvrit que les dessous de la jeune femme n'étaient plus ceux exigés par Mme Weiss, à qui elle montra les combinaisons de soie. Il s'ensuivit une grande scène et Paul Weiss fut mis au courant. Le malheureux homme fut alors tiraillé entre plusieurs sentiments. « Son apprentissage de ma liberté lui démasqua son propre esclavage. Il n'en persévéra pas moins dans son guet. »

Comment sortir de là ? La question d'argent fut une fois de plus primordiale dans les discussions entre les parents et leur fille aînée. Louise réclama à son père la clé du studio, sinon elle refusait de payer le loyer. Son père répondit qu'il devait consulter sa mère. Évidemment tout, ensuite, empira. Jeanne Weiss dictait le comportement des siens dans le domaine matériel, père et fille le savaient. Et cette étrange femme riche continuait de les persuader tous qu'ils devaient se conduire comme des pauvres. Sans l'expliciter, elle réussit si bien à établir ce mensonge que Louise, qui hérita de sa façon d'agir, ne semble pas s'en rendre compte.

Lors de cette crise, la jeune femme se demande simplement où elle va loger. Elle cherche, en secret, et trouve, par une agence, un atelier dans un coin d'Auteuil rempli d'oiseaux. Un endroit pittoresque qu'elle décrit abondamment : l'entrée de la maison était située entre un fleuriste et une boutique de frivolités ; on traversait d'abord une cour entourée de chambres de service, puis après le corridor du rez-de-chaussée d'une vieille maison, un jardinet et en suivant l'unique allée, on arrivait à un bâtiment neuf où l'on montait, par un escalier en spirale, trois très hauts étages. Pas d'ascenseur. L'atelier, qui se composait d'une grande pièce inondée de clarté, d'une soupente, d'une minuscule cuisine et d'un cabinet de toilette, ouvrait sur le troisième palier. « Rapidement le Tout-Paris prit le chemin de cet habitacle, rapporte Louise. Ministres et ambassadeurs, écrivains et artistes se débarrassaient de leurs manteaux dès le palier. Souvent leurs chapeaux tombaient à travers la spirale de l'escalier sur le carrelage du rez-de-chaussée. » Au paragraphe suivant elle ajoute : « Mon unique bonne cuisinait assez bien. »

Elle raconte aussi son « déménagement à la cloche de bois », avec une charrette à bras. Mais, avertis une fois de plus par Ida, ses parents la surprirent. Sa mère « se précipita sur [son] maigre bagage.

« — Ah ! non, ma fille ne me volera pas cette couverture ! signifia-t-elle au charroyeur éberlué. Pas de douzaines dépareillées chez moi !

« Elle s'empara de la seule laine qui pouvait me tenir chaud. Mon père me saisit par le bras.

« — Reste ! me chuchota-t-il. Je te payerai ton loyer et te remettrai ma clef.

« — Trop tard ! lui répondis-je. Tu veux m'acheter. Je ne suis pas vénale. »

Rarement lit-on un dialogue qui sonne plus faux. Sans doute ne l'est-il pas. Il y a, j'en suis certaine, des éléments vrais : l'histoire de la couverture de laine en est un. Mais pourquoi Louise joue-t-elle à s'imaginer que cette couverture est « la seule qui pouvait [lui] tenir chaud » ? Veut-elle faire croire qu'elle n'avait pas les moyens de s'en acheter une autre ? La recherche d'un logis fut une douloureuse aventure, faute d'argent, elle le répète. Pourtant elle finit par s'installer — sans couverture de laine — dans l'atelier plein de charme, avec une « unique bonne ». C'est modeste, comparé au nombre des domestiques de ses parents. Mais cette « unique bonne » devait être payée chaque mois, ce qui supposait un certain niveau de vie. Au-dessus de la pauvreté. Louise prétendra toujours qu'elle manquait d'argent.

Cette manière de cacher la vérité pèsera sur elle, faussant souvent ses rapports avec autrui. Elle ne parviendra pas à l'élucider et ne s'en débarrassera pas, alors qu'elle en parle bien, en certaines circonstances, lorsqu'il s'agit de sa mère.

VIII

La liberté pour elle,
mais la paix pour le monde ?

Fin 1922 (ou, comme elle l'écrit, « était-ce au début de 1923 ? »), après avoir été déçue par les atermoiements des différentes conférences internationales concernant les trois « entités » essentielles : la sécurité, le châtiment des coupables, les réparations — points qu'elle a défendus avec constance et énergie dans *L'Europe nouvelle* —, Louise décide de repartir pour Moscou. Sans prévenir personne et sans passer par Prague où Edvard Benès, devenu « l'un des diplomates les plus écoutés du continent », n'aurait pas compris sa « crise de conscience » et l'aurait retenue. Elle demande son visa pour Berlin, certaine que là-bas elle obtiendra sans peine son visa pour Moscou.

À son arrivée à Berlin, Louise perd du temps en accompagnant jusqu'à Tempelhof une jeune Française, qui va rejoindre son mari officier à la mission militaire interalliée, aussi se présente-t-elle tard à l'hôtel Bristol où la chambre qu'elle a retenue n'est plus disponible. Le concierge de nuit l'envoie loger dans un hôtel plus que borgne. Elle est très affectée par ce rejet, qu'elle attribue à la haine des vaincus, et par la saleté obscène de l'endroit où elle passe la nuit. De plus, elle souffre d'une terrible grippe. Mais les choses s'arrangent car l'ambassade lui trouve une chambre à l'hôtel Adlon où elle « [cuve sa] grippe pendant trois jours ».

Démoralisée par sa mésaventure, son esprit fiévreux et passionné transforme le portier en l'incarnation du mal qu'elle désire combattre, elle veut toujours quitter la France. Pourtant ses raisons lui apparaissent moins évidentes : « Bien sûr, l'argumentation qui m'avait amenée à Berlin, escale de la route aboutissant à Moscou, était valable et profonde, mais ne se contentait-elle pas de masquer une dynamique faite seulement des pulsions de mon tempérament ? La fièvre rongeait mes syllogismes. Lorsqu'elle tomba, elle m'avait décapé l'âme. Cette âme, mon pays figé dans ses préjugés et ses hiérarchies la repoussait et la repousserait toujours. J'étais, parmi les miens, le monstre qu'il fallait amadouer puisqu'il ne s'était pas laissé anéantir[1]. » Elle sentait toujours l'appel de la Russie, ou plutôt du peuple russe, tel qu'elle le rêvait, et elle se disait encore prête à l'engagement total pour le défendre.

Affaiblie par ses jours de fièvre, elle se présenta aux bureaux de la mission soviétique où elle fut très bien accueillie, divers conseillers ayant jugé « équitables » ses articles du *Petit Parisien*. Elle croit même s'être entretenue avec Rakovski, qui était alors président du conseil des commissaires du peuple d'Ukraine (elle l'avait déjà rencontré à Gênes), et avec Ossinsky, futur ambassadeur en Scandinavie. Tous jubilaient d'avoir résisté aux tentations du capitalisme. Ils continuaient de vouloir la convertir à leur idéologie. Ils étaient certains du triomphe de la IIIᵉ Internationale. « En attendant, tant pis pour les millions de malheureux qui crevaient de leur obstination dogmatique, écrit-elle. Et elle ajoute : Non, les communistes ne pouvaient pas compter sur moi. Je les laisserais à leur monde inexorable où les hommes n'étaient que les souffre-douleur des idées. Somme toute, ils se réclamaient d'un irréalisme supérieur. La matérialiste, c'était moi. »

Matérialiste, elle l'était, en effet, et le demeurera. Elle a vraiment le cerveau d'un homme d'État, comme le lui a dit Stefanik. Son manque de compassion ne l'empêche pas de proclamer certaines abstractions moralisatrices. Ainsi, dans un programme politique, il est important de parler du bien-être du peuple, même si on ne s'y intéresse pas. Elle est certainement prête à le faire. Elle se rendit à la mission pour redemander son passeport et ne retourna pas à Moscou. Elle s'était mise en route parce qu'elle éprouvait le besoin de rompre avec ce qui se préparait en Occident. Son changement d'attitude n'est pas survenu brusquement après son algarade avec le portier de nuit, il n'est pas non plus dû à la fièvre. Il est le résultat d'observations et de débats intérieurs qui l'amenèrent à réexaminer son projet de départ.

Louise demeura quelques jours encore à Berlin où le mark baissait. Elle rencontra Émile Haguenin, ancien professeur de littérature française à l'université. Épris de culture germanique, il était chef de la mission française d'Information et il essayait de

combattre l'influence de l'ambassadeur d'Angleterre, lord d'Abernon, « que les autres ambassadeurs, jaloux, appelaient le Lord Protecteur du Deuxième Reich [sic] ». Louise dit s'être rendu compte
que, contrairement à ce qu'elle avait espéré, les Anglais faisaient
tout ce qui était en leur pouvoir pour que le plan de paix français
échouât.

Alors que ces journées de fièvre, de malaise physique et de
réflexion étaient pénibles pour la jeune femme, sa mère, prévenue
par un voyageur de la maladie de Louise, apparut à l'hôtel Adlon.
Elle venait la soigner. Prétexte, d'après Louise. En réalité,
Mme Weiss, soupçonnant l'intérêt que sa fille portait au Komin-
tern, était décidée à l'y soustraire. Elle ne pensait qu'à « l'affront
qu'aurait représenté pour son autorité personnelle, la situation de
mon père et les intérêts de la famille, tels qu'elle les entendait, le
ralliement de sa fille aînée à Moscou. [...] J'attendais un cri de
tendresse déchirée par l'éventualité d'une séparation. Je ne sentis
qu'une autorité négligente de mes pensées. Sa gentillesse artifi-
cielle s'adressant à un être différent de l'enfant dont elle avait si
passionnément choyé l'esprit et dont je comprenais qu'elle ne pouvait plus supporter la personnalité[2] ». Les rapports de Louise et de
sa mère ne s'amélioreront jamais, en dépit des apparences. Elles
habiteront ensemble, à la fin de la vie de Mme Paul Weiss, mais
il n'y aura pas plus de tendresse entre elles durant ces années-là
qu'il n'y en avait dans cette chambre qu'elles partagèrent à l'hôtel
Adlon. Dans cette chambre, Louise pleura sur ce qu'elle imaginait
déjà être le destin qui l'attendait en retournant en France. Et sa
mère, rassurée, s'attribuant sa décision, ne prenait pas la peine de
cacher sa satisfaction.

La fuite vers la Russie fut donc brève. Personne ne l'avait
remarquée, sauf Mme Weiss qui faisait toujours le guet. Le rêve
russe abandonné, Louise se focalise sur Genève. Au cours de l'année 1923, la Société des Nations commence à montrer son utilité
et son pouvoir. Elle participe au relèvement de l'Autriche, grâce
à un emprunt international et au règlement du conflit italo-grec.
La Grèce demande aux Italiens de quitter Corfou. La Société des
Nations s'adresse à la conférence des ambassadeurs, qui a succédé
au Conseil interallié, pour arbitrer, et elle y réussit. Louise se montre à l'affût de tout ce qui peut être considéré comme un succès
pour Genève. Persuadée, avec raison, que le seul espoir de paix

dans le monde et de désarmement général réside dans cette organi-sation internationale qui va s'élargir.

L'Europe nouvelle joua certainement un rôle sur la scène politi-que française, et même européenne. Les convictions exprimées l'étaient avec une cohérence qui ne pouvait échapper à ceux qui s'intéressaient, à cause de leur profession ou de leur situation poli-tique ou sociale dans les pays concernés, aux suites de cette effroyable guerre d'où vainqueurs et vaincus sortaient ruinés, pour la plupart. La constance avec laquelle Louise réclamait plus de pouvoir pour la Société des Nations était captivante ainsi que sa manière d'envisager ce qui allait advenir de l'Europe. Il était évi-dent qu'en choisissant un directeur politique pour sa revue, Louise avait agi, une fois de plus, avec discernement. Philippe Millet ne ressemblait pas à Hyacinthe Philouze : il ne fluctuait pas sous les courants qui changeaient selon les hommes d'affaires, bienfaiteurs discrets — et généreux — dont l'ancien éditorialiste se faisait le porte-parole.

Comme Louise, Philippe Millet était pacifiste et croyait en la mission qu'ils s'étaient donnée. Leur anglophilie les avait d'abord conduits à miser sur la nécessité d'une action commune franco-anglaise concernant les grands problèmes à résoudre. Quelques décisions importantes avaient été prises d'un commun accord entre les deux pays : ainsi, en mai 1921, à la conférence de Lon-dres, le montant de la dette allemande avait été fixé à 132 milliards de marks-or. Chiffre que les Allemands rejetèrent mais, menacés de l'occupation de la Ruhr par les Anglais et les Français, ils commencèrent les paiements. Puis Louise Weiss et Philippe Millet eurent de quoi être déçus car l'Angleterre refusa de soutenir la France dans ses demandes de réparation. Ils mirent du temps à admettre qu'elle se méfiait, craignant de voir son alliée d'hier étendre son hégémonie en Europe.

La complexité de la situation internationale demandant à être éclaircie, Aristide Briand, président du Conseil, se rendit à Washington, fin octobre 1921, avec son prédécesseur, René Viviani, Albert Sarraut, ministre des Colonies, des ambassadeurs, des juristes, des officiers de haut grade. La conférence avait pour objet de discuter la limitation des armements navals. Briand vou-lait profiter de ce séjour aux États-Unis pour exposer le droit de la France à la sécurité. Il fit des discours éblouissants qui tombèrent à plat. C'était, rappelle Louise Weiss, son premier voyage outre-

Atlantique, et il « connaissait le Pacifique mieux par les récits de Cook et de Bougainville que par les rapports de ses ambassadeurs. Les télégrammes l'agaçaient, alors que les aventures en haute mer de la marine à voile le plongeaient dans des abîmes de réflexion géographique et humaine ». Étant donné le thème de la conférence, Briand avait cru pouvoir jouer sur une rivalité entre Américains et Britanniques. Ne lisant pas la plupart des rapports qu'il recevait, en arrivant aux États-Unis, il ne se doutait pas de la position de la Grande-Bretagne. Et il se heurta à une parfaite entente de la part des Anglo-Saxons. L'Angleterre était prête à partager la maîtrise des océans avec les États-Unis, en prévision des avantages qu'elle tirerait d'un accord avec la puissante démocratie, la seule à avoir profité du conflit.

Il y eut, également en 1921, la publication du nouveau livre de l'économiste britannique J.M. Keynes. Cet ouvrage, *Conséquences économiques de la paix*, assurait que les Alliés devraient favoriser le commerce extérieur de l'Allemagne, à leurs dépens, pour rendre possibles les paiements attendus des Allemands. Mais les théories de Keynes suscitaient peu d'intérêt en France. Par contre, on savait et on n'oubliait pas que le refus du Congrès américain de ratifier le traité de Versailles donnait aux Allemands l'espoir de le faire modifier.

Certains hommes politiques et certains hommes d'affaires français étaient partisans d'une réconciliation avec l'Allemagne et d'une entente entre les deux économies. Haguenin, le chef de la mission d'information à Berlin, Loucheur, ministre des Régions libérées, Jacques Seydoux, sous-directeur des relations commerciales au Quai d'Orsay, se comptaient parmi eux. « Dès 1920, [ils] émettaient l'hypothèse d'un rapprochement entre les industriels de France et d'Allemagne, notamment dans les secteurs du charbon et de l'acier[3]. » Rapprochement que les Britanniques empêchèrent du mieux qu'ils purent, voyant, là encore, une menace. Aristide Briand, lui, bien au contraire, y tenait. Mais tout ce qui fut tenté dans ce sens échoua, à cause des Anglais et aussi à cause de l'opposition d'une bonne partie des industriels français qui ne voulaient pas perdre d'importants profits.

À la conférence de Cannes, où Briand se rendit le 5 janvier 1922, son pragmatisme lui fit choisir la révision du traité. Il savait qu'en échange de substantielles concessions françaises vis-à-vis de l'Allemagne, il pouvait obtenir, de Lloyd George, un pacte d'assistance en cas d'agression à la frontière belge ou française.

Mais rappelé par le président Millerand, qui n'avait pas compris la subtilité de sa manœuvre, il dut quitter Cannes. « D'autres feront mieux », dit-il en remettant sa démission, qui ne lui était pas demandée.

Lors du voyage d'Aristide Briand à Washington, Louise Weiss était en Russie. Et, venant juste de rentrer, elle était occupée à rédiger son reportage quand le président du Conseil partit pour Cannes. Elle ne put donc assister à aucune de ces deux conférences. Elle en eut des échos par Philippe Millet qui accompagna Aristide Briand à Cannes, comme il l'avait fait à la conférence de Washington, trois mois plus tôt. Il avait écrit ses éditoriaux pour les lecteurs de *L'Europe nouvelle* et une série d'articles pour *Le Petit Parisien* où il exposait le point de vue de Briand, que son patron Élie Bois admirait depuis longtemps. Autant que Louise, le directeur politique de sa revue était un ardent défenseur de la SDN, qu'il jugeait, lui aussi, indispensable pour l'avenir de la paix. Mais, plus qu'elle sans doute, il était prêt à entendre les réserves de certains de leurs grands confrères dont elle évoque brièvement les qualités professionnelles et qui ont laissé un nom dans le journalisme de cette époque : Jules Sauerwein du *Matin*, le journal de Buneau-Varilla, Saint-Brice du *Journal* et Pertinax de *L'Écho de Paris*. Tous les trois appartenaient à la presse de droite, ce qu'elle ne précise pas.

Dans ses *Mémoires*, Louise reprend les faits historiques qui se sont déroulés depuis qu'elle dirigeait *L'Europe nouvelle* et en fait un récit à sa manière, jugeant les hommes et leurs actions, se souvenant de nombreux détails. Souvent, sans doute, son imagination déforme mais elle sait capter l'attention du lecteur et rendre plausible ce qu'elle rapporte. Elle recrée bien l'atmosphère des salles de rédaction et elle a raison de noter l'importance des journalistes d'alors qui, plus que les hommes d'État, avaient la possibilité de suivre, les unes après les autres, les conférences internationales, d'observer ce qui s'y passait, comment s'enchaînaient les décisions, ce qui les provoquait, car ils en connaissaient personnellement les acteurs. Et comment, par ce qu'ils rapportaient dans leurs articles et, plus encore, dans leurs conversations privées avec les hommes politiques, ils influaient sur le développement du plan des séances et leur conclusion. Ces grandes réunions internationales se déroulaient sur un rythme beaucoup plus lent que celles d'aujourd'hui, à cause des distances que les moyens de communication d'alors mettaient un temps considérable à franchir.

La conférence de Gênes suivit trois mois plus tard, comme prévu, mais elle fut différente de ce qu'on avait pu espérer. Louis Barthou représentait la France et avait pour consigne de ne faire aucune concession sur le désarmement et les réparations. Cette position inflexible déçut les Britanniques, les amenant, on le craignit sérieusement, à une rupture totale de l'entente avec la France. Elle eut pour résultat immédiat l'accord de Rapallo, signé en avril 1922, entre l'Allemagne et la Russie soviétique qui, en leur permettant « de s'épauler mutuellement et de rompre leur isolement, leur assurait bien des perspectives ». Cependant Lloyd George voulait absolument sauver la conférence, il était prêt à minimiser le traité de Rapallo, pour signer avec Poincaré, qui ne voulait pas l'entendre. Le Lorrain avait un autre objectif.

Louise observait de près ces joutes. Son bon sens politique guidait ses jugements et son récit reflète avec vigueur sa pensée. En pesant le pour et le contre des actions de chacun, son opinion évoluait. Rien ne lui paraissait plus être comme elle l'avait cru. Elle finissait même par douter de la possibilité d'un rapprochement avec l'Allemagne. C'est du moins ce qu'elle a retenu de ces semaines. Mais nous pouvons être certains qu'elle voulait toujours la paix et le désarmement. Son besoin de fuir lui était venu après l'échec de Gênes. « Puisqu'une société internationale se révélait nécessaire, le courage exigeait de reconnaître qu'une alternative à Genève existait : l'alternative de Moscou et de son *Comintern* [*sic*]... Je n'étais pas la seule à me tourmenter. Les intellectuels désintéressés de ma génération sentaient vraiment le dilemme : Genève ou Moscou[4]. » Le moment était donc venu, pour elle, de décider et nous savons ce qui amena son choix.

Mais ce faux départ pour Moscou eut des conséquences imprévues. Après le séjour à Berlin, pénible à tout point de vue, Louise décida de rompre avec l'éthique de sa famille et se lança dans des spéculations boursières. C'était, reconnaît-elle, une manière de se venger du portier du Bristol « pris dans sa signification emblématique ». Elle joua à terme contre le mark. « À la baisse. Modestement. Pour moi, depuis Gênes et contrairement à l'avis des Américains, l'inflation illimitée du mark était inscrite dans les faits. Trop d'intérêts, même allemands, y concouraient. Je recommençai en laissant mon gain dans le jeu, cette fois avec ironie, pour me confirmer dans mon matérialisme. Mon bénéfice doubla. Partagée entre la honte de cet argent facile et le remords de n'avoir pas franchi le mur de la logomachie marxiste pour continuer, dans la mesure de mes minimes possibilités, d'améliorer le sort de mes chers Russes, je poursuivis mes manœuvres. J'amassai bientôt un pécule qui représentait près d'un an de sécurité commerciale et privée. Enfin, je pouvais me permettre une migraine ou un rhume ! Ensuite, pour démontrer à mon agent de change enlisé dans son conformisme monétaire la valeur d'un jugement dont il doutait, je renouvelai des ordres qui encore une fois arrondirent le magot de la revue et le mien. Puis je m'arrêtai, prudente, attendant une autre occasion.[...] L'argent ? C'était la liberté ! Je m'ébrouai dans cette sensation. J'engageai une secrétaire de plus. Je m'achetai une cravate en pékan. Je traitai quelques amis. Mais, surtout, je compris mieux le capitalisme, sa notion de l'effort personnel, sa force créatrice, les chances qu'il donnait aux individus, son égoïsme quant aux profits. D'ailleurs le socialisme n'était pas moins féroce, mais autrement, avec ses prébendes partisanes et ses distributions nivélatrices au bénéfice d'imbéciles ou de paresseux [5]. » La citation s'est allongée, malgré moi. J'ai voulu d'abord laisser Louise expliquer elle-même ce qui l'a amenée à jouer à la Bourse et puis j'ai choisi d'aller jusqu'à la conclusion qui la révèle. En dehors des milieux qu'elle a toujours fréquentés — les seuls fréquentables, d'après elle —, le monde est peuplé « d'imbéciles et de paresseux ». Cela explique pourquoi, malgré son amour romantique des Russes, il était inconcevable qu'elle retournât à Moscou comme elle prétend avoir songé à le faire.

Louise était bien inspirée, elle affirme manquer d'expérience mais ses opérations boursières étaient gagnantes. La chute du mark s'accélérait et les Allemands demandaient un moratoire. Dans le même temps, les industriels de la Ruhr menaient « une guerre froide économique » contre la sidérurgie française, selon J. Barléty [6]. La politique financière de l'Allemagne, qui devait permettre à son industrie de se lancer dans la conquête des marchés, faisait fondre la dette intérieure, en ruinant les classes moyennes. De plus, les organisations paramilitaires se multipliaient, contrevenant aux dispositions du traité sur le désarmement du vaincu. Face à ces faits, la situation de la France, soumise à la rigueur budgétaire de Poincaré, était difficile, car l'Amérique continuait de ne pas lui accorder la diminution de ses dettes. Comment eût-elle fait preuve de la générosité qu'on exigeait d'elle et amnistié ceux qui avaient détruit ses hommes, sa terre, ses richesses ? Fin 1922, tout était prêt pour une occupation de la Ruhr, conformément à la lettre du traité de Versailles et avec l'approbation de la majorité des Français. La commission des réparations constata les manquements de l'Allemagne en ce qui concernait les livraisons de bois et de charbon. La Belgique avait assuré la France de son appui, tandis que l'Angleterre, à la conférence de Paris, début janvier 1923, proposait un plan de règlement d'ensemble. Mais Poincaré, résolument convaincu que seule l'occupation de la Ruhr pouvait fournir une base de discussion positive, refusa. L'occupation de la Ruhr par les troupes françaises commença dès le 11 janvier 1923.

Poussé par la droite, Poincaré espère qu'une scission se fera en Allemagne. Un État rhénan serait le bienvenu, la droite en rêve depuis 1916. En Allemagne, l'aide que le gouvernement a dû fournir aux travailleurs et le manque à gagner provoqué par la grève générale qui a suivi l'occupation ont causé l'effondrement des finances. En août 1923, Gustav Stresemann devient chancelier. Cet homme de droite, nouveau venu sur la scène politique internationale, met tout de suite fin à la résistance passive des industriels allemands. Avec lui, la République de Weimar semble prête à admettre sa défaite. Les négociations sont donc possibles, mais Poincaré continue de vouloir un règlement général qui se ferait avec les Anglais et surtout avec les Américains, seuls capables de fournir les capitaux nécessaires au redressement de l'Europe. Il croit toujours que l'occupation de la Ruhr va amener les Américains à accepter une réduction des dettes françaises. Mais rien n'arrive de ce côté-là, et, dès la fin de 1923, la Banque d'Angleterre vole au secours de l'Allemagne, avec l'aide de la City. Et le génial docteur Schacht instituant, en novembre, à Berlin, une nouvelle monnaie, le Rentenmark, en même temps qu'une rigoureuse politique budgétaire rétablit le minimum de confiance nécessaire.

À présent, Louise Weiss est seule à la direction de L'Europe nouvelle, son collaborateur et ami Philippe Millet est mort d'apoplexie au retour d'une enquête à Düsseldorf et à Berlin, un mois plus tôt, en octobre 1923. Il s'était rendu en Allemagne pour savoir si industriels et politiciens envisageaient le rapprochement auquel songeait le maréchal Foch.

Louise avait avec lui un véritable dialogue qui sûrement allait lui manquer. Elle décida de lui rendre hommage en lui consacrant un numéro entier de sa revue. Elle réunit des articles signés de noms prestigieux, allant de Raymond Poincaré à Anna de Noailles et incluant le maréchal Lyautey, le général Pellé, Louis Loucheur, Jacque Seydoux, le premier lord de l'Amirauté : l'Honorable L.S. Amery, lord Milner, sir Edmond Gosse, Philippe Titulesco. Elle dit avoir agi en dépit des conseils de son entourage. Tous ces éloges du disparu pouvant amener les lecteurs à douter de ses capacités, l'assurait-on. Elle devait, je crois, avec son habituelle habileté, se rendre compte que l'effet produit serait l'inverse de ces prévisions : en publiant de tels hommages, elle récoltait pour *L'Europe nouvelle* une manne de publicité.

Personne ne remplaça Philippe Millet mais Louise eut dans son secrétariat quelques personnes, très différentes les unes des autres, qui lui furent dévouées : Jacques Benoist-Méchin dont la connaissance de l'Allemagne lui servit. Toutefois elle dut s'en séparer « à cause de son intimité avec le national-socialisme ». Louis Joxe, alors jeune agrégé que lui avait présenté Daniel Halévy dont il était le gendre, vint travailler avec elle. Rachel Gayman devint la secrétaire de rédaction de la revue. « Attendrie, comme je l'ai toujours été, par les créatures qui vous consacrent leur vie alors qu'elles ne vous la doivent pas, écrit Louise, je lui pardonnais ses écarts de langage jusqu'au jour où, pour affirmer un quant-à-soi auquel je n'avais jamais attenté, elle me décocha le mot de Cambronne devant je ne sais quel plénipotentiaire étranger. Rachel fit ensuite carrière à l'Agence France-Presse. Je n'ai jamais cessé de l'aimer[7]. » Esther Nez était l'administrateur général de *L'Europe nouvelle* où elle avait débuté très jeune, au temps de Hyacinthe Philouze. Elle avait émigré de l'est de l'Europe avec sa famille, dont elle tenait « sa constance à la tâche et sa générosité d'esprit ». Elle demeura toujours amie de sa directrice. Ce qui ne fut pas le cas d'une autre collaboratrice avec laquelle Louise eut des démêlés dont il sera question plus tard.

L'équipe des rédacteurs que Louise avait autour d'elle était toujours brillante, et fort bien informée. Quelques-uns la quittaient, appelés par des tâches officielles. Henri Bonnet devint directeur de l'Institut de coopération intellectuelle qu'avait fondé Julien Luchaire, un autre collaborateur ami, Roger Nathan devint directeur des Accords économiques et commerciaux, Roger Auboin partit pour Bucarest, seconder Charles Rist, chargé du redressement des finances roumaines. D'autres, dont j'ai déjà cité les noms, demeuraient et demeureraient jusqu'à son départ.

Les affaires du monde et celles de l'Europe en particulier continuaient d'être la préoccupation majeure de Louise. Et elles n'évoluaient pas toujours comme l'eussent souhaité les puissances qui avaient tant perdu dans cette guerre, que les Français continuaient d'appeler « la der des der ». En avril 1924, Poincaré dut accepter le plan Dawes. Ce plan n'était pas conforme à son désir, mais il assurait le paiement des réparations, sans que l'Allemagne pût s'y soustraire.

Un mois plus tard, en mai, après les élections, Poincaré doit céder le pouvoir à un gouvernement du Cartel des gauches, et Louise le regrette. Elle se méfie des « tenants de la IIe Internationale » qu'elle accuse de « [saper] machiavéliquement toute politique progressiste pour préparer, à leur profit, une révolution née du mécontentement de cette carence ». Je la cite parce que cette phrase exprime un point de vue qu'elle gardera toujours, mais est-il certain qu'elle l'avait déjà alors ? Elle plaint son ami Édouard Herriot, et traite Léon Blum de « jésuite de l'impasse Cadet ». Les travaillistes anglais, au pouvoir eux aussi, sont défavorables à la politique qu'elle prône. D'après elle, ils souhaitent restaurer l'Allemagne dans sa prospérité pour assurer une reprise du commerce international qui ferait diminuer le chômage, ils se méfient du rôle d'arbitre entre les différentes nations que devrait exercer la SDN. Ils veulent toujours, par-dessus tout, un désarmement général.

Édouard Herriot est obsédé par le désir d'une entente avec le gouvernement travailliste. Lors de la conférence de Londres, de juillet-août 1924, à laquelle Louise l'accompagne, il consent aisément à l'évacuation de la Ruhr et d'une partie de la Rhénanie. Louise prétend influencer cet admirateur dont la ferveur durera longtemps et elle rapporte de nombreuses anecdotes sur ce séjour londonien. Elle décrit Herriot comme un personnage rabelaisien qui avait « en toute simplicité dédié sa formidable masse, son formidable savoir, sa formidable éloquence, parfois teintée d'onction ecclésiastique, à ses frères radicaux et au pays ».

À cette époque, en Europe, la confiance revient et le premier grand emprunt international, depuis la guerre, peut être lancé. Il devra assurer à la Reichsbank la stabilisation du mark et les paiements des premiers versements de réparations en vertu du plan Dawes.

Dawes, un général et financier américain, croyait que le paiement des réparations dépendait du relèvement financier de l'Allemagne. Il avait créé et présidait un comité d'experts, dont les conclusions furent acceptées par tous les gouvernements. Le plan Dawes comportait la création d'une Reichsbank autonome mais sous contrôle d'un conseil général à moitié composé d'étrangers, pour l'assainissement monétaire, et, pour les réparations, un système d'annuités à taux variables et progressifs. Les chemins de fer allemands, l'industrie, les douanes, divers impôts indirects étaient placés sous la tutelle de conseils d'administration auxquels participaient des représentants alliés. Jusqu'à la fin des années 20, la technologie américaine, en même temps que les capitaux américains, envahirent l'Europe, en passant par l'Allemagne. Et la France et l'Angleterre purent s'acquitter de leurs dettes de guerre envers les États-Unis.

Après la conférence de Londres, où la France s'était engagée plus que la Grande-Bretagne qui n'avait fait que promettre un pacte d'arbitrage et d'assistance, à condition qu'il fût assorti d'un désarmement général, Édouard Herriot s'était rendu à Genève — où Louise l'accompagna, une fois de plus — et, le 1er octobre 1924, il avait obtenu la signature par Ramsay MacDonald du texte, dit « protocole de Genève », qui proclamait le principe de l'arbitrage obligatoire en cas de conflit et prévoyait, contre tout violateur du protocole, des sanctions demeurant assez mal précisées quant aux moyens d'exécution. Mais MacDonald, battu aux élections, fut remplacé par Baldwin qui, sensible aux remontrances des dominions, refusa de ratifier ce texte.

Louise avait publié dans le numéro de *L'Europe nouvelle* du 20 septembre, donc avant la signature du « protocole de Genève », le discours inaugural d'Édouard Herriot, « Un discours frémissant qui, sous son appareil juridique, était tissé de sa propre douleur et du drame dans lequel se débattait l'humanité », écrit-elle. Discours qui s'inspirait de la phrase de Pascal : « La justice sans force est impuissante, la force sans justice est tyrannique. »

Aristide Briand, qui avait fait partie de la délégation française à cette Assemblée, promit à Louise une déclaration sur le droit qu'avait chaque nation à la sécurité et à une entraide mutuelle. Ce qui entraîna un nouveau différend avec Léon Blum qui paria un déjeuner de douze couverts qu'Aristide Briand ne tiendrait pas sa promesse. Il perdit son pari et reçut Louise, avec dix amis, dans un restaurant parisien près de la Bourse. Le déjeuner manqua de gaieté et ce fut « Louis Loucheur, le financier-ministre qui paya la dépense », raconte Louise. Elle avait craint que Briand, dont « la répugnance à tenir une plume était bien connue, légendaire même », n'oubliât sa promesse. Mais quel succès pour sa revue que ces deux articles majeurs sur la réunion au sommet de Genève ! Elle avait d'avance déclaré à Briand que « diligemment diffusées par mes soins, ses paroles — je m'en portais garante — feraient également le tour du monde ».

La directrice de *L'Europe nouvelle* ne manquait sûrement pas d'une apparente confiance en soi. Cette anecdote prouve qu'elle obtenait ce qu'elle voulait des hommes d'État les plus en vue. Il ne faut pas oublier non plus qu'elle n'a que trente et un ans. Depuis, aucune femme n'a fait mieux à cet âge. Elle avait de quoi espérer jouer un rôle majeur en politique, dans l'avenir de la France et dans celui de l'Europe. Elle y pensait sûrement, bien que les Françaises n'eussent alors aucun moyen de se faire entendre officiellement. Il faudra une autre guerre, la cruauté nazie et les souffrances de l'Occupation pour qu'elles obtiennent le droit de vote, vingt ans plus tard. Elles n'étaient pas tenues en dehors de toute action politique ou sociale, comme elles l'étaient dans d'autres pays. Elles prenaient part aux discussions au sein de la famille, et jouaient un grand rôle dans l'éducation de leurs fils et auprès des hommes de leur entourage, mais il n'en était pas fait mention officiellement et il n'était pas question pour elles d'apparaître sur le devant de la scène.

Louise, qui avait vite appris à ne pas les aimer — à cause de ses douloureuses relations avec sa mère —, observe sans bienveillance les femmes du monde, à Genève, où elles allaient, dit-elle, chercher des hommes pour orner leurs salons parisiens.

La reconnaissance d'un pouvoir des femmes dans les affaires de la République, seul le féminisme l'assurerait, Louise en avait déjà conscience. Mais l'avenir de l'Europe, les réparations et l'établissement d'une paix durable étaient pour elle des priorités qui ne lui laissaient pas de temps pour un autre sujet dont elle mesurait pourtant l'importance. Les femmes n'étaient pas libres, elle l'avait toujours su, même déjà durant les étés de son enfance passés à Saint-Cloud, chez « Grossmama ». Depuis ses études universitaires, ce qu'elle avait vu de la vie et des projets d'avenir de ses condisciples l'avait confirmée dans ce sentiment. Elle-même avait été grandement gênée par l'absence de liberté en vivant dans sa famille plus longtemps qu'elle n'eût souhaité.

Quand elle avait quitté l'avenue Henri-Martin, Louise croyait sa liberté définitivement acquise, et son installation dans l'atelier d'Auteuil paraissait combler à la fois son besoin de fantaisie et de confort ; cependant, au bout de trois ans, elle dut y renoncer. Trop souvent les pardessus, les manteaux et les chapeaux laissés sur l'étroit palier tombaient au rez-de-chaussée où il fallait descendre les récupérer et le manque d'ascenseur se faisait sentir, « la bedaine, les rhumatismes allant de pair avec la notoriété, du moins dans ce temps-là, » écrit-elle. De plus, les relations avec sa propriétaire semblaient manquer d'harmonie, et le défaut de construction qui provoqua l'effondrement du plafond sur le parquet de l'atelier ne contribua pas à un rapprochement. Il était temps de plier bagages...

Louise prit alors la décision de vivre autrement. Finie la bohème ! Elle allait se lancer dans l'immobilier. Avec elle, il faut toujours s'attendre à des surprises. Elle est une intellectuelle brillante que la politique passionne, une républicaine fidèle à l'esprit laïque des Javal, ses convictions sont fortes, mais elle est aussi la fille d'un ingénieur protestant, haut fonctionnaire devenu homme d'affaires, président de la Compagnie française des Essences synthétiques, qui construisit à Liévin la première usine transformant la houille en essence, administrateur des mines de Sarre et Moselle, des Forges de la Providence et de plusieurs autres sociétés. « On lui doit la création de l'anthracite synthétique en France, ainsi que de belles études, entre autres sur l'hydrogénation des houilles [8]. » En 1925, Louise achète un terrain avenue du Président-Wilson, sur le même côté et juste au-dessus de ce qui sera, après l'Exposition internationale des Arts et des Techniques de 1937, le musée d'Art moderne et qui est aujourd'hui le musée d'Art moderne de la Ville de Paris. Ce terrain à flanc de colline est assez grand pour y bâtir deux hôtels particuliers. Louise construit, à crédit, dit-elle sans préciser. Il n'est plus question de l'argent qu'elle a gagné en jouant à la Bourse. La vente d'un des hôtels paie pour l'autre, qui sera son domicile tout au long de sa vie.

L'esprit d'entreprise, Louise n'en manquait pas. Le choix de cet emplacement entre l'Alma et la place d'Iéna était excellent pour elle, tant au point de vue investissement qu'au point de vue pratique, et l'hôtel qu'elle habita était fort luxueux. D'autre part, pour reloger *L'Europe nouvelle,* elle avait obtenu, toujours grâce à son père, un autre local, 53 rue de Châteaudun, plus vaste que celui qu'il lui avait trouvé d'abord rue de Miromesnil. Mais la banalité de ces bureaux spacieux ne lui convenait pas, et le quartier lui plaisait encore moins. Elle voulait retourner rive gauche, elle regrettait encore la rue de Lille et le décor qu'elle y avait créé. Dans un immeuble en construction, 73 bis quai d'Orsay, elle acquit « un rez-de-chaussée formant boutique plus, en demi sous-sol, une grande salle entourée de bureaux. Je confiai l'aménagement de cet ensemble à un architecte débutant, Eugène Baudouin, que j'avais découvert à bord d'une péniche où il avait choisi de vivre dans le mépris du pompiérisme de l'Académie des Beaux-Arts. La hardiesse des partis d'Eugène Baudouin, son goût des matériaux nouveaux et l'escalier monumental par lequel il me proposait de relier les deux niveaux dont je disposais m'enchantèrent [9] ».

Louise s'était installée aisément dans son rôle de journaliste connue, qui comprenait celui de maîtresse de maison, un plaisir important pour elle. Dès la période de l'atelier d'Auteuil, elle recevait beaucoup. Elle aimait s'entourer de célébrités du monde politique et diplomatique qu'elle invitait avec des écrivains ou des confrères à des dîners qui, certainement, ne manquaient pas de cachet. D'après elle, sa revue n'atteignait pas un gros tirage mais elle fonctionnait surtout par abonnements, ce qui, étant une sorte de garantie financière, tranquillisait la jeune femme. *L'Europe nouvelle* était si peu semblable aux autres publications hebdomadaires qu'elle permettait d'agir de manière inhabituelle. Ainsi, Louise y avait repris, avec succès, les articles de son voyage à Moscou, publiés d'abord dans *Le Petit Parisien.*

Durant cette période, l'Europe que Louise souhaitait ne progressait pas. La balle avait changé de camp, sans que les Français eussent particulièrement mal joué. Mais, sous l'emprise d'un impérialisme économique américain, la France n'était plus en mesure de consolider les réseaux d'alliance qu'elle avait constitués, en particulier dans les pays de la Petite Entente. Impossible pour elle d'octroyer des crédits et, craignant la domination de la Grande-Bretagne, elle avait refusé le recours aux institutions financières de la SDN. La finance internationale, et plus précisément la finance américaine, avait pris le relais.

La poursuite de l'expansion dépend de plus en plus de nouvelles injections de capitaux américains, et les barrières douanières des États-Unis sont si élevées que les dettes intérieures gonflent démesurément. En France, les paiements allemands sont déjà hypothéqués par la reconstruction. Mais Keynes et ses disciples sont les seuls à dénoncer la faiblesse du système qui fait peser sur les contribuables, les travailleurs, le sacrifice du paiement des dettes de guerre. Le gouvernement Herriot est renversé en avril 1925, et Briand va diriger la politique étrangère pendant sept années, dans tous les ministères qui se succéderont.

Louise menait alors la vie partagée des reporters. Elle avait décidé de ne plus manquer les réunions internationales en ces temps si importants pour l'avenir de la paix. À partir du moment où elle habita son hôtel de l'avenue Wilson, bien que l'aimant beaucoup, elle voyageait sans cesse. D'Allemagne en Suisse, d'Angleterre en Italie, en Hollande. Elle s'efforça aussi de suivre Aristide Briand dans ses déplacements. Elle se sentait plus proche de lui que d'aucun autre homme d'État. Elle continuait de l'admirer sans réserve. Ils partageaient la même conception du pacifisme.
L'« apôtre de la paix » veut pousser à la réalisation de la sécurité par l'arbitrage, la réconciliation, l'utilisation de la sécurité collective. À cause de son action, l'optimisme s'accroît. « L'esprit de Genève » fait son chemin et une tentative de réconciliation avec l'Allemagne représente l'assurance de la paix européenne. Le ministre allemand des Affaires étrangères, Stresemann, est tout à fait prêt à entendre Briand. Homme de droite, non idéaliste, il se rend compte qu'il est hors de question de récupérer les provinces perdues à l'est comme à l'ouest. Il faut donc qu'il admette de se soumettre au traité de paix afin de retrouver le plus vite possible une souveraineté sur les territoires du Reich, pour reprendre place parmi les grandes puissances, tout en redressant l'économie, comme le plan Dawes permet de l'espérer.
Encouragé par les Britanniques, dès février 1925, Stresemann propose aux Français un règlement général de la question du Rhin. Dès son arrivée au pouvoir, Briand, séduit par l'idée, fait entamer de longues négociations qui aboutiront, le 5 octobre, à la réunion à Locarno d'une conférence de toutes les puissances « intéressées au Rhin » : France, Belgique, Allemagne et aussi Italie, Angleterre. Un pacte est signé le 16 octobre. Les frontières fixées à Versailles entre l'Allemagne, la Belgique et la France sont garanties par le fait que ces trois puissances s'engagent à recourir, en

cas de litige, à la SDN. Ainsi la frontière rhénane de la France est reconnue et, donc, le retour des provinces perdues en 1871, l'est aussi. Non plus seulement par un *Diktat* imposé par la force, mais par un traité librement négocié et consenti. En échange, l'Allemagne est désormais à l'abri d'une opération comme celle de la Ruhr. En ce qui concerne les frontières orientales et méridionales de l'Allemagne, Briand n'a pu obtenir de Stresemann un engagement comparable à celui pris sur le Rhin. Deux traités d'alliance défensifs franco-tchèque et franco-polonais s'efforcent de rassurer les alliés de la France, inquiets du flou des conventions d'arbitrage, d'autant que ni l'Angleterre ni l'Italie ne garantissent les frontières de la Tchécoslovaquie et de la Pologne.

Le pacte de Locarno est accueilli avec soulagement et espoir. Briand, assuré de rester aux Affaires étrangères, se voit en mesure de poursuivre et de perfectionner la recherche de la sécurité et de la paix. La gauche se rallie à Locarno : les socialistes, les radicaux ainsi que la Ligue des Droits de l'homme et les francs-maçons. D'autres groupements l'approuvent aussi, qui veulent aller de l'avant en faveur d'une réconciliation plus définitive avec l'Allemagne. Le sidérurgiste luxembourgeois Mayrisch, à la recherche d'un moyen d'établir un rapprochement entre la France et l'Allemagne, prend une part active à promouvoir l'esprit de Locarno.

Mayrisch réussit à former une Entente internationale de l'Acier, accord de cartel entre les sidérurgistes français, belges, luxembourgeois et allemands. Mme Mayrisch qui s'intéresse de près à la littérature, et leur fille qui épousera Pierre Viénot, attaché au cabinet du maréchal Lyautey de 1920 à 1923, participent de près à l'aspect social et culturel de cette Entente. Elles sont à l'origine de la création, par Émile Mayrisch, du Comité franco-allemand d'Information et de Documentation, dont le siège est à Berlin et qui sera dirigé, de 1925 à 1930, par Pierre Viénot. Franz von Papen, dirigeant du *Zentrum*, donne son adhésion ; Wladimir d'Ormesson publie, sous l'égide du Comité, en 1928, *Confiance en l'Allemagne*. Marc Sangnier joint à ce Comité une association religieuse qu'il a entrepris de faire revivre : l'Action catholique de la Jeunesse française et Georges Bidault, au congrès de l'association, en 1926, fait un éloge de Locarno.

Les évêques de Versailles et d'Arras se joignent à des hommes politiques comme Briand, Painlevé et Herriot pour réclamer une rencontre internationale de jeunes gens sur des thèmes pacifistes. On va jusqu'à se déclarer contre le service militaire obligatoire et pour le respect de l'objection de conscience. Le 31 janvier 1926, le gouvernement français accepte l'évacuation de la zone de Cologne, premier stade de l'évacuation de la Rhénanie tout entière. Le 8 septembre de la même année, la France patronne l'admission de l'Allemagne à la Société des Nations.

Mais « l'esprit de Genève » n'a pas encore triomphé partout et la méfiance vis-à-vis de l'Allemagne demeure. La rive droite du Rhin n'est pas libérée et l'opinion relève les nombreux manquements de l'Allemagne aux clauses du traité de paix et s'émeut des manifestations de l'esprit de revanche. Briand obtient l'évacuation de la Sarre où, par une décision du Conseil de la SDN du 12 mars 1927, une force internationale de 800 hommes remplace les troupes françaises, en attendant le plébiscite prévu pour 1935.

À mesure que le temps passe l'avenir de la paix semble plus incertain. Entre les alliés les choses ne s'arrangent pas. Les États-Unis et la France n'arrivent pas à s'entendre sur la question de la dette. Cela prive la France des crédits américains de plus en plus importants qui se répandent sur l'Europe, et sur l'Allemagne en particulier. Pour renforcer les pactes de Locarno, Briand prend l'initiative de visiter les diverses capitales de l'Europe en proposant un pacte solennel de renonciation à la guerre par toutes les puissances qui le signeront. Aux États-Unis, le secrétaire d'État, Kellogg, se rallie à cette idée et, le 28 décembre 1927, il propose aux deux gouvernements de soumettre aux autres puissances un pacte commun de renonciation à la guerre.

Le 6 février 1928, l'Amérique et la France signent un traité d'arbitrage dans cet esprit. Puis Londres, après de longues négociations, se rallie au projet que Berlin a accepté tout de suite. Mais rien n'est simple. Le pacte Briand-Kellogg est signé à Paris, par quinze puissances, rejointes bientôt par toutes les autres, y compris l'URSS. Le besoin de sécurité est si grand que l'opinion, comme Briand pourtant sceptique en général, se réjouit du pacte sans penser aux garanties et aux sanctions absentes de ce texte.

Pendant ces années où ceux qui se voulaient vraiment les bâtisseurs de l'Europe luttèrent avec passion, Louise suivit les assemblées et les réunions qui s'organisèrent autour de la SDN, mais elle n'avait pas oublié les enseignements qu'elle avait tirés de ses enquêtes dans les pays de la Petite Entente et à Moscou. Elle voyagea aussi pour se renseigner sur les hommes et les effets de leur politique.

En décembre 1924, elle était allée à Berlin s'entretenir avec Gustav Stresemann. Elle préparait un numéro de *L'Europe nouvelle* sur l'Allemagne. Les pages qu'elle consacra à celui qui était alors ministre des Affaires étrangères reflétaient l'habileté de l'homme qui s'était montré de taille à discuter avec son homologue français. Il n'avait pas le charme d'Aristide Briand, toujours sûr de séduire ses interlocuteurs, mais il avait conscience des différences de mentalité chez ses compatriotes, et aussi de la gravité du ressentiment éprouvé par l'ensemble de la population, né de la défaite, de la démilitarisation, de l'absence de liberté, de la pauvreté du peuple. Il était l'homme qui avait tout mis en œuvre pour que son pays accédât à la SDN et qui savait se montrer sous un aspect « presque doucereux » pour dévoiler ensuite le « redoutable adversaire qu'il pouvait être ». Il avait refusé de parler à la journaliste française du coup d'État séparatiste de Ludendorff et d'Adolf Hitler en Bavière. L'article que Thomas Mann donna à Louise pour ce numéro sur l'Allemagne, qui parut le 14 mars 1925, l'impressionna davantage que ce qu'elle avait réussi à voir du personnage rusé et passionné qui sacrifia sa vie pour opérer le redressement de l'Allemagne.

En 1925, Louise va à Rome pour savoir comment l'Italie réagit aux Chemises noires de Mussolini arrivé au pouvoir trois ans plus tôt. Or « contrairement aux prédictions des augures de Gênes », écrit-elle, ces fascistes « avaient rapidement triomphé du désordre indescriptible de l'Italie, [leurs réalisations] n'étaient pas toutes mauvaises. Loin de là ! ». Qu'eût-elle pensé de Mussolini si elle s'était entretenue avec lui, comme avec Stresemann ? Au cours de ce voyage à Rome, elle trouve moyen de se brouiller avec Marguerite Sarfati, l'égérie de Mussolini, qui « s'accroche » encore au Duce, dit-elle et qui, comme elle, dirige un périodique, *Gherarchia*. La querelle naît à propos du tirage de leurs revues. Sarfati se moque de *L'Europe nouvelle* qui est loin d'atteindre l'audience qu'elle prétend avoir avec son magazine.

« Incontestablement exagéré, ce chiffre me mit hors de moi. Je finis par lui jeter :

« — C'est que, moi, je n'ai d'homme ni sur ni sous ma couverture. »

Louise aimait se rappeler ce genre de remarques, qu'elle prenait certainement grand plaisir à faire, mais qui ne lui valait pas toujours des amis. Là, Marguerite Sarfati ne se montra guère diplomate, se moquer de sa revue était faire une grave injure à Louise. La directrice de *L'Europe nouvelle* mettait le meilleur d'elle-même dans l'organisation de chaque numéro, la recherche de sujets convenant à chaque collaborateur et, par-dessus tout, la manière de promouvoir l'esprit et le but de la Société des Nations.

C'est ainsi que lui vint l'idée — réalisée en août 1925 — de faire une édition de *L'Europe nouvelle* en anglais. Un gros effort prévu pour sept numéros qui sortirent au moment de la sixième assemblée de la SDN : « La France avait besoin de se faire entendre par les Anglo-Saxons de plus en plus allergiques à sa pensée, pourtant claire, en matière de sécurité, d'arbitrage et de désarmement. L'entreprise me coûta beaucoup de peine », écrit-elle. Elle ajoute que Paul Painlevé, devenu président du Conseil après la chute du gouvernement Herriot au mois d'avril, « avait chaudement préfacé notre initiative ». Et il avait accordé une aide financière à l'entreprise.

Louise s'était alors installée à Genève, où elle avait eu plus que jamais une sensation de pouvoir. Elle s'était liée d'amitié avec Briand et faisait partie de l'entourage du ministre des Affaires étrangères de la France. Elle allait déjeuner avec lui et les amis, membres de son cabinet, dans les restaurants au bord du lac. « Dès midi, Aristide Briand aimait à attaquer les hors-d'œuvre. Il ne nous autorisait à sortir de table que vers six heures. Non qu'il mangeât tout le temps. Il roulait des cigarettes, buvait le vin des coteaux, discutait les nouvelles. Gourmet plutôt que gourmand, jamais paillard, ironique souvent, il nous enchantait. »

Malgré l'admiration que Briand lui inspirait, Louise avait choisi de ne pas assister aux pourparlers de Locarno. Elle savait que des rencontres de cette importance seraient abondamment et minutieusement commentées par ses confrères et ses amis. N'étant encore jamais allée aux États-Unis, elle décida de suivre la visite de Joseph Caillaux, redevenu ministre des Finances dans le gouvernement Painlevé, qui espérait un arrangement concernant les dettes de la France. Dans ses bagages, elle put emporter la version anglaise de *L'Europe nouvelle* qu'elle désirait montrer à la presse et une amie, Helen Moorhead, l'avait engagée à faire des conférences pour la Foreign Policy Association à travers tout le pays.

Cette organisation new-yorkaise s'adresse à un public très large qui va des élèves des écoles secondaires aux membres de clubs comme le Lion's Club, de certains clubs de femmes également qui veulent se tenir au courant de ce qui se passe dans le monde. Ce qui n'est pas si fréquent aux États-Unis où l'on a souvent l'impression que, pour le grand public, les autres pays n'existent pas.

Louise prend un mauvais départ, dès le premier jour, en arrivant en retard, à cause des encombrements de la circulation, au rendez-vous avec les membres du conseil d'administration de la Foreign Policy Association qui l'ont invitée à déjeuner. Ils ne l'ont pas attendue pour se mettre à table. Finalement, elle les fait rire en répondant avec effronterie aux trois questions, sans intérêt, qui doivent leur permettre de la juger. Toujours acerbe, elle décrit les gens rencontrés au cours de la tournée de conférences qu'elle fait en compagnie de deux autres invités de la Foreign Policy Association, Arthur Henderson, « le fameux socialiste anglais », superbe orateur que Louise avait entendu « tonner » à Westminster, et « l'étrange et charmant bâtard gréco-autrichien métissé de japonais qui avait inventé le terme *Pan-Europe* : le comte Richard de Coudenhove-Kalergi ». Ils vont signer un contrat de trois mois avec « un programme minutieusement réglé : temps de parole, temps de repos, présence dans certains clubs, apparitions à des déjeuners, à des classes de français, à des conférences de presse, à des manifestations de charité, nuits en chemin de fer, dialogues matinaux, promenades même ».

« Bientôt Arthur Henderson, Richard de Coudenhove et moi-même, protagonistes de thèses opposées, nous sentîmes qu'une solidarité élémentaire nous liait face à ces Blancs d'un autre monde. Nos colères n'entamaient pas notre commune et suprême civilisation. Et nous n'allions pas laisser à ces Pharisiens qui n'avaient souffert ni d'invasion ni d'inflation la volupté de nous arbitrer. Si bien que nos discours tournèrent rapidement en démonstrations de compréhension entre États européens et en attaques contre l'ancienne Alliée trop égoïste pour prendre sa part des responsabilités de la Société des Nations. La perspective d'une évolution pacifique du Vieux Continent laissait mi-figue mi-raisin les membres de l'honorable Foreign Policy Association, surtout dans les centres industriels qui avaient fait fortune en armant les belligérants. »

Le récit que déroule Louise de la vie quotidienne, de la nourriture, des commentaires du public des conférences, des associations d'anciens combattants, ou des clubs de femmes est alerte et drôle, soulignant le manque de racines, donc de culture. Avec un fond d'amertume en constatant le ressentiment des Américains contre la France qui, selon eux, ne faisait pas honneur à ses dettes de combattante, sans se rendre compte des destructions apportées par la guerre. À la fin de son contrat, Louise décida de rester quelques jours de plus en Amérique pour voir, sur la côte Est, des personnes qui ne ressemblaient en rien à celles rencontrées au cours de sa tournée. Elle savait qu'elles existaient, ces personnes. Elle savait aussi qu'il en existait d'autres, bien pires que celles qui formaient le public des conférences de la Foreign Policy Association. Ses anecdotes, ses réflexions continuent de sonner juste. Elle écrit : « De fabuleux personnages animaient le pays. La responsabilité de l'unité nationale, indiscutée en son principe mais qui n'était point réalisée, leur incombait. Ils le savaient ou le sentaient. À la tête de leurs universités, de leurs journaux, de leurs banques, de leurs magasins, ils s'adonnaient avec passion à la création de valeurs communes, intercontinentales, passion qui aboutirait à l'*American Way of Life*, voire à son idolâtrie. Le courage, l'esprit d'entreprise, la technique, la générosité, le messianisme même de ses constructeurs de continents étaient au service de cette idée centrale. Il fallait la garder en mémoire pour bien les comprendre. »

La journaliste sait discerner la qualité des individus, elle ne se laisse pas éblouir facilement. Et elle sait répondre. Ses répliques dont elle parsème ses *Mémoires* font toujours sourire. Pour conclure les réserves qu'elle a pu faire sur les Américains, c'est à l'ambassadeur de France qu'elle s'en prend. N'a-t-il pas la sottise de lui reprocher d'avoir osé faire ses conférences en anglais ?

« Et vous adresser à des auditoires germano-américains ! Et négliger nos cercles français dont vous méprisiez sans doute les manucures et les cuisiniers ? C'est inadmissible de se montrer antifrançaise à ce point !

« En matière de propagande, notre diplomatie en était là. Je rétorquai à Son Excellence :

« — Télégraphiez donc, Monsieur l'ambassadeur. Le plus vite sera le mieux. Monsieur Philippe Berthelot jugera.

« Quelque temps après, M. Daeschner apprenait, mais par les journaux, que le gouvernement de la IIIe République avait mis un terme à ses fonctions — ce qui n'était pas, non plus, très convenable [10]. »

Louise raconte rarement ce qu'elle obtient après une attaque et sa riposte. On peut s'interroger sur l'offense de Washington et ses suites. Elle n'était sûrement pas prête à pardonner quiconque ou à oublier une injure. Comme elle parle peu de l'effet produit par ses prises de position dans sa revue, elle parle peu de ses relations avec autrui.

Il est certain que, dès cette période, la vie privée de Louise se déroule dans le milieu des journalistes et des hommes politiques. Elle est indépendante, jeune, non dénuée d'une certaine beauté un peu lourde, avec un beau visage, des yeux vifs et des manières de personne bien élevée, tempérées par un vocabulaire qui prouve sa liberté. Ses vêtements viennent de chez le bon faiseur. Dès qu'elle en a eu la possibilité, elle a su où et comment s'habiller. Il est sûr que les hommes la regardent, et elle les regarde. Autant qu'eux, elle aime conquérir. Mais ce sont des choses qu'à sa génération on n'avoue pas dans ses écrits. Parfois des noms, des anecdotes, ou simplement une expression rapportée, quelques phrases dont elle se souvient et qui ne laissent pas de doute sur les circonstances dans lesquelles elles ont été prononcées. Il s'agit, en général, d'une époque beaucoup plus tardive, nous le verrons.

Pour ces années d'après la Première Guerre, Louise aime tracer dans ses *Mémoires* des portraits, donner des détails sur le comportement et l'entourage de gens célèbres qu'elle a connus. Comme Paul Valéry dont elle admire l'œuvre, Anna de Noailles qu'un génie habitait, selon elle, « non pas le génie de la poésie — à sa lyre manquaient trop de cordes — mais celui de l'éloquence », la princesse Marthe Bibesco, Hélène Vacaresco — pour regrouper les trois Roumaines.

Louise a rencontré la princesse Bibesco lors de son séjour en Roumanie, nous le savons. Elle apprécie son intelligence, son talent d'écrivain et aussi sa grande fortune. Hélène Vacaresco était journaliste à ses heures ; elles se voient en plusieurs occasions mais Louise ne prétend pas qu'elles furent amies. Par contre, elle revendique des liens d'amitié avec Anna de Noailles. Ce qui est impossible. Toutes les deux avides de conquêtes et de renommée, elles ne pouvaient qu'être rivales. Louise était capable d'apprécier certains traits du caractère de la comtesse de Noailles : sa verve, son esprit, son élégance. Anna de Noailles rejetait Louise Weiss dans la catégorie des gens qui pouvaient lui servir mais son physique typiquement bourgeois et sa superbe devaient lui déplaire.

Les relations de Louise avec Colette ne furent jamais celles que développe une amitié. Elles étaient trop différentes. Colette ne s'intéressait pas à la politique ; l'art d'écrire dominait sa vie. De plus, elle savait aimer, contrairement à Louise, blessée dès l'enfance par l'absence de tendresse. Les anecdotes que Louise rapporte sur la romancière lui ont été racontées par Max Fisher avec qui elle fut liée et qui était un des directeurs de Flammarion, l'éditeur de Colette.

La seule femme avec laquelle Louise eut une véritable amitié, interrompue par la Seconde Guerre mondiale et reprise ensuite, fut une autre journaliste, Geneviève Tabouis, nièce du diplomate Jules Cambon, qui menait une existence différente de la sienne. Mariée, mère de famille, Geneviève Tabouis était très célèbre et demeura très active jusqu'à la fin de sa vie. Elles s'appréciaient sur le plan professionnel et Louise ne tente pas de diminuer la qualité de cette femme qui, certainement, lui faisait confiance, leurs lettres le prouvent. Une autre journaliste, Andrée Viollis, était aussi devenue une amie. Elle avait été mariée à Gustave Téry, le directeur de *L'Œuvre*, journal auquel elle avait collaboré. Louise l'avait rencontrée dans les bureaux du *Petit Parisien*. Parfois, elle se montre réservée à son égard, allant jusqu'à l'accuser de jalousie. Ses rapports avec les femmes ne sont pas simples, nous le savons déjà et nous en aurons d'autres preuves durant son épopée féministe.

Louise acceptait plus facilement les hommes. Elle avait été élevée avec trois garçons qu'elle dominait. Son grand mérite, professionnel et social, est d'avoir su s'imposer très jeune dans un monde d'hommes, sans avoir été patronnée par l'un d'eux. C'est sans doute la difficulté à se faire admettre, qu'elle a forcément rencontrée, qui l'a poussée à ne pas considérer la vérité comme nécessaire. D'ailleurs, la vérité a-t-elle jamais triomphé en politique ?

IX

Devoir de paix

Louise Weiss sait que la paix n'est pas aussi solidement ancrée qu'elle le souhaiterait. Pourtant le pacifisme d'Aristide Briand, comme celui de Louise, ne s'émousse pas. Le vieil homme se bat toujours avec la même ardeur, la même intelligence et la même étonnante sensibilité qui lui permet de percer à jour ses partenaires avec une extrême rapidité et de percevoir le jeu à mener pour marquer des points. Mais ce n'est pas toujours possible. Louise le comprend. Elle le suit aisément. Son esprit est aussi vif que le sien, et l'amitié qu'elle éprouve pour lui est aussi vive que son admiration.

La directrice de *L'Europe nouvelle* décide de l'accompagner désormais dans toutes les rencontres européennes auxquelles il participe. Elle est un remarquable observateur, qui sait donner leur vrai sens aux gestes de chacun. En septembre 1928, elle est à Genève où Stresemann réclame la révision du Plan Dawes, dont l'efficacité a été reconnue (le plan est en application depuis quatre ans), et l'évacuation de toute la Rhénanie. Mais lorsque Hjalmar Schacht, directeur de la Reichsbank, vient à Paris, durant l'hiver, pour discuter ce qui s'appellera le *plan Young*, on se rendra vite compte que le règlement des réparations espéré par la France, en contrepartie de ses concessions aux exigences de Stresemann est définitivement abandonné. Owen Young, collaborateur de Dawes, a été chargé par Washington de prendre sa suite.

Louise craint pour l'avenir et, en juillet 1929, la conférence, à laquelle elle assiste à La Haye, est loin d'être encourageante. La Banque des Règlements Internationaux à laquelle le Trésor britannique est hostile n'existera pas et l'évacuation de la Rhénanie devra être terminée en juin 1930, c'est le prix à payer pour que l'Allemagne accepte de ratifier le plan Young. L'entité sécurité que la France a sauvegardée jusque-là est donc morte. Cependant la dixième assemblée de la SDN à Genève, « mondainement aussi brillante que les précédentes », juge-t-elle, est moins négative : « Je puis dire que les conceptions économiques et politiques qui se trouvent à la base des institutions européennes actuelles, des Hautes Autorités du Luxembourg et du Conseil de Strasbourg au Marché commun, furent précisées à cette époque. Fidèle à elle-même, *L'Europe nouvelle* s'en fit l'inlassable championne. » Et, quelques lignes plus loin, elle ajoute avec lucidité : « Malgré les fastes de la dixième assemblée, la mutation des mentalités sur laquelle Aristide Briand, pèlerin de la paix, avait spéculé, me parut en régression. La Société s'adonnait à sa routine de vœux toujours renvoyés en commissions et sous-commissions et pour avis consultatif en comités et sous-comités. Cette routine paralysait tout.

« Raison de plus, me disais-je, pour persévérer.

« Je ne démordais point [1]. » On peut la croire. Cette lutte pour la paix demeura le but majeur de sa pensée, de son action, aussi longtemps qu'elle eut un sens, une chance de donner des résultats. La crise économique, conséquence de l'effondrement de Wall Street fin octobre 1929, ne commença à se faire sentir en France et ailleurs en Europe qu'une année plus tard.

Pourtant, la onzième assemblée de la SDN apporte une déception plus vive. Briand attend les réponses des États membres à son projet de Fédération mais il est clair que les Européens refusent de s'unir. Louise a demandé à André Maurois une chronique pour *L'Europe nouvelle*. L'écrivain, qu'elle compte parmi ses amis, compose quelques pages d'humeur. Elle attendait plus, car l'heure est grave. Seule « l'imagination politique de Briand a sauvé [l'Assemblée] de la nécrose », écrit-elle dans le numéro spécial de sa revue qu'elle consacre à cette onzième assemblée. Pour ne pas faillir vis-à-vis de Briand, « les vingt-sept États finirent par instituer une Commission d'étude pour l'Union européenne, une commission de plus ! » ne manque pas de noter Louise, attristée par ce nouvel échec de la politique qu'elle soutient avec tant d'ardeur.

L'année suivante, à Genève, à la douzième assemblée, l'atmosphère est pire encore. La situation se dégradant partout, la conférence sur le désarmement faillit être ajournée par le secrétariat.

Dans ses *Mémoires*, Louise cite un extrait de l'article qu'elle publia dans *L'Europe nouvelle*. « [...] Les équipes du Léman parlent un langage à Genève et un autre chez elles ; elles jurent de prendre des sanctions et dissimulent les coupables ; elles procèdent à des enquêtes sans tenir compte de leurs résultats ; elles affirment qu'il faut agir au plus vite pour dissiper les raisons de conflits et restent paralysées comme si les raisonnements des meilleures têtes politiques du monde s'annulaient les uns les autres. » Dans ce même numéro, elle annonçait que, sous la double présidence d'Édouard Herriot et de lord Robert Cecil, plusieurs centaines d'associations se réuniraient à Paris sous l'égide de sa revue, « afin de manifester en faveur de la future conférence du désarmement. Mon idée était de harceler les experts et de les acculer à des décisions », écrit-elle.

Cette grande réunion eut lieu fin novembre 1931 ; elle demeure en général connue comme « l'affaire du Trocadéro ». Le 25 novembre arrivèrent à Paris 1 098 délégués et, « dès le 26, ils se répartissaient dans les salles de l'Institut de Coopération intellectuelle, au Palais-Royal, entre les trois Comités d'études prévus. Mais les adversaires d'Aristide Briand, toujours ministre des Affaires étrangères et favorable à notre entreprise, s'étaient mobilisés », rapporte Louise. La conférence fut impossible à mener à bien. Son échec retentit partout en Europe, il ne présageait rien de bon pour l'avenir de la paix et la sécurité en Occident. Le désir de faire échouer la conférence du désarmement avait été aussi violent chez Pierre Laval, président du Conseil et ministre de l'Intérieur, que dans les partis de droite dont l'action hostile avait été tolérée, sinon encouragée.

Malgré le jugement qu'elle porte sur Laval dans l'affaire du Trocadéro, Louise sait fort bien placer ses pions sur l'échiquier politique. Elle ne refusait pas toujours le dialogue avec Pierre Laval : une grande photographie, dédicacée et datée du 1er novembre 1931, se trouve parmi ses papiers conservés à la Bibliothèque nationale.

Louise a publié le récit du voyage à Berlin qu'elle fit, fin septembre 1931, avec Pierre Laval et Aristide Briand que la Société des Nations elle-même avait poussés à aller voir, au plus vite, le chancelier Brüning et le docteur Curtius « afin d'essayer d'éviter, par des conversations directes, la catastrophe finale dont le terme approchait et qu'elle se sentait incapable d'empêcher ».

Louise se voulait proche de Briand et comprenait l'émotion du vieil homme qui haïssait la guerre et qui, comme elle, n'avait pas oublié les combattants tués par milliers dans ces paisibles paysages que leur train traversait. Des villageois se pressaient le long des rails, les femmes soulevaient leurs enfants au-dessus de leurs têtes pour les montrer à l'illustre voyageur. À Aix-la-Chapelle, des Allemandes offrirent des fleurs au pèlerin de la paix. La nuit, des soldats surveillaient la voie, en Westphalie, au Brunswick, au Brandebourg. Briand ne dormit pas.

« Il fumait, il toussait, il associait des phrases, des idées, des émotions. Tout à coup, il posa la main sur mon bras — sa fine petite main tachée d'ocre — et, à mi-voix, formula l'un de ces mots d'une simplicité sublime par lesquels il résumait parfois les événements :

« — Tout arrive ! »

Louise raconte encore qu'à Berlin, rencontrant le chancelier Brüning et Briand dans les couloirs de l'hôtel Adlon, le premier lui demanda de traduire pour lui le message qu'il voulait faire passer au ministre des Affaires étrangères de la France. « Si nous ne nous entendons pas, ce qui se déchaînera ici contre la civilisation est inimaginable. » Était-il vraisemblable que Brüning eût une vue si claire du danger ? Louise, elle, pouvait concevoir ce danger et ce n'était pas seulement la connaissance de la langue qui la rendait plus apte que ses compagnons à comprendre que l'Allemagne était au bord de l'abîme. Elle n'avait oublié ni les leçons tirées de son séjour d'avant 14, dans la petite pension de l'Alsace annexée, ni ses précédents voyages à Berlin depuis l'armistice, son interview de Stresemann, mort à présent et de Thomas Mann.

Elle plongea dans la vie diurne et nocturne de la capitale afin de se rendre compte de ce qui se passait vraiment. Ses découvertes furent multiples : Hitler qu'elle alla écouter au Sport-Palast, où il tonitruait des slogans antisémites, l'Institut für Sexual Wissenschaft et le côté Sodome et Gomorrhe de la cité qui la choqua tout autant. Elle croyait à la réalité de la menace que cet état de confusion et de malheur de la société représentait et elle voulait en informer ses lecteurs.

Elle ne rentra pas directement à Paris, elle souhaitait voir ses amis Benès à Prague et, en chemin, elle s'arrêta à Dresde pour voir Lounatcharsky, qui se soignait dans un sanatorium. Elle désirait savoir ce que pensaient les Soviétiques. L'auteur dramatique, qu'elle avait connu à Moscou commissaire du peuple à l'Instruction publique, ne croyait sans doute plus que les communistes allemands l'emporteraient sur les nationaux-socialistes, mais il ne le dit pas. Il lui parla en revanche des avantages que les Soviets tireraient de leur entrée à la SDN. Il l'assura qu'être présents à Genève serait aussi important pour les Soviétiques que pour les Allemands. Il lui parla aussi de la nécessité de la reconstitution d'une alliance franco-russe. Quant à Edvard Benès, il commettait l'erreur de ne pas croire à la prise du pouvoir par Hitler. Pourtant « l'*Anschluss* austro-allemand demeurait sa bête noire », mais il estimait, comme Emil Ludwig, qu'il ne fallait pas prendre au sérieux « Hitler et ses racistes ». Le biographe de Goethe et de Napoléon avait employé cette formule dans un article récent du *Sunday Times* de Londres. Louise le rendit responsable. La prise de position de l'écrivain avait nourri les illusions de son ami Benès.

À son retour à Paris, Louise se fit rappeler à l'ordre, raconte-t-elle, car Laval et d'autres pensaient que les hommes qui arriveraient ultérieurement au pouvoir à Berlin seraient plus faciles à manipuler. « On ne pactise pas avec Hitler. » Telle fut, dit-elle, sa réponse. Elle ajoute, et j'anticipe : « En 1933, je me fis un devoir de publier les lois d'Adolf Hitler relatives à l'aryanisation des administrations et des écoles allemandes ainsi qu'à la stérilisation des infirmes et des malades. Personne, en France, n'y fit alors attention [2]. »

Parmi les documents déposés à la Bibliothèque nationale il y a la copie d'une lettre de René Cassin, datée du 13 décembre 1969 [*].

Dans cette lettre adressée à Louise Weiss, après la première publication du volume de *Mémoires* que je viens de citer, René Cassin se souvient qu'au lendemain des premières élections hitlériennes, dès le 14 décembre 1930, Briand lui dit : « Décidément il est difficile de travailler avec ces gens-là. Il faudra se tourner vers d'autres voix. » Et Cassin énumère ce qui s'imposait : les reprises immédiates des relations diplomatiques suspendues avec l'URSS, depuis Rakovski, exiger la rétractation de Curtius et Schober de leur pacte d'union douanière austro-allemande, mon-

---

[*] Le juriste René Cassin rejoindra le général de Gaulle à Londres dès fin juin 1940. Il sera l'un des collaborateurs civils les plus importants du Général. Président du comité juridique du gouvernement provisoire à Alger, il sera condamné à mort par contumace par Vichy. Compagnon de la Libération, il deviendra vice-président du Conseil d'État de 1944 à 1960, membre du Conseil constitutionnel de 1960 à 1971. En 1968, il recevra le prix Nobel de la Paix. Décédé en 1976, son corps sera transféré au Panthéon en 1987.

trer la gravité de l'action japonaise contre la Chine. Selon lui,
Briand voulait aller vite et fort.

René Cassin écrit aussi que Briand fut « traîné » à Berlin par
ce misérable Laval qui faisait du « briandisme extérieur » alors
que, « par-dessous, il le torpillait ». Il donne en exemple l'affaire
du Trocadéro, précisant qu'il ne croit pas « tout à fait que Maginot
ait été complice », bien que ce soit vrai sur certains points. Ils
s'accordaient en gros : « — Moi, l'armée ; toi, la diplomatie pour
une ligne d'action collective en cas d'agression. » Il note aussi
dans sa lettre qu'en 1932 la mort de Briand et surtout celle d'Albert Thomas ont été « une catastrophe pour la paix[3] ».

Temps difficiles à vivre pour ceux qui n'essaient pas de se leurrer et regardent la réalité en face... Louise veut plus que jamais
influencer l'opinion. Elle y pense chaque jour et elle est consciente
des limites de sa revue qui continue d'être suivie mais dont le
tirage ne saurait beaucoup augmenter. Elle touche un public en
général bien informé, des électeurs potentiels dont il faut s'assurer.
Bien que le vote des femmes ne soit pas pour demain, elle essaie
de prévoir toutes les possibilités qui peuvent se présenter. Elle a
aussi appris à quelles portes frapper pour régler les problèmes
financiers et, en 1930, une fois de plus, elle fait preuve de compétence dans ses décisions.

La directrice de *L'Europe nouvelle* possède un vaste local, celui
où elle a logé ses bureaux, 73 bis quai d'Orsay, avec le bel escalier
imaginé par Eugène Baudouin. Pourquoi ne pas l'utiliser pour une
école ?

Louise pense que le moment est venu de créer une école qui
pourrait élargir son public, et serait un facteur dynamique pour
faire avancer l'entité paix. L'École de la paix compléterait le travail effectué par sa revue au niveau de l'enseignement. Tous ceux
qui, après la lecture de l'hebdomadaire, veulent en savoir davantage sur l'évolution de l'Europe, ceux qui vont jusqu'aux bureaux
de *L'Europe nouvelle* pour poser des questions, les étudiants qui
s'intéressent à la politique étrangère de la France, à l'avenir de la
paix auront chaque semaine, de novembre à mai, un conférencier
— homme d'État, historien, écrivain ou journaliste de premier
plan — qui les entretiendra des problèmes politiques et économiques. Il n'y aura pas de professeurs attitrés. Les conférences seront
accessibles à tous, répondant au besoin d'information des lecteurs

de la revue, au sentiment de malaise de ceux qui veulent garder les yeux ouverts.

Louise sait aussi où elle va et ce qu'elle veut. Elle crée une société civile, « à capital et personnes variables », dont elle détient la majorité des parts, avec un conseil d'administration où elle siège en compagnie de Madeleine Le Verrier, Raphaël Alibert et Maxime Blocq. Le conseil d'administration de cette société civile se réunit au domicile de Louise, 15 avenue du Président-Wilson, qui est le siège de la société. Maxime Blocq est nommé délégué du conseil. Il aura tous pouvoirs pour la gestion administrative des fonds de la société. Louis Joxe est secrétaire général de l'École. Il y a un comité de direction composé de Jacques Ancel, professeur à l'Institut des Hautes Études internationales, Henri Bonnet, directeur de l'Institut de Coopération intellectuelle, Jean Branet, secrétaire général de la Cité Universitaire, Louis Eisenmann et Fauconnet, professeurs à la Sorbonne, Élie Halévy, professeur à l'École libre des Sciences politiques, Pierre de Lanux, directeur du bureau parisien de la SDN, Charles Le Verrier, directeur du collège Chaptal, Paul Mantoux, ancien directeur de la section politique de la SDN, directeur de l'Institut universitaire des Hautes études internationales à Genève, Pierre Viénot, ancien directeur du Comité franco-allemand d'information. Maxime Blocq demande à être relevé de ses fonctions de délégué dès la deuxième séance du conseil, le 20 février 1931 ; il conserve ses fonctions d'administrateur et Louise Weiss et Mme Le Verrier se voient confier les pouvoirs de Blocq, avec faculté d'agir conjointement ou séparément.

L'École qui, au départ, n'a aucun statut officiel, devient rapidement « un établissement libre d'enseignement supérieur rattaché à l'Académie de Paris ». Un comité de direction est chargé d'établir les programmes, de choisir les études et les conférenciers.

« À ce comité de direction s'ajoute un comité d'honneur prestigieux comprenant des délégués et anciens délégués à la SDN, des autorités universitaires et des ministres. Ce principe de représentation de la SDN et de l'Université se retrouve dans la composition du comité de direction et correspond au double caractère de l'établissement : école et centre d'études.

« L'école vit de ses ressources propres et de subventions. Les subventions constituent sa principale ressource. Elles proviennent d'organismes privés (*Europe nouvelle*, Association des amis de *la Nouvelle École de la paix* fondée en 1930), de collectivités

(Conseil général de Paris, Conseil municipal de la Ville de Paris) et de ministères (Instruction publique et Affaires étrangères)[4]. Démarches nombreuses, stratégie compliquée, rien n'arrête Louise quand il s'agit d'une entreprise à laquelle elle tient. Elle possède aussi une autre qualité, plus rare : une fois le projet lancé, elle continue de s'en occuper avec le même acharnement qui s'applique aussi bien aux problèmes matériels qu'à la réussite intellectuelle.

Même une tête aussi bien faite que la sienne ne pouvait se mettre à l'abri de toutes les mauvaises surprises. Une semaine avant l'inauguration de l'école, un certain Horace Thivet vint la menacer parce que depuis des années une École de la paix dont il était le fondateur-président-directeur général se réunissait une fois par an dans son appartement. Il l'accusait d'avoir usurpé ce titre et l'assurait que Mme Thivet, son épouse, le jour de l'inauguration, étranglerait Paul Painlevé au moment où celui-ci commencerait son discours. Louise jura qu'elle n'avait jamais entendu parler de cette école confidentielle, apaisa l'incrédule en promettant d'appeler son école Nouvelle École de la paix et invita le couple Thivet à la cérémonie d'inauguration.

La seconde surprise fâcheuse est pire. Il s'agit d'une sérieuse inondation due à une crue de la Seine. Le contrat d'achat du local en demi sous-sol dans lequel Louise a installé *L'Europe nouvelle* comporte la garantie de sa parfaite étanchéité et Louise a vu, sans appréhension, monter le niveau de la Seine se repérant, comme tous les Parisiens, aux bottes et au pantalon de la statue du zouave du pont de l'Alma, son presque voisin. Mais soudain l'eau limoneuse envahit les bureaux. Les pompiers ne réussissent pas à la pomper par les lucarnes du rez-de-chaussée et il faut faire appel à un scaphandrier pour découvrir que le clapet d'une conduite d'évacuation a été posé à l'envers. L'inauguration peut quand même avoir lieu le jour prévu, « mais dans une odeur de champignon frais ».

Cette inauguration a lieu le lundi 3 novembre 1930, à partir de 14 h 30 et à 15 heures, Paul Painlevé, membre de l'Académie des sciences, président du conseil d'administration de l'Institut international de Coopération intellectuelle, prononce un discours sur l'objet de la Nouvelle École de la paix. Louise a mis son école sous le patronage d'Aristide Briand et de tous les délégués et anciens délégués de la France à la SDN, dont Paul Painlevé et Louis Loucheur.

L'école trouve tout de suite son public. Dans les papiers déposés à la Bibliothèque nationale, la fondatrice mentionne que le nombre d'entrées aux conférences est d'environ 450 et que 150 au moins n'ont pu trouver de place dans la salle pour la conférence d'Édouard Herriot, le 12 novembre 1931. Au cours des mois précédents il y avait un public de 300 à 420 personnes parmi lesquelles 33 % d'étudiants[5]. Ce succès, qui n'était pas prévu, chassera les conférences de La Nouvelle École de la paix du local quai d'Orsay. Celles-ci émigreront à l'amphithéâtre Richelieu de la Sorbonne.

Louise remarque qu'elle fait preuve d'éclectisme dans le choix des conférenciers[*], un beau palmarès auquel d'autres noms prestigieux s'ajouteront. On comprend le succès de ces conférences suivies d'un débat, souvent mené par une personnalité aussi éminente que le conférencier. Louise ne cesse de faire des démarches pour le rayonnement de son école, et il n'est pas étonnant qu'elle garde une grande impression de ces conférences, de l'intérêt que celles-ci suscitèrent ailleurs.

Elle veut aussi répandre la renommée de son entreprise. Dès le 12 novembre 1930, elle écrit à G. Smets, recteur de l'Université libre de Bruxelles, parce qu'elle souhaite voir créer à Bruxelles une école semblable à celle de Paris. Elle rappelle que Paul Hymans, ministre des Affaires étrangères, s'intéressait à la question. « Son ministère en saisit l'Union belge par la Société des Nations. Après longue discussion, une sous-commission est nommée et un projet de rapport présenté par MM. Édouard Willems et Robert Hendricks à la connaissance du comité directeur de

---

* Pierre Comert de la SDN, William Martin du *Journal de Genève*, Pierre Quesnay de la Banque des Règlements Internationaux, Ludwig Rajhman, André Siegfried, R.P. Yves Leroy de la Brière des Echeles, baron Seillière, Édouard Herriot, Pierre Cot, Albert Thomas, Marcel Déat, Émile Van der Velde, Friedrich Sieburg, Mme F.F. Kersten, Pierre Viénot, Jacques Chastenet, Maurice Petsche, Paul Reynaud, Gaston Palewsky, Raymond Patenôtre, Jean Rivière, Jacques Rueff, René Seydoux, Léon Blum, sir Charles Mendl, Wladimir d'Ormesson, Berta Zuckerkandl, Gabriel Puaux, Henry Bérenger, Charles de Chambrun, Stefan Osusky, comte Giuseppe Volpi di Misurata, Henry de Jouvenel, H.G. Wells, André Gide, Georges Duhamel, Emmanuel Berl, Henry Torrès, Bertrand de Jouvenel, Philippe Soupault, Louis Vallon, Jules Romains, Jean Zay, Emmanuel Mugnier, Jean Thomas, Pierre Drieu la Rochelle, Raoul Dautry[6].

l'Union belge. Autonomie par rapport à La Nouvelle École de la paix et à *L'Europe nouvelle*. Auditoire : hommes politiques, hommes d'affaires, étudiants, diplomates, etc., concours gracieux des conférenciers. »

Le 9 janvier 1931, Louise rend compte d'une lettre de Clauzel, ministre de France en Autriche à Aristide Briand, ministre des Affaires étrangères : « Projet de création à Vienne d'une filiale de l'École de la paix. » Le vice-chancelier Schober s'est trouvé en complet accord avec elle pour qu'une conférence sur l'Autriche soit confiée au professeur Redlich qui occupait une chaire d'économie politique à Harvard et dont le nom avait été mis en avant pour un poste de juge à la Cour de Justice internationale.

Les grands quotidiens *Neue Freie Presse, Tageblatt* et *Wiener Journal* ont réservé un accueil le plus sympathique aux exposés de Louise Weiss et souhaitent la création d'une école autrichienne sur le modèle de celle de Paris.

Très sagement, Louise Weiss refuse l'appui de partis politiques, M. Dumba, ambassadeur et président de l'Association autrichienne de la SDN lui a promis son concours [7].

Un mois après avoir lancé sa Nouvelle École de la paix, Louise décide de partir enquêter en Europe centrale. Ce voyage, sans doute bref, seules quelques notes jetées, presque au hasard dirait-on, en témoignent :

« *Belgrade*, décembre 1930. » En Yougoslavie, elle dit avoir exposé l'idée de l'école au roi Alexandre, au ministre des Affaires étrangères, à Marinkovitch et Fotitch, au ministère de l'Instruction publique, à Milochevich, directeur du département général, à Novakovitch, doyen de la faculté de droit, au syndicat des journalistes, aux associations de femmes. Elle emploie donc toujours la même technique pour répandre ses idées.

« *Bucarest*, décembre 1930. » Ministère de l'Instruction publique. Le ministre Gostakesto, le directeur de l'enseignement secondaire Kiritcesco, Ousti, président de l'Institut social, doyen de la faculté des lettres, Oprescou, directeur du musée de Bucarest, et le conseil national des femmes roumaines, Mme la Princesse Cantacuzène.

« *Sofia*, décembre 1930. À l'université pour la paix et la SDN (Kyroff), Comité d'entente des associations d'enseignement et de propagande pour la SDN. »

« *Vienne*, déjà vu. »

« *Budapest*, janvier 1931. Malgré l'intérêt très vif pour toutes les questions culturelles et la promesse faite par Klebelsberg, ministre de l'Instruction publique, d'envoyer des étudiants boursiers de Paris à l'École de la paix », Louise Weiss n'a pas poussé son enquête « à cause des délicates circonstances politiques [8] ».

Elle ne ménageait pas sa peine pour donner le maximum de retentissement à un message d'une réelle importance. Il est certain aussi que ces démarches étaient valorisantes pour le personnage qu'elle s'était créé et qu'elle voulait à la fois rigoureux dans le raisonnement, armé pour le combat, bien informé et séducteur. Mais ses procédés et son comportement semblent aujourd'hui bien démodés. Il lui arriva d'agir autrement. Ainsi elle raconte que la voyant épuisée par le travail et les soucis de ses charges administratives diverses, Élie-Joseph Bois l'adresse à Horace Finaly qui lui « consentira un peu de publicité ». Louise commence par dire qu'elle ne veut pas être achetée mais Bois refuse de la voir crouler sous le poids des responsabilités qu'elle tient à assumer seule. Il la rassure : « Horace n'a aucun besoin de vous. À aucun point de vue. Son aide éventuelle ne vous engagera à rien. Même pas vis-à-vis de lui. » On sent Louise jalouse de sauvegarder l'indépendance de ses entreprises.

Suit un portrait du financier, curieux par le choix des qualités qu'elle reconnaît à celui qui lui fait un don généreux et renouvelé pour sa revue et son école : « Horace Finaly était l'un des hommes les plus importants de Paris. Son intelligence aiguë et ses amitiés indéfectibles, ses participations financières et son autorité lui donnaient voix partout. Il savait le grec, pratiquait les hautes mathématiques et avait passionnément aimé sa femme dont il fleurissait la tombe chaque jour [9]. » Les dons de ce mécène sont les seuls qu'elle paraît avoir acceptés.

Le jeu que Louise a choisi de mener n'est pas simple. Elle ne laisse passer aucune occasion de promouvoir son pacifisme et sa revue. Avant de lancer son école, elle a réuni un jury où André Tardieu et Léon Blum voisinent avec Joseph Avenol, Philippe Berthelot, André Siegfried, Georges Bonnet et Maurice Reclus pour couronner chaque année le meilleur ouvrage récent qui traite de l'histoire contemporaine. « Venus des différents points cardinaux de la culture, les membres de son jury pouvaient, ensemble, dégager le plus petit dénominateur commun des valeurs de civilisation susceptibles de sauver nos libertés. »

La première année, le jury fut tenté de décerner le prix à Louis Massignon pour son *Annuaire du monde musulman*, mais l'ouvrage parut finalement trop technique et Wladimir d'Ormesson, alors jeune diplomate, fut leur premier lauréat pour son livre *Confiance en l'Allemagne ?*, qui fut immédiatement traduit en allemand par le comte von Oberndorff, « qui avait assisté Erzberger, le 11 novembre 1918 à Rethondes. [...] Wladimir d'Ormesson tremblait au sujet de l'avenir du Comité franco-allemand d'Information et de Documentation dont il faisait partie et qui avait été fondé à Luxembourg à l'instigation d'Émile Mayrisch. [...] Le jeune diplomate avait eu l'intuition d'une autre approche de la paix que celle de la diplomatie traditionnelle ». Les relations franco-allemandes et la paix demeuraient les principales préoccupations de la directrice de l'hebdomadaire. Pierre Viénot, gendre de Mayrisch, qui avait été le directeur, à Berlin, du Comité fondé par son beau-père, fut l'un des lauréats du prix politique de *L'Europe nouvelle* pour *Incertitudes allemandes*, ainsi que Salvador de Madariaga. Les bonnes et utiles relations avec la famille Mayrisch continuèrent après la mort de celui qui fut président du Cartel de l'acier et qui avait établi le siège social du consortium de l'Arbed au Luxembourg, son pays.

Quand elle fonde sa Nouvelle École de la paix, Louise a déjà un carnet d'adresses exceptionnel. Elle a le talent de se faire des amis, elle a aussi celui de les perdre quand ils ont cessé d'être utiles ou parce qu'ils se montrent réticents devant les rôles qu'elle leur a attribués. Au cours de ses voyages, qu'elle a conçus avec un soin intelligent, elle a forcément acquis des relations qui peuvent encore étendre ses connaissances de ce qui risque de se passer dans le monde. La Nouvelle École de la paix lui permet d'exercer l'art de la communication, où elle excelle. Il est curieux de constater que cette femme affligée d'un narcissisme énorme savait évaluer les souhaits, les besoins d'autrui. Elle donna une orientation très intéressante à l'enseignement que le public allait chercher chez elle.

Les notes confiées à la Bibliothèque nationale renseignent sur les sujets traités par des personnes hautement qualifiées : il n'est pas étonnant qu'Henri Bonnet, alors directeur de l'Institut international de Coopération intellectuelle, choisisse pour thème d'une des premières conférences de la Nouvelle École de la paix : « Les grands traits de l'histoire de la Société des Nations. » Parmi les manuscrits trouvés dans les cartons se rapportant à l'école figure la conférence d'Édouard Herriot, « La naissance de l'Union européenne », avec les corrections de la main de Louise Weiss. Ce texte permet de se rendre compte avec quelle maestria elle était capable de remanier les écrits politiques tandis que, lorsqu'elle se lançait dans une forme plus littéraire, elle était beaucoup plus hésitante.

Après la conférence d'Édouard Herriot, une intervention de Curzio Malaparte, très brillante, rapporte-t-elle. Il a fait la guerre en 14, à 16 ans. Il s'est sauvé du collège pour s'engager en France dans la Légion garibaldienne — deux ans comme soldat d'infanterie. Puis deux ans comme officier de troupes d'assaut. En 1918, il a été blessé à Reims. Il parle pour les jeunes, "qu'ils soient allemands, italiens, français, anglais, enfin européens, ils veulent savoir où on les conduit. [...] Comme je l'ai faite, j'ai horreur de la guerre, dit-il. [...] Mais il faut s'armer. Je ne parle pas d'armement contre le danger d'une guerre, s'armer d'esprit révolutionnaire".

« Dans sa réponse — fort intelligente — Herriot lui parle de sa visite en URSS et conclut : "[La révolution russe] quand elle aura fini, elle aura créé dans ce pays qui ne connaissait ni l'une ni l'autre, la propriété privée et le patriotisme." » Louise ne se doutait pas alors qu'Herriot se trompait. « Il y a ensuite deux autres interventions : une de Pierre de Lanux, une de Wladimir d'Ormesson, note encore Louise. Le niveau de l'ensemble est très haut. »

Cette Nouvelle École de la paix dispensait donc un enseignement nullement académique. Il n'est pas surprenant de voir traiter des sujets qui se rapportent à l'Allemagne, même si la première année, la conférence de Pierre Cot, alors ancien délégué de la France à la SDN, a pour titre « Sécurité et désarmement ». Puis Henry de Jouvenel, sénateur, ancien ministre, fit une conférence sur « Le Désarmement ». Ces deux titres reflétaient bien l'esprit qui avait animé la revue. Ils montraient qu'on pouvait encore espérer ou donner à espérer en une paix encore possible.

Un an plus tard, il en va autrement ; le public venu écouter, le 17 décembre 1931, la conférence de Wladimir d'Ormesson, « Brüning et Hitler », et la réponse de von Heimbure qui, nationaliste allemand, pensait encore que le but de la droite allemande, Hitler compris, c'était la paix. Ensuite le comte Podewils, qui résidait en France, intervint et parla du cercle vicieux qui se fermait autour du réarmement. Puis l'auditoire écouta l'exposé de Jacques Kayser, vice-président du parti radical, qui croyait que si l'évacuation de la Rhénanie avait eu lieu au lendemain des accords de Locarno, le rapprochement franco-allemand eût été possible entre 1924 et 1926. Le désarmement était lui aussi contenu dans les accords de Locarno. Mais ce ne fut que sept ans plus tard (trop tard) que le désarmement fut examiné. Kayser était contre les nationalismes, aussi bien français qu'allemand. Ceux-ci menaient à la guerre.

Évidemment, l'école traitait aussi de sujets précis, abordés par des spécialistes hautement qualifiés : l'union douanière, l'œuvre du comité financier de la Société des Nations et le relèvement de l'Europe. Louise ne négligeait pas non plus l'avis des poètes, des écrivains. Elle les connaissait personnellement pour la plupart, ne manquant jamais d'inviter chez elle ceux qui alimentaient les potins des salons parisiens. De plus, il est certain qu'elle admirait beaucoup Paul Valéry et, en février 1932, l'académicien, auteur de *La Jeune Parque*, qui allait devenir, l'année suivante, président de l'Institut de Coopération intellectuelle de la SDN, fit à la Nouvelle École de la paix une conférence intitulée : « Regard sur le monde actuel et la coopération des États. » Il y eut ensuite des interventions d'André Chamson, le romancier des *Hommes de la route* et de l'écrivain Jean Prévost qui avait publié un essai sur *La Pensée de Paul Valéry*.

Les dangereux problèmes posés par l'Allemagne et ce qui pourrait arriver en Europe centrale n'étaient pas les seuls sujets abordés au cours de ces conférences. Élie Halévy, professeur à l'École libre des Sciences politiques, avait ce même mois, en 1932, entretenu le public de « L'Équilibre anglais et l'Europe ». Avant lui, le célèbre professeur d'économie politique André Siegfried donna une conférence sur « La Politique étrangère des États-Unis et l'expansion américaine ». « Puis, "hors programme", il y avait eu une conférence d'un conseiller juridique du gouvernement des Soviets, M. Tchlenoff, sur le Plan quinquennal, conseiller qui, d'emblée, cite Nietzsche », ne manque pas de rappeler la directrice de l'École de la paix, auteur des notes qui font connaître partiellement ce que son école apporta durant cette période troublée où son anxiété était grande à cause de ce qu'elle prévoyait pour l'Europe [10].

« 10 ou 7 mars 1932 », a écrit Louise Weiss.

« Mesdames, Messieurs, l'École de la paix est en deuil. Elle est en deuil comme la France entière. Monsieur Aristide Briand n'est plus. [...] Je l'ai suivi pendant cette année 1931 à travers l'Europe, luttant contre la maladie qui le terrassait pour continuer son œuvre. »

La mort de Briand est un événement tragique pour Louise. Comme tout l'entourage, elle s'y attendait, mais savoir proche la mort d'un être cher n'a jamais empêché le chagrin. Elle en parle dans ses *Mémoires* et dans ses manuscrits un dossier porte en titre : « Souvenirs personnels sur Aristide Briand » :

« Aristide Briand avait du génie. »

Mort survenue vers 1 h 1/2 de l'après-midi alors qu'on ne l'attendait pas. Sur son lit de mort : les mains, les cheveux, les escarpins, les draps, les photographies. Un homme pour lequel les conditions matérielles de la vie ne comptaient pas. Un lit pour dormir, une assiette pour manger, un coin de table pour écrire, un paquet de tabac Caporal, en vacances une canne à pêche et voilà.

Le jour des funérailles, temps sec et clair. Le cercueil dans le Salon de l'Horloge, à l'endroit même où il avait prononcé quelques mots sur la mort de Loucheur. Ces paroles étaient sa propre oraison funèbre. Il avait réfléchi sur la grandeur et la vanité de la vie politique. "On passe, On ne revient pas", avait-il dit.

Oraison funèbre par André Tardieu. Le cercueil remonta les Champs-Élysées pour le conduire au cimetière de Passy.

Avec l'entourage, Louise Weiss avait été présente dans le petit appartement de l'avenue Kléber. Elle était là aussi lorsque le corps de cet homme qu'elle vénérait fut conduit de chez lui au quai d'Orsay. Ensuite, avec une foule émue, massée tout le long du parcours, elle suivit le cortège funèbre jusqu'au cimetière de Passy. Le pèlerin de la paix y fut provisoirement inhumé, en attendant Cocherel, où il avait demandé de reposer. « Parmi les familiers, Émile, son humble serviteur, Gilbert Peycelon, son directeur de cabinet pendant vingt-huit ans, Alexis Léger, le chef du cabinet diplomatique, Élie Bois, le rédacteur en chef du *Petit Parisien*, était un tout jeune homme lorsque au gymnase Japy il reçut d'Aristide Briand le coup de foudre politique [11]. »

Louise reprendra dans ses *Mémoires* le récit de la mort et des obsèques de Briand. Elle parle des violettes qui parsemaient l'oreiller, d'autres fleurs, sur les draps, « offrandes d'inconnus qui, pris d'émotion, les lui avaient apportées au lieu de les donner à leur femme ou à leur amie ». Elle parle aussi d'un portrait peint par Émilie Charmy qui « avait recueilli son dernier souffle pour l'emprisonner dans la pâte de ses couleurs ». Ce portrait « où, dans ses yeux de visionnaire malade, passait toute la douleur d'un apôtre qui n'avait pas atteint ses fins », Louise l'acquit alors et le conserva toujours chez elle. Elle s'empressa de me le montrer, la seule fois où je me rendis avenue du Président-Wilson, espérant qu'elle me parlerait de Briand. Ce qu'elle n'eut pas envie de faire. Je préparais une biographie de Marie Bonaparte. Et la place que Louise Weiss avait occupée dans la vie de son héros n'était pas celle qu'elle eût souhaitée. Je le compris, ce jour-là. Il y avait eu pourtant beaucoup de pages écrites et tournées depuis ce temps lointain, mais un côté vulnérable chez cette femme comblée d'honneurs me surprit. Une sorte de blessure mal cicatrisée que je ne m'expliquais pas.

À l'époque où je l'ai rencontrée, Louise Weiss s'occupait de nouveau de la paix dans le monde. Elle dirigeait, avec Gaston Bouthoul, l'Institut français de Polémologie que ce dernier avait fondé en 1945, « pour l'étude scientifique des guerres et des paix », comme le portait la couverture de sa revue *Études polémologiques*. Je reviendrai plus tard sur cet épisode de sa vie.

Dix jours après les obsèques de Briand, il y eut à l'École de la paix « une conférence très vivante et intéressante de Jules Sauerwein sur l'Allemagne d'Hindenburg », rapporte Louise. L'illustre journaliste fut « introduit par le comte Stanislas de Castellane ». Il ne pouvait être question de marquer ce deuil, fortement ressenti par Louise, en différant une conférence. Rien ne devait perturber le programme qui s'acheva, comme les autres années, en mai.

La troisième année débuta le 7 novembre 1932, un lundi soir, dans l'amphithéâtre Richelieu de la Sorbonne. En raison de leur succès, ces conférences ne pouvaient plus avoir lieu dans le local, pourtant vaste, du 73 bis quai d'Orsay. Le 28 novembre, Henry de Jouvenel avait choisi pour sujet : « Le Désarmement après la conférence de Stresa. » « Cela s'imposait », rappelle Louise Weiss s'adressant à Jouvenel dans sa remarquable introduction :

« Permettez-moi de vous dire que pendant que vous suiviez les travaux de la conférence en y faisant intervenir votre technique et votre lucidité d'esprit, je les suivais, et, sans doute, de près ou de loin, toutes les femmes de tous les pays, comme moi, avec tourment, avec angoisse. Le grand Aristide Briand avait bien essayé de nous rassurer. Mais quoi ? Lorsque je vais à Genève, que j'assiste pendant des heures aux séances de conseils, de comités, de commissions, de sous-commissions, aux discussions machiavéliques des hommes d'État, aux disputes byzantines des experts, je m'aperçois avec des sentiments de révolte que je ne puis étouffer qu'il s'agit encore et toujours des règles de l'art de tuer, que l'on y parle — formule comique si elle n'est pas monstrueuse — d'humaniser la guerre, et, qu'après un carnage dont l'horreur ne s'effacera jamais de notre souvenir, une course aux armements pourrait recommencer. »

Louise Weiss veut informer son public de ses craintes. Elle désire que le danger dont la presse en général ne fait pas état soit connu. Réveiller l'opinion qui a du mal à croire, après la tragédie dont le souvenir n'a pas encore eu le temps de s'estomper, est son devoir, estime-t-elle. Aussi a-t-elle programmé pour « le 23 janvier 1933 une conférence de Friedrich Sieburg : "Les forces en présence dans l'Allemagne d'aujourd'hui." » Sieburg était l'un des journalistes allemands les plus connus. Il publia chez Grasset, *Dieu est-il français ?* Lui offrir la tribune de l'école était, de la part de Louise Weiss, un acte audacieux dont elle ne parle pas dans ses *Mémoires*, alors qu'elle ne manque pas de faire de son œuvre une analyse vengeresse.

Le 13 février 1933, sous la présidence de Paul Valéry, conférence de Julien Benda. « Ils ont tous les deux le sentiment que pour nous rendre européens il faudra changer ce qui se passe dans l'esprit de chacun et dans les rapports des natures entre elles », commente la directrice. Un événement dont certains ne mesurent pas encore la gravité vient d'avoir lieu : Hitler est devenu chancelier du Reich. Par ailleurs, le conseil permanent de la Petite Entente va être créé, mais on sait déjà que l'avenir est bouché de ce côté-là. Louise ne mentionne pas de titres de conférences ni de noms de conférenciers pour la fin de cette année scolaire. Pourtant les conférences programmées ont eu lieu.

La quatrième année de la Nouvelle École de la paix commence dans une atmosphère lugubre. Le 14 octobre 1933, l'Allemagne a quitté la conférence du désarmement et la SDN. Le Japon l'a devancée. Louise ne se fait pas d'illusions. L'œuvre de Briand est reniée. Le monde court à la catastrophe. Elle en a la certitude. De plus, l'attitude du pays la consterne. La France, touchée par la crise économique depuis déjà deux ans, commence à l'admettre, sans rien faire pour l'enrayer, mais la dévaluation du dollar, en avril 1933, et l'échec de la conférence économique mondiale, qui se tient de juin à août 1933, à Londres, aggravent encore la situation. En refusant de trouver des solutions communes, les nations libérales montrent leur impuissance. Louise est préoccupée de ce qui se passe dans ce domaine, mais elle s'attache principalement encore aux problèmes de la situation politique des nations, à la question de la sécurité et à l'avenir de la paix, gravement compromis.

Le 27 novembre 1933 a lieu, dans le cadre de la Nouvelle École de la paix, la conférence de Rudolf Breitscheid, ancien député au Reichstag : « Hitler et l'Europe. » Émigré politique, Breitscheid est l'un des trente-cinq hommes politiques à qui le gouvernement du IIIᵉ Reich a retiré la nationalité allemande. « Il a hésité à prendre la parole, écrit Louise, après les résultats du plébiscite. »

Le 18 décembre 1933, c'est un autre aspect de la physionomie européenne que donne la conférence du comte Giuseppe Volpi. Il parle de son pays soumis à la dictature depuis huit ans déjà, des réformes utiles qui ont été faites. Il considère que le Duce tient à avoir avec la France, la sœur latine, des relations privilégiées qui aideront à l'édification de l'Europe. Louise Weiss ne commente pas. Mais il est clair qu'elle ne classe pas Mussolini avec Hitler.

Louise Weiss avait beaucoup compté sur sa Nouvelle École de la paix, dès la création, pour répandre l'information qu'elle jugeait nécessaire afin de construire des bases solides pour établir la paix en Europe et au-delà. Les événements avaient bafoué ses élans les plus généreux et détruit ses espoirs. Elle n'avait pourtant rien négligé pour parvenir à ses buts. Dans ses dossiers de la Bibliothèque nationale, d'après des lettres de Louis Joxe à Mme de La Roque, une Nouvelle École de la paix fonctionnait depuis 1931, à Toulouse, grâce à cette dame et à M. Picavet, professeur d'histoire moderne et contemporaine à l'université de Toulouse.

Une Nouvelle École de la paix existait également à Marseille. C'était une section de celle de Paris dont le comité d'honneur avait été constitué du vivant d'Aristide Briand et de Louis Loucheur*.

Louis Joxe, « jeune agrégé qui accompagna le chef de cabinet

---

* On y trouvait avec les noms de ces derniers ceux de Hanotaux, Herriot, Lucien Hubert, Henry de Jouvenel, Pierre Laval, Painlevé, Paul-Boncour, P.-É. Flandin, Maurice Sarraut, délégués et anciens délégués de la France à la SDN, ainsi que des délégués adjoints, le ministre de l'Instruction publique, les directeurs de l'enseignement supérieur, secondaire et primaire, Charléty, le recteur de l'Académie de Paris, André Honnorat, sénateur, ancien ministre, et aussi parmi d'autres, André Siegfried.

de M. Pierre Cot lors du récent voyage de l'escadrille ministérielle au pays des Soviets », avait fait une conférence sur ce voyage en URSS à la Nouvelle École de la paix dont *Le Petit Marseillais* rendit compte le 26 novembre 1933.

Un fascicule daté du 17 janvier 1934 ajoutait encore d'autres noms à ceux, déjà nombreux, du comité d'honneur, ce qui prouve l'intérêt que Louise Weiss portait à l'action de son école ; elle voulait la voir s'établir en province aussi bien qu'à Paris. Elle tenait à ce patronage vaste et divers, afin d'élargir son public. Le 19 janvier, à Marseille, Pierre Viénot fit une conférence sur « La Politique extérieure du IIIe Reich » et une semaine plus tard, toujours à Marseille, Marcel Déat, député de Paris, parla de « La Pensée socialiste ».

Mais en plus des conférences qui eurent lieu en province comme à Paris, dès 1931 la Nouvelle École de la paix distribua des bourses — 32, la première année, si je me reporte aux manuscrits de la Bibliothèque nationale — pour des écoliers emmenés à Genève afin de voir comment fonctionnait la SDN. Dans une lettre datée du 7 mai 1932, adressée à Max Hébert, Louise Weiss écrit que les 32 bourses de voyage à Genève ont été « fondées par *L'Europe nouvelle* pour les écoles normales supérieures et leurs maîtres ». Il existe également, dans le même carton de la Bibliothèque nationale, un rapport sur un texte de Max Hébert, directeur de l'École normale d'instituteurs des Côtes-du-Nord, à Saint-Brieuc, qui doit être profondément remanié. « Au pays de la paix » a été choisi pour devenir « un manuel populaire sur la SDN », écrit Louise qui est chargée de le remanier. Elle doit aussi fournir, dans les trois mois, à la sous-commission, un travail sur l'application en France des recommandations des experts pour l'enseignement à la jeunesse des buts et des fins de la SDN. L'ouvrage de Max Hébert ne vit jamais le jour. Le rapport de Louise non plus. Elle essaya pourtant de faire aboutir le projet Hébert, qui n'était pas pour elle d'une grande importance, mais qui avait un certain intérêt et surtout une couleur politique. Elle aimait se lancer dans des luttes politiques et elle conserva ce goût toute sa vie.

À cause de la guerre qui l'avait tant marquée, Louise était avant tout douée pour s'occuper des grands problèmes de politique internationale. Absorbée par ce qui se passait outre-Rhin, elle ne paraît pas s'être vraiment rendue compte du danger croissant que représentaient en France les formations d'extrême droite. Elle termine son deuxième volume de *Mémoires* sur le 6 février 1934. Elle raconte qu'elle a passé la matinée dans son lit et que, n'ayant pas lu les journaux, elle se rendit, sans difficulté, rue Saint-Honoré, chez sa modiste, Mme Lemonnier, l'une des plus grandes modistes de Paris à l'époque. « En la quittant, mon ancien chapeau dans un carton et coiffée d'une nouvelle toque, j'avais l'intention de prendre mon temps pour rentrer chez moi, à pied, par les Champs-Élysées. » Suit une description de scène de rues qu'on connaît, même si on n'a pas vécu ce jour terrible où la France a failli basculer. Et Louise prétend qu'un coup de matraque écrasa sa « jolie toque » et lui fit voir « mille chandelles ». Incident qu'on ne retrouve pas dans ses manuscrits.

« Note du 13-2-34 :

« La France véritablement républicaine se sentait menacée dans cette République elle-même, attachée à son régime, elle ne voulait plus de ce régime. Curieuse psychologie.

« Le jour de l'émeute, le mardi 6 février 1934 à 18 h 45, je suis arrivée sans difficulté place de la Concorde dans la petite voiture de François-Antoine [12]. »

Quelques jours plus tôt, le 29 janvier 1934, M. Tchlenoff, conseiller juridique du gouvernement des Soviets, traite dans le cadre des conférences de l'école un autre grand sujet : « La Situation en Russie, le 1er et le 2e plan quinquennal. »

Le 26 février 1934, Julien Benda parle de « Hitler et les valeurs morales », « aucun communiqué dans *L'Europe nouvelle* [13] », note Louise.

Louise n'a pas cessé de diriger la revue, tant au point de vue de la rédaction que de la diffusion. Mais depuis la prise du pouvoir par Hitler, elle ne parvient pas à imaginer comment elle pourrait continuer, sans se désavouer d'une manière ou d'une autre. Après avoir beaucoup réfléchi, et même hésité — ce qui n'est pas courant chez elle —, elle décide de renoncer. Elle sait que ce qu'elle a voulu n'existera pas. Son dernier éditorial paraît dans le numéro du 3 février 1934. Elle y résume ce qui s'est passé dans les pays d'Europe pendant les seize années où *L'Europe nouvelle* a existé. Elle rend compte des bouleversements politiques, de l'écroulement des anciennes valeurs, des « mystiques nouvelles [qui] se propagent », des scandales politiques et financiers qui ont lieu. La revue, assure-t-elle, « a essayé de soutenir, en toutes circonstances, les solutions qui lui paraissaient équitables. Elle a aimé Aristide

Briand. Comme lui, elle a fait de son mieux. Les idées qui étaient à l'origine de sa fondation continueront à vivre. On ne conçoit pas d'organisation entre États, même transformés, sans justice et sécurité.

« Alors ceux qui veulent bien considérer l'avenir comprendront qu'un être sur lequel a pesé la nécessité de prendre chaque semaine des déterminations si diverses et qui entend poursuivre son action se doive maintenant de réfléchir longuement et, au besoin, s'accorde un temps de retraite [14]. »

Le ton de ces « Adieux aux lecteurs » est surprenant, il paraît être celui d'une personne âgée, fatiguée. Louise a quarante ans et un plus grand nombre d'années d'action devant elle. Elle ne dit pas ce qu'elle sait ni ce qu'elle redoute. Or elle était à Londres quand la conférence économique mondiale a capoté ; elle a vu Josef Goebbels, à Genève, en septembre 1933, lorsqu'il apporta « à la Société les protestations de son maître contre "l'esclavagisme d'Owen Young" [15] ». Elle écrit : « Il est impossible, actuellement, de porter un jugement ou d'émettre un pronostic. » Cette prudence lui ressemble peu, mais, en même temps, elle mentionne avec habileté « des renversements politiques [....], des écroulements de valeurs » et fait allusion aussi à ce qui se passe en France où les « institutions judiciaires n'inspirent plus une confiance absolue », où « la nation aurait besoin de croire à nouveau en elle-même. [...] La jeunesse considère son avenir avec angoisse et cherche une foi ». Ce devoir de paix auquel elle avait cru, elle ne pourra pas l'accomplir. Son désespoir est profond mais le faire partager serait criminel. Il y a peut-être encore quelque chose à sauver.

Dans une note manuscrite, Louise Weiss précisait que « la publication au sommet de son prestige n'avait aucun souci financier ». Elle donna sa démission « après deux ans de débats intérieurs. La SDN était devenue un énorme mensonge ». Il paraissait impossible à Louise de faire triompher son opinion. « Accepter la collaboration des Allemands en 1934 c'était déjà dire *vae victis* à Einstein, Amendola et Walther Rathenau. » Elle expose le dilemme : devenir le journal des réfugiés illustres avec lesquels elle était en sympathie ou, pour continuer d'exprimer la réalité politique européenne, accepter des collaborations qui lui répugnaient. Elle choisit de s'en aller. Elle céda ses actions de la société qui représentaient la majorité pour les espèces qui se trouvaient en caisse, c'est-à-dire 500 000 francs de l'époque, à Mme Le Verrier, l'une de ses plus proches collaboratrices, agent de publicité qui croyait pouvoir continuer une œuvre dont Louise lui avait démontré l'impossibilité. Louise écrit que, pour elle, il s'agissait d'une opération blanche mais qui la libérait de son drame, « ce qui était sans prix », estimait-elle.

« Après son départ, elle ne s'est plus occupée de la publication. Pendant un an, Alfred Fabre-Luce, qui était, à ce moment-là, assez proche de Doriot, note Louise, en a assumé la direction. Georges Bidault et Pertinax ont pris une certaine importance et Jacques Benoist-Méchin devint le rédacteur en chef. D'après Pierre Assouline, *L'Europe nouvelle* était alors l'« organe du Quai d'Orsay [16] ».

Le journal a paru jusqu'en 1940, Mme Le Verrier l'a tranquillement liquidé pendant les premières semaines de l'Occupation [17].

Dans le deuxième tome de ses *Mémoires*, Louise est pleine de rancœur à l'égard de Madeleine Le Verrier, qui reparaît à plusieurs reprises au cours de sa vie, présentée chaque fois de manière différente. On peut se demander pourquoi elle ne saborde pas sa revue, au lieu de la vendre. Opération au profit non négligeable mais qui n'était certainement pas nécessaire, car cet argent ne lui était pas indispensable. Il y avait aussi le local qui lui appartenait et qu'elle préféra louer, sans doute, à la nouvelle direction. En terminer avec la publication eût été plus net, les raisons plus faciles à comprendre pour le public qui la suivait et dut se poser beaucoup de questions en constatant l'évolution des prises de position politiques de la revue.

L'abandon de *L'Europe nouvelle*, finalement ressenti comme une délivrance par Louise, est l'aveu de l'échec de son idéal de paix. La lettre de René Cassin, datée du 13 décembre 1969, déjà citée dans ce chapitre, traite aussi du choix de Louise et confirme ce point de vue. Un quart de siècle plus tard, René Cassin lui écrit que le malheur intérieur créé par son départ aurait pu être évité. Il était dû au fait qu'elle n'avait pas suffisamment mesuré l'importance qu'avaient atteint au-delà des frontières les forces populaires, les anciens combattants en particulier, par leur degré d'organisation. Si, à défaut des grands politiques et financiers, en 1931, devant le péril naissant, elle avait fait appel à ces forces, elle aurait pu conserver *L'Europe nouvelle* vivante. Il souligne cette dernière phrase et ajoute qu'il n'exagère pas, que le changement de main a été considéré par les anciens combattants, les « forces populaires », comme « un coup terrible pour la paix ». L'action de Louise pour le féminisme a été interprétée, dans ces milieux, comme « le craquement des forces de paix raisonnées ». René Cassin avait été membre de la délégation de la SDN, à partir de 1924. Il était un militant acharné de la paix. « Ses convictions ne l'empêchent pas, après la déclaration de guerre et au moment de la débâcle, de mesurer l'importance du délitement du régime républicain », écrit Daniel Rondeau [18].

Par ailleurs, Louise va continuer La Nouvelle École de la paix. Elle dit vouloir essayer de sauver là ce qui peut encore l'être.

« L'année 1933-1934, particulièrement intéressante, traite en onze leçons de la notion du pouvoir et de l'évolution des États, notamment de l'Allemagne [19] », juge Corinne Rousseau, qui retrace l'histoire de l'école, comme celle de la revue. Louise organisait chez elle des soirées politiques comme celle du 16 mars 1934, après la conférence que Jules Romains avait donnée quatre jours plus tôt, intitulée : « L'Avenir de la France. » Elle avait invité « Roditi, directeur de la jeune revue (1er janvier 1934) L'Homme nouveau, Izard, représentant le Groupement de Pensée et d'Action sociales, la Troisième Force, Esprit, Bertrand de Jouvenel, La Lutte des jeunes, Louis François, commissaire national adjoint des Éclaireurs de France, mouvement de scoutisme de 15 000 adhérents en dehors de toute confession et de tout parti politique, Lacoste, La Tribune des fonctionnaires, qui représentait l'élément jeune de la CGT, Thomas, agrégé, répétiteur rue d'Ulm, Vallon, représentant le parti socialiste de France, Jules Romains, Chastenet, Javal ».

La cinquième année allait être la dernière où l'école réussit à maintenir son enseignement.

« Le 3 décembre 1934, Jules Romains fait une conférence sur "Le Plan du 9 juillet". La situation évolue très vite car la semaine suivante, quand parle Henri de Man *, vice président du parti socialiste belge sur "Le Socialisme devant la crise", sous la présidence de Jules Romains, Romains annonce dans son introduction qu'"un événement considérable vient de se produire : la décision prise par la France de se dessaisir de toute besogne de police dans le territoire de la Sarre". » Événement qu'il souhaitait et il félicite l'esprit politique de ceux qui l'ont pris. Il est certain que les réactions du public de l'École de la paix à sa confiance y ont été pour quelque chose.

« Quant à Henri de Man, affilié au parti ouvrier belge depuis 1902, il a créé la Centrale d'Éducation ouvrière en 1911, note Louise

---

* Né à Anvers en 1885, études de philosophie, d'histoire, d'économie politique après des études scientifiques. Le tout aux universités de Bruxelles, de Gand, de Leipzig et de Vienne.

dans ses papiers. L'Amérique puis retour en 1921 et il fonde l'École ouvrière supérieure d'Uccle. Il est clair que de Man est antimarxiste et qu'il continue de parler de l'Europe alors qu'Hitler arrive. »

Le 28 janvier 1935, c'est au tour de Drieu la Rochelle de parler de « L'Esprit européen à la lumière des récents événements ». Selon lui, les accords de Rome ont au moins deux avantages :

« 1. Rapprocher deux peuples, deux régimes longtemps éloignés l'un de l'autre.

« 2. Éclairer une situation coloniale réglant certains débords coloniaux qui représentent une justice qu'on attendait. Mais plus encore ces accrocs vont régler la question du Danube [20]. » Il s'agit du pacte à quatre signé à Rome, le 14 juillet 1933, à l'instigation de Mussolini, par l'Allemagne, la France, la Grande-Bretagne et l'Italie et qui était prévu pour durer... dix ans.

Au conseil d'administration de l'école du 20 janvier 1936, Louise Weiss rend compte des conférences qui ont eu lieu en 1935 et des difficultés croissantes avec une opinion publique passionnément divisée qui n'accepte plus l'exposition de points de vue contradictoires. La venue des conférenciers étrangers est entourée de commentaires de presse qui rendent souvent difficile la surveillance de l'auditoire. La conférence de sir Edward Grigg a été faite à bureaux fermés et sur invitations ayant nécessité un double contrôle. La rapidité des événements politiques ne permet pas d'établir un programme intéressant longtemps à l'avance. Dans ces conditions le conseil surseoit à l'organisation de nouvelles conférences [21].

L'école existe toujours, elle poursuit comme elle peut ses autres activités. À la réunion du 6 février 1937, le conseil d'administration décide de se mettre en rapports avec le commissariat de la propagande de l'exposition [des Arts et Techniques] pour recevoir à la Nouvelle École quelques-unes des personnalités étrangères qui viendront à Paris. Ainsi serait justifiée la subvention — d'ailleurs bien réduite — de l'Éducation nationale. Louise se consacre alors à d'autres activités, dont certaines seront soutenues par l'école, comme nous le verrons.

Et c'est au deuxième conseil du 20 décembre 1939 que « Mme Louise Weiss déclare qu'il lui paraît utile d'envisager, en vertu de l'article 38 des statuts, la dissolution anticipée de la société, celle-ci n'ayant plus d'objet correspondant à la pensée de ses fondateurs ». La guerre, qu'elle avait tant espéré ne jamais revoir, était commencée depuis plus de trois mois.

X

Femme parmi les femmes

Quand, au début de l'année 1934, Louise annonce qu'elle quitte *L'Europe nouvelle*, elle affecte de bien supporter le changement qu'apporte son départ. Mais la revue représente seize ans d'une action ininterrompue, conduisant de batailles en victoires, de victoires en déceptions. Seize ans d'une activité intense où l'intellectuelle brillante parvient jusqu'au devant de la scène politique, où elle réussit à devenir l'une des personnes les mieux informées d'Europe. En quittant la direction du périodique, elle a cru qu'elle retrouverait facilement une autre tribune dans la presse écrite. Sa collaboration au *Petit Parisien* n'existe plus depuis déjà quelques années. Il ne lui reste que son école, sur le sort de laquelle elle ne se fait pas d'illusions.

Pour les raisons qu'elle a données dans son dernier éditorial de *L'Europe nouvelle*, elle sait qu'elle devra, un jour, cesser les conférences. Elle le fera le plus tard possible. Son talent d'organisatrice capable de mettre en contact les gens d'opinions diverses, originaires de pays qui s'ignorent trop, son esprit apte à concevoir très vite des synthèses qui éclairent la réflexion deviendront alors inutiles. En attendant, elle va s'armer de patience, sans cesser de s'intéresser de près à ce qui se passe, détectant avec douleur des signes précurseurs de cette nouvelle barbarie qui va s'abattre sur notre monde.

Hitler est au pouvoir, elle ne peut l'oublier à aucun moment. Elle redoute déjà la guerre et la défaite française. Si, prise par ses propres problèmes concernant la situation internationale et *L'Europe nouvelle*, elle a occulté les dangers intérieurs avant le 6 février 1934, le véritable animal politique qu'elle est rattrape le

temps perdu et elle observe, mieux que personne, les organisations
secrètes qui minent le pays. Elle en traitera longuement dans un
roman-fleuve qu'elle écrira pendant l'Occupation et publiera après
la guerre, *La Marseillaise*[1]. Son instinct qui ne la trompe pas sur
les hommes quand il s'agit de politique lui fait déceler le jeu des
cagoulards, des synarques, et dans ce roman, elle démontre que
sous le masque de leur patriotisme affiché, ils agissaient contre la
France républicaine et laïque, celle de Louise et des siens, prêts à
livrer le pays aux hordes nazies.

Sa profession est ce qui lui tient le plus à cœur et Louise ne
parvient plus à l'exercer. Ses relations avec Élie-Joseph Bois se
sont relâchées. Entamées, peut-être, par son succès, ou bien par
l'intimité partagée un moment. Le rédacteur en chef du *Petit Parisien* n'a sans doute pas apprécié le personnage important qu'elle
est devenue, après avoir créé la Nouvelle École de la paix. Elle
l'a dit : il la voulait conquise et vivant dans son ombre. Parmi les
nombreuses femmes dont il affichait les photographies sur les
murs de son bureau, il y avait des actrices, de jolies femmes de
toutes sortes mais aucune ne pouvait se comparer à la jeune journaliste entrée un jour dans ce même bureau et prête à en ressortir
tout de suite, avec insolence. Il n'a pas voulu lui donner une responsabilité éditoriale. Il n'est jamais revenu sur le refus qu'il lui
avait opposé au début de leur relation. Mais il a complété sa
connaissance de leur métier en lui offrant la possibilité de monter
au marbre chaque soir, avec lui, si elle le souhaitait. La croit-il
incapable de répondre à la confiance qu'il lui ferait, ou bien
redoute-t-il la place qu'elle pourrait prendre, à côté de lui, dans
son quotidien ? Elle ne le dit pas. Elle ne se plaint jamais de lui.
Son nom disparaît presque totalement des *Mémoires* de cette Européenne, après la mort de Briand, leur ami. Élie-Joseph Bois est
l'un des rares êtres qui méritent son indulgence. Aussi sentimentale que passionnée, elle a dû beaucoup souffrir de l'échec de leur
liaison. À plusieurs reprises, sans le mentionner, elle fait allusion
à ce qu'elle a refusé, exigeant d'être traitée en égal.
    Des hommes, il y en a d'autres, à cette époque, mais elle n'a
pas beaucoup de temps à leur consacrer. Séduire la rassure sur
son aspect extérieur, sur sa féminité qu'elle met parfois en doute,
lorsqu'elle discute avec des hommes. Ceux-ci la traitent comme
un adversaire ordinaire sur le plan intellectuel. Les séduire devient
alors nécessaire, pourtant elle n'en fait jamais une priorité. Sa

préoccupation majeure demeure toujours la place qu'elle entend
obtenir dans la société. Son ambition n'est pas de gravir des échelons. Ses ancêtres l'ont fait pour elle. Avec un titre d'excellence
dans la carrière qu'elle a choisie, elle veut conquérir le pouvoir
de se faire écouter, d'influencer l'opinion. Il y a, et il y aura toujours chez elle, cette division, si peu courante chez les femmes de
son époque, entre vie personnelle et vie professionnelle. Elle veut
faire ce qu'elle aime par-dessus tout, puisqu'elle l'aime au point
de sacrifier son bonheur ou ce qui devrait être son bonheur.

Lui arrive-t-il encore de penser parfois à Mlle Marie Dugard,
son professeur du lycée Molière, qui se faisait tant d'illusions sur
ce que seraient la situation des femmes vis-à-vis des hommes et
l'amour conjugal quand Louise deviendrait adulte ? Ce « partena-
riat » du couple, dont rêvait la chère demoiselle, est loin d'exister.
Et la vie de Louise ressemble, d'une certaine façon, à celle de
Mlle Dugard. Pourtant Louise veut qu'on l'aime, elle ne craint pas
de le montrer, et même de le demander expressément. Mais elle
se retrouve toujours seule. Autour d'elle, dans sa famille comme
dans les autres, on se marie. Ses deux frères, Jacques et André,
sont mariés, sa sœur Jenny, elle-même, s'est mariée en décembre
1928, avec un médecin d'origine roumaine, de vingt ans plus âgé
qu'elle, Alexandre Roudinesco, que la famille n'apprécie pas. Let-
tré, artiste, grand médecin, il ne sera jamais professeur agrégé, il
n'aura jamais le moindre titre hospitalier. Un étranger pour cette
famille attachée aux institutions. Avant cela, Jenny a payé cher
son goût de l'indépendance. Aussi douée que Louise pour les études, elle a fait médecine et réussi le concours de l'internat — il
n'y a que six femmes reçues internes des hôpitaux de Paris, en
1929, l'année où elle le fut. Elle sera, dix ans plus tard, la
deuxième femme médecin des hôpitaux. Seuls Francis, le frère en
mauvais état psychique, et Louise demeurent célibataires car un
jour, qui viendra bientôt, chacun le sait, France, la benjamine, née
pendant la guerre, brillante étudiante elle aussi, sortie major de sa
promotion à l'École des Sciences politiques, se mariera.
Louise décide d'en faire autant et, à la fin de cette année 1934,
le 6 décembre, elle épouse un architecte de trente-neuf ans, qui
« avait été l'un des élèves préférés du grand Auguste Perret ». Elle
prétend que ce mariage « adoucit » sa situation sociale. Elle pense
que, quinze ans après la Grande Guerre, la société commençait
seulement à accepter les divorcées et ne tolérait pas les femmes

seules. Né à Moscou, russe par sa mère, « une Sibérienne de Perm », rempli de charme, Joseph Imbert, rêveur et musicien, que la politique était loin de passionner, racontait volontiers ses rêves « de cathédrales, de stades, de théâtres, ou d'habitats colossaux qu'il dessinait au millimètre près sans que personne les lui eût commandés. Je devais solder les écroulements financiers qui en résultaient ».

J'ai rencontré José Imbert au début des années 60. Le vieux monsieur élégant, toujours plein de charme, semblait séduit par une de mes amies, d'une grande intelligence, belle et musicienne. C'est dire qu'il n'avait pas perdu le goût des femmes exception-nelles. Il habitait une maison ravissante qu'il s'était construite, sorte de datcha de bois blond, cachée par des bouleaux au fond d'une impasse du XVIe arrondissement. Il jouait encore du piano et était toujours demeuré en bons termes avec Louise, qu'il voyait régulièrement.

Au moment de leur mariage, José était pauvre, on l'aura compris, mais c'était sans importance. « De ce fait, mes nouveaux liens n'entraient en conflit avec aucuns intérêts de famille. Indé-pendance que j'appréciais. Car, dans le Paris d'alors, seules l'im-mense fortune ou la parfaite impécuniosité autorisaient cette liberté, non pas de mœurs — celle-ci avait toujours été admise — mais d'esprit qui m'était plus nécessaire que l'eau au poisson. [...] À tout prendre, à défaut de bonheur, le mariage et surtout le divorce m'apportèrent un statut civil qui me facilita l'existence et m'ouvrit des possibilités sentimentales que, sans avoir passé par leurs épreuves, je n'eusse certes point rencontrées [2]. »

Le divorce est prononcé le 7 novembre 1938. Voilà donc Louise rassurée et libérée. Elle ne dit nulle part que ce mariage lui a permis d'éloigner son sentiment d'isolement. Le seul amour dont elle parle est l'amour maternel dont sa belle-mère l'a comblée. Elle assure avoir prolongé sa vie conjugale par égard pour cette femme, qui était « le courage et l'abnégation mêmes ». Une fois de plus, la carence d'amour maternel dont elle a souffert guide sa conduite. Les relations de Louise avec les femmes ne seront jamais simples. Son amitié avec Madeleine Le Verrier et les accu-sations accablantes qu'elle formule ensuite contre sa proche colla-boratrice en sont un exemple.

Madeleine Le Verrier était la jeune femme chargée de la publi-cité de la revue au moment où Louise, reprenant *L'Europe nou-*

velle, regarda de près la gestion de ce tricheur de Guy Rol. Ce dernier exploitait son employée en se faisant restituer la moitié des commissions prohibitives perçues selon le barème qu'il avait institué. Louise signa un nouveau contrat à celle qui s'appelait alors Madeleine Guex et rédigea le brouillon d'une lettre de démission adressée à celui qu'elle considérait comme le « soute- neur » de Madeleine. La découverte de cette affaire sordide avait débarrassé Louise de ce personnage plus que douteux.

Apparemment, les deux femmes devinrent amies. Sans doute Madeleine Guex était-elle reconnaissante et Louise aimait s'entou- rer de sujets dévoués. Une longue série de lettres trouvées dans les cartons de la Bibliothèque nationale prouvent qu'elles furent très proches. Et Madeleine Guex, qui devint Madeleine Le Verrier en épousant Charles Le Verrier, professeur de philosophie au col- lège Chaptal puis directeur de ce collège, ne se montre pas sous un mauvais jour. Aucune lettre n'est datée, sauf une, vers le milieu de cette correspondance, qui porte en tête 11-12-24. Donc ces lettres, ainsi que l'amitié qu'elles expriment, sont anciennes et prouvent que Louise s'attache et accorde vite une vraie confiance à sa collaboratrice. Satisfaite, sans doute, d'avoir trouvé quelqu'un d'intelligent, appartenant à sa génération, avec qui dialoguer.

Mais il y a, dans le même carton, une note d'un tout autre ton : « Madeleine Guex, épouse Le Verrier, a été ma collaboratrice pour la publicité de *L'Europe nouvelle* pendant de longues années. C'était l'intrigue faite femme et la rapacité. Elle a divorcé de Le Verrier et l'a ensuite réépousé. »

D'autre part, en des jours meilleurs de leur relation, Louise est intervenue pour la faire décorer — « honneur qu'elle désirait pas- sionnément », ajoute la directrice de *L'Europe nouvelle*. En juin 1933, elle écrit à M. de Beaumarchais, ambassadeur de France à Rome, pour lui demander la croix de la Légion d'honneur pour Madeleine Le Verrier et, dans une lettre du 5 juillet 1933 adressée par l'ambassadeur au président du Conseil Édouard Herriot, le diplomate rappelle « une mission à Rome dont Mme Le Verrier s'est fort bien acquittée [3] ».

Quelle rivalité fit tourner l'amitié en haine ? Ce comportement mesquin attribué à Madeleine Le Verrier au moment où Louise quitte la revue a-t-il existé réellement ? Ces mots cruels ont-ils été prononcés à l'adresse de Louise ? N'est-ce pas la souffrance qui a poussé cette dernière à les imaginer ? La jeune femme part bles- sée : son idéal pacifiste s'est effondré, elle abandonne ce lieu qu'elle aime, elle ne retrouvera pas de tribune. Et, plus terrible encore, celle qu'elle a créée ne servira plus à poursuivre un combat qu'elle approuve. Aussi règle-t-elle son compte à Madeleine Guex Le Verrier, en l'accusant d'avoir proféré des paroles d'envie qui clament sa supériorité. Sans aucun doute, Louise est supérieure à son ancienne collaboratrice. Elle éprouve le besoin de le dire, de cette façon, en se posant en victime, parce qu'elle sait qu'elle a mal joué. Et elle refuse de l'avouer. Dans le domaine professionnel ou social, elle veut toujours montrer d'elle-même une image avantageuse. Au besoin, elle écarte la vérité pour y parvenir. Elle pouvait saborder la revue, mais elle a refusé de perdre sa mise. Peut-être avait-elle espéré manipuler celle qu'elle avait choisie pour lui succéder. Et ce point-là aussi, elle ne voulait pas l'éclaircir.

Il est probable que Madeleine Guex l'admirait et la jalousait à la fois. Les autres femmes, quand elles se trouvaient en situation de se comparer à ce personnage exceptionnel qui menait sa vie avec tant d'indépendance, le supportaient mal. Et Louise, la solitaire, à son tour n'acceptait pas leur rejet. Les jugements qu'elle porte sur les femmes avec lesquelles elle va travailler pour « la cause des femmes » sont, en général, peu élogieux, quand ils ne sont pas franchement hostiles.

La cause des femmes, Louise va l'adopter, presque quarante ans avant que Gisèle Halimi donne ce titre à l'un de ses premiers livres. L'avocate qui, elle, s'était déjà fait connaître pour ses engagements politiques de militante, sa lutte pour la libération des femmes, traitait surtout dans cet ouvrage de la question du droit à l'avortement — question que Louise Weiss abordera plus tard dans un livre qui prouve combien les vrais problèmes des femmes lui demeurent étrangers. L'ex-directrice de *L'Europe nouvelle* se lance sur la voie du féminisme en 1934, parce qu'elle a besoin d'un domaine où elle pourra mener une action qui attirera l'attention du public. Se bâtir un programme n'est pas une opération difficile pour elle. Elle veut réparer, déclare-t-elle, « l'injustice de [leur] condition et les torts que causaient aux femmes les coutumes et les lois ». Jusque-là, elle s'est toujours tenue éloignée des associations féminines et n'a pas relevé les torts causés par les coutumes et les lois. Ces torts, elle les a ressentis mais, en ce qui la concerne, elle ne s'y est pas attardée. Elle ne disperse pas ses forces et ne s'attache qu'à poursuivre les buts qu'elle s'est fixés.

Sachant qu'elle ne peut plus compter sur la Société des Nations
pour faire avancer l'idée de paix, à laquelle elle se refuse à renoncer, Louise va essayer d'y parvenir par cet autre moyen, nouveau
pour elle, le féminisme.

Afin de reprendre son apostolat, elle veut obtenir le droit de
vote des femmes. Les femmes ne peuvent aimer la guerre, on le
sait. On l'a déjà répété partout, alors elle se battra pour l'égalité
civile et politique. Elle est au courant depuis longtemps de l'action
de celles qu'elle aura pour partenaires. Et elle s'est déjà fait une
opinion. Ainsi, elle raconte dans ses *Mémoires* qu'« un jour, Louis
Barthou, alors ministre des Affaires étrangères, [lui] avait dit :

« — Le féminisme ne réussirait en France que si quelques
richardes se décidaient à le subventionner. Or celles-ci préféreront
toujours souscrire à des œuvres de charité plutôt qu'à une action
risquant, soit de les brouiller avec leurs relations, soit de mettre
en valeur des femmes qui pourraient ensuite les éclipser. Je n'en
connais pas une qui s'offrirait le luxe d'une campagne pouvant
déplaire à son curé, à son notaire, à son député. S'y déciderait-
elle que nous saurions lui clore le bec en la décorant. Hé là !
Gardons-nous d'aventures susceptibles de compromettre le régime[4]. » Ces propos de Louis Barthou résument la pensée de
Louise. Ils datent de 1934, puisqu'elle prend soin de préciser qu'il
était ministre des Affaires étrangères. Elle les a donc en tête quand
elle commence ses démarches auprès des dames féministes. Il est
clair qu'elle ne va pas se faire des amies. Elle en est déjà au « les
femmes ne disent pas nous », comme l'écrira, en 1949, Simone
de Beauvoir.

Après l'armistice de 1918, Louise n'avait rien dit du sort des
Françaises qui, pendant quatre ans, avaient travaillé dans les usines ou les bureaux et s'étaient retrouvées à la maison, sans droits
à faire valoir. De même elle n'avait pas mentionné les veuves
devant élever seules les enfants des hommes morts à la guerre.
Elle était, et demeurera toujours, marquée par son milieu, sa
famille. Les femmes du peuple n'existent pour elle que par les
fonctions qu'elles occupent auprès d'elle. Les femmes des classes
sociales plus favorisées, elle n'a pas de raisons particulières d'être
indulgente avec elles. Seul l'autre sexe requiert toute son attention.
Elle s'est allégrement moquée des femmes du monde qui allaient à
Genève chercher des hommes susceptibles d'« orner » leurs salons
parisiens. Elle, à Genève comme ailleurs, s'entretient avec ceux

dont la pensée l'intéresse ou ceux qui deviennent ses amis ou ses amants — parfois les deux.

Parmi les notes de la Bibliothèque nationale, quelques-unes se rapportent à ces séjours au bord du Léman. Pêle-mêle dans ces brèves réflexions sur les uns et les autres, on voit la manière dont Louise apprécie différemment les hommes et les femmes : « Du vendredi 13 septembre au dimanche 15 septembre [1935] elle prend le thé avec S. H. à La Bergerie, en face de l'hôtel de Russie. » L'homme est tenace ; d'après elle, il a perdu beaucoup d'argent, il a dû être un de ses admirateurs. Il subit une crise de conscience, « cette même crise de ceux qui ont travaillé de tout leur cœur après la guerre à la SDN ». Puis : « À mon avis, on ne peut pas haïr la plèbe dont on tire sa fortune. Mme D. hait le peuple dont elle tire sa fortune !... »

Louise parle aussi de Dame Adelaïde Livingstone, qui a organisé le plébiscite de la SDN qui a « tellement influencé » sir Samuel Hoare. « La vie solitaire lui est dure, dit-elle. Elle est épuisée, sort tragique des femmes qui essaient de s'élever au-dessus de leur condition et y réussissent. » Les brefs commentaires qui accompagnent ces notes souvenirs sont tous marqués d'un humour désabusé.

Un autre jour, Louise prend le thé, toujours à La Bergerie, avec un avocat qu'elle interroge sur Buchman et le Nouveau Mouvement d'Oxford. L'avocat lui dit que Buchman, chef du mouvement, tient à la fois de Loyola et du notaire véreux. Les adeptes remplissent l'hôtel Métropole. Il est un homme d'affaires remarquable, et leur fait pratiquer la confession publique et le contact direct avec Dieu. Une de ses adeptes, qui s'est confessée publiquement d'avoir trompé son mari, l'a d'abord fait avec remords, ensuite avec passion. « C'est le nudisme spirituel, me dit-il avec justesse, avec toute la volupté que comporte ce nudisme », note Louise qui s'intéresse au réarmement moral parce qu'une de ses belles-sœurs, adepte de Buchman, est à Genève. Et « de cet entretien direct avec Dieu, elle a recueilli l'ordre qu'il ne fallait plus qu'elle couche avec son mari... ». Il y a aussi une description de J. M. : « ...Une idée par seconde — un désordre dans la pensée — un je-ne-sais-quoi qui me la rend intolérable. D'ailleurs ni son mari, ni l'ambassadeur ne peuvent la supporter. Elle court d'une exposition de perroquets à une réunion de dames pour l'amélioration du jardin anglais, puis à une générale de cinéma. Elle parle à tort et à travers de la politique et ne dispose pas d'un moment pour réfléchir à ce qu'elle dit. Elle appelle tout Paris par son pré-nom. Le comble de la fausse Parisienne, de la fausse intellectuelle et même de la fausse snob. » Et puis : « ... Je pars à la campagne le samedi à 18 h avec Tracy Philipps... » chez sa mère, la vicomtesse Dillon[5]. Louise regarde, se souvient, évalue. J'ai rencontré plu-sieurs fois l'une des dames dont il est question, le croquis de la main de Louise est à peine caricatural. Disons que Louise ignore l'indulgence. Mais qui s'est jamais montré indulgent avec elle ?

Une fois sa résolution prise, Louise voit tout le monde, elle écoute ces féministes (qu'elle se garderait bien d'appeler ses « sœurs ») lui exposer leurs points de vue mais elle ne peut se retenir de leur répondre, à sa manière. Elle assure que Marcelle Kraemer-Bach, secrétaire générale adjointe de l'Union française pour le suffrage des femmes est allée la trouver pour lui demander si elle avait « quelque idée sur la façon de revivifier le féminisme français ». Louise la qualifie d' « avocate de mérite » ; cependant elle n'ignore pas qu'elle a adhéré au parti radical dès 1924, qu'elle en a été secrétaire du bureau, et qu'en 1932 elle est attachée à la présidence du Conseil dans le gouvernement d'Herriot. Ce qui ne peut guère plaire à Louise qui sait que son ami et l'ensemble du parti radical ne soutiennent pas les revendications des femmes. Marcelle Kraemer-Bach, qui a fondé en 1927 *L'Information fémi-nine*, « première revue française du droit et des intérêts féminins » dont elle est corédactrice en chef, lui demande aussi de bien vou-loir rencontrer Cécile Brunschvicg, la présidente de l'Union fran-çaise pour le suffrage des femmes, chez la vice-présidente, Germaine Malaterre-Sellier.

Décorée de la Croix de guerre pour les soins qu'elle apporta aux blessés de 1914 à 1918, Germaine Malaterre-Sellier milita ensuite comme pacifiste. Elle fut vice-présidente de la Ligue inter-nationale du Désarmement moral des femmes ; « chargée de défendre les intérêts français à la fameuse cinquième commission de la Société des Nations, Germaine s'acquittait de sa tâche avec un succès si grand que les inutiles Précieuses du Lac, jalouses, en endêvaient[6] ». Louise connaît donc déjà Germaine Malaterre-Sellier et ne l'égratigne pas. Cela se passe moins bien avec la présidente. Louise assure que, par ses statuts, l'Union française pour le suffrage des femmes se dit apolitique, elle reproche à Cécile Brunschvicg d'être inscrite au parti radical, alors qu'elle sait fort bien que de nombreuses dirigeantes, comme Marcelle

Kraemer-Bach, y ont adhéré dès les années 20. Le portrait qu'elle trace de Cécile Brunschvicg n'est pas flatteur, on peut l'imaginer, et elle n'aime pas davantage les autres présidentes d'associations féministes qui toutes servent des formations politiques, de droite ou de gauche, alors qu'elles prétendent rallier, « sous le couvert d'une rassurante neutralité, l'ensemble des citoyennes ».

Louise, dont on ne peut jamais dire qu'elle manque d'idées, est prête à réformer les méthodes de propagande de l'Union. Elle se heurte au manque d'audace de Mme Brunschvicg qui pense que ses plans coûteraient de l'argent. Alors Louise propose de « mettre [son] activité et quelques fonds à la disposition du mouvement ». Mais la présidente prend peur, demande à réfléchir, redoutant une mainmise de la nouvelle venue sur l'association.

Agir de son côté est la solution. Louise n'oublie pas qu'en mai 1918, par 344 voix contre 97, les députés, reconnaissant les droits que donnaient aux femmes leur conduite et leurs sacrifices pendant la guerre, avaient accepté de leur donner celui de voter. Mais une commission sénatoriale avait rejeté le projet. L'année suivante, la question du vote des femmes fut reposée devant la Chambre et, de nouveau, au bout de trois ans d'atermoiement, le Sénat refusa d'accorder le droit de vote aux femmes par 25 voix de majorité.

Après l'armistice de 1918, les suffragettes avaient approuvé le geste de M. Mirman, premier préfet de Metz redevenue française, qui avait choisi d'inscrire, sur la liste du premier conseil municipal, quatre femmes ayant joué un rôle dans les œuvres sociales de la cité, Louise s'en souvient. Évidemment, lors de l'élection du conseil municipal, les quatre candidates de la liste du préfet avaient été éliminées. Mais elle croit que se concentrer d'abord sur les élections municipales serait une manœuvre habile. Ce vote pourrait être plus facile à obtenir, les affaires de la cité concernant la femme d'une manière évidente. Elles traitent des questions matérielles au quotidien. Or, les prochaines élections municipales doivent avoir lieu en mai 1935, il faut se mettre au travail sans tarder.

À son tour, Louise fonde son propre groupement qu'elle intitule la Femme nouvelle, cela va de soi, avec comme sous-titre : Association pour l'égalité des droits civils entre Français et Françaises. Elle fait preuve de plus d'initiative que toutes les autres présidentes de mouvements féministes réunies et reçoit l'aide tout à fait

inespérée de l'épouse d'Henri Massis, qui, apparemment, ne partageait pas les opinions de son mari (l'un des piliers de l'Action
française) et qui travaillait pour une société importante d'actualités
cinématographiques dont elle dirigeait la section féministe.
Mme Massis permit à Louise de réaliser de petits scénarios mettant en scène différents types de femmes allant des ménagères aux
« savantes ». Toutes, paysannes, ouvrières, aviatrices, réclamaient
le droit de vote et furent acclamées à l'écran. Inutile d'ajouter que
les « féministes notoires » qui s'étaient méfiées du projet « trépi-
gnèrent de jalousie », comme le raconte Louise.

Pour lancer son mouvement, Louise a besoin d'un local. Elle a
le goût d'ancrer ses entreprises dans des lieux qui frappent le
public. Une boutique aux Champs-Élysées lui semble souhaitable.
Elle en trouve une et pense aussitôt à la faire inaugurer par le
président du conseil municipal de Paris, Georges Contenot (Paris
n'avait pas de maire sous la IIIᵉ République). Louise compte aussi
inviter les présidentes des associations féministes. Elle leur donne-
rait ainsi l'occasion de définir les buts de leurs groupements et,
« à titre gracieux », précise-t-elle bien, elle offrirait à chacune un
emplacement dans la boutique. Cécile Brunschvicg consent à
venir, mais la convaincre prend du temps, Contenot n'est pas un
républicain de la nuance qui lui convient. D'autres « féministes
patentées », comme les appelle Louise, lui racontent sans se faire
prier « des horreurs » sur leurs rivales. Louise semble s'en être
délectée mais elle n'en rapporte que quelques bribes dans ses
Mémoires.

De toutes les femmes que Louise fréquenta durant cette période,
quatre seulement, parmi celles qui acceptèrent de participer à
l'inauguration avec leurs amies, trouvèrent grâce à ses yeux. Marguerite Pichon-Landry, présidente du Conseil national des Femmes françaises, qui déclara dans son allocution que « seul le droit
de suffrage donnera à la femme l'autorité nécessaire pour défendre
ceux dont, mieux que l'homme, elle connaît les besoins, [c'est-à-
dire] les enfants et les faibles ». Yvonne Netter, avocate à la cour
(sa thèse de droit est consacrée au travail de la femme mariée),
était présidente de la Ligue pour l'émancipation et le bien-être de
la Femme. Magdeleine Chaumont, une ancienne couturière, a écrit
des chroniques féministes dans plusieurs magazines et journaux
dont *L'Intransigeant* et *Le Jour*, sous le nom de Magda ; elle a
fondé fin 1930, sur ses propres deniers, l'association des Forces
féminines françaises qui publiait un bulletin où elle insista sur

l'importance de l'inauguration de la Femme nouvelle. Raymonde Machard, romancière, directrice du *Journal de la femme*, qui apprit « subtilement » à ses nombreuses lectrices « l'essentiel du programme féministe », offrit elle aussi un soutien important à Louise Weiss et à sa Femme nouvelle*.

Aux autres, Louise n'allait pas par quatre chemins pour dire son opinion : « Tant que vous vous confinerez aux joies d'une prédication confidentielle, vous ne réussirez pas, répétais-je à Cécile Brunschvicg qui me reprochait d'avoir invité Magda, c'est à coups de pied qu'il faut sortir le féminisme des quelques salons où il se pavane et des ligues orthodoxes où il se momifie. »

L'inauguration de la boutique de La Femme nouvelle a lieu le 6 octobre 1934 et cet événement se révèle non seulement gratifiant mais aussi utile pour la nouvelle militante du « suffragisme ». Louise découvre, ce jour-là, que Georges Contenot qui prononce comme prévu un discours, le président du Conseil général, Beaud, et le préfet de Police, Langeron, qui ont accepté de l'accompagner, ne sont pas hostiles au féminisme. Elle considère donc que la fête est un succès. Après avoir fait la caisse, sa secrétaire objecte : « Cette aimable cérémonie vous a coûté quatre mille francs. C'est beaucoup pour du faux champagne, des tracts imprimés d'un seul côté et des discours qu'emporte le vent. »

Louise croit tout de même avoir remporté une victoire qu'elle veut exploiter en décentralisant le mouvement renaissant. Elle décide d'aller recruter des adeptes hors de la capitale car elle est persuadée que Paris ne bougera que sur l'injonction de la province. Et, tenant compte de l'inégalité de la représentation parlementaire évidente en examinant la carte des circonscriptions, à cause de l'énorme dépeuplement de certains départements, elle va se diriger vers les régions situées au sud de la Loire, les plus favorisées par le nombre des élus relativement élevé par rapport à celui des électeurs. Elle n'est pas non plus sans s'apercevoir très vite qu'en général les partisans de la représentation proportionnelle n'hésitent pas à se dire féministes, tandis que les « arrondissementiers » sont hostiles au vote des femmes.

---

* Les renseignements biographiques concernant les dirigeantes des associations féministes sont tirés de la brochure *Louise Weiss et le vote des femmes*, éditée par la Bibliothèque Marguerite-Durand pour servir de catalogue à l'exposition Louise Weiss qui, du 30 mars au 30 avril 1994, célébra le centenaire de la naissance de l'auteur des *Mémoires d'une Européenne*.

Une autre idée lui traverse l'esprit : elle ne devrait pas se présenter seule devant le public, mais Louise n'a pas l'intention de s'encombrer de la présence pesante et décourageante de ces « collègues » qu'elle supporte si mal. Il faut qu'elle s'entoure de femmes qu'elle juge intéressantes et qui la stimulent. Elle demande, et obtient, l'assistance des trois aviatrices les plus célèbres alors : Adrienne Bolland, Maryse Bastié et Hélène Boucher. À cette époque, les avions sont bien différents de ceux d'aujourd'hui et les femmes pilotes, qui sont rares, occupent une grande place dans l'imaginaire des Français. Leurs aventures dans le ciel, leurs hauts faits méritent la une des journaux. Elles sont des créatures de rêve, au même titre que les vedettes de cinéma. Le public, qui les admire, les aime davantage encore et n'ose s'identifier, même s'il sait qu'elles sont à l'origine des femmes ordinaires, ayant d'abord tenu des rôles obscurs. Leurs prouesses, les records battus leur créent une image qui les met sur le plan qu'occupaient, autrefois, les saintes du calendrier. Nul n'ignore combien elles ont dû lutter pour obtenir le droit de piloter ces engins précieux qui sont la fierté du génie masculin. Dans ses *Mémoires*, Louise évoque brièvement la carrière de chacune et on sent que leur courage, leur ténacité et le risque qu'elles affrontent au cours de leurs performances l'ont fait rêver, elle aussi. De plus, il y a pour Louise, chez les aviatrices, un autre élément fascinant : elle retrouve, toute proche, la mort qui lui a pris Stefanik. Ces femmes sont ses héroïnes. Elle les apprécie toutes les trois.

Mais la directrice de La Femme nouvelle ne fera pas un long parcours avec elles, malgré le succès qu'elles obtiennent ensemble auprès du public de Bordeaux. Le maire, Adrien Marquet, les reçoit à l'hôtel de ville, et à la suite de cette reconnaissance officielle, Georges Mandel, président de la commission du suffrage universel à la Chambre, fait savoir à Louise qu'il saisira ses collègues de l'importance de ses manifestations. Ses rivales féministes ne tardent pas, elles, à montrer leur jalousie en dénonçant les « méthodes de cirque » employées par Louise tandis que les constructeurs d'avions font savoir aux aviatrices « qu'à défendre leurs droits, elles risqueraient de perdre des appuis précieux. Or Maryse, Adrienne et Hélène [dépendent] de ces constructeurs », rapporte Louise, qui fait preuve à leur égard de beaucoup de compréhension et d'une générosité sincère.

La Femme nouvelle se révèle tout de suite plus redoutable pour les équipes gouvernementales opposées au vote des femmes que les groupements qui existaient jusque-là. Le monde politique, Louise le connaît bien et, fière d'une certaine indépendance, elle n'hésite pas à demander, à réclamer. En un mot, elle se démène, comme elle l'a toujours fait, comme elle aime à le faire.

Il paraît logique que Louise décide de se présenter aux élections municipales qui auront lieu en mai 1935. À Paris, comme elle le dit, l'idée n'est pas neuve. Marcelle Kraemer-Bach s'est déjà présentée dans le XVIIᵉ arrondissement comme candidate radical-socialiste. Mais ne pouvant être légalement élue elle enlevait ainsi des voix aux hommes de son parti. Elle se désista, avant le premier tour, en faveur de son mari qui accepta. Louise agira différemment. Elle posera sa candidature dans le XVIIIᵉ, à Montmartre, mais elle fera « une campagne symbolique » qui pourra être patronnée par tous les candidats. Elle installe une permanence au Nord-Sud, un café de la place Jules-Joffrin, entre l'église et la mairie, et demande à l'une de ses fidèles, Jane Nemo, une authentique féministe, de s'en occuper. « Vous y afficherez nos calicots. Vous y ouvrirez nos registres d'adhésion. Retenez aussi la grande salle de danse du Moulin de la Galette pour l'avant-veille du scrutin. Achetez des cartons à chapeau dont nous ferons les urnes de nos sections de vote. Priez les cinémas de Clignancourt de projeter le film de nos manifestations. Et moi, je poserai ma candidature dans les sept circonscriptions du XVIIIᵉ arrondissement en organisant des sections de vote officieuses dans le voisinage des sections de vote officielles. Nos partisans seront priés de déposer dans nos urnes un bulletin portant mon nom et notre programme ainsi résumé : "La Française désire administrer les intérêts de la cité comme elle administre les intérêts de son foyer." »

La campagne remporta le succès espéré. Cependant, Louise remarque en passant qu'« une question passionnait [les ménagères] qui n'était pas celle du réarmement de l'Allemagne, mais celle des redevances exigées pour les colonnes montantes d'électricité dans leurs escaliers. Ces colonnes déchaînaient leur colère ». Son peu de sympathie pour ce que pensent les gens simples s'exprime là une fois de plus. Elle, c'était le réarmement de l'Allemagne et la mauvaise stratégie de la politique étrangère de Pierre Laval qui l'avaient conduite à se battre. À l'approche du vote, elle se rendit dans les bureaux de *L'Humanité* pour demander à Marcel Cachin, ancien collaborateur de *L'Europe nouvelle*, que les communistes ne s'opposent pas à sa candidature fictive. Et, durant cette campagne, elle dit avoir été en sympathie avec les militants et militantes de base. Il n'en alla pas de même avec les socialistes, les seuls qui réagirent contre ses positions.

Le dimanche du vote, les choses ne se déroulèrent pas selon les plans bien précis de Louise, qui se tenait, comme prévu, tôt le matin, à sa permanence du café Nord-Sud, place Jules-Joffrin. Le gouvernement hostile à sa manifestation avait envoyé la police pour détruire les cartons à chapeaux transformés en urnes et disperser les équipes dans chacune de ses sections de vote. Les volontaires perturbées se retirèrent en pleurant mais il en fallait davantage pour émouvoir Louise. Son premier souci fut de trouver un moyen pour empêcher les journalistes et les photographes qu'elle avait convoqués de téléphoner à leurs rédactions « que mon élection était en faillite et le féminisme en recul ». Elle apprit qu'ils avaient jusqu'à 10 h 30 pour passer une information dans les journaux de l'après-midi et leur donna rendez-vous à 10 h 25 devant le commissariat de police. Comme elle refusait le « rôle de mégère ou de pétroleuse », elle n'avait pas le choix : elle devait se bagarrer. Son imagination fertile lui dicta une manœuvre qui allait mettre le public de son côté.

Elle courut chez un coiffeur acheter deux douzaines de boîtes de poudre et à 10 h 25, avec trois de ses adeptes et les cartons à chapeaux, elle se planta au milieu de la chaussée, devant les agents stationnés à la porte du commissariat. Elles refusèrent de circuler et, comme les agents les saisissaient à bras-le-corps pour les faire obtempérer, elles leur jetèrent au visage la poudre que contenaient les cartons à chapeaux. « Un nuage de poudre, rose et parfumé, envahit la rue. Ils sacrèrent, jurèrent, éternuèrent. Les passants riaient. » Louise et ses compagnes furent embarquées au commissariat central et, comme Louise l'avait souhaité, les journalistes qui les avaient suivies avaient eu le temps de rendre compte de la scène par téléphone. De plus, tout se termina au mieux pour elle puisqu'elle obtint du commissaire galant la possibilité de réorganiser ses urnes l'après-midi ; « d'éminentes personnalités » avaient accepté de contrôler le scrutin : « Paul Rivet, professeur au Muséum ; Langevin, professeur au Collège de France ; Henry Bonnet, directeur de l'Institut de Coopération intellectuelle, Jean Vignaud, futur président de la Société des gens de lettres, Alexis Danan et Emmanuel Bourcier, les défenseurs de l'enfance malheureuse ; Othon Friesz et Camoin, les peintres. Le féminisme avait vécu une glorieuse journée. »

Il y eut ballottage dans plusieurs arrondissements de Paris, on vota donc encore le dimanche suivant. Et, vers 11 heures du matin, Louise avait rassemblé ses troupes, par petits groupes, dans des cafés autour de la Bastille, puis elles avancèrent vers le centre de la place et se rivèrent les unes aux autres avec des chaînes fermées par de lourds cadenas tandis que la secrétaire de Louise, montée au sommet de la colonne, jetait des tracts à tous les vents. Au pied de la colonne, les « femmes nouvelles » se débarrassèrent de leurs chaînes et allumèrent des feux de joie. Et Louise raconte :

« Ahuris, les agents écoutèrent ma harangue :

« — Cette place évoque pour nous la fin de l'Ancien Régime et la Déclaration des Droits de l'homme. Cette Déclaration, réputée si noble, n'est qu'un chef-d'œuvre d'égoïsme. Ses auteurs ont oublié la femme[7]... »

En lisant ces pages des *Mémoires*, je ne peux m'empêcher de penser que l'action qu'elle invente plaît davantage encore que le but poursuivi à celle que son cher Aristide Briand avait surnommée « l'explosive Loulou[8] ». Les hommes qui sont aux affaires durant l'entre-deux guerres, elle les a suivis depuis le début de leurs carrières, elle a également appris à connaître les anciens, leurs manières de penser, d'agir. Elle est sur la brèche depuis que son père lui a attribué le rôle de maîtresse de maison, à Bordeaux, quand le gouvernement y était replié, au début de la Grande Guerre. Elle n'ignore rien des politiciens de sa génération, de leur évolution, de leur ascension, curieuse de leur attitude envers la cause de la paix qui lui tenait tant à cœur. Le fait d'être une femme limitait son activité et elle en a sans doute souffert plus qu'elle ne le dit. Elle avait toutes les qualités requises pour être un brillant personnage politique, voire un homme d'État, comme le lui a reproché Stefanik. En lisant les analyses qu'elle fait dans ses *Mémoires* et aussi dans ses romans où existe toujours un cadre politico-historique, je pensais à la frustration qu'elle dut éprouver si souvent.

Quand elle y applique son intelligence si rapide et si claire, Louise saisit les problèmes de politique intérieure aussi bien que ceux de la scène internationale, à laquelle elle s'est jusque-là consacrée. De plus, elle est douée pour jouer les Machiavel. Elle se plaît à raconter de nombreuses anecdotes concernant les luttes entre les divers partis ou à l'intérieur de chacun d'entre eux. Luttes qui s'intensifient, évidemment, en période de campagne électorale. Elle relate ce qu'elle constate, sans surprise, et enroule sa pelote à partir de l'écheveau d'intrigues qu'elle débrouille à mesure.

Dans le domaine de la propagande féministe qui est à présent le sien, sa connaissance du terrain l'entraîne, nous l'avons vu, à trouver des idées pour faire avancer la cause. Après les municipales, Louise opère, autant qu'elle le peut, une pression sur la commission du suffrage universel à la Chambre. Elle veut obtenir des députés l'adoption d'une proposition de loi relative au vote et à l'éligibilité des femmes. Elle a à combattre les « arrondissementiers » qui souhaitent ne pas donner le suffrage aux femmes et qui veulent garder le système de vote en vigueur. Elle parvient à trouver un arrondissement féministe dans l'Ille-et-Vilaine dont le député, Hervé de Lyrot, est accepté comme rapporteur de la commission. Les autres membres ne voient en lui que l'instrument servant à reculer la discussion concernant la proportionnelle. Lyrot parvient à faire adopter à l'unanimité le rapport favorable aux féministes que Louise lui a inspiré, en exerçant constamment toute l'influence qu'elle peut avoir sur lui. Mais le projet tombera à l'eau. Les « arrondissementiers » se sont arrangés pour que le rapport arrive trop tardivement pour être inscrit à l'ordre du jour. Il ne pourra donc pas être débattu en séance publique par la conférence des présidents des partis et des groupes avant la fin de la législature. « Le 17 février 1936, La Femme nouvelle [avait adressé] à chacun des présidents une lettre insistante que les journaux, une fois de plus, commentèrent favorablement et qui, une fois de plus, resta sans effet[9]. »

Nous avons également vu que Louise aime prendre des initiatives pour frapper directement l'imagination des foules. Le féminisme français n'a jamais été plus actif et plus inventif que lorsqu'elle s'en est mêlée. Malheureusement, le climat de ses rapports avec ses collègues était loin d'être tempéré. Il est certain que celles-ci devaient la jalouser, mais il est sûr que Louise ne devait pas épargner leur ego. Avec sa robuste bonne humeur et son persiflage habituel, elle a, sans nul doute, aggravé les dissensions entre les différents groupes et les différentes personnes.

XI

Une suffragette à la française

En feuilletant l'*Encyclopédie française*, édition de 1936, Louise découvre un article de la duchesse de La Rochefoucauld, qui donne la « liste complète des organisations qui se sont activement occupées d'organiser les forces féministes ». Elle prend quelques notes : « Les premières associations datent de 1830 ; le club de femmes fondé par Eugénie Nibayet fut créé à Paris en 1848. Organisations qui subsistent :

« 1. La Société pour l'amélioration du sort de la femme (1876), présidente actuelle, Mlle Yvonne Netter, avocat à la cour.

« 2. Ligue française pour le droit des femmes (1882), aujourd'hui Mme Maria Vérone, avocat à la cour, présidente.

« 3. Conseil national des femmes françaises (1901), présidente Mme Pichon Landry.

« 4. Union française pour le suffrage des femmes (1909), présidente Mme Brunschvicg.

« 5. Union nationale pour le vote des femmes (1920), présidente la duchesse de La Rochefoucauld.

« 6. La Femme nouvelle (1934), présidente Mme Louise Weiss[1]. »

Dans ses *Mémoires*, Louise assure que, durant les quatre années de son combat pour le suffrage des femmes, 40 à 50 000 adhérentes soutinrent sa Femme nouvelle, elles envoyèrent « des timbres-poste, des mandats représentant le montant d'une heure de travail. La cotisation annuelle des membres sympathisants était de 10 francs. J'obtins des quantités de souscriptions de cet ordre dont je ne cherchai pas le retour annuel, les frais de recouvrement étant trop élevés[2]. » Elle dit aussi avoir elle-même contribué largement mais que, dès la fin de l'année 1934, s'était posé le problème du financement. Les imprimeurs, les afficheurs, les moyens de transport, la location des salles et les films lui coûtaient trop. Elle ne garda pas longtemps la boutique de l'avenue des Champs-Élysées, ne renouvelant pas le bail à son retour de campagne, après les élections sénatoriales d'octobre 1935. L'adresse de La Femme nouvelle redevint alors celle de son domicile, 15 avenue du Président-Wilson. Pour quelques mois seulement. Après l'échec de sa proposition de loi que la commission du suffrage universel de la Chambre ne réussit pas à inscrire à l'ordre du jour, Louise pense qu'elle doit, de nouveau, faire parler d'elle. Elle ouvre un autre centre de propagande — « temporaire », dit-elle — également aux Champs-Élysées, en haut de l'avenue, vers l'Étoile, « dans la boutique d'un marchand de tapis qui espérait ainsi, par l'apport d'une nouvelle clientèle, pallier la récession de ses affaires [3] ».

Il ne faut pas oublier que Louise ne manquait pas de panache et que ses apparitions en public frappaient. Elle avait un sens de la publicité pour sa cause et pour elle-même qui la ferait encore aujourd'hui apprécier des spécialistes de la communication et des médias. Elle n'avait pas adopté le style suffragette des Anglo-Saxonnes aux talons plats et aux vêtements sombres de pasteur. Il est remarquable que la jeune fille toujours mal fagotée grâce aux soins maternels, honteuse de son physique jugé ingrat par sa mère, ait accompli ce rétablissement. Alors qu'adolescente, n'ayant confiance que dans ses qualités intellectuelles, elle affichait sans cesse sa supériorité intellectuelle, ce qui la rendait insupportable.

En 1934, ce comportement était dépassé depuis longtemps. Très à l'aise dans ses robes haute couture, elle n'hésitait pas à s'exprimer publiquement. Ainsi elle demanda à la directrice du théâtre de l'Œuvre, Paulette Pax, de la laisser monter sur scène pour s'adresser aux spectateurs venus voir la pièce d'Armand Salacrou intitulée *Une femme libre*. Elle souhaitait convaincre l'assistance de la nécessité d'adhérer à La Femme nouvelle et de militer pour le vote des femmes. Paulette Pax lui avait accordé un temps de parole de trois minutes, après le premier acte. Armand Salacrou n'était pas content et vociférait en coulisse, mais Louise, respectant son engagement, finit son discours dans les temps. Elle recueillit beaucoup d'applaudissements et beaucoup d'argent aussi, versé par un inconnu enthousiaste, rallié sur-le-champ à sa cause.

Toutes ses idées d'où naissaient des démonstrations de protestations, des manifestations, étaient suivies, acclamées par le public car elles avaient une qualité peu courante dans le genre : elles faisaient rire. Après son succès lors des élections municipales, Louise n'allait pas manquer d'intervenir pour les législatives. Entre-temps, la situation internationale se dégrada encore et elle continuait de s'y intéresser vivement. En février 1936, elle fit un voyage à Londres pour montrer le film de sa campagne des municipales et constata que les Anglais étaient fort mal impressionnés par le pacte d'assistance mutuelle franco-russe, signé par Laval, mais ne paraissaient pas en revanche redouter Hitler dont Louise voyait clairement s'étendre le pouvoir criminel.

Les législatives étaient fixées au 26 avril et au 3 mai 1936. Louise avait décidé de faire une « campagne électorale officieuse » dans le Ve arrondissement. Cinquante permanences avaient été installées par le comité de La Femme nouvelle. Elle avait d'abord eu l'intention de faire de nouveau acte de candidature à ces élections. Mais elle n'entendait pas se présenter seule et ne ménagea pas sa peine auprès des autres associations pour trouver des candidates. Cécile Brunschvicg l'informa que l'Union pour le suffrage interdisait à ses membres de suivre son exemple et elle ne trouva qu'une seule suffragette qui consentît à se présenter : Mme Denise Maurice-Finat, aviatrice et mère de cinq enfants, dont le mari, l'aviateur Maurice Finat, s'était tué en vol entre Paris et Madagascar l'année précédente. Le XVIIIe arrondissement était prêt à les accueillir mais Louise préféra tenter leur chance ailleurs et choisit, dans le Ve, la circonscription Saint-Victor-Val-de-Grâce. La directrice de La Femme nouvelle déploya autant d'énergie pour les législatives qu'elle en avait mis à préparer la campagne des municipales. Mais elle entendait que ce fût clair pour tout le monde : il s'agissait seulement d'un acte symbolique et désintéressé pour la cause féministe.

Dans ses notes Louise fait allusion à une réunion qu'elle avait organisée après le vote, le 26 avril, pour le dépouillement des urnes qui avaient été transportées au palais de la Mutualité. D'après L'Illustration, du 2 mai 1936, Louise Weiss ouvrit la réunion du Palais de la Mutualité en interpellant l'audience avec un retentissant : « Citoyens, futures citoyennes ! » Prirent ensuite la parole Paulette Pax, directrice du théâtre de l'Œuvre, Françoise Rosay, après la présentation d'une séquence de La Kermesse héroïque où la comédienne, qui incarne, dans ce film de Jacques Feyder, l'épouse du bourgmestre de Bonn, entraîne les femmes à remplacer les hommes pour la défense de la cité. Ensuite ce fut le tour de Mme Foinant, « maître de forges », qui était affiliée à l'Alliance démocratique. Quelques femmes de gauche étaient aussi présentes. Une « oratrice SFIO » s'exprima, puis « une conseillère municipale privée de Saint-Denis, veuve de guerre et apparemment de droite ».

Dans ses *Mémoires*, Louise écrit que, le jour du vote, le gouvernement lui laissa installer les sections de La Femme nouvelle sur la voie publique mais, ce dimanche 26 avril, le temps, lui, n'était pas leur allié et rien ne protégea d'une pluie torrentielle les cartons à chapeaux transformés en urnes. Elle mentionne aussi le nombre des bulletins recueillis, 14 732, qui « exprimaient l'opinion du tiers des foyers des deux circonscriptions législatives du Vᵉ arrondissement ». Un progrès sur le chiffre obtenu dans le XVIIIᵉ pour les municipales, qui n'en représentait que le quart. « Ces résultats furent publiés dans la presse en même temps que ceux de la consultation populaire officielle », ajoute-t-elle. Beaucoup de sièges étaient en ballottage mais il était évident qu'au second tour la gauche allait l'emporter. Louise ne s'en réjouissait pas. Car, selon elle, les socialistes « notamment », qui « promettaient aux électeurs de ne pas attenter à la valeur de la monnaie, continuaient leur propagande défaitiste et s'engageaient à éloigner d'eux le spectre de la guerre comme si Hitler n'existait pas [4] ». Pourtant impossible de s'arrêter en chemin, il fallait poursuivre le combat pour les droits des femmes. Même si cette gauche n'allait pas se montrer pugnace et allait faire le jeu des antiféministes, comme la directrice de La Femme nouvelle le redoutait, il fallait que son association eût sa part du résultat définitif.

Une autre bonne occasion pour l'esprit inventif de Louise : le 3 mai, aura lieu au stade de Colombes la finale de la Coupe de France de football. Le président de la République, Albert Lebrun, y assistera. Après avoir consulté l'Office météorologique pour savoir quels seraient la vitesse et le sens du vent, ce jour-là, elle lâche une centaine de ballons rouges qui, au son de *La Marseillaise*, flottent au-dessus du terrain et entraînent les tracts de son groupe jusqu'à la tribune présidentielle, sous les applaudissements de la foule. Puis quelques-unes de ses suffragistes escaladent les gradins du stade pour remettre un placet au président. Et le soir, elles se promènent sur les Grands Boulevards, avec leurs ballons rouges, appréciés par la foule, prête à se réjouir de l'avènement du Front populaire.

Louise raconte aussi la fin de cette soirée qu'elle passa au ministère de l'Intérieur. Ceux qu'elle appelle « les courtisans » se pressaient autour de Léon Blum et l'un d'entre eux, un conseiller intime, lui dit que le dirigeant de la SFIO n'accepterait pas d'être le chef du gouvernement. « Ce pouvoir, Léon Blum l'a voulu, il doit l'assumer et dès maintenant », répliqua-t-elle. On sait que, depuis longtemps, elle ne portait pas Léon Blum dans son cœur, sans connaître la vraie raison de son hostilité. D'autres socialistes trouvaient et trouveront grâce à ses yeux. Le temps, la mémoire transforment les souvenirs, chez elle peut-être plus encore que chez d'autres. Fut-elle déçue que Blum n'eût pas fait appel à elle quand il forma son ministère, comme je l'ai entendu dire plusieurs fois par des personnes qui fréquentèrent les deux durant cette période ? Les témoignages oraux se rapportant à ce lointain passé ne peuvent être vérifiés. Je n'ai trouvé aucune trace de commentaires sur d'éventuels entretiens ou sur le manque de contact dans les papiers consultés.

Dans ses *Mémoires*, Louise donne une autre version : elle écrit que, lors d'une de ses visites à Léon Blum, ce dernier lui annonça son intention de prendre des femmes dans son gouvernement et lui demanda si, en lui promettant d'interrompre sa campagne suffragiste, elle voulait être une de celles qu'il allait choisir. Ce à quoi elle répondit : « Non, pas à cette condition. J'ai lutté, non pour être nommée mais pour être élue. » Réplique conforme, en tout cas, à son éthique politique. Les jugements portés sur Louise Weiss sont loin d'être tous bienveillants. La petite phrase qui, dans ses *Mémoires*, conclut l'épisode Léon Blum de la soirée des élections ne l'est pas non plus : « Gouverner, c'est-à-dire résoudre les difficultés au lieu d'en créer, le remplissait d'effroi. »

Pendant le Front populaire, La Femme nouvelle va continuer d'être l'occupation majeure de Louise qui ne ménage pas sa peine. Il lui arrive, rapporte-t-elle (sans le regretter, précise-t-elle), de se faire voler des idées par d'autres organisations féministes. Les militantes du Front populaire organisent un meeting salle Wagram, dès le 24 mai, où elles attaquent Louise comme membre des « deux cents familles ». Cette liste des 200 plus gros actionnaires de la Banque de France qui circula à cette époque — juste avant la nationalisation de la Banque — souleva nombre de controverses.

Certains de ceux qui y figuraient redoutaient de finir sur l'échafaud, ce qui leur permettait d'afficher une flatteuse parenté aristocratique mais les faisait trembler ; d'autres, « se moquant de la fureur du peuple », comme le dit Louise, « millionnaires de l'alimentation ou de la ferraille eussent donné beaucoup pour une citation dans ce palmarès de seigneurs des clubs et des courses ». Elle prétend n'avoir dû sa situation qu'à son travail mais, si elle figurait sur ces listes, c'était à cause de sa famille, appartenant à ce qu'elle nommait parfois elle-même « la très haute bourgeoisie ». Je n'ai pas trouvé son nom mais ceux de son père et de son oncle Weiss dans le numéro du *Crapouillot* que Galtier-Boissière a consacré aux « deux cents familles [5] ».

Le 28 mai a lieu un autre meeting, prévu par Louise celui-là, au palais de la Mutualité, et qui a, dit-elle, « un immense retentissement politique » car c'est « l'une des dernières manifestations d'union nationale ». Elle somme tous les partis de soutenir le dépôt d'une proposition de loi sur les bureaux des deux assemblées. Mais malgré l'engagement de nombre de personnalités politiques représentant les élus de leurs partis, cela n'aura pas de suite. Ce jour-là a lieu également, et Louise semble l'avoir oublié, le traditionnel défilé au Mur des Fédérés, au cimetière du Père-Lachaise, pour célébrer la Commune. Il est évalué à 600 000 participants. Ce qui ne manque pas d'impressionner la France entière.

Léon Blum, qui entend bien respecter les institutions et gouverner avec ses alliés radicaux, attend la fin du mandat de la Chambre précédente pour former son ministère. Il ne présente son gouvernement devant le Parlement que le 5 juin. Pendant le mois de survie du cabinet d'Albert Sarraut a lieu un mouvement de grèves « sur le tas » d'une ampleur encore jamais atteinte. Commerce et industrie sont paralysés, ce qui indigne les classes bourgeoises et terrifie toute la droite. Ces grèves, souvent qualifiées de joyeuses, expriment une sorte de revanche sur les dures conditions de travail infligées jusque-là. Les grévistes réclament une hausse des salaires, une diminution du temps de travail et la sécurité de l'emploi. Des troupes de comédiens, en particulier ceux du groupe Octobre, autour de Jacques Prévert et de ses amis, se rendent sur les lieux de travail interpréter des textes du poète pour distraire les grévistes. Les quêtes pour leur soutien ont lieu en musique, dans une parfaite bonne humeur.

Louise va voir de près, et de son propre chef, ce qui se passe chez les grévistes des Grands Magasins du Louvre. Elle fait le tour des rayons et aussi celui des « coulisses ». Le côté sordide de l'existence de tout le personnel la frappe. Aucun journal ne veut de son enquête, ni de ce qu'elle a fait photographier, « impossible de toucher aux Grands Magasins. Leurs budgets de publicité comptaient pour toutes les feuilles, même et surtout pour les pauvres feuilles anticapitalistes ». Seul Gaston Bergery, « ce cynique qui ne manquait ni de cœur ni d'esprit, les prit et en composa toute une page dans sa gazette : *La Flèche*[6] ».

Par contre, le 6 juin 1936, *Le Matin* relate une « aimable manifestation qui a eu lieu hier après-midi où les suffragettes ont distribué des myosotis, en demandant : "Ne nous oubliez pas." ». C'est Louise, évidemment, qui a imaginé de faire distribuer ces bouquets de myosotis, la fleur dont le nom anglais signifie Ne m'oubliez pas, à tous les nouveaux élus, le jour de la rentrée de la Chambre. Quelques militantes parvinrent à pénétrer dans l'hémicycle du Palais-Bourbon et, après le discours du doyen, elles déployèrent les affiches de La Femme nouvelle, sous les acclamations d'une partie des députés, « notamment les communistes, férus comme nous d'action directe », rapporte Louise. Le lendemain, ses manifestantes se rendirent au Sénat et, avec de grands sourires, offrirent des chaussettes aux sénateurs. C'était la réponse des « femmes nouvelles » aux protestations qu'elles avaient recueillies pendant leurs réunions au quartier Latin : « Pitié pour nos chaussettes ! Nos chaussettes ne seront plus raccommodées ! » Là aussi rires et applaudissements les saluèrent.

Mais il y avait un autre registre, plus grave, dans les protestations de Louise. Léon Blum a fait entrer trois femmes dans son ministère : Irène Joliot-Curie à la Recherche scientifique, Suzanne Lacore à la Santé et Cécile Brunschvicg à l'Éducation nationale. Une innovation, et Louise rappelle : « J'escomptais pour le moins une allusion à nos droits dans la déclaration ministérielle et un manifeste garant d'un futur plus équitable signé par ces trois dames. J'en fus pour mes espoirs. » Elle va mettre toute son ardeur et ses capacités pour obtenir que ce gouvernement, comprenant trois femmes sous-secrétaires d'État nommées par le président du Conseil et qui fut accepté sans problème par les deux Assemblées, tienne les promesses incluses dans sa composition.

Tenace comme toujours, Louise s'adresse avec véhémence aux différentes formations politiques. Elle arrache des promesses aux uns, bataille avec d'autres. Elle tente aussi de rassembler les associations féminines qui devraient partager sa déception. Elle rédige des pétitions, dépose des propositions dans les deux Assemblées, assiste à des meetings. Le droit de vote pour les femmes, personne n'en veut, les partis au pouvoir en ont peur, sauf les communistes. Louise décide d'agir, désolée de devoir lancer une manifestation violente et dangereuse mais certaine qu'il est de son devoir de le faire. Il est évident que parmi ses collègues féministes aucune ne peut lui être comparée. Parfois, Louise maltraite un peu Suzanne Lacore, « une obscure militante de Dordogne », ou Cécile Brunschvicg et on la comprend. Ces femmes, qui ne disposent pas de sa belle mécanique intellectuelle et qui ne peuvent même pas suivre sa pensée, doivent avoir le don de l'exaspérer. N'oublions pas que la compassion n'est pas son fort.

Louise croit, avec raison, que pour frapper davantage l'imagination populaire sa future manifestation doit se rattacher à un événement qu'aujourd'hui nous appellerions « médiatique ». Ce qui lui permettra aussi de profiter de la présence des journalistes, photographes et cinéastes sur les lieux. Il est nécessaire, estime-t-elle, que cette prochaine manifestation soit « violente et dangereuse ». Et comme elle est pressée d'agir, pour ne pas laisser la population parisienne s'habituer aux trois femmes ministres dont la présence semble ne gêner personne, puisque celles-ci n'apportent aucun changement en ce qui concerne les droits de la femme, elle choisit pour lancer son action le 28 juin, jour du Grand Prix. Cet événement, à la fois populaire et mondain, est suivi par des millions de parieurs. Ce jour-là, à l'hippodrome de Longchamp, elle peut compter sur des milliers de spectateurs intéressés par les courses, ainsi que sur la présence du président de la République, et du Tout-Paris élégant.

Avec une dizaine de ses collaboratrices les plus passionnées, Louise va d'abord, en secret, étudier la piste. Le dimanche de la course, elles entrent au pesage, vêtues avec élégance, les affiches roulées dans leurs sacs et leurs pliants au bras. Nul ne songe à s'étonner tant elles paraissent faire partie de la foule habituelle du lieu. Elles s'approchent des grilles en bordure de piste, à gauche des tribunes. Elles attendent les derniers instants avant que ne commence la course pour s'élancer par dessus les grilles à l'aide de leurs pliants et, déroulant leurs affiches, elles remontent lentement la piste, vers les chevaux en train de prendre leurs marques sur la ligne de départ.

Louise se rend parfaitement compte de tous les risques qu'elle fait courir aux jockeys, aux chevaux, à ses compagnes qui avancent toujours, sourire aux lèvres, comme il en a été décidé, et sans la quitter des yeux. Elle décrit l'émotion intense qui soudain s'empare d'elle. Elle semble n'en avoir jamais connu d'aussi forte et, de cela, elle ne se doutait pas. Soudain, elle sent que tout peut basculer. Alors elle refuse que cette démonstration étrange tourne au drame, « à la mêlée mortelle ». À elle seule appartient le pouvoir de bien diriger jusqu'au bout cette parade qu'elle a voulue dangereuse, de montrer ce qu'il convient de faire à ces femmes, prêtes à tous les sacrifices.

Durant quelques instants, la stupeur est générale. Le service d'ordre, la foule ne savent quel parti prendre. C'est alors que, sentant l'hostilité de tous, celle des tribunes aussi bien que celle de la pelouse, celle du public dans son entier prêt à éventrer les grilles pour déferler vers les manifestantes et les lyncher, Louise fait signe à ses amies de continuer leur lente promenade en brandissant leurs affiches devant les spectateurs. Et la course aura lieu, le départ sera donné avec, simplement, quelques minutes de retard. Dans le récit qu'elle fait de cette périlleuse manifestation, Louise avoue : « Le pays était sympathique à notre cause mais n'en était pas à ce point ému qu'un geste mortel pût modifier l'attitude du gouvernement. Il fallait encore attendre. » En effet, la presse du lendemain leur est défavorable. Mais, quelques jours plus tard, elle publie l'adresse envoyée par la présidente de La Femme nouvelle au président du Conseil, à la suite de la manifestation. Adresse à laquelle est jointe une protestation qui réclame, pour les écoliers surchargés de travail, le bénéfice du régime des quarante heures par semaine qui vient d'être adopté.

Louise applique une règle faite pour rassurer les plus timides de ses adeptes : la presse doit être alertée de toutes les décisions et actions du groupe qui seront assorties de démonstrations pouvant donner lieu à des commentaires ou à des reportages divertissants. Car, lorsque les journaux se taisent, les Chambres ou le gouvernement ne se gênent pas pour prendre des décisions qui font régresser les quelques rares conquêtes du féminisme, Louise l'a constaté et expérimenté. Ainsi, un certain Henri Merlin, sénateur élu de la Marne, a fait ajourner *sine die* une proposition du groupe proféministe de la Haute Assemblée tendant à la création de « conseillères municipales facultatives adjointes ». Le communiqué envoyé par Louise aux journaux a semblé « correct donc ennuyeux », écrit-elle, et n'a pas été publié. Aussi, le 3 juillet

1936, un détachement de « femmes nouvelles », coiffées de bonnets de coton et armées de balais, se rassemble rue Mazarine, devant la maison du sénateur Merlin, pour lui donner une aubade de saxophones, de pistons, de toutes sortes d'instruments de musique. Dès le lendemain, *Le Journal* décrit la manifestation avec humour et en expose la raison.

Ce jour-là justement, Louise avait organisé une autre manifestation qui demeura célèbre. Enchaînées les unes aux autres, en travers de la rue Royale, la première attachées à un réverbère du trottoir côté Maxim's et la dernière à un autre réverbère, côté ministère de la Marine, les amies de Louise bloquèrent la circulation. Quand sonna midi, elles avaient fermé leurs cadenas dont Louise avait laissé les clés chez elle. Les automobilistes exaspérés furent retenus un bon quart d'heure car il fallut cisailler les chaînes pour délivrer les « femmes nouvelles ». Louise était « en robe noire, en chapeau et gants blancs », devant le porche de Molyneux et elle raconte que le brigadier hurla à l'un des agents de police de l'arrêter. « Je ne peux pas, lui répondit son subordonné. Elle s'habille chez Molyneux. » Finalement, elle fut, comme ses compagnes, emmenée sans ménagement dans un poste de police « crasseux. Vers le soir, redoutant plus que jamais des plaidoiries à la barre d'un tribunal, le gouvernement nous fit relâcher ».

Une autre fois, les incorrigibles « femmes nouvelles » s'enchaînèrent aux sièges du petit théâtre de l'hôtel Lutétia. C'était le 30 juillet 1936, elles assistaient à une réunion du congrès de la Fédération internationale des femmes de professions libérales et commerciales, réunion présidée par Cécile Brunschvicg qui accueillait Miss Frances Perkins, ministre du Travail dans le gouvernement de F.D. Roosevelt, aux États-Unis. Elles se mirent à hurler : « Cécile à l'action ! Le droit de vote ! Le droit de vote ! » quand Mme Brunschvicg prit la parole pour louer les femmes américaines alors qu'elle venait de condamner l'action similaire que menaient les militantes de La Femme nouvelle. Elle s'était solidarisée de l'interdiction, décidée par le gouvernement, des manifestations féministes à l'occasion du 14 Juillet.

Louise Weiss est en révolte et son mérite est grand, car elle n'a plus personne de proche pour la soutenir et elle ne s'illusionne pas. Elle sait qu'elle n'arrivera à rien, qu'il faudra attendre encore longtemps le droit de vote. Pourtant elle ne renoncera pas. Elle ne veut pas perdre la place qu'elle s'est créée dans le monde politique. Un monde d'hommes que son féminisme n'intéresse pas, alors que certains d'entre eux s'intéressaient à sa croisade pour la paix et l'Europe. Mais se laisser oublier serait une erreur dans ce milieu versatile. Elle y a fait des conquêtes où elle n'engage guère son cœur. Aucune ne comptera parmi les grandes passions de sa vie. Certains, comme Édouard Herriot ou Marc Rucart, demeureront ses amis fidèles. La politique la passionnera toujours, à aucun moment elle n'y renoncera complètement et si son intelligence et son sens des affaires avaient été moins brillants, cela lui eût plus tard, sans doute, attiré des ennuis.

La nouvelle féministe ne cesse pas de s'intéresser au sort de l'Europe et à celui de la paix. Une raison de plus pour ne pas lâcher son contrôle attentif des actions des parlementaires et du gouvernement. L'état précaire de l'Europe où grandit la menace nazie fait se rétrécir le réseau d'amis prêts à participer à l'information de l'École de la paix, qui survit tout juste, nous l'avons vu.

Les contacts avec l'étranger l'occupent toujours en priorité et Louise raconte que, Hjalmar Schacht, qui se dévoue à présent à Hitler, a souhaité la rencontrer, lors de sa venue à Paris pour voir le gouverneur de la Banque de France, peu de temps après l'arrivée au pouvoir du gouvernement du Front populaire, qui s'était fait ouvrir, le 18 juin, par une convention avec la Banque de France, un crédit de 10 milliards[7]. De la visite au gouverneur Labeyrie, elle ne dit rien mais on sait que Maurice Thorez la reprocha à Léon Blum. Selon elle, le docteur Schacht vint à Paris pour se renseigner sur le moyen de récupérer les anciennes colonies, « après quoi l'Allemagne se tiendra tranquille », lui assura-t-il. Elle l'écouta toujours fascinée par son intelligence mais, bien entendu, elle ne lui faisait pas confiance[8].

Dans le domaine de la politique extérieure, Léon Blum est particulièrement gêné car son pacifisme est sincère. Il n'est pas du tout le Tartuffe que Louise imagine depuis longtemps. C'est un homme certainement plus à l'aise dans l'opposition qu'à la tête d'un cabinet ministériel. Et il arrive au pouvoir à une époque particulièrement dangereuse pour l'avenir de la France et de l'Europe. Son esprit clair discerne fort bien ces problèmes difficiles, pour ne pas dire insolubles. Mais les cartes ne peuvent plus être redistribuées et il doit jouer avec celles qu'il a en main. Le legs de Laval est dur à assumer : l'alliance avec Mussolini, les effets de l'annexion italienne de l'Éthiopie, l'absence de soutien de la Grande-Bretagne niant le danger de la remilitarisation du IIIe Reich, comme elle nie le danger qui pèse sur ses intérêts en Méditerranée. Il est certain que l'état militaire et économique de la France ne lui permet pas de s'opposer seule à Hitler.

Sans la Grande-Bretagne plus insulaire que jamais, Blum le pacifiste va devoir faire face à un événement tragique, lourd de sens pour l'avenir de l'Europe et celui du monde : la guerre civile en Espagne. Fomenté par le général Franco, le soulèvement des troupes commence au Maroc espagnol le 17 juillet 1936 et, dès le lendemain, on se bat dans la péninsule Ibérique. Très vite, on sait que cette guerre est le prologue de celle qui ne manquera pas d'éclater un jour prochain dans le reste de l'Europe. En sous-main, le gouvernement du Front populaire français livre des armes au gouvernement du *Frente Popular* de Madrid et a l'intention de continuer de le faire, alors que les Italiens et les Allemands se sont immédiatement ouvertement engagés aux côtés de Franco. L'URSS vole, en principe, au secours des républicains et de ceux qui se battent pour eux.

Le 8 août, la Grande-Bretagne signe un pacte de non-intervention avec l'URSS, l'Allemagne, l'Italie et la France. Pacte auquel personne ne croit et qui n'est, évidemment, pas respecté. Mais un mois plus tard, le 9 septembre, elle réunit de nouveau, à Londres, une commission de non-intervention en Espagne et exige la neutralité de la France. Les Anglais savent combien les Français sont divisés et ils ont chez eux un fort courant pacifiste. Ils craignent aussi l'expansion du bolchevisme.

Bien que persuadé qu'il faudrait aider les « rouges », Blum ne peut s'empêcher de haïr les combats. De plus, il redoute une guerre civile possible en France où la droite affiche sa sympathie pour le fascisme et a violemment réagi aux livraisons d'armes aux républicains espagnols. Louise sait tout cela, mais dominée par son antipathie pour le chef du parti socialiste français, elle écrit : « Léon Blum, dans son discours de Luna-Park [devant les militants socialistes], en réponse à l'appel des rouges d'Espagne, au lieu de les aider ou de se démettre, ne sut que gémir et pleurer. Il reconstruisait les Pyrénées abolies depuis Louis XIV et le parti socialiste apparaissait aux yeux de tous plutôt comme un syndicat de réélection que comme le guide idéologique qu'il se prétendait[9]. »

Curieusement, Louise ne mentionne rien non plus des scissions entre Français, exacerbées par les réformes sociales faites à la suite des grèves de mai-juin. Elle a pourtant l'occasion de s'en rendre compte aussi bien à Paris qu'en province où elle fait des conférences à Châtellerault, dans le Poitou, ailleurs encore, pour continuer de promouvoir auprès du public féminin l'idée de l'égalité des droits entre les sexes lancée par La Femme nouvelle. Dans ses *Mémoires*, elle ne s'étend par sur le refus des communistes de participer au gouvernement. Pourtant, comme toujours, elle suit de près ce qui se passe entre les différents partis politiques, comme à l'intérieur de chacun et, en octobre, elle se rend à Biarritz pour assister au congrès du parti radical qu'elle relate longuement. Mais son récit montre qu'elle s'intéresse davantage à Édouard Herriot qu'au ministre Cécile Brunschvicg, sa collègue féministe.

En plus de son intense activité pour rendre efficaces les revendications de ses « femmes nouvelles », en 1936, Louise publie un roman, *Délivrance*. Elle n'en parle pas dans ses *Mémoires* et n'a pas cherché, plus tard, à le faire rééditer. La quatrième page de couverture de ce livre nous apprend que ce roman a été choisi par un jury français présidé par Gaston Rageot, avec onze autres ouvrages, pour concourir à Londres où est décerné un prix international du roman [10]. Il n'a pas été couronné — ses qualités littéraires ne sont pas exceptionnelles — mais, comme d'autres œuvres de fiction qui suivront, celle-ci livre la vérité de Louise. Il montre que, malgré les apparences, la réalité a toujours été dure pour elle. Et cela ne changera pas.

Délivrance nous replonge dans l'atmosphère familiale dont, cette fois, la description par la journaliste qui se veut romancière est digne d'un roman rose. Situé une quinzaine d'années après la fin de la Première Guerre mondiale, le récit est à la première personne. La narratrice, une jeune bourgeoise, s'adresse d'abord à l'homme qu'elle aime et qui l'a abandonnée. Sa vie avait été bouleversée lorsque son fiancé, un ami d'enfance, est mort au combat, en 1918. Puis, séduite, elle s'est donnée par amour à l'amant qu'elle interpelle. Elle éprouve à son égard un sentiment qui n'a rien de comparable à celui qu'elle portait à son ami-fiancé. Comme elle, l'amant fugitif lui paraissait saisi par la passion. Or, quand elle lui a demandé de rester auprès d'elle, il s'est enfui. Sans raison, lui semble-t-il. Cette demande n'exigeait rien, elle exprimait seulement le besoin de la présence du bien-aimé. Elle est au désespoir.

Replacé dans son époque, le roman a de quoi surprendre. Il perd vite ses couleurs pastel et traite de sujets importants, pour Louise

et pour le public en général : l'avortement — la narratrice découvre qu'elle est enceinte d'un enfant qui ne peut être celui de
l'aimé —, Genève — la cause de la Ligue des Nations, l'« En-
chanteur » — avec une description de Briand déjà vieux —, et
l'amour lesbien — le souhait de la narratrice d'une relation char-
nelle avec une jeune femme qui la repousse tout en l'assurant de
sa tendresse et de son affection.

Ce thème de l'homosexualité féminine reparaîtra dans un autre
roman, *Sabine Legrand*. Louise y fait également allusion dans ses
Mémoires à propos de Nathalie Barney et, plus tard, de Germaine
Lefrancq. Elle est curieuse, mais pas véritablement tentée. On peut
penser que, si elle en avait éprouvé le désir, le passage à l'acte
n'eût pas posé pour elle un vrai problème moral. L'aveu qu'on
trouve dans *Délivrance* est d'une autre sorte :

« Moi-même, j'avais fait naufrage, douée de trop de vitalité
pour jouer le rôle de seconde — le seul selon ma norme — auprès
d'un autre qu'un premier, auprès d'un autre que toi. En cette
impossibilité résidait le féroce égoïsme de mon sentiment. L'illu-
mination durait dans ma tête. Les inspirateurs resteraient malheureux, ne pouvant abdiquer entre les mains de personne. Les
inspiratrices, exposées à la même adversité, trouveraient cependant la joie en acceptant la maternité, cette abnégation devant la
plus extrême faiblesse, une fontanelle qui bat. Oui, la maternité
libre, en m'extorquant toutes mes forces, plus que toutes mes forces, me rendrait le bonheur. Tu m'avais ordonné l'avortement, par
amour pour toi m'avais-tu expliqué, et par amour pour moi. Si je
ne t'avais pas aimé : l'amour de moi-même m'eût, au contraire,
commandé l'enfantement [11]. »

Chercher à quel homme ce discours s'adresse semble inutile.
On est loin de sa première grande passion, Milan Stefanik. La
narratrice de *Délivrance* ne se présente pas comme une héroïne
romantique. Ici, au contraire, Louise prend soin de brouiller les
pistes pour qu'on ne l'identifie pas à son personnage. Elle se
dédouble même : la narratrice et la jeune femme dont elle est
amoureuse sont deux faces d'elle-même. Dans ce roman, l'amant
est vraisemblable. « Un premier », dit-elle, et surtout accordé à ses
goûts, à ses intérêts : Briand, la Ligue des Nations. On sait qu'elle
a aimé Élie-Joseph Bois mais on ignore — ou on doit ignorer —
qui des deux a rejeté l'autre. Découvrir l'identité d'un personnage
qu'elle s'est appliquée à masquer n'est pas le principal. Ce qu'elle
livre d'elle-même, avec une lucidité terrifiante, ce cri qu'elle n'a

pas maîtrisé et qui révèle sa détresse, sa fatale frustration, importe bien davantage. Elle reconnaît aussi son excès de vitalité qui l'empêche de « jouer le rôle de seconde ». Le « féroce égoïsme de [son] sentiment » l'entraînera jusqu'au fond de son malheur en ne lui permettant pas de réaliser son désir de maternité. Dans ses *Mémoires*, elle exprime ce désir à plusieurs reprises, et il reparaîtra plus tard encore. La vie ne sera jamais simple pour elle.

Au printemps 1937, Louise, alarmée par l'état du pays — « à feu et à sang », selon elle — part pour la Tchécoslovaquie, chercher du réconfort auprès de son ami Edvard Benès. Son interprétation des affaires intérieures de la France est très personnelle, on s'en est déjà rendu compte. À propos de ce voyage, elle mentionne « d'obscures émeutes à Clichy au cours desquelles André Blumel, directeur du cabinet de Léon Blum, fut blessé ». En fait, la fusillade de Clichy fit 5 morts et 500 blessés. Le gouvernement ayant refusé d'interdire une manifestation des partisans du colonel de La Rocque, les élus communistes et le maire socialiste de Clichy avaient appelé à une contre-manifestation. Les morts et les blessés étaient tous des contre-manifestants. On voit donc quel côté a choisi Louise. Mais, fidèle à ses convictions d'Européenne, l'occupation de la Rhénanie par Hitler, qui dénonce le pacte de Locarno, la tourmente davantage et elle sent clairement le danger qui se précise à Berlin.

À Prague, Louise sera déçue par Benès. Thomas Masaryk, malade, l'a désigné comme son successeur à la présidence de la République. Louise n'a pas oublié qu'à leur dernier entretien, Edvard Benès, influencé par un article d'Emil Ludwig, ne pensait pas devoir prendre Hitler au sérieux. Malgré les graves événements qui prouvent le contraire, le président de la République tchèque n'a pas changé d'avis. Il ne croit pas que son pays puisse être sacrifié aux ambitions du chancelier du IIIe Reich. Il fait confiance au pragmatisme de Léon Blum, et elle ne parvient pas plus que la fois précédente à le convaincre. Elle a d'autres entretiens politiques avec des dirigeants tchèques et apprend qu'à Belgrade le président du Conseil, Stoyadinovitch, a traité avec Mussolini, sans en informer Prague et Bucarest. Stoyadinovitch a également décommandé une conférence de la Petite Entente. Le ministre tchèque des Affaires étrangères, plus perspicace que Benès, y voit « la conséquence directe de la non-riposte française à la remilitarisation de la Rhénanie par Adolf Hitler ». Ce qui ne contribue pas à faire renaître l'optimisme de Louise. Mais ce séjour à Prague est tout de même pour elle une occasion de tenir une conférence de presse sur le féminisme français et de projeter le film sur les femmes et le suffrage, monté à partir des petits scénarios tournés grâce à Mme Massis, avec des femmes de divers milieux réclamant le droit de vote.

En mai 1937, Raymond Patenôtre, homme d'affaires très fortuné qui a été ministre dans le gouvernement d'Édouard Herriot et est encore député de Seine-et-Oise, offre à Louise d'écrire une série d'articles dans Le Petit Journal, dont il est propriétaire. Avec sa vigueur habituelle, elle expose les buts non encore atteints de La Femme nouvelle, sans manquer de souligner le fait que la présence de trois femmes ministres au gouvernement n'a pas aidé. Ses articles paraissent quotidiennement pendant une quinzaine de jours. Ils sont commentés par la presse tout entière et la polémique s'engage. La directrice de La Femme nouvelle s'attend à remporter enfin une victoire quand Raymond Patenôtre, craignant de déplaire à ses amis politiques et à ses électeurs, lui demande de les interrompre, pour quelque temps. Les idées qu'elle défend lui sont chères, l'assure-t-il. Mais elle est sans illusion : sa collaboration au Petit Journal est terminée. L'une de ses plus fidèles collaboratrices, Jane Nemo, une féministe passionnée, engagée dans l'action depuis 1910 et qui participa à toutes les campagnes de La Femme nouvelle aux côtés de Louise, sachant que Patenôtre ajourne la collaboration de la journaliste, demande :

« — N'êtes-vous pas déçue ?

« Elle s'inquiétait à juste titre. Je n'avançais plus qu'avec peine, en serrant les dents, titubant de fatigue [12]. »

Il est certain qu'après une pareille rebuffade, Louise est à la fois révoltée contre cet univers masculin qui finit toujours par la rejeter, au mépris de la justice, quelle que soit l'importance de la cause qu'elle défend, et atteinte physiquement par la lutte menée contre soi-même pour ne pas perdre la face. Dans ses Mémoires, elle laisse éclater sa rage contre les socialistes qui, pour arriver au pouvoir, ont largement utilisé les communistes sur lesquels, ensuite, ils rejettent leurs fautes et elle dénonce également les machinations des « félons » de l'extrême droite qui ont trouvé en Jacques Doriot, renégat du communisme, le « futur dictateur ».

Bien qu'épuisée, Louise ne perd pas le désir de se battre et pour mieux se rendre compte de l'étendue des effets de la dissidence de Doriot, elle décide de poser sa candidature symbolique au conseil municipal de Saint-Denis, où se présente le chef du nouveau Parti populaire français. Jane Nemo la seconde avec maestria dans cette entreprise risquée et le récit des expériences dues aux relations imprévues de Jane ne manque pas de sel. Le jour du vote, les « femmes nouvelles », qui obtiennent, en trois heures de temps, dans cette banlieue défavorisée, 4 200 bulletins portant « oui », une fois de plus déposés dans leurs cartons à chapeaux, se retirent rapidement. Des bagarres étant sur le point d'éclater entre communistes et doriotistes. Des escouades de gardes mobiles quadrillent la ville et le commissaire de police prévient Louise qu'aucun attroupement n'est toléré. Les urnes-cartons à chapeaux doivent disparaître bien vite. Louise juge inutile d'exposer ses « femmes nouvelles » aux risques d'une émeute. Résultat des élections : les doriotistes sont largement battus par les communistes qui remportent plus de 10 000 voix sur 17 000 votants. Le score de la candidature de Louise est donc un succès. Elle s'est occupée de sa campagne avec tant d'ardeur, à cause du danger que représente Doriot, qu'elle a négligé d'observer de près ce qui se passait sur le plan national.

Ce même soir du 20 juin 1937, de retour à Paris, Louise apprend « vers minuit, comme recrue de fatigue [elle classait] dans [ses] archives les quatre mille bulletins de vote des citoyens et citoyennes de Saint-Denis, [que] Léon Blum remettait sa démission à Albert Lebrun [13] ».

Trois mois plus tard, Louise retournera à Prague, pour les funérailles de son vieil ami le président Masaryk. Dans cette ville qui lui est si chère, elle retrouve Léon Blum, qui a été délégué pour représenter le gouvernement français. Elle y retrouve également le recteur de l'université de Paris, Charléty, un ami, Fuscien Dominois, connu à Bratislava lors de son premier voyage, qui est devenu professeur de tchèque à l'École des langues orientales, et Jean Masaryk.

« Ému, il mâchonnait une rose détachée par lui d'une couronne du catafalque.

« — The Old One, le Vieux, est parti de son plein gré, fatigué de vivre, nous dit-il.

« La rose tournait au coin de ses lèvres. Il se voulait de sang-froid et toujours le prince de la ville. Cher Jean ! »

Chaque fois qu'il s'agit de lui, Louise trouve un ton juste et touchant. Il est l'un des rares êtres qui aient su lui inspirer de la tendresse.

À la fin de ce mois d'octobre, Louise se rend à Lille pour assister au congrès radical. En marge de ce congrès, elle organise un meeting de La Femme nouvelle. Dix-huit cents auditeurs et auditrices y assistent, la salle est comble ; les interventions d'oratrices d'horizons politiques différents sont toutes de qualité, se souvient Louise. Malgré ce succès, elle se rend compte qu'il est temps pour elle de songer à se livrer à une autre expérience. Un journaliste parisien à qui elle téléphone pour avoir un article lui répond : « Nos colonnes sont comptées. La place manque. »

« La place ! Un tout petit mot — un de ces petits mots sans rapport avec le drame que l'on traverse et qui brusquement le consomme », écrit-elle.

Une fois de plus, elle pense qu'il est inutile de continuer ce qu'elle a entrepris. Elle n'aime pas renoncer mais elle sait conclure. Et elle apprécie son propre courage, ce qui la console d'une certaine façon. Ce qu'elle observe durant les séances du congrès, où elle accompagne Herriot, la confirme dans sa décision. Sa lucidité et sa méfiance mêlées la poussent à croire à une situation plus tragique encore que celle où le pays se trouve réellement. À ses yeux, le féminisme n'est pas seul en danger. Elle en veut pour preuve ce qui arrive après le discours d'Édouard Herriot qui, avant de monter à la tribune du congrès, lui a dit : « Je pars à la recherche du réflexe national. Je ne me tairai pas avant de l'avoir trouvé. » À la fin de la séance, cet homme politique chevronné, à l'intelligence aussi déliée que son corps est massif, semble croire que ses paroles inspirées par un réel amour de la patrie et la terreur de l'avenir ont ranimé ce « réflexe national ». En l'écoutant, l'assistance bouleversée pleure, chante *La Marseillaise*. Louise ne partage pas son avis. Elle est certaine que ce discours magistral n'aura pas la suite que son ami espère. Et l'avenir lui donnera raison. Elle a surpris plusieurs appels téléphoniques de journalistes à leur rédaction parisienne. Ceux-ci prouvent, ainsi qu'elle le redoute, que « la trahison [est] partout ». Il est temps pour elle d'abandonner le féminisme à son destin.

XII

Les honneurs, l'amour et la mort

La catastrophe approchait, la majorité des Français ne s'en rendait pas encore compte, mais Louise se devait de ne pas se tromper et de ne pas tromper ses compatriotes en continuant de tenir un discours féministe qui ne mènerait à rien.

Les paroles et les manifestations ne suffisaient plus, il fallait entreprendre des actions concrètes dont les résultats devraient être immédiats. Louise formule ainsi son principal dessein :

« Associer les Françaises à la protection du pays en danger. Proposer leurs services à l'armée en mal d'effectifs — la presse s'inquiétait quotidiennement de la faiblesse de nos classes creuses — avait à mes yeux une double vertu : d'une part collaborer réellement à une défense qui ne serait jamais assez forte et, d'autre part, renouveler nos droits à cette égalité qui nous était encore refusée du fait, plaidaient certains, de notre dispense d'obligations militaires.

« Rien ne m'arrêterait[1]. »

Quel cri du cœur ! Il est certain que rien ne pouvait arrêter Louise quand elle croyait le moment venu de se consacrer à un nouveau projet risquant d'avoir un certain retentissement dans toute la nation.

Le résultat de ses campagnes féministes était loin d'égaler ce qu'elle avait espéré, pourtant Louise n'avait pas lutté en vain. Quelques progrès, qu'elle-même jugeait mineurs, modifiant le statut de la femme mariée, avaient été réalisés.

La Femme nouvelle est parvenue à faire envoyer par le Sénat, à sa commission de législation, un projet enseveli depuis sept années. Finalement ce projet, qui accordait aux femmes mariées leur capacité civile, fut scindé en deux et voté par la Haute Assemblée, en mars 1937. Mais il fallut attendre le vote de la Chambre jusqu'au 20 février 1938, pour que deux articles du Code civil fussent modifiés. Pour Louise Weiss, ce maigre résultat illustre bien la situation dans laquelle cette société dominée par les hommes entend maintenir les femmes. Elle sait comment ils peuvent éviter les changements sans paraître s'y opposer. Elle détaille comment l'exécution de ceux-ci a pu être repoussée, et raconte de la même façon comment les ministres, plus ou moins intéressés, dont dépendait la nouvelle rédaction des textes se sont succédé, suivant l'usage de la IIIe République où les ministères ne duraient jamais longtemps. Elle ne manque pas de souligner que les femmes ministres nommées par Léon Blum ne purent même pas se targuer d'avoir aidé à obtenir quoi que ce fût, puisque le gouvernement du Front populaire avait démissionné quand la modification du Code civil fut votée.

« Il s'agissait du fameux problème de l'obéissance que la femme devait à son mari », écrit Louise qui cite les rectifications apportées à l'article 213 et à l'article 215 du Code civil. Dans l'article 213, au lieu de l'alinéa unique du texte ancien : « Le mari doit protection à sa femme ; la femme obéissance à son mari », il y eut deux alinéas :

« 1. Le mari, chef de famille, a le choix de la résidence du ménage ; la femme est obligée d'habiter avec son mari, celui-ci est tenu de la recevoir.

« 2. Un droit de recours au tribunal, etc. »

Et le texte ancien de l'article 215 : « La femme ne peut rester en jugement sans l'autorisation de son mari, quand même elle serait marchande publique ou non, commune, ou séparée de biens » devient : « La femme mariée a le plein exercice de sa capacité civile. Les restrictions à cet exercice ne peuvent résulter que de limitations légales ou du régime matrimonial qu'elle a adopté[2]. »

Je cite à mon tour ces deux articles et leurs corrections parce qu'il nous paraît aujourd'hui incroyable que ces lois eussent été encore en vigueur deux ans avant la Seconde Guerre mondiale. Et aussi pour souligner la différence qui existait entre la manière de vivre libre de la fondatrice de L'Europe nouvelle et l'existence de celles et ceux soumis aux obligations du mariage, sous ses différents régimes, aux servitudes des lois régissant les actes civils. Louise avait conscience de son statut de privilégiée, mais « seuls nos droits politiques importaient. D'eux découleraient tous les autres ». Elle n'oublia jamais ce qu'elle avait revendiqué en priorité pour les femmes : il n'était donc pas question pour elle de se contenter des résultats obtenus ; elle souligne, au contraire, leur peu d'importance. Elle voulait tâcher de prévenir tous les dangers futurs qu'elle sentait proches. Elle se montra, une fois de plus, pleine d'imagination, d'énergie et de savoir-faire.

En 1937, lorsqu'elle regroupe, en marge du congrès radical, des représentantes de tous les partis, Louise est persuadée, après le congrès, que les revendications féministes sont dépassées. Il est trop tard pour obtenir une quelconque égalité de droits. Et le temps presse. Elle veut, sans attendre, pouvoir réaliser son principal dessein. Elle trouve le pays terriblement en retard, aussi bien dans le domaine de la défense que dans celui de l'armement offensif. Croyant également au danger qu'elle attribue à la mystérieuse, et d'ailleurs hypothétique, synarchie, exclusivement masculine, comme il se doit, elle a l'idée d'engager les femmes à participer à la prévention d'une catastrophe qui les concerne autant que les hommes.

Il faut d'abord attirer l'attention du pouvoir pour obliger celui-ci à l'action. Les femmes devraient prendre part à cette action en s'enrôlant dans une forme non négligeable de la défense de la patrie. Pour frapper et informer ses concitoyens, la mise sur pied d'une organisation de la défense passive composée de femmes volontaires paraît nécessaire à Louise. Elle sait qu'elle aura beaucoup de mal. Elle a l'idée de créer une nouvelle association pour servir de base à ce qu'elle souhaite. Pourquoi pas une Union des Françaises décorées de la Légion d'honneur ? Les légionnaires ne se sont jamais regroupées. Elle les juge « patriotes mais timorées », mais n'est-ce pas normal de faire appel à elles ?

En 1938, quand se forme l'Union des Françaises décorées de la Légion d'honneur, celles-ci sont 3 000. Mme Colette est commandeur, Louise Weiss a déjà été promue officier ; on en compte alors une dizaine. Dans ses notes, elle a inclus un article de *Minerva* du 20 février 1938. Cette coupure de presse rappelle que la première femme décorée à titre civil fut Rosa Bonheur et que Napoléon Ier avait décoré lui-même Jeanne Schellinek, la première femme qui reçut cet honneur à titre militaire. Les légionnaires acceptent que soit placé sous leur égide le centre de propagande que Louise désire créer pour recruter et instruire ses volontaires mais elles n'ont aucune envie de s'occuper du mouvement que Louise veut lancer.

Pourtant, dès le début, leurs relations avec Louise sont bonnes, plus faciles et meilleures qu'avec les féministes. Évidemment, dans le récit qu'elle fait de ce qui se passe au centre de propagande ou à l'Union des Françaises décorées de la Légion d'honneur, Louise distribue quelques coups de griffe ici et là mais elle le fait en général sur le ton de l'humour et non sur celui de la colère. Les femmes légionnaires lui font confiance, elles l'apprécient et paraissent même bien l'aimer.

Louise est secondée par quelques femmes de qualité. Une avocate, Suzanne Grindberg, qui, depuis 1925, milite pour la capacité civile des femmes. Auteur de l'*Histoire du mouvement suffragiste depuis 1848* et *Le Droit des femmes et la nouvelle Constitution*, elle se battra encore, au lendemain de la Seconde Guerre mondiale, pour les droits de la femme mariée. Son nom et les titres de ses livres se retrouvent dans toutes les bibliographies des ouvrages traitant du féminisme. Entrée au palais en 1909, Suzanne Grindberg est plus âgée que la fondatrice de la Nouvelle École de la paix. Mais elles ont déjà travaillé ensemble dès le début de La Femme nouvelle et Louise la décrit alors comme étant jeune et jolie. Il y a aussi une infirmière, Mme Guérin-Charvet, « dont la rosette et les palmes, les blessures et les professions de foi [touchent] les cœurs », et une parente de Louise, Suzanne Gonse-Boas qui, en se consacrant à une œuvre humanitaire, se conforme à l'usage de leur famille : elle est présidente de La Nouvelle Étoile des enfants de France.

Au sein de cette Union des Françaises décorées, Louise s'occupe de la question, capitale selon elle, de la défense passive qui doit être organisée avec « célérité et efficacité ». Par la voie de L'Union, elle recrute des volontaires, envoie des représentantes à la Chambre pour protester contre le manque d'intérêt du pouvoir. Maryse Bastié et Mme Guérin-Charvet sont reçues par les membres de la commission de l'armée et leur expliquent comment elles conçoivent le rôle des femmes dans la défense passive. Louise note que Fernand Laurent et Édouard Frédéric-Dupont les soutiennent et soutiennent aussi le besoin de réformer « énergiquement » les méthodes de fabrication d'armements. Louise tient à se renseigner directement sur ce qui a été fait et sur ce qui reste à faire en matière de défense passive. Les résultats ne sont pas encourageants. Elle s'efforce d'aider, dans la mesure du possible.

En janvier 1939, elle va un matin, en compagnie de la baronne Surcouf, à la mairie du Ve. Elle veut établir la base d'une collaboration avec la mairie pour l'organisation de l'instruction des populations civiles du Ve. Elle s'aperçoit que le maire ne connaît aucune mesure relative à la défense passive, « ceci, quatre mois après l'alerte de septembre », précise-t-elle. Elle fait d'autres constatations du même genre, aussi décourageantes. La présence de la baronne Surcouf est destinée à donner du lustre à sa visite, Louise supposant que le maire sera sensible au nom et au titre. Elle essaie de mêler à ses démarches, à son action des titres, des décorations, des grands personnages, quand elle le peut[3].

Ainsi avec l'Union des Françaises décorées de la Légion d'honneur, en juin 1938, elle avait organisé un déjeuner au Crillon, pour la reine d'Angleterre, en visite en France. Elle y avait invité Georges Bonnet, le ministre des Affaires étrangères du gouvernement Édouard Daladier qui avait reçu l'investiture le 12 avril. Elle avait besoin de lui pour patronner une importante association d'aide aux réfugiés fuyant les persécutions ordonnées par Hitler. Association dont elle s'occupait très activement.

Depuis la création de l'Union des Françaises décorées, des événements avaient précisé la menace que Hitler faisait peser sur le monde. Mais, comme l'écrit Louise, « l'anti-agressivité du pays prenait une forme obsessionnelle, maladive[4] ». Après l'*Anschluss* et avant l'invasion de la Tchécoslovaquie, elle se rend à Londres, afin de savoir si les Anglais défendront les Tchèques. Elle fait parler Corbin, l'ambassadeur de France, et Roland de Margerie, le ministre plénipotentiaire, car Daladier et son ministre des Affaires étrangères vont et viennent entre Paris et Londres pour s'entretenir avec Neville Chamberlain et lord Halifax. Louise ne se fait pas d'illusions. Elle est trop immergée dans la politique pour ne pas prévoir ce qui va se passer, mais elle sait qu'il n'en est pas de même pour la majorité des Français. Et le délire de joie qui accueille Daladier à son retour, après la signature des accords de Munich du 30 septembre 1938, prouve qu'elle a raison.

Moins d'un mois plus tard, à Marseille, Louise assiste encore au congrès radical-socialiste, le dernier avant la Deuxième Guerre mondiale, abrégé par l'incendie qui ravage la Canebière, détruisant complètement un grand magasin, Les Nouvelles Galeries, et endommageant le Grand Hôtel. Louise réussit à sortir ses valises de sa chambre, malgré l'épaisse fumée qui la suffoque et l'eau qui gicle des tuyaux percés. Dans le train du retour, Paul Marion, le rédacteur en chef du journal de Doriot, qui deviendra ministre sous Vichy, lui démontre comment la haine des communistes, qu'il accuse d'avoir des dépôts d'armes et de munitions, conduit à pactiser avec les Cagoulards. Il lui propose des leçons de propagande pour son volontariat féminin.

Louise n'a certes pas besoin de ce genre de leçons. Elle sait fort bien présenter les causes qu'elle veut défendre. Les tracts qu'elle a rédigés et largement répandus, pour son centre de propagande, sont des modèles de clarté. Voici un extrait de l'un d'eux, simple et net : « ... il est apparu à notre centre de propagande que la meilleure façon d'utiliser pour la défense du pays l'énergie des femmes françaises, était l'organisation d'un *service national féminin* qui mettrait à la disposition des institutions civiles et militaires, publiques ou privées, des volontaires libres et disciplinées ».

Louise ne manque pas d'énumérer dans ses *Mémoires* les masques à gaz qui manquent longtemps, les rapports qu'elle porte elle-même au ministère de la Guerre, à l'état-major du général Gamelin et au Conseil supérieur de la Défense nationale, aux Invalides. Elle se décrit comme « infatigable vraiment et ne dépensant [ses] modestes ressources que pour cette prise de conscience nationale ».

Après l'*Anschluss*, le centre de propagande pour le volontariat reçut des milliers d'engagements et de demandes d'engagements qui, comme il avait été convenu, furent remis à la préfecture de Police, mais les signataires ne furent jamais convoquées. Édouard Daladier, interrogé, répondit à Louise qu'il ne s'inscrirait jamais en faux contre sa propagande patriotique, qu'officiellement il l'encouragerait toujours mais que ses dossiers seraient enterrés, ses volontaires jamais incorporées. « J'avais complètement oublié que la politique intérieure devait rester la première préoccupation d'un élu, fût-il ministre de la Guerre, tandis que l'Allemagne envahissait tranquillement la Tchécoslovaquie et qu'Edvard Benès, en fuite après l'annexion des Sudètes par le IIIe Reich, connaissait à nouveau les affres de l'exil. » Toujours prête à la lutte, essayant encore de sauver ses femmes volontaires, Louise va trouver le président de la République, qui a été le camarade de son père à Polytechnique. Elle a avec Albert Lebrun un dialogue de sourds.

Louise reverra le président de la République. En juin 1939, à l'exposition de la sécurité, c'est elle qui lui présente les formations féminines de la défense passive. Une photographie la montre, vêtue de la même cape que celle des volontaires, mais, tête nue, elle ne porte pas la toque avec une plume sur le côté droit, dirigée vers l'arrière, qu'arborent les autres.

Le rôle qu'elle semble prendre plaisir à jouer est destiné avant tout à faire réussir ses projets et aussi à lui permettre d'occuper dans la société une place prépondérante. Ce désir de se faire reconnaître, ou même tout simplement connaître, de voir et d'entendre prononcer son nom vient aussi chez elle du besoin d'être encouragée, soutenue. Mais il engendre un vrai problème et rend difficiles ses relations avec autrui. Son abord n'est pas simple, l'apparence est trompeuse. Louise paraît trop sûre d'elle, méprisante, diront certains, alors qu'en réalité il y a en elle un fond de doute et de malheur que rien n'effacera jamais.

Durant cette période où agir sans retard est nécessaire, la totale incompréhension ou la mauvaise foi auxquelles se heurte Louise décourageraient tout un chacun. Elle se répète qu'elle n'a pas le droit de se laisser démoraliser. Elle doit continuer, faire face à chacun de ses projets. Et, dans cette situation, qui s'aggrave de jour en jour, ses compatriotes ne sont pas ceux qui risquent le plus. Des étrangers sont plus exposés et se trouvent dans la dramatique condition d'immigrants. Louise assure qu'elle connaît déjà alors l'existence des camps de concentration, il faut donc qu'aboutisse son autre projet majeur : l'aide aux réfugiés. Elle dit avoir « arraché » à Georges Bonnet le décret constitutif de l'association officielle du Comité des réfugiés dont elle est secrétaire générale, qui parut le 31 décembre 1938. Elle dit aussi que « les persécutions d'Adolf Hitler contre "la race maudite" laissaient, à cette date encore, la moyenne des Français assez incrédules. [...] En vérité, les horreurs glacialement organisées par Adolf Hitler dépassaient la compréhension latine totalement allergique à ce sadisme collectif. Parlementaires et journalistes refusaient de me croire lorsque je leur produisais la liste des camps de concentration. Élie-Joseph Bois du *Petit Parisien* m'avait renvoyée avec un haussement d'épaules ».

Au début de ses négociations avec Georges Bonnet pour obtenir la reconnaissance de son Comité des réfugiés, Louise est invitée à déjeuner par Jacques Helbronner, parent par alliance qu'elle n'avait pas vu depuis trente ans... Il représentait les Rothschild, et elle le juge tout de suite dévoré d'ambition, misérable, malgré le grand train de vie qu'il mène. Elle se rend compte que, « représentant d'un Consistoire israélite riche », il va tenter de plaider contre les réfugiés. Il transforme le « haut comité » de Louise en « haut commissariat à la tâche extrêmement vaste ». Et l'invitée de Jacques Helbronner affirme dans ses notes qu'il s'empare de toutes ses idées. Ensuite, il essaie par un certain nombre de coups de téléphone, pense-t-elle, de l'évincer d'un comité « entièrement dû » à son initiative [5].

Ce comité, Louise est particulièrement fière de l'avoir constitué. Elle est sensible au sort des réfugiés, à cause de son passé de pacifiste qui a vu mourir ses espoirs d'entente entre la France et l'Allemagne, avec l'ascension d'Adolf Hitler et l'échec de la SDN. Elle est aussi la rebelle qui a choisi de mener une existence différente de celle des membres de sa famille, tout en gardant avec eux des relations régulières. Elle sait que le côté Javal, dans son ensemble, approuve la position d'« un Consistoire israélite riche » et elle n'a jamais été d'accord avec eux sur ce point. Mais elle n'en parle pas.

Il y a ainsi, dans la vie de Louise, certaines contradictions qu'elle désire laisser dans l'ombre. Ces contradictions sont dues à son caractère, tout à la fois imaginatif et passionné. Regardant d'aussi près que possible les traces qu'elle a laissées, il m'est arrivé plus d'une fois de devoir retourner en arrière, pour ne pas juger de manière injuste un comportement dont j'oubliais qu'il était celui d'une femme née au XIXe siècle. Le plus souvent, Louise m'est apparue comme appartenant à notre époque. C'est un des aspects les plus surprenants de cette femme. Spontanément, on la compare plus volontiers à nos contemporaines qu'aux siennes.

Après trois mois de siège en règle du ministre des Affaires étrangères, Louise était heureuse d'avoir « abouti à une prise de position gouvernementale conforme aux plus hautes traditions spirituelles de mon pays ». Le comité, créé par un arrêté ministériel du 29 décembre 1938, avait pour président le ministre, Georges Bonnet, qui assista à sa séance inaugurale avec l'archevêque de Paris, le cardinal Verdier, le grand rabbin, le pasteur Boegner, chef de l'Église réformée, le président de la Croix-Rouge, le marquis de Lillers, François Mauriac, Jean Mistler, Georges Risier, Georges Rivollet, M. de Nalèche, Jules Romains et Louise, qui en était la secrétaire générale [6]. « Nous venons de recevoir 100 000 réfugiés allemands considérés comme non aryens dans leur patrie

d'origine. Notre devoir est de venir en aide à ces malheureux »,
dit le ministre Georges Bonnet. La secrétaire générale du comité
savait déjà que ce devoir, qu'elle avait su garder tel qu'elle l'entendait et dont elle avait réussi à le convaincre, n'allait pas être
simple à mettre en œuvre.

Adolf Hitler expulsait aussi des catholiques, des socialistes qui
lui résistaient. Il y eut également, pendant la Guerre civile,
500 000 réfugiés espagnols, alors que la conjoncture internationale
ne cessait de s'aggraver. Les États-Unis s'abritaient derrière leurs
quotas légaux, l'Angleterre ne voulait décider qu'après examen
des dossiers individuels, et, dit Louise, « même les israélites français redoutaient que cet afflux de coreligionnaires étrangers misérables, agités, incompréhensibles, ne fît monter l'antisémitisme
que les Camelots du Roi, les Croix-de-Feu, les doriotistes, les
synarques et les Cagoulards avaient allumé[7] ».

Louise n'était pas à court d'idées pour trouver du travail à ces
gens qui avaient dû tout abandonner. Elle prévoyait même
comment les fabricants de joaillerie fantaisie des Sudètes israélites
pouvaient s'installer dans le Doubs et dans le Jura en s'engageant
à employer de la main d'œuvre locale. Ils eussent été « une
aubaine fantastique » pour la Franche-Comté. Elle plaida en vain
leur cause auprès du ministère du Commerce. Les chambres patro-
nales et les syndicats ouvriers de Dôle et de Besançon ne surent
pas saisir cette occasion qui leur eût apporté la prospérité alors
qu'ils vivotaient. Mais Louise a aussi noté que dans une ferme de
Chênehutte-Trèves-Cunault en Maine-et-Loire s'étaient installés
des colons agricoles sémites qui ne mangeaient pas de porc et
voulaient présenter un magnifique cochon au concours agricole
d'Angers, ce qui déchaîna des protestations[8].

Les démarches que Louise et ses collaborateurs durent faire
pour régulariser les situations administratives, trouver des emplois,
des logements, apaiser les mécontents ou augmenter les secours
attribués aux plus démunis furent innombrables. Il fallait aussi se
méfier des espions que le Reich envoyait sous le couvert de ce
statut de victime de son abominable régime. Ce n'était pas une
tâche facile. Louise assure avoir découvert quelques-uns de ces
agents qui s'étaient présentés au comité.

La secrétaire générale du Comité fut aussi mêlée à l'odyssée du
Saint-Louis, un paquebot de la Hamburg America Linie qui avait
embarqué à Hambourg 930 émigrants. Munis de certificats de

débarquement payés fort cher, ces passagers israélites devaient s'établir à Cuba. Mais, à leur arrivée à La Havane, le 29 mai 1939, le président Laredo Brú ordonna à la police de les empêcher de débarquer. Des scènes déchirantes eurent lieu, Laredo Brú ne se laissa pas fléchir. Les autres États américains refusèrent, eux aussi, de laisser débarquer les émigrants. Le *Saint-Louis* dut remettre le cap sur Hambourg. Les associations juives qui essayèrent de négocier avec le ministre des Affaires étrangères de Cuba échouèrent elles aussi et, le 9 juin, Louise fut alertée par l'OSE et l'American Joint Committee. Elle se précipita au ministère de l'Intérieur, chez Albert Sarraut, qui promit de lui donner une réponse le 12.

Ce jour-là, Louise retourna au ministère avec Victor Basch, président de la Ligue des Droits de l'homme, le R.P. Riquet, représentant l'archevêque de Paris, quelques autres personnalités politiques ou représentants de sociétés caritatives et Morris C. Troper, chargé par l'American Joint Committee de garantir au gouvernement français que son association prendrait en charge l'entretien des réfugiés qui pourraient débarquer. D'autres négociations avaient été menées par l'organisation américaine à Bruxelles, à La Haye, à Londres, et Albert Sarraut assura que si la Belgique, la Hollande et l'Angleterre acceptaient chacune un quart des passagers, la France en accueillerait autant. « Sa morale républicaine était élevée. Il s'excusa de ne pouvoir faire mieux, ajoute Louise. D'autres bateaux étaient attendus chargés d'autres transfuges refoulés d'Amérique du Sud. *Le Flandre*, notamment, allait accoster à Saint-Nazaire avec 96 Israélites que personne ne songeait à se partager [9]. »

Mais l'intervention de Louise n'était pas finie. Avec Morris C. Troper, elle se rendit au ministère des Affaires étrangères pour obtenir des autres États la confirmation de leur décision. Ce qui ne se fit pas sans mal. Puis, Troper et son épouse l'invitèrent à les accompagner à Anvers où le *Saint-Louis* devait accoster. Louise raconte que son embarquement et celui de Mrs Troper furent contestés par les autorités du port qui, redoutant la violence de la houle, entendaient refuser aux deux femmes l'accès à la vedette qui les conduisit jusqu'au flanc du paquebot, avec ses cuivres qui « étincelaient », sa coque blanche et son pavillon à croix gammée. L'apparition des passagers, groupés selon leur âge, ayant revêtu leurs plus beaux atours, les échanges de propos entre sauveteurs et sauvés, les commentaires, toutes ces surprises, ces découvertes ne vont pas sans incidents et le récit de Louise est à la fois pittoresque et émouvant.

Morris Troper et l'American Joint Committee estimaient avoir une dette de reconnaissance à l'égard de la France qui avait accueilli tant de leurs coreligionnaires en détresse. Louise, interrogée pour savoir quel soulagement l'association pourrait apporter à l'ensemble de la population, demanda des fonds afin d'établir au cœur de Montmartre une cantine où les femmes, les mères, les filles de mobilisés « et d'autres esseulées » recevraient gratuitement des repas chauds. D'autres souscriptions bénévoles vinrent bientôt s'ajouter à l'argent donné par le Joint et la réalisation de ce projet fut ainsi possible. Louise baptisa Cantine de Mimi Pinson ce centre installé 81 rue Lepic, dans les dépendances du « Moulin de la Galette ». où trois cents repas furent servis en trois quarts d'heure, six jours sur sept.

Elle comptait beaucoup sur sa cantine pour réconforter ces femmes pauvres. Mais tout ne se déroula pas comme prévu. Ses « obligées », ainsi qu'elle les appelle, « munies de leurs gamelles, et quelquefois d'un tricot, arrivaient inutilement dès potron-minet, devant nos portes fermées. Là, dans le chaleureux inconfort d'une illusoire solidarité, elles bavardaient si frénétiquement qu'elles soupiraient de regrets dissimulés par des "Enfin !" lorsqu'elles entendaient grincer les gonds du Moulin [10] ». Louise découvre rapidement que celles qui se présentent pour recevoir ces repas ne sont pas toujours celles qui en ont le plus besoin. Elle dit aussi que le parti communiste, dont dépend le bureau de bienfaisance de la mairie, n'est pas prêt à aider à une meilleure distribution. Un jour, certaines se révolteront et l'invectiveront, mais Louise ne se trouble pas et sait répondre.

En la lisant, j'étais parfois étonnée de ses découvertes qui montrent son absence de contact avec la rue ; et je me suis rappelée avoir éprouvé la même surprise, autrefois, en entendant des hommes politiques parler avec étonnement des gens avec qui ils avaient été en contact et s'étaient entretenus, brièvement, au cours d'une campagne, d'une réunion publique quelconque. Louise semble avoir veillé à ce que Mimi Pinson survive tout le temps de l'Occupation. Elle s'est occupée de sa cantine avec une certaine ardeur, comme elle s'occupait du comité des réfugiés. Et elle resta en relation avec les Troper, qui furent, d'une certaine manière, de vrais amis pour elle. Mais la façon dont Louise évoque l'amour que Mrs Troper portait à son mari donne la mesure de l'exotisme qui marquait pour elle cette femme et le monde d'où venait le couple.

Il est aussi certain que pareil amour conjugal sera toujours étranger à Louise. Elle n'en a pas eu l'exemple chez ses parents où seul le sens des engagements pris, celui de la famille et celui du devoir, empêchait le mariage de se dissoudre. Que dire d'une lettre de son père, du 19 août 1938, sauvée par Louise ? Paul Weiss, lui-même en convalescence après les premières attaques de la maladie de Parkinson, lui écrit à propos du peu de résultat d'une cure à Châtelguyon dont elle s'est plainte. Il affirme : « On est solidaire de ses ancêtres. De moi, tu as la claire intelligence mais aussi la violence de la passion. De maman, tu as la liberté d'esprit et le sens social mais aussi la terrible obésité sémitique [11]. » D'après ses photographies, Mme Paul Weiss ne paraît pas avoir souffert d'obésité, sémitique ou non. La liberté d'esprit et le sens social de sa fille sont certainement plus grands que les siens. À partir du moment où Louise a commencé de réussir, elle ne l'a plus aidée ni même soutenue. Quant à Paul Weiss, il ne se montre pas particulièrement aimant, ni comme père ni comme mari.

Durant ces années où la paix chancelle, Louise rencontre celui qu'elle appelle le « Chevalier de Saint-Magloire », la plus grande passion de sa vie. L'avance qu'elle a sur son siècle est, peut-être, une des raisons de ses erreurs en amour. Les hommes qu'elle a voulu séduire parce qu'elle leur attribuait une sorte de génie ou une intelligence exceptionnelle, comparable à celle de son père, l'ont redoutée. Ils craignaient que sa présence à leur côté ne ternît leur image et ils ont fui, comme Stefanik et Bois. L'humilité ou la candeur sont nécessaires pour accepter la supériorité intellectuelle de Louise. Ou bien, comme le « Chevalier », l'homme doit vivre dans un monde différent, sans se soucier du sien et de l'avance qu'elle a sur lui.

L'histoire du « Chevalier » est d'une si grande importance pour Louise qu'elle parle de lui dans ses *Mémoires* beaucoup plus longuement que de Stefanik, son premier amour. Elle la raconte aussi dans son roman-fleuve *La Marseillaise*. Ce sujet aura donc, plus tard, la place qu'il mérite.

Quand la directrice de La Femme nouvelle décide d'abandonner ses campagnes féministes, le « Chevalier » fait déjà partie de sa vie. Elle ne le mentionne pas parce qu'elle possède ce don, rare

chez une femme, surtout à son époque, de séparer la vie professionnelle — ou publique, dans son cas — de la vie privée.

En 1938, Louise était toujours aussi amoureuse du « Chevalier ». Son divorce avec José Imbert fut prononcé le 7 novembre
de cette année-là. Elle avait décidé de divorcer après sa rencontre
avec le « Chevalier » qui, croyait-elle, allait changer sa vie bien
davantage que ne l'avait fait son mariage. L'architecte rêveur et
musicien avec son séduisant timbre de voix, son accent russe, lui
avait donné le statut d'épouse qui, encore à l'époque, n'était pas
négligeable, reconnaît-elle. Porter une alliance arrêtait bien des
commentaires malveillants dont la célibataire qu'elle était demeurée trop longtemps, selon les préjugés des autres, avait enduré les
dommages.

Louise, certainement belle, encore jeune et auréolée de succès
divers, avait rencontré le « Chevalier » dans le monde parisien.
Elle l'avait tout de suite remarqué car ses manières d'homme bien
élevé étaient empreintes d'une certaine maladresse, due au manque d'habitude des salons, écrit-elle. Elle le surnomma le « Chevalier de Saint-Magloire » et ne dévoila jamais son nom. À ses yeux,
il présentait, alliés à la beauté virile, à l'élégance de l'allure et à
la classe d'un véritable aristocrate, le sens de l'honneur, le courage, la droiture, qualités dont elle avait toujours rêvé : « Il n'aspi-
rait qu'à dépasser ses forces, à souffrir, à secourir, à réformer.
Ce besoin s'expliquait indéniablement par une certaine faiblesse
intime, souchée sur la nostalgie constante de se conduire en preux.
Déjà tout jeune, le quotidien, l'habituel, lui paraissaient entachés
de compromission. C'est pourquoi il avait été, à dix-huit ans, l'un
des plus admirables combattants de la cote 108 sur l'Aisne et c'est
aussi pourquoi il avait choisi — décision insolite en son milieu
social — le métier d'agriculteur. Il ne se voulait point d'autre
maître que le Temps [12]. » Il plaisait à Louise d'aimer un homme
si singulier. L'idéalisme qu'elle lui attribue tout de suite l'émer-
veille. Elle décèle aussi une certaine pureté (nostalgie de ce qu'elle
n'a pas ?), qu'elle a cru trouver également en Milan Stefanik,
parce que ce dernier était pauvre, brave et prêt à combattre pour
l'indépendance de son pays. Son nouvel amour appelle plus encore
son imagination. En fait, il appartient au même monde qu'elle. Ils
ont reçu la même éducation, ils ont été soumis aux mêmes règles.
Les traces que cela a laissées dans le comportement du « Chevalier », elle les reconnaît. Il y a les mêmes en elle. Mais elle s'atta-

che, au contraire, à souligner leurs différences ; parce qu'elle
souhaite présenter cet homme comme un preux vivant en marge.
Elle tenait à montrer qu'elle avait vécu avec lui une vraie grande
histoire d'amour, avec tous les éléments d'un conte de fées,
oubliant et voulant faire oublier la réalité dans laquelle elle s'était
elle-même plongée en fondant le Comité d'aide aux réfugiés chassés d'Allemagne et d'Europe centrale et en se mêlant aux autres
organisations nécessaires pour tenter de soulager les victimes de
la barbarie nazie. Avec le « Chevalier », elle veut entraîner les
lecteurs dans un monde de rêve. Son bien-aimé fut tué au combat,
avant que n'eussent commencé en France les persécutions raciales.
Peut-être n'y croyait-il pas tout à fait et elle ne pensait pas non
plus à ce danger-là en ce qui les concernait. C'est sans doute la
raison pour laquelle elle choisit de ne pas mentionner sa judaïté.

Dans le volume suivant de ses *Mémoires*, intitulé *La Résurrection du Chevalier*, après avoir raconté une visite qu'elle fait à la
mère de son amant mort, elle ajoute : « Hélas ! plus tard, cette
inoffensive créature fut emportée, avec son époux, par les pour-
voyeurs des fours crématoires. Rien ne leur eût été plus facile que
d'échapper à l'univers concentrationnaire d'Ahi. Mais embastion-
nés dans un conformisme mondain dont même un cataclysme ne
pouvait les faire sortir, ils se refusaient à comprendre qu'agir cyni-
quement, en falsificateurs d'identité, représentait pour eux, qui
n'avaient jamais menti à personne, la seule issue possible. Ils ne
pouvaient s'imaginer que les privilèges des honnêtes et riches pos-
sédants devenaient illusoires quand les passions raciales, manœu-
vrées par un paranoïaque, entraient en jeu [13]. » En évoquant le
comportement et le sort des parents du « Chevalier », elle ne cache
pas leurs origines. Elle montre à la fois le milieu, proche du sien,
qui est celui de ce compagnon et comme il s'en est échappé.

Le « Chevalier » s'était, pour sûr, éloigné de la manière de vivre
de sa famille, mais il en gardait les principes moraux. Il s'occupait
d'un vaste domaine qu'il possédait dans la Brie. L'intérêt qu'il
portait aux paysans, au travail qu'ils faisaient ensemble captivait
Louise, qui dut très vite admettre que le « Chevalier » était un
homme du passé. Autant que le sol de la patrie auquel il s'était
voué, il aimait l'armée où il était demeuré, avec le grade de lieutenant de réserve, et faisait confiance à ses chefs. Malgré leur bonheur, Louise était inquiète. Elle n'avait pas oublié sa haine de la
guerre, les lettres envoyées du front par son frère Jacques qui se
refusait à tuer d'autres hommes, et par ces cousins, ces amis de

leur jeunesse qui ne revinrent jamais du front. Dès le commencement de sa liaison avec le « Chevalier », elle savait quel danger ils
allaient devoir affronter. Elle voyait venir la guerre et son héros, à
la fois agriculteur et gardien d'un fils, avait la possibilité d'échapper à la mobilisation, mais n'accepterait sûrement pas de le faire.

Le « Chevalier » l'entraînait sur une voie différente de celle
qu'elle avait choisi de suivre. Avec son côté bohème, artiste, la
vie de José Imbert ressemblait davantage à celle qu'elle avait
menée jusque-là. Le « Chevalier » n'avait sûrement pas la liberté
de comportement du mari de Louise. Les châteaux de la région et
d'ailleurs semblent avoir été les endroits qu'il fréquentait. Louise
énumère ceux où ils furent reçus ensemble, bien qu'elle eût
annoncé qu'il n'était pas mondain. Elle a également apprécié ces
châteaux, qui ne sont pas n'importe lesquels : Bois-Boudreau chez
les Greffulhe, Crenille chez le duc de Massa, Croissy-Beaubourg
chez les Puerari, Ferrières chez les Rothschild, Lagrange chez la
comtesse Charlotte de Lasteyrie, Tournan chez les Pereire, Vaux-
le-Pénil chez la princesse de Lucinge, Vaux-le-Vicomte chez les
Sommier. La liste est longue mais les noms connus des propriétaires de ces châteaux célèbres valent d'être cités parce qu'ils sont
si divers, bien qu'appartenant au même monde. Il faut aussi noter
que les amis proches du « Chevalier », comme Denys de Champeaux avec lequel Louise se lia ensuite d'amitié, faisaient tous
partie de l'aristocratie.

Pourquoi alors Louise affecte-t-elle de croire qu'« il n'avait que
faire » dans un salon ? Elle l'a dit « fanatiquement » épris d'indépendance. Elle l'est aussi et l'a prouvé. Mais elle semble grisée
par le rôle qu'elle tient auprès de lui. On peut, bien sûr, être indépendant et aimer être reçu dans les châteaux. Ce qui était, sans
doute, le cas du « Chevalier » qui paraît également avoir voulu
distraire sa compagne, connue pour ses articles, reportages de
L'Europe nouvelle et de la Nouvelle École de la paix ; sans oublier
le tapage créé par les manifestations de ses « femmes nouvelles ».

La vie avait mis entre les amants un obstacle insurmontable :
le mariage du « Chevalier » et d'une femme devenue folle, raconte
Louise. « Autoriser l'homme que l'on aime à cohabiter avec la
déraison est, en soi-même, une impardonnable folie. Je la commis.
Et qui plus est de grand cœur », dit-elle. Elle s'attribue la décision,
ce qui est possible. Divorcer d'un conjoint malade mental est
interdit par le Code Napoléon mais Louise prétend que la procédure de divorce avait été entamée avant que la folie ne fût diagnos-

tiquée. Cet obstacle les protégeait à leur insu. Il entretenait en eux le sentiment d'être frustré de la présence constante de l'autre, ravivant leur désir et protégeant leur passion d'une certaine monotonie, de la lassitude qu'engendre le partage du quotidien. S'ils avaient vécu ensemble, une confrontation n'aurait pas manqué de surgir entre eux. Louise répète à plusieurs reprises combien elle eût souhaité que son grand amour entendît ses commentaires sur les événements. Cela l'eût dissuadé de se préparer à être la victime d'un sacrifice que rien n'exigeait de lui et qui fut inutile.

Dès le début des pages consacrées à la passion vécue avec le « Chevalier de Saint-Magloire », Louise annonce qu'ils furent séparés par la mort. Cette même mort brutale qui avait emporté Milan Stefanik. La femme pleine d'expérience qu'elle était devenue resta pendant des semaines dans l'incertitude. Le « Chevalier » avait été chargé de défendre le pont des Andelys pour empêcher l'ennemi de traverser la Seine. S'accrochant à l'espoir insensé qu'il avait pu se replier devant l'attaque allemande, elle se refusait de commencer le travail de deuil. Mais elle l'aimait trop pour ne pas sentir, au fond d'elle-même, combien sa version des faits, impliquant la fuite de la part du soldat si prêt à mourir pour la patrie, était fallacieuse. Quand enfin il lui fut impossible de nier la vérité, « le supplice qui m'avait aidé à vivre était terminé », écrit-elle. Ce supplice, elle l'avait préféré à admettre une mort, insupportable pour elle.

L'amour de Louise, évoqué par éclats, touche d'autant plus qu'on le sait condamné. Poursuivie par le malheur, elle ne parviendra jamais à s'en libérer, on l'a déjà constaté. Et la façon dont elle décrit sa vie avec le « Chevalier de Saint-Magloire », après la déclaration de guerre, a quelque chose de poignant. Elle est obsédée par une question essentielle à laquelle personne ne semble pouvoir répondre : « Que va-t-il se passer si les troupes allemandes envahissent la Belgique ? Quelles dispositions ont été prévues ? » Ces questions, elle les pose à tous les hommes responsables dont elle continue de rechercher la compagnie.

Pour évoquer ses souvenirs de femme amoureuse, elle n'abandonne pas le récit de ce qui l'a passionnée jusque-là. Elle rapporte, toujours à sa manière, ce qui se passe chez les militaires, comme chez les politiques. Quand le « Chevalier » a rejoint l'armée, elle déjeune et dîne plus que jamais avec des ministres, de hauts fonctionnaires, des généraux afin d'apprendre ce qui se passe. Tout en

sachant qu'il ne la laissera pas intervenir pour demander quoi que
ce soit, elle veut se tenir au courant. Elle sait même qu'il refusera
d'entendre les informations qu'elle recueillera. Elle ne manque
pas d'observer aussi la conduite de son amant, forcé par son grade
d'avoir des contacts avec ses pairs. Ainsi constate-t-elle qu'il se
garde contre la Cagoule comme il se méfie des francs-maçons de
sa région. Un camarade, « vieille tige » de 1918, qu'il appelle *fra-
ter insinuatorum* voudrait l'entraîner vers cette organisation dont
il ne soupçonne pas le danger et les alliances secrètes.

Ce IVe tome des *Mémoires* est plus près du roman, bien que
Louise y reprenne des faits historiques, des anecdotes personnelles
et des portraits d'hommes politiques, ses familiers d'alors déjà
évoqués dans le tome III. Elle rapporte et met en scène dans son
récit des événements qui touchent, encore une fois, aux problèmes
posés par les synarques, les Cagoulards ou les francs-maçons,
ainsi que ceux qui faisaient partie de ce qu'on a appelé la Cinquième Colonne, c'est à dire les agents nazis qui avaient infiltré
l'armée et la société à la veille de l'invasion du territoire. Ce livre
écrit des années plus tard montre bien, et involontairement, la
dichotomie qui existait alors dans sa vie.

Après le commencement de la guerre, Louise passe avec son
amant tout le temps que ce dernier peut lui accorder. Elle ne
ménage pas sa peine pour le rejoindre. En vraie amoureuse, elle
voyage dans des trains bondés, ne rentre à Paris qu'à la fin de la
nuit. Par ailleurs, lui-même semble plein d'attentions à son égard.
Elle est, sans doute, celle des deux qui fait le plus d'efforts pour
s'adapter à l'autre, mais il ne paraît pas s'en rendre compte.

Comme elle désire connaître son passé, lorsqu'il est en garnison
à Épernay, le « Chevalier » pense lui faire plaisir en l'amenant le
long de la route 44, voir, sur les bords de l'Aisne, les endroits où
il s'est battu pendant la Grande Guerre. Il est encore très marqué
par ce qui eut lieu alors. Sa manière de vivre, en 1940, ressemble
étonnamment à ce qu'il a vécu en 1917, l'année de sa terrible
blessure. Et Louise commence à mélanger d'une manière étrange
le passé et le présent. Elle en a conscience, tandis que lui, enfermé
dans une sorte de rêve d'héroïsme, ne s'en aperçoit pas.

Le ton sur lequel cette femme, qui avait une vocation de pionnier dans le monde politique, évoque cette partie de sa liaison avec
le « Chevalier » date curieusement. L'histoire d'amour et de
guerre qu'il lui fait vivre ressemble à une idylle tragique de la

Première Guerre mondiale où l'amante avait, parfois, le triste privilège de rejoindre son bien-aimé sur le front — privilège obtenu grâce à des interventions en haut lieu — et voyait de près l'horreur vécue par ces soldats. Ces quelques heures passées dans l'exaltation de leur amour avec l'homme qui ne la tiendrait plus jamais dans ses bras demeuraient à la fois comme le plus tragique et le plus magnifique des souvenirs.

Écrivant, ou récrivant ces pages, qu'elle date de 1939-1940, Louise avait le sentiment que le passé qu'elle évoquait n'était pas celui de l'époque où il se situait en réalité. L'épisode du « Chevalier » est empreint d'un romantisme qui sied à Louise et qui, certainement, appartenait à son personnage. Ce romantisme, elle en avait conscience mais elle ne voulait pas le laisser paraître. Il ne convenait pas à l'image qu'elle voulait donner d'elle-même. Jusque-là, les hommes qui passaient un moment dans sa vie, ceux qui demeuraient des camarades ou même des amis, liés le plus souvent à son action politique, ne devaient pas le soupçonner chez elle. Elle se voulait, vis-à-vis d'eux, forte, rationnelle, agressive et toujours triomphante.

Son « Chevalier », dont elle fait une sorte de figure de légende, connaît ses faiblesses, comme il connaît sa soif d'amour qui correspond à la fois à sa sensualité pressante et à sa sentimentalité d'adolescente. Elle s'est effondrée quand, après le 11 novembre 1939, les armées françaises avaient bougé, parce que des divisions allemandes s'étaient mises en marche le long du Rhin. Dans le roman écrit pendant l'Occupation et qu'elle a intitulé *La Marseillaise*, Louise raconte que l'héroïne — qui lui ressemble — est enceinte et perd son enfant alors que l'homme qu'elle aime reçoit un ordre de marche, à la suite de l'alerte du 11 novembre. Cet ordre de marche, le « Chevalier » le reçut ; il fut alors envoyé à Épernay. Dans le tome de ses *Mémoires* intitulé *Le Sacrifice du Chevalier*, Louise mentionne un autre enfant qui joue un grand rôle : le fils du « Chevalier » et de l'épouse mentalement déficiente, auquel elle s'attache, et dont elle sera séparée après la mort de son amant. Le désir de maternité était certainement très fort chez Louise, il resurgit à plusieurs reprises dans ses œuvres de fiction. Il semble donc possible que, dans la réalité, elle ait voulu et perdu un enfant du « Chevalier ». Elle dit également, dans *La Marseillaise*, que lui n'avait pas souhaité donner un frère ou une sœur à son fils, mais qu'il se montra ému par son chagrin. Manque et chagrin qui font aussi partie du malheur de Louise.

Après le 10 mai 1940, quand se déclenche la grande offensive et que la Belgique est envahie, Louise est persuadée que ses craintes les plus sombres vont se réaliser. Elle ne peut prétendre pouvoir empêcher le pire pour son amant. Elle veut simplement revoir le « Chevalier », être près de lui et qu'ils s'aiment encore une fois. La passion en elle est aussi forte qu'au premier jour. Elle est capable de tout braver pour le rejoindre aux Andelys. Elle le retrouve plus facilement qu'elle ne le prévoyait. Il paraît heureux et surpris de la voir mais n'a guère de temps à lui consacrer. Ils ne pourront même pas faire l'amour, dans l'une ou l'autre de ces maisons abandonnées où ils entrent brièvement, aussi brièvement que dans la chambre qu'il s'est attribuée. Elle loge seule à l'auberge et le sommeil la fuit toute la nuit. De retour à Paris, l'angoisse la reprend, elle ne parvient pas à maîtriser ses pressentiments. La vie qui va continuer pour elle ne sera plus jamais pareille.

XIII

Périples imprévisibles d'une femme célèbre

Ce qui paraissait fait de l'étoffe des cauchemars et que la France vivait depuis le 10 mai 1940, premier jour de l'offensive allemande vers l'Ouest, devint encore plus incroyable et épouvantable le 14 juin, quand les troupes allemandes défilèrent dans les rues d'un Paris sans regard. Trois jours plus tard, le maréchal Pétain déclara : « Il faut cesser le combat » et ajouta qu'il faisait « à la France le don de [sa] personne pour atténuer son malheur ». Il remplaçait Paul Reynaud, le président du Conseil qui avait démissionné la veille, poussé par l'attitude du président de la République. Albert Lebrun s'était rangé à l'avis de ceux qui, parmi les ministres, ne suivaient pas le président du Conseil dans son désir de poursuivre la guerre. Le 22 juin, le gouvernement formé par Pétain, dans un temps record, autorisa le général Huntziger à signer la convention d'armistice franco-allemande, qui entra en vigueur dès le 25. Selon cet accord désastreux, une ligne de démarcation allant du lac Léman à la frontière espagnole sur la côte atlantique coupait la France en deux. Les troupes nazies occupaient le territoire situé au nord de cette ligne et 1 800 000 prisonniers de guerre français furent emmenés en Allemagne. Dès le 11 juillet, Pétain promulgua les trois premiers Actes constitutionnels fondant l'État français, qu'il gouvernerait depuis Vichy.

Louise Weiss, jacobine suivant la tradition familiale, ne peut que déplorer l'arrivée au pouvoir du vieux maréchal. Elle a lutté, aussi bien avec *L'Europe nouvelle* qu'avec sa Nouvelle École de la paix, contre ce qu'il représente. Elle sait que la politique confirmant la défaite entraînera la ruine de la France et la perte de ses libertés. Le gouvernement ne ressemblera en rien à ceux de la IIIe

République qu'elle a observés de si près depuis ses vingt ans. Son angoisse à propos du « Chevalier », qu'elle veut encore croire en vie, ne devrait pas la priver de son désir de porter témoignage, ni de sa capacité de réflexion. Elle souffre pour le pays, aussi pour ses frères qu'elle aime et qui sont mobilisés. Et elle ne peut ignorer ce qui s'est passé à Londres, où le général de Gaulle — sous-secrétaire d'État à la Défense et à la Guerre du gouvernement Paul Reynaud, depuis le 6 juin, et nommé, ce jour-là, général de brigade à titre temporaire — est retourné, depuis Bordeaux. Avant de quitter le sol français, le nouveau général s'est entretenu avec Paul Reynaud et Winston Churchill, à Briare, et leur a fait part de son intention de continuer la guerre.

De Gaulle a choisi de partir parce qu'il a appris, par Paul Reynaud, que le général Weygand avait décidé de signer l'armistice et voulait sa démission. En Angleterre où il s'est rendu une première fois « pour demander des renforts pour la bataille de France », il allait, cette fois, demander « l'aide du gouvernement britannique et de l'Amirauté pour organiser et protéger des convois de France, portant nos troupes et nos moyens disponibles jusqu'en Afrique du Nord. Le gouvernement britannique était extrêmement favorable à cette opération[1] ». Le 18 juin, l'appel que ce général, à peu près inconnu et à peu près seul, lança sur les ondes de la BBC ranima l'espoir : « La France a perdu une bataille, elle n'a pas perdu la guerre. » Comment Louise Weiss, avec son passé politique, son habituel esprit de synthèse, a-t-elle pu manquer l'importance du message ? Même si elle n'a pas entendu la voix bouleversante par l'émotion contenue et l'élan qui l'animait. Certes, ce général n'était pas comme les autres. Mais, à cause de ses origines, elle l'a pris pour un maurrassien. En effet, le père de Charles de Gaulle, préfet des études au collège de l'Immaculée Conception, 389 rue de Vaugirard, « se définissait lui-même comme "un monarchiste de regret" ». Il était abonné à *L'Action française*. Mais « on découvre chez lui cette vision de la "continuité française" dont son fils fera une philosophie de l'histoire », écrit Jean Lacouture. Et puis, « s'étant pris peu à peu à douter de la culpabilité de Dreyfus, il le dit tout haut, en un temps où, dans son milieu, il y fallait de l'héroïsme[2] ». Le courage du père est, certainement, un exemple pour le fils qui se rallie à sa vision de « la continuité française » et dont Péguy et Bergson seront les maîtres, écrit le biographe « du jeune homme en uniforme ». Et plus loin : « Maurras ? *Le Fil de l'Épée* peut faire penser

à son esthétique néo-classique, à ses plaidoyers pour une politique
"positive". Mais en faisant appel à l'instinct contre l'intellectua-
lisme, de Gaulle tourne le dos au maurrassisme. On a vu, au surplus, à quel point sa vision unitaire de l'histoire nationale l'oppose
aux gens de l'AF. [...] De Gaulle ne se laissera jamais, ni de près
ni de loin, circonvenir par l'AF[3]. » Il m'a paru nécessaire d'invo-
quer le témoignage de Jean Lacouture car Louise Weiss revient à
plusieurs reprises sur le maurrassisme de Charles de Gaulle. Pourtant, elle aurait pu corriger son erreur de jugement en examinant
de plus près la manière de penser, de mener sa vie, les choix,
l'entourage du général. Mais elle refusera jusqu'à la fin de changer
d'avis.

Aussi, avec cette fausse image qu'elle s'est créée de ce qui se
passe à Londres, malgré ce qui devait la rebuter dans sa démarche,
dès le 20 juin 1940, elle obtient du ministère de l'Intérieur, adressé
à « Mlle Louise Weiss, publiciste », un ordre de mission pour les
États-Unis, « en passant par l'Espagne et le Portugal », et une lettre de recommandation de l'ambassadeur de France, portant la
même date et mentionnant la mission. Ces documents sont déposés à la Bibliothèque nationale[4] et leur date ne s'accorde pas avec
celles du récit que fait Louise de cette période dans le tome de ses
Mémoires, intitulé *La Résurrection du Chevalier*.

Dans ses *Mémoires*, après l'entrée en guerre de l'Italie, le
10 juin, Louise fuit la capitale, comme environ 2 millions de Parisiens. Elle part en voiture ; Juliette, sa femme de chambre, et son
chien Briton, un épagneul ayant appartenu au « Chevalier », l'accompagnent. Son but est de rejoindre sa grand-tante Sophie Wallerstein au château d'Arès, près d'Arcachon, où se trouve le
domaine de la vieille dame et où se réunit régulièrement la famille.
Sortie de Paris, elle comprend très vite qu'elle doit abandonner
les grandes voies et suivre des petites routes qui ne sont pas bou-
chées par le sinistre cortège des civils en proie à la panique. Ce
qui la conduit d'abord à Saint-Jean-de-Braye, sur la Loire, dans
les environs d'Orléans, chez Suzanne Grindberg. À l'arrivée de
Louise, l'avocate qui a dirigé avec elle le Centre de propagande
pour la grandeur du pays, patronné par les Françaises décorées de
la Légion d'Honneur, est en train de jardiner. Les échos « du
désastre de l'Exode » n'ont pas encore troublé la paix de sa retraite
campagnarde.

Comme tous ceux qui fuyaient devant les troupes nazies, Louise
a chargé sa voiture de ses biens les plus précieux, car que va-t-il

advenir ? Nul ne le sait au juste. La panique s'est emparée des populations devant la soudaine invasion. Rien ne semble pouvoir arrêter les soldats du IIIe Reich. La confusion a été plus grande encore quand a commencé le mitraillage des routes par les avions de Mussolini. La nation n'a jamais connu un aussi total désespoir. Louise confie ses tableaux à son amie qui accepte de les garder jusqu'à la fin du conflit. Elle, qui a tant redouté cette guerre, la découvre pire encore que ses plus sombres prévisions. Déchirée entre son angoisse concernant le « Chevalier » — pour ne pas employer le mot chagrin qu'elle refuse encore — et la douleur devant le désastre que subit le pays, elle a trop l'habitude de penser à sa carrière pour vivre sans projets. Mais ces projets, elle est prête à les modifier ou même à les changer complètement, selon ce qui se passera. Cela elle le sait déjà.

Toujours d'après ce même récit, l'accueil chez la tante Sophie est loin d'être aussi chaleureux que celui qu'elle a reçu chez Suzanne Grindberg, et Louise, exclue du château, doit prendre refuge, avec Juliette et le chien, chez la femme de charge. La vieille dame autoritaire, habituée à régner sur son immense domaine, jalouse depuis longtemps sa petite-nièce, dont elle ne supporte pas l'indépendance. De plus, elle pense qu'en ces jours pénibles la secrétaire générale du Comité des réfugiés est un danger public, qui attirera les foudres sur Arès. Elle reconnaît, terrifiée, que jusqu'au déferlement des armées nazies elle n'avait pas cru à la victoire d'Adolf Hitler [5]. À partir du 16 juin, Louise fait des allers et retours du château familial à Bordeaux où elle assiste au tumulte qui entoure la passation des pouvoirs au maréchal Pétain et où elle retrouve les hommes politiques qui lui sont si familiers. Elle sait prêter l'oreille à tous les potins. Elle rapporte aussi ses propres commentaires et ses conclusions.

Louise saisit immédiatement qu'adopter l'ordre nouveau institué par le Führer est le vœu du chef de l'État français et de ceux dont il a choisi de s'entourer. Avec sa plume de journaliste habile, elle trace des croquis rapides et vivants des personnages dès leur entrée en scène ; anciens politiciens et nouveaux venus, dont l'Histoire nous a fait, depuis, connaître les rôles. Elle rappelle ceux qui remplirent des fonctions ministérielles, ceux qui choisirent la clandestinité et aussi certains de ceux qui furent les victimes des tueurs du nouveau régime. Laval, qu'elle nomme toujours « Pedro », son cher Édouard Herriot, Paul Reynaud, qu'elle n'aime guère, Georges Mandel, qu'elle respecte et avec qui elle

déjeune au Chapon fin, un restaurant renommé de Bordeaux, lors
de son arrestation sur les instances de Raphaël Alibert. Elle
raconte aussi comment ce dernier abuse de la signature du maréchal et fait un faux pour empêcher l'embarquement prévu de parlementaires appartenant aux groupes politiques qui lui convenaient,
sur le *Massilia*. « Ce synarque ne songeait qu'à proscrire la continuité d'une République qu'il haïssait », écrit-elle. Elle connaît
bien le personnage, on se rappelle qu'elle l'avait choisi pour siéger
au premier conseil d'administration de la société civile qu'elle
avait créée pour lancer la Nouvelle École de la paix. Alibert lui-
même raconta comment il manœuvra pour retarder le départ du
Massilia, « par un mensonge et un faux », dans un récit qu'il fit,
en 1942, au député Fernand Laurent[6]. Des parlementaires, que
la manœuvre d'Alibert ne concernait pas, « agissant sur l'ordre
des présidents des Chambres (Jules Jeanneney, Édouard Herriot)
et de Paul Reynaud, président du Conseil, manifestèrent leur
volonté de continuer la lutte en décidant, le 16 juin 1940, de s'embarquer pour l'Afrique du Nord. Pour eux, il s'agissait de montrer
que la représentation nationale assurerait, en dehors de la métropole, la légitimité de la République et la poursuite de la lutte
contre l'ennemi », comme le rappelle Marie-Claire Mendès
France. « L'une des rares survivantes des passagers du *Massilia* »,
elle accompagnait sa mère, Suzanne Crémieux, vice-présidente du
parti radical-socialiste, et rappelle que « cet acte de résistance,
dans un climat de désespoir et de lâche abandon, n'a jamais été
pris sérieusement en considération[7] ». Le navire partit du Verdon,
le 21 juin 1940, pour aller à Casablanca, où les passagers croyaient
qu'ils pourraient continuer la lutte aux côtés de la Grande-Bretagne.
Ils étaient une centaine ; parmi eux, Georges Mandel — que le maréchal fait relâcher très vite —, Jean Zay, Pierre Mendès France,
Édouard Daladier, André Le Troquer, Yvon Delbos, Paul Bastid,
Pierre Viénot, Julien Cain, Jean Perrin. Ils étaient considérés comme
plus haïssables que l'ennemi nazi par Pétain et ses « amis ». Louise
Weiss démasque les stratégies employées par les thuriféraires du
nouvel État français pour faire réussir leurs plans et perdre les autres.
Les intrigues qu'elle esquisse dépassent en matière de félonie et de
cruauté tout ce qui s'était noué sous la IIIᵉ République.

Mais Louise écrit encore : « Ma décision de rester en France
était arrêtée pour les motifs que j'ai dits et que je répète. Je ne
voulais pas me dérober aux conséquences de mon action politique.
Je ne voulais pas abandonner les Françaises qui m'avaient suivie

à un sort qui ne serait pas le mien. Et, surtout, je voulais rester en mesure de répondre à l'appel éventuel du héros auquel la vie m'avait liée. Il ne serait pas honnête de prétendre qu'après avoir appris la fin du Chevalier, je ne me sois pas souvent condamnée d'avoir préféré la fidélité envers un mort probable à des amours incertaines avec la gloire[8]. »

Ces *Mémoires* — rédigés, je l'ai dit, fort longtemps après les événements — reflètent sûrement une vision et des convictions différentes de celles qui poussèrent Louise à quitter définitivement, le 26 juin, le refuge offert par la dévouée femme de charge de la tante Sophie et le château familial pour Bordeaux d'abord, puis pour Vichy où elle suivit le gouvernement dans ses nouveaux quartiers. Curieuse de ce qui allait se passer dans cette station thermale, que les Romains connaissaient déjà et où Mme de Sévigné avait résidé, elle voulait continuer d'observer. Toute cette agitation autour du vieux militaire l'intéressait. Elle la faisait aussi rêver d'une certaine façon. Louise était, depuis si longtemps, à la recherche d'un premier rôle.

Pendant les années où, remplie d'espoir sur le sort de la SDN, elle s'était liée d'amitié avec Briand, elle avait cru le moment venu d'obtenir une place importante qui lui eût permis de donner la mesure de son sincère pacifisme et de ses compétences. Ensuite, comme rien n'avait changé pour elle dans le monde politique français, comme elle avait été souvent déçue, meurtrie même parfois... et comme elle n'avait pas réussi à faire triompher son camp, après avoir tant œuvré contre une nouvelle guerre, elle était exposée, à présent, à se comporter comme un animal politique du sexe opposé, ne cherchant plus que la réussite personnelle.

Le 1er juillet, grâce « au banquier André Wormser », Louise s'installa, toujours en compagnie de Juliette et du chien Briton, à l'hôtel d'Ostende, à Vichy. Le lendemain, elle fut évidemment frappée par l'accident de voiture survenu à Paul Reynaud. Accident dans lequel la maîtresse de l'ex-président du Conseil, Hélène de Portes, avait trouvé la mort. Il est plusieurs fois question de la comtesse de Portes dans les *Mémoires d'une Européenne*. Cette femme, à qui son pouvoir sur son amant permettait d'exercer son influence sur le personnel politique et même sur les affaires de la nation, fascinait Louise. Pareil rôle n'était pas celui que la fondatrice de *La Femme nouvelle* eût voulu, mais aucun homme ayant une situation politique importante ne lui avait permis de le dominer de cette façon. Et, au cours de ses liaisons, le temps lui a toujours manqué. Même avec le « Chevalier », étranger à ce monde-là. La guerre était arrivée avant que leur passion ne fût vraiment assouvie, qu'ils eussent pu établir des relations ressemblant à celles d'un couple d'amis-amants.

Des décennies plus tard, dans son livre, Louise croit le moment venu d'apparaître en dame d'œuvre. Ce rôle n'était pas étranger aux femmes de sa famille, nous le savons déjà. La tante Sophie et les autres l'avaient tenu avec de grands moyens, pendant la Première Guerre mondiale, et la châtelaine d'Arès, en particulier, continuait, plus que les autres, à payer de sa personne pour s'occuper d'organisations caritatives, agissant surtout dans le domaine des soins médicaux et dans celui de l'éducation. Mais l'ex-directrice de *L'Europe nouvelle* déclare : « Tous les élans m'envahissaient qui, depuis ma jeunesse, m'avaient déterminée à soulager des détresses humaines. J'étais habituée à leur obéir. Je devais ces élans à l'amour d'autrui bu avec le lait de la culture que m'avait dispensée l'Université. » C'est l'image qu'elle veut donner d'elle-même et c'est aussi sans doute ainsi qu'elle se voyait. Pour réussir à construire un personnage auquel les autres peuvent croire, il faut y croire soi-même.

Ses amis américains, les Morris Troper, et certains parmi ceux que son Comité des réfugiés a sauvés lui avaient écrit des États-Unis qu'ils étaient prêts à assumer la dette de reconnaissance contractée envers elle. Louise forma le projet de se rendre à New York, afin d'obtenir de l'argent pour acheter des médicaments, du lait, des vivres de première nécessité pour les enfants français menacés par les conséquences de la défaite. Il serait aussi intéressant pour elle de voir ce qui se passait de l'autre côté de l'Atlantique, d'apprendre, sur le terrain, dans quelles dispositions étaient les dirigeants américains à l'égard de la France. Comment le blocus pratiqué par la Grande-Bretagne allait-il être appliqué aux denrées que la France devrait encore recevoir de son empire colonial ? Et quel serait l'avenir ? Que faire ?

Cette mission, utile à l'État français considérait-elle, Louise voulait aussi en tirer profit pour elle-même. Mais, contrairement à ce qu'elle lui écrivit dans sa lettre du 8 juillet 1940 citée plus loin, le Maréchal et les membres de son cabinet ne paraissaient guère penser aux conséquences des termes de l'armistice qui venait d'être signé avec Hitler sur le ravitaillement des Français, soumis à un rationnement qui ne manquerait pas de rendre, un jour prochain, son gouvernement impopulaire. Pour l'heure, tous ses ministres se préoccupaient surtout d'assurer leur position. Louise ne voyait pas encore clairement comment établir la sienne. Certains de ses contacts politiques et professionnels n'avaient pas encore été renoués. Sauf ceux qui s'étaient déjà frayés un chemin jusqu'à Vichy, on ne savait pas où se trouvaient les gens de connaissance, ni ce qu'ils comptaient faire. Le pays était toujours dans un état de désarroi total.

Habituée des milieux politiques comme elle l'était, il paraît surprenant qu'elle eût pensé trouver sa place à Vichy. Bien entendu, dans les manuscrits déposés beaucoup plus tard à la Bibliothèque nationale, elle ne dit nulle part qu'elle le souhaitait, et il ne peut, évidemment, en être question dans ses écrits publiés une trentaine d'années après la guerre. Mais en juin 1940, la Résistance était inconnue. Certains y songeaient déjà, cependant le mot, les actes n'existaient pas encore. Louise, qui avait lutté contre le nazisme, détesté dès le début à cause de l'antisémitisme qu'il proclamait, ne mentionne pas le désir de reprendre ce combat dans la clandestinité sous l'Occupation. On peut imaginer que fuir pour lutter ailleurs eût été son but majeur. Partir pour Londres eût été une solution acceptable pour elle, et possible à cause de sa situation.

Louise raconte qu'Élie-Joseph Bois l'informa de son départ. Il allait rejoindre de Gaulle car il trouvait « ignoble cette soumission à l'ennemi ! Ignoble et puérile ! ». Une rencontre fortuite eût pu être décisive dans ce sens : Jean Monnet — qui était déjà pour elle un ami, assure-t-elle — arriva de Londres et lui proposa : « Si vous voulez quitter ce nid de vipères, rendez-vous demain à Biscarosse, à 17 heures. » Elle imagina qu'il était venu chercher des partisans pour continuer la lutte aux côtés des Anglais. Il avait, en fait, quitté Londres, le 18 juin au matin, avec René Pleven, Emmanuel Monick, Robert Marjolin et le colonel Bonavista, du Comité d'études militaires interalliées, « sur un hydravion mis à sa disposition par le Premier ministre anglais », pour essayer de persuader Pétain de partir avec son gouvernement pour l'Afrique du Nord, avec une évacuation massive des troupes, sous la double protection des flottes française et anglaise[9]. Depuis novembre 1939, Jean Monnet était, à Londres, le président du Comité de coordination franco-britannique et, après le désastre militaire de mai-juin 1940, nul n'était plus convaincu que lui de la nécessité d'une union « indissoluble » entre l'Angleterre et la France. Si elle avait compris le but de sa mission, Louise l'eût-elle suivi à Londres ? Elle semble le croire. Mais le récit de cette période lugubre, elle l'a composé avec habileté, bien déterminée à ne pas aider ses lecteurs à démêler le vrai du faux.

En annexe à son livre, *La Résurrection du Chevalier*, Louise publie une lettre qu'elle a adressée, de Vichy, au maréchal Pétain, le 8 juillet 1940 :

« Monsieur le Maréchal,

« Votre gouvernement se préoccupe à juste raison de l'angoissant problème du ravitaillement des populations françaises et craint pour l'hiver une certaine détresse alimentaire.

« Par le fait de circonstances et de relations analysées dans la note jointe, je me trouverais, semble-t-il, assez bien placée pour plaider, devant les autorités et le public américains, cette détresse et ses conséquences. »

Elle était prête, écrit-elle, à s'employer « pendant de longues semaines, à susciter un mouvement philanthropique à l'égard de la France ». Elle prévoyait que le gouvernement serait amené à négocier « une aide officielle de ravitaillement » pour l'hiver, en demandant « un apport direct et charitable de denrées alimentaires aux populations françaises malheureuses », elle préparerait l'opinion américaine à une aide plus grande encore. Elle ajoutait que si le Maréchal voulait bien lui faire confiance, elle s'abstiendrait « de toutes conversations comportant des partis pris politiques ».

Le 10 juillet, le Maréchal lui répondit qu'il la remerciait. Il ne pouvait qu'approuver son initiative visant à « susciter un mouvement philanthropique à l'égard de nos compatriotes réfugiés ou habitant dans les régions occupées ».

Ce même 10 juillet, à Vichy toujours, Louise fut reçue, pour la seconde fois, par Raphaël Alibert, le nouveau garde des Sceaux, dont elle a déjà révélé le comportement traître à l'égard des élus de la IIIe République. Elle savait très certainement qu'il appartenait à la Cagoule, s'étant elle-même intéressée à cette organisation dont elle décrit avec exactitude l'action dans son roman-fleuve, comme nous le verrons. Pendant son passage à la Justice, Raphaël Alibert s'est conformé à l'idéologie de son maître Maurras en se hâtant de faire adopter par le gouvernement, le 4 octobre 1940, une loi « prévoyant l'internement des juifs étrangers dans des camps spéciaux. De même, la loi du 13 août 1940 interdit-elle la franc-maçonnerie. Celle du 20 novembre, dirigée contre les gaullistes, déchoit de la nationalité française les citoyens qui ont quitté le territoire national, décide la mise sous séquestre et la liquidation de leurs biens. Le texte du 22 juillet 1940 décrète la révision de toutes les naturalisations acquises depuis la loi du 10 août 1927 [10] ». Ces quelques rappels concernant les lois dues à Alibert montrent la rapidité avec laquelle les changements furent effectués par le gouvernement de Vichy pour faire basculer la France dans le camp de l'ordre nouveau rêvé par Hitler. Et la loi d'Alibert, en date du 22 juillet 1940, concernant la révision des naturalisations, va de pair avec la décision du Conseil des ministres du 3 octobre qui arrête un Statut des juifs.

Ce jour de juillet où Alibert reçut Louise, il était déjà au courant de son projet américain ; il lui demanda pourquoi elle n'avait pas profité pour partir des visas proposés par Jean Berthoin, lorsqu'elle était à Bordeaux. Dans son volume de *Mémoires* se rapportant à cette époque, elle ne dit pas qu'elle avait en sa possession l'ordre de mission daté du 20 juin. Elle rappelle avec insistance sa volonté de ne pas abandonner la France, après une si terrible épreuve. Son raisonnement est difficile à suivre, ses démarches auprès d'Alibert comme sa lettre au Maréchal paraissent étonnantes. Elle savait ce que voulaient ces hommes et qui ils étaient. Ce qui les unissait était si loin de ce qu'elle avait toujours défendu... Son pacifisme était totalement différent du leur, et aucun d'eux n'avait de sympathie pour son féminisme. Il était simple de prévoir qu'ils n'accepteraient pas de partager leurs tâches avec une femme. Pour le Maréchal et pour son entourage, la place de la femme était au foyer. Pétain allait bientôt faire connaître sa position à la nation en édictant, dès le 11 octobre 1940, sa loi relative au travail féminin qui bannissait les femmes mariées des emplois de fonctionnaires. Le gouvernement avait l'intention d'annoncer aussi que les femmes prendraient leur retraite à cinquante ans [11].

Son entretien avec Alibert empêcha Louise d'assister à la première réunion de l'Assemblée nationale qui, regroupant la Chambre et le Sénat, allait donner « tous pouvoirs au gouvernement de la République, sous l'autorité et la signature du maréchal Pétain, à l'effet de promulguer par un ou plusieurs actes une nouvelle Constitution de l'État français ». Mais elle ne manque pas, dans le tome V de ses *Mémoires*, de commenter la séance, avec ses partis pris d'alors et de plus tard.

Louise décida de quitter Vichy et de prendre le chemin de l'Espagne le 14 juillet, après l'heure du courrier, pour laisser à des nouvelles du « Chevalier » une dernière chance de lui parvenir, écrit-elle. Mais n'y a-t-il pas, une fois encore, erreur de date ? Jour de la fête nationale, ce premier 14 Juillet après la défaite, la distribution du courrier a-t-elle été ordonnée par celui qui vient d'abolir la République, pour effacer la fête de la liberté ?

Toujours sans rien savoir, officiellement, de ce qu'elle redoute tant, Louise va se séparer de Juliette et de Briton à Barcelone, où elle laissera sa voiture. Juliette repassera la frontière en train, avec le chien, et l'attendra à Nîmes, dans sa famille. Louise prend, le 17 juillet, un avion jusqu'à Lisbonne pour embarquer quelques jours plus tard à bord du Clipper, l'hydravion qui, si le temps le permet, part chaque jour pour New York, en faisant escale aux Açores et aux Bermudes. La capitale portugaise est un lieu de passage obligé pour tous ceux qui fuient l'Europe. Louise n'a guère le temps d'apprécier les charmes de la ville et du Tage majestueux, qu'elle n'est d'ailleurs pas d'humeur à goûter. Elle doit, sans tarder, chercher un logis, ce qui n'est pas facile dans cette cité surpeuplée. Elle loue « à prix d'or, une mansarde dont la tabatière ouvre sur le Rossio [la belle grand-place, centre de la ville basse] » et, pensant à son « Chevalier », elle se rend tout de suite au « magnifique palais de la Légation de France » où aucun message ne l'attend. Elle voit le ministre plénipotentiaire Amé Leroy qui vient d'être révoqué par les nouveaux maîtres des Affaires étrangères, François de Panafieu, le chargé d'affaires, et Claude de Sèze, l'attaché commercial, qui l'emmène dîner chez lui.

Louise aime pénétrer immédiatement dans l'intimité des gens qu'elle croise. Elle ne note pas seulement leur attitude due à la situation créée par les événements mais aussi ce qu'elle entrevoit de leur vie personnelle. Elle rencontre Vogel, « sur le Rocio [*sic*] attablé à un café ». Il ira au Brésil. Elle dit qu'il l'« engueule » en apprenant qu'elle n'est pas en route pour faire de la Résistance au Maroc. Elle lui rétorque : « Allez donc vous battre chez de Gaulle et vous aurez le droit de parler. » Elle retrouve Horace Finaly, qui lui a autrefois donné de l'argent pour *L'Europe nouvelle*. Vieilli, il est « malade d'angoisse ». Il approuve son amie « (qu'il entretient depuis vingt ans) » de vouloir rentrer en France à cause de ses pékinois, disant qu'il ne souhaite pas lui « infliger sa personne ». Il demeurera à Lisbonne jusqu'à ce qu'il puisse partir pour les États-Unis [12].

Ces remarques personnelles voisinent avec des documents qui

prouvent que Louise ne prend pas sa mission à la légère. Elle ne se contente pas de remplir son contrat. Dès le 23 juillet, elle envoie un rapport : « Observations critiques sur le ministère de l'Information », sept pages, simple interligne, qui commencent par : « On regrette de devoir constater que les services créés à la veille du 3 septembre sous le titre commissariat général à l'Information et transformés au cours des hostilités en ministère de l'Information ont été en tous points inférieurs à leur tâche et que, par leur conception initiale, par leur organisation, et par la technique ou plus exactement l'absence de technique qui a présidé à toutes leurs activités, ils n'ont jamais été à la hauteur des circonstances. »

Et, point par point, Louise expose ses griefs : « Conception... Organisation du commissariat puis du ministère... Services les plus urgents : presse et documents photographiques... Établissement et distribution de livres et brochures... Radiodiffusion... Cinéma... »

Le 26 juillet, elle adresse à la direction des affaires politiques aux Affaires étrangères un autre rapport sur « La Situation et les activités qui devaient être maintenues et développées entre la France et Lisbonne [13] ».

Ses *Mémoires* rapportent qu'elle apprit, à Lisbonne, par un télégramme téléphoné dans la nuit qui aurait dû précéder son départ, la mort de celui qu'elle appellera toujours le « Chevalier de Saint-Magloire ». Et, comme dans sa course précipitée vers le téléphone elle oublie de fermer la porte de sa chambre, tout son argent lui est dérobé pendant qu'elle écoute la nouvelle tant redoutée. D'abord, elle s'effondre, terrassée par le chagrin ; le veilleur de nuit doit l'aider à remonter chez elle, où elle demeure prostrée pendant une heure, croyant mourir. Puis, lorsqu'elle s'aperçoit que son argent a disparu, « une joie sauvage me secoua, écrit-elle. Ainsi mon dénuement serait total. Le Chevalier eût aimé cet absolu. Je pouvais le lui dédier. Pas un instant l'idée ne m'effleura de renoncer à mon entreprise. J'étais à New York une conférencière connue. Je travaillerais. Ce matin-là, le car du Clipper ne prit même pas la peine de passer. Le vent était déchaîné, moins violent que mes sentiments [14] ». Elle quitte Lisbonne le 26 juillet 1940 (la date de son second rapport est sans doute une erreur) et, comme elle l'écrit, « reprise par le métier », sa réaction naturelle lui fait d'abord identifier ses compagnons de voyage. La traversée — avec changement de Clipper à Horta où, les réservoirs d'essence crevés au décollage par la houle soufflant en rafales, il faut retourner — lui inspire une narration qui fait honneur à la fine observatrice qu'elle peut être et au désir de donner le change malgré le chagrin qu'elle veut faire sentir au lecteur.

Les ponts avec l'Europe ne sont pas coupés pour elle. Deux jours après son arrivée à New York, elle reçoit une lettre de Pierre Lazareff. Rédacteur en chef de *Paris-Soir* jusqu'à l'arrivée des nazis, il se plaint de ne plus recevoir d'argent du journal, le correspondant régulier de *Paris-Soir* à New York, Roussy de Sales, lui aussi coupé de France, ne peut plus grand-chose ; et Lazareff, qui est à Lisbonne, a besoin de 500 dollars pour retenir ses places sur le bateau ou le Clipper. Dès le 9 août, Louise s'est « débrouillée » ; elle écrit à son confrère que les frais de voyage pour lui sa femme et leur enfant vont être payés. Dans ses notes, elle ne donne pas d'explication, mais on peut affirmer qu'elle a été rapide et que le nécessaire a sans doute été fait comme elle l'annonce [15].

Louise ne perd jamais de temps et elle ne se laisse pas envahir par ce qui ne lui paraît pas important. Elle arrive à New York le 29 juillet, à une heure de l'après midi, mais elle n'ouvre ses bagages que le 31 pour découvrir ses robes froissées. Ce qui semble être une surprise pour elle. Elle ne se préoccupe pas de ce genre de choses d'habitude. En Amérique, elle n'a pas de Juliette auprès d'elle, qui se charge du repassage et du rangement. Ses vêtements sont restés pliés dans ses valises depuis le 12 juin, date de son départ de Paris pour la vallée de la Loire et le domaine de sa tante Sophie. Comme Pierre Lazareff, elle n'a plus d'argent. Seul un billet de 100 dollars, qui se trouvait parmi ses objets de toilettes, a échappé au vol dont elle a été victime à Lisbonne. Elle s'installe quand même au Del Monico où Percy Straus, rencontré lors d'un précédent voyage, vient lui rendre visite. Avec la générosité bien connue des Américains, il lui avance la somme dont elle aura besoin pour vivre et circuler. De fréquents allers et retours entre New York et Washington sont à prévoir, car pour repartir avec les dons qu'elle réussira à rassembler, elle devra obtenir l'autorisation de franchir le blocus établi par la Grande-Bretagne.

À son arrivée, le comte Doysnel de Saint-Quentin est encore ambassadeur de France auprès des États-Unis mais il va bientôt partir. Sans regret. Sa situation était difficile, explique Louise. Pétain ne voulait pas de lui et la capitale fédérale était hostile à la France « déchue ». Elle s'entretient longuement avec lui, écoutant ce qu'il a à dire des Français émigrés, arrivés à peine un mois avant elle et qui, en général, n'ont pas gagné sa confiance. Son successeur, qui débarque à New York le 5 septembre, a un tout autre style. Gaston Henry-Haye n'est pas un diplomate de carrière ; il était sénateur-maire de Versailles, « un Français du type zouave et que les femmes sans langueur adoraient ». Il avait été choisi par Pétain, ainsi que par l'ambassadeur américain à Paris, William Bullitt et par Robert Murphy, l'envoyé spécial du président Roosevelt, « en hommage à sa conduite pendant la Première Guerre mondiale, et à sa collaboration avec l'armée américaine de l'époque [16] », écrit Louise.

À Washington, Louise retrouve Alexis Léger — le poète Saint-John Perse —, qu'elle connaît depuis les années Briand. Il a été destitué de ses fonctions de secrétaire général du Quai d'Orsay — qu'il assumait quand Briand était ministre des Affaires étrangères — par Paul Reynaud, se rendant au désir d'Hélène de Portes. La toute-puissante comtesse détestait le poète-diplomate qui s'est réfugié aux États-Unis où son ami Archibald Mac Leish, un autre poète, lui a trouvé un poste, modeste, à la Bibliothèque du Congrès. À New York, Louise visite le « merveilleux Pavillon français de l'Exposition internationale, sous le mandat du gouverneur général Olivier ». Elle se lance, avec son habituelle énergie, dans une vie mondaine, pour se renseigner sur l'état d'esprit des personnes les plus diverses. Marcel Olivier, Haut-Commissaire auprès de la Foire internationale — lui aussi, un ami personnel, qu'elle est contente de revoir —, a été longtemps gouverneur de Madagascar. Elle déjeune, à l'hôtel Stanhope, avec Mme Paul Dupuy (la femme du propriétaire du *Petit Parisien*) dont elle rapporte un propos qui la scandalisa : « Si la France doit devenir bolchevique je n'y remettrai plus les pieds. » Ses compatriotes réfugiés, pour une raison ou l'autre, et déjà divisés entre eux, lui font partager l'opinion du comte de Saint-Quentin les concernant. Comme lui, elle les écoute, sans leur faire vraiment confiance.

Rapidement, Louise se rend compte de la situation, plus désagréable qu'elle ne l'avait prévu. Ses amis américains ne lui ont pas caché qu'un mouvement d'opinion hostile à la France existe, à cause de la défaite suivie de cet armistice, qui rompt l'alliance avec la Grande-Bretagne. Et il ne fait pas de doute pour certains que Pétain s'associera de plus en plus avec Hitler, allant jusqu'à adopter et mettre en pratique les théories terrifiantes de l'ordre nouveau. Ceux qui sont arrivés à ces conclusions ne se trompent pas. Dorothy Thompson, une amie, journaliste très célèbre aux États-Unis, ex-épouse de Sinclair Lewis et qui a été l'une des premières à dénoncer Hitler et sa manière d'appliquer l'antisémitisme, ne lui dissimule pas sa pensée. Elle reçoit Louise à déjeuner et lui déclare qu'elle ne lui remettra « rien pour un pays qui a signé un armistice déshonorant ! Rien tant que la France ne nous aura pas donné la preuve d'un renouveau d'indépendance ! Rien pour un pays choisissant Hitler ». Et, au cours de ce même déjeuner, l'Américaine s'indigne « de la situation des juifs allemands qui se trouvaient encore en France, abandonnés aux nazis ». Louise ne s'attendait pas à de telles attaques directes.

Sa mission est en péril. Le lait pour les enfants, les médicaments pour les hôpitaux, ces produits nécessaires qui, tous le reconnaissent, risquent fort de manquer, les habituels francophiles, et même certains Français réfugiés, croient de leur devoir de refuser d'en faire don à Louise. Pour beaucoup de ces philanthropes, amis de la France démocratique du passé, la question se pose de cette façon : puisque Hitler contrôle la France, aider les enfants français, n'est-ce pas aider Hitler ? Dès le 8 août, sachant déjà à quoi s'en tenir, Louise donne une conférence au Waldorf-Astoria où, comme prévu, le public est plutôt clairsemé. Elle parvient à toucher une partie de l'auditoire qui croit à son message, mais elle reconnaît que la majorité n'est pas convaincue. Malgré son talent d'oratrice et l'émotion qu'elle met à exposer la détresse des victimes qu'a déjà faites cette guerre, à décrire les souffrances des blessés militaires et civils, des enfants, des malades, tous démunis après la terrible expérience de l'exode. Son public paraît sentir ce malheur qu'elle veut leur faire partager mais, comme elle en a déjà fait l'expérience chez certains de ses amis, dès qu'elle se tait les critiques fusent.

Ce dont Louise ne parle pas et qui porta sérieusement ombrage à sa mission ce fut France Forever, cette association, fondée par un richissime industriel, Eugène Houdry, inventeur aux États-Unis d'un nouveau procédé de raffinage du pétrole. Inaugurée solennellement à Philadelphie le 28 septembre 1940 par le dépôt d'une charte signée dans le hall du congrès qui fut le berceau de l'indépendance américaine, elle groupait 300 membres fondateurs recrutés dans les milieux dirigeants de la banque et de l'industrie. « Anciens combattants français d'Amérique et membres de l'association des Gueules cassées étaient également représentés dans le comité [17]. » Par un télégramme de Londres, le général de Gaulle n'avait pas manqué de leur apporter sa caution dès le premier jour.

Évidemment, tous ceux qui s'intéressaient à la France étaient au courant ; les journaux publièrent de « gigantesques placards de publicité » et « quelques semaines après l'inauguration, l'association disposait de 46 sections établies dans les principaux centres des États-Unis[18] ». Leur action fut très efficace et il était certain, dès le début, que France Forever ferait beaucoup de tort à la propagande de Vichy. Mais le président Eugène Houdry était devenu citoyen des États-Unis et, en plus des ressortissants français, l'association comptait de nombreux autres Américains d'origine française. Or, à cette époque, la double nationalité n'existait pas encore et le Département d'État fut obligé de rappeler à l'ordre ses citoyens devenus membres d'un groupement étranger. Adhérer à France Forever était, en principe, interdit bien que l'association appartînt à un pays allié des États-Unis. Ses membres ne tinrent pas compte de ces avertissements et continuèrent de soutenir les autorités gaullistes.

En face d'eux, Louise se trouve dans une position défavorable qu'elle ne peut modifier. Les militants de France Forever sont insensibles à ses arguments. Heureusement pour elle, il existe aussi dans la société new-yorkaise — plus diversifiée que la française selon les origines ethniques, la religion, la situation de fortune, la profession, etc. — quelques cercles prêts à la soutenir. Ainsi, en octobre, Louise assiste à une soirée organisée pour les membres d'une œuvre qui s'intitule Funds for France. Le dîner, donné par Isabelle Kemp et présidé par Mrs Harrisson Williams, a lieu au restaurant Montecarlo[19]. Mais ces réunions, où brillent toujours quelques membres de la Café Society, sont loin d'avoir le retentissement, l'influence que les organisatrices espéraient.

Louise ne se laisse pas décourager par cette atmosphère qui ne lui est guère propice. Elle a dû, en priorité, se préoccuper d'obtenir des autorités britanniques les papiers nécessaires pour sortir des États-Unis les médicaments qu'elle compte quand même pouvoir acheter. À Washington, elle s'est mise en rapport direct avec Eugène Houdry. Le fondateur de France Forever a fort bien compris le but de sa mission, raconte-t-elle. Il agit en dehors de son association et lui obtient l'appui du général de Gaulle qui n'a, lui, aucune envie d'affamer les petits Français. « Quelques jours après, il me prévient que la Grande-Bretagne m'accorderait la permission de rapporter personnellement en France deux cents kilos de produits pharmaceutiques. Je bondis de contentement. Deux cents kilos ! Ce n'était rien et c'était tout ! Le principe de ce ravitaillement était acquis[20]. »

Comme tout ce qui se passe alors est compliqué à l'extrême, Louise ne va pas obtenir rapidement cette permission de sortie, qui lui a été accordée en principe. L'échec des troupes gaullistes devant Dakar, les 23 et 24 septembre, est, pense-t-elle, l'une des causes du retard, une autre étant les manœuvres de René de Chambrun, gendre de Laval, qui veut être le seul intermédiaire entre Vichy et Washington, voire entre Vichy et la Grande-Bretagne. Peut-être également les relations qui s'enveniment entre celui qu'elle n'appelle plus « Pedro » (Laval) et le Maréchal, qui en avait d'abord fait son dauphin. Louise, elle aussi, joue sa partie en secret. Elle affirme qu'à l'insu d'Eugène Houdry, elle a télégraphié à Charles de Gaulle. Finalement, après plusieurs contrordres et beaucoup de temps perdu, l'autorisation arrive de Washington, le 25 octobre, et elle négocie avec « les agents de Squibbs », les grands laboratoires pharmaceutiques qui lui établissent des factures « d'une générosité éclatante » ; elle parvient à récolter l'argent nécessaire, considérant ces premiers 200 kilos comme une cargaison pilote.

Après avoir passé les contrôles et compté les emballages, Louise repartit pour Lisbonne. Elle venait de séjourner quatre mois aux États-Unis. « Matériellement, la cargaison que je rapportais en France (augmentée d'un don que je recevrais au Portugal) valait, au bas mot, 15 à 20 millions de francs anciens (estimés à leur valeur d'achat de 1970). C'était peu en comparaison de son inestimable valeur morale. » Elle note que ses amis français et américains s'inquiétaient beaucoup de la voir regagner l'Europe. Mais, d'après ses *Mémoires*, sa position demeurait inchangée, elle continuait d'affirmer qu'elle tenait à partager le sort de la population française. Le jour de son départ, des inconnus vinrent la trouver jusque dans sa cabine pour lui demander de venir en aide à des êtres chers restés en France, lui remettant qui un bijou précieux, qui un paquet de titres. Tandis que d'autres la chargèrent de messages ou de missions dévoilant leur vie privée. Elle énumère ces détails qui rappellent, en effet, les situations inattendues et plus ou moins étranges créées par l'époque mais qui, aussi, marquent son intérêt pour les secrets des êtres rencontrés en chemin.

L'*Excalibur*, le paquebot sur lequel Louise retraverse l'Atlantique, atteint Lisbonne en dix-sept jours. Elle arrive dans la capitale portugaise le 3 décembre 1940. La ville a bien changé depuis son premier séjour ; elle la croit dépeuplée alors que les voyageurs venus d'ailleurs et se rendant ailleurs sont encore en surnombre. Elle fait la connaissance du nouvel ambassadeur et, Claude de Sèze étant encore à son poste, elle lui remet 800 dollars prélevés sur le reliquat des dons reçus aux États-Unis, qui servent à acheter du savon et du sucre qu'elle emporte. Durant son séjour à Lisbonne, elle recueille « 55 kilos de laine, 62 chandails, 32 paires de chaussettes, 8 paires de gants et 100 douzaines d'aiguilles à coudre, dont 5 kg de laine, 18 chandails et 12 paires de chaussettes ainsi que les aiguilles vont à la Cantine Mimi Pinson ». En février 1941, la Croix-Rouge française finance son voyage au Portugal, dont « les frais se montent à 11 489 fr 20[21]. » Louise tient ses comptes, comme sa mère lui a appris à le faire.

Jean Murat, acteur de cinéma alors très célèbre, se trouve lui aussi à Lisbonne. Il fut le héros d'un film tiré d'un roman populaire de Pierre Frondaye, *L'Homme à l'Hispano*, et rentre de Hollywood, où il a laissé la partenaire de sa vie, Annabella, qui l'a abandonné pour épouser Tyrone Power. Il tient à effectuer son retour en Europe en Hispano. Il est insensible au charme de Louise mais, à la demande de l'ambassadeur de France, il accepte de rapatrier, dans son cher engin, la journaliste et ses énormes colis.

Cette forte femme se débrouille pour caser, dans l'Hispano, ses volumineux paquets de sulfamides, de quinine, de bismuth, d'ouabaïne et autres produits pharmaceutiques destinés à la Croix-Rouge française, plus ses nouveaux colis acquis au Portugal. Mieux vaut qu'elle s'en occupe elle-même, autrement, bien que muni de toutes les autorisations obtenues après tant de difficultés, son trophée risque de ne jamais arriver à Vichy. Jean Murat le comprend et la laisse faire. Entre eux, ils décident qu'il transportera le chargement, alors qu'elle ira en train jusqu'à Barcelone où elle retrouvera sa Simca et transférera ses colis. Cette solution convient à l'acteur aussi bien qu'à la journaliste. Hélas, l'ambassadeur a fait établir tous les papiers au nom de Louise, à qui il a également l'intention de confier le courrier destiné à Vichy. Mais il est hors de question que Jean Murat la laisse conduire l'Hispano. Alors, que faire ? Il faut, avec l'aide de toute l'ambassade, débarquer le chargement, qu'ils ont mis deux jours à caser dans le précieux véhicule, et le reconstituer en supprimant tous les emballages de Squibbs, pour faire de la place à la passagère. Ils quittent Lisbonne le 15 décembre 1940.

Mais les routes portugaises sont impraticables pour la luxueuse automobile surchargée. « Les tuyaux du moteur raclaient la route », raconte Louise. Ils doivent s'arrêter. Elle reste debout au bord du fossé, tandis que le comédien, furieux, s'est assis sur un rocher pour réfléchir. La première solution qu'elle avait proposée était la bonne, il fallait juste la modifier un peu : ils retournent à Lisbonne où elle prend un autobus, avec leurs bagages personnels, jusqu'à Badajoz, à la frontière espagnole. Voyage pittoresque durant lequel Louise reste sur la plate-forme arrière de l'autobus pour encourager Jean Murat par des signes muets d'admiration pour sa conduite magistrale sur ces routes défoncées. Les douaniers espagnols, que les destructions dues à la guerre ont délogés jusqu'à un hameau en dehors de la ville, jugent qu'ils sont en règle mais réclament à l'acteur, qui ne les a pas, 30 000 pesetas-or pour laisser entrer sa voiture. Ils veulent aussi que le chargement ne soit pas abandonné. Ils sont prêts à les refouler vers Lisbonne où ni l'un ni l'autre ne désirent retourner.

Jean Murat, se rappelant soudain son pouvoir sur le public, que la compagnie de Louise lui a fait un peu oublier, se dirige, fièrement et sans permission, jusque chez les « chefs de service ». Dix minutes plus tard, il ressort, entouré d'une cour de jeunes Espagnoles quêtant des autographes. Il a obtenu l'autorisation de se rendre en ville avec la dame française, dans un véhicule conduit par un agent de service, alors que l'Hispano, son gros chargement ainsi que les bagages des voyageurs restent au poste de douane, sous bonne garde. À Badajoz, petite ville en partie détruite par les bombes, l'agent de la Metro-Goldwyn-Mayer, dont la vedette interrompt la sieste, croyant encore rêver, signe la formule de garantie de la douane. Jean Murat se débrouille aussi pour traquer d'indispensables bons d'essence. Puis nos voyageurs récupèrent leur voiture, en louent une autre pour transporter leurs bagages personnels à travers l'Espagne et passent une première nuit, qui n'est pas des plus sereines, au parador de Merida. Le matin suivant, cette robuste personne, qui parfois semble victime de maux psychosomatiques, doit s'étendre dans un fossé pour laisser passer son malaise. Elle est secourue par un berger de Castille, « seigneurial dans sa peau de mouton », qui lui offre une casserole d'eau bouillante, dans laquelle elle prépare du thé rapporté d'Amérique. Elle en fait boire à la ronde et se sent mieux.

Madrid est la seconde étape des voyageurs français. Ils descendent au Ritz où le directeur accourt pour les accueillir. Il les assure qu'il va leur donner la meilleure chambre, ce qui ne calme pas la mauvaise humeur de Jean Murat. « Débrouillez-vous, me dit-il quinteux. Vous me retrouverez au bar[22]. » Leurs relations ne se sont pas vraiment resserrées au cours des épreuves traversées. Impossible pour Louise de pardonner à ce séducteur de l'avoir dédaignée. Dès la première rencontre, elle le juge peu intelligent ; ensuite, à plusieurs reprises dans son récit, elle se moque de sa vanité d'homme beau. Mais, chez elle, de tels constats ne portent pas à conséquence. Elle voulait le séduire et n'y parvint pas, telle est la raison de son jugement désobligeant. Elle fait tout de même de son mieux pour garder une certaine bonne humeur durant ce voyage difficile dans cette Espagne misérable, où les ruines dues à la guerre civile n'ont pas encore été relevées et où l'on sent qu'elles ne le seront pas de sitôt. Ne pas manifester sa surprise, cela fait partie de l'éducation qu'elle a reçue. Elle remarque que même le Ritz a du linge de table effrangé.

Le couple ne passe pas cette dernière nuit espagnole ensemble et Louise le regretta sans doute longtemps. Avant de se séparer à Nîmes, où elle retrouve Juliette et Briton, Jean Murat fait son *mea culpa* :

« J'ai été odieux, me dit-il, probablement par manque d'expérience de femmes de votre sorte. Vous feriez voir rouge au diable avec votre résistance et votre gaieté.

« — Ai-je gagné mon défi ?

« — Vous ne le gagnerez jamais complètement tant que vous vous occuperez de tous les hommes, au lieu d'un seul...

« Il tisonna le feu en rêvant :

« — Le problème est éternel ! soupira-t-il, sa petite tête fugacement illuminée par les étincelles des bûches. Celui de l'Occupation ne le sera pas.

« Alors, changeant de ton :

« — En voilà assez ! Ne me forcez pas à devenir intelligent.

« Il m'ouvrit ses durs bras de discobole, m'embrassa agréablement et je m'en fus, tirant un Briton récalcitrant, séduit par le feu. Le lendemain, Jean Murat m'emmenait à la gare dans son Hispano. Je ne devais jamais le revoir[23]. »

Louise était incapable de profiter de cette leçon — car cela en était une, en quelque sorte. Elle savait depuis longtemps ce qui n'allait pas dans ses rapports avec les hommes, et dans ses choix.

Elle avait déjà abordé ce sujet dans ses *Mémoires*. Mais impossible pour elle de changer. Il est étonnant qu'elle expose aussi clairement ce point faible. Elle le fait de manière plus lucide encore, j'y reviendrai, dans un roman, *Sabine Legrand*, publié après la guerre[24]. Elle dévoile beaucoup moins son jeu quand il s'agit de sa vie professionnelle. Elle tait les atouts dont elle s'est servie pour assurer sa carrière politique. Le jeu se réduit parfois, comme durant cette période d'après l'armistice de 1940, à des conjectures qu'elle ne révèle pas.

De retour à Vichy le jour de Noël, Louise s'installe à l'hôtel Albert-Ier. À la suite des événements qui ont eu lieu depuis son départ, de nombreux changements se sont produits. Comme toujours, elle les analyse, rapporte des anecdotes sur les uns et les autres, mais son ton est différent. Elle rentre d'une longue absence, après avoir accompli une mission qui la place, selon elle, dans une situation privilégiée, supérieure à celle des membres du personnel politique de l'ex-IIIe République, gravitant à Vichy autour du chef du nouvel État français. Mais elle prétend qu'elle n'aspire à rien, ne demande rien, ne désire aucune récompense.

Dès le 20 janvier 1941, Louise envoie un rapport à Pétain sur son expédition américaine. Elle signale que la question des camps d'étrangers en France préoccupe l'opinion américaine. Pour faciliter les conversations nécessaires avec l'administration centrale, elle demande au Maréchal d'indiquer son agrément aux termes de la mission charitable qu'elle vient de remplir par une lettre. « Sans envisager des visites locales qui pourraient présenter certains inconvénients », dit-elle. Puis elle réclame que ses frais lui soient remboursés en créditant un compte aux États-Unis. Ce qui lui permettrait d'entreprendre un autre voyage[25]...

À son retour de mission, le président de la Croix-Rouge française, le docteur Pasteur Vallery-Radot, « petit-fils du grand Pasteur », que Louise a informé de l'arrivée de ses cargaisons, ne lui a pas répondu. « Et pour cause ! Le docteur venait de briser avec les "Collaborateurs" dont, en Nono comme en Zo les patriotes les plus vifs remplaçaient désormais le C par un K vengeur. » Elle ne peut s'empêcher de s'ériger en juge, tout en assurant ne pas vouloir participer aux querelles de palais. Mais elle précise qu'elle décida de traiter avec « le docteur Limouzin, au ministère de l'Intérieur, et avec le médecin-général Liégeois, du service des prisonniers de guerre à Clermont-Ferrand. Ces fils d'Hippocrate se disputèrent mes produits pharmaceutiques entre eux, et ensemble les arrachèrent en grande partie à la Croix-Rouge. Peu m'importait. Mais je tenais à un accusé de réception. Signé par H. du Moulin de Labarthète, directeur du cabinet civil du maréchal Pétain, chef de l'État, je reçus l'hommage suivant... » Et elle publie *in extenso* la lettre du 18 janvier 1941 — donc antérieure de deux jours à son rapport — où du Moulin de Labarthète la remercie au nom du Maréchal pour son dévouement et rappelle qu'elle a « le grand mérite d'avoir fait parvenir en zone libre le premier contingent de produits de cet ordre qui ait traversé l'Atlantique depuis l'armistice ». Il conclut : « Vous n'ignorez pas, du reste, que le trafic inauguré dans ces conditions va continuer et se développer. C'est en grande partie à vous que nous le devons. Le Maréchal le sait et vous en témoigne sa particulière gratitude. »

Était-ce cette banale reconnaissance qu'elle désirait obtenir quand elle avait quitté la France, six mois plus tôt ? Certainement pas. Ce retour soulevait pour elle bien des questions, qu'elle n'allait pas exposer dans un livre. Elle décrit ce qu'elle voit, comment s'était déjà transformé ce monde qui était le sien. Elle évoque brièvement quelques femmes, anciennes hôtesses parisiennes qui, privées de leurs salons, s'adaptaient mal à ces salles à manger d'hôtels où elles manquaient d'aise pour jouer leur rôle habituel, devant des spectateurs qui leur étaient imposés par une inévitable cohabitation. Elle lance quelques attaques brèves contre des hommes politiques, de hauts fonctionnaires qui n'avaient pas hésité à renier leur passé pour s'adapter très vite à l'air du temps. Laval n'était plus vice-président du Conseil ni ministre d'État, il avait même été arrêté, le 13 décembre, et ceux qu'elle appelle « mes synarques », Raphaël Alibert et René Gillouin, avaient encore leurs bureaux à l'Hôtel du Parc mais ils avaient déjà perdu leur pouvoir.

Alibert était l'un des principaux responsables du renvoi de Laval. Il était intervenu, avec quelques autres ministres, pour que le maréchal Pétain ne se rendît pas à Paris pour présider les cérémonies du transfert des cendres du roi de Rome que les Allemands avaient décidé de transporter de la crypte des Capucins, à Vienne, aux Invalides à Paris, pour amadouer les Français. Au dernier moment, les ministres les plus proches de Pétain lui avaient présenté ce voyage comme un possible guet-apens qu'il fallait déjouer en se débarrassant de Laval par un stratagème : sous prétexte d'un remaniement ministériel partiel, le chef du gouvernement demanda à chacun des ministres de signer une lettre de démission préparée par ses soins. Sans se méfier, Laval signa, comme les autres. Sa démission et celle du ministre de l'Éducation nationale furent les seules acceptées. Laval tempêta, mais en vain. Ce jour-là, on assista à une véritable révolution de palais. Arrêté, Laval fut consigné dans son domaine de Châteldon. Quatre jours plus tard, l'ambassadeur d'Allemagne, Otto Abetz, exigea sa libération, ainsi que celle de Marcel Déat, arrêté à Paris, et l'éviction des responsables du gouvernement. C'est ainsi qu'Alibert perdit son portefeuille et qu'il se proclama antiallemand.

Un autre professeur de droit, Joseph Barthélemy, avait remplacé Raphaël Alibert à la Justice ; Louise le connaissait bien. Il avait collaboré à *L'Europe nouvelle* et à L'École de la paix, où il avait fait au moins une conférence. Elle lui demanda son aide pour autoriser les Domaines à libérer l'avoir d'Alexis Léger, ambassadeur en disponibilité, au profit de Mme Léger, la mère du poète diplomate. La vieille dame n'avait pas d'argent. Plus tard, à Paris, Louise alla avec elle retirer de l'appartement sous séquestre du fils les objets et les livres qu'elles purent récupérer. La mère d'Alexis Léger habitait avec une de ses filles, chez une autre fille mariée et mère de trois enfants. Elles couchaient dans le salon et toutes les deux dépendaient d'Alexis Léger. « Mme Léger a des expressions qui viennent de la Guadeloupe », remarque Louise qui note ces faits de la vie de la famille du poète[26].

Elle profita aussi de cette période morose d'oisiveté pour s'acquitter des promesses faites au départ de New York à ces inconnus qui l'avaient suppliée de les aider. Rares touches aux couleurs du quotidien qui changent un peu de la grisaille des souvenirs amers de Vichy. Fidèle à elle-même, elle ne se laissa pas décourager par une première rebuffade, elle tenta d'obtenir une autre mission.

Louise avait toujours su à quelles portes frapper. D'abord, elle s'adressa à un conseiller du nouveau ministre des Affaires étrangères, Pierre-Étienne Flandin, qui, pour rendre sa mission plus opérante, lui proposa de donner quelques informations sur « les manigances des émigrés ». Elle sortit de son bureau indignée, la tête haute. Puis elle se rendit chez « l'éminence grise » de l'amiral Darlan, Henri Moysset, un « logomache du Rouergue, qui avait perdu sa vie à condamner, sans les révéler, les manœuvres des politiciens de la décadente République ». Elle le connaissait, lui aussi, depuis *L'Europe nouvelle*. Darlan, dont elle évoque brièvement la carrière et la conduite, ne soutint pas sa demande et elle reçut une autre lettre de H. du Moulin de Labarthète qui, dès le 30 janvier, lui annonça que le Maréchal ne renouvellerait pas sa mission.

Elle rapporte qu'elle décida alors de rentrer à Paris. Mais cela prit du temps. Elle demanda au docteur Limouzin de lui faciliter le passage de la ligne de démarcation et le ministre de l'Intérieur, Marcel Peyrouton, « y consentit, sous réserve que je signerais un papier par lequel je m'engagerais à ne plus encombrer Vichy de mon indésirable présence. Ce à quoi je consentis. Et de bonne grâce ! Je les outrageais tous ». Et elle ajoute qu'à son retour des États-Unis, elle présumait de la victoire des Anglo-Américains et « de plus, [souhaitait] sans le dire celle du déserteur, de l'insoumis Charles de Gaulle [27] ». Pourtant il est et sera clair, à travers les années, que « le déserteur, l'insoumis » ne conquit pas son cœur. Elle ne fut jamais gaulliste. Et, quoi qu'elle prétende, il est évident qu'à son retour de New York, elle avait encore espéré obtenir une certaine reconnaissance de la part de Vichy.

Dans ces pages, Louise se montre prête à dénoncer les « manigances » de ceux qu'elle croise dans les couloirs de l'Hôtel du Parc et celles qu'elle apprend en écoutant ces gens qu'elle méprise. Mais elle ne tarde pas à rectifier car elle n'oublie pas de rétablir l'image de la « républicaine, laïque, idéologue » qu'elle s'est appliquée à donner tout au long de ces volumes de *Mémoires*. « Réflexion faite, écrit-elle, j'avais discerné l'immoralité doctrinale que supposait toute action en commun avec les hommes de Vichy et, par la même occasion, j'avais une fois de plus mesuré combien mon personnage avait toujours été, sous couleur d'amitié, exploité par les politiciens de mon pays, alors que je ne pouvais légalement assumer aucune de leurs fonctions. Que de fois n'avais-je pas été traitée d'inspiratrice, d'égérie, de favorite du régime ! L'empressement de mes anciens courtisans (qui ne pouvaient se défendre de le rester quelque peu) me donnait, rétrospectivement, la nausée. Un mandat, Oui. Des fleurs et des compliments, non [28]. »

Ce bilan honnête touche au cœur de son problème quand elle répète : « Je ne pouvais légalement assumer aucune de leurs fonctions. » Sa mésentente avec les féministes était venue de là. L'égalité entre les hommes et les femmes, telle qu'elle la concevait, ce n'était pas seulement un bulletin de vote, un meilleur salaire, une plus grande émancipation juridique, c'était obtenir l'égalité des chances pour une politicienne accomplie comme elle. Assumer légalement une haute fonction de la République avait toujours été son rêve. Avait-elle cru que l'État français du vieux maréchal pouvait lui donner ce droit que le Front populaire ne lui avait pas accordé ? Au moins ce rêve-là ne fut pas gênant pour sa conduite publique car il ne dura pas longtemps.

Sa décision de rentrer à Paris prise, Louise ne paraît pas pressée de se retrouver en zone occupée. La communication directe entre les habitants des deux zones est à peu près impossible. Elle n'existe qu'au moyen de misérables cartes imprimées et prétimbrées qui prévoient un minimum d'information : « En bonne santé... Fatigué... légèrement, gravement malade. Blessé... tué... prisonnier... sans nouvelles de... La famille... va bien. » Situations et événements envisagés sont limités. Tout de même, grâce à l'une de ces cartes, Louise apprend que l'un de ses frères, rapatrié, est arrivé à Lyon. Il s'agit d'André, son préféré, le plus jeune et le plus doué des trois fils Weiss. À la fois polytechnicien et docteur en droit, officier de réserve, il a combattu et a été fait prisonnier. Emmené en Allemagne, dans un Oflag, il a réussi à feindre d'être atteint d'une tumeur au cerveau. Il supportait très mal l'enfermement du camp et Louise le croyait menacé de dépression. Elle note aussi qu'il lui a appris que dans l'Oflag où il se trouvait, dès novembre 1940, lorsqu'ils ont su que « Pétain faisait entrer le Bon Dieu à l'école », la discrimination s'est installée. Les prisonniers, même les catholiques, étaient opposés à ce que l'institution parlât de la religion. C'était le curé qui devait le faire. Même observation de Guérin (Paul Bastid) dans le Cantal. À cause de ce problème de politique intérieure, on est pour ou contre Pétain, avant d'être pour ou contre les Allemands [29].

Il y a toujours chez Louise, mêlée à sa vie personnelle, une curiosité jamais découragée pour ce qui touche à la politique. Cette note est caractéristique : le retour de son frère André est un événement particulièrement bouleversant pour elle, mais qui ne l'empêche pas de l'associer aux changements, à la prise de conscience des Français devant l'évolution du gouvernement décidé à abandonner les conquêtes de la République démocratique et libérale. Tout en exprimant sa vive affection, elle relève, ce qui est également important pour sa connaissance des réactions de la nation, l'état d'esprit des prisonniers dans l'Oflag. Elle est très attachée à ce frère dont elle admire l'intelligence, la culture, la sensibilité. Il était éclectique et fin, ce qui n'était pas la caractéristique de cette famille. Dans ses *Mémoires*, elle s'applique à montrer qu'ils ont une relation privilégiée. André était également proche de ses deux autres sœurs, mais de cela, elle ne parle jamais. Elle a besoin de se présenter comme la préférée.

André Weiss n'est pas seul à Lyon ; un oncle de sa femme, André Helbronner, « chimiste de génie », s'y cache, avec son chien — un corniaud, Louise le souligne — qu'il adore, qu'il soigne et qui va mourir. Louise voit l'autre André comme une sorte de savant Cosinus, distrait, attachant, menant une existence très simple, installé avec tout son arsenal, ses éprouvettes, ses paperasses, à l'hôtel de la Tour du Pin, dans un quartier périphérique, un « quartier de taudis ». On la sent presque heureuse, ou pour le moins réconfortée par la présence de ces deux hommes. Pas besoin de se mesurer ou de s'imposer avec eux. Mais elle va devoir partir. Les deux André, eux aussi, se sépareront. L'oncle, bientôt découvert par la Gestapo, sera déporté : il mourra à Buchenwald ; André Weiss retournera à Paris, où il entrera très vite dans la Résistance.

Le 30 mars 1941, Louise quitte Lyon par le train de nuit. Elle arrive à Limoges vers 4 heures du matin, avec son chien Briton. Il neige. Grâce à son certificat de rapatriement signé par Marcel Peyrouton, elle passe la ligne de démarcation sans problème. Mais elle doit attendre jusqu'à 16 heures, le 31, un train qui la mènera à Poitiers vers minuit. Les trains ne sont, bien sûr, pas chauffés. Elle a froid, « l'onglée me cuisait les doigts », écrit-elle et dans l'express de Paris, « bondé de Français debout, livides d'épuisement, mais respectueux des compartiments en velours quasi vides réservés à la Wehrmacht. La fatigue l'emportant, je m'assis sur un coussin interdit — décision que l'officier installé en face de moi admit [30] ».

Comme elle l'a fait au moment de sa mission à New York, prenant prétexte de ce voyage, elle expose ses intentions. Elle donne ses raisons de rentrer chez elle, déclare qu'elle va résister. Elle était sûre, dit-elle, de garder conscience des rapports de forces. « Je me disais que mon entendement des situations me permettrait de dominer les robots et qu'en cas de péril je déjouerais leur obscurantisme de fauves. » Et après quelques phrases qui expriment la même confiance en soi, elle conclut, évoquant la fin du conflit, telle qu'elle assure l'avoir prévue alors, et telle que cette fin s'est, en fait, déroulée — les nazis étant d'autant plus féroces qu'ils se savaient perdus — : « Il me fallait seulement veiller, en combattant, à ne pas me fourrer dans le cas d'être inutilement écrasée. »

Après s'être livrée à ces réflexions, elle raconte cette première rencontre avec un officier ennemi, celui qui lui faisait face, au cours de ce voyage, dans le train du retour. Elle va en profiter pour lui tenir des propos démoralisants et démobilisateurs, suivant, explique-t-elle, les leçons de résistance que donne aux Français la radio de la France libre du général de Gaulle. Elle a dit, par ailleurs, que sa famille était unanimement dressée contre l'occupant et que, en 1939, ses frères et sœurs avaient menacé de briser avec leur père si celui-ci ne démissionnait pas du Comité franco-allemand. Paul Weiss refusait de voir que ce comité était devenu « un repaire de grands patrons défaitistes ». Finalement, il avait compris et accepté la démarche de ses enfants mais « il ne pouvait s'empêcher de nourrir une sournoise admiration pour le minable Autrichien qui, dans un déploiement d'oriflammes, avait réussi à faire marcher à la baguette des millions de valeureux Boches alors que lui, l'éminent major de Polytechnique, n'avait pas réussi à devenir le Führer de ses six rejetons[31] ».

Dans les *Mémoires* de Louise, il y a une différence frappante entre le ton de son premier séjour à Vichy suivi de son voyage américain et celui de son départ, après le second séjour parmi les créatures du Maréchal. À la fin de ce second séjour, elle va jusqu'à déclarer partager l'espérance de ceux qui luttent avec de Gaulle. Elle le répétera souvent, comme elle parlera de sa Résistance. Mais, nous le verrons, ce qu'elle rapporte sur ce dernier sujet est peu convaincant. Se rendant compte du danger, plus grand et plus difficile à déjouer qu'elle ne l'avait supposé, a-t-elle craint d'être « inutilement écrasée » ? Elle n'est pas seule à avoir voulu se réserver pour ce qui se passerait ensuite, quand le pays aurait recouvré sa liberté.

Impossible pour Louise d'être une femme de l'ombre, elle a dû le sentir très vite. Attirer l'attention sur sa personne est l'un des facteurs qui la poussent à l'action. La discrétion lui est inconnue. L'anonymat plus encore. Elle a été durant les quatre ans d'occupation entourée de résistants, dans sa famille, chez certains de ses amis. Elle revendiquera avoir aidé les uns et les autres. Cela n'est pas toujours exact, mais les quelques démarches qu'elle entreprit pour que fussent relâchés de vrais résistants, elle les fit en s'engageant à visage découvert, avec son habituel panache. Ce ne sont ni la peur ni le manque de courage qui l'ont empêchée de se mettre au service d'un réseau de la Résistance, c'est son ego. Son intelligence et sa lucidité la protégèrent. Ils l'avertirent qu'elle ne renoncerait jamais à ne pas revendiquer une première place, qu'elle ne consentirait pas à se cacher. Elle eût été tout de suite démasquée et elle eût exposé ses compagnons à plus de danger encore.

XIV

Les mauvaises surprises

Les mauvaises surprises commencent pour Louise dès son retour à Paris, un matin de la fin du printemps 1941, où, aussitôt arrivée gare d'Austerlitz, elle doit s'adapter à l'absence de moyen de locomotion confortable. Ayant confié sa valise à une inconnue qui lui a offert ses services et qui transportera aussi Briton dans un sac, le métro étant interdit aux chiens, Louise les suit, le long des escaliers, des couloirs, ainsi qu'au changement de ligne dont elle n'a plus l'habitude. Elle a hâte de se retrouver chez elle. Comme il est tôt, Charlotte n'a pas encore paru dans la cuisine de l'avenue du Président-Wilson. Elle arrive assez vite pour faire l'éloge d'un lapin, hôte de la salle de bains et des toilettes. Elle destine l'animal à ses fourneaux mais elle s'y est attachée. Elle ne semble pas être dans d'aussi bonnes dispositions à l'égard des « Russes ». Qui sont-ils, ces Russes ? Madame devra le demander à ceux qui les ont installés ici ! Ils occupent sa chambre.

Devant attendre le réveil des « Russes » pour y pénétrer, Louise va faire un tour dans le quartier et, au coin de l'avenue Marceau, elle tombe sur une affiche de l'« Institut d'étude des questions juives » où son nom figure en bonne place parmi les personnalités qu'il faut abattre. Elle va s'occuper sans tarder de le faire disparaître mais, ce matin-là, la présence des Russes chez elle passe en priorité. Elle n'a pas eu de peine à comprendre que ce sont ses parents qui ont permis à Kyril Pechkoff de s'installer dans ses meubles. Kyril, Louise l'a rencontré pour la première fois à Riga, en 1921. Cet ingénieur « fort intelligent » s'occupait de « défendre les intérêts privés français engloutis dans le chemin de fer de Moscou à Windawa », écrit-elle. Dès octobre 1940, quand ses parents sont rentrés de leur séjour chez la tante Sophie à Arès où ils s'étaient réfugiés, eux aussi, Kyril Pechkoff leur a proposé de s'installer dans sa maison, afin d'en éviter l'occupation par les Allemands. Louise ne croit pas au désintéressement de cette vague relation pour qui cet arrangement présente beaucoup d'avantages : il peut vivre agréablement chez elle, avec quelques autres personnes, sans loyer à payer et en espérant, peut-être, qu'elle ne reparaîtra jamais et que la maison lui reviendra.

Ce Pechkoff, les Weiss l'ont surnommé *Bras-en-plus*, pour le distinguer de l'autre Pechkov, très connu, qu'ils appelaient *Bras-en-moins*... Zinovi Pechkov, *Bras-en-moins*, eut un destin extraordinaire que j'ai déjà évoqué*. Ce fils adoptif de Maxime Gorki, qui était le frère de Jacob Sverdlov, président du Comité exécutif central après la Révolution, Louise l'avait connu à Paris avant son reportage à Moscou et il lui avait donné des lettres d'introduction pour des gens intéressants et très utiles, à Berlin, à Riga, à Moscou. C'était un personnage à la fois plein de charme et haut en couleur qui avait beaucoup de succès auprès des femmes, y compris celles que les militaires ne séduisaient pas d'habitude. Et on peut imaginer Louise attirée par ce causeur brillant et toujours prêt à plaire, mais le portrait qu'elle en trace ne donne pas à penser que ce fut le cas.

Zinovi et Kyril n'étaient pas parents ; le milieu auquel, adolescents, ils appartenaient en Russie, était le même et ils s'étaient souvent rencontrés. Quand Louise avait fait la connaissance de Kyril, à Riga, il ne s'était pas privé d'insinuer des choses déplaisantes sur *Bras-en-moins*. Dès le matin de son retour, quand il fut enfin prêt à venir la saluer, elle lui spécifia qu'elle comptait récupérer son logis rapidement. S'en rapportant aux affiches antisémites qui couvraient les murs de Paris, ses parents redoutaient de la voir s'installer chez elle. Ils craignaient qu'elle ne fût arrêtée. Mais Louise se fit bientôt délivrer un « certificat de non-appartenance à la race juive » qui se trouve dans ses papiers déposés à la Bibliothèque nationale. Ce certificat, délivré par le Commissariat aux Questions juives, porte le numéro 5402. Pour l'obtenir, « pièce produite : certificat de baptême qui a eu lieu le 7 février 1893 à Arras, place de la Préfecture, par le pasteur Bion, de la Société chrétienne du Nord (Section de Liévin).

« Madame Guillaume Glass, née Grethel Schweitzer, décédée,

---

* Voir chapitre VII.

Madame Émile Weiss, née Sophie Boeckel, demeurant 16 rue de Montebello à Versailles,

« Signé W. Monod, 12 août 1941, Église réformée de Versailles. »

Une fois de plus, Louise Weiss apparaît fâchée avec les dates. La transcription du certificat de baptême porte la date du 12 août 1941, tandis que le certificat de non-appartenance à la race juive est daté du 2 juin 1941[1].

Avant d'avoir la protection de ce certificat de baptême dû à la complaisance du pasteur Monod, Louise doit faire admettre sa situation de non-juive par son banquier qui avait séquestré le reliquat de son compte.

« Mesure générale frappant les fonds juifs, m'avait-il expliqué. Nous l'avons appliquée sans discrimination réelle, pour échapper aux soupçons.

« — Discriminez à loisir, mon cher, mais en attendant honorez ce chèque qui vide mon compte dans votre établissement, sans quoi c'est vous que les Anglo-Saxons victorieux jugeront un jour sans discrimination. Je le sais puisque j'arrive des États-Unis[2]. » Ce banquier, elle l'accuse d'être un synarque.

Puis Louise s'occupe sans tarder de faire retirer son nom de la liste dressée par l'Institut d'étude des questions juives. Elle se rend au palais Berlitz, sur les Grands Boulevards, où s'est installé l'Institut et où se tiendra, en septembre 1941, une grande exposition, « Le Juif et la France », pour laquelle la publicité sera particulièrement énorme et odieuse. Sa façon ironique de raconter sa visite ou plutôt ses visites pour obtenir ce qu'elle veut, de ces gens qu'elle méprise mais dont son sort peut dépendre, et le simple exposé de la tactique qui lui est personnelle en disent long sur son sentiment de supériorité.

Comme toujours, Louise frappe au plus haut. Elle est reçue par le directeur de l'Institut à qui elle se plaint des « contre-vérités » qu'elle a relevées sur la liste. Ainsi, dit-elle, Ernest Picard, le cofondateur de la IIIᵉ République avec Adolphe Thiers, n'était pas juif. Le directeur l'adresse aussitôt à son collègue du Service des Erreurs, 21 rue La Boétie :

« — Sa reconnaissance vous sera acquise, comme la mienne...

« Brusquement, il se reprit :

« — Mais vous êtes juive, madame.

« — Non, monsieur. Du moins pas au regard des lois de Nuremberg. *Judenfreundlich*, tout au plus.

« — Enjuivée, vous ! Une si grande dame ! Vous ne me le ferez pas croire !... »

Louise va rue La Boétie et, après avoir rappelé qu'il existait alors au Petit-Clamart un service anthropométrique dirigé par le docteur Montandon, qui déterminait par des mensurations les stigmates de la race sémite, son récit change de nouveau de ton. Elle exécute une pirouette qui, dans la réalité, lui demanda sans doute plus d'effort et de savoir-faire que ne le laisse paraître ce trait d'humour :

« Pour en revenir à Ernest Picard, dis-je, votre faute est particulièrement grave. Le président Adolphe Thiers se serait privé de lui s'il avait été juif. Vous savez bien qu'un Adolphe ne collabore jamais avec la race maudite.

« [Le directeur du Service des Erreurs] s'affaissa. Et mon nom disparut à jamais des affiches de son Institut[3]. »

Ainsi dans ses *Mémoires*, Louise choisit le plus souvent de ne rien dire de ses véritables démarches. Celles concernant sa non-appartenance à la « race juive » étaient particulièrement délicates. La famille avait décidé que Mme Weiss ne se déclarerait pas, et la tante Sophie, dont le patronyme, Wallerstein, était juif, ne fut d'abord pas inquiétée. Ensuite Louise et son frère Jacques durent lutter à Paris pour que les terres, les bâtiments et le château ne fussent pas vendus à celui que Louise désigne comme « le bandit français à la solde de la Kriegsmarine ». Le général Medicus, « qui dirigeait à l'hôtel Majestic les services économiques allemands chargés de razzier les réserves du pays », les menaça, Jacques et elle, le frère et la sœur représentant la famille, de le fusiller et de la déporter. Pour finir, l'été 1941, la Wehrmacht investit le domaine d'Arès, sans en expulser la vieille dame, « qui entendait garder le droit d'ignorer les lois raciales dites de Nuremberg ».

Les Weiss avaient pensé à « aryaniser » cette propriété de famille. La solution à laquelle ils parvinrent était de l'attribuer à Paul Weiss. Solution qui eût nécessité une donation entre époux dont les droits se fussent élevés à 500 000 francs. Qui eût payé ? Étant donné l'usufruit du domaine que Sophie percevait, il eût été normal qu'elle acquittât la somme, mais elle n'accepta pas et Paul Weiss proposa de la payer. (Jacques, l'aîné des fils, refusa cet héritage pour ses deux filles et la mère fut soulagée.) Quand Louise revint avec le contrat signé par son père, les exigences de la châtelaine avaient augmenté : elle demandait un engagement écrit par lequel Paul Weiss, le nu propriétaire, n'aurait aucun droit de vendre aucune parcelle de la propriété sans son consentement. Finalement les choses qui devaient se régler grâce au notaire local restèrent en l'état[4].

L'histoire d'Arès est importante car elle montre les relations qui existaient entre les membres de cette famille ; celles-ci n'étaient pas des plus simples mais elles n'étaient pas pires, chez les Javal et chez les Weiss, qu'elles ne sont souvent ailleurs. Elle montre aussi que, durant cette période de désastre et de confusion, la valeur d'une propriété aussi importante par sa taille, ses ressources, son organisation, pouvait échapper au contrôle d'une structure aussi minutieuse et systématique, en apparence, que celle des nazis.

Tous les récits qui se rapportent à l'Occupation, quand il ne s'agit pas de documents écrits durant cette période, comportent une part d'invraisemblance. Et même les documents datant de ces années-là peuvent être contestables, déformés par l'interprétation de celui ou de celle qui rapporte les faits. Les souvenirs de Louise n'échappent pas à ces règles. De plus, Louise assure que ses archives et sa bibliothèque ont disparu, saisies par les Allemands. Elle estime que 6 000 volumes furent pris chez elle, ainsi que le catalogue qui les inventoriait et son livre d'or orné de dessins de Raoul Dufy, de Dunoyer de Segonzac, de Louise Hervieu, de commentaires ou d'épigrammes de Paul Valéry, de Louis Barthou, de Colette ou d'Anatole de Monzie, d'André Tardieu, d'Édouard Herriot, de Hjalmar Schacht, d'Heinrich Mann, ou du comte Sforza, de Salvador de Madariaga, de Chaïm Weizmann, d'Émile Vandervelde, ou de Curzio Malaparte, les poèmes manuscrits d'Anna de Noailles, de Léon-Paul Fargue. Bien d'autres encore, écrits ou livres précieux, qu'elle énumère. Il est vrai que, durant l'entre-deux-guerres, elle a été en relations avec ce que le monde entier comptait de personnages importants dans tous les domaines.

Louise, l'esprit toujours occupé de projets nouveaux, suivant des idées qui lui semblaient porteuses de promesses, ne prêtait pas grande attention aux dates, voire à la chronologie des faits. Ces années, pour elle, comme pour ceux qui sont encore là pour témoigner, ont été marquées par des événements qui se rangent de façon arbitraire selon l'intensité des souvenirs qu'ils ont laissés. Pour elle, la disparition de ses livres et surtout celle de ses papiers, qu'elle avait cru sauver en s'en séparant, furent des événements de la plus haute importance. Comme la perte d'une malle déposée dès 1938, juste après Munich, chez le « Chevalier » (pour les protéger d'une guerre probable et d'éventuels bombardements de Paris). Elle avait rangé dans cette malle les documents auxquels elle tenait le plus : ses « notes soigneusement classées depuis vingt ans », des lettres d'amis, d'hommes politiques comme Raymond Poincaré, Marcel Sembat et le manuscrit du projet de Fédération européenne, annoté par Léon Blum et Louis Loucheur que son auteur, Aristide Briand, lui avait offert. Louise fut alertée par les fermiers du « Chevalier » qui n'avaient pu empêcher les policiers nazis d'emporter le contenu de la malle cachée dans une cave. Une ancienne employée, jalouse d'elle, s'était vengée de cette façon. Et Louise ajoute avoir fait le tour des différentes polices allemandes du département de Seine-et-Marne et de Paris pour récupérer ses papiers.

Elle alla même, raconte-t-elle, jusque chez Theodor Dannecker, le commandant SS responsable des questions juives, envoyé de Berlin pour préparer la déportation des juifs de France. La reçut-il vraiment ? Eut-elle avec lui le dialogue qu'elle dit avoir eu ? De sa part, tout est possible, elle n'a peur de personne quand il s'agit d'obtenir ce qu'elle veut. En tout cas, elle s'échappa libre de cet entretien, qu'elle rapporte longuement et qu'elle avait elle-même conduit. Brillamment, bien entendu. Dannecker parut d'abord médusé par son assurance, par l'insolence de ses reparties qui fusaient avec une rapidité extrême et aussi par la qualité de son allemand. L'intervention de Louise se termina par des compliments sur la grandeur des yeux bleus, la minceur de la taille, la longueur des cuisses de ce reître qui venait de lui dire qu'un camion l'attendait en bas pour l'emmener à Drancy ! En sortant, elle vit les policiers, le camion où ils avaient déjà embarqué sa bicyclette qu'elle leur réclama, menaçant de remonter se plaindre au *Hauptsturmführer*, s'ils ne la lui rendaient pas sur-le-champ. Son audace avec les hommes en uniformes prêts à la conduire à Drancy, dernière étape avant les camps d'extermination, son curieux dialogue avec Dannecker, elle les situe avant novembre 1942. « Je crois qu'il m'aurait tuée sur place, ou déportée si j'étais allée lui réclamer mon bien après le débarquement des Anglo-Américains en Afrique du Nord[5]. » Et de cela, on ne peut douter.

Ce texte de Briand, auquel elle tenait tant, Louise continua de le chercher. D'après ses *Mémoires*, alertée par un vieux clerc de notaire bibliophile qui avait l'habitude de fouiner dans le quartier, elle découvrit, « dans une boutique [rue d'Anjou] qui vendait des papiers sortis en vrac des habitations seigneuriales occupées par les Allemands dans le faubourg Saint-Honoré », le fonds saint-simonien de la bibliothèque Pereire, dont une partie avait été envoyée au pilon. Louise racheta, pour 3 000 francs d'alors, ce qui restait et qui devait être enlevé d'urgence. Elle loua deux vélo-cars et fit tout transporter chez sa mère, qui non seulement accepta de laisser livres, papiers, manuscrits envahir son salon mais qui aida au tri et au classement. Celle que Louise appelle « ma Médée » reçut ces encombrants colis « comme une sorte d'héri-tage de ses grands-parents, admirateurs encore plus fervents du comte que du duc ».

Après avoir prévenu secrètement la famille Gustave Pereire, et procédé à un classement méticuleux des livres et des documents, Louise remit le lot à Bernard Fay, l'administrateur de la Bibliothè-que nationale. Il remplaçait Julien Cain, déporté à Buchenwald après l'odyssée du *Massilia*, et qui, heureusement, en est revenu. Elle avait prévenu Fay de la disparition du texte du projet de Fédé-ration européenne remis par Briand et avait promis de le lui don-ner pour ses archives s'il le retrouvait. « De [la part de Fay] une démarche auprès de la Gestapo n'exigeait que peu de courage. Hélas, ce peu lui manqua », écrit-elle. Elle peut être ainsi parfois ferme dans ses jugements sur les uns ou les autres. Alors qu'elle sait se montrer indulgente avec certains « collaborateurs » qui avaient été ses amis dans le passé. Elle n'a pas manqué de les aider, après la Libération, ne refusant pas de témoigner en leur faveur. Elle apporta même dans ses témoignages une part de sensi-bilité qui rendait la faute des prévenus humaine et compréhensible.

Dans le cas de Bernard Fay, Louise ne montre aucune sympa-thie : il l'a offensée personnellement en ne l'aidant pas et elle peut être rancunière. J'ai trouvé dans ses papiers déposés à la Bibliothèque nationale la cause de certains de ses jugements sévè-res. Louise tient des comptes précis du comportement d'autrui à son égard et n'oublie rien de ce qu'elle considère comme une offense. Elle est, tout simplement, très susceptible. Et sur ce point précis, la lucidité dont elle fait preuve en général lui manque. Elle semble ne pas avoir été consciente de cette faiblesse qui va de pair avec son désir violent d'être reconnue et admirée.

Quant à l'histoire des papiers de la bibliothèque Pereire, elle en donne une version différente dans une interview avec un membre du MLN (Mouvement de libération nationale) datée du 16 janvier

1945 et qui figure dans le dossier de Patriam Recuperare, l'organisation clandestine à laquelle elle dit avoir appartenu :

« *Anecdote* : Cela pouvait se passer au cours de l'hiver 43. J'ai été un jour alertée par un coup de téléphone d'un clerc de notaire qui avait son étude rue d'Anjou et qui m'a suppliée de venir rapidement chez un marchand de vieux papiers qui habitait rue d'Anjou, chez lequel il avait fureté pour trouver de vieux livres et dont les employés étaient en train de mettre dans des sacs pour être vendus au prix des vieux papiers (1 ou 2 francs le kg) des documents qui lui paraissaient intéressants.

« Je me précipite avec un peu d'argent et quand j'arrive à cette boutique, je m'aperçois qu'on était en train de fourrer dans des sacs tous les manuscrits de Saint-Simon (du xixe siècle) et du mouvement saint-simonien.

« Ces papiers provenaient du fonds de la bibliothèque Pereire dont l'hôtel avait été occupé par le ministère de la Jeunesse.

« Les Allemands avaient déménagé les livres et avaient négligé les manuscrits, et l'administration du ministère de la Jeunesse avait déblayé en les vendant aux vieux papiers. Après avoir trié ces documents qui étaient tous en vrac, je suis allée les porter à la Bibliothèque nationale où ils ont été classés au Département des manuscrits.

« J'ai interrogé les employés de ce marchand de vieux papiers qui m'ont signalé où se trouvait le reste du fonds saint-simonien. Tout était également relégué dans des remises ou dans des endroits invrai mblables et la Bibliothèque nationale sur mes indications a fait rechercher tout cela et c'est ainsi que tout le fonds a été sauvé[6]. »

Elle raconte d'autres choses d'une plus grande importance pour elle dans cet entretien dont le but était de lui permettre d'obtenir sa carte d'ancienne résistante. Nous y reviendrons, certains des faits qu'elle avance la concernant ayant été discutés.

Pour tous ceux qui, comme Louise, se rendaient compte que le nouveau régime représentait la ruine matérielle et l'effondrement de l'idéal de liberté, ces années furent des années de cauchemar. Elle était, de plus, hantée par son grand amour perdu et, dès le début de l'Occupation, elle avait l'intention d'écrire un long roman à la mémoire du « Chevalier ». Plus tard, elle avouera avec honnêteté : « Le torrent vital qui m'emportait avait lavé mes larmes. À vrai dire, au sentiment qui m'avait liée au Chevalier avait

toujours manqué la consécration d'une communion intellectuelle.
Je le dominais. Il en convenait en souriant. J'étais obligée de
m'avouer que notre accord n'avait pas altéré en moi le goût d'une
expérience plus rare, celle d'un enivrement résultant, sur tous les
plans, d'un total et cependant complémentaire échange de valeurs.
Affolée et contrite, je m'apercevais qu'en dépit de mes premiers
cheveux blancs, j'attendais encore ce miracle tant demeurent tena-
ces les rêves de l'adolescence au sein des désarrois de l'âge mûr.
Et je calculais que ce miracle n'avait aucune chance de s'incar-
ner [7]. » Cet aveu, d'abord fait à elle-même, a dû la libérer d'une
certaine façon, tout en lui confirmant ce qu'elle avait déjà senti
beaucoup plus jeune, et qu'elle répète à plusieurs reprises dans ses
Mémoires, comme dans son œuvre romanesque : son incapacité à
retenir l'amour d'un homme.

En cette période de grands bouleversements, ce travail du deuil
lui convient. Louise sait que le « Chevalier » lui a été bénéfique
en raison même de leurs différences qu'il semble avoir bien acceptées. À cause de lui, Louise se sent disposée à se tourner vers ses
souvenirs, à méditer, mais, en même temps, elle ne peut se rési-
gner à rester en place. Voyager est devenu pour elle un besoin
dont elle est incapable de se passer. Franchir la ligne de démarcation n'est jamais une petite affaire et même quand la France sera
totalement occupée, les allers et retours entre Vichy, Lyon, Marseille et Paris, comme l'avaient été les voyages à l'intérieur de
l'une ou l'autre zone, ne seront pas des parties de plaisir.

À peine réinstallée chez elle avenue du Président-Wilson, dès
l'été 1941, Louise se rend chez son amie Marthe de Fels qui a
loué au bord du bassin d'Arcachon la magnifique propriété du duc
de Cazes. Elle n'y reste que quelques jours du mois d'août mais
cela suffit pour que, côtoyant là un des milieux les plus fortunés,
elle prenne la mesure des jalousies des uns envers les autres. Elle
définit l'attitude que beaucoup vont adopter, oubliant la situation
tragique du pays, et concentrant leur attention sur ce qui les a
toujours occupés : leurs intérêts et leurs biens. Quand il s'agit
d'autrui, elle sait dénoncer cette attitude qu'elle reconnaît immédiatement.

Louise n'a pas lutté comme elle l'a fait pendant plus de vingt
ans, avant la guerre, pour accepter l'horreur de ce qui se passe.
Horreur qui ne fera que croître, nous le savons. Elle est aussi,
certainement plus que la plupart, sensible à la façon dont le gouvernement de Vichy va au-devant des ordres d'Adolf Hitler

concernant l'extermination des juifs. Son action, en tant que secrétaire générale du Comité des réfugiés, l'a instruite sur l'efficacité des décisions prises par le Führer et mises en application par ses dévoués SS. Elle est persuadée que la ruine de la nation par les nazis sera grandement facilitée si les Français, encore traumatisés par la défaite, acceptent de se soumettre à la politique du vieux maréchal. Elle note que, le 26 décembre 1941, eut lieu le suicide du chirurgien Jean-Charles Bloch. La police allemande est venue l'arrêter et il a avalé du cyanure et du gardénal sous prétexte d'aller chercher un papier dans son bureau. Il était à demi-mort quand les Allemands sont descendus avec lui. Ce même jour, Maurice Goudeket [le mari de Colette] est arrêté. Les Allemands se sont aussi présentés chez son frère. Le frère, grand mutilé de guerre, s'est assis sur son lit et a demandé aux agents de lui passer sa jambe de bois. Puis il s'est mis tout nu et a commencé à visser sa jambe. Les policiers sont partis épouvantés. À Nantes, un garçon de dix-sept ans pris comme otage pour être fusillé en représailles du meurtre d'un commandant allemand. L'enfant, fou de terreur, appelait sa mère. Un autre otage l'a serré dans ses bras, on les a fusillés ensemble. Puis on a découvert que le meurtrier était un soldat allemand et on est allé faire des excuses aux parents [8].

Louise n'a pas voulu oublier ces faits terribles, qui l'ont touchée et révoltée, comme ils ont touché et révolté ceux qui les ont appris quand ils venaient de se dérouler. D'un côté comme de l'autre de la ligne de démarcation, beaucoup d'informations transmises de bouche à oreille déjouaient la propagande officielle.

Malgré la parole donnée, Louise retournera plusieurs fois en zone dite libre, celle qu'elle appelle « Nono ». Elle assure qu'elle ne se sent nullement engagée envers ces gens de Vichy dont, d'ailleurs, certains vont changer de camp ou disparaître. D'abord, dès la fin de l'été 1941, elle va passer la ligne de démarcation clandestinement, dit-elle, sous l'égide du frère du « Chevalier ». Elle ne se préoccupe pas de préciser pourquoi ni comment celui-ci connaissait un passeur, qu'ils n'allaient d'ailleurs pas trouver. L'homme avait été arrêté, ce qui était, hélas, courant. Grâce à l'insigne de la médaille militaire que le compagnon de Louise portait à sa boutonnière, un autre passeur consentit à les aider et, avec les habituels détours et complications du moment, ils arrivèrent à destination.

Louise s'était lancée dans cette aventure parce qu'elle voulait remettre à l'ambassade des États-Unis un rapport sur l'évolution des esprits en zone occupée et des articles pour le *New York Times*. Le frère du « Chevalier » connaissait S. Pinkney Tuck, le chargé d'affaires des États-Unis auprès du gouvernement de Vichy. « C'était un drille richissime, imbibé de whisky, qui avait pas mal couru l'Asie pour le compte de la Maison-Blanche, écrit Louise dans ses *Mémoires*. [Il] se targuait de traduire les jurons des âniers du Caire mieux qu'aucun arabisant officiel.[...] S.Pinkney Tuck me reçut avec beaucoup d'intérêt. Il s'empara de mes papiers et me promit de les faire parvenir à leurs destinataires. Mes articles parurent, en effet, dans le *New York Times*, insolemment datés de Paris et signés d'un correspondant anonyme [9]. » Nous verrons bientôt ce qu'il faut penser de ce souvenir.

Dans ses *Mémoires*, Louise ajoute au récit de sa rencontre avec le chargé d'affaires américain que ce dernier ne comprit pas quand, par prudence, elle refusa de déjeuner avec lui au restaurant des Ambassadeurs. « Citoyen d'un pays libre, protégé par l'immunité diplomatique, il n'imaginait pas la surveillance, la délation qui sévissaient dans la ville où, par ailleurs, je m'étais engagée à ne point réapparaître. Son incompréhension ne l'avait pas non plus amené à réfléchir aux intercommunications policières entre les deux zones. Mon refus le froissa comme un manque de solidarité, un défaut de courage, et nous nous séparâmes refroidis. »

Ce voyage, en train bleu à l'aller comme au retour, entre Paris et Chagny, la dernière gare avant de passer la ligne de démarcation, ne dura guère plus de trois jours. Louise n'en parle pas dans ses notes mais elle rend compte d'un séjour en zone non occupée du 15 septembre au 3 octobre 1941. Elle a alors rendu visite à Vichy à des personnes « frappées par le malheur de la persécution » : Mme Hirsch et sa fille, le baron de Gunzburg, médiocrement logé. Mme Hirsch, qui reste « d'une élégance extrême », fait des courses à Vichy, une fois par semaine, et prend le thé avec son amie Mme Timardon. Paul-Louis Weiller, cousin germain de Louise, est installé au Grand Hôtel à Marseille. Il travaille sa généalogie et « estime » que son père était catholique. Lui, avec ses deux mariages, l'un grec, l'autre roumain, se considère comme aryen et va demander au Commissariat des Questions juives à Paris de faire ôter son portrait de l'exposition « Le Péril juif et la France ». Louise va à Montfrin voir Suzanne Schreiber qui continue de tenir table ouverte. Elle y rencontre la générale [Edna] Nicolle. Rentrée de Londres au bout de vingt jours, la générale voyage entre Vichy et Berlin. D'après Louise, à qui elle demande d'aller avec elle à Berlin s'enrôler dans la Croix-Rouge pour soigner les blessés des bombardements anglais, elle déteste de Gaulle [10]. Une fois de plus, Louise rapporte ces anecdotes sans bienveillance. À ses souvenirs sans doute resurgis dans le désordre, comme ils se présentent dans ses dossiers, elle tient à associer des noms connus alors. Pas seulement pour montrer qu'elle fréquente toutes sortes de personnes célèbres — c'est inutile, elle est assez célèbre elle-même —, mais pour donner plus de crédibilité à ses récits. Constamment prise par ses obligations dérivées de toutes les activités qu'elle s'invente pour fuir la solitude, il ne lui reste pas le temps qu'elle voudrait pour écrire. Son énergie bouillonnante nourrit une action incessante. Une action qui n'est pas nécessaire.

Louise se sent isolée dans ce Paris qui n'est plus tout à fait le sien. Il y a beaucoup d'absents. Elle doit faire attention à ne pas se compromettre avec ceux qu'elle appelle les « collabos ». Elle assure pourtant avoir reconstitué un cercle d'amis qu'elle réunissait chez elle le dimanche. Et d'ajouter : « Leurs renseignements m'étaient précieux. En semaine mes enquêtes m'absorbaient. » Qui étaient ces amis ? quelles sortes de renseignements ? quelles enquêtes ? elle ne le révèle pas. Elle ne précise pas non plus les événements historiques auxquels elle fait allusion. Ses *Mémoires* nous renseignent peu sur la série de décrets qui rendaient évident le désir de l'État français de collaborer à l'ordre nouveau.

Les manuscrits déposés à la Bibliothèque nationale apportent plus d'information, du moins sur sa vie personnelle. Nous apprenons qu'elle noue des relations avec de nouveaux amis comme Octave Aubry, auteur de nombreux ouvrages historiques. Les Aubry habitaient rue de Lille, l'hôtel que Louise avait fait partiellement restaurer, en 1917, pour y installer sa naissante *Europe nouvelle*. Elle note qu'à partir de 1941 la camaraderie [entre les Aubry et elle] prend racine et se transforme en affection. Elle déjeunait seule à l'Interallié et on s'écartait d'elle. Même dans le métro, elle prétend que certaines personnes changeaient de wagon pour ne pas la saluer. Stéphane Lauzanne dans *Le Matin* et Marcel Espiau dans *Les Nouveaux Temps* l'avaient attaquée « dans des articles venimeux », dit-elle. Or, un jour, Octave Aubry entouré d'amis qui le fêtaient s'approcha de sa table « pour échanger avec moi quelques phrases banales ». Elle dit en avoir été touchée aux larmes. À cette époque-là, l'historien avait déménagé rue

Bonaparte, près de l'École des Beaux-Arts. Son fils avait été arrêté par la Gestapo, il recevait des résistants, des journalistes clandestins et collectionnait des souvenirs de Napoléon et de Sainte-Hélène. Dans ses lettres à Louise, il signait « votre Badinguet ». Il fut parmi les amis, probablement peu nombreux, qui l'encouragèrent à écrire le long roman qui lui tenait tant à cœur. À ceux qui la connaissaient bien, il paraissait sans doute difficile de croire qu'elle trouverait le temps, la patience et la concentration nécessaires pour une tâche aussi complexe. Octave Aubry lui fit confiance. Il corrigea le manuscrit qu'elle avait intitulé *La Marseillaise*, supprimant les adjectifs et lui suggérant de changer de titre. « Il était de tendance voltairienne et bien que d'origine roturière, il fréquentait les milieux aristos et les prêtres[11]. »

Pendant toute l'Occupation, Louise entretint une correspondance avec le peintre André Dunoyer de Segonzac. Il s'agissait d'abord de créer un organisme en zone non occupée pour aider les artistes. En zone occupée, l'Entraide aux Artistes, dont Gabriel Cognacq et un comité d'amateurs et d'artistes assuraient le fonctionnement, existait. En zone non occupée, une permanence eût été nécessaire à Vichy, Lyon, ou Marseille. Segonzac résidait dans le Var, donc en zone dite libre, il pouvait rapidement créer quelque chose. Louise avait connu Segonzac, comme elle connut Van Dongen et d'autres peintres importants parce qu'ils étaient des amis de son beau-frère, le docteur Alexandre Roudinesco. Elle aimait être en contact avec des milieux littéraires et artistiques, et si possible y jouer un rôle. Ainsi, pour aider Louise Hervieu, lauréate du prix Fémina en 1936, une association avait été fondée, deux ans plus tard, parce que l'écrivain peintre était devenue aveugle et Louise s'était chargée de faire éditer un album de dessins intitulé *Carnet de santé*. Elle rappelle aussi que, depuis 1935, elle s'était liée avec le romancier Georges Duhamel et son épouse, la comédienne Blanche Albane.

Ce désir d'avoir des amis, Louise l'a toujours connu. Mais elle n'arrivait pas vraiment à se libérer du mauvais sort jeté par celle qu'elle appelait « ma Médée ». La disparition du « Chevalier » avait encore creusé sa solitude. À son habitude, l'étrange femme encore jeune qu'elle était alors n'en laissait rien voir. Les amitiés nouvelles du temps de l'Occupation ne pouvaient ni compter ni la rassurer. Il y en eut peu et celles qui existèrent furent trop brèves, trop disparates. Les mauvaises surprises surgirent pour les autres, autant que pour elle.

Ce que Louise a raconté, écrit, fait croire sur sa vie sous l'Occupation qui concerne la Résistance a pu et dû engendrer, chez ceux qui y furent mêlés, d'étonnantes surprises. Après avoir été, si on l'en croit, dupe du savoir-faire de cette journaliste dont le professionnalisme ne pouvait être mis en doute, celui que l'on peut considérer comme son partenaire principal, le colonel Eychêne, a donné une version très désabusée des faits. En la comparant à ce qu'elle rapporte dans ses *Mémoires*, je me suis trouvée devant une contradiction étonnante. Les documents remis par Louise Weiss elle-même à la Bibliothèque nationale sont comme les morceaux d'un puzzle qu'il faut assembler. Il est surprenant de les trouver tous conservés par cette femme si soucieuse d'établir une image crédible et admirable d'elle-même. Pensait-elle que les futurs lecteurs de ces versions si opposées n'auraient foi qu'en la sienne ?

Faute de sources d'informations plus complètes, on en est réduits à se reporter, pour l'essentiel, à ce que Louise nous a laissé d'Eychêne dans ses *Mémoires*. « Il avait été en 1914, le héros des combats de la Maison du Passeur, sur l'Yser. » Il avait, par la suite, été cassé pour s'être « insurgé contre la décoration posthume de l'un de ses lieutenants, tué aux environs du Moulin par une balle perdue. Ce lieutenant avait été le seul du régiment à refuser de partir à l'attaque. Mais l'armée avait besoin de héros. L'état-major avait passé outre à l'avis du colonel qui, moralement, ne s'était jamais remis de sa destitution. [...] De son taudis des quais de la Seine, encombré d'archives inutiles et de ses malheureuses aquarelles du dimanche, le colonel trottait inlassablement chez ses frères maçons pour leur prêcher la révolte et récolter des renseignements. Résister le conservait. Un béret basque coiffait sa tête de pioche. Il trompait les soupçons par cette apparence d'innocence que l'on connaît à certains vieillards retors ». Louise ajoute qu'« il n'avait d'autre ambition que d'élargir aussi utilement que possible le petit réseau que [Kir et lui] avaient organisé ensemble et qu'il ne tarda pas à baptiser Patriam Recuperare. » C'est à ce réseau qu'elle assure avoir appartenu, ayant été immatriculée, par le colonel Eychêne, sous le nom de Valentine, agent 1410 [12].

Ce portrait d'un homme brisé pour n'avoir pas supporté que l'armée, son idéal, lui demande de transiger avec sa conscience, est intéressant. On sait bien que, dans la vie, chacun cherche à recréer les mêmes situations. Comment Louise a-t-elle pu l'oublier ? Pourquoi a-t-elle gardé ce mémoire compromettant ? Comment n'a-t-elle pas pensé que le vieux colonel, épris de vérité et de justice, la jugeait selon des critères auxquels il était attaché depuis toujours ? En dénonçant la façon dont elle agissait, il prenait à nouveau le risque de ne pas être cru, il revivait le drame qui lui avait coûté sa carrière. Louise, persuadée que ce vieillard pauvre et ridicule ne sera pas pris au sérieux, ne se laisse pas troubler par son jugement. Elle sait inspirer confiance, l'effet qu'elle produit sur Kirchmeyer et sur beaucoup d'autres le prouve.

Albert Kirchmeyer, qui apparaît ici pour la première fois sous le nom de Kir que Louise lui donne le plus souvent, était avec Eychêne le cofondateur de ce « petit réseau ». André Weiss était en rapport avec Patriam Recuperare et, connaissant le désir des dirigeants d'éditer un journal, il en parla à sa sœur qui se montra intéressée. Il l'emmena voir ce Kirchmeyer.

Louise reconnaît que, jusqu'à cette visite, elle n'avait pas été mêlée à la Résistance. Cela se passait en 1942 et la plupart des Français étaient dans son cas. Pourtant, cette année-là, beaucoup s'engagèrent, saisis par la honte devant le port de l'étoile jaune imposé aux juifs, au mois de mai, suivi de l' « opération vent printanier », plus connue sous le nom de « rafle du Vel' d'hiv' ». Ce printemps-là, des milliers de juifs, dont de nombreux enfants, furent déportés dans les camps de la mort, et la relève des ouvriers allemands mobilisés par des Français volontaires, annoncée au mois de juin, échoua. En conséquence, dès le début de 1943, le STO (Service du travail obligatoire) fut décrété : tous les hommes nés entre le 1er janvier 1920 et le 31 décembre 1922 — ce qui représentait trois classes de jeunes — furent envoyés dans les usines d'armement en Allemagne pendant deux ans. Ce décret acheva de dresser une grande part de l'opinion contre le Maréchal.

Albert Kirchmeyer était, Louise l'écrit, « un homme simple et, comme souvent les simples, d'une psychologie compliquée, maladroitement exprimée car il n'avait guère d'université. [...] Ses convictions en avaient fait le prophète d'un petit cercle dominé par les principes d'Auguste Comte accommodés à la mystique des Rose-Croix. Kir [Kirchmeyer] croyait aux missions que, non sans orgueil, il se conférait à lui-même. La Deuxième Guerre mondiale l'avait trouvé dirigeant le contentieux d'un garage dépendant de la librairie Hachette. [...] La manière d'être d'Albert Kirchmeyer, déambulant, sans prétention, dans un médiocre complet de confection, inspirait une invincible confiance. D'une santé de cheval, grand, myope et sanguin, il croyait en son étoile. On sentait qu'il se tairait sous les coups, si une matraque, un jour, lui cassait les os [13] ». Voilà l'allié que Louise se fit, instantanément, dans le monde de l'ombre. Sans doute ébloui par sa personnalité et son intelligence, « Kir » lui fut dévoué jusqu'à son dernier jour. Par son entremise, elle dit avoir remis « un grand nombre de renseignements qui, pris en charge par ses amis, notamment par le commandant Manhès, atteignirent Londres ». Mais où sont les preuves ?

Le 3 mars 1943, Kirchmeyer fut arrêté. Louise raconte comment il lui évita d'être inquiétée en répondant à un de ses coups de téléphone comme si elle était une personne importune qui menaçait sa vie privée. Manœuvre qu'elle mit un certain temps à comprendre, n'étant pas habituée à ces pratiques courantes parmi les résistants, soudain sous surveillance, avant d'être embarqués. « Kir » disparut, et on pouvait penser que c'était à jamais car, après avoir échappé à la cellule des condamnés à mort de la prison du Cherche-Midi, il fut déporté à Mauthausen. C'est alors que Louise entra en contact avec l'autre chef du réseau, le colonel Eychêne.

Les documents de la Bibliothèque nationale contiennent deux lettres écrites par le colonel qui prouvent les bonnes dispositions dans lesquelles leur auteur se trouvait à l'égard de la sœur d'André Weiss, l'avocat qu'il appréciait. Ces deux lettres sont de vraies lettres de clandestin prenant toutes ses précautions pour rester anonyme. Dans la première, datée du 26 juin 1944, Eychêne signe Gardénal et tutoie Louise — il est soi-disant son oncle. Il lui écrit pour lui demander d'être prudente. Dans la seconde, datée du 13 août 1944, il signe encore Gardénal et lui annonce qu'il abandonne "le journal" parce que « nos capitalistes ont pris, parmi leurs amis, un rédacteur en chef qui, paraît-il, aurait dirigé un journal parisien pendant dix années ». Mais il l'assure qu'il va écrire « pour rappeler notre collaboration et insister [souligné deux fois par Gardénal lui-même] pour que la chronique étrangère vous soit réservée [14] ».

Bientôt, rien ne va plus entre « Gardénal » et cette pseudo-nièce envers laquelle le vieux militaire semblait si bien disposé.

Dans un long mémoire, que Louise a reproduit, Eychêne raconte comment lui est venue l'idée d'un journal né de la Résistance. Il n'était pas question d'elle alors, si l'on se rapporte à ce qu'elle a dit précédemment. Elle n'a rencontré les fondateurs de Patriam

Recuperare qu'après l'établissement de leur projet d'éditer un périodique.

« Au début de l'année 1943, notre ami le colonel Frédéric arrivant de Londres nous avisait de l'intervention prochaine des Alliés en France. Kirchmeyer et Eychêne ont pensé qu'il serait intéressant de lancer à la Libération un journal patriote succédant sans transition aux publications allemandes.

« Pour cela il fallait d'abord entrer en relation avec un grand imprimeur qui mettrait ses puissants moyens à leur disposition. Tirer 2 ou 3 numéros dont la vente immédiate ne faisait pas de doute. Ensuite des moyens financiers se présenteraient. »

Ici, se trouve un premier commentaire de Louise qui n'est pas d'accord. Elle accuse Eychêne de « forfaiture » et trouve qu'il la traite comme la « cinquième roue du carrosse ». On remarquera aussi qu'Eychêne abandonne parfois le « je » et parle de lui-même à la troisième personne ; mais est-ce lui, ou bien est-ce dû à la transcription par Louise ?

« Le journal devait s'appeler *La IVe République*. Le 6 mars 1943, Kirchmeyer se rendant à un rendez-vous de Frédéric fut pris par la Gestapo. Maître André [Weiss] voulait le défendre mais ce n'était pas prudent pour lui, a fait remarquer Eychêne qui trouva un autre avocat, mais il resta en contact avec André et c'est chez André qu'il fit la connaissance de Valentine [Louise] venue exprès pour le rencontrer. » Il est à noter que le document comporte une erreur de date : Kirchmeyer a été arrêté le 3 et non le 6 mars.

Eychêne écrit dans son mémoire s'être rendu plusieurs fois chez Louise (qu'il appelle Valentine) où il rencontra « divers personnages, généralement très excités sur la "résistance" mais incapables d'une action ».

« Confiant en Valentine et en raison de son expérience de la presse, il lui dit la décision qui venait d'être prise en comité de publier tout de suite *La IVe République* dans sa forme clandestine. Elle nous prévint que le titre avait été porté autrefois par une feuille peu recommandable. Je changeai le titre en *Nouvelle République*.

« De ce moment à ce jour, la collaboration de Valentine s'établit comme suit :

« sous le pseudo Valentine 225 lignes

Caton	600 lignes
Isolde	28 lignes
	853 lignes

« En outre, elle apporta deux documents intéressants : une lettre de M. de Monzie et une lettre de von Ribbentrop au maréchal. En dehors de cette collaboration graphique, Valentine n'a pris aucune part, à aucune des opérations clandestines que comportait la confection du journal et qui présentaient un danger. [...]

« Les besoins financiers de notre groupe étaient légers en raison de la gratuité absolue des services rendus par tous ses membres. Il n'en pouvait être ainsi des frais d'impression et d'envoi par poste pour lesquels je disposais d'abord de quelques billets oubliés par la Gestapo dans le coffre de Kirchmeyer. Ce n'est en effet qu'à partir du mois de [...] qu'une subvention régulière nous était assurée.

« [...] Les deux volontaires étaient précieux. Valentine, grâce à ses nombreuses relations, était en état de nous amener d'utiles concours. Elle ne manqua pas de s'y employer.

« Vers le [...] elle me demanda de l'accompagner à la Banque d'[...] où l'un de ses amis désirait avoir quelques indications sur l'activité de notre groupe. Quelques jours plus tard, Valentine m'apprit que le financier en question venait de partir, destination inconnue. Il lui avait remis 30 000 francs sur lesquels elle prélevait 33 %. Je reçus donc 20 000 francs que je versais à la caisse du groupe, mais en m'abstenant de parler au comité de la commission perçue. [Les dates et les noms ont été omis dans la transcription, sans préciser pour quelle raison.]

« Par la suite un personnage (dont elle tut l'identité) lui a versé 20 000 francs en conséquence, elle m'en remit 13 000, puis en 1944 une amie, Mme H., arrêtée depuis, a remis directement 5 000 francs sur lesquels il n'y eut pas de prélèvement.

« La Résistance a donc reçu, par l'intermédiaire de Valentine, 38 000 francs.

« En juin 44, Valentine s'étant sentie menacée, non à cause de son activité dans la résistance mais à cause de la parenté qu'on lui supposait avec une personnalité d'Alger portant le même nom qu'elle, s'était réfugiée dans les environs de Paris. Elle y vivait en sécurité parfaite mais son besoin d'activité lui faisait supporter difficilement cette retraite.

« Le débarquement allait transformer son impatience en agitation ; sensible aux bruits les plus invraisemblables, elle attendait, d'un moment à l'autre, les Alliés à Paris.

« Les journaux clandestins vont établir un statut de la presse. Mise au courant, Valentine veut y participer ; de sa propre initiative elle s'abouche d'abord avec un personnage qu'elle avait connu jadis, qui se donne comme une sorte de directeur de la presse clandestine. Elle parvient à avoir un entretien avec le président du CNR lui-même, sans plus de résultat.

« Sur ses instances de plus en plus pressantes, Eychêne s'aboucha lui-même avec un membre du comité et reçut un questionnaire détaillé qui devait donner toutes indications sur les conditions de notre publication. Ayant eu communication par Eychêne du questionnaire, elle rédigea un projet de réponse. Projet qui fut rejeté par le comité, sans discussion "pour l'unique raison qu'il formait un tissu de mensonges".

« Le projet est refait et présenté par Eychêne.

« Dans un opuscule présentant en détail les discussions du comité de la presse clandestine, *La Nouvelle République* figurait au nombre des journaux autorisés à paraître au jour de la Libération.

« Valentine n'en demandait pas davantage mais elle voulait à présent s'occuper de réunir les fonds nécessaires. Elle voulait constituer un groupe dont elle ne nommait pas le nombre des membres mais qui avait des attaches avec la banque Mirabeau.

« Eychêne et le comité refusent de couvrir l'opération. Le comité trouve de l'argent. Valentine approuve *mais* veut immédiatement recruter sans retard un personnel d'élite de son choix, se procurer des documents et notamment acheter un feuilleton qui, à son avis, serait l'élément principal du succès du journal qu'elle se chargeait de faire "éblouissant".

« Le samedi 12 août, Valentine, venue de Cernay à bicyclette, venait apporter un renseignement urgent. Elle avait vu dans la vallée de Chevreuse les débris de l'armée allemande. Les Américains, ce matin à Orléans, seraient demain à Paris.

« En réalité, elle venait pour me mettre en demeure de l'aboucher avec nos bailleurs de fonds auxquels elle demanderait quelques centaines de mille francs nécessaires au premier jour de sa direction.

« Eychêne dit qu'il ignorait lui-même la personnalité des capitalistes en question mais ceux-ci entendraient prendre et conserver la direction politique de leur journal. En conséquence c'était à eux de présenter une candidature que Eychêne s'offrait de soutenir.

« Flot de paroles acerbes, etc.

« Elle serait allée trouver le jour même MM. Rouen et Joset qui lui auraient affirmé ne rien savoir de toute cette affaire. Cette affirmation était contraire à la vérité. Il y a tout lieu de croire qu'elle est de l'invention de Valentine.

« Dans la journée du dimanche, Eychêne apprend, par Victor, que le directeur du journal serait M. Vauban. Il en informe Valentine en lui promettant de présenter sa candidature à un autre emploi, si elle le désirait.

« Le lundi matin, Mme de Laborderie apportait une lettre de Valentine, pleine d'injures et de mensonges. Je n'y ai pas répondu, alors que Mme de Laborderie attendait une réponse. Mardi à 17 heures, Eychêne remet la direction à Vauban [15]. »

Ce texte d'Eychêne, Louise ne le commente pas, sauf une fois brièvement, je l'ai noté. On peut aussi remarquer, à son honneur, qu'elle le reproduit sans l'édulcorer apparemment. Mais, par ailleurs, dans ses *Mémoires*, elle raconte tout autrement sa rupture avec le vieux colonel franc-maçon dont elle dépeint la félonie et la soif de lucre. Elle mélange le journal conçu durant la clandestinité par l'équipe de Patriam Recuperare et un autre quotidien, *L'Aurore*, également issu de la Résistance.

Dans ses archives de la Bibliothèque nationale, se trouve également un dossier *Nouvelle République* qui ouvre sur une lettre du 4 octobre 1944, de « M. Charles Briant, 9 rue Jean Mermoz, ELY.59.79 à M. Albert Bayet, président de la Fédération nationale de la Presse française ».

« J'ai l'honneur de vous faire connaître que, réuni spécialement à cet effet, le 3 octobre 1944, le Comité directeur de Patriam Recuperare m'a autorisé à vous confirmer en son nom et de sa part les faits suivants, écrit Charles Briant.

« 1. *La Nouvelle République* est la propriété du groupe Patriam Recuperare dont Mme Louise Weiss n'a jamais fait partie, à aucun titre.

« Le colonel Eychêne n'a jamais pris d'engagement vis-à-vis de Louise Weiss qui "n'a jamais fait partie à aucun titre" du groupe.

« Le colonel Eychêne a toujours cru que le "questionnaire" avait uniquement pour but de permettre à *La Nouvelle République* d'adhérer à un groupement de la presse clandestine. La réponse à ce questionnaire dont Mme Weiss prétend aujourd'hui faire état, notamment tout ce qui peut être dit d'une "principale collaboratrice" a été écrit par elle-même, en dehors de tout contrôle de Patriam Recuperare et ne saurait engager ce groupement en aucune manière.

« Ni le colonel Eychêne, ni Patriam Recuperare n'ont jamais

reçu aucun avis d'une suite quelconque donnée par un groupement, en aucune manière. [...] Mme Weiss n'a jamais exercé à *La
Nouvelle République* ni les fonctions de rédacteur en chef ; ni
même celle d'un principal collaborateur. Elle n'a jamais participé,
en effet, ni aux réunions où le comité de Patriam Recuperare arrêtait l'orientation politique du journal, ni à la réception de la copie,
ni à la mise en page, ni au départ ni à l'envoi ou à la distribution
de *La Nouvelle République*. Elle a toujours ignoré où, quand et
comment il était procédé à ces diverses opérations qui présentaient, pour les seuls collaborateurs réguliers, les dangers inhérents
à la confection et à la distribution d'un journal clandestin.

« De même, Mme Weiss n'a jamais participé personnellement
aux frais assumés par Patriam Recuperare pour l'impression, l'envoi et la distribution de *La Nouvelle République*. Bien plus [...],
elle n'a pas craint de retenir une commission de 33 %.

« Le comité directeur sous la présidence de M. Louis Lapicque,
membre de l'Institut, M. le colonel Eychêne étant présent, a décidé
à l'unanimité de vous les confirmer en vous autorisant de les porter à la connaissance du bureau de la Fédération nationale de la
Presse française [16]. »

Ces différents récits qui se rapportent aux mêmes faits furent,
sans aucun doute, de mauvaises surprises pour Louise. Albert
Bayet à qui elle s'était adressée lui fit part lui-même de cette lettre
de Charles Briant. Et, nous le verrons, Eychêne ne sera pas seul à
la démentir. D'autres rejetèrent, comme lui, les déclarations de
l'auteur des *Mémoires d'une Européenne*. Certains le firent avec
plus de précaution que le fondateur du réseau auquel celle-ci prétendait avoir appartenu. Quel que soit le sujet de son action réelle
ou du fantasme qu'elle poursuit, une fois lancée, Louise est incor-
rigible. Rien ne lui fera modifier la course de sa pensée. Elle n'entend pas les avertissements, encore moins les interdictions ou les
contradictions. Lorsqu'elle rédige ses *Mémoires*, lorsqu'elle écrit
aux Benès ou lorsqu'elle dépose à la Bibliothèque nationale le
rapport d'Eychêne et les autres documents, elle ne se rend pas
compte...

XV

Une héroïne de roman

Les mauvaises surprises qui ont accablé Louise durant les années sombres ne finissent pas avec les promesses de jours meilleurs qu'apporte le débarquement des Alliés en Normandie, le 6 juin 1944. Elles continueront, au contraire. Les règlements de comptes vont intervenir, avec Eychêne et d'autres. Ce sera souvent le cas à l'époque.... Ils apporteront de nouvelles mauvaises surprises, en plus grand nombre que prévu.

Louise est trop clairvoyante pour partager sereinement l'espoir que chacun éprouve. Elle sait ce qui l'attend. Le temps de la Libération sera pénible pour elle, elle y a réfléchi depuis longtemps. Elle a compris combien il lui avait été impossible de s'en tenir au comportement qu'elle s'était fixé, après l'annonce officielle de la mort du « Chevalier de Saint-Magloire », comme elle a compris les raisons des retombées de sa mission aux États-Unis. L'inaction, autant que la contemplation lui seront toujours des domaines interdits. Dans toutes les circonstances, sa curiosité demeurera, développant de nouveaux intérêts, ce qui la protégera, plus tard, des désastres de la vieillesse. La paix revenue, elle ira de l'autre côté de la terre voir comment s'expriment d'autres spiritualités, sans y participer elle-même, juste poussée par le désir de comprendre des formes de pensée qui lui ont été longtemps étrangères. Jusqu'à la fin de sa longue vie, elle conservera le besoin d'apprendre, d'être active, et elle le sera. Elle parviendra même à participer aux changements qui interviendront dans les institutions, ce dont elle a toujours rêvé.

Durant ces quatre années où les nazis occupèrent la France, même si elle a, d'une part, refusé de collaborer à tous les journaux soumis aux ordres des occupants, et si elle n'a pas, d'autre part, agi dans la Résistance de la manière dont elle a prétendu l'avoir fait, il lui a été impossible de rester solitaire, assise à une table pour écrire un roman. Comme elle l'avait envisagé en 1940, devant le malheur et le vide causés par la mort de son amant. Ce roman, elle en avait les principaux personnages et les événements, en se remémorant son passé. Il paraissait pourtant impossible qu'elle pût se concentrer comme l'exige l'écriture, étant donné son goût de l'action.

Or ce roman existe, il comporte trois tomes. Elle en est l'héroïne et elle est parvenue à l'écrire, en dépit de ses déplacements d'une zone à l'autre, de ses voyages compliqués par les énormes retards de trains habituels durant cette période, du couvre-feu, de ses changements de résidence, de ses préoccupations concernant la sécurité des siens, celle des amis, des arrestations, des déportations, du déroulement de la guerre sur le front russe, dans le Pacifique, de ses lectures abondantes. Et, malgré l'avis d'Octave Aubry, il s'intitule *La Marseillaise*.

En le lisant, on peut conclure que, rêvée ou vécue, l'histoire d'amour avec le « Chevalier », telle que Louise l'a décrite, a beaucoup compté pour elle. Cet ouvrage qui, après le premier tome paru chez Gallimard, fut repris par Brentano's et publié à New York, ne nous renseigne pas seulement sur Louise — son rêve d'une vie stable avec un homme séduisant, riche et qui l'adore — mais aussi, ce à quoi on ne s'attendait pas malgré le titre général et ceux des différents tomes, sur les francs-maçons, la hiérarchie à l'intérieur de l'association, les rites, les différentes loges, et, plus surprenant encore, sur une autre organisation, tout à fait secrète celle-là : la Cagoule [1].

L'héroïne du roman de Louise n'est pas journaliste. Elle a renoncé, par amour, à une carrière de violoniste virtuose, mais son mari, gros propriétaire terrien exploitant un domaine dans la Brie et officier de réserve, a des contacts avec tous les châtelains, industriels, hommes d'affaires, officiers supérieurs, hauts fonctionnaires de cette région voisine de Paris. La Seconde Guerre mondiale approche et en brossant un tableau de cette société provinciale mais en contact direct avec la capitale, Louise décrit les démarches, les réunions, les craintes des francs-maçons. Elle appelle l'un d'eux le docteur Vrain. Il est médecin, radical-socialiste, maire d'une petite ville et « vénérable de la Loge des Enfants de l'Acacia ». Ce docteur Vrain, elle le montrera aussi dans le premier des deux volumes de ses *Mémoires* consacrés principalement au « Chevalier »[2]. Je l'ai également retrouvé dans les papiers de la Bibliothèque nationale, dans un autre ouvrage de fiction, inédit celui-là. Une longue nouvelle, également à clé, où le personnage féminin ressemble davantage à la Louise réelle que l'ex-violoniste.

Dans *La Marseillaise*, l'auteur montre la France minée par la Cagoule. Cette société secrète dont on n'a pris la réelle dimension qu'après des années de recherches et qui, passant à travers les mailles du filet, reparut sous des formes différentes pendant le régime de Vichy auquel on l'associe souvent, et l'Occupation. Louise sait que « les procédures quand elles visent des militaires en activité » ont été arrêtées. Et « il n'y a pas de doute pour les anciens de la Cagoule sur le fait que le ministre de la Guerre, Édouard Daladier, fut à l'origine de cette décision qui s'applique à l'ensemble des militaires d'active affiliés au CSAR [Comité secret d'Action révolutionnaire] : silence, abstention, discrétion », écrit Philippe Bourdrel[3]. Dans son roman, Louise expose la manière dont agissaient ces conspirateurs décidés à en finir avec le régime parlementaire. Ces personnages de fiction sont conformes à la réalité, d'après ce que nous pouvons lire dans les travaux d'historiens spécialisés dans ce sujet. Son imagination n'a engendré ni leurs actions ni leurs propos tels qu'elle les rapporte. Elle fait preuve d'une connaissance approfondie des Cagoulards ; des différents milieux où ceux-ci recrutaient et de ce dont ils étaient capables.

Comment Louise avait-elle été si bien informée ? Observer l'entourage du « Chevalier » n'eût pas été suffisant. Même si elle avait été le plus souvent aux côtés de son héros, ce qui n'avait pas dû être le cas. Elle tenait ses renseignements d'ailleurs. De son autre vie, dont elle parle moins. Sa vie de femme libre qui a payé cher son indépendance. Cette femme-là, tout autant que celle qu'elle affecte d'être dans *La Marseillaise*, a droit au respect. Louise le savait mais elle ne put s'empêcher de tracer ce portrait d'une héroïne de roman à l'eau de rose comme étant celui du peintre par elle-même. En réalité, après avoir reçu une éducation conventionnelle donnée par des parents qui suivaient les règles de leur milieu — sans oser s'avouer combien ils en avaient eux-mêmes souffert —, elle était parvenue à s'échapper, grâce à sa force de caractère et à son intelligence.

Mais, plus redoutable encore que sa famille et l'éducation reçue, son époque avait placé des barrières devant elle. Elle avait d'abord cru que sa parfaite réussite dans les études, sa confiance dans ses possibilités intellectuelles lui permettraient de lever ces barrières. Pour effacer sa déception de ne pas y être parvenue, elle choisit de s'inventer une autre existence. Dans ses *Mémoires*, l'histoire d'amour avec le « Chevalier », cette grande passion développée avec complaisance, apparaît comme une régression. Dans son roman, tentée par le cliché de la femme amante-mère-et-gardienne-du-foyer, elle se laisse aller : son héroïne, qui reporte l'amour inspiré par son instinct maternel sur le fils de son mari, est belle, talentueuse et vertueuse. L'homme qu'elle aime est aussi vertueux qu'elle. Il est clair que l'auteur du roman rose rêve de se faire accepter comme étant une femme comme les autres. Une femme comme la tante Sophie la pressait naguère de devenir, une femme comme son père l'avait souhaitée.

En même temps, Louise Weiss veut demeurer la femme libre qu'elle est, conserver la place qu'elle a conquise, non seulement dans le monde politique mais aussi dans le Tout-Paris. Elle sait fort bien où, en réalité, elle se situe mais elle se plaît à s'imaginer différente.

Si elle n'a pas su garder longtemps le même homme auprès d'elle, Louise n'a pas manqué d'en attirer beaucoup. Dans le milieu politique où elle évoluait principalement, elle ne pouvait passer inaperçu. Grande, un peu lourde, blonde et l'œil bleu, elle avait un beau visage et s'habillait fort bien. Avec son allure de grande bourgeoise, son parler libre, sa fortune inavouée mais dont témoignait sa luxueuse demeure — un hôtel particulier plutôt qu'un simple duplex — où, avant l'Occupation, elle organisait des réceptions et des dîners réunissant des hommes politiques, des diplomates, des gens du monde et des artistes ; elle avait de quoi séduire.

Quand Louise était encore jeune journaliste, c'est à Édouard Herriot qu'elle dut sa première croix de la Légion d'honneur. Il était « la République en personne », comme le dit le titre du livre que Serge Bernstein[4] lui a consacré, l'un des politiciens les plus célèbres de l'entre-deux-guerres et il fut certainement amoureux d'elle. Ayant l'un et l'autre la repartie prompte, ils ne s'ennuyèrent pas ensemble. Dans ses *Mémoires*, elle note quelques échanges de mots, parfois lestes, prouvant qu'il la désirait. Elle aimait leur badinage, mais elle prétend avoir résisté à ce gros homme à l'intelligence subtile, d'une sensualité aussi grande que sa sensibilité.

Pourtant, elle dit l'avoir souvent accompagné aux congrès du parti radical et raconte aussi qu'il jouait du piano chez elle, comme s'il s'agissait d'une habitude bien établie entre eux. Ils semblent donc avoir été intimes et l'être demeurés longtemps. Elle a noté encore : « Au congrès de Lille, en octobre 1937, Édouard Herriot me faisait la cour. Pendant une séance du congrès il descendit de la tribune dans le parterre réservé aux journalistes et sur la cadence d'un alexandrin il me répéta six fois : "Pourquoi, pourquoi, pourquoi, pourquoi, pourquoi, pourquoi" sur des tons nuancés d'insistance, de regret, de rire, d'espoir, etc.

« Le dialogue s'engagea par écrit : — Vous n'y avez pas mis assez d'insistance.

« — J'ai été discret, mais de toute façon, ferme.

« — Si vous étiez ferme dans vos propos, j'étais profonde dans ma décision.

« — C'est un programme séduisant. J'ai gardé une âme de pêcheur de perles. »

Et, d'après une autre note du même cahier, datée du 24 mai 1945 celle-là, Herriot dit à Louise, à propos d'Hélène Vacaresco, autre journaliste écrivain : « Ce n'est pas avec elle que j'ai envie de te tromper[5]. » Ainsi, leurs relations avaient repris, aussi vives, après la guerre.

Entre-temps Louise eut d'autres liaisons avec d'autres ministres de la IIIe République. Sa liaison avec Georges Bonnet, qui devint un proche de Pétain, lui fut reprochée par la suite. Elle le connaît et fait appel à lui pour obtenir, fin décembre 1938, le décret constitutif de l'Association officielle de son Comité des réfugiés. Georges Bonnet est alors ministre des Affaires étrangères dans le gouvernement Daladier, qui le « relègue » ensuite à la Justice car « le pacte germano-soviétique et la guerre ont renforcé son conservatisme », dit Jean-Louis Crémieux-Brilhac[6]. Georges Bonnet avait été pacifiste et l'était resté, même après la montée de Hitler. « Avide de pouvoir, cet homme intelligent et habile, sinueux et tenace, répugnait à dire non au point de dire oui quand il pensait non, ce qui lui permettait de faire ensuite comme s'il n'avait pas dit oui[7]. » Louise mentionne son nom dans ses Mémoires et dans les papiers déposés à la Bibliothèque nationale mais n'évoque aucun souvenir personnel, ne fait aucune remarque le concernant.

Il en va tout autrement avec Marc Rucart, garde des Sceaux dans le gouvernement du Front populaire, puis ministre de la Santé dans le cabinet Daladier. Louise parle de lui dans ses Mémoires et

on le retrouve, à plusieurs reprises, dans ses papiers de la Bibliothèque nationale. Les *Mémoires* offrent un long portrait de cet
homme auquel l'auteur donne le titre d'ami et qui, certainement,
fut plus que cela pour elle, les documents de la Bibliothèque nationale le prouvent. Dans le livre, Louise raconte que « Marc était
né à Coulommiers, en Brie orientale, de parents modestes, farouchement républicains. Son père exerçait la profession de tailleur.
[...] Le dimanche était pour les Rucart un jour faste, celui du gigot
aux flageolets que le boulanger, lui aussi furieusement laïque,
consentait à rôtir pour eux dans son four et qu'il leur apportait,
ostensiblement à l'heure où les ouailles du curé sortaient de la
messe. Intelligent et bon, Marc, enfant de l'école primaire, se proclamait, bien sûr, athée jusqu'aux moelles. Mais comme il craignait tout de même un petit peu le Bon Dieu, il avait versé dans
la franc-maçonnerie dont le déisme vague lui convenait. Le Grand
Orient avait fini par le consacrer trente-troisième grade ». Louise
nous apprend aussi que Marc boitait, qu'« il aimait les femmes
au-delà des limites permises ». Il avait d'abord été journaliste à
Orléans, puis député des Vosges et « bien après, sénateur de la
Haute-Volta ». Elle rapporte aussi qu'« il croyait en la France et
en l'humanité », et encore : « Un jour que j'avais orné la table de
notre repas de bleuets, de marguerites et de coquelicots, ses yeux
se mouillèrent. De la beauté des fleurs, il se fichait bien, mais
c'étaient ses trois chères couleurs qui l'émouvaient [8]. »

Radical-socialiste et franc-maçon, Rucart fut le principal infor-
mateur de Louise sur la franc-maçonnerie. Et aussi sur la Cagoule,
le CSAR. Elle le retrouve pendant l'Occupation, alors qu'il doit
se cacher en zone non occupée. Le 10 janvier 1943, elle va le
rejoindre à Toulouse où elle arrive le dimanche soir, avec deux
heures de retard, alors que Marc Rucart et sa femme l'attendent.
Elle a écrit « un second volume dont Marc Rucart lit le schéma.
Il est ému par l'histoire de Simon de Montfort ». Ils déjeunent
dans un petit restaurant marché noir le Club tenu par un Parisien
et fréquenté par des résistants. Après le déjeuner, M.R. corrige
son manuscrit. Il s'agit du second volume de *La Marseillaise*.
Louise est venue pour voir Marc Rucart mais aussi pour qu'il
corrige ce qui, dans son roman, concerne les francs-maçons et la
Cagoule. Il y a peu de chance qu'il se reconnaisse dans le personnage du docteur Vrain. Ils vont « redéjeuner » le mercredi. Sans
doute aussi les jours suivants ne se quitteront-ils guère.

Louise réside dans l'hôtel où la *Kommandantur* a établi sa permanence. Elle déjeune aussi dans un appartement d'une grande maison bourgeoise avec de hauts plafonds, des boiseries chocolat, des rosaces peinturlurées, des fresques en trompe l'œil, transformé en restaurant de premier ordre.

« Le Capitole de Toulouse me semble un endroit hilarant, avec la salle des Illustres où tous les mauvais peintres de 1900 se sont livrés à des débauches de peinture, sauf la salle Henri-Martin, pleine d'une digne poésie où l'on voit Jean Jaurès arpentant les bords roses de la Garonne, avec sa barbe, son feutre et sa cravate de quarante-huitard, ne croisant que femmes nues, velours et astragales. [...] Cette faconde, le laisser-aller, cette camaraderie, cette complaisance dans l'École de peinture de Toulouse se retrouvent dans sa politique [9]. » Les notes, écrites plus tard sans doute, fixent des souvenirs vifs et rappellent que, durant ces jours tragiques, la vie continuait, burlesque parfois, étrange et surprenante toujours. Louise semble être restée à Toulouse jusqu'au 10 février. Elle ne dit rien dans ces notes-là de ses relations personnelles avec Rucart.

Ailleurs elle raconte comment elle s'occupe de Gilbert, le fils de l'ancien ministre du Front populaire, arrêté par les Allemands. Dans ses *Mémoires*, elle dit avoir reçu un pneumatique de Gilbert, détenu à la préfecture de Police. Ce moyen de correspondance citadine rapide qui n'a plus de raison d'exister, dut être utilisé par le jeune Rucart grâce à la complaisance d'un gardien. Gilbert demandant son aide immédiate, Louise, sans hésiter, se rendit chez Bussière, « qui assumait les épouvantables fonctions de préfet de police d'une capitale occupée. M. Bussière me confirma que Gilbert se trouvait dans ses geôles ». Gilbert était marié à une jeune juive polonaise dont les frères faisaient partie « d'une bande communisante », dit Louise. L'un d'eux « avait même été abattu en pleine rue devant un immeuble occupé par la Kriegsmarine, et des formules chimiques suspectes avaient été ramassées chez Gilbert qui, comme sa femme, appartenait à cette bande ». Louise plaida « passionnément » pour que le dossier ne fût pas remis à la Gestapo, il en était temps encore. Pourtant Bussière ne put prendre la décision seul et Louise, comme il se devait, participa à la discussion et l'emporta avec une de ces répliques qu'elle aime à rappeler : « — Après tout, monsieur, voulez-vous me dire qui, ici, tuerait les Allemands sinon d'abord les juifs de Pologne ? » Cette riposte-là lui valut « d'impétueux baisers » du préfet enthousiaste, après la sortie de son collègue. À la Libération, Bussière eut maille à partir avec les Comités d'épuration, Louise témoigna en sa faveur et « sa vie se termina paisiblement ».

Dans un des dossiers de correspondances déposés à la Bibliothèque nationale, une lettre du 29 septembre 1970 a été conservée par Louise qui, donc, s'intéressait encore, à cette époque-là, au sort des Rucart, père et fils. L'auteur de la lettre, Pierre Gentil, avait publié, en 1960, chez Lavauzelle, *Remous au Mékong*, préfacé par Marc Rucart [10]. Il donne des renseignements sur le fils de l'ancien garde des Sceaux. Il écrit que Gilbert, passé en zone non occupée, fut emprisonné, déporté et, en mai 1945, rentra de Buchenwald « squelettique ». Régine, sa femme légitime, fit de la prison, elle aussi. À la Libération, elle portait la Croix de guerre. Il reçut la Médaille militaire et celle de la Résistance. Il fut soigné en sana et, remobilisé comme sous-lieutenant, il était médecin. Louise dit avoir commencé une nouvelle ayant pour sujet l'histoire du fils Rucart. Dans cette nouvelle, elle apparaît sous le nom de Clotilde, et Marc sous celui du docteur Vrain, comme nous l'avons vu dans son roman et dans ses *Mémoires*. Elle a écrit les premiers paragraphes, puis s'est arrêtée : « C'est fastidieux », a-t-elle noté le 2-8-73. Mais elle donne quelques précisions sur les personnages. Ainsi la passion mise par Clotilde dans son action pour sauver le fils est nourrie par son désir de reconquérir le père, écrit-elle.

Le fils, qui se nomme Victor dans la nouvelle, est marié à une communiste polonaise. Des « terroristes » polonais utilisent les papiers d'identité de Victor. Le préfet répond au directeur de la Police, en présence de Clotilde qui s'est adressée à lui : « C'est une amie. » Et Louise répète dans ses notes une réplique qu'elle a déjà rapportée : « Je voudrais bien savoir, Monsieur le directeur, qui se vengerait des Allemands si ce n'étaient pas les juifs polonais. » À ma connaissance, elle n'acheva pas la nouvelle.

Mais elle écrit encore que Clotilde va à Cannes voir son ex-amant qui, de son côté, se cache et est venu clandestinement dans cette ville pour la rencontrer.

Toujours en empruntant le masque de Clotilde, Louise révèle qu'elle adore parler d'amour. Elle continue son récit par la description d'un horrible déjeuner qu'elle prépare pour son ex-amant dans sa chambre d'hôtel. Elle se rend compte qu'il y a deux conduites à tenir : soit affecter une camaraderie loyale, un peu garçonnière, qui pourrait amener chez lui un sursaut de regret ; ce qu'elle voit comme présentant à la fois une chance et un risque. Soit continuer à prodiguer des marques d'une tendresse amoureuse jusqu'à obtenir l'attendrissement de cet homme et un retour de flamme. Cette solution lui paraît la bonne parce que leur rupture n'a pas été fondée sur la lassitude physique ou intellectuelle. En adoptant cette attitude-là, elle ne joue pas le tout pour le tout. Elle provoquera peut-être des moments difficiles mais créera entre eux un inextricable réseau de devoirs et d'obligations dont il ne pourra plus sortir. Louise continue en racontant que Clotilde recrache sa gelée de pommes à la saccharine et s'engage avec lucidité dans la voie folle.

Sans doute Marc Rucart fut-il un des rares hommes avec lesquels cette grande dame de la politique eut une relation assez étendue dans le temps, avec un côté sentimental réel, à sa manière. Leurs différences les unissant plus qu'elles ne les séparaient. Elles leur convenaient à tous les deux, les flattant l'un et l'autre.

Louise raconte que, fin 1943, elle dut quitter soudainement sa maison de l'avenue du Président-Wilson, après avoir reçu un avertissement anonyme. « À votre dossier, la Gestapo vient d'ajouter la note suivante : "Vu son passé, son attitude présente est trop correcte pour ne pas dissimuler quelque crime." Quittez d'urgence votre domicile. » Cet avertissement, elle pense le devoir au préfet de police Bussière et elle dit que Mme Rucart lui donna le billet de train pour Cannes où elle rejoignit l'ancien garde des Sceaux, qui attendait alors un sous-marin pour l'emmener à Londres. Comme bien des sous-marins attendus par ceux qui, directement menacés, devaient rejoindre le général de Gaulle, celui-là ne vint pas... Et « ce n'est qu'en octobre 1943 que [Rucart] s'envola vers l'Angleterre à bord d'un petit avion qui était allé le chercher dans les Dombes [11] ». C'est ainsi que se termine l'épisode Rucart dans ce tome des *Mémoires* de Louise, mais nous savons déjà que la réalité est différente.

Dans le tome suivant, l'auteur des *Mémoires* donne une autre version de son départ de sa maison et de ce qui s'ensuit. D'après ce nouveau récit, un appel « furtif » lui apprit, un soir, qu'après un nouvel examen de son dossier, la Gestapo avait conclu : « Vu son passé, impossible de tenir pour vraies les trop correctes opinions de cette enjuivée. » Son correspondant lui conseillait de partir sur l'heure, ce qu'elle fit. « Le lendemain, la Gestapo apposait des scellés sur ma porte. Le surlendemain, je revins de nuit. À titre de médecin, ma sœur Jenny disposait d'une automobile. Je l'aimais tendrement. Elle n'avait pas froid aux yeux et nos convictions étaient les mêmes. À l'insu des concierges qui dormaient,

repus de victuailles apportées par leurs copains alsaciens-alle-
mands, je détachais les cachets de la Gestapo à l'aide d'une lame
de rasoir chauffée. Excellente technique. Puis, après un sérieux
déménagement, je les recollai de même [12]. » Ensuite elle ne part
pas pour Cannes mais se réfugie chez une amie. Il en sera question
plus tard. Pour ces années de l'Occupation en particulier, Louise
qui, comme toute la population française, les a mal vécues, sup-
plée souvent à la réalité par des souvenirs imaginaires. Il y a aussi
ce qu'elle ne veut pas dire, concernant sa vie privée, ou bien la
gêne qu'elle devait éprouver en comparant sa conduite à celle de
sa sœur Jenny, ou à celle de son frère André Weiss. C'est sans
doute pour cette dernière raison qu'elle s'est inventé ce glorieux
passé de résistante dont seuls, ou à peu près, les membres de sa
famille doutent aujourd'hui.

La ligne de démarcation fut supprimée à partir du 1er mars 1943,
« pour les Français à part entière », et la police vérifiait les cartes
d'identité avec soin, afin de s'assurer qu'il s'agissait bien de ceux-
là. Les voyages se déroulaient donc dans des conditions le plus
souvent pénibles : trains toujours surchargés et surveillés par les
Occupants. Devoir abandonner son logis du jour au lendemain
était une obligation courante dans ce nouvel État français où l'on
se sentait sans cesse menacé par une police ou l'autre.

Ses activités de résistante n'ont pas été ce qu'elle prétend, mais
Louise ne s'est pas non plus retirée du monde politique sans se
préoccuper de ce qui se passait. Cela eût été contraire à son tempérament, à ce qu'avait été sa vie jusque-là, je l'ai dit. Nous l'avons
vue continuant de passer d'une zone à l'autre. Il est certain que
ses voyages n'allaient pas s'arrêter lorsqu'il n'y eut plus de ligne
de démarcation.

La première semaine du mois d'août 1943, Louise se trouve à
Châtelguyon où elle se rendait d'habitude chaque année pour suivre la cure thermale. Ses papiers de la Bibliothèque Nationale
nous apprennent que cette année-là, elle est seule, avec Briton, le
chien du « Chevalier », et y retrouve, par hasard, Claire de Jouvenel, « une épave, incapable de supporter la solitude, [qui] invite à
sa table une manucure et une commerçante du marché noir ».
Claire dit à Louise : « Vous devriez vous occuper de moi autant
que de votre chien. » Notre mémorialiste, pleine de mépris, paraît
avoir oublié les déjeuners chez cette belle excentrique qui l'enchantaient dans sa jeunesse, lui faisant découvrir une société pari-

sienne à la fois bohème et bon genre et où elle avait rencontré sa première grande passion, Milan Stefanik. Son séjour est interrompu par une lettre express de sa mère qui lui apprend : « Colette et André ont rejoint l'oncle André. » L'oncle André est le « chimiste génial », oncle de la femme d'André Weiss que Louise a vu à Lyon, avec son frère, quand celui-ci rentrait de captivité. Depuis, « l'oncle André » a été arrêté et déporté. Louise interprète donc le message de sa mère comme un avertissement signifiant que son frère et sa belle-sœur ont été arrêtés, eux aussi [13].

Dans ses *Mémoires*, Louise donne un long compte rendu des démarches qu'elle entreprit pour sauver son frère favori. Bravant l'interdiction de séjour dont elle faisait l'objet, elle se rendit d'abord à Vichy chez Jacques Guérard, « le secrétaire général du gouvernement ». « Son affabilité décelait l'inquiétude d'un homme intelligent dont le parti, pris sous le coup de pulsions hétéroclites, était maintenant impitoyablement récusé par les événements. » À l'époque, Mussolini avait été arrêté et les Anglo-Américains contrôlaient la Sicile. Jacques Guérard promit à Louise des informations pour l'après-midi et lui offrit un coffret tendu de suédine mauve, contenant des cigarettes timbrées aux armes du maréchal. Ces cigarettes, elle allait les offrir à la ronde pour prouver qu'elle était bien en cour et obtenir les renseignements qu'elle souhaitait afin de faire libérer André. Pensant qu'André et sa femme devaient être affamés, elle avait acheté pour eux un fromage qui supportait mal le voyage, à cause de la chaleur de l'été.

Après une visite au maire de Vichy et une autre au commissaire de police du commissariat central qui voulait l'incarcérer, Louise retourna, discrètement, chez Jacques Guérard où elle apprit que son frère était en prison du côté de Limoges, mais que sa belle-sœur n'avait pas été arrêtée. Elle prit un train pour Limoges où elle arriva à 4 heures du matin et, toujours avec son fromage, attendit, assise sur un banc public, l'heure d'ouverture des bureaux de la préfecture. Le chef de cabinet du préfet s'appelait René Tomasini. Elle connaissait son père qui avait été révoqué par Pétain. Le jeune Tomasini se montra prêt à l'aider, comme il aidait tous ceux qui voulaient échapper au régime, elle s'en rendit compte alors qu'il la faisait attendre dans son bureau, téléphonant, sans se gêner devant elle, pour régler des affaires, qui toutes desservaient les occupants et les lois de Vichy. Il lui apprit qu'André Weiss se trouvait à Tulle. Elle se mit de nouveau en route et arriva vers 6 heures du soir à la préfecture de la Corrèze. « La moitié de mon fromage et le reliquat de mes cigarettes m'ouvrirent les grilles derrière lesquelles mon André surgit, hâve, sale et sublime. »

André Weiss apprit à sa sœur qu'accusé d'un crime qu'il n'avait pas commis, le jugement avait abouti à un non-lieu, ses alibis ayant été reconnus valables. Il devait donc être remis en liberté. Depuis son départ de Lyon, il avait repris sa profession d'avocat, à Paris, laissant sa femme et ses enfants en Corrèze, où, comme lui, Colette Weiss faisait de la résistance. Le jour où un gendarme avait été tué, il plaidait à Paris devant la cour. Des réfractaires, cachés autour et dans la propriété habitée par sa femme et ses enfants, étaient recherchés par la Gestapo. Un agent du réseau les avait dénoncés. La liste du traître portait le nom d'un sieur Weiss, alors qu'il s'agissait de Colette. Tous les membres du réseau donnés par le traître furent arrêtés, torturés... Colette et André Weiss bénéficièrent de l'erreur, une grande chance pour eux. Louise prétend, et a sans doute cru, que sa visite au préfet de Tulle, Bernard Lecornu, pour faire libérer André, qu'« on gardait sous clé par méfiance », fut une réussite. Elle dit aussi que la déposition qu'elle fit en faveur de Bernard Lecornu, « incarcéré à Fresnes après la Libération, est un document typique de la crise de conscience qui déchirait, en cet été 1943, les serviteurs de l'État, liges du maréchal ». Elle la publie en annexe du volume de ses *Mémoires*[14]. Elle témoigna également pour Jacques Guérard.

En novembre 1943, Louise retourna en Corrèze où sa belle-sœur l'avait invitée à passer quelques jours. Elle désirait voir les maquis afin de recueillir des renseignements pour ses articles destinés à l'Amérique, prétend-elle. Ces articles, qu'elle mentionne en les associant à ses exploits de résistante, elle dit les avoir écrits dès 1941 pour le *New York Times*. En fait, elle dut les commencer beaucoup plus tard. Le premier dont la trame figure dans les papiers de la Bibliothèque nationale a pour sujet la relève ; il est daté du 19 janvier 1943. Dans d'autres, elle cite des numéros des journaux collaborationnistes, comme *Le Pays libre*, de Huchon, du 10 octobre 1943, *L'Appel*, du 14 octobre 1943, qui blâmaient les traîtres juifs, les traîtres rouges et y ajoutaient les traîtres gaullistes, ainsi que la prochaine Assemblée consultative nationale qui allait se tenir à Alger. Elle écrit que la France tout entière suit avec passion l'organisation de cette Assemblée qui prend une valeur de symbole. « Oui, sur la terre d'Afrique renaissent nos libertés ! » Elle projette des « Scènes de la France réfractaire », les jeunes

Français se réfugient au maquis. Certaines des « scènes » sont tout entières en dialogue, comme cette « Conversation entendue sur une grande route » qui montre, interpellant un réfractaire revenu au village pour chercher du saucisson et du lard chez ses parents, un gendarme décidé à fermer les yeux. Il donne des conseils au jeune homme pour ne pas se faire prendre. Elle écrit aussi des « Chroniques vichyssoises », où elle apprend à ses lecteurs éventuels que Pétain a livré ses plus fidèles amis à la vindicte allemande [15]. Elle ne dit pas comment, en 1943, ces articles furent acheminés vers les États-Unis qui étaient entrés dans la guerre. Furent-ils même jamais publiés, ou sous quelle forme ?

Dans son interview du 16 janvier 1945 par un membre du MLN et qui figure dans le dossier de Patriam Recuperare que j'ai déjà cité dans le cas précédent, Louise déclare avoir envoyé « régulièrement des "Lettres de France" au *New York Times* [16] ». « Je ne sais pas exactement dans quelle proportion ces lettres sont arrivées, mais elles ont été utilisées car j'en ai eu l'assurance par un télégramme du *New York Times*. » Ce télégramme, bien qu'il ait été fort probablement envoyé après la Libération, ne se trouve pas dans ses papiers de la Bibliothèque nationale, les seuls, je le répète, que j'ai pu consulter. Il faut aussi rappeler que Louise Weiss n'avait pas d'adresse fixe en zone sud, ni avant ni après l'entrée en guerre des États-Unis, ce qui compliquait encore les échanges. Les activités de Louise résistante varient d'un récit à l'autre. Elles sont exposées d'une manière qui diffère encore dans le texte de l'interview du 16 janvier 1945 destinée à lui faire obtenir sa carte d'ancien combattant dans la Résistance [17].

À la Bibliothèque nationale, le carton où se trouve le rapport d'Eychêne contient d'autres papiers concernant les relations de Louise Weiss et du colonel. « Pour une raison inexpliquée, en août 1944, Eychêne me renie », écrit Louise. Elle regimbe, dans une lettre du 13 août. Elle écrit au vieux colonel que certains numéros du journal ont été faits entièrement « ou quasi entièrement » par elle. Alors que, d'après lui, elle n'a écrit en tout que 853 lignes pour le journal.

Elle dit aussi qu'à cause du journal, elle a refusé de travailler avec d'autres groupes et qu'elle n'est pas partie pour Alger « où [elle comptait] tant d'amis ». Elle a aussi refusé d'accompagner son frère à Nîmes où les attendaient « des tâches importantes ». En conséquence, les possibilités professionnelles ont disparu pour elle et demain les capitalistes d'Eychêne refuseront de lui laisser la rubrique de politique étrangère.

Le 16 septembre 1944, Louise écrit à son frère André qui a pris ses fonctions de préfet à Montpellier, pour lui raconter le rejet du colonel Eychêne. D'après elle, Eychêne a trouvé des capitaux lui donnant 300 millions [!] pour *La Nouvelle République* et il lui a demandé de ne plus s'en occuper. Elle a porté le cas devant la Fédération de la presse clandestine mais n'a pas encore de réponse [18]. Un mois plus tard, jour pour jour, le 16 octobre, Albert Bayet lui répond. Il l'informe, nous l'avons dit, de l'existence d'une lettre de Charles Briant (reproduite dans le chapitre précédent), qui assure qu' « elle n'a jamais fait partie de Patriam Recuperare et [qu']'elle ne s'est jamais occupée du journal ».

Sans s'étendre sur les arguments employés, Louise écrit qu'elle a obtenu des excuses de Charles Briant. Elle répète avoir collaboré au journal sous les noms de Caton, Isabelle, Valentine, etc. [19]. Nous avons vu comment Eychêne évaluait ses divers pseudonymes.

Louise a été délivrée de toutes ces accusations qui eussent dangereusement pesé sur son avenir par le retour de déportation d'Albert Kirchmeyer. Son soulagement fut, sans doute, aussi grand que sa surprise en le voyant reparaître, un soir de mai 1945. Kir raconte tout ce qui lui est arrivé depuis son arrestation, le 3 mars 1943, jour où elle avait entendu sa voix pour la dernière fois. Elle est certainement moins loquace. Mais elle sait écouter son pénible récit, rempli de toutes les horreurs que des hommes inventèrent pour torturer d'autres hommes. Il n'a pas encore retrouvé une paix intérieure, il n'est pas encore prêt non plus à pardonner. Mais Louise ne lui demande rien de tout cela. « Il surgissait du brouillard et de la nuit du commando de Steyer, dépendant du camp d'extermination de Mauthausen », il lui dit « tranquillement » :

« — Je vous ai apporté un cadeau.

« Et Kir me tendit un petit morceau de tôle. Le numéro qui y était inscrit relevait des grands nombres ! 53.840. C'était sa plaque de condamné au four crématoire, sa plaque de géhenne.

« Je la pris et sus immédiatement que je la ferais sertir d'or pour la porter à mon tour — souvenir sublime — au poignet [20] ! » Louise restera proche de lui. Il ne lui est pas désagréable d'avoir cet ami qui l'admire sans réserve et ne doute pas d'elle. Le 14 mai 1951, Albert Kirchmeyer adresse une lettre « à Monsieur le secrétaire d'État aux Forces armées "Guerre" » pour l'informer que la publication du journal clandestin, *La Nouvelle République*, avait été décidée le 12 avril 1942 et que dès le 24 avril, sa préparation était en cours. Sous la direction du colonel Eychêne, Gaston Thil, « aujourd'hui maire de Montrouge et conseiller général de la Seine », s'était chargé de l'organisation matérielle et Louise Weiss en était la rédactrice en chef. Il continue en disant qu'ils étaient prêts le 26 juin 1942, mais que, « pour des causes diverses » l'édition a été retardée et le premier numéro ne parut que le 22 novembre 1943. Cette édition se poursuivit, écrit-il, jusqu'au 8 août 1944[21].

Les éléments de cette lettre ont, sans aucun doute, été fournis par Louise Weiss elle-même car les dates et les faits contredisent les déclarations du colonel Eychêne. À son retour de déportation, Kirchmeyer n'a pas été informé de ce qui s'était passé entre Louise et le colonel à la Libération. D'après le récit que fait Louise, la principale préoccupation du déporté était alors de retrouver et de punir les responsables des arrestations qui avaient eu lieu en même temps que la sienne dans son petit réseau.

Mais j'avais hâte de connaître l'épilogue de la confrontation Eychêne-Louise Weiss. Et y avait-il un épilogue ? Je me posais la question et ne m'attendais pas à le découvrir dans les papiers déposés par Louise elle-même, à la Bibliothèque nationale. Or, il est là, dans une correspondance avec Claude Bellanger, qui était alors directeur général du *Parisien libéré*, et à qui on doit un livre de référence sur l'histoire de la presse française[22].

La première lettre que Claude Bellanger adresse à Louise Weiss date du 26 avril 1974, après la publication du cinquième tome de *Mémoires d'une Européenne*. Le directeur général du *Parisien libéré* écrit qu'il regrette de n'avoir pu assister à une réunion organisée pour la presse. Et il conteste le récit fait par Louise de la sortie des nouveaux journaux à la Libération. Il a relevé « un certain nombre d'inexactitudes » : « Vous me permettrez de vous le dire très simplement. » Puis il énumère :

Le secrétaire général de l'Information, qui était le représentant officiel en France métropolitaine du département ministériel de l'Information du gouvernement d'Alger, siégeait rue de Lille. Le titulaire était P.-H. Teitgen. Après son arrestation, et seulement alors, Jean Guignebert l'a remplacé.

Les dossiers des nouveaux journaux issus de la Résistance étaient depuis de longs mois déjà examinés par le bureau permanent de la Fédération nationale de la presse clandestine (FNPC), auquel appartenait Claude Bellanger sous la direction d'Albert Bayet. C'est ce bureau qui a donné les autorisations de paraître. Ce qui s'est fait dans un ordre absolu. Et c'est sur l'avis de la Fédération nationale de la presse clandestine que Robert Lazurick, cité par Louise Weiss, a pu faire paraître *L'Aurore* en dépit des réticences de certains. Cet avis a été donné, il est vrai, avec un peu de retard et au nom de Paul Bastid, souligne Claude Bellanger, qui ajoute :

« Notre bureau permanent de la FNPC a contrôlé tout ce qui a été fait, cette commission dont, dites-vous, je ne sus jamais comment elle s'était imposée (!) »

Et il conclut qu'à son avis, pour la période d'avant la Libération, dire que « les titres des journaux clandestins se vendaient pour des sommes d'autant plus élevées qu'ils étaient peu nombreux » est tout à fait irréel.

Suit une autre lettre de Claude Bellanger, du 8 mai 1974, qui répond à la réaction de Louise, datée du 30 avril, mais dont le texte ne figure pas dans les papiers de la Bibliothèque nationale.

Il écrit que ce qu'elle lui dit des « tractations du colonel Eychêne » montre bien qu'« il s'agit d'une période très postérieure à la Libération ». Donc l'époque de Résistance est passée. Et, « effectivement », le journal clandestin dont elle parle a été à l'origine, au moins, « d'une feuille radicale et maçonnique bien postérieure à la Libération[23] ».

Il est certain que Louise, dans son cinquième volume de *Mémoires*, récapitule d'une manière très personnelle son action et les événements qui marquèrent la fin de l'Occupation et la Libération. Les documents conservés à la Bibliothèque nationale donnent un point de vue opposé au sien.

Dans ceux-ci se trouvent également quelques lignes à propos du journal de Robert Lazurick, *L'Aurore*, mentionné par Claude Bellanger. Louise, ayant abandonné tout espoir de participer au journal de Patriam Recuperare, s'est tournée vers cet autre quotidien. Ces papiers nous apprennent que Paul Bastid, qui est alors un familier de Louise, doit devenir directeur de *L'Aurore* et, en août 1944, elle est en pourparlers avec Robert Lazurick. En principe, elle fera la politique étrangère, mais ils se brouillent et elle touche tout de même 100 000 francs, le 6 novembre 1944, alors qu'elle n'a pas collaboré.

Il y a aussi une copie de lettre en recommandé avec accusé

de réception du 2 novembre 1944, où Louise annonce qu'elle ne collaborera plus à *L'Aurore* et qu'elle a l'intention de racheter ou de faire racheter par un groupe de son choix les parts de *L'Aurore*, notamment celles détenues par Lazurick. Elle dit entamer « dès maintenant » la procédure.

Une lettre non datée, non signée mais tapée sur sa machine, assure que Louise Weiss n'a reçu ni dédommagement ni rétribution et qu'elle devrait accepter 2 % pendant dix ans sur les recettes de publicité. (Cette information figure plusieurs fois dans ces dossiers concernant le quotidien *L'Aurore* et c'est son amie Simone de Laborderie qui s'occupe de la publicité du journal[24].)

À la Libération, Louise voit clair dans le jeu de tous ceux qui vont réclamer les récompenses auxquelles ils pensent avoir droit. Ils sont nombreux. Est-ce sa fierté qui lui interdit de se frayer un chemin parmi eux en jouant des coudes ? Quand elle décide d'obtenir ce qu'elle veut le respect humain ne l'arrête pas. Elle sait jouer avec la vérité, je l'ai déjà constaté et son interview du 16 janvier 1945 par un membre du MLN où elle raconte ses activités de résistante le prouve aussi. On pourrait la prendre pour une héroïne. Non plus une héroïne de roman d'amour mais une héroïne que ses exploits courageux, durant l'Occupation, désigneraient en exemple pour la postérité.

N'est-ce pas plutôt le jugement de ses frères et sœurs, vrais résistants, qui la retient ? Ils savent ce dont elle a été capable, avec sa manière de ne jamais vouloir passer inaperçue. Elle s'est montrée à Vichy, elle a parfois fréquenté ceux qu'ils jugeaient infréquentables. Ils savent aussi ce qu'elle a prétendu faire. Elle connaît leur pensée. Elle doit se tenir tranquille, agir avec prudence pour n'irriter personne. La période est délicate, les ambitions se déchaînent, les jalousies, les rancœurs, la haine même. Louise devra se contenter d'observer ce qui se passe. Elle connaît tous ceux qui s'avancent jusqu'au devant de la scène.

Avant leur retour, personne ne sait combien de déportés reviendront. On paraît même parfois les oublier. Parmi ceux qui ont échappé aux camps et à la mort, tout en ayant participé à la Résistance, certains sont avides de pouvoir. Seul un petit nombre choisit de demeurer dans l'ombre. Il y a aussi, menant grand tapage, ceux qui ayant simplement survécu sans trop se compromettre avec le régime de Pétain, tâchent d'être récompensés. Louise a bien vu la manière dont ils ont poussé leurs pions sur l'échiquier du pouvoir à venir. Mais pourquoi, avec son admirable intelligence et son habileté extrême, n'a-t-elle pas fait comme eux ? Elle serait parvenue à se placer à temps, sans rien abandonner de sa dignité. Quel échec a-t-elle redouté ?

A-t-elle cru que le fait d'être née femme allait être encore une fois un handicap ? À sa manière, elle s'est battue pourtant pendant ces quatre ans ; ses opinions sur l'autocratie n'ont pas changé. Elle continuera de se battre.

XVI

Temps nébuleux

Durant ces quatre années de l'Occupation, Louise a mené une existence tourmentée ; pourtant la vie de tous les jours était censée ne pas avoir changé, pour les hommes et les femmes qui n'étaient pas visés par les décrets discriminatoires du gouvernement de Vichy. En fait, rien n'était plus pareil. Le cinquième tome des *Mémoires d'une Européenne* reflète l'atmosphère qui régna jusqu'au départ des nazis.

Personne n'avait confiance en personne, on n'osait pas exprimer à haute voix sa pensée, ni répéter des informations ou des nouvelles devant des inconnus. La peur d'être arrêté étreignait tout le monde. L'angoisse et le chagrin étaient présents à tous les instants. De plus, nul n'échappait aux préoccupations que créait le manque de ravitaillement et, à mesure que le temps passait, la situation se détériorait davantage chaque jour. Essayer d'oublier ce qui se passait autant qu'on le pouvait était la seule solution. Malgré le couvre-feu et le dernier métro qu'il ne fallait surtout pas manquer, les théâtres faisaient salle comble et les cinémas connaissaient eux aussi une grande faveur auprès du public. D'ailleurs, on le sait, quelques très bons films furent produits ces années-là, sans tenir compte de la censure et du code moralisant du gouvernement de Vichy.

Louise ne parle d'aucun des spectacles auxquels elle assiste, ou dont elle a des échos. Comme d'habitude, cependant, elle se tient au courant de ce qui se passe. Elle connaît des gens de théâtre, auteurs et acteurs, leurs noms paraissent dans ses cahiers se rapportant à d'autres années. Pendant l'Occupation, elle n'en mentionne pas. Mais elle note qu'en 1942, ou 1943, elle va chez Van

Dongen qui vient de vendre « pour 4 millions de tableaux à son exposition chez Charpentier ». Le peintre assure qu'un portrait d'Anatole France que le docteur Roudinesco a payé 10 000 francs avant-guerre vaut maintenant 1 million. Louise achète le portrait d'une femme rousse avec un collier vert, « sans se laisser faire sur le prix », comme le lui a recommandé son beau-frère. Et « Roudi » prélève sur la somme versée par Louise 8 500 francs pour le docteur Lévy-Solal qui a accouché la jeune femme avec laquelle vit Van Dongen et qui n'a pas encore été payé[1]. Louise a avec ce beau-frère, remarquable clinicien et grand amateur d'art, des relations satisfaisantes pour l'un comme pour l'autre. Ils s'apprécient, ils ont des intérêts, des goûts et des défauts semblables. Leur amitié sera chaotique — cela aussi leur convient — mais elle persistera.

Les dîners en ville sont une part de ces distractions auxquelles les Parisiens s'accrochent, même s'il faut combiner beaucoup d'invention et de savoir-faire pour les organiser. Un dîner chez le gouverneur de la Banque de France, Yves de Boisanger, impressionne Louise. Elle s'y rend en vélocar à cause de sa robe longue et se souvient avoir protesté parce que le chauffeur réclame 180 francs pour la course. Finalement, elle ne lui donne que 110 francs, pour s'apercevoir que les autres femmes portent des robes « ultra-courtes » et ont pris le métro ; sauf M. de F. que « son flirt en titre » a amenée en auto. « Dîner somptueux », note encore Louise. Et, « en guise de pain, une sorte de gâteau brioché, dont tout le monde se bourre et les dames mettent des morceaux dans leurs sacs[2] ». La faim, chacun sait ce que c'est. Les invités d'Yves de Boisanger ne l'ont probablement pas éprouvée souvent mais ils ont le sentiment qu'elle les guette toujours. Et, de toute façon, la farine des boulangers est détestable, alors autant profiter au maximum de ce bon « gâteau brioché », qu'ils ne reverront pas de sitôt. Même au marché noir, où la qualité des produits a souvent peu de rapport avec les prix exigés par les trafiquants.

Les souvenirs retenus par Louise sont variés. Certaines anecdotes, contées avec l'ironie mordante qui la caractérise, sont franchement drôles. D'un ton bien différent, d'autres concernent les amis qui subitement disparaissent. Le pire est alors à redouter ; elle y pense, sans se faire d'illusions. Elle détaille les circonstances dans lesquelles ils ont été emmenés par la Gestapo. Et elle n'oublie pas ce qu'elle a appris ensuite du sort qu'ils ont subi.

Hélène Jules-Henry, née Champetier de Ribes, était la veuve de l'ambassadeur de Pétain, mort à Ankara. « Otto Abetz la sommait d'assister aux réceptions de l'ambassade d'Allemagne », raconte Louise. C'était, selon lui, une manière de s'acquitter de l'aide que lui avait donnée Franz von Papen, ambassadeur du Führer en Turquie, pour rapatrier le corps de son mari. Hélène Jules-Henry eût bien voulu se dispenser de paraître, avec le gratin des collaborationnistes, chez Otto Abetz, mais impossible ! Toutefois, au cours de ces réceptions, elle recueillait de précieuses informations qu'elle souhaitait transmettre à Londres. À sa demande pressante, Louise prétend qu'elle l'avait immatriculée « au réseau ». Dans le mémoire du colonel Eychêne, Hélène Jules-Henry apparaît, non pas comme un agent mais comme une bienfaitrice qui avait donné une certaine somme d'argent pour Patriam Recuperare. De cela, Louise ne parle pas mais elle raconte que son amie était imprudente et peu « professionnelle » dans son action clandestine. Elle décrit en détail comment Hélène reçut, en sa présence, le fils de von Papen qui, précise Louise, devant ces deux Françaises, se déclara antinazi. Hélène lui fit visiter son appartement, qu'elle jugeait exigu et qu'elle n'aimait pas. « Elle conduisit le fils du chancelier [von Papen]* dans un petit bureau où, sous une housse, dormaient les éléments d'un poste émetteur. » Louise était, dit-elle, scandalisée. Elle ajoute qu'Hélène savait sûrement que des véhicules munis de détecteurs d'ondes sonores ne cessaient de circuler dans son quartier, mais elle ne s'en souciait pas. La jugeant d'une imprudence dangereuse, Louise déclare qu'elle décida de la rayer du réseau. Elle ne dit pas comment lui était venue la possibilité d'inscrire ou de bannir des agents. Ni de quel réseau il s'agissait. Elle assure simplement qu'elle essaya, en vain, de la mettre au pas, mais « Hélène était inéduquable. Sa féminité la dominait. Le "Chevalier de Saint-Magloire" l'aurait prise dans ses bras. Elle rêvait de se remarier avec Paul Reynaud ».

Pour Louise, écrire qu'Hélène aurait plu au « Chevalier », c'est lui adresser un compliment. Elle compense aussitôt par un coup de griffe en évoquant Paul Reynaud qui n'était pas sur la liste de ses amis. Il est vrai que les deux femmes ne se brouillèrent pas, malgré l'indiscipline d'Hélène stigmatisée par Louise. Cette dernière continue son récit en rappelant que la veuve du diplomate finit par déménager de l'appartement de la rue de Castiglione, où

---

* Franz von Papen avait été chancelier du Reich en 1932.

elle se trouvait à l'étroit, pour habiter une maison, villa Saïd. Hélène Jules-Henry, toujours imprudente, ne se gênait pas et disait partout qu'elle hébergeait des aviateurs anglais et américains. En juillet 1944, elle fut arrêtée par la Gestapo. Son fils réussit à échapper aux policiers qui s'apprêtaient à fouiller la maison, mais un aviateur allié, qui dormait dans une chambre verrouillée, n'entendit pas la femme de chambre venue l'avertir du danger et fut emmené lui aussi. Hélène Jules-Henry, déportée le 15 août 1944 vers Ravensbrück, survécut jusqu'à la libération du camp mais mourut d'épuisement au Danemark[3].

Pour avoir l'estime sans nuage de Louise, il faut être une personne comme sa secrétaire Yvonne Michaud, veuve d'officier, « qui n'éveillait pas l'attention. Messagère aux yeux vifs, obligeants et tristes, elle se faufilait partout dans sa petite robe noire, en traînant son cabas rempli de documents secrets. Le feu intérieur qui la brûlait était insoupçonnable. Tout pouvait lui être confié ». Cette secrétaire faisait partie de ces femmes fascinées par Louise et qui lui étaient totalement dévouées — du moins pour un temps. Bon juge, en général, de celles et ceux qui pouvaient lui être utiles, Louise utilisa longtemps Yvonne Michaud demeurée fidèle.

Parmi les amis disparus, Louise évoque Pierre Duverne, ancien attaché naval de l'ambassade de France à Belgrade ; « travaillant avec le ministère de la Production industrielle et des Communications assumé par Bichelonne, il avait organisé sur la côte normande un réseau de renseignements militaires particulièrement valable ». Arrêté le premier jour du printemps 1944, dans un café du carrefour Sèvres-Babylone où il s'entretenait avec un agent de Londres, il fut déporté et ne revint pas. Il périt en mer au large de Lübeck où il avait été embarqué avec 900 autres prisonniers, avant la libération des camps. Louise ne prétend pas avoir été en rapport avec lui durant ses activités clandestines. Elle dit simplement de lui : « notre ami ». Duverne paraît plutôt avoir été du style des hommes qui entouraient le « Chevalier » et elle n'évoque pas de souvenirs le concernant. Ce qui n'est pas le cas lorsqu'il s'agit de Maurice Bourdet.

Cet ancien confrère devenu homme de radio n'avait pas renoncé à sa situation mais il était décidé à servir la France libre. Dès son retour des États-Unis, début 1941, Louise avait, dit-elle, renoué avec lui. Elle demeura plus tard amie avec Mme Bourdet, qui était peintre et exposait sous son nom de jeune fille, Marie-Magdeleine de Rasky. Quand elle connut Kirchmeyer, elle suggéra de servir d'intermédiaire entre Maurice Bourdet et lui. Le 2 mars 1943, la veille de l'arrestation de Kir, Louise avait rendez-vous avec l'ancien journaliste de la presse écrite à Versailles. Elle devait « discuter avec [Bourdet] non pas encore de l'antenne clandestine à laquelle cet excellent technicien songeait mais du noyautage des employés de la radio nationale contrôlée par les Fridolins ». Ensuite elle devait rendre compte de cet entretien à Kirchmeyer, en l'appelant d'une cabine téléphonique. C'est ce coup de téléphone à Kirchmeyer qui l'avait troublée, comme nous l'avons vu. Elle n'avait d'abord pas compris que ce dernier l'avait empêchée de lui parler pour ne pas la compromettre. Cet entretien qu'elle aurait eu avec Maurice Bourdet est le seul acte précis qui peut ressembler à une action clandestine.

Quant à Maurice Bourdet, les Allemands l'arrêtèrent une première fois en janvier 1944, alors qu'il préparait la destruction des antennes contrôlées par les nazis et essayait de construire un poste émetteur clandestin, toujours selon Louise. Après quarante-huit heures d'incarcération à Fresnes, Bourdet fut relâché, jusqu'au 15 février 1944 où il fut d'abord interné à Compiègne pour avoir « une fois de plus décliné de prendre la parole devant le micro aux ordres des ennemis ». Il mourut en déportation à Bergen-Belsen. Louise écrit encore : « Du Chevalier, il avait le feu intime sans lequel n'étaient point de vrais croisés. Les voix intérieures d'abord ! Être engagé du même côté que des hommes d'État auxquels le liaient de chauds souvenirs d'action et de posséder une incomparable arme technique, donnait à Maurice espoir et force alors que le Chevalier, en sa solitude politique et son mauvais équipement de guerre, se sentait plutôt le soldat sacrifié d'une cause glorieuse. S'il existait, l'irréalisme de Maurice le quittait dès la première décision à prendre. Celui du Chevalier ne l'abandonnait jamais, même au combat[4]. »

Cette citation afin de ne pas oublier ce que le « Chevalier » représentait pour l'auteur de ces *Mémoires*. Louise aimait en lui, tel qu'elle continuait de le rêver, ce qu'elle aurait tant de mal à acquérir : la générosité et l'irréalisme qui conduisent à la poursuite d'un idéal et peuvent mener jusqu'au sacrifice suprême. Les contraires s'attirent, ce cliché est souvent juste, mais lorsqu'il s'agit de cette femme, faite pour l'action et le pouvoir, il paraît touchant. Un côté sentimental inattendu resurgit de temps en temps chez elle. Ainsi elle cite en entier, dans le corps du texte de ses *Mémoires*, la dernière lettre d'amour de Maurice Bourdet à sa femme, alors qu'il allait quitter le camp de Compiègne, le 15 juillet 1944, dans l'avant-dernier convoi de résistants parti de France qui les emmena vers le camp de concentration où ils trouvèrent la mort.

D'autres amis disparus aussi sont évoqués : François de Tessan, ancien journaliste et ancien parlementaire. Louise esquisse les traits de son caractère avec la légèreté qui convient au personnage et contraste avec sa fin tragique à Buchenwald. Le passage qu'elle lui consacre se termine par : « Du Chevalier, François Dortet d'Espiraguié de Tessan n'avait que l'humour, la culture, l'attachement au terroir, la loyauté et, aussi, le goût des femmes sachant leur métier. C'était déjà beaucoup. »

Le « Chevalier » avait été enseveli, à même les labours, par les paysans de Villers-sur-le-Roule, un village proche des Andelys où il avait été tué. Un jour du printemps 1942, avec le frère et la sœur de son bien-aimé, répondant à une lettre du maire, Louise se rendit dans ce village où le corps allait être exhumé du champ où il reposait depuis deux ans pour être enterré dans le cimetière. Louise décrit minutieusement ses réactions, l'accueil du maire, la rencontre avec le médecin légiste et comment elle laissa au frère le soin d'identifier le cadavre. Elle décrit aussi la nature — ce qu'elle fait toujours très bien — et évoque des souvenirs : parce que deux perdreaux s'envolèrent soudain, elle se revit à la chasse avec son amant, un de leurs passe-temps favoris. Et puis :

« La vie du Chevalier avait commencé sous les armes et par les armes avait été tranchée. Quatre notables portèrent son cercueil. Un cinquième se dirigea vers l'église pour sonner le glas.

« Dans les papiers intimes du Chevalier, j'avais trouvé de petites phrases que je ne pouvais oublier :

« — Avant elle : impossibilité d'une intimité féminine autre que physique ! Je me reconnais à peine. À mon tour je m'exclamerai : — Joie ! Joie ! pleurs de joie !

« L'amour ne pouvait accomplir mieux ni plus[5]. »

Cette passion partagée avec sa fin tragique et héroïque convient au personnage de Louise. Comme lui convient l'idée qu'elle est engagée dans la Résistance, communiquant des informations à Londres... ou à Washington (elle alterne et ne révèle pas par quels moyens elle communique), mettant en contact de futurs résistants ou des résistants déjà confirmés avec Kir, puis avec Patriam Recuperare après l'arrestation de Kirchmeyer.

Tout est curieux, contradictoire dans ce qui touche à l'action clandestine de Louise. Ses récits se précisent seulement à propos des menaces dont elle est l'objet. Un coup de téléphone anonyme la prévient, nous l'avons vu, que la Gestapo va s'intéresser de plus près à elle et l'inconnu lui conseille de quitter son domicile sur-le-champ. Ce qu'elle fait et son départ précède de peu l'arrivée des hommes en uniforme noir. Elle décrira ensuite longuement ses refuges et aussi l'usage que font de sa maison les occupants et leur clique. Elle rapporte également la manière dont la Gestapo la poursuit : « Ma photographie avait été communiquée aux contrôleurs des portillons du métro et, un certain après-midi, je n'avais pu me dérober à leur filature qu'en tournant sans relâche, par les trains de ceinture, de la gare d'Auteuil à celle du pont Cardinet : trajet sans queue ni tête entre des murs bariolés d'affiches[6]. » Cette enquête à l'aide d'une photographie largement distribuée par les agents de la Gestapo à des contrôleurs du métro dont ils avaient toutes les raisons de se méfier — et ne manquaient pas de le faire — ressemble davantage à la poursuite de brigands concoctée par un sheriff du Far West qu'aux farouches investigations mises généralement en œuvre par la police nazie pour arrêter ses victimes.

On pourrait penser que le temps écoulé entre les faits rapportés et le récit a créé ces invraisemblances. Mais il n'en est rien. La même fiction se trouve dans la première lettre que Louise adresse à Edvard Benès et à sa femme, le 9 octobre 1944. Les Benès vivaient en exil à Londres depuis les accords de Munich, en 1938. Louise leur écrit qu'elle a connu sous l'oppression allemande les plus dures épreuves. Sa maison a été occupée, ravagée. Elle a dû la remettre en état. Sa tête était mise à prix par la Gestapo qui la recherchait et la faisait rechercher par les miliciens français dans tous les quartiers de la capitale où elle est demeurée cachée. Elle avait reçu la visite d'agents de la Préfecture. Elle a été filée, attendue à la bouche des métros où on essayait de l'identifier avec une photographie. Elle a échappé par miracle à toutes les chasses dont elle a été l'objet. Elle a été servie par la chance. Elle reconnaît que son cas était « pendable ». Elle était rédactrice en chef d'un journal clandestin. Elle correspondait avec le *New York Times*, elle faisait partie du service de renseignements Patriam Recuperare, elle recrutait des officiers pour les FFI, etc. Un de ses frères avait été emmené en otage et finalement libéré par ses gendarmes qui prirent le maquis avec lui. Un autre de ses frères, après « une vie clandestine héroïque », a été nommé préfet de Montpellier. Sa sœur préside le Comité de Libération de son hôpital. Son autre sœur est à Alger où son cousin, Pierre Weiss, est responsable d'avoir fait tomber la tête de Pucheu — ce qui n'a pas arrangé les affaires de Louise, qui continue en notant : « Et j'en passe[7]. »

Cette lettre explique en partie la fabulation de Louise qui tenait à informer les Benès de la conduite courageuse de ses frères et sœurs. Amateur de carrières exceptionnelles, elle y ajoute même celle de leur cousin germain, Pierre Weiss, et le rôle qu'il joua à Alger lors du procès de l'ex-ministre de l'Intérieur de Vichy, Pierre Pucheu. Tout ce qu'elle raconte à ses amis tchèques concernant les membres de sa famille est exact.

On l'a vu, André, le frère qu'elle aimait tant, était entré très vite dans la Résistance, après avoir couru un réel danger en simulant une grave maladie pour se faire libérer d'un camp de prisonniers de guerre en Allemagne. Sa femme, Colette, de son côté, avait travaillé pour un réseau (Louise « oublie » de la mentionner dans sa lettre). Francis, le frère dont l'état mental leur donne à tous du souci, engagé volontaire en 14, mobilisé de nouveau en 39-40, n'a pas, lui non plus, manqué de courage. Quant à la sœur, Jenny, ancienne interne des hôpitaux de Paris, médecin-neurologue des hôpitaux, alors mariée au docteur Alexandre Roudinesco, indubitablement résistante et présidente du Comité de Libération de Necker-Enfants malades, elle allait, moins d'un mois après la Libération de Paris, accoucher d'un troisième enfant, son unique fille, Élisabeth. La plus jeune des sœurs Weiss, France, après être sortie major de l'École des Sciences politiques — parce que fille, on lui avait enlevé un point, pour qu'elle fût ex aequo avec un garçon et non pas seule première — avait passé sa thèse de doctorat en 1939. Elle se trouvait à Alger, avec son mari, Jacques Bursaux, ingénieur du corps des mines, Croix de guerre. Les Bursaux étaient gaullistes, comme leur cousin Pierre Weiss. Leur premier fils, Dominique, naquit à Alger, en 1943. Louise est fière d'appartenir à cette fratrie. Jacques, l'aîné des fils Weiss, le seul qu'elle ne mentionne pas dans sa lettre et qui, avec son pacifisme acquis sur les champs de bataille, était si proche d'elle pendant la première guerre, est encore très présent dans sa vie. Elle éprouve même de l'amitié pour la mère de sa femme, Mme Marie Bergner, qui lui offrit l'hospitalité quand elle rentra à Paris et que son appartement était occupé par « les Russes ».

Malgré la vie que mène Louise, différente de celles de ses autres membres, la famille — cette extraordinaire famille, si exigeante et si brillante sur le plan intellectuel — est encore entière. Les relations que cette femme indépendante entretient avec tous ne se sont pas encore gâtées. Louise se sent solidaire. Et, pour une part, dans la sûreté de soi qu'elle affiche — qui peut aller jusqu'à une certaine morgue — il y a le sentiment d'appartenir à une élite, tant sur le plan social qu'intellectuel.

Dans ces conditions, comment s'avouer — et avouer aux autres, aux amis qui ne comprendraient pas — que, durant ces quatre ans d'Occupation, elle n'a pas activement participé à la Résistance ? Elle s'est si souvent dit qu'à cause de sa situation privilégiée dans des milieux résistants et collaborationnistes, politiques ou mondains, entre lesquels les communications étaient rompues, elle recueillait auprès des uns et des autres des informations de toutes sortes sur l'évolution de la situation des populations civiles, les événements qui risquaient de se produire ici ou là, qu'elle a fini par le croire elle-même. Ces informations importantes, elle allait les envoyer à Londres, à Washington. Elle allait aussi écrire des articles pour New York... Il arrive un moment où une telle habitude de la pratique des contre-vérités rend impossible de discerner le réel de l'imaginaire. Ainsi, elle croit être en danger à Cernay-la-Ville, l'été 1944. Comme elle croit que voir des soldats allemands, le 12 août 1944, dans la vallée de Chevreuse signifie que les Américains, qui sont ce matin-là à Orléans, seront le lendemain à Paris. Elle enfourche sa bicyclette pour transmettre ce renseignement urgent au colonel Eychêne !

Parmi les amis de Louise, les Benès n'étaient pas les seuls qui allaient se poser la question de savoir comment elle avait survécu à l'Occupation. Ils pouvaient aussi entendre parler de cette mission que la fondatrice de la Nouvelle École de la paix s'était fait donner, par le gouvernement de Vichy, au lendemain de l'arrivée de Pétain au pouvoir et se poser d'autres questions. Après ces quelques mois passés aux États-Unis, pourquoi donc était-elle rentrée en Europe ? Elle avait beau dire, comme le Maréchal l'avait lui-même proclamé, qu'elle avait voulu partager les souffrances des Français, nombreux étaient ceux qui ne comprenaient pas sa démarche.

On sait déjà que Louise avait renoncé à jouer un rôle à Vichy, après son retour de New York. Elle raconte qu'elle s'employait à persuader des amis de la nécessité de rejoindre la Résistance. Mais ces amis avaient-ils réellement besoin de ses encouragements ?

Leur choix n'était-il pas déjà fait ? Le marquis de Champeaux est l'ami dont elle se plaît à retracer tout au long l'itinéraire. Et on retrouve dans les pages qu'elle lui consacre la fascination de Louise pour l'aristocratie. Officier de carrière, membre du Jockey, Denys de Champeaux est un véritable aristocrate. Ils se sont rencontrés grâce au « Chevalier » dont le marquis était un ami proche. Louise résume sa carrière : brillant et rebelle, Champeaux, formé au Maroc par le maréchal Lyautey, s'est férocement battu en juin 40 en Lorraine et, comme André Weiss, fut fait prisonnier. Comme André Weiss encore, il réussit à se faire rapatrier. Ensuite il se terra dans « son domaine de Ferrière-sur-Sichon, où je ne manquais pas de lui rendre visite, chaque fois que je me faufilais à Vichy », écrit Louise. De chez lui, Denys de Champeaux se mit à lever une troupe. Il rassembla des maquisards, souvent frustes et cruels, d'après Louise, qui fait avec un humour parfois noir un long récit des combats et règlements de comptes menés par les hommes du marquis. Elle dit avoir été l'émissaire des dirigeants FTP auprès de son ami, mais se garde de donner des explications sur ce sujet. Comment et par qui avait-elle été mise en contact avec l'« état-major », en majorité communiste, de l'organisation militaire des Francs-tireurs et partisans qui existaient depuis mars 1942 ? Elle ne le dit pas. Et qui connaissait-elle dans les autres organisations et réseaux ? Elle n'en dit rien non plus. Elle affirme seulement avoir été au courant des décisions au sommet des clandestins, en France, en Algérie, à Londres. Et elle ne perd pas une occasion de rappeler les persécutions raciales, les atrocités commises par les nazis. Mais quand elle mentionne les maquis, l'épuration, elle semble souvent réticente, toujours prête à regretter les erreurs parfois commises, plutôt qu'à reconnaître la participation des maquisards à la libération du territoire, ou à rappeler les crimes contre les résistants, résultat des dénonciations par ceux qui avaient choisi la collaboration avec Vichy et les nazis.

À part Denys de Champeaux, avec lequel elle finira par se brouiller, les quelques amis déjà mentionnés qui disparurent dans les camps de déportés, et les membres de sa famille, Louise ne fréquente guère de résistants.

Les récits que Louise ne cessera de répéter au cours des années, concernant ce qui lui advint, après son départ de l'avenue du Président-Wilson, varieront peu. Ils forment une sorte de roman. Le colonel Eychêne, plus tard Claude Bellanger et sa sœur Jenny ont critiqué, nous le verrons, certaines de ses façons d'agir, démenti des faits qu'elle donnait pour vrais, mais dans l'ensemble elle réussit toujours à faire prévaloir sa version. Si sa parole était mise en doute, elle en appelait aux témoignages du marquis de Champeaux et d'Albert Kirchmeyer. Or ni l'un ni l'autre ne pouvaient certifier ses dires car ils n'avaient, à aucun moment, été présents auprès d'elle. Mais impossible pour eux d'imaginer qu'une femme aussi remarquable était capable d'avoir inventé ce qu'elle racontait. À son retour de Mauthausen, Kirchmeyer, je l'ai dit, n'avait aucune raison de se méfier de Louise. De plus, il était humble vis-à-vis d'elle. Sur le plan intellectuel, il savait qu'il ne pouvait être comparé à sa nouvelle amie. Et ils n'étaient pas attachés aux mêmes valeurs. Mais de cela, peut-être ne fut-il jamais conscient. Ainsi Kir dit à Louise :

« — J'ai refusé les décorations données aux déportés. La déportation m'avait sauvé la vie puisque j'aurais dû être fusillé au Cherche-Midi. La nation n'a pas à m'en remercier.

« Puis rêvant :

« — Je viens de fonder ÉSU : l'Église symbolique universelle. La survie est la seule solution rationnelle au problème de la mort. »

Ensuite Kir répète encore ces formules qui nourrissaient sa pensée avant son arrestation et sa déportation : « Auguste Comte... L'Amour pour principe... L'Ordre pour base... Le Progrès pour but. » Louise écrit que Kir avait été « le prophète d'un petit cercle dominé par les principes d'Auguste Comte accommodés à la mystique des Rose-Croix ». Elle n'a pas perdu sa liberté de jugement mais elle utilisera Kir, comme elle sait le faire, jouant à la fois sur la modestie et l'orgueil de cet homme. Elle restera toujours en relation avec lui, l'ayant persuadé du grand honneur qu'elle lui fait en acceptant d'être son amie.

Dans la lettre datée du 14 mai 1951, adressée par Albert Kirchmeyer à « Monsieur le secrétaire d'État aux Forces armées "Guerre" » pour l'informer de la date de création du journal clandestin *La Nouvelle République*, de celle de « sa préparation en cours », du retard de l'édition du premier numéro jusqu'au 22 novembre 1943 et du fait que « Mme Louise Weiss en a été la rédactrice en chef[*] », Kirchmeyer n'a pu connaître directement ce dont il témoigne étant donné qu'il fut arrêté, on s'en souvient, le 3 mars 1943.

---

[*] Voir au chapitre précédent, p. 331.

Les dates, qui diffèrent de celles avancées par le colonel Eychêne, ont été communiquées par Louise, qui a inspiré la lettre et y a collaboré.

On peut aussi avancer que Kirchmeyer n'a pas été mis au courant de l'évolution des relations de Louise et du colonel et qu'il n'a pas eu connaissance du mémoire d'Eychêne. Louise a sûrement voulu préserver les bonnes relations entre les deux hommes. Kirchmeyer n'eût jamais douté de la parole de l'ancien officier supérieur, franc-maçon comme lui et dont sans doute il connaissait l'honnêteté depuis longtemps. Une collusion entre les deux amis eût probablement éliminé la présence de celle que ce positiviste idéaliste considérait comme sa bienfaitrice.

Louise sera toujours aux côtés de Kir. Dans ce même dossier de la Bibliothèque nationale se trouvent d'autres informations : elle a mis de l'argent dans le cabinet Kir, SARL au capital de 100 000 francs. Ce cabinet continue, malgré une perte supérieure aux trois quarts du capital social reconnue lors d'une assemblée générale des associés le 2 mars 1957 (Kirchmeyer : 15 parts ; Louise Weiss : 4 parts et Julien Devicq : 1 part). Cette SARL est certainement un cabinet juridique, Kirchmeyer a dû reprendre son ancien métier, puisque, avant la guerre, il dirigeait le contentieux d'un garage.

En consultant ce dossier, on apprend aussi qu'en juillet 1961, Kirchmeyer, qui a refusé pour lui-même « les décorations données aux déportés », obtient pour Louise la classe de commandeur dans l'Ordre de la Légion d'honneur. Elle avait été promue officier en 1934[8]. Kir idéalise celle qu'il croit aussi être une grande figure de la Résistance, et son dévouement ne s'est jamais démenti. Quelles que fussent les raisons qui la poussèrent à prendre cette attitude envers Kirchmeyer, elle réussit à lui faire croire à une amitié véritable. Un sentiment rare pour elle, et bénéfique pour tous les deux.

Quand elle abandonne sa maison de l'avenue du Président-Wilson, le débarquement allié aura lieu la saison suivante. Louise raconte qu'elle se réfugie d'abord dans un somptueux hôtel particulier d'Auteuil, chez une amie, Germaine Lefrancq, qui « tenait sa fortune de licences de produits pharmaceutiques ». De plus, Mlle Lefrancq avait remporté un certain succès comme auteur de pièces de théâtre de boulevard et s'était liée d'amitié avec son voisin, le prince Ioussoupov, l'assassin de Raspoutine. Louise décrit avec drôlerie ce monde bien parisien : le prince, Germaine, les belles amies de Germaine. Elle rapporte leurs propos, ainsi que ceux de Nathalie Barney, souvent présente parmi ces dames et se moquant gentiment de Germaine qu'elle connaît depuis longtemps. Certains passages de ses *Mémoires* sont fort divertissants, comme ceux concernant la petite Lande qui entoure la riche héritière auteur dramatique. Une pointe de méchanceté, surtout à l'égard des femmes, les rehausse toujours.

Il est certain que l'existence quotidienne dans cette maison l'amuse et Louise y vit aussi une aventure amoureuse imprévue qu'elle évoque de façon succincte, sous le titre : *Marcel paysan du Gard*. Le paysan du Gard est un père de sept enfants qui débarque un jour chez Germaine Lefrancq, envoyé par « la châtelaine lesbienne », une amie de la maîtresse de maison. Il élève des porcs et possède 400 000 francs, sans doute le produit de la vente de ses porcs au marché noir. Nous sommes à la fin de l'Occupation, ne l'oublions pas. Louise note qu'il n'a aucun sentiment patriotique, mais 400 000 francs dans la poche d'un paysan l'impressionnent... Elle lui fait visiter Paris et remarque qu'il ne se découvre pas devant le Soldat inconnu. « La politique ne m'intéresse pas », lui dit-il simplement. Ils vont ensemble au restaurant ; il déteste l'habitude dans les restaurants parisiens, de s'asseoir à côté de la dame et non en face. Il voudrait voir ses yeux, sa bouche quand elle mange. Louise lui dit qu'elle a perdu un homme qu'elle aimait. Il veut lui racheter ses vêtements mais se rend compte très vite qu'il a « gaffé ». Elle conclut sur ce mot. La brièveté même de la note indique le genre de relation qu'elle a pu avoir avec un homme aussi éloigné de ce qu'elle a toujours connu. Elle semble ne s'étonner de rien de la part de ce compagnon de passage. Même une remarque comme : « la politique ne m'intéresse pas » ne paraît pas la surprendre.

Après la mort du « Chevalier », Louise a fait un choix et le dit quelque part. « Mais le désir de l'amour physique subsistait en moi, inassouvi et sans objet. Ce désir, pouvais-je le sublimer ? Non plus. Ma rigueur d'esprit m'en empêchait. Impossible de confondre une frustration de la chair avec un culte né de cette frustration. Des phantasmes pieux me semblent indignes[9]. » Continuant de vivre, elle a décidé de ne pas cesser de répondre aux exigences de la chair. Désormais, elle s'en tiendra le plus souvent à cette ligne de conduite, avec une certaine superbe qui est admirable, car rare et difficile pour une femme.

À mesure que le temps passe, Germaine et Louise s'entendent

de mieux en mieux. Germaine Lefrancq respecte la liberté de son invitée. Elle ne lui pose pas de questions sur les gens disparates que la journaliste reçoit chez elle, sans les lui présenter, le plus souvent. L'auteur des *Mémoires d'une Européenne* prétend que Germaine l'aide, sans le savoir, « grâce à son sens inné de la rouerie » ; parce que, dans l'action clandestine, il faut faire appel à l'imagination, observe-t-elle. Elle-même ne manque ni de rouerie ni d'imagination. Dans ces deux domaines, elle n'a de leçon à recevoir de personne.

Pourtant, Louise ne restera pas jusqu'au débarquement chez sa généreuse amie. Elle assure avoir remarqué, à plusieurs reprises, des hommes qui lui paraissent étranges dans l'impasse qui conduit à l'hôtel décoré pour honorer le Roi-Soleil. Un ami, Michel Glouchevitch, « le patriote serbe [...] expert en négociations discrètes pour les puissants groupes industriels qui l'employaient », a prévu ce changement et organisé le séjour de Louise chez une jeune femme qui habite dans le même quartier. Simone de Laborderie, que Louise appelle « ma luronne », se montre elle aussi dévouée. Avec elle, « il ne s'agissait plus que de harceler les envahisseurs et de préparer l'apothéose, en France, de Charles de Gaulle[10] ». Participaient-elles réellement à une action ? On ne le saura jamais mais Louise prétend que, « traquée » — la Gestapo ayant, soi-disant, retrouvé sa trace —, elle dut se cacher, toujours avec son chien Briton, dans une ferme à Cernay-la-Ville où elle se rendit à bicyclette, plus ou moins déguisée, sous un faux nom, et où, dit-elle, le juriste Paul Bastid, membre du Conseil national de la Résistance, venait la voir une fois par semaine. Juste avant la Libération, elle regagna le petit appartement de Simone de Laborderie, à Auteuil, sous les toits. Le 26 août au matin — la veille, Choltitz, commandant du Gross Paris, a capitulé — des vitres de l'appartement avaient volé en éclats, après que « la canonnade n'avait cessé de la nuit [...]. Les fusils crépitaient au hasard », les deux femmes allèrent s'installer chez les Glouchevitch, à la Muette. Louise avait « [reficelé] en hâte l'essentiel des notes qui [lui] permettraient, trente ans plus tard, d'écrire ce volume [de ses *Mémoires*], et, dans un portefeuille, les lettres du Chevalier de Saint-Magloire.

« — Tes trésors sont trop lourds, gémissait ma luronne.

« Mais je l'entraînais, décidée à ne plus jamais subir le supplice de l'oblitération de la mémoire que m'avait infligé Adolf Hitler par le vol de ma bibliothèque et de mes archives. »

Louise avait hâte de se retrouver avenue du Président-Wilson. Elle était prête à faire l'effort de vivre dans une maison saccagée et transformée en une sorte de bordel pour des officiers de la Bayerische Motor Werkgesellschaft. Sans prendre le temps de remettre en état, elle se réinstalla chez elle, récupérant vite meubles et bibelots, grâce à une prostituée qui avait milité à Montmartre pour La Femme nouvelle ; « elle avait même tenu l'une de mes urnes lors des élections municipales de 1935 ». Nénette appelait Louise « ma présidente » ; elle avait dormi dans le lit de « sa présidente », avec « messieurs les occupants ». Son histoire, allégrement contée, cadre tout à fait avec l'esprit roman feuilleton de ces chapitres [11].

Sur la fin de l'Occupation et sur l'atmosphère de la Libération, les impressions que Louise rappelle sont sûrement celles qu'elle éprouva alors. Un mélange d'espoir et de désillusion, sentiments peu éloignés de ceux de beaucoup de résistants, pensant à leurs compagnons qu'ils ne reverraient sans doute plus, aux injustices qui n'allaient pas manquer d'être commises et découvrant les luttes pour le pouvoir qui, soudain, s'étalaient au grand jour. Mais de plus, Louise, pourtant mieux préparée que la plupart à ce qui se passait, montrait une amertume plus grande encore que celle dont il lui était déjà arrivé de faire preuve. À nouveau, cette femme exceptionnelle craignait d'être réduite à une non-activité. Encore une fois, elle avait rêvé d'obtenir un poste à sa mesure, se sachant aussi capable que les hommes qui se disputaient les places. Elle avait un sens des responsabilités et l'avait prouvé. Elle était digne d'accomplir de grandes tâches et ce, sans aucune tricherie.

Louise fit porter une autre lettre aux Benès, toujours à Londres, par le marquis de Champeaux. Elle présente son messager comme un ami intime. Elle se dit responsable de son entrée dans l'armée secrète des Francs tireurs et partisans et ajoute qu'il a délivré Nevers, à la tête de son héroïque petite troupe. Cette nouvelle lettre adressée aux Benès, datée du 16 janvier 1945, nous apprend une partie de la vérité la concernant. Elle est si absorbée par la fin de cet ouvrage de deux mille pages qu'elle ne peut s'occuper activement de politique et qu'elle va jusqu'à se demander si elle pourra continuer à assurer son service au ministère de la Justice à la recherche des crimes de guerre. Elle va peut-être devenir 100 % romancière et ne regardera plus que de loin les jeux de la politique et de la diplomatie. Elle a pris un tel goût de la solitude et de la vie intérieure durant ces quatre années de sévère travail et de réclusion volontaire [12].

En effet, le 29 décembre, la nomination de Louise Weiss, chargée de mission de première classe par le ministère de la Justice, avait paru au *Journal officiel*. Son frère André qui, à la Libération, a été nommé préfet à Montpellier et lit le *Journal officiel* lui en parle dans une lettre. Cette mission n'était pas ce qu'elle avait espéré, mais elle lui permettait de pouvoir s'attribuer une fonction officielle auprès du ministère de la Justice. Le service qu'elle devait assurer « à la recherche des crimes de guerre » n'était certainement pas lourd et n'empêchait ni son activité dans le monde politique, ni son travail de romancière. Pourtant, même à de vieux amis comme les Benès, pas question d'avouer sa déception. Une fois de plus elle choisit de présenter une image flatteuse qui laissait croire qu'elle allait peut-être renoncer à ce milieu dans lequel elle avait passé sa vie, à des occupations où elle ne pouvait que réussir pour se lancer dans une nouvelle carrière de romancière.

Cette carrière, elle l'évoquait déjà, toute tracée devant elle, et couronnée de succès. Si on connaissait un peu la directrice de la Nouvelle École de la paix, comment croire qu'elle avait pris le goût de la réclusion ? Ce portrait d'une autre Louise esquissé à grands traits ne pouvait convaincre personne ; il est pathétique. Il aide à comprendre ce qui l'a amenée à créer son personnage de résistante, pour ne pas perdre la face devant celles et ceux qui, avec moins de moyens qu'elle, ont osé s'exposer à la barbarie pour sauver leur idéal.

XVII

Rien n'est plus pareil

À cinquante ans, bien décidée à reconquérir une place dans ce monde politique où elle ne compte pas que des amis, Louise est encore belle et en grande forme. Elle est au courant des rivalités et de la manière dont se sont formés les divers clans, avant la Libération. Elle n'a pas oublié non plus les difficultés qui ont amené son père, après la Première Guerre mondiale, à abandonner son poste de haut fonctionnaire. Difficultés dues à la situation économique, à l'opposition que son intégrité protestante lui dictait envers certains hommes politiques. Envers Édouard Herriot en particulier, pour qui il n'avait pas les yeux de sa fille. L'entrée de Paul Weiss dans le privé avait été matériellement très bénéfique pour lui, et Louise, qui s'identifie volontiers à son père, s'en souvient. Mais, en 1918, la situation était bien différente. Dans cette France, sortie victorieuse de la longue et terrible guerre où tant de jeunes hommes, parmi les meilleurs de la nation, avaient trouvé la mort, tous croyaient, pleins d'illusions, qu'on trouverait facilement les moyens de panser les plaies, de reconstruire.

En 1944, grâce au général de Gaulle et à la Résistance intérieure qui avait fini par se développer, la défaite de 1940 était, en principe, effacée. Dans l'euphorie qu'avait suscitée la libération du territoire, dès le 5 octobre, une ordonnance du Général, chef du gouvernement provisoire et chef des armées, accordait le droit de vote et l'éligibilité aux femmes, ce qui plaisait à l'ex-directrice de La Femme nouvelle. Mais elle n'oubliait pas que le pays était dans un état d'extrême misère. Sur le plan économique, la charge que l'occupation allemande avait fait peser était énorme, les destructions plus nombreuses et plus étendues que celles subies en 1914-

1918. Les populations des villes demeuraient affamées, l'ensemble des Français traumatisés par les privations, la violence et la mort partout présentes. Les vengeances, les représailles posaient aussi de graves problèmes. N'était-on pas au bord d'un autre abîme ? Comment éviterait-on la guerre civile ?

Louise se préoccupait de ce qui se passait, comme elle l'avait toujours fait. Sa profession l'exigeait. Une profession qu'elle n'avait pas exercée durant les quatre dernières années, ses convictions politiques et son patriotisme le lui interdisant. Elle n'avait jamais cessé d'être antinazie. Alors pourquoi n'avait-elle pas fait partie d'une de ces équipes travaillant dans l'ombre à la préparation des journaux qui parurent au grand jour à la Libération ? Ce qu'elle écrit au colonel Eychêne, le 13 août 1944, dans cette lettre où elle prétend que son engagement vis-à-vis de lui l'a amenée à refuser de travailler avec d'autres groupes, est très improbable[1]. Elle savait fort bien que Patriam Recuperare était une association sans grand rayonnement. Un pis-aller pour elle, qu'elle eût certainement abandonné si elle avait eu l'occasion de s'intégrer dans une autre organisation. Ce journal était un rêve des deux fondateurs du groupe et Kirchmeyer n'aurait pas été plus capable qu'Eychêne de le réaliser.

Le fait de n'avoir participé à aucune activité clandestine avait empêché Louise de s'intégrer à la formation d'une équipe préparant un quotidien, à Lyon ou à Paris. Son embarras se sent dans la manière dont elle expose, dans ses *Mémoires*, ses rapports avec le journal issu de Patriam Recuperare qui devait s'appeler *La Nouvelle République* et également avec *L'Aurore* de Robert Lazurick[2]. Ce sont ses récits des faits et les jugements qu'elle porte sur la manière dont a fonctionné le Secrétariat général de l'Information qui déterminent, comme nous l'avons vu*, la réaction de Claude Bellanger, résistant de la première heure et, à la Libération, directeur du jeune quotidien *Le Parisien libéré*. Il est certain que la situation dans laquelle elle avait commis l'erreur de se mettre engendrait de grands obstacles.

Louise se préoccupait de la manière dont elle allait pouvoir reparaître et être acceptée sans soulever trop de questions. De la maternité de Saint-Antoine où elle a accouché six jours plus tôt d'« une mignonne petite Élisabeth Marianne », sa sœur Jenny Roudinesco, le 16 septembre 1944, écrit à leur frère André, qui a

---

* Voir au chapitre XV, pp. 331-332.

rejoint son poste de préfet à Montpellier, une lettre où elle lui apprend que « Louise a été lâchée *in extremis* par le vieux général qui a vendu le journal sans la consulter ». « Le vieux général » est évidemment Eychêne ; Jenny confond les grades et ignore de quel journal il s'agit. Elle a eu des responsabilités qui ne peuvent se comparer. Elle raconte, dans cette même lettre, qu'elle est au « Comité directeur des médecins du FN dont Debré [le professeur Robert Debré] est président et qui, fusionné avec les médecins de zone Sud, fait le CNM [Comité national des Médecins] ». Elle ajoute : « J'avais accepté de m'occuper du groupe hospitalier Necker-Enfants malades où, depuis un mois, fonctionnait comme dans la plupart des hôpitaux un dispositif permettant de soigner, opérer et envoyer en convalescence les blessés FFI, assez peu nombreux en vérité jusqu'au 19 août[3]. »

Cette lettre nous renseigne sur ce que pouvait être l'activité de Mme Jenny Roudinesco, médecin des hôpitaux de Paris, au moment de la Libération, et sur l'atmosphère qui régnait dans ces services de l'Assistance publique, alors que les nazis occupaient encore la capitale. Une autre lettre, de Jenny à sa sœur Louise — beaucoup plus tardive : datée d'Aix-en-Provence, le 11 octobre 1976 —, est importante car cette sœur, médecin éminent et psychanalyste, qui a été, tout au long de sa vie, témoin des actions de Louise, rendue furieuse parce qu'un de ses portraits par Raoul Dufy a été exposé, par Louise, dans une galerie, sans son consentement, écrit : « ... Je ne m'attendais pas à servir ta publicité. Que tu te vantes de tes relations avec les peintres que tu as connus chez nous, sans parler de Roudinesco, sans doute pas assez célèbre pour que cela t'apporte un bénéfice, c'est ton affaire, de même que de tes exploits supposés de résistance, en passant sous silence tes tentatives américaines et vichyssoises, mais je tiens à te dire que je ne suis pas fière d'être ta sœur[4] ! » Ces reproches, formulés après tant d'années, sont dictés par la colère que provoque l'indélicatesse commise par l'aînée, dont la soif de notoriété est insatiable.

Durant la période troublée qui succède à la Libération, à cause de cette conduite révélée tardivement par Jenny, la vraie résistante qui n'a pas oublié, Louise connaîtra quelques moments périlleux. Elle les traversera avec son habileté habituelle. Dans le mince dossier déposé à la Bibliothèque nationale, sous le titre « Affaire Aubrac », Louise écrit qu'à la Libération, Mme Peyrolle et d'autres féministes avaient voulu regrouper les forces féminines autour d'elle, ce qui lui eût assuré un grand rôle politique. Mais Mme Brunschvicg réussit à épouvanter les personnalités du féminisme en déclenchant contre elle les « calomnies » de Mme Aubrac. Louise demanda des excuses. Le marquis de Champeaux constitua un jury d'honneur et bien que Lucie Aubrac fût contrainte de se rétracter, les féministes avaient perdu leur élan[5]. Dans une lettre datée du 20 novembre 1944, Lucie Aubrac explique de quoi il s'agit. Elle déclare qu'elle n'assistera pas à la conférence du 9 décembre « organisée par Louise Weiss, sous la présidence de Louise Weiss ». Parce que, à ce moment-là, elle sait que son nom représente « un certain idéal de résistance pure », écrit-elle. Elle refuse toute relation avec Louise, à cause de renseignements que des personnes dignes de son estime et de sa confiance lui ont donnés sur la mission aux États-Unis, la liaison avec Georges Bonnet (l'ancien ministre des Affaires étrangères de Daladier qui s'est compromis avec Mussolini et le gouvernement de Vichy avant de se réfugier en Suisse en 1943), et les fréquentations de Louise à Paris pendant l'Occupation.

Elle ajoute qu'elle parle en son nom personnel et qu'elle laisse au comité directeur du MLN (Mouvement de libération nationale) le soin de juger de l'opportunité de collaborer ou non avec Louise. Puis, elle donne rendez-vous à cette dernière au Sénat, le lendemain à 14 h 50.

Siégeant à l'Assemblée consultative provisoire, Lucie Aubrac ne peut sortir à 14 h 50 pour rencontrer Louise Weiss qui l'attend. Elle lui fait remettre un mot dans lequel elle lui dit qu'elle a reçu la veille l'exposé de ses titres de résistance. Elle pense que cela suffit et que d'autres échanges sont inutiles. En tout cas, elle ne pourra pas participer au meeting de Louise. Elle demande à être excusée de ne pas avoir pu lui éviter un dérangement[6].

L'exposé des titres de résistance est celui que Louise a elle-même dicté. Elle l'avait fait transmettre par Denys de Champeaux qui n'avait aucune raison de douter de la parole de son amie, rencontrée grâce au « Chevalier », lequel avait toujours mérité sa confiance. À cette époque, les relations Weiss-Champeaux sont au zénith. Le marquis sera également, comme nous le savons, son émissaire auprès des Beneš à Londres. Avec son art de manipuler l'entourage, il est certain qu'elle l'utilise et, sans doute, la rassure-t-il en lui renvoyant d'elle-même l'image édifiante qu'elle a fabriquée.

Les premiers mois qui suivent la Libération, Louise ne paraît pas sûre de la voie à suivre. Elle semble partir un peu dans toutes les directions. Le 15 janvier 1945, elle écrit à son cousin, le général Pierre Weiss, à Alger, où il commande la Ve région aérienne, afin de renouer avec lui[7]. Elle veut aussi collaborer à *Pour la victoire*, le journal que son amie et consœur, Geneviève Tabouis, a créé pendant la guerre à New York. Mais elle reconnaît qu'elle doit creuser son point de vue sur le Front populaire pour en redresser certaines parties. Sa remarque date du 20 février 1945. Mais elle en a déjà, à titre indicatif, envoyé le début à New York, pour savoir s'il plairait[8]. Très éclectique, elle destine un article sur la mode au même journal et reçoit à ce propos une lettre datée du 9 mars 1945, signée Lucien Lelong, président de la chambre syndicale de la Haute Couture.

À cette date, Louise est à Montpellier chez son frère André. Elle loge, du 1er au 15 mars, au palais Sabatier d'Eyspéran, la résidence du préfet où sa chambre donne sur « un magnifique jardin planté de cactus et de conifères ». Dès le 2 mars, elle envoie à Geneviève Tabouis, à New York, un article sur le département de l'Hérault. Elle s'intéresse aux cathares, se documente sans peine dans cette région que la secte a marquée, et mange des huîtres de Bouzigues, au bord de l'étang de Thau.

Louise dit s'être arrêtée à Lyon au retour. Pour voir M. Thomas, l'avocat général du procès de Charles Maurras qui vient d'avoir lieu dans cette ville. Elle est si curieuse de la manière dont s'est déroulé le procès du fondateur de l'Action française, condamné à la détention perpétuelle, que rentrée à Paris elle demande à M. Thomas que le sténotypiste, M. Bleuret, soit autorisé par l'avocat de Maurras, Me Goncet, à lui remettre le texte des débats[9]. Dès ses débuts dans le journalisme, Louise avait été attaquée par l'animateur du mouvement royaliste. Antisémite notoire, antiféministe sûrement, Maurras avait chanté les louanges de Mussolini, aussi bien que de Franco. Louise n'a pas manqué de relever qu'en juin 1940, il s'était écrié : « Défaite ! Ô divine surprise ! » Personne n'avait dit mieux. Il ne supportait pas la République, la nation en était enfin débarrassée, croyait-il.

Avant de quitter Paris, Louise a pris soin de noter qu'elle s'est rendue, le 28 février 1945, à un cocktail de l'ambassade soviétique pour célébrer le vingt-septième anniversaire de l'Armée rouge. La femme de l'ambassadeur de l'URSS, Mme Bogomolov, portait un uniforme avec des épaulettes dorées étincelantes[10]. Louise conti-

nue de sortir dans le monde : elle va à un vernissage à la galerie
Charpentier. Elle n'a rien perdu de son jugement, ni de son goût.
Elle reproche « aux dames du gouvernement » d'avoir fait de mauvais choix chez les couturiers. Elle remarque qu'elles ont choisi
les modèles pour l'exportation. Tandis que les vraies dames se
reconnaissent à leurs robes sorties des mêmes maisons mais d'une
discrétion raffinée[11]. Elle parle pour elle, car elle s'habillait toujours avec beaucoup d'élégance. Dans son dernier volume de
Mémoires, Louise ne mentionne guère la façon dont se déroule la
politique intérieure, même lorsqu'il s'agit d'événements d'importance majeure. Au début de l'arrivée au pouvoir du général de
Gaulle et de son équipe de combattants de la France libre, sa
crainte d'être rejetée la dominait et seul le chemin à tracer pour
elle-même la préoccupait. Pourtant, comme tous, elle pense aux
amis disparus, victimes des bourreaux nazis. Elle a aussi, qui
comptent sur elle, un certain nombre de relations et d'amis en
difficulté, parce que compromis avec le régime de Vichy. Ceux-
là, je l'ai dit, elle n'hésitera pas à les défendre.

Ainsi, et comme je l'ai déjà mentionné, Louise rapporte avoir
témoigné pour Jacques Guérard, secrétaire général du gouvernement de Vichy et pour Bernard Lecornu, le préfet de Tulle. Tous
deux l'ont aidée dans ses démarches pour libérer son frère André,
incarcéré à la suite d'un rare imbroglio dont il profita. Dès septembre 1944, Adolphe d'Espir, plus connu alors sous le pseudonyme
de Jean de La Hire, lui écrit qu'il est détenu au Prytanée de La
Flèche, dans le département de la Sarthe, comme collaboration-
niste et lui demande de l'aider à sortir de là avec deux de ses
compagnons, qu'il nomme simplement, sans donner la raison
exacte de leur incarcération. Jean de La Hire fut, pendant l'Occupation, administrateur des Éditions Ferenczy. Selon la loi de
Vichy, les entreprises juives devaient avoir à leur tête un administrateur « aryen ». Lorsqu'il entra en fonction, après l'exode, il y
avait 200 000 francs en caisse et une échéance de 400 000 francs
à la fin du mois, écrit La Hire qui ajoute que, lors de l'interruption
de sa gestion, il a laissé, toutes dettes acquittées, 3 500 000 francs.
Il ne mentionne pas quels titres il avait publiés pour obtenir ce
bon résultat. En regard de cette lettre, Louise a conservé une note,
datant du 8 février 1942, prise après un déjeuner chez elle avec
Jean de La Hire. Au cours de ce repas, son invité lui avait raconté
ce qu'il avait répliqué aux menaces dont il avait été l'objet « de
la part des anarchistes et des communistes ». Il les avait menacés,

à son tour, assurant qu'en quatorze secondes, à 25 pas, il pouvait mettre 7 balles de revolver dans une silhouette humaine [12]. Est-ce parce qu'au cours de ce déjeuner, sous l'Occupation, il avait pensé qu'elle partageait ses opinions sur « les anarchistes et les communistes », que Jean de La Hire l'appelait au secours ? La date du déjeuner surprend. Les rapports entre collaborateurs et résistants étaient rares et basés, quand ils existaient, sur des relations anciennes, profondes, souvent des liens familiaux. Louise n'ajoute rien à la lettre et à sa note. Elle ne dit pas si elle a répondu à la demande de La Hire.

Mais elle s'occupera de sauver André Jean-Faure, menacé d'être mis à la retraite sans pension. Dans ses papiers de la Bibliothèque nationale, d'après le *curriculum vitae* rédigé par André Jean-Faure, qui est passé de sous-préfet à La Réole en 1914 à préfet de l'Ardèche en 1937 — « après vingt-trois ans », note-t-il —, en mai 1941, il est appelé par Vichy pour réorganiser administrativement la Police. Une première classe lui fut alors accordée avec une augmentation de traitement. La note de Louise Weiss ne mentionne rien de tout cela : elle commence par dire qu'il n'y a jamais eu de cour martiale du 20 août 1943 au 15 septembre 1944 à Nancy, le département où André Jean-Faure était préfet. Tous les prisonniers français, condamnés par les Allemands, qui se trouvaient dans le quartier français de la prison, furent libérés par M. Jean-Faure dès le 1er septembre. D'autre part, il a isolé la région, prévenant ainsi le danger de la constitution d'un gouvernement Déat-Doriot, à Nancy [13]. Sa première lettre, datant de juin 1945, est adressée à Édouard Herriot, qui a déjeuné avec André Jean-Faure, à Nancy, quelques jours avant la libération de Paris. Herriot avait été invité par Laval, qui venait de le « libérer » alors qu'il avait été interné par l'État français. Louise a renoué tout de suite avec l'ancien président de la Chambre des députés, sans doute toujours épris d'elle.

Dans les papiers de la Bibliothèque nationale se trouve aussi un projet de lettre au ministre de l'Intérieur, Adrien Tixier, daté du 19 juin 1945, en faveur d'une de ses nombreuses relations, veuve d'un académicien. Cette dame fut amenée à traiter le personnel vichyssois ainsi que les agents diplomatiques accrédités auprès de celui-ci, parce qu'elle avait le goût des gens en place et aimait à les fréquenter, explique Louise dans son projet de lettre au ministre socialiste et gaullien [14].

Dans la période troublée par l'épuration et le rétablissement
d'une « unanimité nationale », inventer des activités diverses auxquelles elle participerait est pour Louise une façon de se projeter
dans le futur. Jusqu'à la terrible défaite de 1940 et le début de
l'Occupation, elle n'a jamais manqué d'esprit d'entreprise. Se lancer dans une nouvelle aventure est une tentation à laquelle elle ne
résistera pas. Les femmes étant enfin électeurs et éligibles, selon
la loi gaullienne du 5 octobre 1944, elle décide de se présenter à
Magny-les-Hameaux, aux élections municipales qui auront lieu le
29 avril et le 13 mai 1945.

La famille possède une maison à Broussy. Paul Weiss, qui a été
maire du village jusqu'à l'Occupation, a fait bénéficier le lotissement de Magny de l'eau et de l'électricité de la commune. La
future candidate connaît bien toute l'affaire et se rend compte des
traquenards qu'elle va rencontrer durant sa campagne. Les ragots
de village ont été aggravés par les quatre ans d'Occupation. Pour
se familiariser davantage avec ce qui s'est passé, elle souhaiterait
habiter la maison de ses parents, mais il y fait trop froid. D'autre
part, elle se dit soucieuse de ne pas trahir sa classe ; pourtant, en
même temps, elle assure se sentir plus proche des habitants du
lotissement que des autres. Elle compare le lotissement de Magny
à ce qu'est un couvent pour d'autres villages. Au cours de sa
campagne, elle prend quelques notes : « Mystique du lotissement.
Haine du paternalisme ou envie des riches, fureur amère, ils sont
les artisans de leur propre malheur parce qu'ils ont construit sur
les terrains qui leur avaient été vendus comme jardins avec interdiction de construire. » Ces bouts de phrases jetés sur le papier ne
reflètent pas, quoi qu'elle dise, une vraie sympathie de la part de
leur auteur. Elle y ajoute une anecdote misérable qu'elle rapporte
d'une manière crue : des soldats allemands ont violé deux vieilles
filles du pays et ils ont mis deux heures et demie pour y arriver.
Au dire des victimes, la scène était orgiaque. Une des vieilles
demoiselles raconte qu'elle a eu la cuisse mordue et montre une
jambe variqueuse. Là s'arrête la commisération de la candidate
aux élections municipales.

Entre les deux tours de scrutin, Louise décide de se retirer de
la campagne et en éprouve un grand soulagement[15]. Un mandat
de conseiller municipal ne lui aurait pas convenu. Elle sait déjà ce
que d'autres auraient appris en tentant la même expérience. Sans
la découverte d'éléments nouveaux, son intérêt tombe. De plus,
elle n'est pas faite pour ces contacts à la base. Elle a réussi dans

les réunions publiques qu'elle a tenues pour La Femme nouvelle, mais ces aventures à présent lointaines n'entraînaient pas d'actions suivies dans le temps.

La grande question qui se pose pour Louise est celle de ses relations avec le général de Gaulle. En lisant et relisant les *Mémoires d'une Européenne*, en les confrontant aux manuscrits déposés à la Bibliothèque nationale, en écoutant et réécoutant les enregistrements d'interviews, en épluchant ses dossiers de presse, les changements sont évidents mais, à aucun moment, ne disparaît la profonde antipathie qu'elle éprouva, dès le début, pour celui que le poète Pierre-Jean Jouve a appelé « L'Homme du 18 juin ». Comme beaucoup d'entre nous, elle projetait des clichés qui ne s'appliquaient pas vraiment au comportement et à l'éthique de ce génie.

Par exemple, en note, dans ses *Mémoires*, Louise ne se prive pas de rapporter une anecdote dont les protagonistes sont le Général et *Primus*, nom que portait Paul Bastid dans la Résistance :

« ... le 1er septembre 1944, au cours d'une vive discussion privée sur l'organisation future de l'État, Primus, qui pendant quelques jours avait été commissaire provisoire aux Affaires étrangères, devait dire à Charles de Gaulle :

« — N'oubliez pas, Général, que le Maréchal aujourd'hui à Sigmaringen a été acclamé sur le parvis de Notre-Dame il y a trois mois, comme vous, il y a six jours.

« Aussi et ainsi, la carrière politique d'après guerre de Paul Bastid finit-elle avant d'avoir commencé. Et, fâché par l'attitude glaciale de l'Homme de Londres vis-à-vis des résistants de la métropole, il avait ajouté :

« — Vous êtes le maître de la France et le maître de vous-même. La seconde maîtrise vaut mieux que la première, car elle est plus durable[16]. » Les paroles qu'elle met dans la bouche de Paul Bastid ressemblent fort à celles que Louise aurait souhaité prononcer. Elles expriment la manière dont elle jugeait de Gaulle. Ce qui n'empêchera pas cette femme opiniâtre de tenter sa chance auprès de lui, en faisant le siège de son entourage et en déployant au maximum le charme qu'elle savait avoir.

Louise regarde vers l'avenir, mais elle est également désireuse de connaître ce que les membres du gouvernement de Vichy vont devoir affronter. Nous le savons, elle n'a pas assisté au procès de

Maurras, mais, à partir du 3 août 1945, elle ira à quelques séances du procès de Pétain qui a lieu à Paris, devant la Haute Cour, et se terminera le 15 août. Le procès de Laval, qui suivra, se déroulera sans elle. Elle a sans doute alors oublié la photographie dédicacée de « Pedro » datée du 1er décembre 1931, qui reparaît glissée, sans nul doute par elle, dans ses archives de la Bibliothèque nationale [17]. Dans ses *Mémoires*, elle se souvient « de la détermination de Pierre Laval de rester associé au sort de l'Allemagne en appliquant les mesures de collaboration de plus en plus draconiennes que le Führer imposait aux Français. [...] Le caractère de Pierre Laval s'affirmait. Même le Maréchal se réclamait d'une doctrine, d'une faible doctrine, mais d'une doctrine. Lui, non. C'était, quelle qu'elle fût, la négociation qui lui importait. Il avait une telle passion des marchandages que, pour les réussir, il en oubliait le sacrilège [18] ». Telle est sa manière d'en finir avec Laval, et elle passe sous silence les circonstances horribles de l'exécution qui frappèrent même les adversaires les plus hostiles au politicien qui avait été rappelé au gouvernement sur l'intervention des nazis. Pourtant le nom de l'homme à la cravate blanche reviendra sous sa plume quand elle visitera Sigmaringen et évoquera le bref exil, hors de toute réalité, qu'y connurent ceux qui avaient cru en avoir à jamais fini avec la République et leurs compatriotes indomptables qu'ils avaient voulu soumettre à l'ordre nouveau.

Dans les quelques pages intitulées « Frontispice » du dernier tome de ses *Mémoires*, Louise blâme les changements d'opinion des Français ; elle les exagère. « Je me dévorais. La maîtrise des concepts m'apparaissait plus importante que jamais. Au reste, cette maîtrise conduisait aussi à celle des hommes, et sans les même compromissions que la politique. Le pouvoir électif, qui ne m'avait jamais beaucoup tentée, me rebutait maintenant. Je me surprenais à ne le désirer que par tradition républicaine et cela, dans les inévitables moments de faible jugement qui guettent les hommes et les femmes d'action [19]. »

Une fois de plus, Louise énonce clairement sa position, ou plutôt celle qu'elle prétend avoir eue. Elle est bien décidée à ne pas se laisser abattre. Il est, évidemment, hors de question qu'elle se retire du monde pour plonger dans le travail solitaire de l'écrivain. Ce désir de devenir une vraie romancière l'a-t-il même effleurée ? Peut-elle avoir été découragée par deux lettres de Jean Paulhan, du 4 et du 6 octobre 1945 qui, après avoir lu son roman *La Marseillaise*, critique son style qu'il trouve « parfois pire que celui de

Maurice Dekobra [20] ». Sa conception d'une œuvre littéraire était bien étrangère à celle d'un Jean Paulhan. Mais il ne lui était jamais venu à l'esprit d'y réfléchir. Elle était éditée par Gallimard, les lettres de Paulhan, directeur littéraire de la maison, étaient la conséquence de ce contrat qu'elle devait à son passé, à sa renommée comme journaliste politique. Pour elle, son roman *La Marseillaise* représentait beaucoup plus que la fiction bonne ou mauvaise que Jean Paulhan pouvait y voir. La guerre était à peine finie, elle y avait perdu l'homme qu'elle aimait et elle avait vu le pays trahi par ceux qu'elle s'était efforcée de dénoncer dans ces trois volumes. Dans ce roman, elle avait raconté son amour et aussi son attachement à la tradition laïque et républicaine défendue par sa famille, qui était réel. Elle l'exprimait, cet attachement, à travers ce long récit, il était l'autre thème important de l'œuvre. Et, au cours de sa vie, elle n'aura jamais le sentiment de le renier. Même dans les périodes où elle paraît s'en écarter, comme après la défaite de juin 1940, lorsqu'elle se fait envoyer en mission aux États-Unis par le maréchal Pétain.

Son côté femme d'action l'empêche par ailleurs de comprendre de l'intérieur ce qu'est, ce que réclame une œuvre littéraire. Ce côté-là ne l'abandonnera pas. Il est le trait le plus permanent de sa nature et il ne lui permet pas de se désintéresser de ce qui se passe autour d'elle. Elle désire plus que tout avoir le sentiment de participer à la vie politique internationale. Durant et juste après la Seconde Guerre mondiale, lorsqu'elle n'a plus de tribune pour s'exprimer, elle s'arrange pour rencontrer des protagonistes qui la tiennent au courant de ce qu'on entreprend dans les cercles du pouvoir, qui lui exposent les buts poursuivis. Ceux-ci, vieux amis ou nouvelles relations, lui donnent de quoi alimenter ses réflexions et ses prévisions sur les conséquences des réactions devant les faits. Ces réflexions et ces prévisions bénéficient, évidemment, du temps écoulé. Elle a eu la possibilité de les modifier plusieurs fois, selon les circonstances, puisque *Les Mémoires d'une Européenne* seront publiés une trentaine d'années après les événements auxquels ils se réfèrent.

Dans son désir de participer à ce qui se passe dans le monde, Louise ne laissera pas échapper l'occasion qui lui est offerte de se rendre à Prague. Ses amis Beneš l'invitent pour assister à l'élection d'Edvard Beneš à la présidence de la République. Elle arrivera quelques jours plus tôt dans cette magnifique ville qu'elle aime particulièrement et déjeune, le 16 juin 1945, à l'ambassade de France, avec l'ambassadeur Maurice Dejean, qui lui apprend que son ami tchèque est « submergé par les communistes ». Le 19, elle assistera à l'élection de Benès qui a lieu dans la grande salle gothique du Hradčany. Elle a, pendant ce court séjour, la possibilité de s'entretenir avec le nouveau président et constate que, en effet, il ne semble pas du tout se méfier des troupes soviétiques victorieuses. Ce sont pourtant les forces communistes qui l'obligeront à abandonner le pouvoir en 1948.

Après la barbarie des années de nazisme, l'horreur des camps et les destructions des villes bombardées, la pensée de l'Allemagne l'angoisse. Elle veut revoir ce pays dont elle conserve tant de souvenirs différents et même contradictoires. Ceux de son adolescence, ceux des voyages familiaux à bicyclette avec son père exilé d'Alsace, ceux qui datent de sa carrière de journaliste. Ils se fondent tous avec des images de « Grossmama », l'arrière-grand-mère dont elle a hérité l'indépendance, les bonnes manières et l'originalité d'esprit. Elle se rend dans la zone française d'occupation. D'abord à Baden-Baden où elle est reçue par le général Laffon. Il ne reste rien de son École ménagère totalement détruite par les bombardements. Mais un dîner est organisé pour elle au château de Salem, demeure privée du margrave de Bade où sont invités également « une délabrée princesse de Hanovre et un vieux ménage de Königsberg ». Ce dîner, elle ne manque pas de le raconter dans ses *Mémoires* [21].

Louise a également demandé de rencontrer Leni Riefenstahl. La réalisatrice de *La Lumière bleue*, surtout connue pour son film *Le Triomphe de la volonté*, extraordinaire document sur la montée du nazisme qu'elle filma, commanditée par Hitler, pendant le congrès de Nuremberg en 1934. Elle réalisa également le documentaire en deux parties sur les jeux Olympiques de Berlin, en 1936, *Les Dieux du stade* et *Jeunesse olympique*, pour lequel d'énormes moyens avaient été mis à sa disposition, par Hitler toujours. Pas étonnant que Louise eût voulu s'entretenir avec cette femme à la personnalité complexe qui avait connu un succès énorme. Leni Riefenstahl avait été danseuse, peintre et actrice avant de devenir la réalisatrice qui glorifia le IIIe Reich, avec un talent aussi grand que les moyens dont elle avait disposé. Elle était alors en résidence surveillée au bord du Rhin, dans la commune de Vieux-Brisach, dans la zone française d'occupation. Elle devait être « dénazifiée ». C'était la raison pour laquelle on l'obligeait à vivre « dans une méchante pièce, au premier étage d'une auberge entourée de maisons effondrées et de cerisiers pourpres de fruits. Les aubergistes tourmentaient Leni, en lui coupant tantôt l'eau, tantôt l'électricité, pour se faire bien voir des *Franzosen*[22] ». La réalisatrice disait ne pas comprendre ce qui lui était reproché. Elle prétendait n'avoir jamais été nazie et s'imaginait fort bien réalisant des films pour les Alliés qui eussent profité de son talent, qu'elle jugeait immense — ce qui n'était pas faux. En fait, comme nous le savons, elle refit surface, plus tard, et on lui doit d'admirables photographies prises au cours de séjours en Afrique, au sud du Soudan en particulier, dans la région de Juba, en 1956, 1961, 1962-1963. Puis, à soixante-dix ans, elle commença de faire de la plongée sous-marine. Caméra au poing, on s'en doute. Une tout autre histoire.

En 1945, devant une Leni Riefenstahl, plus jeune qu'elle d'une dizaine d'années, jolie, maquillée, mais vêtue d'une « tenue folklorique » de couleurs vives et reléguée dans une petite chambre où « le lit de l'illustre vedette frôlait le lavabo », Louise ne pouvait prévoir ce nouvel épisode de la vie de la cinéaste mais elle se rappelait ses films pour leur qualité, qu'elle admirait et qui lui faisait particulièrement redouter leur danger comme éléments de propagande nationale-socialiste. Est-ce cette visite qui lui donna l'idée de faire des films, elle aussi ? Elle ne le dit nulle part, pourtant cela paraît possible. Leni Riefenstahl n'était pas la première femme cinéaste mais, avant elle, le documentaire n'avait pas attiré les réalisatrices.

Pendant son séjour en zone française d'occupation, Louise ira aussi à Balingen, dans le Wurtemberg, visiter le camp des internés politiques nazis. Le gouverneur militaire de Balingen rencontre souvent le Kronprinz, « Willy » de Hohenzollern, qui réside à Hechingen. Elle apprend que Hermann Goering était le pilote particulier de « Willy ». « Elle ne manque pas d'aller voir, elle aussi, le Kronprinz "Willy" dont elle rapporte le jugement sur Hermann Goering qui était, d'après lui, un "gars" qui aimait les beaux costumes, mais sans rien dedans, "dans le genre de votre Murat" », lui dit-il. Le Kronprinz « Willy » s'est déconsidéré auprès du peuple allemand parce qu'il vit avec sa maîtresse. « Guelda est fort belle et les troupes françaises admirent ses charmes », écrit Louise[23].

Louise désire assister au procès qui restera connu dans l'Histoire comme le procès de Nuremberg. Procès intenté aux dirigeants du Reich et aux chefs des organisations de l'Allemagne nazie. Accusés de crimes de guerre, de crimes contre la paix ou de crimes contre l'humanité, ils seront jugés par un tribunal international siégeant dans cette ville. Le procès débutera le 20 novembre 1945 et se terminera le 1er octobre 1946. Louise n'assistera pas à l'ouverture du procès, bien qu'elle l'eût souhaité : son père est très malade. On sait combien sa dernière entrevue avec lui la bouleverse. Il meurt le 29 décembre 1945. Il sera enterré dans le cimetière de ce village de Broussy dont il fut longtemps maire et où tous les siens, y compris Louise, le rejoindront, chacun à son heure. L'aînée va s'occuper de la succession pour le reste de la famille, comme le prouve une lettre (sans date) bordée de noir, adressée à son frère André, qui retourne rejoindre son poste à Montpellier après les obsèques[24]. Elle ne commente pas cette mort et ne parle pas du travail de deuil, sûrement très pénible pour elle. Elle ne traite que des questions d'argent. Dans une autre lettre sans date, elle dit s'occuper de « la vente du 1/8 de l'immeuble de la rue [sic] de La-Tour-Maubourg ». Puis elle écrit qu'elle va lui envoyer 411 707 francs. Mais d'après le post-scriptum, elle se dédommagera, au passage de « quelques-uns de ses frais »[25]. On se rappelle qu'elle n'oublie jamais de se réserver une part dans les affaires dont elle s'occupe.

Louise va une première fois à Nuremberg en janvier 1946. Elle y retrouve Charles de Chambrun et Marie Murat, couple qu'elle a connu autrefois à Rome, Charles de Chambrun y était ambassadeur de France. De nombreux Français assistent au procès à des titres divers. Les André François-Poncet, qu'elle connaît aussi, sont là également. Elle retourne à Nuremberg en juin et voit surtout alors des confrères américains. Elle rencontre Stéphane Priacel, un fils de la cantatrice Maria Freund, qui est « interprète d'audience ». Elle suit les interrogatoires du chancelier von Papen et d'Hjalmar Schacht, qu'elle a connus personnellement et aussi ceux d'Hermann Goering, du général Wilhelm Keitel. Elle se rend dans les petites salles du palais de justice où a lieu l'instruction de l'autre grand procès, celui des institutions du IIIe Reich, et dans l'une d'elles Louise retrouve le docteur Knochen, « l'un des "liquidateurs" des Juifs de Paris », « le chef de Théo Dannecker, aux fouets duquel j'avais échappé, en 1942, 72 avenue Foch[26] ». Ainsi résume-t-elle la scène qu'elle décrit longuement et qu'elle situe en 1943, dans le volume précédent, publié deux ans plus tôt, en 1974. Scène que j'ai reprise, la trouvant conforme à son personnage et à l'idée qu'elle s'en fait. Pendant ce second séjour à Nuremberg, qu'elle décrit de manière intéressante, un confrère français l'emmène voir ce qui reste du stade du parti, « un immense cadavre », écrit-elle. Ces voyages en Allemagne réveillent son goût pour son métier et son désir de faire paraître des reportages. Elle est prête à devenir pigiste, c'est-à-dire à rédiger des articles et à les placer ici ou là.

Entre ses deux séjours à Nuremberg, elle va aux États-Unis voir ce qui se passe et essayer de mieux comprendre les intentions du président Harry Truman, qui veut empêcher l'Europe occidentale et les pays du sud de l'Europe de basculer dans le camp soviétique. La guerre froide approche. Louise souhaite aussi revoir des amis américains ou des Français qui n'ont pas encore voulu ou pu rentrer en Europe. Au printemps 1946, elle est à New York et déjeune chez Dorothy Thompson, journaliste célèbre aux États-Unis, très connue aussi en Europe où elle séjourna souvent entre les deux guerres, dénonçant avec vigueur la montée du nazisme. Elle fut l'épouse de Sinclair Lewis. Louise avait déjeuné chez elle en 1940 et Thompson l'avait « attaquée », n'étant pas d'accord avec elle sur le bien-fondé de sa mission, se plaignant aussi de « la traîtrise des Français vis-à-vis des réfugiés juifs allemands et autrichiens. [...] Elle n'était pas mariée alors ». À présent, elle a « les cheveux tout blancs », note Louise qui semble, quoi qu'elle dise, ne pas bien la connaître. Elle a simplement écouté quelques potins qu'elle s'empresse de rapporter. Paraissant confondre, par exemple, Sinclair Lewis et le peintre d'origine tchèque, Maxim Koft, que Dorothy a épousé en 1943. Elle raconte que Dorothy Thompson a payé l'épouse afin d'obtenir qu'il divorce. Ce qui fit scandale à New York. Il est question dans ses notes de deux maris de Dorothy Thompson, qui en eut trois. Elle semble penser qu'il s'agit de Sinclair Lewis. Mais le prix Nobel de littérature que la journaliste, considérée comme étant de gauche, avait épousé en 1927 était son deuxième mari et ils avaient divorcé bien avant la guerre. Louise profite de son séjour à New York pour voir des amis comme René Istel, un banquier français qu'elle a connu autrefois et sans doute aimé. Elle dit évoquer avec lui le beau garçon qu'il a perdu et les œillets rouges qu'il lui apportait à Vichy. Ce qui est pour cet ancien ami un « capital de tendresse ». Puis plus tard, il la conduit à la gare. « Violent paysage intérieur », écrit-elle. Elle perd tout sang-froid à cause de la passion intellectuelle qu'elle lui porte[27].

Elle va ensuite à Montréal où elle rencontre Mgr Breynat qui a passé cinquante-cinq ans dans le Grand Nord et qui lui conseille d'aller à Ottawa voir la Gibson Administration dont dépendent les territoires du Grand Nord.

Il lui commente les préparatifs de défense existant à Fairbanks, en Alaska, contre une éventuelle invasion des communistes russes. Il lui dit que Roosevelt, dont la « dame » est encore tout à fait rouge, a fait grand mal. Il se plaint des envoyés culturels français qui bousculent la formidable tradition. Il n'a pas de sympathie pour l'ambassade qui attaque Pétain. Les propos de Mgr Breynat, qui figurent dans les cahiers de Louise, donnent l'impression d'être pris sur le vif. Ils reflètent bien l'état d'esprit d'après la Seconde Guerre mondiale dans ces régions francophones de l'Amérique du Nord, très influencées par la propagande « Travail, Famille, Patrie » du gouvernement de Vichy. Elle ajoute qu'heureusement, avec le chanoine Sideleau, il en va autrement. « On revient sur terre », et elle peut s'entretenir des particularités de la langue et de la littérature canadiennes. Les questions concernant la langue française l'intéressent vivement.

Elle remarque, évidemment, l'effort des Américains pour attirer les étudiants. Surtout les scientifiques. Les universités américaines développant le concept de la civilisation américaine, elle pense qu'il existe un « besoin immense de livres scientifiques et techniques » auquel il faudrait répondre. On achète des livres français, Georges Ohnet, Zénaïde Fleuriot, René Bazin, Simenon, au drugstore. Ce qui, évidemment, est loin de correspondre à ce qu'elle souhaite.

À Ottawa, Louise retrouve son cousin Paul-Louis Weiller, le fils de sa tante Alice, née Javal, et de Lazare Weiller qui l'a aidée à faire ses débuts de reporter. Paul-Louis Weiller, après une conduite courageuse pendant la guerre de 14, marcha sur les traces de son père, et acquit une énorme fortune. Il promène Louise « dans une somptueuse Cadillac ». Ils se parlent comme ils n'ont plus eu l'occasion de le faire depuis leur enfance. Il lui raconte « ses débuts ». Comment, démobilisé après l'armistice de 1918 et ayant l'appui des autorités militaires, il a obtenu la commande du câble téléphonique de Strasbourg pour les Tréfileries du Havre. Ensuite, il est entré chez Gnôme et Rhône dont le dernier immeuble avait été vendu pour payer les ouvriers. Sa carrière d'homme d'affaires, que Louise évoque brièvement, a de quoi l'éblouir. Elle se rappelle les achats de bijoux somptueux qu'il fit pour Aliki, sa première épouse, qui était grecque : « Les diamants les plus beaux du monde. » Elle note aussi son « goût de se déjudaïser ». Il lui parle de son procès de divorce avec Aliki. Ils examinent ensemble les différences entre la législation anglaise et le code Napoléon. Elle s'étonne de la facilité des actes concernant la vie privée en Angleterre et il fait une réflexion qu'elle trouve « assez profonde » : « En Angleterre, les actes de la vie civile ne sont pas garantis par le gouvernement, mais les brevets industriels le sont. En France, c'est le contraire. » Il en savait sûrement quelque chose et leurs conversations enchantaient Louise. Ils n'allaient pas se quitter pendant le reste de ce bref séjour au Canada.

Ensemble ils déjeunent à l'ambassade avec Guillain de Bénouville que Louise appelle dans ses cahiers « le général "fifi" ». Paul-Louis l'escorte partout. Il l'emmène dîner chez une amie, la nièce d'un cardinal, qui est violemment anticléricale parce que le clergé entretient la haine de l'Angleterre. Tourangelle, elle est veuve d'un Anglais. Les cousins sont encore au Canada pour la fête de Jeanne d'Arc. Il y a une messe solennelle, puis un déjeuner d'une association française. Paul-Louis Weiller part pour Londres et Paris. Louise croit qu'il aime encore Aliki et qu'il souffre dans son amour, et dans son amour-propre. Elle raconte aussi des confidences qu'il lui a faites sur Greta Garbo. À New York, au Plaza, Greta Garbo était descendue sous un faux nom, pour être près de lui. Elle écrit qu'il dépeint la star, aussi séduisante pour un sexe que pour l'autre, « comme une paysanne méfiante, secrète et solitaire. Sensuelle, complexe de sauvagerie, sans le compagnon qui fait que la vie n'est plus un désert[28] ». Ainsi soudain dans ces notes prises rapidement pour aider sa mémoire, une remarque fait mesurer la souffrance de cette femme extraordinaire qui n'acceptera jamais ni l'absence d'amour ni sa solitude.

La rencontre avec Paul-Louis Weiller l'a distraite et l'a fait réfléchir à des problèmes familiaux. Observer cet homme qui lui ressemble en plusieurs points : la capacité de travail, l'intelligence, la rapidité, le goût des projets, des choses nouvelles qu'ils assimilent facilement l'un et l'autre, était réconfortant. Ils se sont plu à constater leurs affinités, mais cette découverte lui a rappelé également, si besoin était, qu'il est plus facile à un homme exceptionnel qu'à une femme du même type de s'imposer aux autres.

Après le départ de son fastueux cousin, Louise va à La Nouvelle-Orléans dont elle fait brièvement l'historique, dans ses notes
confiées à la Bibliothèque nationale.

Louise donne une conférence à l'Athéné louisianais. Elle s'entretient avec sœur Bernard, une religieuse « de l'ordre nègre de la
Sainte-Famille ». Elles sont 205 dans cet ordre, fondé en 1842 par
trois jeunes filles de couleur et une jeune fille blanche qui ont été
sauvées de la noyade par un homme de couleur. Louise donne ces
précisions en anglais et ajoute que les problèmes majeurs sont
les salaires et l'éducation. Comme toujours, Louise se renseigne
adroitement. Mais à part « le chic raffiné des créoles », qui la
frappe beaucoup, elle ne rapporte pas d'impressions personnelles
de la Louisiane. Il n'est pas question de jazz et du style de musique particulier à La Nouvelle-Orléans qu'il est difficile d'oublier
quand on est sur place. Elle ne relève pas non plus l'influence
française qu'on sent toujours dans la manière de vivre. Et, à l'époque de sa visite, les vieilles demoiselles parentes d'Edgar Degas
devaient encore habiter leur vaste et sombre demeure du quartier
français. Louise devait savoir que le peintre avait séjourné dans la
ville vingt ans avant sa naissance[29].

De La Nouvelle-Orléans, elle part pour le Mexique, en
commençant son séjour par Mexico, où elle loge à l'ambassade.
« Le Mexique nous a donné le dindon et Cortés leur a donné les
chevaux », croit-elle. Elle va à Cuernavaca, à Tepotzotlán, à
Taxco. Le but de sa visite à Cuernavaca est de s'entretenir avec
Cesar Falcon qui vient de publier un roman à succès, *Le Bon
Voisinage*. D'après lui, le Mexique est resté féodal car il n'y a pas
de production industrielle. Il lui dit que la révolution a travaillé
contre Porfirio Díaz. Puis la féodalité ancienne est passée dans
d'autres mains, sans changer[30]. Louise ne semble pas apprécier ce
pays. Elle ne parle d'aucun site, d'aucun paysage. Même la beauté
de la nature, ou celle des monuments, des objets archéologiques
ne la touchent pas. D'ailleurs elle n'y retournera pas.

Pourtant, durant ce voyage au Mexique, elle a su se faire un
ami dont les lettres ont un ton de sincérité qui rafraîchit, après tant
d'évocations de tension et de discorde. Le 17 janvier 1947, Henri
Deleuze, le directeur du lycée français de Mexico, lui écrit la première de ses lettres. Il semble s'être attaché à elle et l'admirer. Ce
qu'elle apprécie, rongée par la colère et la tristesse d'être tenue à

l'écart. Membres du gouvernement et autres hommes détenant le pouvoir la négligent.

Mais la fondatrice de L'École de la paix a encore droit à la reconnaissance de certains personnages importants, comme René Grousset, alors conservateur du musée Cernuschi. Le célèbre orientaliste lui écrit, le 3 mars 1947, qu'il se souvient des prédictions qu'elle fit, un soir, à l'ambassade d'Angleterre, après une conférence de l'enquêteur de la SDN sur l'agression japonaise en Mandchourie. Elle montra les conséquences que l'inertie occidentale à ce sujet allait entraîner[31]. Cette lettre dut lui procurer quelque réconfort. Mais elle se rapporte au passé et Louise sait mieux que quiconque le rôle qu'elle a tenu alors. Elle n'est pas encore parvenue à un âge où vivre de souvenirs suffit. Y parviendra-t-elle jamais ? La réponse est non. Elle fait partie de ces esprits privilégiés qui continuent de se passionner pour ce qui se crée autour d'eux et n'éprouvent pas le besoin de regarder en arrière. Elle voudrait, tout autant qu'elle le voulait naguère, participer à la vie de la nation, à celle de l'Europe dont l'union n'est encore inscrite sur aucun agenda mais à laquelle elle croit, n'ayant jamais tout à fait abandonné le vieux rêve qu'elle partageait avec Briand.

Cette année 1947, il est préférable pour Louise de continuer de voyager pour s'informer. Il est encore trop tôt pour réclamer la place à laquelle elle croit avoir droit dans le monde politique, pense-t-elle. Elle retourne au Canada, avec l'intention de visiter les communautés françaises du cercle arctique. Elle s'arrête d'abord à Montréal où elle dîne avec Louis Artus, arrivé au Canada en 1891, pour rendre visite à son frère missionnaire ; il y est resté. À vingt-deux ans, il était l'amant de Marguerite Moreno. « Fine, souple, menteuse », elle avait dix-neuf ans et l'a trahi avec Catulle Mendès.

Louise s'entretient aussi avec la romancière Gabrielle Roy qui lui « raconte sa famille de corsaires ». Et lui apprend surtout l'importance du clergé dans l'éducation qu'elle a reçue. Elle fait partie de la troisième génération instruite au Canada. Louise note aussi que Gabrielle Roy ne croit pas à l'insertion des Indiens que désire Ottawa. Dès qu'on les sort de leur civilisation, ceux-ci sont désaxés bien que très intelligents. « Le sang indien est extrêmement fort, dit-elle. Une goutte se retrouve à travers des générations. »

Louise va de nouveau à Ottawa, le 1er juin, et loge à l'ambassade. Selon les recommandations qui lui ont été faites, lors de son premier voyage, elle s'entretient avec l'inspecteur des Réserves indiennes chargé de l'Éducation, M. Doucet. D'après lui, l'Indien ne connaît que les traîneaux à chiens et l'avion[32]. Elle ne s'aventure pas vers le Nord et retourne aux États-Unis.

À New York, elle rencontre Walter Kline, « un ancien de l'Alaska ». Elle précise que les indigènes appelaient ces hommes des *sauerdoes*, parce que empoignés par la fièvre de l'or, ces derniers ne prenaient pas le temps de bien faire cuire leur pain qui était aigre. Les anecdotes sur la vie américaine l'amusent mais elle veut surtout en savoir plus sur la politique de Truman et les conséquences de l'application du plan Marshall. Elle souhaitait voir Walter Kline parce qu'il est chargé des fonds Ford et Rockefeller, elle apprend par lui que Ford et Rockefeller voulaient pousser Vandenberg, un républicain, à la présidence[33]. Dans ses *Mémoires* et dans les manuscrits déposés à la Bibliothèque nationale, elle ne s'étend pas sur la situation de la France. Elle ne dit rien de Jean Monnet qu'ailleurs elle appelle son ami et qui joua un grand rôle dans les relations de la France avec Washington durant cette période.

Son frère Jacques va, lui aussi, en Amérique. Il est à New York à la fin de l'année. Il y reste plus longtemps que Louise. Comme elle, il étudie la situation politique, mais pour d'autres raisons. Bien qu'il occupe un poste important dans l'industrie, ce sont surtout les questions se rapportant à la vie spirituelle qui l'intéressent. Après cinq ans de guerre et de graves blessures, il était entré à Polytechnique au printemps 1919, alors qu'il avait été reçu en juin 1914. En même temps que ses études, il faisait, à Villacoublay, des essais d'appareils à turbos compresseurs et homologua un record d'altitude avec passager. Mais, fidèle à sa promesse, il abandonna ses expériences aéronautiques après s'être marié, en 1920. Marqué par la guerre qu'il avait haïe depuis le premier jour, il est à la recherche de la Vérité. C'est « le fil directeur de sa vie », note Louise. En 1947, il parle de son âme et il recherche aussi, de façon maladive, trouve-t-elle, la vérité dans les questions économiques. Il mentionne à son aînée les gens qu'il voit à New York : Culberston, « rentré de son grand voyage », un fils Claudel qui a épousé la fille de Pierre Cartier et tient la joaillerie.

En janvier 1948, s'apprêtant à regagner Paris, il aime discourir sur la Compagnie de France « que le Groupement d'Oxford a décidé d'entreprendre sur les bases morales et spirituelles qui le guident, en complément du plan Marshall ».

Jacques Weiss demeurera toute sa vie intéressé par les spéculations métaphysiques et le « Réarmement moral ». L'année suivante, en 1949, il publie aux Éditions Leymarie, *Phylos, J'ai vécu sur deux planètes*, qu'il prétend avoir traduit de l'anglais mais dont il est probablement l'auteur, sous le pseudonyme de Jean-Louis Colombelle [34].

C'est parce que son frère Jacques l'a cité que Louise décide de rencontrer, elle aussi, Ely Culbertson, au cours d'un autre voyage aux États-Unis. Le mentor des joueurs de bridge lui parle des différents mouvements qui existent en Amérique en matière de politique étrangère. « Les mamans et les papas américains détestent l'idée d'une guerre. Ils ne veulent pas que les "boys" aillent se battre [35] », conclut-il. Elle ne fait aucune remarque personnelle le concernant mais rédige une brève notice biographique : « Né dans le Caucase en 1891. Son père était l'ingénieur américain qui développait l'*oil* Grosny [*sic*] et sa mère, une princesse cossack. Il a fait partie du *Social Revolutionist Party* en Russie. Arrêté et emprisonné, c'est là qu'il a commencé à jouer au bridge [36]. »

Ses voyages aux États-Unis dont Louise parle peu dans ses *Mémoires* occupent une place importante au cours des années de l'après-guerre. Quel résultat en attend-elle ? Elle ne parvient à s'y imposer dans aucun journal, pas même dans ces revues mensuelles ou hebdomadaires dont le public américain cultivé est friand. Elle ne semble pas non plus s'y être fait de vrais amis. Peut-on penser que la relation qu'elle poursuivra pendant des années avec Rosie Waldeck, rencontrée au cours de son premier retour à New York après la Seconde Guerre mondiale, est une amitié ? L'histoire et le comportement de cette curieuse personne lui plaisent, voilà tout.

Rosie, la comtesse Waldeck, avait d'abord épousé un gynécologue berlinois puis, jeune encore, le vieux Franz Ullstsein, l'un des quatre frères « qui contrôlaient, entre les deux guerres, le plus grand consortium de presse d'Allemagne [37] », écrit Louise. Rosie divorça avant le commencement des persécutions voulues par Hitler. Elle épousa alors un aristocrate hongrois, demeura un certain temps en Allemagne, protégée par son nouveau nom, son titre et peut-être surtout par des activités inavouables car, bien que juive, elle circula librement dans le Reich nazi. Elle finit par émigrer aux États-Unis où elle publia son autobiographie. Grâce à son habileté habituelle, étant son propre agent de publicité, du jour au lendemain, elle obtint un grand succès. Puis elle devint la secrétaire de Dorothy Thompson qui s'en sépara quand elle découvrit que la comtesse était « sous l'investigation du gouvernement américain [38] ». À cette époque, l'entourage de Dorothy Thompson appelait Rosie Waldeck « l'aventurière juive ». Louise reconnaît, dix années plus tard, que son amie est « romancière, historienne *et* agent du FBI [39] », ce qui ne l'effarouchait pas. Les deux femmes se voyaient à chacun des séjours de Louise et elles correspondaient.

Louise aimait sortir, connaître le plus possible de monde. Elle s'intéressait aux gens célèbres et gardait dans ses cahiers des notes sur ces rencontres. Ainsi, au cours d'un voyage en Californie, probablement en octobre 1947, puisqu'il vient d'achever *Monsieur Verdoux*, elle rencontre Charlie Chaplin et Oona O'Neill, dans une maison de Los Angeles West, mi-living room, mi-atelier de peintre. La maîtresse de maison est « une charmante jeune femme au visage encadré de mèches blondes. Taille flexible, poitrine menue et haute. Les prunelles claires », vêtue d'une robe fleurie, cette jeune femme est « aussi éclatante, aussi raffinée que la Primavera de Botticelli ». Les invités qu'elle a réunis sont peu nombreux. Oona Chaplin, silencieuse, porte à l'annulaire une topaze de grande dimension, et une autre, encore plus grande sur son bracelet. Louise lui trouve « l'air perdu et dévorée de spleen ». Chaplin, lui, semble se plaire « dans cette mystérieuse et intelligente maison ». Louise n'a rien laissé passer de cette rencontre, Charlie Chaplin l'a charmée. Sa tournure d'esprit l'enchante et elle décrit la façon magistrale dont il fait son numéro...

Il commence par dire « d'une voix tendre » : « Ce Landru, quel homme charmant », et les invités protestent. Chaplin, « agitant ses inoubliables petites mains et glissant sur ses célèbres petits pieds », jette un regard à la ronde. Il est sûr que Landru savait parler à toutes les sortes de femmes. Il a un sourire de séducteur aux lèvres, l'œil plein d'ironie et le cheveu blanc. Louise lui reconnaît un « irrésistible génie ». « C'est un homme qui a des idées dans un monde qui en manque. » Elle lui raconte que Me Vincent de Moro-Giafferi, le défenseur de Landru, n'a jamais obtenu d'aveu, pas même le jour de l'exécution. Chaplin apprécie sa remarque. « Rare que "la vérité historique" coïncide avec son essai d'interprétation symbolique », écrit-elle. Elle dit encore avoir demandé à Charlie Chaplin qui a été le premier à pressentir en lui la future vedette. À dix-neuf ans, il jouait à Paris la pantomime aux Folies-Bergère, et il était naïf, affirme-t-il. Un spectateur d'une loge l'ayant fait appeler pour lui dire qu'il était déjà un artiste, il demanda à une ouvreuse qui était ce monsieur, avec une très jolie femme. Debussy. « Debussy, qui est-ce ? » demanda le jeune homme que les Français n'appelaient pas encore Charlot[40]. Cette soirée a compté pour Louise ; le ton de son récit est différent, je l'ai sentie à l'aise dans cette maison entourée de buissons parfumés, avec cette hôtesse particulièrement poétique, et l'admiration qu'elle éprouve pour Chaplin simplifie d'une certaine manière son comportement. Elle en oublie presque son propre personnage.

Dans les carnets de Louise, qui ne respectent aucun ordre, il y a des pages manuscrites, d'autres dactylographiées, et les dates manquent. Elle note dans l'un d'eux qu'elle songe à des projets de films. Impossible de dire que le voyage en Californie et la rencontre avec Charlie Chaplin l'ont inspirée, pourtant c'est ce qui m'est venu immédiatement à l'esprit. Et les sujets auxquels elle pense ne manquent ni d'intérêt ni de variété. Un de ces scénarios traiterait du grand passage du Nord-Ouest découvert par Vitus Béring, sous le règne de Pierre le Grand, et le voyage du tsar à Paris. Louise rapproche la visite du maître de la Russie chez le Régent de celle de « M. K. chez un autre régent, de Gaulle ». Un sujet de scénario serait la comtesse de Ségur racontant le siège de Moscou à ses petits-enfants. Un autre encore l'amour de Tourgueniev pour Pauline Viardot, lorsque le romancier russe vivait à Cormeilles-en-Parisis, chez Garcia, le grand acteur, père de Pauline Viardot et de la Malibran.

Aux États-Unis toujours, en 1949, Louise s'intéresse à une chanteuse wagnérienne, Ellen Repp, une Américaine d'origine norvégienne, qui chanta à Munich, empêchée par les grèves, l'année précédente, d'interpréter le rôle de Brunehilde à Paris. Pendant ce séjour à New York, Louise est invitée à déjeuner par Mme Roosevelt qui habite son domaine au bord de l'Hudson. Louise prend le train jusqu'à Poughkeepsie où l'attend une voiture de la veuve du président. Le vieux chauffeur lui raconte ses souvenirs et Mme Roosevelt lui parle de ses « bagarres » avec le cardinal Spellman, l'archevêque de New York, à propos des écoles publiques. L'après-midi, Louise visite la bibliothèque ouverte au public depuis trois ans. De retour à New York, ce même jour, elle voit de nouveau Ely Culberston avec qui elle discute d'un sujet dont elle s'est également entretenue avec Mme Roosevelt, la mise en question de l'aide à la Chine de Tchang Kaï-chek.

Louise situe en 1950 une visite qu'elle fit à Raoul Dufy, à Roxbury, Massachusetts, où le peintre suivait un traitement basé sur un nouveau produit, la cortisone, pour la terrible arthrite dont il souffrait. Dans ses *Mémoires*, elle raconte comment et pourquoi le peintre qu'elle aimait beaucoup se trouvait dans cet hôpital voisin de Boston[41]. Un photographe, dont elle ne cite pas le nom mais il s'agit de Gjon Mili, avait photographié Dufy dans son atelier. Ces portraits, parus le 12 décembre 1949 dans *Life*, montrent les mains du peintre déformées par l'arthrite. Le docteur Homberger, qui venait de mettre au point un traitement par la cortisone téléphona au photographe, offrant de traiter le peintre. D'après le livre de Gjon Mili dans lequel les photographies ont été republiées, celles prises dans la chambre de l'hôpital de Roxbury où Dufy était soigné et où Louise dit être allée le voir et interroger le docteur Homberger sur la cortisone datent de 1951[42]. Ces erreurs de dates interviennent souvent dans ses récits de voyages comme dans d'autres souvenirs, nous l'avons déjà constaté.

En Amérique, Louise retrouve aussi d'anciennes relations comme Alexis Léger. En mai 1950, le poète diplomate est toujours à Washington où Louise se rend pour voir les films sur l'Alaska de Fish and Wild Life Service. Elle déjeune avec Alexis Léger pour la première fois depuis 1947. Il n'a pas changé, dit-elle. Il habite un studio Woodly Road, une petite case dans un immense building. Elle retrouve les même beaux yeux sombres, les cheveux toujours sombres aussi — elle pense qu'ils sont teints — et le beau timbre de voix. Elle décrit aussi le logis avec un grand portrait d'Edgar Poe dans l'entrée. La ressemblance frappante est un élément de mystification, croit-elle, car les nombreuses visiteuses s'y trompent. Elle remarque que le lit évoque à la fois les voluptés par sa largeur et l'ascétisme par sa nudité. La haine d'Alexis Léger contre Paul Reynaud est « cuite et recuite ». Il lui doit sa mise à la retraite, nous le savons, mais Louise nous apprend qu'il a une grande influence sur Dean Acheson, le secrétaire d'État américain. En sa présence, Camille Chautemps rend visite à Alexis Léger. Chautemps, lui, a beaucoup changé. Il s'est tassé, il a blanchi. L'exil a été dur pour lui. Il doit donner des leçons de français et quelques conférences, à 50 dollars. Sa femme, pianiste concertiste

sous son nom de jeune fille, Juliette Durand-Texte, tient une boutique de modes dont Hellé Bonnet, la femme de l'ambassadeur
Henri Bonnet, dit que les chapeaux n'ont aucun chic et sont trop
chers. « La vie mondaine de Washington la passionne [43] », conclut-
elle.

On sent par ses remarques que Louise Weiss, elle, n'est pas
passionnée par la vie mondaine de Washington. Par celle de New
York non plus. Est-ce ce qui la décide à entreprendre d'autres
voyages vers des pays qu'elle croit attachés à la France ? Là, elle
se sentira plus à l'aise, et ce qu'elle peut proposer trouvera davantage d'échos. Elle est encore incertaine sur la route à suivre. Mais
sans doute n'a-t-elle pas oublié la croisière en Syrie faite avec sa
mère, l'année de la mort de « Grossmama ». Plus tard, elle retournera dans ce pays mais c'est l'Égypte qui d'abord l'attire. Depuis
l'expédition de Bonaparte, les travaux de Champollion déchiffrant
les hiéroglyphes de la pierre de Rosette, voyageurs, poètes, écrivains, peintres et archéologues français se sont intéressés au delta
et à la vallée du Nil. Ils ont rêvé de cette civilisation antérieure à
la civilisation gréco-romaine dont ils avaient été nourris. Ils ont
visité, admiré, dessiné, fouillé. Louise connaît les récits des
voyageurs du XIXᵉ siècle. *Le Voyage en Orient* de Nerval, celui de
Flaubert font partie de sa culture et l'anglophilie de sa jeunesse
ne l'empêche pas de se réjouir des liens privilégiés qu'entretiennent avec la France et la langue française les Égyptiens cultivés.
D'après un de ses cahiers, Louise dut arriver au Caire un
2 février. La note ne précise pas l'année, mais ce devait être en
1949. Elle entre tout de suite en contact avec le poète et romancier
Yves Reignier, conseiller culturel à l'ambassade de France au
Caire. Par son intermédiaire, elle rencontre Doria Shafik, rédactrice en chef de quatre journaux féminins qu'elle a fondés : « *La
Femme nouvelle* publiée quatre fois par an. Deux numéros rédigés
en anglais et deux en français, *La Fille du Nil*, un mensuel de luxe
qui tire à 25 000 exemplaires, *Marie-Claire* qu'elle publie en
arabe et un hebdomadaire pour enfants *Kat Rout* (Le Poussin). »
En juillet 1949, Louise recevra Doria Shafik à Paris. Pour cette
Égyptienne musulmane, retour de Londres, elle organise un déjeuner avec Mme Milhaud Sanua, fondatrice de l'enseignement
commercial féminin en France, Mᵉ Suzanne Grinberg, et sa vieille
amie Geneviève Tabouis. Elle a écrit un article, dont le double du
manuscrit se trouve dans les cartons de la Bibliothèque nationale

et qui a pour titre : « La personnalité de Mme Doria Shafik et l'Occident. » Cette patronne de presse « vient de créer une association pour les droits de la femme égyptienne, droits politiques et sociaux, droit de vote, abolition de la polygamie ». Louise, qui a lancé la première *Femme nouvelle*, s'intéresse toujours au sort des femmes et Doria Shafik est son premier contact avec les Africaines. Elle apprend aussi que 5 % des Égyptiens possèdent 95 % des terres, alors que 80 % de la population ne possèdent rien.

L'abbé Driotton, le célèbre égyptologue français, l'impressionne vivement. Elle va le voir chez lui, dans la maison construite par Maspero. Elle recherche tous les archéologues français qui travaillent sur les différents sites, remarque les rivalités qui existent entre eux mais s'en arrange, évidemment, fort bien. À son retour à Paris, une lettre de Charles Kuentz, directeur de l'Institut français d'Archéologie du Caire, datée du 15 mai 1949, la remercie des crédits accordés par l'Éducation nationale pour acquérir l'appareillage électrique nécessaire à la documentation de la bibliothèque. Ces crédits, elle les a obtenus grâce à son frère André qui, renonçant à la préfecture de Montpellier, a accepté un poste de directeur de l'administration générale au ministère de l'Éducation nationale.

Les antiquités égyptiennes ne sont pas seules à retenir son intérêt, Louise profite de ce séjour en Égypte pour se documenter sur la religion musulmane. Elle visite les mosquées du Caire. Dans celle d'al-Azhar, elle s'entretient avec un étudiant originaire de Tabessa (Constantine) qui est au Caire pour cinq ans. Son père, un riche marchand de bestiaux, l'a envoyé à Paris. Pendant sept mois, il a mené joyeuse vie puis il s'est rendu au foyer des étudiants nord-africains et a senti la nécessité d'aller étudier la religion et la langue arabe au Caire.

Louise va visiter la Ville des Morts, ce quartier du Caire très impressionnant dont les maisons, dédiées aux morts, étaient peut-être encore vides alors — elle n'en dit rien —, mais cette cité a depuis servi de refuge à des familles de miséreux[44].

En voyageant, elle découvre que « le sentiment de la grandeur de Dieu est surtout vivant chez les musulmans du désert. Chez les Bédouins le sentiment est si fort que c'est par son truchement que les Massignon, les Psichari sont arrivés au catholicisme dont à l'origine ils avaient perdu l'ardeur », écrit-elle.

L'architecte du village moderne de Gourmah, près de Louqsor, destiné aux personnes déplacées, s'appelle Hassan Fathi, un grand architecte qui ne voulait construire qu'avec le matériau du pays, selon les formes traditionnelles. Il a fait surgir, dans ce village où elle l'a rencontré, un groupe artisanal adapté à la vie locale. Il espérait avoir accompli là une œuvre féconde mais il eut par la suite bien des déboires. Ce qui m'a surprise et passionnée en lisant ses notes, c'est le don qu'elle avait pour découvrir des créateurs les plus éloignés de ses propres intérêts, et comprendre leurs rêves, leurs travaux.

Le 25 ou 26 février 1949 (ici, l'année est indiquée par Louise), elle part vers le canal de Suez qu'elle va visiter avec M. et Mme Charles-Roux. François Charles-Roux est alors président du canal. Sur la route d'Ismaïlia, ils passent à côté de la nécropole des chats (Bubastis), « toujours cette Égypte souterraine ». Soirée à la résidence où les salons somptueux sont d'un goût parfait, mais c'est la chambre de Lesseps qui la touche. Très émouvante cellule. Un modeste lit de fer avec sa moustiquaire fanée. La table de toilette avec dessus de marbre, avec sa garniture de porcelaine pour le savon et les brosses à dents. Une aiguière et un bassin oriental en guise de cuvette et de pot à eau. Un massif bureau en acajou, comme chez les notaires de province. Quelques petits souvenirs touchants de l'époque. Une pelote à épingles. Une broderie de perles faite par des fillettes des écoles. « Et voilà le fondateur[45] », écrit-elle.

On ne peut pas accuser Louise d'être insensible. Son caractère présente un curieux mélange de traits opposés. Ainsi, simultanément, elle apprécie le déploiement des richesses et l'austérité. La discrétion était prisée dans sa famille. Sa mère avait toujours donné l'exemple. Louise ne peut l'oublier et, d'ailleurs, sa mère est venue vivre auprès d'elle. Ce qui facilite la vie de la vieille dame mais n'arrange certainement pas la sienne. Dans ses *Mémoires*, Louise ne le mentionne pas.

La petite troupe dont elle fait partie pour l'expédition à Suez se compose des Montrémy. Mme de Montrémy, âgée de soixante-quatre ans, est fine, intelligente, surtout intéressée par ce qui concerne la religion. Le baron de Montrémy, officier de cavalerie, a une dizaine d'années de plus qu'elle. Leur « bonne dévouée, sans sex appeal, est une *overgrown girlscout* ». Adrienne Tony Révillon, « la gazelle du désert », est une égyptologue. Le propriétaire de la première voiture est grec et s'appelle Périclès. Il est inquiet pour son automobile, il ne parle que de radiateurs crevés et, à chaque secousse, il descend pour vérifier les ressorts. Louise lui reproche de ne pas leur avoir montré le Rocher d'où Moïse fit jaillir de l'eau. Mais il répond que c'est sans importance : « Moïse, il est partout. Et les rochers aussi. Qu'est-ce que cela peut faire lequel c'est ? » De plus, Louise ne supporte pas son jargon.

La grande poésie d'Abdou Zima avec ses chameaux campés au pied de la mosquée lui fait oublier Périclès. Elle note les petits feux de la nuit. Il y a quelques petits cafés et des bâtisses industrielles pour l'exploitation des mines de manganèse dont les minerais sont déchargés dans les cargos, après avoir été amenés par Decauville.

« Une grande plaine de sable et de cailloux avec quelques touffes de tamaris et de genêts. Nous notons *un arbre* qui est de la famille des acacias.

« — Comme cette plaine est grande, pense Mme de Montrémy.

« — Comme elle est petite, pense Adrienne.

« Toute la difficulté de l'histoire est là. »

Cette réflexion traduit fort bien ce que Louise a ressenti au cours de ce voyage, plein d'enseignement pour elle.

Avec ses compagnons de route, elle se rend au couvent Sainte-Catherine, au mont Sinaï, dont la sainteté s'est imposée à tous les conquérants, écrit-elle. Elle cite Bonaparte qui commanda au général Kléber d'envoyer des maçons du Caire pour consolider la forteresse, en rappelant les raisons pour lesquelles il voulait favoriser le couvent. « Fantastique Bonaparte ! » note-t-elle, car il fallait, selon lui, que le couvent transmît aux âges futurs la tradition de la conquête et aussi que, montrant le respect pour Moïse, il symbolisât la liberté de religion[46].

Elle fait ce voyage en Égypte pour préparer un documentaire, mais elle devra modifier son projet, à cause des troubles qui ne cesseront de croître jusqu'au coup d'État de juillet 1952, fomenté par des « officiers libres », qui entraînera la chute du roi Farouk. La grande voyageuse qu'elle était par vocation se plaisait dans ces recherches parmi des gens nouveaux qu'elle savait conquérir et faire parler.

Durant cette période, elle passe aussi du temps à Paris, c'est là qu'elle apprend, le 10 mars 1948, la défenestration de Jean Masaryk, drame auquel elle fait juste une brève allusion dans ses *Mémoires*. La même année, à Paris, son roman en trois volumes, *La Marseillaise*, est couronné par l'Académie française : il reçoit le prix de la Fondation Marcelin-Guérin. Le 21 février 1949, Henri

Deleuze, le directeur du lycée français que Louise a connu à Mexico, lui écrit avec un grand lyrisme. Il lui envoie des vœux, des remerciements pour ce qu'elle est, ce qu'elle fait, ce qu'elle représente pour lui. Il évoque quelques images d'elle conservées dans son cœur autant que dans sa mémoire. Des souvenirs de Paris qui l'a envoûté à cause d'elle. Elle buvant un verre d'alcool après avoir mangé des moules. Elle fumant assise sur un banc au cours d'un meeting politique de gauche. Elle conduisant sa voiture[47]...

Cette lettre, Louise la trouve sans doute à son retour d'Égypte, si les dates qu'elle donne de ce voyage sont exactes. Elle ne commente pas, mais elle doit apprécier ce message d'un amoureux qui ne semble pas dénué de finesse. On aimerait en savoir davantage sur le séjour à Paris qu'il évoque. Et combien de temps lui a-t-elle accordé ? Cette lettre-là est la dernière de lui trouvée dans ses papiers. On se prend à imaginer qu'il y eut un dialogue et que ce dialogue continua longtemps. Le Mexique était encore alors une terre assez lointaine pour y situer une idylle sans trop de poids et qui prêtait aux songes. Mais, à cette époque, Louise ne s'accordait pas le temps de rêver.

XVIII

Parier sur l'avenir

Ces traversées de l'Atlantique, ces brefs séjours aux États-Unis, au Canada, au Mexique n'étaient pas une simple manière pour Louise d'occuper intelligemment son oisiveté. Elle voulait toujours ce qu'elle désirait déjà bien des années plus tôt : jouer un rôle dans les affaires de la France. Depuis que le général de Gaulle avait été au pouvoir, les mots France, patrie, devoir avaient retrouvé leur valeur, leur vrai sens. Louise le savait et ne se gênait pas pour les employer. Elle formulait son but sans craindre la redondance. Elle se souvenait aussi du vocabulaire employé par sa famille républicaine. Elle avait besoin de prouver aux autres, et à elle-même, une fois de plus, ses capacités et les services qu'elle pouvait rendre à la patrie.

Il est sûr que ses voyages avaient été pleins d'enseignement dont elle souhaitait faire profiter ceux qui, avec « L'Homme du 18 juin », avaient redonné à la nation son honneur. Elle attendait le moment propice pour se faire reconnaître.

Le 18 janvier 1949, « au cours d'une discussion cordiale », écrit-elle, la fondatrice de *L'Europe nouvelle* propose à Gaston Palewski, Jacques Soustelle, Henry Torrès et Louis Vallon de s'occuper des Affaires étrangères au sein du Rassemblement du peuple français. Mais elle conclut que ce n'est pas encore possible. La soif de pouvoir est loin d'être apaisée [1]. En effet, il faut compter, comme autrefois, avec les aléas de la vie politique. Les ministères de la IVe République ne durent guère plus que ceux de la IIIe. Les luttes entre les partis et au sein des partis ne sont pas moins violentes ; et elles ne paraissent pas près de s'apaiser. Les communistes, à présent exclus des combinaisons ministérielles, demeurent puissants et redoutés. Il y a des grèves importantes dans l'automobile, les mines où la troupe intervient. La situation dans l'Union française est menaçante ; aussi bien au Maroc et en Algérie qu'en Indochine.

Le Rassemblement du peuple français dans lequel Louise souhaite jouer un rôle existe depuis près de deux ans. Le 5 février 1947, le général de Gaulle avait annoncé à ses proches : Alain Bozel (pseudonyme de Jean Richemont), le colonel Rémy, Jacques Soustelle, Gaston Palewski, André Malraux, Michel Debré, son intention de créer un Rassemblement. Selon lui, la crise du régime allait s'accélérer. Il y avait un gros déficit, les prix, dont le gouvernement n'était plus maître, continuaient de monter et « le ravitaillement [demeurait] pour le gouvernement Ramadier un problème sans solution ». La crise du pain était imminente. La carte de pain avait été rétablie fin 1945 et la ration quotidienne allait être ramenée à 200 grammes. Le général souhaitait mettre sur pied la création d'un comité national de 100 à 200 cents personnalités choisies dans les milieux politiques — à l'exception des communistes — et la création d'un comité exécutif, « espèce de gouvernement constitué avec des hommes choisis au sein du comité national ». « En ce qui concerne la propagande et la presse, organisation de manifestations dans la métropole et l'Union française et également assistance sociale aux anciens combattants, prisonniers, déportés et victimes de la guerre, le général propose que trois secrétariats soient adjoints au comité exécutif. »

Claude Guy, aide de camp du général de Gaulle du 15 juin 1944 au 25 octobre 1949, a tenu un *Journal* à partir de janvier 1946, date à laquelle le général a quitté le pouvoir. Ce *Journal*, qui ne devait être publié qu'après la mort de son auteur, nous renseigne avec grande précision sur la naissance et la composition du Rassemblement du peuple français, qui fut officiellement créé le 11 avril 1947, comme sur la manière dont de Gaulle interprétait les événements, voyait l'avenir et se comportait avec son entourage[2]. Comparer le portrait du général qui se dégage des pages de Claude Guy avec ce qu'imagine Louise est particulièrement important pour ce qui concerne la manière dont cette femme douée d'une superbe intelligence jugeait sans jamais s'interroger sur les raisons de ses réactions. Elle continuera jusqu'à la fin de ne pas comprendre le caractère, la personnalité du général. Elle ne verra ni son désintéressement, ni son génie, ni même son patriotisme. Bien qu'elle ne soit pas insensible au charme de l'uniforme — elle le prouve à plusieurs reprises au cours de sa vie —, de Gaulle ne lui inspirera jamais le moindre élan de sympathie.

La journaliste ne précise pas dans quelles circonstances elle obtient une première entrevue avec ce général envers qui elle éprouve tant de méfiance. Mais elle a eu le temps de se préparer longuement pour cette rencontre qui a lieu en janvier 1949. Plus de quatre ans après la Libération. Elle rapporte qu'elle commence par l'encenser : « Général, j'ai assisté aux conférences de presse de Poincaré, de Briand et de Tardieu, vous ne leur cédez en rien », s'exclame-t-elle. Et elle lui demande d'être nommée au conseil du Rassemblement comme membre de la commission des affaires étrangères, pour pouvoir travailler sous la direction de Léon Noël, « un vieil ami ». Ce qu'elle considère comme une preuve de modestie de sa part, mais le Général lui répond qu'il ne peut renvoyer ceux qui sont déjà au conseil national : Claudel, Brugière, Catroux. Elle se rabat alors sur l'Éducation nationale. Devant son insistance, le Général finit par lui dire : « C'est très possible mais je ne vous promets rien[3]. »

Le 15 avril 1949, elle reçoit une lettre du Général : « Conformément à l'instruction sur l'organisation du Rassemblement du peuple français du 13 novembre 1947, je vous ai désignée comme membre du conseil national. » Elle prendra part à la session du congrès qui se tient à Paris du 20 au 22 mai 1949. Elle ne commente pas mais on peut être certain qu'elle n'est pas restée muette, assise sur son banc. Dès le 23 mai 1949, elle fait partie de la commission des Affaires étrangères du RPF. Raymond Brugère, le président, l'informe par lettre de sa nomination[4].

Puis, le 1er décembre de la même année, une autre lettre, manuscrite celle-là, du Général ; elle commence par « Chère Madame ». Louise l'a informé que certaines personnalités ont pris l'initiative de créer une Union privée pour l'aide à l'action nationale du général de Gaulle. Elle est présidente du bureau primaire et elle a demandé au Général son agrément à sa constitution officielle et à l'action qu'elle se propose de mener. Il écrit que, dans l'effort poursuivi au service de la France, il lui sera précieux moralement et matériellement que des Français de qualité veuillent se grouper pour l'y aider. Il lui donne son assentiment en toute confiance et lui demande de remercier ceux et celles qui entreprennent, avec elle, cette tâche d'intérêt national.

L'année suivante, le 9 mars 1950, dans une autre lettre manuscrite, le Général la remercie du discours qu'elle a prononcé au déjeuner de la presse anglo-américaine. Il est sûr que ce discours aura contribué à éclairer l'opinion internationale sur l'importance de l'action de la France en Indochine[5].

Comme nous l'avons vu dans le chapitre précédent, Louise continue ses voyages. Et, à Washington, elle a donc été invitée à prendre la parole à l'un de ces prestigieux déjeuners de la presse anglo-américaine. Bien qu'appartenant au conseil national, elle n'a pas encore pris pied comme elle le souhaite dans le Rassemblement du peuple français, où il lui paraît légitime de trouver place.

Jusqu'ici, nous avons surtout suivi Louise dans ses voyages en Amérique, mais durant ces années de l'immédiat après-guerre, où tant de changements se préparaient, elle alla recueillir des informations aux points chauds qu'elle pressentait ou dans des pays importants, comme le Japon qu'elle ne connaissait pas encore.

La première fois que Louise va au Japon, elle part d'Anchorage, après avoir visité dans la région quelques foyers peuplés d'Aléoutiens, où elle découvre, avec surprise, à la fois des icônes, des machines à laver et du vernis à ongles[6]. Elle raconte dans ses *Mémoires* ses courtes expéditions épiques aux îles Pribilof et ailleurs avec ces prodigieux aviateurs américains qui circulaient dans ce territoire que les adversaires du président McKinley avaient appelé « la plus grande boîte à glace du monde ». À Anchorage, elle est invitée au dîner offert au général Omar Bradley, en visite lui aussi, par la chambre de commerce du lieu. « Il était, juge-t-elle, un technicien qui, en sa conscience chrétienne, pratiquait de son mieux les méthodes susceptibles d'assurer l'empire commercial du monde à son laïque gouvernement[7]. » Dans l'avion qui l'emmène vers le Japon, elle parle avec des passagers. Une femme fait le voyage pour rejoindre son mari à Singapour, une autre va, elle aussi, retrouver son mari, fonctionnaire de la compagnie à Tokyo. Il y a également le président du Rotary International et sa femme qui vont visiter le club de Tokyo et les autres clubs du Japon. Durant le même vol, elle s'entretient avec le père Collard. Le religieux belge, élevé par des jésuites français, missionnaire en Corée, a été prisonnier des Japonais pendant la guerre. Il est sorti tuberculeux des prisons japonaises et a été soigné en Californie[8].

Le 23 septembre 1949, Louise est à Tokyo. Elle écrit à sa mère que le Japon ne se déchiffre pas aussi facilement que l'Alaska. Après quarante-huit heures elle n'a pas encore beaucoup d'idées personnelles sur le pays[9]. Elle loge d'abord au Press Club, très inconfortable, mais ses confrères américains lui apprennent beaucoup de choses, sur les Japonais et sur le général Douglas MacArthur qu'ils ont surnommé le shôgun. Les shôguns étaient, dit-elle, « les tout-puissants maires du palais qui, pendant des siècles, avaient gouverné [le Japon] au nom de ses empereurs ». Bientôt, le chargé d'affaires l'invite à résider à l'ambassade de France, dont René Grousset est déjà l'hôte. Mais ses « joyeux drilles du Press Club » ne l'ont pas perdue de vue et l'emmènent à bord de *L'Apache*, leur bateau de correspondants de guerre dans le Pacifique, jusque chez Mikimoto, « l'empereur des Perles » (de culture). Elle décrit longuement cette expédition et celle qu'elle fait, seule, à Hiroshima. Ce sont les deux visites qui l'ont le plus impressionnée, dit-elle[10].

Elle retourne à Hiroshima car les officiers de l'aviation américaine lui suggèrent de visiter le Japon en faisant des conférences, ce que l'ambassadeur de France la presse d'accepter, raconte-t-elle. Elle est « payée par l'Oncle Sam » ; ils mettent à sa disposition un avion, une automobile. Ils lui offrent un traitement tout à fait grandiose. Ces conférences sont évidemment « un surcroît de boulot ». Elle en donne « deux à Nagoya, base importante du Japon central, une à Kyoto, et une à Kuré, à la base des Australiens. Conférence aux officiers sur la France pendant l'Occupation ». Dans ses *Mémoires*, elle écrit : « Le thème de mes exposés était le suivant : Valentine, agent 1410 du réseau Patriam Recuperare, vous explique sa résistance, pendant la guerre, à l'occupation hitlérienne de la France. Cette occupation nazie était totalement différente de l'occupation, après la guerre, des États-Unis au Japon. Les nazis tenaient les Français en esclavage. Ils les exterminaient. Alors que, *from banking to baking* — de l'argent au pain —, les États-Unis apportent tout au Japon. Le mieux était que je disais vrai. » Ainsi elle demeure fidèle à sa fiction, qui convient fort bien au rôle qu'elle a désormais choisi : celui d'une gaulliste ayant participé aux activités de ces patriotes, membres des Forces françaises de l'Intérieur — qu'elle appelle ailleurs des « fifis ». Cette femme imposante, qui ne manquait ni d'humour ni d'entrain, comme elle le dit elle-même, parle aussi à Tokyo et à Yokohama. Elle passe dix jours à Kyoto. Et rapporte 1 500 photographies du Japon, « cet admirable et ridicule pays[11] ». Louise donne des dates pour ses visites de villes et ses conférences mais ces dates se contredisent souvent les unes les autres. Celle qui est à peu près certaine est la date de son départ du Japon pour Hong-kong, le 9 novembre 1949.

Au cours de ces déplacements, elle découvre, bien sûr, quelques aspects de la vie quotidienne japonaise. À Shimoda, il lui arrive de coucher dans une auberge japonaise — porte en papier à glissière, bain individuel en maçonnerie. Après le dîner de poisson et de riz, elle emporte six foutons pour ses tatamis et rêve de s'endormir au son de la mer qui lèche le petit jardin devant sa chambre. Elle fait en sorte d'aller dans des endroits qui la dépaysent vraiment. De retour à Tokyo, après avoir vu Nagasaki, elle se rend chez Grousset qui est à table (le vélotaxi s'est égaré) et lui montre ses « photos phalliques ». Gakti, hindoue et tibétaine, est l'épouse du dieu qui s'unit à lui dans l'acte charnel, dit Grousset, qui lui raconte qu'un de ses collègues avait une maîtresse américaine qui lui écrivait « ta petite Gakti ». L'épouse avait surpris les lettres et demandé des explications. Les orientalistes lui traduisirent Gatki par secrétaire, assistante, collaboratrice. La dame américaine était jeune mais mourut avant son mari. Celui-ci, furieux parce qu'elle avait légué, par testament, leur lit à son amant, écrivit à l'épouse pour la prévenir et lui envoya le lit [12].

Selon son habitude, Louise rapporte d'autres anecdotes de ce genre. Après avoir visité le quartier des geishas et celui des antiquaires qu'elle trouve américanisé, elle note qu'un Espagnol lui dit que coucher avec une geisha est plus difficile qu'avec la femme du Premier ministre. Impossible de trouver leur sexe dans cet amas de vêtements, les geishas restent immobiles, à cause de leur costume et aussi du maquillage plâtré qu'elles ont toutes. De plus, l'amour doit se faire en silence car il n'y a pas de cloison [13].

Pareilles anecdotes sont rares sous la plume d'une femme de son époque. Louise n'est pas seule à les apprécier mais les noter afin de ne pas les oublier est une autre affaire. Est-ce sa profession, en la faisant vivre presque exclusivement en compagnie d'hommes, qui lui a valu cette habitude, ou ce goût ? Louise s'est toujours montrée libre, aussi bien dans ses paroles que dans ses actes. Elle est aussi prête à consigner des remarques d'un genre tout différent. Par exemple, elle définit l'esprit oriental comme étant à base d'un panthéisme confus et assez vague. Il existe une sensibilité extraordinaire à tout ce qui est force, à tout ce qui est relations sociales ; c'est cet élément qui joue le plus grand rôle. On a donc ce qui convient, ce qui ne convient pas. « D'où superficialité. » D'après elle, le bouddhisme japonais est en régression.

Les bonzes manquent d'esprit religieux, un jeune étudiant le lui a
dit. Il souhaitait devenir moine bouddhiste et a été déçu. MacArthur a supprimé la religion nationale et le shintoïsme est devenu
le refuge de résistants japonais puisque les Japonais ne peuvent
résister politiquement [14].

Ce n'est qu'à la fin de son séjour au Japon que Louise réussit
à voir le général MacArthur. La veille de son départ, le
8 novembre 1949, elle va à Daïtchi Building. Le général a accepté
de la recevoir. Elle raconte leur entretien. Sa grande autorité et la
simplicité de sa langue la frappent, elle est comparable à celle des
grands chefs militaires qu'elle a connus. Elle le trouve « svelte,
étonnamment jeune pour ses soixante-dix ans ».

Leur entretien, prévu pour cinq minutes, dure une heure et cinq
minutes. Il parle plus qu'elle qui n'a pas grand-chose à dire... Il
admire de Gaulle et l'interroge sur le problème du communisme
en France. Elle lui répond que la France est une grande puissance
asiatique. MacArthur est convaincu de son rôle d'éducateur. Il
semble différent du shôgun que décrivaient les autres correspondants. Mais elle est persuadée qu'il a une grande foi chrétienne. Il
lui demande ce que peut faire le Japon dont l'espoir est de devenir
une puissance neutre. Mais elle a l'impression que, comme elle,
« il sent très bien que cela n'est pas possible ». Ailleurs elle note
encore : « MacArthur m'a dit que le Japon devrait être la Suisse
de l'Extrême-Orient [15]. »

Elle parvient à voir ce qu'elle veut voir et qui elle veut voir
aussi bien que dans le passé, lorsqu'elle disposait de sa propre
tribune. Elle sait toujours faire parler les personnages de premier
plan, ou parler pour eux. Elle signe une série d'articles sur le
Japon qui paraîtront dans *France Illustration*. Elle fera aussi 20
émissions pour Radio Lausanne, annonce-t-elle. « Peaux rouges,
peaux blanches, peaux jaunes. »

Elle obtient ces contrats grâce à Max Fischer qui a accepté de
s'occuper de ses affaires avec les journaux, les éditeurs, la radio,
durant ses voyages. Il est l'ancien directeur des Éditions Flammarion qui lui avait appris beaucoup de détails sur les amours de
Colette et de l'entourage. Il a émigré au Brésil pendant la guerre
où il est devenu directeur de l'Americ-Edit, à Rio de Janeiro. J'ai
retrouvé son nom dans un autre des cartons de documents déposés
à la Bibliothèque nationale, car il fait partie des hommes qui ont
aimé Louise. Au dos d'une de ses lettres, elle a écrit : « La fin de
ce qui n'a jamais commencé. » Et elle a écrit que Fischer était très

amoureux mais qu'elle ne l'était pas et elle a souligné. Dans ses lettres, il lui donne toutes sortes de noms tendres qu'elle ne devait pas apprécier [16]. La vie privée de Louise a souvent été peu satisfaisante. Ces lettres en sont une preuve parmi d'autres. Il était inévitable qu'il en fût ainsi. Elle, qui se voulait si libre, se laissait parfois lier par des amours bien éloignées de son penchant pour la sentimentalité, mais qu'elle croyait utiles à sa carrière.

Au moment de quitter Tokyo, Louise rencontre Robert Guillain qui vient de passer quatre mois à Shanghai occupé par les communistes [17]. Elle assiste à la conférence que donne, à la maison franco-japonaise, celui qui fut si longtemps le correspondant du journal *Le Monde*, sur ce qui se passe dans le plus grand port chinois. La République de Chine est proclamée à Pékin le 1er octobre 1949. L'anticommunisme de Louise, réveillé par les événements, n'est pas récent. Il date de son reportage à Moscou, au début des années 20. Elle n'a jamais oublié la misère qu'elle a vue là-bas. Après le Japon, Séoul sera la première étape de son long voyage entrepris pour mieux comprendre ce qui, pense-t-elle, ne manquera pas de se produire dans toute l'Asie du Sud-Est, qu'elle ne connaît pas encore.

Et le lendemain sera le quinzième jour de la huitième pleine lune. En Corée, ce jour-là est la grande fête où on honore les morts en leur offrant des gâteaux que tout le monde mange avec joie. Tous ceux qui viennent sont les hôtes du maître de maison. Louise retient également que les églises protestantes se développent mais trop de sectes les divisent. En Corée du Sud, elle recense le clergé catholique qui comprend « vingt-cinq prêtres français et des Irlandais. Des religieuses de l'ordre de Saint-Paul-de-Chartres : sept Françaises et au moins deux cents Coréennes. Un carmel avec des Coréennes ».

Sa visite est brève mais Louise parcourt « les jardins et pavillons de l'ancien palais impérial. Les toits bleus réservés à l'empereur de Corée. Lotus, érables, cerisiers, mignardises dans les jardins de la reine. Porte du Grand Plaisir. Porte du Grand Principe Mâle, du Cheval d'Or, du Parfait Automne, Pavillon de la Fin du Parcours ». Ses notes lui serviront plus tard à étoffer ses articles ou bien pour des livres qu'elle se propose d'écrire. Elle est toujours sur le qui-vive durant ces expéditions. Qu'elles aient trait à la couleur locale ou qu'elles renseignent sur des faits précis dans des domaines variés, ses observations recueillies sont intéressantes.

Le pape a excommunié les communistes de Corée du Nord. Ces derniers vont persécuter tous les missionnaires catholiques. Une centaine, de toutes nationalités, sont déjà en prison plus l'évêque coréen de Pyongyang, capitale de la Corée du Nord [18]. Louise parcourt le front communiste de Corée (le 38e parallèle). La limite communiste du territoire de Hongkong. L'intérieur du cercle communiste bouclant Macao, le Yunnan, l'Indochine. Elle écrit un rapport qu'elle envoie à Bonnefous, Soustelle, Maurice Schumann, Léon Noël, Petsche, Pleven, Lazurick, Bourbon-Busset, Bellanger, Tabouis. Plus une note confidentielle, « Mon séjour au Yunnan », datée 30-11-49, où elle définit la politique de Mao. Et dans une note envoyée uniquement à Fouchet, « avec prière de transmettre à Brugère », elle précise que le RPF devrait agir car il y aurait une position politique extrêmement forte à prendre.

Elle rédige une autre note sur la reconnaissance du gouvernement communiste de Chine qu'elle destine uniquement à Maurice Petsche, à Geneviève Tabouis et à Jacques de Bourbon-Busset. Selon elle, si on ne se montre pas décidé à défendre militairement Hongkong et le 38e parallèle coréen, la frontière de l'Indochine, tout est perdu [19].

Longue note aussi sur Formose et Tchang Kaï-chek. Louise retrouve son ton de bonne élève quand il s'agit de nourrir sa documentation sur des sujets concernant des faits historiques, sociaux ou politiques qu'elle devra traiter dans ses livres et qui ne la concernent pas directement. Renoncer à rencontrer Tchang Kaï-chek n'a pas été facile pour elle. Elle ne minimise certainement pas l'importance de la révolution chinoise qui est en train de se produire. Elle veut s'informer le plus directement possible. Elle a longuement parlé avec Robert Guillain.

Sur le ferry qui la mène à Hongkong, elle a un entretien de deux heures avec Wei-So-Min, époux de Soumé-Tcheng, ancien ambassadeur à Washington et ancien gouverneur de Formose. Un homme dans la force de l'âge, calme, intelligent, pondéré, qui lui parle du grand changement et attaque le livre blanc de Washington. Il dit que, conséquence directe de la guerre contre le Japon, l'inflation a engendré la corruption qu'on ne peut pas nier.

Louise écrit ensuite que, le 17 novembre 1949, elle part pour Macao en bateau [20]. Mais est-ce bien ce jour-là qu'elle part ? D'autres notes prises à Hongkong sont datées du 14 novembre 1949.

Elles nous apprennent qu'elle compte rallier Hanoi et plus tard
Saigon. Ou bien elles nous livrent des réflexions comme celle-ci
sur l'avantage qu'aurait une reconnaissance de Mao pour la protection temporaire de nos intérêts en Chine. Ces intérêts sont relativement petits [21].

Ce voyage en Asie occupe une large place dans le dernier
volume des *Mémoires d'une Européenne*. Le récit est plein de
souvenirs personnels sur les gens rencontrés, les camps déjà marqués qui s'affronteront bientôt. Dans ses manuscrits de la Bibliothèque nationale, son itinéraire n'est pas clair. Dans le tome VI de
Mémoires, il ne l'est pas davantage. En fait, elle a dû renoncer à
certaines étapes, comme elle a renoncé à rencontrer Tchang Kaï-
chek, dont l'étoile a déjà beaucoup décliné.

Après être passée par Hanoi, elle gagna Kunming, la capitale
du Yunnan, qui était alors, dit-elle, « le dernier refuge continental
des généraux nationalistes. [Elle en vit] deux : le général Mâ, un
grand pendard, simple et bon vivant, ancien élève de l'école militaire de Tchoung-king, et le général Li-Mi, sorti de l'école de
Canton ». À Kunming, elle a été accueillie par le consul de France,
M. de Curton, qui la logea et lui servit de guide. Grâce à lui, son
séjour prolongé dans cette ville chinoise fut plein d'enseignement.
Elle y fit aussi une agréable découverte : le général Li-Mi. « Un
homme magnifique au teint de bronze clair, aux manières affables,
aux dents éclatantes. Les amandes de son regard ressemblaient à
des pierres précieuses. Seul chef encore résolu de la résistance
anticommuniste au Yunnan, il jugeait la situation désespérée à
moins d'un miracle. Ses états de service étaient glorieux. Je
n'avais encore jamais rencontré un Chinois de cette trempe. Un
coup de foudre tomba entre nous. Multiple splendeur ! » Et une
note en bas de page : « Je ne fis rien de cette foudre, mais elle me
permit de comprendre la passion de l'Américaine Agnès Smedley
pour Chu-teh, l'un des généraux de la Longue Marche. "He was
a man", c'était un homme, écrivait-elle constamment dans la biographie qu'elle lui consacra. Certains Chinois représentent un
capital de civilisation égal ou supérieur à celui des Blancs les plus
remarquables [22]. »

Louise possède un véritable talent pour mêler aux sujets les plus
sérieux les surprises qu'elle doit à son tempérament romantique.
Après l'interlude Li-Mi, elle reprend le cours de ses préoccupations habituelles. M. et Mme de Curton lui montrent des aspects

de cette partie de la Chine qu'elle n'aurait pu découvrir seule, étant donné le peu de temps dont elle disposait. Elle dit aussi être partie « à la recherche des âmes ». Elle a dédié le dernier volume de ses *Mémoires* à « Souën, le parfait-roi-des-singes, [...] un gibbon mythique de la littérature chinoise [qui] s'était jadis élancé vers l'Occident bouddhiste, pour y quérir les 15 144 Traités du Bien conservés au Grand-Temple-du-Fracas-du-Tonnerre et les rapporter à l'Empereur du Milieu ; Souën ignorait l'Occident chrétien. Terrassant, à son exemple, les mille risques relatés en ce volume, j'ai essayé de m'emparer en divers lieux du monde des hautes lois du comportement humain, pour les rapporter, à mon tour, en mon pays [23] ».

Elle souhaite étudier d'autres religions, voir comment, dans cette partie du globe, les croyances et les pratiques religieuses s'appliquent à ces civilisations bien loin de la nôtre. Mais où qu'elle aille, ses remarques sur la situation politique et militaire l'emportent sur les observations de la vie spirituelle. Il est vrai qu'elle s'est mise en route à un moment où des traditions qu'on croyait éternelles, élaborées par des civilisations très anciennes, vont être éliminées ou tout au moins transformées par le marxisme qui a commencé à déferler sur ce continent. Louise cherche à étendre ses connaissances le plus possible. Elle note s'être aussi informée « auprès de Dugardier, conseiller diplomatique ». Elle sait à présent que « les Chinois rouges » bénéficieraient de tous les privilèges accordés à Tchang Kaï-chek. Ils seraient donc libres de voyager.

La poussée chinoise vers la Birmanie est le danger le plus réel pour les démocraties du Sud-Est asiatique. De là, la propagande chinoise atteint les Indes, la Malaisie, le Siam, l'Indochine. Le pandit Nehru, actuellement attentiste, refuse de prendre parti. Le Siam, qui flirta avec le communisme, a été aussi pro-japonais et s'alliera au plus fort. Sans la France, l'Indochine serait facilement communiste. Voilà ce qu'elle a appris et qui est pour elle de la plus haute importance.

En 1939, l'Indochine, les Philippines, la Malaisie pouvaient former un triangle de défense stratégique, auquel maintenant Singapour et le Japon tentent de se joindre. En Asie, l'Indochine est le seul bastion avancé des démocraties, dont le Tonkin est la dernière marche. Les Anglais savent qu'un pacte du Pacifique serait nécessaire et ils ne lâcheront pas Singapour et la Malaisie. Mais les

Américains ne le comprennent pas. Louise souligne que, dans ce pays qui n'est pas guerrier, l'arme politique est essentielle.

M. de Curton l'a conduite partout où elle souhaitait aller. De plus, il répond à toutes ses questions, en lui fournissant des détails. Souvent, dialoguant avec sa femme, ils l'orientent vers des sujets qui peuvent l'intéresser, l'emmènent dans des demeures qui lui donnent une idée des différentes façons de vivre dans la société chinoise à la veille des grands bouleversements. Le 24 novembre 1949, Louise est reçue par Mgr Derouineau, l'archevêque de Kunming. Au Yunnan, il y a un évêque français et un yougoslave. La mission de Kunming est confiée aux Missions étrangères qui siègent à Paris ; elle se compose de 24 missionnaires et 22 prêtres indigènes. M. de Curton parle aussi du nombre des victimes de la lèpre qui s'élève à 20 000 au Yunnan. Il va avec son invitée visiter les missions protestantes dont les pasteurs sont américains. Il y a également 200 000 musulmans au Yunnan[24]. Louise rapporte dans ses *Mémoires* des anecdotes nombreuses sur la lèpre à Kunming, ville qu'elle quitte juste quelques heures avant l'arrivée des troupes communistes. Le vol pour Hanoi sur lequel elle trouva place fut l'avant-dernier qui se rendit au Tonkin.

Toujours orientée vers la politique et l'avenir de ces pays menacés par la prise du pouvoir par les marxistes, Louise poursuit son voyage et son étude. Elle quitte la Chine et pénètre au Cambodge, après une halte au Tonkin qui, après Kunming, lui paraît moins misérable, corrigeant sa première impression. Elle va trop vite pour voir par elle-même. Elle doit se fier à ses interlocuteurs, comme elle l'a fait avec les Curton. Dans ses *Mémoires*, elle évoque l'histoire récente de ces régions, leurs paysages, leurs cultures, leur peuplement. Et puis, soudain, dans les cartons de la Bibliothèque nationale, on trouve des comptes rendus plus personnels de visites comme celle du palais de Phnom Penh, où elle décrit les quatre couronnes royales[25].

« Dire que la campagne du Cambodge est étoilée de nymphéas blancs, de lotus roses et survolée d'oiseaux. » De brèves observations comme celle-là sont destinées à la rédaction de ses *Mémoires*. Elle semble avoir été si justement impressionnée par ce voyage qu'elle n'a pas besoin de nombreux rappels pour raviver ses souvenirs. Il lui arrive d'intervertir l'ordre des lieux visités. Ou bien, comme pour Angkor, elle garde simplement l'heure de son arrivée : « 13 heures. » Elle la fait suivre de : « Dîner avec

SM Bao-Dai, en l'honneur de l'amiral Madden, commandant en second de la flotte anglaise du Pacifique. » Elle attache, évidemment, de l'importance à sa place à table. Elle se rappellera qu'elle est « assise entre le gouverneur du Sud-Vietnam et le ministre de la Justice ». Ce dîner ainsi que la visite du lendemain, le 16 décembre 1949, à l'amiral Madden sur le *Belfort* ont précédé son expédition pour voir les trésors des monuments et sculptures d'Angkor. Mais le plus important, pour elle et pour nous est que cette extraordinaire force de la nature soit allée dans ces pays en s'appliquant à les comprendre, à la veille des conflits qui allaient partager l'opinion des Occidentaux. À cette époque-là, elle fait encore preuve d'une certaine indépendance d'esprit qu'elle perdra plus tard. Mais il est à remarquer qu'elle distancie ses jugements des lieux qu'elle visite. Elle ne se fait pas non plus un devoir de retourner dans ces parties du monde quand les conflits ont éclaté. Ses reportages ne visent pas seulement à évaluer la politique, à observer les guerres et les révolutions. Elle s'applique à étudier les religions, autres sujets qui divisent (et aussi rassemblent) les hommes.

D'après ces documents, on constate que la religion syncrétique Cao Dai l'intrigue. Elle définit le caodaïsme comme la fusion du christianisme et du bouddhisme, du confucianisme et du taoïsme.

« M. Cao-Duc-Tong, cardinal législateur du caodaïsme emprunte
« au bouddhisme la loi de la réincarnation,
« au christianisme l'adoration de Dieu,
« au confucianisme les devoirs de l'homme,
« au taoïsme le mépris des richesses et l'abrogation de soi-même. »

Le jour de son départ, à l'aube, La Fournière, le chef du bureau de presse, lui demande ce que les Français devraient faire de ces troupes chinoises du Koyang-si qui passent la frontière en ordre parfait et se laissent désarmer. Leur internement coûte cher. Pourquoi ne pas faire comme les Russes avec les prisonniers japonais, les endoctriner et les renvoyer en Chine comme agents de propagande ? La Fournière n'y a pas pensé. Mais pour appliquer cette idée simple il faudrait soi-même croire en la vertu de la démocratie.

« Je n'ai pas le temps d'expliquer à ce charmant garçon [26] », conclut-elle. Louise a terminé son voyage en retournant à Hanoi, comme il se devait. Elle n'a, en fait, pas envie « d'expliquer à ce charmant garçon ». Elle réserve ses explications pour d'autres oreilles, d'autres yeux. Elle a l'intention d'exploiter au maximum les informations recueillies qui seront utiles en haut lieu et qui peuvent en même temps servir à faire reconnaître ses capacités.

De retour à Paris, Louise sera, comme elle aime l'être, absorbée par ce qui se passe. D'une part, la Corée et l'Indochine tout entière préoccupent le pouvoir ; d'autre part, l'Europe a commencé de devenir un sujet d'intérêt majeur. Un Conseil de l'Europe s'est installé à Strasbourg, le 5 mai 1949, où siègent des représentants de la France, de la Grande-Bretagne et du Benelux. Un an et quatre jours plus tard, le 9 mai 1950, Robert Schuman, ministre des Affaires étrangères, propose de placer la production franco-allemande de charbon et d'acier sous une Haute Autorité commune. Cette proposition est due à Jean Monnet qui croit détenir là le seul moyen de sauver la paix en Europe.

« La solidarité de production qui sera ainsi sauvée manifestera que toute guerre entre la France et l'Allemagne est non seulement impensable mais matériellement impossible.

« L'établissement de cette unité puissante de production, ouverte à tous les pays qui voudront y participer, aboutissant à fournir à tous les pays qu'elle rassemblera les éléments fondamentaux de la production industrielle aux mêmes conditions, jetterait les fondements réels de leur participation économique », écrivait Jean Monnet à la fin du mois d'avril 1950 [27].

La création de l'Allemagne fédérale avait eu lieu le 7 septembre 1949 et Konrad Adenauer en était le premier chancelier. L'Allemagne fédérale s'était engagée à refuser toute militarisation. En compensation, elle avait obtenu des avantages économiques considérables : elle avait été déliée de son obligation de payer des réparations aux Alliés. La France avait, tout de même, obtenu qu'à partir du 1er avril 1949 le charbon de la Sarre — politiquement autonome depuis 1947 — lui revînt entièrement. Les États-Unis et la Grande-Bretagne, pressés de voir réhabiliter l'Allemagne, pouvaient se montrer satisfaits. Mais bientôt le gouvernement de Konrad Adenauer allait réclamer le retour de la Sarre à l'Allemagne. Les rêves d'unification s'étaient évanouis, car depuis le 7 octobre 1949, une République démocratique allemande existait au-delà du rideau de fer.

Louise ne s'est pas encore établie comme elle le souhaite. Son monde politique disparaît. Elle est à Paris quand ont lieu, sous les giboulées printanières, le 2 avril 1950, les funérailles nationales de Léon Blum. La cérémonie se déroule place de la Concorde. Elle n'en parle pas, pourtant cette mort doit ranimer de nombreux souvenirs. Mais Louise ne revient pas en arrière. Elle se prépare encore à de nouvelles actions et de nouveaux voyages. C'est aux États-Unis qu'elle retourne.

Du 1ᵉʳ mai au 6 juin, elle fera la navette entre New York et la capitale fédérale. Nous l'avons déjà vu, au cours de ce séjour, elle retrouve Alexis Léger et sans doute l'interroge-t-elle sur les événements qui se préparent. Elle ne semble pas impressionnée par ses commentaires sur la politique américaine, sauf sur ses relations personnelles avec Dean Acheson. Dans ses notes, elle écrit : « C'est la guerre de Corée », or la guerre ne commencera qu'après son départ, le 25 juin 1950 par l'offensive de la Corée du Nord vers le sud et, pour les Américains, le 27, lorsque Truman ordonne aux forces navales et aériennes de soutenir la Corée du Sud et de protéger Formose. Il est certain que cette guerre, on en parlait, on la sent venir et Louise en analyse les raisons. Elle relève les opinions opposées du président et du Département d'État. En effet, Dean Acheson a déclaré en janvier 1950 : « Le périmètre de défense des États-Unis va des îles Aléoutiennes au Japon », excluant la Corée et Formose. MacArthur est du même avis. Quant aux Russes, Louise est persuadée qu'ils ne veulent pas intervenir en Europe. « Joueurs d'échecs, ils poussent des pions. Les Américains, eux, paient de leurs personnes. La force seule peut s'opposer aux conquêtes communistes », estime-t-elle. Elle s'entretient avec des personnages aussi différents que « le Dr Parr, directeur du Muséum d'Histoire Naturelle, et Finkelstein du Council of Foreign Relations ». Il est l'expert pour l'Indonésie où il n'a pas encore été[28].

Dans un rapport qu'elle rédige deux ans plus tard, le 8 juillet 1952, pour entrer à l'Assemblée de l'Union française, elle mentionne ce voyage aux États-Unis : « Washington, New York, Boston, pour défendre la cause française en Indochine[29]. » À Boston, où elle se rend les 18 et 19 mai, elle assiste à une conférence du professeur Elissef, directeur du département d'Extrême-Orient, à Harvard. Il est moins sûr qu'elle ait elle-même parlé. Mais à Paris, elle fera une conférence salle Pleyel, qui sera plus tard suivie par d'autres. Elle termine son séjour aux États-Unis début juin, afin de pouvoir assister aux assises nationales du Rassemblement du peuple français qui se tiennent à Paris du 23 au 25 juin 1950. Elle y présente un rapport sur « La France et les problèmes du Pacifique ». En plus de ce « survol », elle lit également un rapport sur l'Indochine.

Les pays qui forment encore l'Empire français l'intéressent, tout comme ceux qu'elle a déjà visités et ceux qu'elle projette d'aller voir. Mais jouer un rôle dans la politique étrangère de la France est le but qu'elle s'est fixé. Son passé l'y invite et elle-même se juge plus qualifiée que la plupart des hommes politiques, anciens et nouveaux. Pourtant, la reconnaissance du général de Gaulle tarde à venir. Elle ne commente pas, mais son impatience se sent dans ses jugements.

Parfois, la vie toute simple la rattrape. Et la mort, qui en fait partie. On peut imaginer le chagrin que lui cause l'accident de voiture dont est victime André, son frère préféré. L'accident a lieu le 14 juillet ; André était accompagné par leur frère Jacques qui restera neuf jours dans le coma. Jacques survivra tandis qu'André meurt le lendemain de l'accident, le 15 juillet 1950. Dans les archives de Louise, une lettre de sa nièce Françoise nous apprend que Louise a organisé la crémation et ordonné la liturgie « dont la beauté et le clacissisme m'ont semblé en parfaite harmonie avec les goûts de papa », remercie la jeune fille, encore très attachée à sa tante [30].

Ce deuil appartient à sa vie privée que Louise ne confie pas à ses *Mémoires*. Je l'ai dit, il serait vain de chercher, dans les six volumes, la trace de ses chagrins personnels, sauf l'histoire de sa passion pour Milan Stefanik et celle de sa passion pour le « Chevalier de Saint-Magloire » qui toutes les deux se terminent par la mort. Le récit de sa grande passion pour le « Chevalier » sert à exposer bien autre chose qu'un amour réel, présentant à sa convenance les tragiques aspects du désastre militaire et l'Occupation. Son véritable malheur on le découvre en lisant ses romans. Et, durant ces premières années d'après-guerre où les voyages, les démarches auprès du monde politique ont pris une large place dans son agenda, son besoin d'exprimer ses blessures, ses défaites a sans doute été violent car elle a trouvé le temps d'écrire un roman plus révélateur que les trois tomes de *La Marseillaise*.

Sabine Legrand paraît en 1951. Il est évident que Louise n'est pas romancière. Elle qui sait si bien présenter sa vie sous des couleurs romanesques ne peut inventer un vrai personnage de roman. D'ailleurs, les romans ne furent jamais sa lecture favorite ; même jeune, elle n'en cite guère. Il est vrai qu'elle a étudié intensément d'autres sujets. Ayant toujours beaucoup travaillé, elle n'a pas eu le temps de s'intéresser à ce genre littéraire. L'idée qu'on peut y apprendre quelque chose sur le comportement des êtres humains ne l'a jamais effleurée. Elle, qui ne s'intéresse véritablement qu'à soi-même, a trouvé cette manière qui lui permet de parler encore d'elle. Pour se délivrer d'éléments autobiographiques, de confidences difficiles à faire, la fiction lui convient.

L'héroïne qui porte le nom du titre est issue, comme elle, de la grande bourgeoisie. Enfant, elle aime passionnément son père et s'identifie à lui. Hélas, « à moins qu'elle ne fût vieille, une femme indépendante lui [Charles-Honoré Legrand] semblait scandaleuse, surtout si elle devait cette indépendance à son travail[31] ». Heureusement pour elle, Sabine, comme Louise, tient à devenir indépendante, elle veut être peintre et réussira à imposer son art.

Son attachement au père a des effets mineurs : elle attribue l'origine d'un rhumatisme au poignet au fait que son père souffre d'un poignet qu'il s'est cassé à cheval[32]. Il intervient aussi dans le choix de ses hommes. Charles-Honoré n'est pas jaloux d'un garçon qu'elle aime « en mère », ni de celui qu'elle veut épouser, parce qu'elle l'aimera « en égale », mais il éloigne définitivement celui qu'elle aurait aimé « en femme ». Quant à la vie amoureuse de Sabine, elle diffère selon les partenaires. Louise brosse une description très forte de la passion sexuelle vécue avec un peintre qu'elle nomme Cronat. « En amour, vous êtes un homme, ma chère, un homme qui, par moments, aurait des aspirations d'esclave. Je ne vous vois pas comme Cronat. Pour moi, c'est en peignant que vous êtes femme, oui, vos dons d'intuition, vos vues nouvelles, votre fraîcheur. Cronat s'y est trompé, à cause de votre force. Transposition dans le domaine de l'art de votre virilité amoureuse », dit un ami de Sabine apprenant que Cronat veut rompre[33]. Elle prend un autre amant avec lequel elle n'éprouve rien. Elle a un fils de son mari et un autre du peintre (qui, lui, ne veut pas d'enfant). Elle aime davantage ce second fils que son fils légitime. Sur les conseils de la femme qui l'a accouchée deux fois, elle consulte un psychanalyste. Cette femme lui a dit : « La psychanalyse détruit les complexes morbides en les révélant à ceux qui en souffrent. Vous serez amenée, toute pudeur abolie, à vous confesser d'affinités que vous avez répudiées, par volonté ou par morale ou pour d'autres motifs. Méthode efficace mais souvent pénible ! Ne vous effrayez pas ! Et surtout ne comparez pas les psychanalystes à des clochards fouillant dans les poubelles[34]. » La rencontre avec une autre femme, qui la trouble sensuellement, éloigne l'héroïne du psychanalyste.

Mais Sabine n'est pas dupe. Et, ce commentaire : « La froideur de Mme Charles-Honoré [Legrand] expliquait pourquoi Sabine s'était en maintes circonstances révoltée contre sa féminité et conduite comme un homme dont — il allait sans dire — les instincts au contact des autres hommes demeuraient glacés. Révolte contre nature appelant une sanction. Inconsciemment Sabine s'était châtrée. Sa frigidité équivalait à une punition[35]. » Alors qu'elle passe pour être ennemie de la psychanalyse, l'autoanalyse sauvage que pratique ici Louise me semble normale. Elle n'a pas été jusqu'à prendre la décision de s'allonger elle-même sur un divan, mais elle connaît Lacan dont son frère André a été proche — au dire d'Élisabeth Roudinesco « il fit un bout d'analyse avec Lacan[36] » — et que sa sœur Jenny (qui va bientôt divorcer d'Alexandre Roudinesco) fréquente régulièrement, allant elle-même devenir psychanalyste. Jenny Weiss, qui deviendra Jenny Aubry, fera son analyse didactique avec Sacha Nacht, ensuite Lacan assurera son contrôle.

Sabine Legrand est le seul roman auquel Louise demeure attachée. Trente ans plus tard, elle écrit une préface qu'elle intitule « Demain des inconnues » pour essayer de le faire rééditer. Dans cette préface, elle assure que même laids ou vieux, les hommes auxquels on prête du génie sont entourés de femmes qui ne demandent qu'à se soumettre à leur bon plaisir. Ces femmes confondent souvent la valeur personnelle de l'homme qu'elles aiment et le pouvoir qu'il détient grâce à la société. « Les dévoratrices », comme les appelle Louise, ne cherchent, en fait, qu'à s'approprier celui dont elles admirent surtout le statut. Elles sont contentes de le laisser les réduire en esclavage. L'homme qui possède un pouvoir ne sera jamais seul et il sera toujours aimé. Alors que les femmes d'exception seront guettées par la solitude, « cette géhenne », écrit Louise qui dit avoir essayé d'expliquer pourquoi dans son roman.

La solitude des femmes créatrices dans un domaine ou dans l'autre vient du rapport qui existe pour les hommes et les femmes entre l'épanouissement sexuel et celui des dons cérébraux. Le manque de volupté stérilise. Alors qu'une femme peut concevoir un enfant sans plaisir, elle ne peut pas créer dans le domaine de l'art ou de l'action sans satisfaction sexuelle. Et que se passe-t-il si elle est rejetée par les hommes ? Louise reprend le personnage de Sabine qui, à cinquante ans, ayant affirmé ses dons, est devenue une grande artiste, mais en retour elle a subi une série de catastrophes dans sa vie privée. Les femmes sont plus ou moins bien parvenues à créer, à commander, à être libres de leur corps et des corvées domestiques. « Identification, identification ! » écrit-elle. Elles vivent comme des hommes mais elles n'assument plus leur féminité. Elles ne le veulent pas et ne le peuvent pas. L'échec vient de là, il faut qu'elles repensent leur mode de vie. En ce qui concerne le personnage de Sabine, Louise note : « Soins réussis d'un psychanalyste [37]. »

Il existe aussi une autre préface dans laquelle elle souligne que les changements intervenus en trente ans — égalité civique des hommes et des femmes, éducation mixte, droit à l'avortement, pilule — l'ont amenée à élaguer le texte.

Elle est donc capable de juger son œuvre, sans s'attendrir sur son passé. Ce qui est particulièrement remarquable car, ne l'oublions pas, Louise est une dame de quatre-vingt-huit ans. Et, comme il n'y eut pas de réédition, elle découpa le roman en cinq épisodes pour en faire une émission de France Culture. Jusqu'à la fin de sa vie, ses brillantes facultés intellectuelles demeurèrent intactes. On peut donc penser que, lorsqu'elle semble se tromper, son erreur est volontaire.

Louise reçoit de nombreuses lettres de félicitations pour *Sabine Legrand*, quand le livre est publié, en 1951. Élisabeth de Grammont, duchesse de Clermont-Tonnerre, qu'elle avait connue chez Nathalie Barney, la comtesse Greffulhe, Fernand Gregh et René Grousset la remercient. Son amie, « américaine » et aventurière, la comtesse Rosie Waldeck lui reproche « le jargon analytique » de son livre. Louise a publié ce roman chez un éditeur, René Julliard, qui s'occupe particulièrement bien de ses auteurs. Trois ans plus tard, le roman de Françoise Sagan, *Bonjour Tristesse*, paraîtra dans sa maison. Il est curieux que Louise ne parle pas de lui. Elle est, sans doute, déçue de ne pas remporter un vrai succès auprès du public. À cette époque, elle reçoit de nouveau beaucoup chez elle ; pourtant je n'ai pas trouvé le nom de René Julliard ou celui de Gisèle d'Assailly, son épouse, parmi ceux des listes d'invités. Mais le fonds déposé à la Bibliothèque nationale ne comporte pas d'agendas. Et les témoins de cette partie de la vie de Louise Weiss ont disparu ou étaient trop jeunes pour en avoir gardé un souvenir de ce genre.

1951 est une date importante dans la vie personnelle de Louise. C'est l'année où elle adopte Jacques, un garçon de douze ans. Comment et pourquoi a-t-elle pris cette décision ? Toutes sortes de raisons viennent à l'esprit. Sauf Francis, que Mme Weiss materne toujours, avec raison, les frères et les sœurs de Louise ont tous des enfants. Dans chacun de ses romans, la question de l'enfant est présente. Sabine Legrand est deux fois mère, l'héroïne avorte dans *Délivrance*, elle fait une fausse-couche dans *La Marseillaise* et, dans ses *Mémoires*, l'enfant du « Chevalier » que Louise aime tendrement joue un rôle important, à l'intérieur du couple. Dans les autres volumes, le besoin de l'enfant revient à plusieurs reprises.

À présent, Louise a cinquante-huit ans. Peut-être considère-t-elle que bientôt elle sera trop âgée pour s'occuper d'un enfant. Est-ce la raison pour laquelle elle adopte un garçon de douze ans plutôt qu'un bébé ? Ou bien n'a-t-elle pas eu le choix ? Il est rare qu'à cette époque, sous la IVᵉ République, on autorise une femme seule à adopter un enfant. Louise a dû surmonter toutes sortes d'obstacles pour arriver à ses fins. Le jeune Jacques, qu'elle appelle souvent Jacquot, elle le mettra bientôt pensionnaire au lycée Hoche à Versailles, en espérant qu'il y fera de brillantes études. Toute la famille, au courant, est loin d'être d'accord mais inutile de discuter avec Louise. Ses décisions ne regardent qu'elle, serait sa réponse. Elle les considère comme vitales pour elle. Il s'agit toujours d'elle, les autres ne peuvent la comprendre et elle n'a aucun désir de leur expliquer ses raisons. Dans le cas de l'adoption du petit Jacques, elle a moins encore de commentaires à faire. Toutefois, dans une lettre, datée du 8 août 1951, son frère Jacques dit nettement qu'il y est opposé, mettant en avant ses convictions religieuses. Il s'occupe activement de la Compagnie de France, nous l'avons vu, et fait partie du Réarmement moral. Louise n'a pas conservé sa réponse, mais il n'est pas sûr qu'elle ait répondu. Leurs positions se sont tellement éloignées en général qu'il n'y a plus guère de dialogue possible entre eux. Mais cet été-là, Jacques Weiss loue une maison à Saint-Briac, une station balnéaire bretonne où il passera l'été, avec sa femme et ses deux filles et il invite le reste de la famille à les rejoindre[38].

Quand Louise se rend à cette invitation, le petit Jacques n'est pas encore arrivé. Elle ne dit rien de son séjour à Saint-Briac, rien non plus des réactions des autres membres de la famille à l'annonce de l'adoption. La seule réaction d'ami qui reste de toute la correspondance sauvegardée par les soins de Louise elle-même sont deux phrases dans des lettres de l'étrange comtesse Rosie Waldeck qui écrit, tard, le 25 avril 1952, que si quelqu'un peut faire de ce petit garçon un véritable être humain, c'est bien Louise. Le gamin a beaucoup de chance, la chose est sûre, pense-t-elle.

Louise sait déjà que la présence de l'enfant n'arrêtera pas ses activités. Elle continue de s'occuper du Rassemblement du peuple français et a reçu, le 23 mai, une lettre de remerciements du trésorier général, membre du conseil de direction, pour les 400 000 francs qu'elle a apportés de la part de ses amis pour la campagne électorale. Elle reçoit à déjeuner ou à dîner chez elle Edmond Michelet ainsi que d'autres ministres gaullistes et, le 19 décembre, elle est de nouveau nommée membre du conseil national[39].

L'année 1951 marque également un tournant dans la carrière de Louise. L'ancienne journaliste de la presse écrite va se lancer dans une série de grands reportages à travers le monde. À l'approche de la vieillesse qu'elles sentent venir dans le regard que les autres portent sur elles et dans les premières trahisons de leur corps, tant de femmes s'interrogent, s'angoissent, doutant des possibilités qui leur restent... Louise se refusera à cette complaisance à l'égard de soi-même ; avec son courage habituel, elle ramasse tous ses jetons et les mise sur l'avenir.

XIX

L'audace paie

D'habitude, Louise voyage seule. Cette fois, elle partira avec un jeune cinéaste qu'elle a choisi et qui travaillera sous sa direction. Le moment est venu pour elle de faire des films, elle en a la certitude. Elle va réaliser des courts métrages qu'elle fera largement distribuer dans les circuits commerciaux. Elle attache beaucoup d'importance à ce projet et en organisera la réalisation avec beaucoup de soin. Elle en parle un peu dans le dernier volume de ses *Mémoires* dédié à Souën, « "le Parfait-roi-des-Singes" qui ignorait l'Occident chrétien ». Elle présente ce tome VI comme la quête d'une connaissance de la vie spirituelle qui anime d'autres civilisations. Elle en fait le but de ses voyages. « Continûment, j'ai cherché l'éclair, les éclairs du génie humain, écrit-elle. Trop souvent, je n'ai trouvé que ténèbres, bestialité, fétichisme, convoitise. Mais, quelquefois, j'ai été foudroyée. Une remarque, un monument, une manière d'être, un livre, un chiffre même, me laissaient pantelante, et j'entrevoyais soudain une facette de cet avenir dont j'essayais de me faire, personnellement, une idée céleste. J'espérais que l'humanité pourrait, dans une certaine mesure, prendre en main sa destinée. Espoir vraisemblablement faux mais bonne hypothèse pour une méditation vouée au bonheur général[1]. »

On retrouve la Louise éprise de grands mots, utilisant un lyrisme primaire destiné au public de l'orateur politicien, rôle qui lui convenait à merveille. En fait, le but de ces voyages est double : elle veut à la fois gagner de l'argent et saisir comment se présente la situation sociale et économique de ces pays qu'elle ne connaît pas encore. Sur le plan politique, que s'y passe-t-il ? Quelles conséquences cela peut-il avoir pour la France, pour l'Europe dont elle se soucie de nouveau ? Elle s'intéresse aux grandes religions mais aussi aux sectes. Tout ce que l'esprit humain a conçu et conçoit, elle est prête à l'étudier pour en comprendre la genèse, en tenant compte des circonstances, des lieux, des modifications des mœurs dues à l'Histoire.

Tel qu'elle l'avait d'abord conçu, son projet commençait par l'Égypte. Lorsqu'en 1949 elle était partie, seule, reconnaître les lieux, elle avait déjà obtenu l'assentiment du Quai d'Orsay. « Les services culturels des Affaires étrangères voulaient populariser la contribution de l'archéologie française à l'entendement du monde antique, raconte-t-elle. Les savants qui s'étaient offerts au département n'étaient pas des vulgarisateurs, et les journalistes, candidats au même travail, insuffisamment informés. » Pas étonnant si elle avait tout de suite paru convenir. Mais on ne lui avait pas posé de question sur ses « aptitudes cinématographiques ».

« Or, écrit-elle, de la technique des images, je ne connaissais même pas les rudiments.

« Trois mois d'études égyptologiques, en me rafraîchissant la mémoire, me permirent d'établir un scénario. Trois mois de furetage dans les studios me firent comprendre les qualités que je devais exiger du cinéaste qui m'accompagnerait. À moi l'itinéraire, le choix des séquences et des éléments musicaux folkloriques, les rapports avec les autorités, les contrats, l'aménagement du budget, du logement. À lui la réalisation des images, les enregistrements sonores, l'entretien du matériel et les douanes. Au total, de quoi se disputer entre soi du matin au soir et se quereller à mort avec les administrations détenant les tampons indispensables.

« Le département m'avait proposé un forfait pour la remise de la première copie qu'il lui faudrait ; l'exploitation commerciale du film m'était concédée. L'Unesco me gratifia de quelques fifrelins et je vis beaucoup de candidats à ce merveilleux voyage. La plupart me déçurent[2]. »

Le jeune cinéaste qu'elle recrute, Georges Bourdelon, est un Méridional, fils d'instituteur de l'école laïque, qui a appris son métier dans les Laboratoires cinématographiques Marcel Pagnol à Marseille. Comme cela arrive souvent chez les femmes qui ont eu des problèmes avec leur mère, Louise s'entend mieux avec les hommes qu'avec les femmes, mais elle sait aussi démasquer ceux qui veulent faire illusion. Les qualités de Georges Bourdelon ne lui échappent pas. Le cinéaste est radical-socialiste, anticlérical,

elle et lui se querelleront bruyamment, mais l'estime entre eux
sera réciproque et ils travailleront bien ensemble. Louise gardera
toujours un bon souvenir de leur collaboration. On le sent à la
manière dont elle parle de lui dans ses *Mémoires*. Même quand
leurs opinions divergent grandement, dans le récit qu'elle fait de
leurs altercations, elle donne le sentiment qu'elle s'est amusée
plus qu'elle n'a été vraiment fâchée ou furieuse. Georges Bourdelon, devenu un vieux monsieur à la barbe grise et au regard de
jeune homme, m'a parlé d'elle, avec bonne humeur et affection,
comme d'une amie quittée la veille.

Mais, en 1951, à cause de l'imminence de la chute du roi
Farouk, Louise changea ses plans et ils allèrent d'abord au Liban,
en Syrie. À Damas, elle a l'idée de filmer Ève tentée par le serpent, inspirée par une jolie fille de seize ans à la somptueuse che-
velure blonde et à la gorge bien faite, et par un pommier aux fruits
rouges, dans le jardin de l'ambassade de France, rempli de fleurs,
de jets d'eau. Elle admire aussi la beauté des paons, des colombes,
des gazelles et Georges Bourdelon lui suggère de commander un
serpent. Commande exécutée sans difficulté par un musulman du
bazar qui en apporte un plein sac.

Le serpent le plus photogénique par sa couleur, sa taille, refuse
de s'enrouler autour du pommier. Louise, le cœur dans les talons,
s'acharne et obtient ce qu'elle voulait. Le petit film s'intitule *À
l'Ouest d'Éden* et fut projeté dans les salles avec un film d'Eddie
Constantine. La réalisatrice du film, *Louise Weiss l'Européenne*
(Arte, 1993), a demandé à Bourdelon quelle était sa principale qualité, il a répondu qu'elle arrivait à réaliser tout ce qu'elle souhaitait
réaliser. Elle lui avait dit, au début de leur voyage : « Georges, ce
qui est important dans la vie, c'est la puissance d'exécution. » Et,
« cette puissance d'exécution, elle l'avait », reconnaît-il.

À Mari, à Doura-Europos, à Palmyre, à Alep, au Krak des Che-
valiers ou au couvent Sainte-Catherine, dans toute la région, sur
tous les sites où ils ont choisi de tourner, Louise et Georges Bourdelon sont reçus par les émirs, les archéologues, aussi bien qu'à
l'ambassade ou dans les consulats de France. Et Louise se plaît à
raconter longuement dans ses *Mémoires* leurs mésaventures, aussi
nombreuses que leurs aventures. Ces lieux chargés d'histoire et de
légendes dont les noms lui sont familiers depuis l'enfance, elle
prend plaisir à en faire le cadre d'anecdotes contemporaines[3].

Louise ne consacre que quelques mois à ces reportages, un mode d'expression nouveau pour elle, qui la passionne, mais rester trop longtemps éloignée de Paris serait une faute stratégique. Par ailleurs, elle a trouvé une tribune qu'elle va utiliser habilement. À partir de janvier 1952, elle publie un éditorial quotidien dans *La Dépêche marocaine de Tanger*. Un journal de la métropole où ses articles seraient commentés chaque jour par des confrères envieux lui semblerait préférable, mais elle apprécie le fait qu'on la laisse libre de choisir ses sujets et d'exprimer son opinion. Le 7 janvier, elle écrit : « L'Europe unie se fera. » Cette Europe sera, selon elle, une confédération. Pour que cette confédération existe, des parlementaires spéciaux devront être élus. Leur tâche devrait être de contribuer à restreindre les souverainetés nationales. Idée qui lui est chère et qu'elle défendra longtemps.

Elle mentionne des mesures à prendre pour créer une nationalité européenne à laquelle il faudrait surtout intéresser la jeunesse aux abois des pays occidentaux. Elle cite le général Béthouart, ancien haut-commissaire de France en Autriche, qui lui a dit : « L'Europe pourrait d'abord se faire en Afrique. » On sait que l'équipement de l'Afrique, surtout celui de l'Afrique centrale, est tout à fait insuffisant. Les moyens financiers manquent et ce qui manque encore plus ce sont les hommes. Il faudrait du monde, beaucoup de monde. Pour ménager les susceptibilités diplomatiques et pour éviter les regroupements nationaux ou nationalistes, un statut conférant une supernationalité européenne ou africaine aux jeunes qui s'établiraient en Afrique devrait être étudié. Ce serait un moyen de décongestionner l'Europe au profit du plus retardataire des continents. À propos des vastes développements économiques du pool charbon-acier, Robert Schuman y a fait allusion. C'est seulement si de grandes tâches lui sont proposées, à l'échelle de son dynamisme et à l'échelle du monde, que la jeunesse européenne reprendra foi dans ses destinées [4].

Dans son éditorial du lendemain, 8 janvier 1952, Louise parle de la nécessité d'internationaliser complètement la défense de la civilisation occidentale en Extrême-Orient, de convaincre les États-Unis de participer à cette internationalisation. Ses articles étant destinés à un journal qui paraît à Tanger, elle étudie particulièrement la politique suivie vis-à-vis des pays d'Afrique du Nord. Elle n'est pas tendre à l'égard de Bourguiba (*La Dépêche* du 25 janvier 1952), dont le comportement pendant la Seconde Guerre mondiale est, estime-t-elle, occulté par la presse américaine. Selon elle, également, cette même Amérique oublie, à cause des intérêts qu'elle défend en Corée, l'appui qu'elle donnait jadis à Hô Chi Minh et aux Indonésiens contre les Hollandais. La Grande-Bretagne se sent à présent solidaire de la France en Méditerranée. Elle n'est plus l'ennemie de la République française en Afrique, assure Louise, contente de pouvoir retrouver son anglophilie, affichée quand elle dirigeait *L'Europe nouvelle*.

Le 8 février 1952, à l'occasion de l'arrivée de la reine Élisabeth en voyage à Paris, Louise trace un bon portrait de la souveraine. Dans cette série d'éditoriaux, il en existe un, qu'elle reprit plus tard, sur « la Confédération européenne des Six et l'armée qui en gardera la porte », un autre, toujours en 1952, sur le souverain (tunisien) Lamine Bey, les chefs du Néo Destour et sur l'évolution politique de la Tunisie de janvier 1950 à la crise de janvier-avril 1952[5]. Crise provoquée par Bourguiba lorsque la démission d'un résident libéral, Louis Périllier, parut mettre un terme aux négociations pour l'indépendance. Durant la même période, en métropole, Louise suit les lents progrès des pions qu'elle pousse toujours sur l'échiquier du pouvoir.

Le 20 avril 1952, une lettre manuscrite du général de Gaulle lui apprend qu'il souhaitait voir sa candidature proposée aux élections sénatoriales. Il lui demande de croire que ce serait seulement partie remise. Mais s'il faut attendre une autre ouverture dans la région parisienne, pourquoi n'entrerait-elle pas à l'Assemblée de l'Union française, ce qui préparerait la suite...

Le 8 juillet, pour préparer son entrée à l'Assemblée de l'Union française, Louise dresse la liste de ses missions et voyages mais ne mentionne pas sa mission aux États-Unis de juillet à décembre 1940. Elle espère donc que la mission que lui avait confiée le gouvernement de Pétain a pu échapper à ceux qui combattaient à Londres avec le Général[6]. Elle lance des invitations, elle reçoit. Edmond Michelet et d'autres ministres gaullistes déjeunent ou dînent chez elle. Elle a toujours aimé recevoir et depuis qu'elle s'est réinstallée dans cette demeure jugée le plus souvent fort belle, elle est secondée par Lucienne. Cette femme pleine de bon sens, d'un total dévouement, a pris en main l'organisation de la maison. Elle a supervisé l'installation de Mme Paul Weiss avenue du Président-Wilson et celle du jeune Jacques, l'année précédente. Elle voit tout, n'est dupe de rien et le plus souvent ne manque pas de dire ce qu'elle pense ; mais Louise sait qu'elle peut compter sur elle et lui faire confiance.

Sa place au sein du RPF ne la satisfait pas ; le 11 juillet 1952, Louise envoie au général de Gaulle sa lettre de démission de la vice-présidence du conseil national du Rassemblement du peuple français et de membre du conseil national. Dans une lettre d'accompagnement, elle dit qu'elle se démet parce qu'elle n'a aucune part aux décisions prises et que, au dernier conseil national, a prévalu la tendance à l'obéissance absolue à des directives venues de personnes ou de conseils inaccessibles à des militants comme elle. Discutable en son principe, ce devoir d'allégeance ne pouvait se justifier que si, d'autre part, cette autorité supérieure respectait ou faisait respecter ses engagements. C'est du moins ainsi que lui était apparue la philosophie politique sur laquelle le Général avait fondé le Rassemblement [7].

Louise ne laisse pas sa décision passer inaperçue et s'emploie à lui donner toute la publicité en son pouvoir. Dès le 16 juillet, le général Richet lui écrit, de Fès, pour la féliciter d'avoir démissionné du RPF avec fracas et, le 2 août, Louise lui envoie « confidentiellement » la copie de sa lettre à de Gaulle. Richet est un ennemi juré du Général [8].

L'arrivée de Pinay au pouvoir et son succès immédiat ne sont sans doute pas étrangers à la rupture de Louise avec le RPF. Le moment est venu d'affranchir son sort de celui des gaullistes. Son sens politique lui permet de percevoir que la réussite de Pinay ne s'arrêtera pas au succès de son emprunt, lancé dès mai 1952, qui demeurera célèbre. Elle sait l'importance de ce qui se passe en dehors des frontières de l'hexagone. Son besoin de s'exprimer publiquement est plus vif que jamais. Elle a renoué avec ce qu'on n'appelle pas encore les médias. Dès le 22 août, elle fait des émissions au journal parlé de 19 h 30, sur la chaîne nationale. Elle parle du Moyen-Orient et le mois suivant publie dans *L'Aurore* quatre articles auxquels elle donne le même titre général que celui de son film sur le Liban, tourné l'année précédente : « Soixante siècles d'Histoire. » Elle a déjà publié dans le même quotidien des reportages sur « Le Mexique », « L'Alaska », « Le Japon », « La Corée » [9].

Les querelles de la Libération sont à présent apaisées, du moins le croit-on. La période de purgatoire est achevée pour Louise qui a dû avoir un grand plaisir à recevoir, en septembre, une lettre de Jean Monnet. L'initiateur de la Communauté européenne du charbon et de l'acier lui écrit qu'ils ont fait bien du chemin depuis Genève. Dorénavant, il les croit sur la bonne voie, peut-être sont-ils même près du but[10]. Ce passé-là, celui des origines de la Société des Nations, n'a jamais cessé de lui tenir à cœur. C'est l'époque où, encore remplie d'espoir, elle s'est laissé guider par un idéal et une générosité qu'elle a perdus depuis.

À soixante ans, l'avenir n'a plus la même amplitude, Louise le sent bien et essaie de le dénier en s'affairant davantage encore. Le voyage en Afrique du Nord, entrepris en 1953, juste après son soixantième anniversaire, est avant tout pour elle une enquête politique. (« 15 février-21 mars », a-t-elle noté sur la couverture du dossier.) Patronnée par l'Alliance française, elle fait des conférences. Le 20 février, de Rabat, elle écrit à sa mère. Le jour de son arrivée, elle a parlé à Tanger puis est allée à Casablanca, à Marrakech : dix heures d'autobus aller et retour. Superbe ville au pied de l'Atlas, « re-Casablanca », Safi, cinq heures d'autobus aller, ravissant port anciennement portugais, quatre heures d'autobus à Mazagan et quatre heures d'autobus pour Rabat.

Selon son habitude, elle prend des notes, pour ce qui suivra. Au Maghreb, elle est prête à écouter, aussi bien à Fès qu'à Tunis, ceux qui souhaitent maintenir ou même renforcer le colonialisme. Elle se demande pourquoi le sultan n'a pas été renvoyé. On pouvait le faire et le peuple aurait soutenu les Français. Selon elle, l'opinion internationale exprimée par l'ONU est dangereuse. Ce sont les Berbères du Glaoui et les Idrimtes (?), chefs des corporations religieuses regroupés à l'appel du cheikh el Kttari qui menacent le sultan.

Elle est séduite par Rabat où éclate le génie de Lyautey. Et, là aussi, elle remarque les oiseaux. Des oiseaux bien particuliers : des cigognes, il y en a partout, dans les arbres, sur les minarets... Elles se tiennent debout sur une patte et claquent du bec avec un bruit de castagnettes. Sur toutes les toitures elles forment des couronnes ou des paratonnerres, ou bien elles alourdissent les arbres encore effeuillés.

À Fès, Louise est reçue chez une Mme Dollfuss, de Mulhouse, qui n'ose pas épouser son compagnon, M. Feltin, neveu de l'archevêque de Paris. Elle est aussi intéressée par ce genre de commérages que par les oiseaux. Le couple habite dans le quartier des Oudaïas, dans la Médina. Et Mme Dolffuss s'indigne parce qu'un club, soutenu par la Résidence, a fait construire une luxueuse piscine sous les murailles de la Médina des Oudaïas. Les Arabes pourront ainsi voir les femmes et les hommes « blancs » en maillot de bain s'ébattre comme il leur plaît. La dame veut dénoncer ce scandale dont il est défendu de parler dans la presse.

Suit dans ce dossier un paragraphe sévère sur l'Algérie. En arrivant à Oujda, Louise est frappée par le contraste. Elle retrouve « la vulgarité provinciale française ». Choquée par le comportement des musulmans vis-à-vis de la femme et de l'esclavage. Ils ignorent le flirt, le compagnonnage. Et elle pense que l'école fait des communistes déracinés[11].

12 mars 1953, Louise est à Alger, « à l'Aletti », a-t-elle précisé, parce qu'elle veut se souvenir du nom du fameux hôtel. Elle fait une conférence à Oran, « grand succès ». Le 14 mars, elle écrit à sa mère qu'elle a eu un triomphe à Alger. Elle a vendu une copie de son film et a vu son cousin, le général Pierre Weiss. Il a un cabinet d'avocat médiocre. Il plaide surtout du pénal « pour des mouquères qui se sont griffé la figure ou des bicots qui ont fait jouer leurs surins ». Ce vocabulaire n'a sans doute pas grande signification pour elle mais il est quand même curieux qu'elle l'emploie. Elle informe également sa mère que Pierre Weiss a fait, « ainsi que Mico et surtout ses sœurs », un très gros héritage de leur cousine Méquillet de Genève qui a, par ailleurs, laissé 100 millions aux églises protestantes d'Alsace.

Louise parle à Constantine le 16 mars, et, le 22, elle est à Tunis où Jacquot (son fils temporaire) la rejoint. L'enfant a voyagé seul. Il est un peu pâle, dit-elle, et elle croit qu'il dissimule ses émotions. « Allant de la panique à la fanfaronnade en passant par la curiosité et le souci de se comporter en grand garçon — pour lequel tout va de soi. » Elle l'emmène visiter les souks où elle n'aura ensuite plus le temps de flâner. Encore six conférences à faire.

Le 1er avril ils sont à Sfax ; grâce aux conférences, qu'elle appelle « ces bla-bla », elle voit tout à bon compte, et « le loupiot comptant pour du beurre est emmené *ipso facto* partout ». Ce qui semble enchanter Louise. Elle pense que Jacquot est un excellent petit compagnon de route, bien que de multiples aspects du voyage le dépassent encore. Ainsi, il ne sait pas flâner, mais il apprendra[12]. Ce fils adoptif qu'elle a si vivement désiré, Louise ne semble pas s'en occuper beaucoup depuis qu'il existe réellement. Elle le mentionne très peu dans ses notes ou ses lettres et il n'est auprès d'elle que durant les vacances scolaires. Le séjour en Tunisie coïncide avec celles de Pâques. Louise consacre le plus clair de son temps aux conférences, aux rencontres arrangées à sa convenance.

À Tunis ou à Djerba, où elle se trouve le 23 mars, elle veut surtout se documenter. Elle se renseigne sur le Néo Destour, lui étant *a priori* hostile, évidemment. On a déjà vu comment elle traite Bourguiba, qui avait été arrêté le 18 janvier 1952 ; elle s'en prend aussi à un autre personnage, « Cheepnich » qui était, dit-elle, un petit comptable à l'exposition de la Technique en 1937. Il a aujourd'hui une grosse fortune... Il s'agit probablement de Chenik qui fut chef du gouvernement et dont la plupart des ministres furent appréhendés en mars 1952 par les Français. La Tunisie traverse alors une crise grave. Assassinats, attentats terroristes de la « Main rouge », résistance armée. Les échos recueillis par Louise sont contestables. Elle a choisi son camp et n'est prête à écouter que ce qui va dans son sens. Elle ne peut être que violemment opposée à Mendès France ; elle prétend que ce dernier a reçu alors 2 millions pour plaider pour un Destourien. En fait, Jean Lacouture, dans sa très intéressante biographie, écrit que la Tunisie est un pays que Pierre Mendès France connaît. « Il croit que ce petit État, doté de structures anciennes, d'une dynastie bourgeoise et d'un parti moderne et cohérent, conduit par un leader populaire, peut servir de test à une ample politique de décolonisation contractuelle et d'émancipation par la loi. Aussi quand [en 1952] des amis tunisiens lui demandent de venir plaider pour trois frères, arrêtés dans des conditions illégales et brutales, lui qui ne pratique plus guère son métier d'avocat accepte aussitôt de plaider devant le Tribunal militaire de Tunis — sachant que ce geste aura valeur d'engagement politique et moral », et en note : « Mais il n'a jamais été, comme cela fut écrit, "l'avocat du Néo Destour"[13]. »

Louise continue de rapporter un tout autre son de cloche : « Deux enfants ont succombé aux bombes » et Mme de Hauteclocque (l'épouse du résident, un lointain cousin du maréchal Leclerc), « reste avec une enfant aux yeux crevés par les bombes. Elle quitte le théâtre pour les soins ». Louise a certainement fait raconter à Mme de Hauteclocque ce qu'elle a vu des violences qui se sont déroulées l'année précédente. S'occupant encore d'enfants blessés, la femme du résident a écrit « à Mendès France. [...] Mendès dit qu'il se plaindra au ministère. La Tunisie devient "un crime passionnel" », commente Louise qui croit en ces ragots, persuadée que l'action de Jean de Hauteclocque est juste, tout en sentant que la France ne pourra continuer de mener sa politique colonialiste.

Elle rappelle aussi que « les nazis de Hitler sont venus jusqu'à Djerba voler l'or des juifs ». La communauté devait leur fournir

48 kilos d'or ; trois manquaient, alors les nazis ont pris des ex-voto dans la synagogue. Les juifs de Djerba prétendent qu'ils sont venus de Chaldée pour fuir la captivité de Babylone. Ils seraient arrivés avant les Phéniciens. Louise ajoute à cette note : « À vérifier[14]. »

Rentrée à Paris, Louise obtient un entretien avec Vincent Auriol. Elle désirait rendre compte au président de ce qu'elle avait vu en Afrique du Nord qu'elle venait de parcourir pendant deux mois, de Marrakech à Tozeur en passant par toutes les grandes villes de la côte, et lui exprimer son inquiétude sur la situation. Leur entretien fut assez vif, dit-elle. Ils n'étaient pas d'accord[15].

Le 15 décembre, Louise fait pour la radio un récit de la conquête de l'Alaska par les Russes. Elle a repris toute sa combativité. Elle est bien décidée à redoubler d'efforts pour obtenir ce qu'elle souhaite. Mais ses notes montrent qu'elle a changé de tactique. Plus jeune, elle comptait sur son action, souvent aussi sur l'effet de surprise suscité par le côté imprévu et cocasse de celle-ci. L'âge venu, elle se plaît à prendre une apparence digne, un peu trop conventionnelle même pour que s'en accommodent ceux qui l'ont connue autrefois. À partir de cette fin d'année 1953, elle est entrée en correspondance avec Georges Mange, pour organiser des déjeuners, en particulier avec Lazurick. Elle voudrait une collaboration régulière dans un quotidien parisien.

En même temps, son ambition vise à présent les honneurs auxquels elle pense que son talent, ses connaissances, son œuvre lui donnent droit. Elle veut un fauteuil à l'Institut. L'Académie des Sciences morales et politiques est son premier objectif. Aucune raison de ne pas essayer de mettre à contribution ses nombreuses relations. Certaines sont même des amis, croit-elle. En tout cas, elle les appelle « amis » et les traite ainsi. Sa campagne durera longtemps, de 1953 à 1969 ; elle entraîne des correspondances qui tournent autour de la question d'un fauteuil. Les fauteuils changent, les destinataires des lettres changent aussi mais moins. Parfois c'est le texte de la lettre qui ne change pas du tout, ou qui semble ne pas changer.

Cette année de ses soixante ans, elle écrit d'abord à Maurice Reclus, un véritable vieil ami qu'elle tutoie, il est l'auteur d'ouvrages historiques sur Thiers, sur Jules Ferry ; à l'économiste Jacques Rueff, conseiller du général de Gaulle ; à Marcel Rousselet qui était alors premier président de la cour d'appel de Paris ; à Pierre

Renouvin, professeur très remarquable, spécialiste des relations internationales ; à Louis-Gabriel Robinet, du *Figaro*. Elle fera de nouveau appel aux mêmes quand elle se représentera en 1960-1961. Mais la liste s'est beaucoup allongée et les correspondants sont aussi différents que ceux que je viens de citer. Ils vont de Jean Sarrailh, recteur de l'Université de Paris, à qui elle envoie des estampes japonaises, en lui faisant savoir qu'elle est candidate au fauteuil de Louis Marin ; au baron Seillière ; à André Siegfried, à qui elle écrit même des États-Unis ; à Étienne Souriau, de la faculté des lettres et sciences humaines à la Sorbonne ; au père de Lubac, un jésuite très répandu dans les milieux littéraires ; au doyen de la faculté de droit Léon Julliot de La Morandière ; au professeur Pierre Lépine, de l'Institut Pasteur. Et, en 1969, elle écrit à Raymond Aron, à Gabriel Marcel, au pasteur Boegner, à Louis Armand, à Valéry Giscard d'Estaing que c'est le fauteuil de « notre ami Lépine » qu'elle convoite à présent...

Sa campagne, Louise la mène, comme elle mène tous ses projets, sans laisser de place au découragement. Pourtant, dès la première année, Daniel Halévy lui a répondu fermement (le 30 novembre1953) qu'il l'écoutera avec beaucoup d'intérêt mais il faut qu'elle sache qu'il se propose de ne pas étendre aux candidatures féminines l'usage des visites. Et le 10 mars 1954, Lucien Febvre a donné rendez-vous à Louise au Centre de la recherche historique de la VIe section de l'École des Hautes Études pour simplement lui dire que toutes ses activités diverses ne lui ont point échappé et lui ont toujours été sympathiques ; mais il est certain qu'il ne va pas voter pour elle [16].

Début 1954, le 22 février, Louise, pour affirmer sa position, fait une première communication à l'Académie des Sciences morales et politiques : « Remarques sur la co-existence des civilisations primitives et de la civilisation occidentale » et, le 2 mars, *Le Figaro* annonce qu'elle a posé sa candidature. Il y a 11 candidats pour un fauteuil et parmi ces candidats, la duchesse de La Rochefoucauld.

Pour Louise, se présenter à l'Institut est une sorte de jeu qui certainement l'amuse. La compétition avec la duchesse ne la gêne pas du tout. Pour laisser toutes ses chances à sa rivale, elle renonce au siège de Jacques de Peyerimhoff. Ainsi, elle peut, au contraire, faire preuve d'une sorte de grandeur d'âme qui ne lui coûte guère : elle a calculé ses chances et s'est rapidement rendue compte qu'elle n'en a aucune. La duchesse n'en a pas davantage. Louise a donc, une fois de plus, bien joué mais elle ne va pas attendre sur place une prochaine occasion qui serait peut-être meilleure.

Reprendre les voyages et les films, voilà ce qu'elle doit faire. Il faut qu'elle s'éloigne des problèmes brûlants de la politique internationale qui concernent directement la France. Beaucoup d'Occidentaux sont attirés vers ce qu'on appelle encore « les Indes », alors qu'en 1947 l'Inde et le Pakistan sont devenus deux États séparés, indépendants de la Grande-Bretagne, dans l'espoir de trouver une réponse à leur quête d'une vie spirituelle plus intense. Aussi décide-t-elle de se rendre dans cette partie du monde pour continuer de faire des films documentaires sur le thème des religions d'autres civilisations.

Georges Bourdelon ne vante pas seulement son intelligence, il vante aussi son érudition. Il est certain qu'avant d'entreprendre ses films, elle étudiait les sujets dont elle allait traiter. En même temps, comme le dit aussi Bourdelon à Élisabeth Kapnist, « les dîners chez le gouverneur, chez le maharadjah ou avec un chef de la mosquée, etc., faisaient partie du travail ». Et aussi : « Il fallait collaborer entièrement, Louise Weiss n'était pas vraiment cinéaste, donc pour concevoir le film, à travers ses démarches, ses idées, il fallait assister à peu près à toutes ses démarches, à toutes ses réunions. » Avant de partir pour ce voyage en Asie qui va durer six mois, Louise se rend compte que le tandem qu'elle forme avec le jeune Méridional ne suffira pas, ils doivent s'adjoindre un troisième larron. Il revient à Georges Bourdelon de le trouver. Cet assistant se nomme Bertrand Daillencourt. Il est, dit-elle, « aussi rouspéteur » que Georges, mais la bonne entente régnera également entre eux, la plupart du temps.

Avec ses coéquipiers, Louise arrive à Karachi le 21 juillet 1954. Dès le 24 ils sont à Delhi où ils dînent chez Stanislas Ostrorog, l'ambassadeur de France. Elle ne s'est pas attardée au Pakistan qui n'est pas un lieu de paix. Elle a compris ce qui s'y passe sur le plan politique, mais elle ne va pas entrer dans ces querelles. Elle ne veut pas marquer la raison de la rupture entre islamisme et hindouisme. Elle se concentrera sur l'Inde pour étudier les deux religions et aussi parler du bouddhisme. Le 31 juillet, Louise et ses cinéastes vont, par avion, à Srînagar où ils s'installent dans un *house boat*. Elle a, comme toujours, hâte de se mettre au travail. Mais il lui faut quelques jours pour se faire entendre du nombreux personnel dont elle dispose, le gérant, musulman, du *Happy Lion*, le « Joyeux Lion », leur maison flottante, ayant l'intention de tout superviser. Elle a rencontré une vieille dame, Mrs Eulalie-Berthe Hogan, qui est « la bonté même ». Elle vit aussi sur un bateau, à Srînagar. C'est une Californienne qui s'est exilée pour des raisons religieuses. « Elle se croit habitée et capable de soulager les esprits et les corps des autres [17]. » Cette Américaine, riche (est-il besoin de l'ajouter ?), a quitté les siens après avoir veillé à l'établissement de ses enfants en Californie. Le débit de sa voix angélique est rapide, détimbré. Ses yeux sont verts et brillants. Elle pense être la *mother of the universe*, « la mère de l'univers ». Louise retourne une seconde fois chez elle car la *mother of the universe* l'a fait prévenir qu'un sage allait descendre de la forêt où il vit depuis vingt-cinq ans. Mais elle était absente quand le sage est venu et il est retourné dans sa forêt sans qu'elle ait pu le voir. La mère lui reparle de ses visions et de ses miracles et l'assure qu'elle la fera conduire chez les solitaires par son disciple préféré Abraham.

Les solitaires, Louise n'en parle pas dans ses notes. Dans ses *Mémoires*, le récit de ce voyage, à la fois sérieux et drôle, est rempli d'informations, de couleur locale, de pittoresque. Dans ses notes, elle évoque l'existence qu'elle a menée avec ses deux compagnons. Le dévouement semble avoir été réciproque. Quand Bertrand Daillencourt souffre de dysenterie amibienne, elle le soigne et l'inconfort est grand. Il pleut. Les eaux montent. Ils sont coupés de tout. Les oiseaux, des canards, des martins-pêcheurs, et les rats d'eau tapageurs les entourent [18]. Dures épreuves pour une femme de son âge, Georges Bourdelon le rappelle dans l'interview qui accompagne le film d'Élisabeth Kapnist. Il a peut-être ignoré, comme Louise le suppose, qu'elle a eu au moins une aventure qui l'a grandement récompensée et a satisfait son ego — dont il ne faut jamais négliger l'importance chez elle.

Parmi ceux que « la mère de l'univers » appelle ses fils et qui sont des sortes de disciples, l'un d'eux a une vraie présence. Et il « est fort comme un Turc ». Ce jeune journaliste, après avoir été marxiste, professe le spiritualisme. Louise l'invite à déjeuner le 6. Il a un appétit formidable, note Louise qui ne dit pas pourquoi elle l'a invité, ni si elle l'a remarqué une première fois chez la mère avant de le recevoir à bord du « Joyeux Lion ». Elle ne dit pas davantage de quel mois il s'agit. Serait-ce le 6 août, sitôt après son arrivée, ou le 6 du mois suivant ? Elle n'a pas dû oublier. Sans doute est-ce le 6 août ; avec elle, le temps perdu n'existe pas. Pendant ce déjeuner, il pose des questions provocantes ; il demande, par exemple, à ses hôtes français quand ils libéreront les peuples africains. Il ne comprend la politique internationale que du point de vue de l'Inde, remarque Louise. Elle le prétend « bourré » de littérature. « Entre Victor Hugo, Robert Browning, Shelley, expliqué par Maurois. »

Mais dès que Georges et Bernard, les cinéastes, sont partis, le ton change. Le jeune Indien tombe aux pieds de Louise, lui embrasse les chevilles, puis les mains, dit qu'il a trouvé en elle une âme, comme en sa mère, Mrs Hogan, que son front est marqué par l'étoile de la spiritualité. Il veut être son fils indien, mais son fils de chair. Et Louise ajoute qu'elle est stupéfaite de son ardeur.

Elle le fait monter avec elle dans la tente du *Happy Lion*. Il lui dit de se mettre du rouge à lèvres pour se protéger des morsures du soleil, voit son bâton de rouge et lui demande de se marquer au front du signe de Shiva, qui est pour lui un signe de beauté. Elle hésite et lui demande si elle ne paraîtrait pas sacrilège aux yeux des Indiens. Mais il l'assure que non[19].

Louise raconte qu'il n'a pas connu sa mère, morte à sa naissance. Son père s'est remarié. La femme de son père lui faisait grise mine. Alors il a quitté le foyer sans pouvoir continuer ses études. À présent, il gagne bien sa vie comme journaliste. Il confie à Louise qu'il n'a jamais connu de femme, qu'il est sans expérience de l'amour physique. Il tombe en transe amoureuse devant elle en regardant son visage marqué de cette spiritualité que lui a révélée la mère.

Il l'assure que les différences d'âge n'ont plus d'importance. Il dit : « Je vous aime. » Il dit que la Mère savait que Louise allait venir au Cachemire. Il dit aussi : « Mon amour est un triomphe pour vous. »

C'est un homme superbe, de vingt-quatre ans, décrit Louise qui ajoute qu'elle entre dans une histoire invraisemblable. Bien sûr, une part d'elle-même garde son sang-froid. Ce typhon est, en effet, un triomphe qu'elle apprécie mais en même temps elle s'amuse en pensant aux cartes postales de Georges Bourdelon à ses copains, dans lesquelles il leur parle des fillettes du Cachemire qu'il n'a pas réussi à approcher.

Ce rappel des cartes postales de Bourdelon termine le paragraphe. Louise va simplement à la ligne pour ajouter que, ce soir-là, son amoureux l'attendait au débarcadère, alors qu'elle se rendait, avec les deux Français, à un dîner « chez son altesse[20] ».

Le jeune Indien a écrit, lui-même, son nom et son adresse dans

le carnet de Louise pour qu'elle lui écrive. En souvenir de la nuit
de paix... Puis, à la page suivante, une sorte de poème, en
anglais, de sa main toujours [21]. Louise a conservé ces pages.
Cet hymne à l'amour qu'elle a inspiré est un don inespéré. Elle
ne va pas discuter la valeur du style de son adorateur, « bourré
de littérature ».

Georges Bourdelon raconte à Élisabeth Kapnist d'autres souvenirs de ce voyage où une autre Louise apparaît, semblable à celle
qu'on imagine sachant tout ce qu'elle a accompli. À propos de
« la notion du travail chez Louise Weiss », il évoque : « Je me
souviens d'un matin où [Bernard et moi] avions dormi un peu plus
que d'habitude et elle nous avait dit : "Mais il me semble qu'il y
avait une cérémonie au nord de la ville." Des cérémonies, il y en
avait beaucoup partout et elle était partie. Une heure après, elle
est revenue et elle a claqué la porte de notre chambre et elle a
dit : "Georges et Bernard, tout de suite, avec votre matériel dans
la charrette, avec le son, l'image, la photo, etc.", et nous sommes
partis avec une charrette à cheval, au nord de Srînagar. Et à ce
moment-là avait lieu la "Shura", c'est-à-dire la commémoration
de la mort du Prophète, et c'était une fête musulmane. Et quand
il y a une fête musulmane, les hindouistes servent des beignets,
des bassines avec du lait parfumé, etc., et elle avait obtenu de
filmer la Shura et je crois que c'est la première fois au monde
qu'on a filmé une telle cérémonie, car les shiites se flagellent avec
des petits fouets de métal et arrivent complètement ensanglantés
à la fin de la cérémonie. Et c'est complètement ahurissant, et nous
avons pu tourner tranquillement cette cérémonie. Je crois qu'il
faut être Louise Weiss pour arriver à obtenir l'appui nécessaire et
suffisant pour que nous n'ayons eu aucun ennui à tourner cette
cérémonie. Et c'est un document exceptionnel. »

Parmi les projets indiens de Louise, le plus audacieux était le
pèlerinage des Kaïlas. Une expédition qui monte jusqu'à une altitude de 7 342 mètres, ce qui exige soixante journées de marche
épuisante. Les fidèles se baignent dans le lac parmi les cygnes
et les blocs de glace. Louise voulait suivre le pèlerinage jusqu'à
Amarnath, à 4 800 mètres, au Cachemire encore, où, dans une
caverne, les stalagmites de glace figurent le *lingam*, le phallus de
Shiva, le sein de son épouse Parvati, et le *lingam* de leur fils
Ganesh, l'éléphanteau [22].

« C'est vraiment une épreuve colossale, dit Georges Bourdelon.
[Louise] avait traité avec le chef du pèlerinage, que nous avions
filmé tout seul au bord d'un lac, d'ailleurs [sans doute le lac Manaso-
var]. (Il s'agit du swami Ramananda Saraswati dont Louise dépend
pour s'instruire sur ce qu'elle est venue chercher en suivant ce pèlerinage.) Ainsi, elle avait un guru qui était devenu ami avec elle ;
c'était un personnage qui avait perdu sa femme et ses enfants dans
un accident d'automobile et qui s'était converti au bouddhisme, et
qui avait donc été un des patrons du pèlerinage.

« — Mais il était hindou lui-même ? demande Élisabeth
Kapnist.

« — Ah oui, bien sûr ! Mais il parlait parfaitement anglais. Et
alors nous avons affrété une caravane pour nous, c'est-à-dire que
nous avions 9 poneys et 4 sherpas, et nous avions des tentes. Et
nous avons commencé à faire le pèlerinage. À ce pèlerinage, il y
a des quantités de gens qui meurent chaque année — nous avons
même filmé des femmes mortes le long du chemin — et tous les
soirs nous avions notre cuisinier qui nous faisait nos repas, et
Louise avait l'air en pleine forme. Jusqu'au jour où vraiment ça a
été très pénible — heureusement, parce que mon assistant et moi
nous faisions dix fois la caravane, il fallait courir au bout en haut,
redescendre, revenir, monter sur un rocher, cadrer, faire des photos, faire du son, faire du cinéma, etc., et c'était très épuisant. Et
les trois derniers jours, elle n'a pas pu les faire ; elle est restée
dans un camp de base où beaucoup de gens sont restés d'ailleurs.
Et Bernard et moi sommes allés jusqu'à la grotte d'Amarnath... Et
nous avons fait les images qu'il fallait, avant de revenir la reprendre. Et elle est montée à 3 500 m, et nous à 5 000. Et c'est un
pèlerinage extrêmement dur qui a duré une dizaine de jours, et
elle a une résistance étonnante. »

Dans les documents déposés à la Bibliothèque nationale, les
notes de Louise sur ce voyage recoupent les souvenirs de Georges
Bourdelon.

Elle parle aussi des gurus, de yogis, de gens extravagants, de
tout ce qu'elle voit et entend de sa base de Srînagar[23]. Les chan-
sons du Cachemire l'ont frappée. Elle mentionne ces femmes
étrangères converties à l'Inde et qui y habitent. Elles se détestent
entre elles. Louise ne se montre pas féroce à leur égard. Elle les
considère comme des objets de dérision, qu'il faut se contenter de
mentionner[24].

Le film est le but principal de ce séjour. Un but difficile à mener à bien car les conditions de tournage seront dangereuses ; à cause du climat et de la saison.

Le 16 septembre, Louise et ses cinéastes sont à Mattu, petit village de l'Himalaya, le long d'un ruisseau à truites. Elle décrit les maisons recouvertes d'écorce de bouleau, avec des toits en terrasse percés d'un trou pour évacuer la fumée. C'est à Mattu qu'ils forment leur caravane pour suivre le pèlerinage. Les poneys auront à lutter sur 400 mètres de hauteur de ravins à gravir et à descendre, en lacet. Ils ont trois poneys de selle ; les guider le long de pareil chemin crée d'énormes difficultés. Ils voient un admirable jardin mongol et de nombreux petits moulins à maïs actionnés par une chute d'eau. Comme toujours, Louise apprécie la beauté des paysages traversés.

Le deuxième jour de leur ascension représente une étape poneys de quatorze heures. De plus, ils sont pris dans une affreuse tempête où il n'y a pas seulement de la neige mais des avalanches de rochers. Ils ont avec eux le swami, chef du pèlerinage, et dorment dans des endroits forcément misérables où les poux et les puces les empêchent de se reposer. Le cuisinier ne fait pas la cuisine et le swami Ramananda raconte en anglais des histoires que Louise transcrit.

Il lui apprend qu'il y a 700 sectes en Inde [25]. Elle se renseigne sur les swami vrais et faux. En 1953, d'après le swami Ramananda, le recensement des Maîtres et Sages de l'Inde produisit 500 000 noms dont 250 seulement méritaient le qualificatif de Saraswati. Le nombre 108 dont les swami font souvent précéder leur nom est une marque de respect [26]. Louise est intéressée par la vie de son swami, que Georges Bourdelon a brièvement évoquée. Le swami Ramananda Saraswati, nom qui lui fut donné, est resté environ treize ans sans sortir de la grotte qu'il a quittée pour conduire le pèlerinage qu'ils suivent. Dans sa grotte, pendant ces treize années, il s'est entraîné aux pratiques de la vie spirituelle, méthode Hata yoga « (*Hata* = souffrir jusqu'à ce que Dieu réponde à votre désir de communion avec lui). Le Radj-yoga est une méthode plus facile comportant des positions aisément atteintes mais elle demande plus de temps que le Hata yoga pour parvenir à communiquer avec Dieu. Radj-yoga est la méthode définie par le seigneur Krishna dans la *Bhagawa Gita*. » Louise n'a pas manqué de noter ces précisions. Les cinéastes posent des problèmes à Louise qui est exaspérée par Bourdelon, à tort ou à raison, reconnaît-elle [27].

Après le pèlerinage d'Amarnath, il est dans les plans de Louise d'en suivre un autre, en Inde occidentale celui-là. Le pèlerinage de la Sainte Colline de la Victoire Morale, ou Catrunjaya, a lieu à Palitana (Saurashtra). Mais, avec ses compagnons cinéastes toujours, elle ira d'abord à Bombay.

Le consul de France à Bombay lui parle d'autre chose que de mysticisme et de religion et elle retiendra de leur entretien que l'État paie plus d'impôt que tout le reste de l'Inde et que les industriels de Bombay trouvent la politique de Nehru dangereuse. On décèle des signes d'évasion de capitaux.

Le 2 novembre, à Bombay, Louise va chez Mme Waglé où hommes et femmes dansent le Ras. Cette danse symbolise Krishna qui est un Don Juan. Avec les Garba rondes des femmes, chanson et chœur. Louise pense que les Anglais avaient déjà émancipé la femme dans une certaine mesure. Après Bombay, elle reprend son enquête principale. Dans le Saurashtra, ce sont les jaïns qu'elle va étudier. « Le jaïnisme est, dit-elle, la religion de la non-violence suprême. » Arrivés en avion de Bombay, à Bhaunagar au Saurashtra, sur la côte du golfe d'Oman, le 4 novembre, le prince Dharura Rumarsnyhjii les reçoit.

Le 5 novembre elle se promène le long de la mer, paysage de marais salants, beaucoup d'échassiers. Elle visite le petit port de Goga. Le 6 novembre, Palitana, où ils sont reçus dans la maison des pèlerins jaïns : strict régime végétarien. Deux jeunes gens les guident depuis Bhaunagar et l'inspecteur des temples les accompagne. Louise trouve l'accueil charmant et la rue étonnante. Des moines se promènent nus, les nonnes ont la bouche fardée. De pieuses fidèles aux voiles multicolores sont venues pour un mois. Pour arriver au temple principal il faut monter pendant trois miles un chemin coupé de marches avec de petits autels à droite et à gauche. On domine peu à peu toute la plaine et la mer apparaît. « Au sommet la masse des temples. Une masse prodigieuse. » Louise monte en doli, « porté par quatre lascars en turbans jaunes et rouges ». Elle remarque « une conque sacrée d'origine non aryenne [qui] était certainement employée par les aborigènes avant la descente des guerriers et des bergers aryens en Asie centrale. Elle figure dans les emblèmes de Vishnou[28] ».

Le maharadjah de Palitana fait inviter Louise et ses compagnons par sa secrétaire. Les voilà installés dans un palais princier, avec d'immenses salons au sol de marbre. Ils ont des chambres avec salle de bains, ce qui ne leur est pas arrivé fréquemment au cours de ce voyage. Elle trouve le maharadjah triste. Un grand seigneur d'une cinquantaine d'années. Louise et ses cinéastes repartiront pour l'Europe par Bombay.

Elle se plaint de Bourdelon et de Daillencourt et se demande comment rompre ou les contraindre. Elle note (au crayon) que tous les deux trouvent naturel que les Français soient chassés d'Algérie [29]. Il est certain que Louise, Georges et Bernard ne partagent pas les mêmes opinions en ce qui concerne la politique, ou les religions. Mais elle reconnaît les avantages du travail avec Bourdelon.

Alors que Louise est encore en Inde, le 12 octobre 1954, Geneviève Tabouis, qui fait preuve à son égard d'une amitié très fidèle, lui écrit pour lui raconter qu'elle a repris la vie qu'elle menait avant l'Occupation et le long exil à New York, souvent si pesant pour elle. Elle parle de nouveau à la radio, collabore à L'Information « (devenue superbe, tirage 66 000) ». Ses opinions n'ont pas évolué. Elle n'approuve dans aucun domaine la politique de Mendès France qu'elle analyse de façon succincte. Dans cette même lettre, la vieille amie regrette aussi que Louise ne lui ait rien dit au sujet du petit garçon. Le jeudi précédent, par exemple, elle avait loué une loge de six places pour emmener ses petits-enfants voir L'Avare. Il lui eût été facile de prendre le petit Jacques avec eux. Mais ne sachant pas comment Louise avait organisé l'emploi du temps des jours de congé du pensionnaire du lycée de Versailles, elle n'osa pas s'immiscer, écrivait-elle. La journaliste dont, chaque jour, les prédictions politiques radiodiffusées réjouissaient les Français, qui, se moquant de son ton toujours tragique, l'avaient surnommée Cassandre, se préoccupait du petit Jacques, séparé de sa mère adoptive pour un temps bien long. Deux ans plus tôt, le 7 août 1952, elle écrivait de Corse pour demander comment allaient « le petit » et sa mère ? Les « méchants frères et sœurs, neveux, etc. » étaient mentionnés également sous la forme interrogative. Louise l'avait donc mise au courant des difficultés que l'adoption du petit Jacques avait soulevées dans la famille [30]. On ignore les réactions de Louise à la sollicitude de cette femme âgée, très humaine d'après la correspondance conservée dans le fonds Louise Weiss de la Bibliothèque nationale.

Le 1er novembre 1954, l'insurrection commence en Algérie, où 70 attentats sont commis, principalement en Kabylie et dans les

Aurès. Louise n'est pas rentrée d'Inde et n'en parle pas. Elle ne dit rien non plus de la cession par la France de ses derniers comptoirs à la République indienne qui a lieu le 21 octobre. Elle est entièrement prise par son travail dans ce pays dont elle va tirer films, livres et articles.

Le 7 février 1955, *Le Figaro* annonce une communication de Louise à l'Académie des Sciences morales et politiques, « sans rancune après son élection manquée », sur l'État de Delhi, le Cachemire et la province de Saurashtra. En juillet, elle envoie des articles en Belgique, pour *Connaissance du monde*. L'un des articles s'intitule « Une visite à la maison natale de Gandhi », et l'autre « La sainte colline de la Victoire morale ».

Ses récits de voyages publiés sont déjà nombreux. Ont paru, en 1949, *L'Or, le Camion et la Croix, Récit d'un voyage au Mexique*, et *La Syrie*, en 1951. *Cachemire*, en 1955 et cette même année *Srînagar, Venise des Indes*, sous forme d'article dans la revue *Marco-Polo*. Deux autres livres de voyage suivront : *Contes et Légendes du Grand Nord*, en 1959 et *Le Voyage enchanté*, en 1960.

Un certain nombre de films existent déjà. Trois courts métrages sur la Syrie : *À l'Ouest d'Éden, Soixante siècles d'Histoire en Syrie, Premiers Chrétiens et croisés en Syrie* ; un sur le Liban : *Liban, terre des hommes et des Dieux*. Et sur l'Inde : *Allah au Cachemire, Aux frontières de l'Au-Delà, Catrunjaya, la sainte colline de la Victoire morale, L'Amour des créatures*. Louise réalisera beaucoup d'autres courts métrages. Ce genre lui convient. Elle sait choisir les images, elle apprécie à la fois la beauté et la force que celles-ci peuvent avoir si elles reflètent une conviction profonde. Ses documentaires ont toujours un sens. Ils ne démontrent rien mais sont construits autour d'une histoire simple qui prouve quelque chose. Mais elle ne peut pas avoir acquis si vite un nouveau métier, Georges Bourdelon raconte que n'ayant aucune notion technique, elle lui posait quelquefois des problèmes insolubles.

De plus, parmi les réponses de l'opérateur à Élisabeth Kapnist, j'ai relevé : « [Louise Weiss] était près de ses sous. Elle n'a jamais fait d'ailleurs un bulletin de salaire. On rentrait, elle me disait : "Voilà, je vous donne tant." Mais moi ce n'était pas ce qui comptait principalement parce que le voyage était tellement merveilleux que la paie était secondaire. Un jour, elle me fait venir parce qu'elle désire me voir : "Je vais essayer de vendre ces films dans le circuit commercial mais ça va être compliqué. Et, comme nous avions un contrat d'association, je vous propose de vous démettre de cette association parce que j'ai beaucoup de frais, je reçois des gens, je vais en Angleterre, je téléphone à Londres, etc. Alors je vous défraie d'une somme forfaitaire de... je vous propose 450 000 francs — nous étions en 1951, 1952. Mais réfléchissez pendant huit jours, et vous me répondrez si vous êtes d'accord." Et je la quitte ; je lui baise la main, je monte l'escalier, et je suis coincé à la sortie par sa dame de compagnie, Lucienne, qui me dit : "Georges, qu'est-ce qu'elle vous a proposé ? — Ça ne vous regarde pas, Lucienne ! — Mais si, mais si, dites-le-moi !" » Le cinéaste finit par le lui dire et elle : « "Refusez absolument ! Elle vient de vendre les films dans le circuit commercial 2 millions."

« Alors j'ai réfléchi, continue Bourdelon, et je me suis dit : "Toi, tu as vingt-trois ans, tu vas te battre contre un monstre sacré qui est Louise Weiss ; je ne connais absolument rien aux questions financières, je ne sais pas du tout comment ça va marcher, je ne sais pas si elle a vendu les films ou pas. Le mieux c'est d'accepter." Et dans ma tête est venue l'idée suivante : "Ce sont les premiers courts métrages que j'aurai faits comme chef opérateur" — parce qu'en France on appelait du même nom les opérateurs et les chefs opérateurs — alors que venait d'arriver d'Amérique un terme qui était "Director of photography". Alors j'ai dit à Louise Weiss : "Voilà, j'accepte mais je vais vous demander une chose : vous allez me faire un carton seul, avec 'Directeur de la photographie' : Georges Bourdelon. Elle m'a dit : "Mais tout à fait d'accord puisque c'est vous qui avez fait l'image." Et dans les mois qui ont suivi, elle a fait agrandir les films par Technicolor à Londres — parce que l'original était du kodachrome et l'agrandissement ne se faisait pas en France — et j'ai eu sur les Champs-Élysées des courts métrages, en couleurs, avec "Directeur de la photographie : Georges Bourdelon". J'ai reçu pas mal de coups de téléphone de félicitations : "Ah, Georges, on a vu ton film, formidable ! etc." Et deux ans après, au cours d'une conversation, Louise Weiss m'a dit : "Je vous ai beaucoup estimé ce jour-là parce que vous avez préféré la notoriété à l'argent." » Une solution qui les avait arrangés tous les deux. Ces premiers films qu'ils ont faits ensemble deviennent vite du passé pour l'un comme pour l'autre. Louise se sent toujours liée à l'actualité, quoi qu'elle en dise, et quoi qu'elle fasse.

C'est ce besoin de coller à l'actualité qui la pousse à partir pour l'Algérie. Lors de son voyage, elle ne tourne rien. Elle se contente d'observer ce pays au bord de l'abîme, conservant l'attitude qu'elle avait prise au cours de ses voyages en Chine, en Corée, en Indochine. Elle a suivi depuis plusieurs mois les événements et l'évolution de la situation mais son intérêt pour la politique est différent. Guidée par son anticommunisme, elle a pris une sorte de recul. Ce qu'elle ne manquera pas de découvrir sur le terrain ne la fera pas changer. Elle arrive durant la période où Robert Lacoste est résident général. Mais elle a sûrement plus d'affinité avec Jacques Soustelle qu'avec lui. D'ailleurs, une lettre de Jacques Soustelle, datée du 28 février 1956, la remercie de son témoignage d'amitié. Louise a dû lui écrire après la nomination de Lacoste au poste qu'il occupait encore quelques jours plus tôt[31].

Dans les documents déposés à la Bibliothèque nationale se trouve un dossier qui porte « Algérie 1955 » sur la couverture, mais il y a, là encore, une erreur de date. Ce dossier contient ses impressions directes de ce qu'elle a vu et entendu : ce sont de simples notes jetées sans commentaires. Sur l'existence de trois douzaines de ploutocrates et d'un million de petites gens qui, n'ayant pas même 100 000 francs devant eux, ne peuvent aller ailleurs. Ou bien sur la peur et le terrorisme qui écartent les musulmans des Français. Les musulmans demandent simplement à vivre, elle le sait et a eu connaissance des crimes qu'on a filmés à El-Halia en 1955. Soustelle est arrivé sur place et il a vomi en voyant les atrocités commises.

Louise constate que la majorité des Arabes sont des hommes mûrs et modérés qui ont peur. S'ils collaborent, ils sont exécutés par le FLN (Front de Libération nationale) et le MNA (Mouvement national algérien). Ils ont perdu confiance. Elle fait un rapprochement entre ce qui se passe en Algérie et l'affaire du sultan du Maroc Ben Arafa et le Glaoui, en 1955, sous le gouvernement Edgar Faure, qui porta, selon elle, un tort considérable à la France[32].

Elle rapporte aussi les propos de M. Beugnot, le rédacteur en chef de *L'Écho d'Alger* qui revient du Cameroun. Ce journaliste s'est aperçu que les populations, souvent catholiques ou protestantes, ont des liens avec le monde communiste chinois, plutôt qu'avec Moscou. Ce sont des contacts mondiaux qui sont établis, conclut-elle. La guerre pensée et conçue par les marxistes est pareille à celle de Mao. Ses réflexions issues de la dernière information qu'elle a recueillie directement sont intéressantes car elles montrent comment se forme son attitude devant la crise algérienne et d'autres. Alors qu'elle voit clairement ce qui se passe, aussi bien pour les Arabes que pour les pieds-noirs, son anticommunisme la domine. Elle ne recherchera pas une solution juste, elle n'hésitera même pas sur ce qui pourrait être tenté ; elle réagira comme un politicien prisonnier des *a priori* de son parti. Mais elle n'appartient à aucun parti, elle devrait se sentir libre. Tout au contraire, elle refuse cette liberté-là. N'est-ce pas la malédiction d'être une femme qui pèse sur elle ? Elle la connaît depuis toujours : personne n'attend son jugement, alors qu'elle devrait être écoutée, sinon suivie, au sein d'un parti. Dans les débats parlementaires.

Il y a aussi d'inévitables clichés dans ses notes. Rien d'étonnant à ce qu'elle retienne la fraude des musulmans déclarant des enfants qui ne sont pas les leurs, les licences vendues à coups de millions. Ces clichés ont toujours cours. Elle en assume d'autres, comme des témoignages de propriétaires terriens sur la femme musulmane, les efforts bafoués d'un patron progressiste qui a créé un dispensaire, acheté un autocar pour promener ses ouvriers, les emmener au café, au cinéma. Il intéressait ses ouvriers à la production. Les événements l'obligent à interrompre toutes ces bonnes actions. Les ouvriers n'achètent pas de biens de consommation, uniquement des chèvres et des moutons... Louise a probablement écouté des récits de cette sorte, mais il est difficile d'imaginer qu'elle les a crus. Tout au long de sa vie, il lui arrive de détester certains hommes politiques. À présent, elle ne supporte pas Mendès France dont, selon elle, le goût messianique du pouvoir fait un génie malfaisant. Il remplace Léon Blum en tête de sa liste.

À Hydra, dans la banlieue d'Alger, le 27 mai — elle n'a pas noté que c'est en 1957 —, la journaliste va rendre visite au général Massu. Il lui dit qu'il faut d'abord pacifier, que les Arabes ne sont pas aussi courageux que les Viets et que le peuple est favorable aux Français et à leur armée. Elle n'est nullement effrayée par le personnage. Elle remarque tout de même que c'est « un reître » mais elle lui trouve un extraordinaire faciès. Intelligent, rude, mobile. Sur le différend qui l'oppose au général Pâris de Bollardière, dont il lui a dit qu'il n'est pas intelligent, elle s'informe auprès de Mme Massu. Sans oublier de rappeler que celle-ci fut d'abord l'épouse du grand avocat Henry Torrès. Il est certain que les deux généraux ne peuvent pas s'entendre. Bollardière est d'abord un pacificateur. Avec lui les fellaghas obtenaient tout, d'après Mme Massu. Tandis qu'avec Massu, qui est l'arrière-petit-neveu du maréchal Ney, Louise retient que la police agit d'abord et que le secours vient ensuite. Une manière de donner une version édulcorée des horribles forfaits commis durant la bataille d'Alger.

Le 28 mai, dans l'entourage du général Massu, Louise voit le capitaine de Germiny, ancien officier des Affaires indigènes au Maroc où il s'est occupé de la liaison entre les patrons et le syndicat de l'Union des travailleurs marocains. Il est arrivé à Alger en février 1957, un mois après que Lacoste avait confié au général Massu, qui rentre d'Égypte avec sa 10ᵉ division de parachutistes, le soin de rétablir l'ordre.

Durant cette visite en Algérie, Louise n'ignore pas comment les parachutistes du général Massu pratiquent les perquisitions, les arrestations, les tortures. Elle n'en dit rien et raconte simplement qu'elle présente ses films au cercle franco-musulman, où le public est absent. Seul Jean Mormand, un royaliste fervent chrétien, se dérange d'abord. Puis Mme Lacoste et les Massu. Louise cite ces noms, sans commentaire. Elle semble trouver naturelle la présence de ces spectateurs. D'autre part, elle mentionne encore une fois les communistes. Elle dit qu'ils veulent des victoires. Elle dit aussi qu'en Algérie les avocats mentent, parce que autrement ils pourraient être suspendus [33].

Depuis son premier voyage dans ce pays, Louise demeure en correspondance avec son cousin Pierre Weiss. Dans une lettre à sa mère, Louise parlait du bureau d'avocat, mais Pierre Weiss est aussi le général qui commande la Vᵉ région aérienne à Alger. Le 27 décembre 1955, il écrivait à Louise que la situation en Algérie était un imbroglio bien complexe. Il disait avoir vu une centaine de fellaghas passer au tribunal des forces armées. Et pas un seul d'entre eux n'avait développé une idéologie quelconque. Selon lui, les troubles n'ont lieu que là où il n'y a pas de colon. Il les attribue à un retour au fanatisme religieux et féodal, antiprogressiste, « affreusement réactionnaire », écrit-il. Il ajoute que les femmes le savent et elles redoutent de retomber dans un esclavage inepte.

Pierre Weiss est le président de la Fédération nationale des Anciens résistants, section Algérie. Une motion votée le 20 septembre 1955 par la Résistance nord-africaine et les Associations de Résistance du Maghreb fait confiance au gouverneur Jacques Soustelle, un mois après le début de l'insurrection générale [34].

Comment Louise qui a tant haï la guerre peut-elle rappeler les actes terroristes, les tortures, les crimes de ces années sans s'indigner ? Elle a choisi son camp, dès le début, et malgré les injustices terribles, l'intolérable violence, elle ne changera pas. Elle voudrait voir l'Algérie demeurer française, même si elle sait que ce temps est passé. Elle a vu comment et pourquoi les Algériens ont perdu la confiance qu'ils avaient en la France. Mais elle se tait.

L'année 1956 de grands changements eurent lieu dans la vie de Louise... Sa mère mourut en janvier et elle se sépara du « petit Jacques », qui n'était plus « Jacquot » et qui n'était plus petit. Un an plus tard, le 21 mai 1957, Louise écrit à une correspondante qui habite dans les Vosges qu'elle a eu beaucoup de difficultés de caractère avec le petit Jacques. Celui-ci est à présent âgé de dix-sept ans et demie. À seize ans, il s'était révolté, rendu furieux par toute l'affection dont il était entouré, explique-t-elle. Aussi, après de longues hésitations et beaucoup de chagrin, elle avait été obligée de s'en séparer. À présent, sous la surveillance de l'administration, il poursuit ses études au lycée de Châteauroux. Et Louise ajoute que l'administration avait été navrée du résultat de ses efforts, mais qu'elle avait « parfaitement » compris son attitude[35].

En 1955, alors qu'en réalité les choses devaient déjà mal se passer, la même fameuse Rosie Waldeck, agent du FBI au passé si trouble, écrit en post-scriptum d'une lettre datée du 2 novembre qu'elle est si heureuse pour le petit garçon[36].

Le « *little boy* », Jacques, disparaît de l'univers de Louise, souhaitant ne jamais y entrer de nouveau. Il y eut sûrement beaucoup de souffrance de son côté, et beaucoup de révolte sans doute. Il résista de toutes ses jeunes forces, refusant sans en avoir même conscience de s'intégrer dans un milieu social qui l'avait ignoré jusqu'à son adoption. Il y eut aussi sûrement beaucoup d'erreurs commises, beaucoup d'incompréhension de la part de sa mère adoptive, qui n'avait pas une grande expérience des enfants. Louise comptait une douzaine de neveux et nièces. Elle leur rapportait de nombreux cadeaux de ses voyages, mais elle n'avait jamais eu le temps de s'intéresser vraiment à eux. Ne pas avoir réussi à modeler comme elle l'entendait ce fils qu'elle renvoya à « l'administration », en sauvegardant les apparences d'une conduite exemplaire, dut lui causer une profonde souffrance. Les commentaires que son comportement inspire sont nombreux.

L'enfant démuni pris « à l'essai » suscite des comparaisons qui vont toutes dans le même sens. Ou bien on dit qu'on ne comprend pas. Mais Louise, tout en refusant de se juger elle-même, savait fort bien que la raison de l'éloignement irrémédiable de l'adolescent était une fois de plus son incapacité d'aimer et de se faire aimer.

XX

Rebondir

La mort de sa mère, le départ de Jacques marquent Louise, mais elle ne veut pas le laisser paraître. Comme chaque fois que le malheur la frappe, elle va rebondir. Son chagrin, elle l'a clamé lorsqu'il s'agissait de passions romanesques : Stefanik, le « Chevalier ». Tandis que la souffrance réelle qui l'a accompagnée si souvent dans sa vie, elle s'est toujours employée à la cacher. Il y a dans ses dossiers de correspondance des lettres de condoléances reçues après la mort de sa mère. Lettres qui insistent, comme celle de Louis Joxe, sur le fait que Mme Weiss a « inspiré, soutenu, aimé[1] » sa fille. Impossible pour Louise de dire la vérité. Sa mère est celle qui lui a appris le mensonge. Peu de temps avant de mourir, elle avait insisté pour que Lucienne prît son alliance pour la remettre à Louise en lui demandant de la porter à l'auriculaire. Cette scène, datée du 26 novembre 1955, conçue par Mme Weiss pour montrer l'amour qu'elle portait à son aînée, dut avoir lieu en présence de Kirchmeyer car Louise a intitulé son récit : « Encore Kirch[2] ! » Cette dernière avait toutes les raisons d'être exaspérée par les démonstrations de sentiments feints par sa mère. Elle se gardait de les analyser et les dissimulait aux autres avec un talent égal.

Durant l'année 1957, où la situation se durcit encore en Algérie, Louise publie des articles dans *La Vie française*, *Pour vous Madame*, et surtout elle met sur pied un hebdomadaire intitulé *Le Fer rouge*, « pour la construction d'une société modèle » et dont le premier numéro paraît le 4 avril 1957, le jour de la mort de son vieil ami Édouard Herriot. Le journal est modeste, il paraît sur six pages. En première page, un dessin en noir et rouge, avec pour

légende : « Le pullulement de l'homme contemporain. Par
seconde : 2 bouches de plus à nourrir ; par jour : 80 000 hommes
de plus à pourvoir ; par an : 30 millions de créatures de plus à
installer... »

En page 2, « Une espèce nouvelle, l'homme contemporain —
mutation sociale par la diminution générale de la mortalité — qui
se double d'une mutation technique avec les ailes de l'avion, les
roues de l'automobile », etc., « jusqu'aux machines électroni-
ques ».

Il est aussi question de quelques exterminations : « Les trans-
ferts de paysans en Russie, les échanges de population entre l'Inde
et le Pakistan, les pertes chinoises en Corée et lors des inondations
du fleuve Jaune ont été des hécatombes. Des dizaines de millions
de morts, numériquement aussitôt remplacés. »

Un paragraphe Algérie : « La guerre d'Algérie est fondamenta-
lement la conséquence du pullulement musulman. »

Trois lignes en rouge en bas de page : « Quelques solutions du
Fer rouge : Éduquons les femmes musulmanes. Modifions les lois
sociales. Instituons comme certaines autorités d'Asie des primes
à la non-prolifération. »

Page 3 : « Message d'une vie. » Louise Weiss rappelle son
passé, mentionnant l'échec de son roman-fleuve *La Marseillaise*
qui « ne fut pas du goût de tous à cause de son non-conformis-
me ». Elle veut que son journal soit indépendant et elle espère que
Le Fer rouge par « son honnêteté et sa liberté d'esprit » aidera
« d'autres que des Français à résoudre leurs problèmes, car le
monde entier se débat dans l'angoisse ».

La page 6 traite du monde de l'Islam, avec un planisphère montrant l'expansion de l'Islam et, au-dessus : « Le fanatisme est le
pire des rideaux de fer, un rideau de fer intérieur. Quand il se
double d'analphabétisme, l'homme est muré dans une nuit intellectuelle dont il ne peut pas sortir. Toute concession au fanatisme
ne sert à rien. Les dollars achètent quelquefois l'obéissance,
jamais l'amitié ni le respect. »

Ce premier numéro, sans doute composé par Louise seule,
exprime ses vues sur des questions essentielles. Le numéro 2 est
pour le moins inégal. Il comporte des allégories intelligentes, dues
certainement à la plume de Louise, mais qui les suivra ? Il y est
question de Rama, « un dieu hindou qui a construit des entreprises
chimériques », de Hanuman, roi des Singes. Et, dans la rubrique
« premières réactions », un petit texte bien médiocre du peu talen-

tueux Kirchmeyer : « La méditation engendre l'audace » et une apologie de *La Marseillaise* par le colonel Denys de Champeaux.

Il n'y a pas de numéro 3 ; le numéro 4 paraît le 9 mai 1957 : sa qualité baisse. Le numéro 5, du 23 mai, compte 12 pages, la majorité est consacrée aux questions de politique étrangère : Nasser, l'Afrique noire, Suez. Tout cela dû à Louise, plus un article du docteur Alexandre Roudinesco sur la démence du colonel Sandher, due à la paralysie générale qui ne se déclara que cinq ans après la condamnation de Dreyfus. Les numéros suivants comptent 8 pages. Le numéro 10, daté du 19 septembre 1957, attaque Françoise Sagan dont il a déjà été question de façon défavorable dans deux autres numéros et, page 8 : « Sans la France, l'Algérie serait rapidement vouée à la misère et à l'anarchie. » Le numéro 11, daté du 3 octobre, n'a plus que 4 pages, il est mentionné comme « périodique » et non plus comme hebdomadaire. Le 31 octobre paraît le numéro 12, sur 4 pages ; on lit, en page 2 : « À nos abonnés qui nous en feront la demande *Le Fer rouge* enverra gracieusement le nouveau livre illustré de Louise Weiss sur le folklore de l'Arctique, *Les Contes du Grand Nord*, à paraître très prochainement aux Éditions Nathan[3]. »

L'aventure se termine donc. Faute de collaborateurs de qualité, en nombre suffisant, mais aussi faute d'argent. Louise s'est lancée avec de très petits moyens. Ne se rend-elle pas compte que les mœurs ont changé dans le monde de la presse ? A-t-elle cru que l'indépendance de son périodique allait assurer son succès ? L'absence de professionnels autour d'elle ne l'a-t-elle pas préoccupée ? Elle a oublié les mésaventures financières de *L'Europe nouvelle*, pourtant rédigé par de vrais journalistes ou des spécialistes de haut niveau. Elle ne peut s'empêcher de se créer de faux problèmes d'argent. Elle s'est refusé à financer l'hebdomadaire. Comme sa mère, une fois de plus, elle ne peut accepter sa richesse.

Mieux vaut encore partir. Montrer le reste du monde est une entreprise qui lui sied et lui donne un prestige, différent de celui qu'elle a atteint jusque-là. Les Français n'ont pas encore pris l'habitude de voyager. Ils ne paraissent pas encore en éprouver le besoin, même après les quatre ans d'Occupation, ils n'ont pas éprouvé le besoin de s'évader vraiment. La Chine la tente mais, prétend Louise, « trois années de travail me furent nécessaires pour solder les dépenses auxquelles la sagesse hindoue m'avait

entraînée. En fin de compte, mes films furent primés, nous laissant
à tous quelque argent[4] ».

Les visas nécessaires pour voyager en Chine se négocient à
Berne. Les relations diplomatiques entre Paris et Pékin ne sont
pas rétablies. Il faut à Louise une année de négociations parce
qu'elle veut obtenir les autorisations de filmer. Mais elle doit partir seule, et arrive en Chine, le 6 mai 1958. Après être passée par
Hongkong où elle s'est rendue à « un somptueux dîner chez un
médecin chinois ». Plus tard, dans le train qui l'emmène à Pékin,
elle partage un wagon-lit avec un Chinois qui représente le savon
Cadum et va à Calcutta vendre son produit. Le trajet jusqu'à Pékin
dure cinquante-quatre heures.

Le 14 mai, en ayant assez d'attendre qu'on veuille bien s'occuper de ses affaires (il s'agit d'avoir l'autorisation de faire entrer
deux cinéastes et leur matériel), elle va trouver M. Chi-Chao-ting,
le ministre « for Promotion of Foreign Trade » qu'elle a déjà rencontré. Un assistant du diplomate français M. Quilichini,
M. Antoine, lui tape son rapport et tout va avancer. Elle note
ensuite : « Un mot de Cartier-Bresson : "Ici la théorie remplace la
pensée[5] ". »

En lisant le récit qu'elle fait dans ses *Mémoires*, il est impossible
de ne pas penser à celui de son voyage en Russie. Mais l'espoir indé-
finissable que la jeune Louise éprouvait, presque malgré elle,
n'existe plus. Elle ne s'attend à rien de positif. La femme vieillie sait
par avance qu'elle n'aura aucune raison de s'enthousiasmer. Elle ne
saurait non plus être déçue, comme elle le fut à Moscou. Elle
observe les Chinois avec un œil d'entomologiste, semble-t-il.
Elle ne retire rien d'humain de ses rencontres. Toutes les paroles
qu'elle recueille sont des formules de propagande. À Moscou, elle
avait éprouvé de la sympathie pour certains personnages qu'elle
avait rencontrés. Elle avait cru à leur idéalisme et fait une nette distinction entre les manipulés et les manipulateurs. En Chine, tous
ceux qui croisent son chemin profitent du régime. Et les travailleurs
sont exploités. Louise se renseigne sur le travail des ouvriers payés
aux pièces dans une usine de filature de 200 000 broches. Elle donne
des précisions, des chiffres et conclut : « En somme, des conditions
de vie et de travail qui inciteraient des ouvriers français à foutre le
feu à l'usine. »

Les 27-28-29 juin, elle va à Tatung et dans le Changsi, à neuf
heures de chemin de fer de Pékin. Centre industriel proche des
mines de charbon. Elle décrit sa chambre dans un hôtel neuf, « in-

croyable cacophonie de couleurs ». Elle s'arrange pour voir une pagode mais ne peut la visiter. Elle visitera une mosquée. Le bâtiment porte, à l'entrée, un faisceau de drapeaux. Mais on n'entend pas le muezzin cinq fois par jour. Louise pose la question au vieux gardien qui lui montre la planche de bois sur laquelle il frappe avec un bâton pour appeler les très nombreux musulmans à la prière [6].

Elle va aussi à Sian, où elle arrive le 3 juillet 1958. Elle a une entrevue avec l'imam de Sian, dans sa mosquée. Elle visite également la pagode bouddhique à sept étages. Elle s'entretient avec le premier secrétaire de la municipalité de Sian, Hohyu-Tu, qui lui fournit tous les chiffres qu'elle souhaite connaître sur les industries de la région. Ensuite elle visite une usine de tracteurs à Loyang (Honan). Elle voudrait se sentir libre d'aller où il lui plaît. Elle aimerait visiter musée et usine avec trois Italiens dont l'un d'eux, une femme médecin eurasienne, maîtrise le chinois. Mais c'est impossible. Elle ne parvient pas à obtenir ce qu'elle veut. Les guides s'ingénient à la séparer des Italiens. Elle reçoit le traitement habituel réservé aux voyageurs étrangers à cette époque-là en Chine [7]. Dans des conditions pareilles, le travail est difficile. Ses cinéastes et elle font de leur mieux, en conservant entre eux une certaine bonne humeur.

Ces films, elle les dirige comme elle l'a fait, avec Georges Bourdelon, en Syrie, au Liban et en Inde. Mais, cette fois, elle semble avoir craint le côté « râleur » de son habituel collaborateur, dont la façon de voir la Chine rouge eût, peut-être, trop différé de la sienne, ou bien, plus lourd d'éventuelles conséquences, le mécontentement de ce farouche individualiste eût été dirigé contre les censeurs chinois. Elle a donc choisi pour l'accompagner les cinéastes Pierre Guéguen et Louis Miaille. Pierrot et Loulou, « deux autres artistes, de joyeux lurons », dit-elle.

La Chine de cette époque n'offre pas beaucoup de distractions. De plus, Louise tombe malade. Une blessure purulente à la jambe la fait beaucoup souffrir. Elle va même jusqu'à craindre la gangrène. Elle renonce à voyager par le train et préfère descendre le Yang-tsé en bateau. Elle a sans doute une forte fièvre et a besoin de calme. Ainsi de Wou-han, elle mettra trois ou quatre jours pour atteindre Shanghai. Elle a hâte d'en finir avec ce pays. Elle souhaite recevoir de bons soins médicaux. Elle s'inquiète, ce qui n'est pas son genre. Le récit d'un 14-Juillet très baroque qu'elle passe à Shanghai lui ressemble davantage.

Le jour de la fête nationale, elle est invitée chez un couple de Français, avec une douzaine de « Français authentiques » qui se trouvent là pour affaires et toute l'ancienne colonie, composée d'une soixantaine de métis et des Chinois ou des Chinoises mariés à des Français. Il y a un grand portrait de Napoléon III, dans un coin, et un buste de la Pompadour sur la cheminée. La petite-fille des hôtes, dont le père est chinois, s'appelle Cécile et a quatre ans. Elle porte une petite queue de cheval et s'exprime dans « un français de bonne sœur ». Alors que la doyenne de la colonie a un parler plein de verdeur. « La poitrine abondante, la larme facile, le cheveu rare, teint et frisotté », elle est arrivée à Shanghai en 1905, « avec un type », en a trouvé un autre, français aussi. C'est une Lilloise. Elle embrasse Louise qui lui dit être née à Arras. La réception telle que la décrit Louise dans ses papiers personnels est pleine de pittoresque. Dans ses *Mémoires*, les connaissances qu'elle a de la Chine d'autres temps, ses rencontres avec d'autres étrangers, des souvenirs littéraires lui permettent de faire de son chapitre « Vivre en Chine sous l'œil de Mao » un habile mélange, à la fois plein de couleur locale et de réflexion sur l'avenir chinois.

De Shanghai, Louise et ses cinéastes vont au Japon. Ils empruntent un navire hollandais et elle a plaisir à retrouver un mode de vie européen.

À Tokyo, dîner chez Armand Bérard, à l'ambassade de France, avec Pierre Guéguen et Louis Miaille. Elle ne s'étend guère dans ses manuscrits sur ce nouveau voyage au Japon. De grands changements n'ont pas encore eu lieu depuis la période d'après-guerre qu'elle a connue.

Toutefois, elle s'entretient avec le professeur Ogino. Sa méthode a été expérimentée pour la première fois au Japon, en 1924, et en Allemagne dans un service hospitalier, en 1930. Il est farouchement contre l'avortement. Louise va le lendemain voir en quoi consiste la propagande anticonceptionnelle au Japon. À l'ambassade, elle rencontre le professeur Jean Hamburger qui sort de Chine « admiratif et effrayé. Il se déclare, lui, prêt à mourir pour la liberté de penser, de s'informer, de s'exprimer. Donc un type humain qui n'a pas sa place en Chine », conclut-elle [8].

Comme toujours, Louise va utiliser ses voyages au maximum. Le 9 février 1959, elle fait une communication à l'Académie des Sciences morales et politiques intitulée « Fourmillante Asie ». C'est sa troisième communication pour rendre compte d'observa-

tions morales et politiques recueillies au cours de ce voyage. Elle
se soucie de la démographie et de l'accroissement de la population
dans les pays qui n'ont pas de ressources[9]. Elle fait aussi de nombreux articles, divers de ton et de propos. Elle est membre depuis
plusieurs années déjà du Club des explorateurs français. Elle écrit
sur « L'Industrialisation de la Chine », aussi bien que sur « L'Extermination des moineaux dans la Chine rouge ». Un biologiste
soviétique a trouvé que les moineaux ne peuvent voler plus de
deux ou trois heures sans tomber épuisés. Ordre a donc été donné
de les déloger et de faire du bruit pour les empêcher de se poser.
Le bruit et le mouvement régnant partout, les moineaux sont morts
par centaines de milliers, par millions et, en trois jours, à Pékin,
le problème des oiseaux a été résolu ! Articles parus dans le *Sunday Times*, *La Vie des bêtes*, *Le Soir illustré*, *Radar*. Elle aborde
un tout autre sujet dans *Perspective*, le 19 avril 1959 : « Laissez
faire Vénus et vous aurez Mars. » Son article paru sous ce titre,
emprunté à Bergson souligne-t-elle, commence : « Aujourd'hui,
revenant pour la deuxième fois de la Chine et du Japon[10]... » Elle
rapporte aussi trois films : *Le Rocher tragique*, réalisé à Hongkong, *Le Barrage des Treize Tombeaux*, tourné en Chine, et un
documentaire sur le Japon, *Le Dieu du Riz*.

Le 23 avril 1959, elle est invitée à dîner à l'Élysée : tenue de
ville. C'est la première fois qu'elle a cet honneur. Ce ne sera pas
la dernière.

L'année suivante, elle pose de nouveau sa candidature à l'Académie des Sciences morales et politiques. Elle échoue mais ne
se laisse toujours pas impressionner par ce rejet. Pourtant, sa vie
personnelle semble vide. Un succès d'une sorte ou d'une autre
ne saurait suffire mais cela l'aiderait. Elle collabore avec Jacques
Chabannes, un vrai professionnel de la radio, au *Voyage mexicain*,
une adaptation de légendes mexicaines. Ils prévoient une série de
sept émissions de quarante-cinq minutes environ qui passeront, ou
ne passeront pas. En fait, les sept légendes ne sont pas toutes
mexicaines, il y a une légende d'Acadie, une légende des îles
Aléoutiennes, une légende chinoise et une autre indienne. Louise
commence aussi à écrire pour le théâtre. Son premier essai est une
« petite comédie en un acte », *La Patronne*, basée sur un dialogue
avec un ménage de gardiens qu'elle a rapporté ailleurs dans ses
dossiers. Au cours d'une discussion, Louise avait traité l'homme
de fasciste et il lui avait reproché de lire « *L'Huma.* », etc. Un
certain nombre de ces manuscrits, comme un projet plus ambi-

tieux, *L'Oiseau de Paradis*, pièce en trois actes sur le marché noir, se trouvent dans ses papiers de la Bibliothèque nationale.

En mai, Louise subit une intervention chirurgicale. Après une visite qu'il lui a faite, elle envoie à son ex-beau-frère, Alexandre Roudinesco, une lettre de reproches. Il l'a insultée devant des amis et les infirmières : « Voilà où mène l'obsession du cancer, lui aurait-il dit. D'ailleurs les juifs ont toujours des obsessions. Vous auriez pu crever à quatre-vingt-dix ans dans un état inchangé. Et il serait alors classique que tout cela finisse par un bel abcès de la paroi [11]. »

À cause de leurs caractères qui, sur bien des points se ressemblent, leurs relations sont houleuses, je l'ai déjà dit. Mais rien ne se brise jamais entre eux. Leur goût des biens matériels les rapproche. Ils rivalisent dans le domaine de ce qu'on appelle en général des défauts et en arrivent parfois à des sortes de compétitions qui les amusent autant qu'elles les irritent. Généreusement, en apparence, le docteur Alexandre Roudinesco invite son ex-belle-sœur à faire un séjour de deux semaines au palace de Lucerne, où il a l'habitude de passer ses vacances. Louise accepte et, d'après une copie de lettre adressée à l'épouse d'un ministre gaulliste, ce séjour dut avoir lieu en août 1973 [12]. À son retour à Paris, elle exhibe une superbe émeraude entourée de diamants, cadeau de « Roudi ». « Je l'ai bien mérité, déclare-t-elle alors à ceux qui s'émerveillent de la qualité du bijou. Je me suis assez ennuyée en sa compagnie, il a été odieux. Pour tout ce temps perdu avec lui, il pouvait bien m'offrir cette bague. Et d'ailleurs, il l'a achetée au rabais [13]. » Cette anecdote caractéristique de l'amitié Weiss-Roudinesco m'a été confirmée par Élisabeth Roudinesco, présente à Lucerne, et qui a vu son père marchander chez le joaillier. Il est aussi remarquable que cette dame de quatre-vingts ans désire se faire offrir une bague.

Par ailleurs, Louise a des intérêts également surprenants, mais d'un autre ordre. Ainsi Roger Heim, le directeur du Muséum d'histoire naturelle, lui écrit, en juin 1960, qu'il va axer cette année-là son salon du champignon, au Laboratoire de cryptogames du Muséum, sur « la mycologie extrême-orientale dans ses rapports à la thérapeutique ». Les champignons chinois, japonais, vietnamiens, siamois auront une place privilégiée. Louise lui a envoyé un rapport et il lui demande l'origine des renseignements qu'elle donne, en particulier sur le *Ling-Chih*, hallucinogène, et sur le champignon du Rire. Il lui envoie un ouvrage sur Jacquemont, l'explorateur du Tibet, et sur Stendhal, publié par le Muséum. Louise demeurera en contact avec Roger Heim, et en 1963, ayant été invité chez elle à un dîner, il lui demande d'inviter aussi, entre autres, Georges-Henri Rivière et Germaine Dieterlen [14]. Une soirée qui ne dut pas manquer d'intérêt et que la maîtresse de maison apprécia certainement.

À propos de réceptions chez elle, en 1960, Louise donne une fête pour la remise du prix Maurice-Bourdet à Jacqueline Baudrier dont elle a soutenu la candidature. Jacqueline Baudrier était journaliste de la RTF depuis 1948. Après avoir débuté en Guadeloupe, deux ans plus tard elle était au Journal parlé à Paris. Elle assurait la chronique politique de l'émission « Actualités de Paris » et faisait régulièrement des chroniques de politique étrangère. Elle abandonna les différentes chroniques pour assurer deux grandes éditions du Journal, à 8 heures sur France I et à 13 heures sur France II. De 1952 à 1960, elle est à la télévision où elle a un magazine féminin — reportages et interviews sur les problèmes politiques, économiques et sociaux. Femmes parlementaires, ethnologues, écrivains, grands voyageurs, les invités de son émission sont très variés. En septembre 1960, Jacqueline Baudrier participe à une nouvelle réforme du journal parlé [15]. Elle est exactement le genre de femme que Louise se plaît à parrainer, oubliant qu'elle est, elle, incapable de se glisser dans un moule quel qu'il soit. Au cours de sa carrière, Jacqueline Baudrier a respecté les règles, s'est pliée aux institutions, tandis que jusque-là, Louise, qui respecte elle aussi les institutions, s'est toujours plu à s'en faire rejeter.

Louise, c'est évident, est loin d'être insensible aux honneurs et elle s'arrange pour les obtenir. Tout en demeurant rebelle, à sa manière. Ainsi, le 21 juillet 1961, une lettre du général de Gaulle lui annonce sa promotion dans l'ordre de la Légion d'honneur. Officier depuis 1934, elle sera donc élevée au grade de Commandeur : son action pour la diffusion de la culture française en Asie est citée [16]. Cette promotion, elle la doit, en fait, à Kirchmeyer qui l'a demandée pour elle. Le dévouement de cet autodidacte idéaliste lui paraît légitime. Il compense un peu les déceptions connues depuis la Libération, dont elle ne songe pas à se croire responsable, mais qu'elle n'a pu encore oublier.

Le lendemain, 22 juillet, une lettre de son cousin, le général Pierre Weiss, n'est pas un message de joie. Il écrit que les membres des sept associations de Résistance qu'il préside ont été bou-

leversés par les événements. En juin 1958, c'est son voyage en
Algérie qui a établi le pouvoir de celui qu'il appelle « le Grand
Patron » et donné de l'espoir des deux côtés. Cet officier supérieur, qui a eu une conduite exceptionnelle pendant la Seconde
Guerre mondiale, ne comprend pas son revirement, les promesses
solennelles d'alors reniées deux ans plus tard. Mais il est certain
de l'amplitude de l'horreur de ce qui va suivre. Il est au désespoir,
il ne peut qu'informer Louise, avec le lyrisme qui lui est habituel :
« La Saint-Barthélemy et les Vêpres siciliennes sont de la petite
bière à côté. » En métropole, on ignore ce qui se passe, lui dit-il.
Pour commencer, ce sont les musulmans qu'on tue, « bien entendu ». Une dizaine de musulmans assassinés chaque jour, ajoute-
t-il [17]. Ce qu'il annonce, à présent, n'étonne pas Louise. Les dernières déclarations du général de Gaulle ne peuvent logiquement
que produire cet effet, en Algérie.

   Louise est persuadée qu'elle ne peut rien faire en France. La
cause de l'Algérie française est celle qu'elle adopterait. Mais inutile de s'exposer à de nouvelles rebuffades. Elle sait qu'on assas-
sine, qu'on plastique, qu'on torture. Mieux vaut partir. Elle a
retrouvé Georges Bourdelon et obtient un contrat avec Pathé et la
télévision française pour réaliser 16 films sur tous les pays de la
côte est de l'Afrique. La série s'appellera L'Afrique du Soleil
levant et le tournage aura lieu de Djibouti à l'île Maurice. Il
comprendra le Kenya, le Tanganyika, Zanzibar, les Comores,
Madagascar, la Réunion et Maurice.
   Le 8 février 1962, elle part avec le cinéaste, sans assistant. Ils
pensent qu'ils n'auront pas besoin d'aide et qu'ils pourront,
comme durant leur premier voyage, se répartir les tâches. La fin
du colonialisme l'intéresse, dans cette partie du monde. Elle désire
savoir comment ces pays « en voie de développement » (telle est
l'appellation qu'il convient d'employer) réagissent à la nouvelle
indépendance qu'ils ont conquise ou qui leur a été accordée. Elle
commence leur voyage par le Sénégal où, selon son habitude, elle
choisit quelques interlocuteurs qui lui paraissent intéressants. Elle
pense que c'est grâce à sa femme que l'Africain devra rester africain. Ils n'épousent pas des Européennes de premier plan. Elle est
persuadée que les jeunes Africains sont humiliés de n'avoir pas
eu de martyrs. Il était nécessaire de leur donner l'indépendance
mais ils comprennent l'intérêt de rester dans la communauté, telle
est sa conclusion. Bourdelon et elle vont du Sénégal au Soudan

où Louise trouve que les hommes sont orgueilleux, autoritaires, moins évolués, pour tout dire. Elle juge vite, trop vite parfois peut-être.

Mais ce n'est pas faute de poser et de se poser des questions. La France africaine devrait-elle être associée au Marché commun ? L'arachide est payée trop cher par la France, que faire ? Elle se soucie des problèmes politiques qui ne manqueront pas de se présenter, s'ils ne sont déjà là. Elle les relève, parce que la politique a été son domaine majeur tout au long de sa vie, et le demeure.

Elle évite d'en discuter avec son compagnon de voyage, se souvenant qu'ils ne peuvent être du même avis. Elle sait très bien se contrôler et il existe d'autres sujets d'intérêt qu'elle peut partager avec lui. Comme toujours, elle prête grande attention aux lieux, aux paysages : les monuments publics de Dakar sont trop grands. Immense palais de justice, immense Assemblée nationale...

Toujours avec Georges Bourdelon, Louise va en Guinée portugaise. Le mercredi 15 février, elle se lève à 5 heures du matin pour partir en Land-Rover pour Boutilimit, en Mauritanie, qui est, leur a-t-on dit, un haut lieu de l'Islam. Après un voyage mouvementé, elle découvre que c'est faux. Ils voient, aux points d'eau de la piste, de beaux troupeaux de bovidés, d'ânes et de chèvres. Elle offre une orange à un pâtre qui n'en a jamais vu. Elle s'étonne qu'au lycée de Nouakchott on enseigne le latin, ce qui devrait l'enchanter ; pourtant elle paraît plutôt réprouver. Mais elle a plaisir à apprendre que le vent chaud et sec qui vient de l'est s'appelle l'harmattan.

En rentrant à son hôtel, elle trouve une invitation à dîner de Pierre Anthonioz qui fut, de 1959 à 1961, haut-commissaire en Mauritanie. Dîner au champagne avec Lucien Bodard, qui est évidemment le compagnon rêvé pour passer une soirée intéressante et brillante. La voyageuse raconte qu'à Mon Logis, son hôtel, le patron refuse de répondre au téléphone parce qu'on l'a appelé Madame. Très bel homme mais malade, il doit être impuissant et souffre du complexe de l'eunuque, diagnostique-t-elle, et conclut : « Marrant ! » Qualificatif qui semble lui plaire particulièrement pendant cette découverte de l'Afrique noire. Pourtant, la condition de l'hôtelier la dérange parce qu'elle l'empêche de recevoir des coups de téléphone. Parmi les personnalités marquantes que rencontre Louise, j'ai relevé le nom de Théodore Monod, « directeur de l'admirable IFAM », a-t-elle noté. Mais elle ne fait pas grand cas de son entretien avec lui. Il lui dit pourtant que « les Africains sont libres de leur destin. L'Afrique est une histoire non écrite. Les Africains vont probablement déboucher sur un avenir communautaire [18] ».

Du 1er septembre au 23 décembre 1961, Louise fait un voyage à Madagascar et à la Réunion. Elle tient un carnet qu'elle remplit d'annotations concernant les films en préparation et l'aspect touristique des régions visitées. Rien de particulier à signaler. Mais dans un autre carnet elle rapporte des anecdotes, sans doute entendues au cours de ses pérégrinations, plus troublantes encore que tout ce qu'elle a consigné jusque-là. Elle les transcrit, comme il lui est arrivé de transcrire des histoires prétendues drôles et salaces. Elle a intitulé ce carnet-là, « Notes pour mes souvenirs [19] ».

Louise va une première fois à Djibouti avec Georges Bourdelon. Le cinéaste garde de ce voyage en Somalie un souvenir très vif qu'il rapporte à Élisabeth Kapnist. D'abord, il rappelle l'érudition de Louise qui l'a tant frappé et, ce qui l'a plus étonné encore au cours de ce voyage-là, c'est la résistance physique de la vieille dame. « Elle avait près de soixante-dix ans quand elle a commencé ses films [sur l'Afrique] et c'étaient des films d'aventure : [Nous tournions très loin], avec des itinéraires très pénibles ; en particulier quand nous avons tourné *Les Caravaniers de la Lune*. Nous avons passé quatre ou cinq jours, dont quatre ou cinq nuits, à dormir au bord d'un lac qui se trouve dans l'arrière-pays de Djibouti, [le lac Assal] à 150 m au-dessous du niveau de la mer. Il faisait une chaleur épouvantable, et là les saulniers viennent ramasser du sel avec une caravane de chameaux, pour l'emmener en Éthiopie. Elle a voulu faire un film là-dessus. Ensuite, l'officier en charge m'a demandé de ramener la Jeep.[...] Il y avait 300 ou 350 km à faire et on a dit : "Oui, bien sûr." Et l'officier m'a dit : "Vous ne pouvez pas vous tromper, c'est tout droit ! Même si vous changez de piste, ça arrivera à Djibouti de toute façon, c'est pas compliqué." Et nous avons décidé de partir à 5 heures du matin, j'ai mis tout le matériel de prise de vues dans la Jeep, et nous sommes partis avec Mme Weiss à côté de moi, et j'ai conduit la Jeep. Naturellement, nous nous sommes arrêtés en cours de route pour filmer des caravanes qui passaient, pour filmer des prises de vues sur des dunes, etc., et nous sommes arrivés en fin d'après-midi vers Djibouti. À ce moment-là, il faisait une chaleur épouvantable — probablement près de 60° dans la Jeep. Et Louise Weiss était complètement amorphe, elle tremblait à côté de moi, elle suait tellement qu'il y avait une mare dans le fond de la Jeep, et lorsque je suis arrivé à Djibouti à 6 heures du soir, c'est-à-dire après plus de douze heures de trajet, elle était complètement éteinte, complètement amorphe, le chapeau enfoncé sur les yeux, elle ne parlait plus depuis des heures. Et j'ai appelé les deux gardiens du palais du gouverneur — elle habitait dans le palais du gouverneur — qui ont descendu très vite les marches et l'ont sortie de la Jeep, comme on aurait sorti un colis ou un ballot. Alors ils l'ont soutenue chacun d'un côté et ils ont commencé à lui faire monter les marches du palais du gouverneur et au bout de trois ou quatre marches, elle les a arrêtés, elle s'est retournée, elle m'a regardé et elle m'a dit : "Georges, n'oubliez pas que nous dînons ce soir chez le gouverneur, alors, rasez-vous !" J'étais complètement catastrophé... Elle a continué à monter les marches tout doucement, comme ça ; moi, j'ai sauté dans la Jeep, je suis allé à mon hôtel — moi, je logeais dans un hôtel. Je me suis rasé, bien sûr, j'ai pris une douche, j'ai mis le costume et la cravate, et j'ai foncé au palais, j'ai monté les marches quatre à quatre. Et il y a un gardien qui m'a conduit à travers des salons dorés, un peu partout, et nous sommes arrivés dans un petit salon, il a ouvert la porte et dans ce salon, il y avait un certain nombre de diplomates, et au fond du salon, sur un fauteuil très large, Louise Weiss qui racontait, superbe. Elle avait changé de robe, elle était impeccable. Et j'étais complètement sidéré, en une demi-heure, trois quarts d'heure, du rétablissement du personnage. Et ça c'était fascinant. »

Georges Bourdelon a fort bien vu le côté justement « fascinant » de Louise. Cette femme consciente de son charisme, qui veut accomplir jusqu'au bout la mission qu'elle s'est fixée. Que représentent ces films pour elle ? Ils ne sont pas uniquement des objets de beauté, ils ont un autre sens, plus important. Elle veut qu'ils prouvent l'existence d'autres façons de vivre, d'autres croyances, d'autres éthiques. La jeune réalisatrice qui interroge le cinéaste, dix ans après la mort de Louise, lui pose la question importante : « Beaucoup de voyages, de pays, dans ses *Mémoires* ; on sent qu'elle a toujours été plutôt pro-colonialiste, en parliez-vous un petit peu ? » Et Georges Bourdelon, que Louise a étiqueté comme « râleur », répond : : « Oui, bien sûr ! Et puis on en avait des exemples très clairs. Oui, c'est vrai. Elle faisait partie d'une génération à qui la colonisation avait beaucoup rapporté dans certains pays, ça c'est certain. » Comme Élisabeth Kapnist insiste :

« Et vous en parliez beaucoup ? Vous aviez des conversations ?

« — Bien sûr, oui. Tout à fait ! Il fallait évidemment préparer les films. Par exemple, lorsque nous avons tourné au Kenya et à Mombasa, c'était en 62, il y a donc trente ans, elle a déjà traité le problème du massacre des éléphants. Donc elle savait qu'un jour il y aurait un problème. Et un autre jour, à Addis-Abeba, elle me dit : "Georges, demain nous allons tourner à 50 km d'Addis-Abeba, dans une tribu, on m'en a parlé, ce sont des Falachas. Ce sont des juifs qui n'ont pas passé la mer Rouge dans la légende, etc., et ils sont restés un peu marginaux. Il y a une tribu qui est là ; il faudrait quand même tourner ça." Et dans la voiture, elle m'a dit : "Vous savez, Georges, nous allons tourner ça parce qu'un jour, il y aura un problème avec cette tribu." Vingt-cinq ans après, il y a eu le pont aérien avec Israël, et le drame des Falachas en Éthiopie après la disparition de l'empereur, qui les protégeait plus ou moins. Donc elle avait des prémonitions comme ça, et elle avait une connaissance de la politique et de la logique des pays absolument étonnante. »

Après le lac Assal avec ses saulniers et leurs chameaux, le lac Abhe avec ses flamants roses. Louise et Georges Bourdelon filment le port de Djibouti, le 29 janvier 1962. Et surtout ils réussissent à prendre plusieurs séquences avec S.M. Haïlé Sélassié. D'abord devant son palais et donnant à manger à ses chevaux. Sauf en présence de ses chevaux, l'empereur leur a paru accablé : son fils, alcoolique et drogué, était mourant. L'empereur a parlé longuement à Louise de son lion Todjo qui est, a-t-il dit, d'un naturel affectueux [20].

Georges Bourdelon conserve un extraordinaire souvenir de ce que Louise appelait « la puissance d'exécution ». Quand ils sont à Moroni, aux Comores, Louise entend parler d'une cérémonie qui doit avoir lieu la nuit suivante, dans la mosquée principale. Et elle veut la filmer.

« Elle obtient des appuis par des gens, et moi, je lui dis : "Vous savez, tourner dans la mosquée, il ne fait pas très clair, surtout si c'est à 3 heures du matin et, euh..." Elle m'a dit : "Je vais voir ça." Elle a fait doubler les lampes à pétrole, à gaz. Naturellement, c'était interdit aux femmes. On m'a introduit dans la mosquée vers 10 heures du soir, et vers 1 heure ou 2 heures du matin, la cérémonie a commencé. C'était une espèce de danse très extraordinaire, avec tous les hommes qui sont le long du mur et des mollahs qui courent autour, et j'ai commencé à filmer. J'ai filmé avec une toute petite caméra à ressort, pas du tout le Cameflex, et au bout d'un moment, j'ai senti une main qui m'a attrapé par le fond du pantalon, une autre qui m'a pris le col par-derrière, j'ai été tiré vers l'arrière, j'ai été jeté à travers une porte, j'ai reçu la caméra, etc., on m'a récupéré, on m'a sorti de là. Et quand je suis arrivé dehors, il y a un autre assistant qui nous avait aidés à faire cette cérémonie, qui m'a dit : "Excusez-moi, mais vous seriez resté cinq minutes de plus, ils vous massacraient. Parce qu'une caméra dans une mosquée et filmer une cérémonie très, très personnelle, entre hommes, à 3 heures du matin, ça ne se fait pas !" Mais Louise Weiss a obtenu l'autorisation, a rempli les conditions pour que je tourne, et le document est dans le film. »

C'est donc ce que Georges Bourdelon appelle avec admiration « la puissance d'exécution » de Louise. C'est aussi la raison pour laquelle les films de cette néophyte et de cet opérateur presque débutant sont encore aujourd'hui d'un grand intérêt. Sans savoir elle-même comment faire, elle lui a appris à choisir ce qu'il devait photographier et elle a eu l'idée des sujets. Il n'est pas étonnant que, le 20 octobre 1979, Georges Bourdelon, qui fait un documentaire à Bombay, écrit à Louise du Tajmahal : « Nos films sont vraiment des documents inestimables qui ont fixé le top... vingt-cinq ans déjà et rien n'a changé. » Quand j'ai vu Georges Bourdelon, en juin 1996, je lui ai parlé de cette lettre, il n'en reniait pas les termes. Et ce qu'il avait à me dire était semblable à ce qu'il avait raconté à Élisabeth Kapnist, deux ans plus tôt.

En août 1962, de retour à Paris, Louise écrit à l'abbé Leroy qu'elle va s'occuper d'obtenir d'André Malraux (par l'intermédiaire de son chef de cabinet Holleaux, note-t-elle d'abord) de faire restaurer « les admirables peintures éthiopiennes » vues, en Éthiopie, dans les églises et monastères. L'abbé Leroy a aussi prospecté les îles du lac Tana. Sera-t-il prêt à collaborer ? Bien sûr, tout cela prend du temps. À cause des vacances. Il y a aussi un délai dû à l'envoi en fret, à Air France au Caire, d'une valise contenant les plans et cette valise a mis plus de deux mois à lui parvenir.

Dès le 10 août 1962, Louise adresse à Malraux un long exposé sur la question de la restauration des belles peintures de l'art chrétien éthiopien (en général marouflées et qui se décollent sous l'effet de l'humidité)[21]. Son intérêt dans ce sauvetage se terminera peu d'années plus tard, d'une manière qui lui ressemble.

En juin 1964, à Paris, toujours en contact avec l'abbé Leroy, Louise apprend qu'il doit faire une communication à l'Académie des Inscriptions et Belles Lettres. Aussitôt, elle lui demande d'intervenir en sa faveur auprès des membres de l'Académie des Sciences morales et politiques où elle est candidate. En juin 1965, l'abbé écrit qu'il a eu un infarctus, la correspondance cesse, les peintures des églises éthiopiennes sont oubliées[22].

1964 sera une année importante dans la vie de Louise. Elle va s'intéresser à l'Institut français de Polémologie et surtout, devrais-je écrire, à son fondateur Me Gaston Bouthoul.

En 1945, cet avocat sociologue connu à Paris fonde l'Institut français de Polémologie « pour l'étude scientifique des guerres et des paix », avant de fonder plus tard la revue *Études polémologiques*. Il a publié de nombreux ouvrages traitant des effets de la guerre sur les mentalités et sur la politique : *Un Traité de sociologie*, 1946-1954, *Les Guerres Éléments de polémologie*, 1951, et *Les Mentalités*, 1952. Il a obtenu le prix international de la paix, en 1963, pour son livre *Sauver la guerre*. Il est membre de l'Association internationale pour la recherche de la paix[23]. Corinne Rousseau dit, avec raison, que « d'une certaine façon, [Louise Weiss] peut être considérée comme l'ancêtre de l'Institut français de Polémologie[24] », à cause de son *Europe nouvelle*, et de sa Nouvelle École de la paix.

En 1964, Gaston Bouthoul demande à Louise de devenir secrétaire générale de l'Institut de Polémologie et d'en assurer la codirection avec lui, ainsi que de *Guerres et Paix*, la revue trimestrielle de l'Institut. D'après Louise, l'Institut français de Polémologie a pris ce nom en 1964, à la date où elle y est entrée. Et c'est seulement à partir de cette date qu'a commencé l'activité de l'institut. En effet, Gaston Bouthoul avait déposé en 1945 le titre d'une association dite Centre d'Études scientifiques de la Guerre, mais de 1945 à 1964 cette association n'avait guère d'activité. Le cadre juridique transformé de cette association en sommeil servit à celui de l'Institut français de Polémologie[25]. Louise répète à peu près la même chose dans une note du volume VI de ses *Mémoires*, mais la date diffère : « L'Institut français de Polémologie a été fondé en 1966, par transformation d'un titre très différent, qui avait été déposé en 1945 par M. Gaston Bouthoul. Ce titre était resté lettre morte lorsque j'avais accepté, en 1966, d'assumer le secrétariat général de l'institut à créer, financé par le ministère français de la Défense nationale[26]. »

Louise Weiss mentionne également qu'elle a organisé, de 1964 à 1970, toute la partie administrative, la bibliothèque et le fichier des recherches de l'institut. Elle y a introduit l'usage des ordinateurs et a publié, dans *Guerres et Paix*, deux recherches fondamentales : « Les Facteurs belligènes dans l'Arabie du Sud », et « La Psychologie des étudiants français en 1968 ». Et elle est à l'origine de la création d'un cours de polémologie à la faculté des sciences humaines de Strasbourg. En 1971, Louise Weiss quitta l'Institut français de Polémologie[27].

Dans ses *Mémoires*, Louise ajoute une touche qui la valorise : « Ma plus originale contribution à la revue, en dehors de la direction générale de l'Institut et des enquêtes internationales indispensables, reste une recherche sur les événements de mai 68. J'avais interprété les 250 000 réponses estudiantines que notre équipe avait soumises aux ordinateurs. Celles-ci donnaient un tableau, inattendu et extraordinairement précis, de la mentalité de la jeunesse d'alors[28]. » Cette information se passe de commentaires pour les lecteurs familiers de la revue.

Louise s'est éprise de Gaston Bouthoul, un homme discret. Je ne l'ai jamais entendu dans le prétoire où ses plaidoiries ont souvent obtenu de grands résultats. Quelques-uns de ces résultats furent même spectaculaires. Mais il était, pour ses nombreux amis, un modèle de modestie et de bonnes manières. Louise ne se rendait pas compte que le milieu d'intellectuels, d'écrivains, d'artistes d'avant-garde dans lequel vivait Gaston ne partageait pas ses critères. Par exemple, elle voulait à tout prix le faire décorer. Ce qui n'était pas indispensable aux yeux de Gaston et à ceux de Betty, sa femme[29]. Cette histoire d'amour n'était pas secrète pour la famille et les amis de Louise. Elle demeura, en général, ignorée du côté des amis des Bouthoul, à cause de l'âge des amants, de la bonne éducation de Gaston, habitué à ne pas compromettre une dame et désireux surtout de ne pas contrarier son épouse. Tous les habitués de l'atelier de la rue Lauriston et de la maison d'Antibes où les Bouthoul réunissaient leur entourage ne pensaient pas à un lien possible entre leur ami et Louise Weiss. Cette grande femme, qui avait toujours l'air de sortir d'un meeting et d'aller à un autre, était si différente...

Louise le savait fort bien et elle continuait de s'occuper, avec peut-être un regain d'enthousiasme, de sa carrière qu'elle voulait, malgré son âge, conduire à un sommet. Ainsi la fondatrice de *L'Europe nouvelle* avait-elle envoyé, le 31 janvier de cette même année 1964, une lettre au général de Gaulle, lui demandant de créer pour elle une ambassade itinérante. Sa mission, telle qu'elle la prévoyait, commençait par la visite de la fondation du docteur Schweitzer, en Afrique ; celle des quakers et de la Fondation Rockefeller, aux États-Unis ; celle des Oblats de Marie-Immaculée et l'étude de leur œuvre de sauvegarde pour les Indiens du Grand Nord, au Canada. Et elle se poursuivait en Inde, par la visite de la Fondation-Mémorial de Gandhi, à Purbandar, ville natale du mahatma. Louise, n'obtenant pas de réponse à son mémoire sur une représentation diplomatique féminine, « relance » le Général par une autre lettre, le 5 juin 1964[30].

Six mois plus tard, en janvier 1965, Louise continue de tirer diverses sonnettes. Elle écrit à Jacques Foccart, au marquis de Beaumarchais, directeur de cabinet de Couve de Murville. Le 15 février, elle annonce à Roger Heim, directeur du Muséum d'Histoire naturelle, qu'elle prépare une nouvelle expédition dans les déserts de Somalie. Mais, le 6 octobre, l'ambassadeur Jean Garnier des Sauts lui fait savoir que la Somalie refuse de lui donner l'autorisation de réaliser un film dans la région du cap Guarda-fui, à cause de la tension entre la Somalie et l'Éthiopie dans cette zone[31].

Louise aura bientôt soixante-treize ans. Elle veut ne renoncer à rien, dans aucun domaine. Et elle combattra pour s'imposer, comme elle l'a toujours fait. Le choix de ses combats n'a pas fini de surprendre... Par une lettre de Denys de Champeaux, datée de Paris, 66 rue Spontini, le 18 octobre 1965, on apprend que Louise songe à se présenter à la présidence de la République. Cet ami lui déclare tout net qu'il est contre ce projet. À cause du réel danger qu'elle courra personnellement et aussi des conséquences que cela peut avoir pour tous sur le plan national. Il lui rappelle aussi que le ridicule tue. Il lui parle également de la malhonnêteté qui consiste à éparpiller les suffrages. Cette extravagance de la part de Louise fait que Champeaux change de ton à son égard. Il souligne avec fermeté que la partie est trop grave pour se permettre de jouer les fantaisistes.

Mais, trois jours plus tard, dans une lettre du 20 octobre à André Jean-Faure, qui habite en Dordogne —, l'un des amis en faveur de qui elle a témoigné après la Libération —, Louise annonce encore son intention de se présenter à l'élection présidentielle. Les lettres de femmes reçues à la suite de ses prestations à la télévision l'ont poussée à prendre cette décision, écrit-elle. Elle mentionne aussi qu'elle doit encore se procurer les cent signatures de maires provenant de dix départements différents qui, selon la loi, sont indispensables pour poser sa candidature. Comme Champeaux, Jean-Faure et sa femme Jeanine lui déconseillent de se présenter et lui disent qu'elle dispose d'un temps trop court pour se mettre en campagne. La réponse d'André Jean-Faure est datée du 24 octobre 1965, il n'a pas mis longtemps à réagir[32].

Le lendemain de sa lettre adressée à André Jean-Faure, Louise a rédigé une « Note sur l'abandon de mon projet de candidature à l'Élysée », qui commence ainsi : « À la suite de mes interventions à la télévision, j'ai reçu beaucoup de lettres me suggérant de prendre un rôle politique important, notamment au moment de la campagne présidentielle du 5 décembre. » Elle écrit qu'elle n'a d'abord pas attaché d'importance à ces suggestions. Celles-ci se sont alors faites plus pressantes et elle a reçu d'extraordinaires manifestations de sympathie dans la rue, dans les grands magasins.

Elle raconte ensuite qu'elle est allée trouver M. Berrurier, le maire de Conflans, trop engagé et très antigaulliste, qui l'a découragée. Mais M. Perrey, le maire d'Andrésy, l'a accueillie à bras ouverts. D'autres encore la retiennent. Elle semble croire que le Général ne se présentera pas bien qu'on l'assure du contraire. Georges Bonnet, un des hommes de sa vie privée passée, la reçoit avec grande affection. Elle a l'impression qu'il aimerait plutôt ajouter au « grabuge ».

Le 19 décembre 1965, le jour où le général de Gaulle est élu président de la République au suffrage universel, avec 54,5 % des suffrages contre 45,5 % à François Mitterrand, Louise repart pour Djibouti. Elle a l'intention de faire d'autres films dans cette région de l'Afrique orientale. Cette fois, ce n'est pas Georges Bourdelon qui l'accompagne. Il souffre de malaria contractée au Tchad et elle a trouvé deux autres cinéastes pour le remplacer. Pierre Guéguen, avec lequel elle a travaillé en Chine, et Guy Tabary.

Au cours de ce nouveau grand voyage, elle rencontre le capitaine de vaisseau Henri Labrousse, commandant en mer Rouge et océan Indien Nord. « Un chef de haute mer qui craignait Dieu et comprenait ses marins. » Louise en esquisse le portrait dans ses

Mémoires. « Rallié pendant la guerre aux Forces françaises libres, Henri Labrousse avait sillonné l'Atlantique puis la Méditerranée, à la chasse des sous-marins ennemis. Après avoir participé aux reconquêtes de la Sicile, de la Corse, et débarqué sur les côtes de Provence, il tenait à Djibouti table ouverte. Contrairement à l'amiral Tower, son triste ami d'Aden, il rayonnait de foi en sa mission. Nous nous liâmes d'une amitié que les années renforcèrent[33] », conclut-elle.

Les relations du capitaine de vaisseau Labrousse sont immédiatement utiles à Louise. À Djibouti, le 11 janvier 1966, A.V. Sahatdjian met à la disposition de la journaliste-cinéaste sa vedette, pour une semaine, et l'invite à voir le coucher du soleil à 17 h 30 sur sa terrasse, le lendemain. Elle visite le port et s'intéresse à ces hommes qui vivent tout au long de l'année sur des bateaux. Les notes succinctes prises pour ses *Mémoires* révèlent son goût pour certains marginaux. Elle décrit des gens qui ont quitté leur pays munis de contrats pour faire des films ou des livres. Leurs buts ne manquaient pas d'intérêt et puis, soudain, la vie les fait changer de cap sans qu'ils paraissent l'avoir voulu. Elle demande qu'on lui raconte comment ces changements se sont produits. Elle est intriguée par ce qu'ils font, ce qu'ils pensent. Elle s'interroge sur ce que l'un d'eux peut tirer du bouddhisme zen : « Effort désespéré pour parvenir au déconditionnement général. Aborder d'autres modes de pensée que l'euclidienne. Idéalisme non euclidien. Est-ce dépasser notre pensée ? Sans doute, ou penser selon d'autres lignes. Penser la pensée sur des plans différents = zen[34]. » Elle ne veut pas oublier non plus que les pêcheurs de Djibouti sont des Yéménites. Elle parle aussi des femmes cousues. Elle note que cela « horrifie la femme du pasteur qui travaille à l'hôpital de Djibouti ». Cette dernière raconte à Louise que, récemment, un chirurgien a opéré une fillette qu'il croyait atteinte d'une péritonite. Il s'agissait en fait du sang de trois menstruations qui n'avait pu s'écouler.

« La nation de base de la région est la tribu, la zone de pâturage. À l'échelon de la population la notion de frontière ne joue pas. L'Éthiopie n'est pas maîtresse de ses frontières. Les tribus se massacrent entre elles[35]. » Ces observations pleines d'intérêt diffèrent grandement des notes prises lors de ses précédents voyages en Afrique. Elles sont sans doute dues à l'influence de son nouvel ami, le commandant Labrousse, mais la personnalité de Louise est si forte qu'on doit toujours s'attendre à des contradictions dans son comportement.

De Djibouti Louise prend « le petit train qui [relie] la côte à l'Éthiopie » et s'arrête d'abord au Harrar. Là, elle visite une léproserie fondée en 1882 par Mgr Jarosseau. L'ancienne résidence de l'évêque est occupée par le père Wolde Jesus, originaire du Harrar, collaborateur de Mgr Jarosseau. Ce prêtre indigène fait partie des Missions françaises à l'étranger. Il dirigea, avec les sœurs indigènes de l'ordre des franciscaines, une petite école, de 60 à 70 enfants. Mais, en 1963, par ordre du gouvernement, l'enseignement du français fut interrompu et remplacé par l'anglais.

« À Bisidimo, près de Harrar, une autre léproserie, fondée en 1958, avec des fonds privés allemands et l'Association contre la lèpre. 500 malades, 3 000 consultants au dispensaire viennent de 200 km à la ronde. L'empereur l'a déjà visitée trois fois [36]. »

Louise est intéressée par ce qui se passe dans ces lieux. Un reste de son éducation, un souvenir de son rôle spontanément généreux au début de la guerre de 1914 ? Elle ne peut nier son milieu d'origine où l'on doit participer aux œuvres de charité. En 1955, elle avait noté une remarque de sa cousine Marguerite Javal, peu de temps avant de mourir : « Aujourd'hui les dames qui font marcher les œuvres sont plus pauvres que leurs assistés [37]. »

En juin 1966, elle publie dans la revue *Études politiques et parlementaires* un article : « Sociologie d'Aden. » Il y est précisé : « Mme Louise Weiss est récemment revenue d'Aden et des protectorats anglais de l'Arabie du Sud. » Dans ses *Mémoires*, elle raconte longuement ce voyage et parle de tous ceux qu'elle a rencontrés dans ces pays et ce qui s'y passe. Tandis que dans ses archives confiées à la Bibliothèque nationale, elle a déposé un dossier « Coupures de journaux », beaucoup moins épais qu'on ne pourrait l'imaginer. Une fois la reconnaissance souhaitée obtenue, peut-être n'y attachait-elle plus d'importance. La plupart des articles du mince dossier concernent l'aspect mondain de son personnage. Ils ont effacé, un moment, ses frustrations de fillette et de jeune fille, dues aux cruels jugements de sa mère. Ainsi avec la vicomtesse de Ribes, Louise de Vilmorin, Gisèle d'Assailly, Lise Deharme, la marquise de Amodio, Marie-Laure de Noailles, Louise Weiss est le personnage d'un livre paru chez Del Duca, avec une préface de Jacques de Ricaumont et un texte d'Hubert Devillez d'Alamont intitulé *Les Grandes Animatrices de Paris*. Son nom cité dans *Le Parisien libéré* du 15 mai 1967, avec ceux de ces femmes, dont aucune n'est une amie mais qui sont toutes, elles, de vraies « animatrices » du monde parisien, la remplit d'une fierté nouvelle. C'est une conquête de plus. Une conquête à laquelle elle ne s'attendait pas et qui valorise sa féminité. Un rêve peut-être abandonné depuis le soir où elle a défait le catogan maintenant ses cheveux, avant le dernier dîner, sur le paquebot qui les amenait en Syrie, sa mère et elle, lors de sa première croisière.

Mais il y a des domaines qui sont loin du rêve et dont Louise s'occupera toujours avec une compétence de professionnelle. Elle ne laissera à personne le soin de sa publicité. Là encore, un exemple suffira à montrer comment elle agit. Le 11 novembre 1966, elle écrit à Bridget Winter de la BBC pour la remercier d'extraits d'interviews que cette dernière compte inclure dans une série, *The Lost Peace*, sur les quinze années qui ont suivi la guerre de 1914. Elle profite de l'occasion pour lui annoncer qu'elle a été interrogée, à Paris, sur ses souvenirs personnels de Gabriele D'Annunzio et d'Aristide Briand, également pour la télévision.

Sa ténacité bien connue peut aussi être utile à ses amis, nous l'avons vu, plus rarement à des amies mais cela peut arriver. Elle se battra de 1966 à 1968 pour faire décorer l'une d'elles. Évidemment, la femme qu'elle veut « aider » n'est pas n'importe laquelle : Alice Tully est américaine, membre du conseil d'administration de la Maison française de New York University, cousine germaine d'Amory Houghton, grand-croix de la Légion d'honneur, qui a été ambassadeur des États-Unis en France. Elle a fait une grande partie de ses études musicales en France, avec Jean Perrier et elle a aussi étudié avec le célèbre mime Georges Wague. Pendant l'Occupation, elle a eu, à New York, une grande activité pro-française. Elle vient de prêter un Corot de sa collection au musée de Bordeaux et est la fondatrice de l'auditorium de musique de chambre du Lincoln Center qui portera son nom. Finalement, Alice Tully sera décorée de l'ordre du Mérite.

En 1968, Louise fait un voyage aux États-Unis du 9 février au 18 mars. De New York, elle écrit à Gaston Bouthoul combien son dos la fait souffrir. Elle a cru pouvoir se passer de massages et prend de l'aspirine. Elle loge à Hampshire House, Central Park South, dans l'appartement de sa « très riche amie Alice [Tully] qui est en train de faire le tour du monde, en trois semaines, avec son amant [38] ».

De New York, Louise va au Canada où elle rencontre l'abbé

Pierre qui est très dur dans ses jugements sur le clergé canadien qui, selon lui, vit dans le luxe. Il dit à Louise qui l'interroge, à cause de son frère, que le Mouvement d'Oxford est une niaiserie et qu'on ignore qui finance l'anticommunisme affiché par le groupe [39]. Le 1er avril, Louise reprend l'avion pour New York et, le lendemain, déjeune aux Four Seasons, l'un des restaurants les plus renommés de Manhattan, avec Charles Smith, « le conseiller des Rockefeller pour leur participation au financement des nouveaux procédés scientifiques », et Spanel, « un homme d'affaires américain qui est contre le général de Gaulle ». Lyndon B. Johnson est encore président des États-Unis mais il ne se représentera pas aux élections de novembre. Sa politique d'escalade de la guerre au Viêtnam l'a rendu impopulaire. Smith et Spanel détestent « Bobby » Kennedy, « dur, faciès de criminel, haï de Johnson », remarque Louise. Ses notes sur ses séjours aux États-Unis sont toujours curieuses car elle croise les personnages les plus imprévisibles qui commentent la politique intérieure américaine ou les affaires internationales de façon totalement saugrenue. Elle est invitée au lancement d'Apollo VI qui doit avoir lieu le 4 avril. Elle arrive la nuit précédente en Floride, à Cocoa Beach. Elle loge dans un motel de la chaîne Ramada Inn. « Motels, stations-service, bars flamboient. Tout appelle aux vacances. L'océan est noir et tranquille. Et, tout à coup, en bordure de route, devant je ne sais quelle administration militaire, éclairés par les projecteurs, toute une série de missiles, où les Grecs auraient élevé des statues. »

Dans sa chambre du Ramada Inn, une machine à café est encastrée dans le mur. Un bouton pour l'eau bouillante, un autre bouton, l'eau coule dans des verres stérilisés. Trois petits sachets : café, sucre, lait. Et résultat : le café le plus détestable du monde.

Au restaurant, le menu s'accorde avec le lancement de la fusée : *This side of Mars*. Les glaces s'appellent : *Moon shot delight*, *Missils are flying*, *Even on a Mercury Capsul*.

Louise visite l'immense cap Kennedy. « Le jour du lancement 4-4-68, aube splendide, soleil levant sur les lagunes qui me rappellent, du fond de ma vie, toutes les aubes passées à réfléchir, à aimer, à souffrir. Quelques oiseaux, mes oiseaux bien connus sur les grèves. » Louise décrit le lancement, qui ressemble à tous ceux, réussis, que nous avons vus sur nos écrans de télévision. Et puis, le soir même de ce jour mémorable, assassinat de Martin Luther King. Le président Johnson retarde son voyage à Honolulu pour assister aux obsèques. « Intégration ! » écrit-elle.

De cap Canaveral, Louise va aux Antilles, du 7 au 15 avril 1968. Elle trouve la Martinique en avance sur la Guadeloupe. Elle s'intéresse aux effets du Marché commun sur le cours de la banane et apprend que la banane guatémaltèque arrive à 50 francs à Hambourg et la banane française à 100 francs au Havre : « Les bas prix de Hambourg entretiennent la misère du tiers-monde [40]. »

Le 26 mai, rentrée à Paris depuis un mois, Louise écrit de nouveau au général de Gaulle : « Au retour d'un voyage que j'ai fait pour la revue *Guerres et Paix* que je dirige... » Elle informe le Général de ce qu'elle a vu aux États-Unis, qui souffrent de cinq plaies. Elle les énumère dans l'ordre de la difficulté d'y trouver une solution : le problème noir, le Viêt-nam, l'omnipotence des syndicats, la criminalité et le déficit de la balance commerciale. Par ailleurs, elle propose de rebaptiser le ministère des Armées en ministère de la Guerre et de la Paix, « tant le désir de paix que j'ai constaté aux États-Unis est grand, comme dans le monde entier [41] ». La réponse du Général à sa lettre, s'il y en eut une, ne se trouve pas dans les archives de la Bibliothèque nationale.

Louise participe, une nouvelle fois, à une émission de télévision, et le 1er septembre, Alexandre Roudinesco lui écrit qu'il regrette de ne pas avoir vu sa prestation sur saint Paul [42].

Le 10 septembre 1968, invitée par la télévision de Salzbourg, Louise se rend dans cette ville chère au cœur de tous les musiciens, à « un congrès international centré sur les théories et les stratégies de la paix. Le congrès se proposait d'établir le modèle d'un monde libéré de ses fanatismes idéologiques comme de ses comportements dominateurs ». Louise est accompagnée de Gaston et de Betty Bouthoul. Le congrès a lieu dans le superbe château de Klesheim, « haut lieu du baroque ». En Autriche, Louise n'est nullement dépaysée. Elle maîtrise fort bien la langue allemande qui est celle du congrès. D'où qu'ils viennent, la plupart des congressistes la maîtrisent aussi. « La majorité de ses orateurs étaient, encore une fois, des Américains revenant au pays natal. » Par ailleurs, Louise ne manque pas de rappeler qu'elle connaît depuis longtemps les savants qui ont étudié les mécanismes profonds de l'agressivité humaine. « Du vieux Théo Lentz, de Saint Louis (Missouri) », à l'Anglais Richardson, jusqu'au « représentant le plus illustre : Konrad Lorenz ». Il y avait aussi Herbert Marcuse qui venait de participer, en Italie, à un congrès consacré à l'anarchie (il y avait reçu des tomates). Hans Speier et Röling étaient là également[43].

Dans ses *Mémoires*, Louise rapporte « la carcasse de tous les discours et des discussions qui s'ensuivent ». Les notes sont conservées dans ses archives. Ainsi, avant l'intervention du Français Goldman, elle envoie cet avertissement à Gaston Bouthoul : « Cher Gaston, Goldman affiche pour vous le plus grand dédain. » Ou bien : « Preuve de notre collaboration intime. Gaston complète mes notes de sa main. » Louise ne paraît pas heureuse, une fois de plus. Il y a, entre Gaston et elle, Betty Bouthoul qui ne manque pas de signaler à son mari la manière dont Louise utilise les idées et les connaissances de l'avocat sociologue qui fut toujours si effacé. Louise ne revendique-t-elle pas des communications de Gaston qu'elle a simplement traduites ? Elle visite, sans eux, Salzbourg, Berchtesgaden. Ils se retrouvent à Munich, avec les autres congressistes. Le 19 septembre au matin, elle va seule à Dachau. « Le camp près de la ville. Propreté. » Dans son livre, elle développe les impressions que cette expédition éveille en elle. Seule aussi, elle visite des lieux bien différents, Nymphenburg et Amalienburg.

Elle va à Ausbourg. « Le pur ravissement : "Die Fuggerei". Impression de béguinage et exquise chapelle baroque. » À Ulm, elle va revoir dans la cathédrale, qu'elle juge monstrueuse, « les têtes de femmes sculptées trois quarts grandeur nature des stalles ». « Grâce des visages et des costumes, finesse, beauté, réserve, sourire, discrétion. » Pour elle, rien n'est plus ravissant. « Gaston Bouthoul, fatigué, n'a même pas le courage d'aller les voir », écrit-elle en conclusion[44]. À partir de ce voyage, elle sait que cette liaison dans laquelle elle a mis tant d'espoir est, comme les autres, vouée à l'échec. Elle s'est beaucoup attachée à cet homme charmant, délicat, plus jeune de trois ans, mais qui semble si frêle à côté de cette tornade... Elle projette plusieurs fois de le rejoindre dans la maison que les Bouthoul possèdent à Antibes, mais là-bas il n'est pas libre de la voir à sa guise et, chaque fois, la déception est immense. Sa nièce Françoise se souvient encore des larmes juvéniles de sa tante recevant un coup de téléphone de Gaston qui, au dernier moment, la décommandait.

Louise a, évidemment, beaucoup d'autres sujets d'occupation pour la distraire. Le 28 octobre 1968, sortie d'*Une enfance républicaine*, la première édition du premier tome de ses *Mémoires*, chez Payot... Elle donne une conférence de presse, suivie d'un cocktail, à l'Hôtel des ambassadeurs de Hollande, siège de la fondation créée par son cousin Paul-Louis Weiller[45]. Son livre est, en général, bien accueilli. Inutile de préciser qu'elle fait partie de la catégorie de ces auteurs qui s'occupent au maximum du lancement de leurs œuvres, relançant sans cesse à la fois les critiques, les libraires et l'éditeur. Elle exerçait ces pressions avec suffisamment de doigté pour que les attachées de presse ne la prennent pas en grippe.

Elle se livre aussi à des démarches plus imprévues. Elle promet d'écrire à des « personnalités du monde des affaires » pour les appeler à soutenir un « ami fidèle de la France, grand officier de la Légion d'honneur, qui a participé à la conquête de la Lune ». Elle envoie à l'intéressé la liste d'une bonne centaine de ces personnalités à qui elle s'est adressée. L'« ami fidèle de la France » est ce M. A.N.Spanel, avec lequel elle a déjeuné aux Four Seasons à New York et qui l'a invitée au lancement d'Apollo VI. Il est le fondateur de Latex Corporation. Dans une lettre du 1er octobre 1969, il lui exprime ses remerciements pour tout ce qu'elle a fait pour lui et, quand il la reverra à Paris, il compte bien lui prouver sa reconnaissance pour les efforts, le temps passé et l'argent dépensé si généreusement pour lui. M. Spanel lui envoie cette lettre peu avant le lancement d'Apollo XII vers la Lune et toute sa société travaille jour et nuit pour préparer les combinaisons spatiales flexibles avec les modifications dictées par l'expérience d'Armstrong, Aldrin et Collins[46]. Le vol de ces trois astronautes dans la fusée Apollo XI demeure mémorable puisque, le 21 juillet 1969, Armstrong fut le premier homme qui marcha sur la Lune, Apollo XII fut lancée le 14 novembre de la même année. Être mêlée — même de très loin — à ces aventures de l'espace qui font rêver le monde entier amuse Louise. De plus ce M. Spanel, sûrement très riche, la récompensera ; il le dit dans sa lettre et c'est un homme d'affaires, un homme de parole. Louise se montre toujours soucieuse de ses intérêts. Autre sujet qui lui tient vraiment à cœur.

À la fin de l'année 1969 paraît le deuxième tome de ses *Mémoires*. Louise va à Genève et à Lugano pour le lancement du volume. Le 14 décembre, elle est « L'invitée du dimanche » dans l'émission d'Alain Decaux à l'ORTF. Une longue émission qui dure plus de deux heures où, après un portrait esquissé par le journaliste

Max Clos, quatre témoins de la vie de Louise vont dialoguer : Geneviève Tabouis, Jacques Chastenet, Henri Sauguet et Georges Bonnet. Pour ce livre et pour l'émission, la presse, assez nombreuse, ne sera que modérément élogieuse[47]. Dans le cadre de cette promotion, elle projette aussi de faire une conférence et une séance de signature à Bonn en janvier 1970. Mais elle annulera, devant entrer d'urgence en clinique. Elle souffre d'un kyste de l'articulation de la hanche. Elle ne pouvait plus marcher, mais le kyste, heureusement, était bénin, comme elle l'écrit, le 19 janvier, à Mme A. Cheval, de l'ambassade de France à Bonn, qui devait la recevoir. Elle est rentrée de la clinique depuis huit jours mais les déplacements sont encore difficiles[48]. À la fin du mois, elle se rend à Bruxelles pour une réception qu'elle a organisée avec la société belge Martini et les Éditions Payot, son éditeur d'alors, au Martini Center, en présence de l'ambassadeur de France, le comte de Croüy-Chanel.

En juin de cette même année, elle promet à *L'Écho de la mode* une série d'articles qui doivent être publiés après la sortie du troisième tome de ses *Mémoires*, sous le titre général « Le Féminisme sur sa Lancée ». Et le 11 novembre 1970 a lieu, à l'Arc de Triomphe, une manifestation des neuf femmes formant le noyau du MLF (Mouvement de libération des femmes). Elles déposent une gerbe pour « La Femme du Soldat inconnu ». Louise Weiss, que ces nouvelles féministes n'ont pas consultée, n'est pas d'accord et le fait savoir.

L'année 1971, la rupture avec Gaston Bouthoul l'amène à quitter l'Institut de Polémologie, qu'elle prétend avoir fondé et grâce auquel elle s'est lancée dans ses deux recherches qu'elle qualifie de « fondamentales », comme je l'ai mentionné. Après cette rupture, Louise décide de faire créer une chaire de polémologie à la faculté des sciences humaines de Strasbourg. Ne serait-ce pas une bonne manière de montrer ses capacités ? Une revanche, en somme. Elle a trouvé un candidat en la personne de Julien Freund. Cet universitaire avait fait une conférence mal accueillie, à Paris, parce qu'il avait attaqué violemment la politique pratiquée à l'égard de l'étude de la langue allemande. Il avait mis en parallèle les Allemands, à Bade, qui apprennent le français à l'école — aussi les employés bilingues sont-ils nombreux sur le marché — et les Français alsaciens qui n'apprennent que le français et le dialecte alsacien. Louise avait organisé elle-même cette conférence qui eut lieu en décembre 1971. Elle n'est pas au bout de ses peines avec ce professeur susceptible qui, depuis une lettre datée du 14 mars 1969, ne cesse de récriminer[49].

Julien Freund n'est pas le seul correspondant qui lui cause du souci. En 1971, Paul Bastid — considéré par Louise comme un vieil ami et qui jusque-là l'était — lui reproche l'émotion qu'elle a provoquée chez Adrienne Weill, née Brunschvicg. Dans ses *Mémoires* et dans *Le Figaro* du 8 janvier 1971 qui a repris son allégation, Louise affirme que la mère de la jeune femme aurait accepté d'entrer dans le gouvernement Blum sous la condition de ne pas militer en faveur du suffrage des femmes. Paul Bastid, personnellement, et en considérant le double point de vue de Léon Blum et de Cécile Brunschvicg, juge tout à fait invraisemblable ce qu'avance Louise. D'après lui, Cécile Brunschvicg n'était entrée au parti radical que dans le but de lutter pour le suffrage des femmes. Il l'avait souligné à la Sorbonne, le 30 novembre 1946. Louise refuse de changer d'opinion. Elle répond, le 15 janvier 1971, qu'en fait, Blum et le parti socialiste étaient farouchement opposés au vote des femmes, qui, pensaient-ils, risquait de leur faire perdre leurs sièges. Il y avait alors très peu de femmes au parti socialiste ; en revanche les communistes en comptaient un grand nombre, les catholiques aussi. Avec trois femmes sous-secrétaires d'État, Léon Blum a voulu faire un geste pour répondre aux aspirations réveillées par son ardente campagne suffragiste, tout en torpillant les mesures, petites ou grandes, qui lui étaient proposées par les manœuvres « subtiles » qu'elle avait dénoncées[50]. Voilà qui replonge Louise dans son passé. Remuer des souvenirs n'est pas un plaisir pour elle, mais discuter de la stratégie politique d'un vieil ennemi en est un. Elle s'y livre sans hésiter. Quelques mois plus tard, la femme de Paul Bastid, Suzanne, née Basdevant, est élue à l'Académie des Sciences morales et politiques par 21 voix contre 13 au bâtonnier Albert Brunois. Elle est la première femme élue à l'Institut. Elle sera seule, face à 294 hommes. Docteur et agrégée en droit, sa silhouette est bien connue dans les couloirs de la faculté. Et elle est sexagénaire, note Louise, qui, peut-être, commence à sentir peser ses soixante-dix-huit ans.

Pourtant, dans le numéro du *Journal du dimanche* du 15 août 1971, qui lui consacre une page entière, « Louise Weiss, suffragette de 78 ans », déclare à la journaliste Annette Colin-Simard : « Jamais on n'est aussi libre que quand on est vieux. » En décembre, cette année-là, elle reçoit le prix Voltaire, fondé sous les aus-

pices de la *Revue de libre examen philosophique et social*, pour
Le Sacrifice du Chevalier, le quatrième volume de ses *Mémoires*
qui vient de paraître.

À propos de ce livre, elle reçoit une lettre d'André Malraux
qui lui suggère de faire deux tomes, suite aux *Mémoires*. L'un
comprenant les fragments de Maxime Gorki qui sont parmi les
pages les meilleures qu'elle ait écrites et qu'il faut développer.
L'ouvrage dans son entier est excellent. Pourtant, Malraux crie :
casse cou ! Le « Chevalier » peut très bien être le héros d'un livre ;
mais pas de celui-ci, beaucoup trop lié aux *Mémoires d'une Européenne*. Le romancier de *L'Espoir* souhaite que Louise conserve
le personnage et lui fasse jouer un rôle symétrique de celui de
Stefanik. « Sinon il y aura une rupture de courant (comme disait
le général de Gaulle). » Cette rupture jouera contre tout ce qu'elle
exprime de sa vie — et de ses sentiments. Louise ne doit pas sous-
estimer avec quelle force le « diable de l'anti-création » s'oppose
à nous quand nous essayons de parler de ce que nous avons aimé.
Malraux lui dit encore, dans cette même lettre du 28 février 1971,
que « les suggestions n'ont jamais été faites pour être suivies.
Mais il advient qu'elles fassent découvrir, contre elles, des choses
auxquelles nous ne pensions pas avant elles [51]... ».

Si les dates rapportées par Louise sont exactes, André Malraux
l'avait invitée à déjeuner chez Lasserre — le restaurant où il avait
ses habitudes — le 13 janvier 1971. Là encore, il lui parle de ce
qu'elle fait. Il lui suggère de terminer son autobiographie par des
considérations sur elle-même. Il l'assure que les six volumes de
la biographie de Suarez sur Briand n'expliquent pas l'homme. « À
vous ! » lui dit-il. Elle est, certes, bien placée pour évoquer Briand.
Ils parlent aussi d'autres choses au cours de ce déjeuner. Louise
demande si de Gaulle a été influencé par les femmes, et Malraux
lui répond que la grâce de la princesse Sirikit a tout emporté, « sa
suave féminité, son naturel ». Louise n'accepte pas ce jugement
flatteur que l'auteur de *La Condition humaine* porte sur la belle
reine de Thaïlande. Pour elle, le naturel de Sirikit est « la plus
rusée et la plus profonde des coquetteries ». André Malraux lui
répond qu'il réfléchira à son propos mais que le Général... ne
connaissait pas l'Extrême-Orient.

Ils parlent aussi de l'art de Tolstoï. Chez le grand romancier
russe, le récit est toujours éclairé par la réflexion perpendiculaire
venue de la lune, comme sa description du champ de bataille,
« mais la lune a des nuages, ce qui lui rend son humanité ». Suit

un long dialogue sur l'art du mémorialiste, rappelle Louise dans son compte rendu de leur déjeuner. Elle est fascinée, comme tous les interlocuteurs de ce causeur de génie.

Dès le 28 janvier, elle lui rend son invitation et le reçoit à déjeuner avenue du Président-Wilson. Malraux a terminé son livre sur de Gaulle, *Les chênes qu'on abat*. Il le remettra bientôt à Gallimard. « Mon quatrième volume de *Mémoires* est également terminé », dit-elle. Mais Malraux, qui a envie de parler du Général, l'assure que lorsqu'un homme est tout entier voué à l'action, on ne le saisit pas dans sa pensée. Et la pensée du Général n'avait pas une démarche vive. Il la forgeait en se promenant dans le parc de Colombey. C'était un homme qui procédait lentement dans ses raisonnements et ses déductions.

Malraux s'exprime librement sur le Général. Il dit l'amour profond que de Gaulle avait pour sa fille Anne. Cet amour avait installé en lui le sentiment du malheur. Le Général savait se mouvoir dans le domaine du malheur, dit-il. Le sentiment le plus profond qui l'unissait à Mme de Gaulle était celui d'un malheur commun. Comme tant d'autres parents, il aurait pu rejeter sa fille Anne, ou bien la supporter, la tolérer. Elle était au contraire l'amour de sa vie, confondue avec une certaine métaphysique. Malraux ajoute que la profonde foi du Général était incorporée à lui depuis l'enfance et qu'il ne songeait pas non plus à la réviser. Puis il dit aussi que les frères et sœurs font comprendre la formation d'un homme de génie. « Ils sont là, compréhensibles, moins le génie. » Louise est particulièrement frappée par cette remarque. Leur dialogue est inhabituel pour elle. Rarement elle fait des commentaires sur le caractère ou les sentiments des autres. Plus rarement encore elle écoute ceux que l'on fait, même si l'on s'adresse à elle.

André Malraux avait peu d'appétit, Louise avait prévenu Lucienne. En effet, il ne toucha pas aux petits légumes, ni à la « montagne de fromages ». Lucienne n'avait pas cessé de l'observer pendant tout le repas. « C'est un grand homme, malgré ses tics », conclut-elle. Elle n'avait pas imaginé qu'un grand homme pouvait aimer à ce point la viande crue et le vin rouge. Madame avait heureusement sorti une de ses meilleures bouteilles.

Et, à son tour, Louise donne la conclusion de ses propres observations durant ce déjeuner. Elle s'est entretenue avec un homme « passionné, tourmenté, en deuil, frappé par la fatalité ». André Malraux avait perdu son dernier amour, Louise de Vilmorin, l'année précédente[52]. Plus que celui des mémorialistes en général, le ton de Louise change suivant ses interlocuteurs. En lisant ses notes, je me suis prise à regretter qu'elle n'ait pas eu plus souvent un André Malraux en face d'elle. On regrette que le temps ne leur ait pas été donné de construire une amitié... Mais, sans doute, cela eût été impossible, aussi bien pour l'un que pour l'autre.

XXI

Les actions et les récompenses de l'Européenne

Il a été beaucoup question du Général de Gaulle dans les conversations de Louise Weiss et d'André Malraux. Elle était curieuse d'entendre ce que le ministre de la Culture du Général avait à dire. Elle ne lui a pas avoué combien elle s'était toujours sentie loin du général de Gaulle. Jamais elle n'a réagi de la même façon que lui devant les événements de l'histoire ou les choses de la vie. Ainsi, tandis que pour le Général la vieillesse était « ce naufrage », Louise pense qu'elle est synonyme de liberté.

Le Général est mort octogénaire, deux ans plus tôt. Louise, à soixante-dix-huit ans, croit avoir enfin atteint la liberté et décide de réaliser des projets qui perpétueront sa mémoire. Elle crée d'abord la Fondation Louise Weiss qui chaque année récompense par un prix « les auteurs ou les institutions ayant le plus contribué à l'avancement des sciences de la paix et à l'amélioration des relations humaines ». Le 28 janvier 1971, Louise écrit à André Malraux pour le remercier d'avoir accepté de faire partie du conseil de sa Fondation. Et, dès le 5 février, la toute nouvelle Fondation Louise Weiss remet un premier chèque de 50 000 francs à la Fondation de France pour la création d'un Institut des sciences de la paix. La fondatrice de ce nouvel institut organise la cérémonie de la remise du chèque qui a lieu ce jour-là à 15 heures, 67 rue de Lille, à Paris, en présence des administrateurs, de quelques amis et de quelques représentants de la presse[1]. Dans une lettre du 24 novembre 1971, le président du département des sciences humaines de l'Université de Strasbourg lui écrit que sa ville paraît « exceptionnellement bien placée pour la fondation d'un tel institut, auprès du Conseil de l'Europe et de l'Institut des

Droits de l'homme fondé par René Cassin. L'université a déjà un Institut de Polémologie dirigé par M. Freund ». Le ministre de l'Éducation nationale, le directeur du CNRS envisagent avec Louise le montant de leurs subventions, leurs attributions, leur renouvellement[2].

En septembre 1972, l'Institut des sciences de la paix est l'objet d'un projet qui s'ouvre sur la pensée de sa fondatrice :

« Mme Louise Weiss a consacré toute sa vie, depuis la Première Guerre mondiale, à l'étude des conflits et la promotion de la paix selon les méthodes rigoureuses des sciences historiques et sociales.

« Appuis : Rappelons que le Conseil de l'Europe a exprimé dans sa 19e session ordinaire le vœu que de tels instituts soient créés et leurs travaux coordonnés... La première somme de 50 000 francs remise par l'Association des amis de la Fondation Louise Weiss à la Fondation de France provenait d'un don personnel de la fondatrice.

« La Fondation de France gère cette somme dont les revenus assurent la première des promotions prévues par l'Institut pour l'avancement des sciences de la paix. Un prix de 5 000 francs sera remis le 4 novembre 1972 au sein de l'Université des sciences humaines de Strasbourg en même temps que la collation de ses doctorats *honoris causa*.

« Programme du développement. L'étude de l'agressivité humaine collective et des techniques de pacification est multidisciplinaire. Toutes les sciences y sont intéressées (biologie, histoire, métaphysique, etc.). Dans l'établissement d'un programme de travail, il s'agit donc d'être extrêmement précis. Les recherches prospectives devront se défendre des vœux pieux des pacifistes. »

La fondatrice participe activement aux décisions, à l'établissement des programmes. Elle trouve là un créneau pour exercer sa compétence et ses talents d'organisatrice.

Ainsi Louise ne ménage pas sa peine pour l'établissement et le développement de ce projet. Mais cette union entre égaux qu'elle a cru trouver avec Gaston Bouthoul, et qu'elle n'avait connue jusque-là avec personne, finit de se déliter, lui ôtant l'enthousiasme nécessaire pour poursuivre. L'expansion d'un organisme international ne peut se concevoir sans l'Institut français de Polémologie, fondé par Gaston Bouthoul, et auquel elle avait tant souhaité associer son nom. Elle fait ce qu'elle peut pour Julien Freund mais, après avoir soutenu ses débuts, elle ne s'intéresse plus que modérément à lui.

Un projet de création d'une université internationale retient son attention. Elle en répand l'idée et, en septembre 1972, fait un rapport qui circule à Strasbourg et ailleurs. Trois ans plus tôt, en 1969, Olivier Guichard avait suggéré à La Haye que l'Europe se dote d'un centre de réflexion et d'initiative dans le domaine de l'éducation[3]. Alexandre Marc et Bernard Voyenne, qui avaient rédigé le rapport « Vers une Université fédéraliste mondiale », issu de FDERA, centre fédéraliste de Formation d'équipes, de documentation, de recherches et d'action, avaient invité Louise Weiss à participer au premier dîner de l'Université fédérale mondiale, le 9 octobre 1950, au Cercle de l'Amérique latine, situé alors 96 avenue d'Iéna (salon des Ambassadeurs). En 1974, elle figure sur la liste des membres de la commission nationale pour l'Unesco, pour les sciences sociales et humaines, avec la mention « Institut des sciences de la paix ».

Louise pense surtout au rayonnement que pourra acquérir sa propre fondation. En cela elle ne se trompe pas et son geste continue d'être apprécié. Les noms des lauréats de la fondation, de la première année 1972 à celle de la mort de Louise Weiss en 1983 disent la qualité et l'éclectisme du choix. Le docteur Gérard Mandel pour son ouvrage *La Révolte contre le Père*, Jean Baechler pour l'ensemble de son œuvre, notamment pour son volume : *Les Phénomènes révolutionnaires*, Asher Ben-Natan, ambassadeur d'Israël pour ses souvenirs : *Dialogues avec des Allemands*, Willem Adolph Visser't Hooft, secrétaire général honoraire du Conseil œcuménique des Églises, pour son autobiographie : *Le Temps du Rassemblement*, Pierre Chaunu, membre de l'Institut, professeur à la Sorbonne, pour l'ensemble de son œuvre historique et sociologique, Helmut Schmidt, chancelier de la République fédérale d'Allemagne, l'Institut international suédois pour la recherche de la paix (SIPRI) présidé par Karin Soder, ancien ministre des Affaires étrangères de Suède, et représenté par le regretté Admiral of the Fleet, Earl Louis Mountbatten of Burma, l'*Île-de-Lumière*, navire-hôpital de l'Association « Un bateau pour le Viêt-nam », Anouar el-Sadate, président de la République d'Égypte, Simone Veil, président du Parlement européen, Théo Van Boven, directeur de la division des Droits de l'homme à l'ONU, Alain Poher, président du Sénat.

Parmi ceux qui reçurent le prix Louise Weiss depuis la mort de la fondatrice : Hélène Carrère d'Encausse, écrivain, professeur à l'Institut d'études politiques de Paris, membre de l'Académie française, l'archiduc Otto de Habsbourg, membre du Parlement européen, président international de l'Union paneuropéenne, Jacques Delors, président de la Commission des Communautés européennes, le professeur Stanislas Geremek, président du groupe parlementaire de Solidarnosc et président des Affaires étrangères de la Diète polonaise, Vaclav Havel, président de la République fédérale tchèque et slovaque, le professeur Thierry de Montbrial, président de l'Institut des Relations internationales.

Louise a le sentiment que le temps presse et elle est plus que jamais décidée à ne pas se laisser oublier. Avec son désir de ne rien négliger, il y a d'autres domaines qu'elle doit encore considérer soigneusement. Sa situation personnelle est très réussie sur le plan social, elle va essayer de l'affermir encore, en obtenant une reconnaissance qui serait plus internationale qu'un siège à l'Académie des Sciences morales et politiques. Dans ces démarches-là, elle ne fait preuve d'aucun humour, elle ne donne pas l'impression de tenter sa chance à la loterie. Elle ne doute vraiment de rien et croit que les plus grands espoirs lui sont permis. Elle est persuadée que sa candidature est tout à fait raisonnable et, dès cette année 1971, elle entre en campagne pour obtenir un prix Nobel. Le prix Nobel de la Paix est celui qu'elle vise d'abord. Elle envoie son dossier à Oslo où il est décerné et, en même temps, elle va tenter de réunir le plus de partisans possible à Paris pour appuyer sa démarche. Au Quai d'Orsay, elle fait appel à Hervé Alphand, et à M. de Beaumarchais, directeur des affaires politiques qu'elle a connu lorsqu'il était à Rome.

La campagne qu'elle va mener, d'abord à Oslo puis à Stockholm, car elle ne tardera pas à préférer briguer le prix Nobel de Littérature, s'étale dans une correspondance abondante aussi bien avec les Norvégiens et les Suédois influents qu'elle pense avoir ralliés à sa cause, qu'avec les ambassadeurs de France. Elle ne se terminera qu'en 1982. Chaque année, ou presque, une occasion ranime sa certitude. Son passé la sert et raffermit sa conviction. Ses relations dans le monde des fonctionnaires internationaux, des diplomates lui permettent de nouer ou de renouer facilement des contacts utiles.

L'économiste et homme politique Gunnar Myrdal, qui fut le premier secrétaire exécutif de la commission économique pour l'Europe des Nations unies, basée à Genève, s'est vu décerner le prix Nobel d'Économie en 1974. Il est le mari d'Alva Myrdal, écrivain et diplomate suédoise. Louise imagine sa « chère grande amie » de retour à Stockholm, le 4 décembre, pour la cérémonie du prix. Elle lui écrit pour la féliciter et elles resteront en correspondance jusqu'en 1982, lorsque Alva Myrdal, âgée de quatre-vingts ans, partagera le prix Nobel de la Paix avec Alfonso Garcia Robles, un Mexicain. Aussitôt, autre lettre de félicitations de Louise à Alva...

Mais, comme alliée, Louise a trouvé mieux encore : Mme Gustave Nobel est, dit-elle, sa « grande avocate ». D'origine russe, la belle-fille du fondateur a traduit le discours de Soljenitsyne, en 1970. La correspondance entre les deux femmes commence en 1973 et rapidement Louise l'appelle Rita. Dans une lettre du 25 août 1973, adressée à l'ambassadeur Raymond Gastambide, Louise raconte qu'en septembre 1971 plusieurs personnalités européennes, norvégiennes en particulier, avaient pensé à elle pour le Nobel de la Paix mais Mme Nobel l'ayant appris lui a dit que le prix de Littérature, surtout à cause de *Mémoires d'une Européenne* (4 volumes alors) et *Lettre à un embryon*, « essai sociologique », lui conviendrait mieux. Comme d'habitude, Louise insiste, parle de son œuvre qui poursuit sa course et lui a valu la citoyenneté d'honneur de la ville d'Austin au Texas où elle n'est jamais allée et où elle ne connaît personne. Elle a également été élue membre d'honneur du conseil supérieur de l'Université de Strasbourg. En juin 1976, elle mentionne encore le prix Nobel de Littérature qu'elle mériterait. En même temps, elle avoue avoir échoué à l'Académie française, l'année précédente, « à cause du secrétaire perpétuel, un vychissois et un pétainiste patenté », qui lui a préféré une danseuse étoile. La même année, Louise demande à Jacqueline Beytout, qui a racheté le quotidien *Les Échos*, d'écrire en sa faveur à Lukas Bonnier, le grand éditeur suédois. Yves Cazaux, président de la Société des gens de lettres, la soutient, assure-t-elle, et elle prévient l'ambassadeur de France à Stockholm, qui est alors Gérard Gaussen.

Le 22 mai, ce dernier lui communique la lettre de Stig Ramel, de la Fondation Nobel, à qui il a envoyé, de sa part, son roman pour la bibliothèque de la Fondation. Ce dernier se déclare prêt à l'aider. En 1977, le 11 janvier, c'est au successeur de Gérard Gaussen, l'ambassadeur Paul Fouchet, que Louise s'adresse. Elle lui envoie une lettre de son « parrain » Étienne Wolff, membre de l'Académie des Sciences et prix Nobel. En 1978, la correspondance avec Étienne Wolff continue. Il l'appelle « Chère Loublanc », elle l'appelle aussi Loublanc. Il est « Loublanc adoré », le 18 juillet 1978, il était « Très cher Loublanc » le 29 avril 1975. Il est certain que Louise joue à « la vieille dame indigne » et que son correspondant s'amuse autant qu'elle. Dans un tout autre style, le 22 décembre 1976, elle écrit à Alain Poher, le président du Sénat, pour avoir son soutien pour le prix Nobel de la Paix, tandis que, s'adressant à Son Excellence Paul Fouchet, le 18 juin 1976, elle disait briguer le prix de Littérature.

Elle tient les chancelleries d'Oslo et de Stockholm en haleine avec ses envois de livres à distribuer, de lettres à transmettre, ses informations, ses demandes, ses changements de cible. Elle est elle-même très occupée par ses démarches qui ne sont qu'une petite partie de ses activités. Mais, comme elle ne laisse rien au hasard dans le domaine des relations publiques, il y a dans ses archives des exemplaires de papiers à lettre avec des en-têtes et des adresses différents. « Dans le cadre de la Fondation de France, la Fondation Louise Weiss », dont le siège social est 2, place du Vieux-Marché-aux-Poissons, à Strasbourg, tandis que l'Institut des sciences de la paix (Centre de recherches relatives aux agressivités collectives et aux techniques multidisciplinaires de paix) est domicilié 15, avenue du Président-Wilson. Combien d'autres projets, avant cet Institut, ont utilisé l'adresse de l'avenue du Président-Wilson ? La maison de Louise a été associée, d'une manière ou d'une autre, à toutes ses entreprises. Elle servait de boîte aux lettres, de bureau et elle était assez vaste pour servir de cadre à toutes les réceptions.

À présent, Louise renonce aux longs voyages. Le temps où elle partait à l'autre bout du monde tourner des films est terminé. Elle a une maison à la campagne, à Conflans-Sainte-Honorine, « cette maison qui lui allait si bien », écrit Andrée Martin qui fut très proche d'elle à la fin de sa vie. « De l'étroite terrasse, on dominait, par-dessus les toits de tuiles les péniches au repos, le linge étendu, les cabines, les allées et venues des mariniers et de leurs familles. Ces mariniers en perpétuel mouvement lui convenaient admirablement. Elle s'intéressait à eux et aimait participer à leur fête annuelle[4]. » Elle reçoit le dimanche à Conflans des amis divers car elle continue d'aimer être entourée ; elle aime toujours les fêtes, mais ne peut concevoir cette seconde résidence simplement comme un lieu pour se reposer et recevoir ses amis. Elle veut être utile à la communauté et désire y être reconnue. Sa soif d'activité est insatiable !

Louise avait aussi fondé une Société des amis de Conflans. Elle lançait des invitations pour des « réceptions amicales et buffet au coin du feu », au château du Prieuré de Conflans pour regrouper les habitants, les habitués et les gens de passage. Puis, pour succéder à cette société, elle fonde l'Académie nationale de navigation intérieure dont elle est présidente. Elle sera également présidente du nouveau musée de la Batellerie. La première assemblée de l'Académie a lieu le 27 octobre 1973, 13 rue aux Moines, à Conflans. Le jour du Pardon de la Batellerie, les jurys attribueront le prix de la municipalité à des œuvres littéraires, scientifiques ou artisanales relatives à la batellerie. En 1977, les prix de la municipalité de Conflans-Sainte-Honorine seront distribués le samedi 25 juin en présence du maire Michel Rocard, qui fait évidemment partie du bureau de l'Académie. Louise est, en apparence, plutôt favorable à ce maire socialiste qui, de son côté, ne souhaite pas la gêner. Elle continue d'agir comme elle l'entend et fait jumeler Conflans avec Krems, en basse Autriche, à 80 km de Vienne, sur le Danube. Ce jumelage satisfait tout le monde, à cause des réjouissances qui l'accompagnent.

Les amis, Louise en a de plusieurs sortes. Durant sa vieillesse, toujours rayonnante d'intelligence et admirable par ses connaissances, sa culture, elle réussit à former des liens d'amitié avec quelques femmes plus jeunes, ce qui est nouveau pour elle. Certaines lui sont utiles et Louise ne se gêne pas pour exiger les services qu'elles peuvent lui rendre. L'une d'elles pourtant, Mme Andrée Martin, réussit, sans le vouloir, une relation privilégiée où Louise apprend un rôle nouveau. Soudain, la vieille dame découvre le plaisir de donner spontanément. Elle répète à sa nouvelle amie qu'elle est la fille qu'elle aurait voulu avoir. Elle s'intègre vite à la famille de cette femme dynamique, grande voyageuse et ayant elle-même fait carrière.

En même temps, dans le domaine des mondanités, Louise continue de vouloir briller. Ainsi elle envoie ce carton au Tout-Paris : « Louise Weiss vous prie d'assister le 11 octobre 1977 à 22 heures à une réception en l'honneur de SAS la princesse Caroline de Monaco et de M. Philippe Junot pour leur première sortie à Paris depuis leurs fiançailles. Cravate noire. » Pour cette soirée, Roger Peyrefitte a écrit un impromptu « avec une musique de Jean

Michel Damase, professeur au Conservatoire, chantée par Éliane Lublin ». Un journaliste de *Point de vue Images du monde* est présent. Peyrefitte a trempé sa plume dans l'eau de rose pour célébrer Louise et Caroline. Paul-Louis Weiller, Alice Sapritch sont parmi les invités et le peintre Édouard Mac Avoy doit ultérieurement faire un portrait de Caroline, cadeau de Louise à la jeune princesse. Louise donne aussi la médaille faite par Isabel de Selva avec sa devise à Caroline de Monaco. L'année suivante, elle sera invitée au mariage de la princesse et de Philippe Junot. Tout au moins au bal, le mardi 27 juin 1978, à 22 heures au palais princier, et elle ne manquera pas de s'y rendre.

Le 7 décembre 1977, la reine Fabiola écrit à Louise pour la remercier de l'envoi d'un livre « que vous nous avez offert ». Louise rêve de présenter quelques-uns de ses films au roi et à la reine des Belges. Elle entame une correspondance avec le maréchal de la Cour et l'ambassadeur de Belgique à Paris, le prince Werner de Mérode, car elle souhaite donner à cette occasion une grande réception en l'honneur des souverains. Finalement, elle devra renoncer à essayer de faire approuver une liste d'invités grand genre. Le roi et la reine accepteront juste la compagnie de quelques dames dont Mme Jacques Solvay et une de ses amies, Mme Garreau-Dombasle. Mais il y aura, ce 18 février 1978, jour tant attendu de la visite de la reine Fabiola, accompagnée du roi des Belges, avenue du Président-Wilson, un photographe de *Points de vue Images du monde* et Georges Bourdelon qui fera office de projectionniste. Louise offre à la reine une médaille à son effigie faite par Isabel de Selva.

Les souverains ou même les ex-souverains ont pour elle un grand attrait et dans les dossiers « Correspondance », à la Bibliothèque nationale, il y a aussi une carte, sans date, de remerciements « pour votre si délicieuse hospitalité qui nous a tant fait plaisir. À bientôt, Fouad et Reine Fadilad d'Égypte [5] ».

La remise du prix de sa Fondation est aussi une occasion pour Louise de donner une grande fête. La réception pour Helmut Schmidt qui reçoit le prix en 1978 a lieu dans le grand amphithéâtre du palais de l'Europe à Strasbourg. Louise, en tant que présidente, prononce l'allocution et offre à Helmut Schmidt un missel latin de la cathédrale de Bamberg « encore dans sa reliure d'origine et imprimé en 1507 dans les ateliers de votre pays. L'homo europeanus existait alors. Il déambulait sans passeport de l'un de nos hauts lieux du savoir à l'autre[6] ».

Le 27 octobre 1978, c'est au tour de Louise de recevoir un prix. Le prix Robert Schuman lui est attribué avec une médaille d'or pour les *Mémoires d'une Européenne*. Cette médaille lui sera remise au Sénat par Gaston Thorn, Premier ministre et président du grand-duché du Luxembourg. Alain Peyrefitte et Michel Junot, président de la Maison de l'Europe, prendront la parole en présence du président Alain Poher. À cette occasion, les éditions Albin Michel publient *Une petite fille du siècle*, premier volume de l'édition définitive des *Mémoires*. La médaille d'or qu'elle reçoit a déjà été attribuée à des Français : Gabriel Marcel, Edgard Pisani, Jean Monnet, René Maheu, René Cassin, Yves Bonnefoy, Claude Cheysson, Louis Leprince-Ringuet l'ont reçue. Cette médaille d'or a été remise à Pierre Boulez un an auparavant et André Malraux reçut la sienne deux années plus tôt. En 1979, le prix Robert Schuman sera attribué à Raymond Barre.

Louise recevra le prix de l'Europe, décerné par le syndicat des journalistes et écrivains, pour 1978, au cours d'une réception dans les salons du Cercle républicain. En novembre de cette année-là, Louise, qui s'est mise à écrire pour le théâtre, croit que sa pièce *Sigmaringen en France* va être montée à l'Odéon par Jean-Laurent Cochet. Elle écrit au secrétaire d'État à la culture, Jean-Philippe Lecat, pour l'inviter à assister, chez elle, à une lecture faite par elle et J.-L. Cochet. Dans cette lettre, elle dit au ministre que « le maréchal Pétain sort grandi de toute l'affaire » et qu'elle a invité à sa lecture des personnalités aussi différentes qu'Étienne Wolff, de l'Académie française, Me Isorni, l'avocat, notamment de Pétain, le directeur culturel de l'Institut culturel allemand, l'amiral Labrousse, ancien attaché militaire à Berlin et, en l'absence de Jean François-Poncet, Mme Jean François-Poncet, dont elle attend la réponse, ainsi que deux ou trois amis appartenant au Tout-Paris. Elle ajoute que Georges Wakhevitch devait faire les décors, il avait même préparé d'avance la maquette. Ces invités aux opinions si opposées, espère-t-elle qu'ils vont tomber d'accord à la fin de la lecture ? Dans quel but a-t-elle songé à les réunir ? Est-ce juste une gageure ? Le titre en dit long sur le sujet. Et, d'après Louise, *Sigmaringen en France ou les potentats du néant* a pour thème central la passion démentielle du pouvoir, analysée quand celui-ci ne débouche plus que sur le néant. Cette pièce en trois actes, elle l'a d'abord envoyée à Yves Ciampi, à Peter Brook qui a « prêté » le manuscrit à Jean Mercure, directeur du théâtre de la Cité, ancien théâtre Sarah Bernhardt, pas encore nommé théâtre de la Ville.

Pétain est prisonnier de Hitler dans le château des Hohenzollern à Sigmaringen. Les personnages sont Polichinelle qui présente les scènes et les commente, le Maréchal, Adolf Hitler, Joachim von Ribbentrop, Fernand de Brinon, Marcel Déat, Joseph Darnand, Jacques Doriot, le docteur Ménétrel, Abel Bonnard, Cecil von Renthe-Fink, une princesse Hohenzollern et sa suivante, un commissaire de police français, Clotilde, sa maîtresse, Jean Héritier, deux angelots allemands et des figurants : miliciens, femmes de miliciens, vieilles amoureuses du Maréchal, les déportés et les pendus du complot du 20 juillet.

Louise a établi soigneusement sa documentation historique ainsi que sa chronologie. Elle a noté dans des petits carnets des informations diverses sur les personnages du régime et aussi sur ce qui s'est passé à Salo. Elle fait également référence au livre d'Henry Rousso publié cette année-là[7]. Le 1er mars 1978, elle a écrit à Mme Ménétrel, la belle-fille du docteur Ménétrel, en se recommandant de son « défunt beau-frère Roudinesco » qui portait une grande affection au docteur, et de Me Isorni. Elle explique son intention de composer une œuvre qui montrera comme le maréchal Pétain avait résisté à la folie ambiante de ses collaborateurs tous ivres d'un pouvoir tout à fait factice. Le Maréchal seul était assez grand pour dominer, par la raison, cette situation extraordinaire et regarder la réalité en face. Il était captif. Louise souhaite s'entretenir avec Mme Ménétrel parce que la séparation d'avec le docteur Ménétrel lui paraît avoir été un supplice « inutile et supplémentaire » pour le Maréchal. A-t-elle réussi à obtenir cet entretien ? La lecture chez elle a-t-elle eu lieu ? Je n'ai pas trouvé trace de réponse. Mais la pièce ne fut pas montée et le 19 juin 1980, la femme d'Yves Ciampi, Claude, écrit à Louise pour lui suggérer de s'adresser à un agent. Elle lui donne même trois adresses. Ce qui est une façon de la tenir à distance.

On peut imaginer que le docteur Roudinesco, médaillé de la Résistance, n'eût pas forcément apprécié la déclaration faite en son nom à la belle-fille de Ménétrel. Mais il est certain que Louise utilisait son ex-beau-frère, mort ou vif, d'une manière ou d'une autre, quand l'occasion s'en présentait. Il est également certain que les sentiments de Louise envers Pétain ne sont pas simples et le fait qu'elle juge possible, quatorze ans après, de revenir à ce

que représentait le vieux militaire chargé de gloire passée est intéressant. Se croyait-elle assez puissante pour présenter au public sa
version d'un sujet qui réveille encore aujourd'hui les passions les
plus vives, liées aux souvenirs de ces terribles années ? Elle
demeurait pour le moins partagée en ce qui concernait Pétain et
Vichy. Elle n'avait pas oublié les Cagoulards qu'elle avait retrouvés là-bas, sans trop de surprise, mais Pétain lui avait toujours
paru comme une victime de ses illusions de patriote, manipulé par
un entourage mal choisi. Elle lui avait pardonné ses lois contre les
juifs — ne semblant pas croire qu'il en était responsable, elle ne
les mentionnait jamais —, comme elle ne mentionnait jamais non
plus les mesures prises par lui contre le travail des femmes. Pourtant, il faut noter que le 22 janvier 1980 elle écrit à André Figuéras
qu'elle refuse de faire partie d'un comité en formation « pour faire
respecter les droits de l'homme les plus sacrés : le droit à la justice
pour réviser le procès Pétain ».

Dans les archives de Louise, les sujets répertoriés, parce qu'elle
les a traités, sont aussi nombreux que divers.
Fin 1972, Louise accepte de faire partie du comité Élie Faure
créé pour le centenaire de la naissance de l'historien de l'art qui
aura lieu en 1973. Elle remercie le fils, Jean-Pierre Faure, de
l'avoir associée aux personnalités réunies pour célébrer la
mémoire de l'auteur de *L'Esprit des formes* et ne manque pas de
lui rappeler qu'elle a publié dans *L'Europe nouvelle* une série
d'articles qui devint *La Danse sur le feu*, édité en 1920, chez Crès.
Elle fête ses quatre-vingts ans en 1973. On lui demande partout
de faire des conférences. L'une d'elles a pour titre : « La jeunesse
n'est pas un droit, la vieillesse n'est pas une faute. » Phrase qu'elle
a dite, au cours d'une émission télévisée, à Pierre Desgraupes,
Igor Barrère et Étienne Lalou, les assurant aussi que « chaque âge
a ses vieillards[8] ». Louise a trop d'énergie, trop de pulsions encore
irrépressibles pour penser à la mort avec sérénité. Dans ses notes,
dans sa correspondance, elle parvient presque toujours à éviter ce
sujet. Après avoir mentionné la mort tragique de Stefanik et essayé
de croire longtemps que le « Chevalier » avait eu la vie sauve, elle
parle de l'effet violent que lui produisit cette mort. Puis, très vite,
comme elle décida de demeurer vivante, elle se remit à vivre, avec
toute la force de son désir.
Les rapports de Louise avec la mort reflètent sa personnalité,
son égotisme immense. Le marquis Denys de Champeaux, dont

elle a largement utilisé le dévouement, meurt en 1973 ; elle signe un article dans le numéro de janvier 1974 de la *Revue des Deux Mondes* intitulé « Le Marquis rouge », qui lui vaut une longue lettre du général de Soultrait. Ce cousin de Champeaux lui reproche les inexactitudes de son texte. Il lui précise l'origine « partiellement slave de Denys de Champeaux ». Et lui fait savoir que ce qu'elle a écrit est plus proche du roman que de la réalité. Louise mobilisa pour le moins deux ducs, dont le duc de Luynes, pour lui servir de caution. Les dernières années, Champeaux lui-même était prêt à la renier, avoue-t-elle tranquille. La mort d'Alexandre Roudinesco, le 31 juillet 1974, ne semble pas l'avoir touchée davantage. Elle assiste à la levée du corps mais les sentiments de divers membres de sa famille à son égard s'étant beaucoup refroidis, ses neveux et nièce ne souhaitent pas qu'elle les accompagne jusqu'en Suisse où leur père a demandé d'être enterré.

Louise s'intéresse encore au féminisme. De loin. La nouvelle formule ne lui plaît guère mais, comme 1975 a été déclarée « année de la femme », elle a fait pour *L'Écho de la mode* une série d'articles intitulée « Le Féminisme sur sa lancée », dont le manuscrit remonte à juin 1970. Depuis les femmes ont obtenu des lois en leur faveur. Louise a conservé dans ses documents un article de *Paris-Match* du 3 janvier 1976 qui les énumère. Ce sont des lois concernant les impôts, les femmes chefs de famille : veuves, divorcées, célibataires ayant un enfant de moins de trois ans en garde, la Sécurité sociale, les pensions alimentaires, les retraites, les concours d'entrée à la fonction publique, les plaintes pour discrimination en matière de sexe, une nouvelle forme de divorce « pour rupture de vie commune », les concours de l'enseignement supérieur désormais mixtes, l'accès à l'emploi pour les femmes enceintes, les allocations postnatales et les autorisations d'absence. Ces sujets l'intéressent encore mais elle a, et elle aura de plus en plus, des prises de position surprenantes de la part de la femme indépendante qu'elle a été et qu'elle représente encore pour beaucoup.

La vieillesse ne lui est pas aussi bénéfique qu'elle semble le croire. N'est-ce pas elle qui lui fait voir la vie des femmes sous un autre jour ? En 1973, elle publie cette *Lettre à un embryon* qu'elle appelle un « essai sociologique » et qui est un pamphlet contre l'avortement[9]. Six ans plus tard, dans *Paris-Match*, elle revient sur les IVG (interruptions volontaires de grossesse). Et la loi que la ministre Simone Veil réussit à faire voter, « d'ailleurs préparée et ratifiée par des assemblées masculines, n'a été emportée que par le désastre des avortements clandestins. Innocente des mœurs et impuissante à les réformer, elle a été contrainte de leur venir en aide ». Cette loi est donc, d'après elle, « une loi de circonstances [10] ». Son article a pour titre : « L'avortement, conquête masculine. » Une autre citation donne le ton : « La suppression autorisée de la vie a toujours été le fait de législateurs dominés par les impératifs de la conjoncture et sans intention de conquête sexuelle » ; de même sa brève analyse affligeante de l'état de la famille française est bien due à la réflexion d'une personne qui, parce qu'elle a vieilli, voit l'avenir en noir.

L'ancienne suffragette, qui a retrouvé la mémoire pour raconter ses exploits, rassemble, par ailleurs, une documentation sur les femmes qui écrivent des articles féministes, Françoise Giroud, Josyane Savignaud, Dominique Desanti, et elle pense qu'elles n'apportent rien de neuf. Le 10 octobre 1980, elle passe à la télévision, dans l'émission « Apostrophes » de Bernard Pivot qui, ce soir-là, a pour thème « Le Féminisme a-t-il changé la femme ? ». Bernard Pivot a réuni sur son plateau : Régine Pernoud pour *La Femme au temps des cathédrales*, Louise Weiss pour *Combat pour les femmes*, Erich Segal, *Un homme, une femme, un enfant* (Segal est l'auteur du célèbre *Love Story*), Françoise Basch qui présente *Journal d'une gréviste* de Theresa Malkiel, et Muguette Vivian *Les Imposteuses, pamphlet contre les femmes féministes*. Louise s'est éloignée de ce qu'elle a soutenu autrefois et deux jours plus tard, la veuve de Saint-John Perse, Dorothy M. Léger, écrit de la presqu'île de Gien, à Hyères, où elle réside, pour la féliciter de sa prestation chez Pivot. « Quelle magistrale leçon de grâce, d'humour et de charme vous avez donnée à nos farouches féministes », dit-elle.

Dans un dossier concernant son dernier roman *Dernières Voluptés*, Louise a rédigé une page d'un « Petit Lexique à l'usage des lecteurs » qui est également sombre : ami est synonyme de flatteur, l'ennemi c'est l'autre, la solitude c'est le refus de n'être plus le premier ou la première dans un deuxième cœur et la vieillesse a plusieurs sens : 1. c'est un état temporaire, 2. c'est un état ayant inspiré le respect et n'inspirant plus que le dégoût, 3. c'est l'état de retour à l'incapacité d'étonnement de l'enfance, 4. c'est l'état d'indifférence progressive envers autrui, 5. c'est un état de désolation résultant d'un anachronisme entre les appas de l'intéressé et ses ardeurs [11].

Ce « Petit Lexique » exprime mieux qu'une longue analyse le profond désespoir de Louise. Ce désespoir est évidemment la cause de l'attitude qu'elle affiche face à des problèmes sociaux qui ont été résolus sans sa participation et aussi celle de sa soif d'honneurs. L'amitié sincère que lui porte la chaleureuse Andrée Martin ne peut combler l'absence d'amour mais l'aide à mieux supporter cette solitude, qu'elle accepte toujours si mal ; et elle y retombe avec autant de chagrin, octogénaire que jeune femme. C'est le prix de sa magnifique vitalité.

En 1976, le président Giscard d'Estaing remet à Louise Weiss la plaque de grand officier de la Légion d'honneur au cours d'une cérémonie qui fait l'objet d'une grande réception à laquelle assiste le Tout-Paris politique et mondain. Peut-être est-ce dans cette nouvelle reconnaissance que Louise va puiser la force nécessaire pour reprendre un combat qui s'est beaucoup compliqué durant ce dernier quart de siècle. En octobre de cette même année, une exposition « Hommage à Louise Weiss » a lieu à la Bibliothèque nationale ; on peut y voir une invitation à la signature du traité de Versailles en 1919. Elle est l'une des rares survivantes des invités à la cérémonie. Un portrait de Lénine donné par Lénine lui-même à Moscou, en 1921. Un portrait de Tolstoï fait à Isnaïa Poliana par son ami Naoum Aronson et dédicacé à Louise Weiss, des lettres inédites de Colette, Anatole France, Paul Valéry et de Gaulle, ainsi que des objets rapportés des voyages. Ces événements parisiens qu'elle a inspirés et qui sont d'un niveau élevé doivent certainement satisfaire son ego. L'exposition avait une grande signification pour elle qui a tant regretté sa bibliothèque et les papiers volés par les nazis. Montrer ces objets, ces lettres auxquels elle tenait, c'était parler d'elle, de ses goûts, de ses attaches, de ses intérêts. Dans le premier volume de ses *Mémoires* elle avait écrit : « Si l'avenir appartient à tous, l'autrefois n'appartient à personne. Il a cessé d'exister. C'est tout. Le ranimer demande un acharnement atroce [12]. »

Pourtant, parfois, Louise éprouve le besoin de retourner en arrière, comme elle le fait dans un article du *Figaro* du 1er août 1977, intitulé « Point de vue. Souvenir d'un ancien front commun ». C'est la politique qui l'obsède toujours et qui provoque ce retour à « l'autrefois qui n'appartient à personne ». « Les réformes dont les historiens créditent le front populaire ont été en réalité imposées par les foules déchaînées en 1936... » Elle reprend aussi la question de « l'égalité des droits entre les Français et les Françaises [qui] était un des points du programme socialiste, mais comme les femmes socialistes étaient fort peu nombreuses, comparées aux militantes catholiques et communistes, le parti était résolu, sur ce point comme sur bien d'autres, à empêcher son propre programme d'aboutir... [les socialistes] s'opposaient, pour cause d'insuffisance, aux mesures de progrès et d'évolution proposées par les gouvernements de rechange et qui auraient pu être votées par l'ensemble des assemblées (l'électorat des femmes aux conseils municipaux, par exemple) ». Elle écrit aussi avoir eu un entretien avec Léon Blum qui lui dit : « Vous ne pouvez refuser à un marxiste, de la IIe Internationale il est vrai, de s'inspirer des recommandations de Lénine visant à la destruction du capitalisme. Notre soutien sans collaboration et nos blocages créent précisément la dissatisfaction révolutionnaire dont vous vous plaignez et que nous recherchons pour assurer la dictature du protélariat. »

Ces souvenirs, qui provoquent de vives réactions de la part des professionnels de la presse et de la politique, en particulier parce que publiés dans le journal d'Hersant, paraissent lointains aux lecteurs habituels du *Figaro*, vingt-cinq ans après la fin de la Seconde Guerre mondiale. Mais ils montrent clairement les dispositions de Louise envers l'avenir. Elle s'intéresse de nouveau quotidiennement à l'actualité, comme elle le faisait avant ses grands voyages de cinéaste à la recherche du sacré dans les religions autres que le monothéisme judéo-chrétien.

Elle conserve une large documentation de coupures de presse, des notes qu'elle a prises sur les événements, aussi des copies de documents envoyés par son ami l'amiral Labrousse, qui dirige les travaux de la commission des droits de la mer à l'ONU, sur les *boat people*, les réfugiés vietnamiens dans les îles Anambas (Indonésie). L'amiral lui communique des rapports du comité exécutif de l'Assemblée générale de l'ONU pour 1978. Il y a aussi la question des réfugiés afghans massacrés, selon un responsable pakistanais et une dépêche d'Islamabad, de l'AFP, le 17 août 1979.

Et on retrouve, pêle-mêle, dans ses archives de la Bibliothèque nationale, une résolution déposée par Louise, au début de l'année 1975, à la séance de la commission de la République française de l'Unesco, demandant « l'annulation des votes excluant Israël de toutes les zones géographiques et par voie de conséquence logique de l'Unesco ». À la suite de cette résolution, elle est invitée par André Lwoff à participer à une rencontre pour l'universalité de l'Unesco et elle accepte. Afin qu'Israël soit de nouveau inclus dans le groupe Europe. La conférence générale d'octobre-novembre 1974 s'y était opposée. Un article retrace l'accident de Creys-Malville qui fit un mort et cent blessés sur le chantier de la centrale nucléaire proche de Lyon, en août 1977. Une note sur les otages des terroristes palestiniens retenus à Kampala, chez Amin Dada, et sauvés par un commando de trois avions israéliens. L'opinion publique française approuve entièrement l'opération. Kurt Waldheim en déclarant au nom de l'ONU que l'initiative israélienne constitue un acte d'agression inadmissible « me semble [fournir] une raison de plus pour condamner l'ONU, a noté Louise. Israël justifie une fois de plus son existence et témoigne d'un État dont tous les citoyens sont solidaires ». Puis : « Non seulement la France n'a pas repêché Mme Claustre, mais elle a donné un milliard inutilement », note-t-elle ailleurs.

Il y a aussi un dossier « Parlement » où se trouvent les dates des conférences interparlementaires Communauté européenne-Amérique latine à Luxembourg, à Mexico, à Rome. Ce dossier contient une chemise « Droits de l'homme » avec le rapport du Conseil de l'Europe relatif aux Droits de l'homme en URSS, rapport présenté à l'assemblée du Conseil de l'Europe le 27 janvier 1983 et la résolution prise par cette assemblée sur la situation de la communauté juive en URSS. Ainsi que des rapports sur la situation en Pologne, au Chili, en Tchécoslovaquie.

Avec ces documents figure aussi un article de Louise paru dans *Les Nouvelles Littéraires* du 25 novembre 1976, après la mort d'André Malraux. Elle y parle de l'auteur des *Antimémoires* et du général, et trouve encore le moyen d'évoquer le « général victorieux, l'auteur maurrassien du *Fil de l'épée* ». Dans leurs conversations, elle n'a pas interrogé Malraux sur le soi-disant « côté maurrassien » de son héros, en tout cas, elle ne le dit nulle part. Mais dans son article, elle se vante d'avoir « minusculement infléchi l'histoire gaullienne en suggérant à André Malraux de changer le titre du journal du RPF. Ce journal s'appelait *L'Étincelle*.

« *L'Étincelle* était le titre d'une célèbre feuille révolutionnaire russe. Il me paraissait que notre gazette devait tout simplement s'appeler *Le Rassemblement français*.

« — C'est juste, laissa tomber Malraux.

« Et il en fut ainsi. »

Dans ce curieux article nécrologique, Louise appelle le journal du Rassemblement du peuple français « notre gazette », elle est donc membre de ce parti. Elle ne semble pas y avoir beaucoup milité mais, le 10 juin 1979, c'est sur la liste de Jacques Chirac qu'elle sera élue membre du premier Parlement européen de Strasbourg. La Communauté économique européenne a, depuis 1958, une Assemblée des Communautés européennes mais ce n'est qu'à partir de 1979 que ses membres sont élus au suffrage universel. Elle avait enfin obtenu d'être élue au suffrage universel, ce qu'elle désirait depuis tant d'années. Ajouter à tous ses titres celui du Parlement européen achevait son triomphe. Elle avait lutté depuis si longtemps pour la réalisation d'une Communauté européenne dont la base était cette réconciliation franco-allemande qu'elle souhaitait depuis la fin de la Première Guerre mondiale et pour laquelle elle avait lutté au côté d'Aristide Briand. Ce qu'il y avait eu de meilleur et de plus important dans la vie de cette femme vouée au pacifisme basé sur l'union des nations et non sur l'écrasement devant la force brutale recevait la plus belle récompense imaginable.

Le 17 juillet 1979, Louise Weiss, en sa qualité de doyenne d'âge, prononce le discours d'ouverture du Parlement européen de Strasbourg. Ce discours fera date tant il est remarquable. Andrée Martin écrit : « Elle y mit toute son âme, toute sa force. C'est près de nous qu'elle le prépara avec un dynamisme, une vitalité, une ardeur qui nous ahurissaient. C'était pour elle un couronnement. Il s'est intitulé "Un combat pour l'Europe" et illustre parfaitement la place que l'Europe a tenue dans sa vie [13]. » Et l'on mesure ce que l'affection des Martin, lui offrant le refuge d'un foyer comme elle n'en avait jamais connu, pouvait représenter pour cette lutteuse qui devait écrire le premier discours destiné aux « élus de l'Europe ». Louise monta à la tribune « pour y vivre, présidente d'un jour, un honneur dont je n'aurais pas osé rêver, et une joie — la joie la plus forte que puisse éprouver une créature au soir de son existence —, la joie d'une vocation de jeunesse miraculeusement accomplie ». Ainsi s'ouvrait le superbe discours dont on ne pourrait extraire des citations sans le trahir [14].

Louise Weiss est âgée de quatre-vingt-six ans et le Parlement européen ne la fera pas renoncer aux autres tâches qu'elle s'est elle-même données. Elle se rendra à Strasbourg chaque mois, pour les séances, accompagnée de l'amiral Labrousse qu'elle a choisi comme assistant parlementaire. Elle dit à Huguette Debaisieux, au cours d'une interview qui paraît le 17 juillet 1979 dans *Le Matin*, qu'elle n'est pas d'accord avec Simone Veil qu'elle traite de « jeunette ». Elle est contre l'avortement, nous l'avons vu. Pour elle, la loi Simone Veil autorisant l'interruption volontaire de grossesse est « une loi de circonstance, un acte qui rend service aux femmes mais supprime la mauvaise conscience des hommes ». Argument dont, visiblement, elle ne sent pas l'extrême solidité puisqu'elle corrige par un définitif : « Que voulez-vous, je suis "rétro". » Elle loue Kaiserling et son *Analyse spectrale de l'Europe*, écrit cinquante ans plus tôt, et Victor Hugo, « un Européen né ». Louise continue donc d'enfourcher ses chevaux de bataille. Comme le montre cette interview donnée au *Matin*. Sa date de parution ne dût pas convenir à Simone Veil, mais il est certain que la doyenne du Parlement européen se sentait plus libre que jamais.

Elle organise sa vie publique comme il lui sied. Le 16 octobre 1979, elle écrit au secrétaire général du Conseil des communes d'Europe, Thomas Philippovich, neveu de Geneviève Tabouis, que le 20 elle doit se rendre à Valenciennes où une école portera son nom. Elle est en relation avec l'Union paneuropéenne internationale que préside Otto de Habsbourg. Le secrétaire de cette organisation, Vittorio Pons, à Lausanne, lui demande de publier, dans *Pan-Europa*, ses souvenirs sur Richard Coudenhove-Kalergi, le fondateur de l'Union, qu'elle a rencontré aux États-Unis. Louise a bien connu Coudenhove-Kalergi. Ils ont fait des conférences ensemble pour défendre l'idée européenne, dit-elle dans cette même lettre où elle rend hommage à Otto de Habsbourg qui a repris l'œuvre du comte Coudenhove-Kalergi et qui, de plus, se bat pour défendre la langue française, aussi menacée internationalement que la langue allemande.

Elle continue de se déplacer à cause des conférences qu'on lui réclame ici et là en Europe. Le 9 mai 1979, *Toutes les Nouvelles de Versailles* annonça que Louise allait se consacrer à la lutte contre la dénatalité, à la protection de la langue française contre les anglophones, pour que la France redevienne ce qu'elle fut au siècle des Lumières, « le champion du droit et des Droits de l'homme ». La doyenne du Parlement européen doit aussi prendre la parole à l'Académie épiscopale d'Aix-la-Chapelle, en septembre ou octobre 1979. Mais ce sera impossible, les dates choisies coïncident avec celles de la remise de la médaille de la culture européenne Robert Schuman de la FVS de Hambourg. La FVS est la fondation Freiherr von Stein, destinée à resserrer les liens entre la France et la République fédérale allemande. Elle écrit à l'Académie épiscopale que ce n'est que partie remise.

Louise a fait paraître *Dernières Voluptés* au printemps de cette même année, avant son élection. Cet étrange roman raconte l'histoire d'une vieille baronne qui découvre l'homosexualité de son cher défunt et aussi, tout aussi important, le pacifisme de ce mari peu ordinaire, tué par son chien Rack dont il voulait se défaire parce qu'elle en avait peur. L'enfant qu'ils n'ont pas eu tient une grande place dans leur couple. La raison de la stérilité du baron était l'enfant handicapé qu'il avait engendré dans un lointain passé et qu'il avait laissé mourir, grâce à des médecins compatissants. La baronne a elle aussi son secret : elle a fait une grossesse nerveuse et « à sa surprise, le désordre passager de son corps essayant de transgresser les lois de la nature pour répondre à l'intensité de son désir l'avait laissée plus émerveillée que contrite. Elle s'était admirée pour avoir réussi à forcer le destin jusque-là [15] ». D'après cette héroïne bizarre, « à Montrésor, tout le monde trompait tout le monde, comme dans les mille et autres communes de France et partout ailleurs. Une vie sociale paisible ne pouvait se concevoir sans mensonge [16] ».

Ce nouvel ouvrage de Louise Weiss révèle un aspect sombre et douloureux de la grande dame qui méritait tous les éloges à Strasbourg. Il éclaire en même temps un narcissisme poignant. Une fois encore, Andrée Martin évoque avec beaucoup de sensibilité l'amie qui lui était si chère : « Comblée par cette vieillesse au cours de laquelle elle réalisait et accomplissait ce qui lui avait tenu le plus à cœur dans sa vie, elle était facile à vivre et il était harmonieux de l'avoir chez soi. Son égalité d'humeur et sa totale maîtrise d'elle-même faisaient qu'elle ne montrait que fort peu ses émotions profondes [17]. »

Au Parlement européen, le côté professionnel de Louise doit lui donner des joies, même si ses collègues, par moments, l'irritent. Elle accomplit aisément ce qu'elle veut, avec bonne grâce et efficacité. C'est elle qui transmet les pouvoirs à Simone Veil, élue président du Parlement européen. C'est sur une proposition due à son initiative que, dès le 30-31 octobre 1979, la création d'un Institut européen est envisagé. Son activité déborde le cadre de Strasbourg : le 9 février 1980, Louise va à Anvers, pour une conférence à l'Union des fédéralistes européens. Elle sera accueillie au sein du Sénat d'honneur européen, présentée à l'Assemblée par le président Henri Brugmans qui lui remettra la médaille *emeritu* et honoris causa.

Mais son âge la rejoint parfois en l'offrant pour cible aux petits criminels qui s'attaquent de préférence aux vieilles dames. Un soir, en rentrant chez elle, Louise est victime d'une agression. Charles Petit, président de la Cour d'assises, lui écrit, le 14 juin 1980, pour lui dire à la fois son indignation profonde, sa sympathie et son admiration pour le courage et le sang-froid dont elle a fait preuve. Il n'est pas le seul à lui écrire pour lui exprimer sa sympathie. Bien entendu, elle ne se laisse pas abattre par un tel incident et s'occupe d'un dossier « Commission de la culture Bruxelles », car elle a des problèmes avec un des membres du Parlement qui n'a pas tenu compte de ses corrections. Mais à la division « Problèmes du secteur culturel », on ne semble pas non plus en plein accord avec elle. Le 10 mars 1982 et les jours suivants, près de deux ans plus tard, Louise est convoquée à l'audience de la Cour d'assises de Paris, 3e section, pour comparaître. Elle a été victime d'un vol à l'arraché. Son agresseur, B., est poursuivi pour vol qualifié, viol, tentative d'homicide volontaire. Mais l'affaire B. est reportée à une date ultérieure et Louise se fait excuser à cause de son âge et de ses nombreuses occupations.

À partir de septembre 1980, Louise qui se range, évidemment, avec les élus du RPR, est soumise, comme les autres, au « tourniquet », une invention de Jacques Chirac pour que les démocrates européens du progrès (DEP) démissionnent au bout d'un an pour laisser la place à d'autres membres du groupe. Elle est loin d'être d'accord. Heureusement, d'autres intérêts la distraient des petits remue-ménage strasbourgeois. Ses livres commencent à être traduits en allemand. D'abord la *Lettre à un embryon*, avec une préface d'Helmut Schmidt ; la médaille d'or de la Société Gustav Stresemann vient de lui être attribuée. Elle donnera une conférence le 30 octobre à Mayence et le 20 novembre à Bonn.

En octobre 1980, dans *Trente jours d'Europe*, Louise déclare : « Tout le monde sait quelle utilisation frauduleuse est faite des aides internationales mais l'Europe s'agenouille devant les plus atroces dictateurs et masque son impuissance par la bénévolence. » Il faudrait avoir le courage de refuser l'aide aux pays bafouant les Droits de l'homme et portant atteinte à nos libertés. Pourquoi l'Union soviétique qui arme l'Éthiopie ne l'aide-t-elle pas à se nourrir ? » Louise n'a jamais jusqu'ici connu le pouvoir d'élever la voix, munie d'un mandat parlementaire. Le rêve de toute sa vie s'est réalisé.

À la fin de cette année 1980, Louise sera encore plus occupée que les années précédentes. Le 3 novembre, elle va à Rome pour une audience privée, au Vatican, avec le pape Jean-Paul II qui la reçoit en sa qualité de doyenne du Parlement européen. Dans son mémorandum, elle se plaint du manque d'unité spirituelle du Parlement, nécessaire pour obtenir une réelle volonté politique. Elle dit aussi que le tiers-monde culpabilise l'Europe. Les 77 pays afro-asiatiques qui forment la majorité de l'Organisation des Nations unies entretiennent cette culpabilité. Et il faut remarquer que les porte-parole européens des Droits de l'homme sont, par tradition politique, opposés aux défenseurs de la foi chrétienne. Alors qu'au contraire l'Histoire montre que les Droits de l'homme sont issus des valeurs chrétiennes... Louise suggère à Sa Sainteté le pape d'aller à Strasbourg, qui est « actuellement et par tradition une capitale spirituelle ». Elle ajoute que l'Europe unie comprendra peut-être un jour que la notion d'indépendance nationaliste est désuète, et que la grandeur de chacun s'affirmera alors enfin dans une union fondée sur une éthique commune [18]. L'amiral Henri Labrousse, qui accompagne Louise à cette audience, dit avoir constaté que les idées de la doyenne « sur l'unité européenne étaient très proches sur le plan spirituel de celles de son interlocuteur [19] ».

Au retour de son voyage à Rome, Louise reçoit une lettre (datée du 25 novembre 1980) du directeur général de l'Institut culturel International Edmond Michelet (ICIEM), Paul Sonnenberg, l'invitant à faire partie du comité d'honneur. Elle accepte, bien entendu. Elle ne rejette jamais ce genre de proposition. Elle en tire, c'est évident, une grande satisfaction. Chez elle, l'âge n'est pas seul responsable de ce goût de briller. Elle a toujours eu cette faiblesse. Mais cette faiblesse — si c'en est une, bien des lecteurs ne souscriront pas à mon avis — est aisée à satisfaire, quand on a ses exceptionnelles facultés intellectuelles et son pouvoir d'adaptation. Elle peut penser à présent avoir atteint les buts qu'elle s'était fixés après avoir réussi l'épreuve de l'agrégation de lettres, à la veille de la terrible Grande Guerre, qu'elle n'oublia jamais.

En décembre 1980, elle apprend la mort de Gaston Bouthoul qu'elle avait cru beaucoup aimer. Il était veuf mais elle ne le voyait plus. Il avait rejoint le groupe de ces autres hommes qu'elle eût oubliés, sans les transpositions romanesques qu'elle avait faites de leurs personnalités et de son amour. Était-ce à lui qu'elle avait pensé en répondant à Paul Giannoli, quatre ans plus tôt ? « Vous avez été une militante féministe jusque dans votre vie personnelle, puisque vous avez rompu une union de vingt-cinq ans avec un homme que vous aimiez et qui vous aimait parce qu'il vous demandait ce que vous appelez une abdication », lui avait dit le journaliste dans une interview. « Si je lui avais cédé, mon œuvre aurait disparu, dévorée par la sienne. Mon caractère et mon passé m'interdisaient de m'effacer, de ne plus être qu'une sorte de secrétaire. Nous avons rompu dans l'amour et dans les pleurs parce que je voulais préserver et sauver ma personnalité. » Et Paul Giannoli insiste : « Pourquoi avez-vous raconté cette histoire dans votre livre ? — Pour ne pas laisser supposer que ces *Mémoires* avaient été écrits par une femme qui n'avait pas connu une véritable vie de femme, éprouvant même des sentiments avec plus d'intensité [20]... »

Certes, Louise a connu ce qu'on appelle couramment « une vie de femme », et il est vrai aussi qu'elle a éprouvé des sentiments avec intensité. Mais sa liaison avec Gaston Bouthoul est loin d'avoir duré vingt-cinq ans et j'imagine mal le fondateur de l'Institut français de Polémologie demandant à sa maîtresse d'« abdiquer ». L'œuvre de celle-ci devant disparaître devant la sienne qui l'eût dévorée ! Il était l'homme le plus tolérant et le plus ouvert aux autres qu'on pût imaginer. Louise profite des questions de l'enquêteur pour trouver des raisons à la manière dont elle s'était conduite à Salzbourg, s'appropriant les communications qu'elle avait traduites. Ce qu'il avait eu l'élégance de ne pas lui reprocher. Depuis Élie-Joseph Bois, il était le seul de ses amants de cœur dont la valeur intellectuelle pouvait être comparée à la sienne. Les relations amoureuses avec le directeur du *Petit Parisien* qui, peut-être, eût exigé l'effacement de sa part, avaient été brèves et la liaison à laquelle il est fait allusion dans l'interview de Giannoli finit, dit-elle, « dans [leur] extrême vieillesse, en cette période de l'existence si mal connue, où les passions intellectuelles deviennent carnassières par extinction graduelle des autres prédations amoureuses. Après tant d'heures de communion totale, nous nous heurtâmes sans recours, pour conserver nos personnalités respectives [21] ». La raison de la rupture n'est peut-être pas celle que donne Louise, mais il est certain qu'elle sait ce que deviennent, « dans l'extrême vieillesse », les passions intellectuelles.

En 1981, Louise est encore très présente à Strasbourg. Elle y va régulièrement, participe aux séances, comme aux réceptions mondaines. Le 23 janvier, le lendemain de la réception de Marguerite Yourcenar à l'Académie française, elle est interviewée par Joseph Paletou, de France-Inter ; elle se montre très prudente et parle simplement de la misogynie des académiciens. La vie partagée entre Paris et Strasbourg continue pour elle, telle qu'elle l'a organisée. Elle a abandonné Conflans-Sainte-Honorine, il lui faut prendre soin d'elle. Quoi que pensent ses amis qui s'émerveillent de sa bonne mine et de sa résistance, elle se sent plus fatigable.

Le 31 mars 1981, Louise répond à Mme Solvay qui lui demande de parler au Conseil national des femmes belges. Elle le ferait volontiers mais ne peut déjà s'engager car cela dépendra de ce qui se passera au Parlement européen. Elle sait seulement qu'elle sera le 12 octobre à Strasbourg pour la semaine. Les autres dates de son emploi du temps ne sont pas encore fixées. Les projets formés longtemps à l'avance lui plaisent car ils la rassurent.

Ce printemps 1981, Louise s'intéresse au droit de la mer tel qu'on le discute aux Nations unies, aux questions budgétaires, à la Pologne, à l'industrie automobile... Elle correspond aussi avec Mme Jane Laroche, une amie de Jean Leclant, l'archéologue qu'elle a connu alors qu'il fouillait à Karnak, pour participer à un voyage en Turquie. Finalement elle renonce. Ce voyage est un voyage d'archéologues qui ne serait sûrement pas de tout repos pour elle, elle a quatre-vingt-huit ans. Jean Leclant, secrétaire perpétuel de l'Académie des Inscriptions et Belles-Lettres est président de l'Association européenne des Amis de Louise Weiss ; il l'avait aperçue pour la première fois alors qu'il n'avait que dix ans. Ses parents l'ayant emmené à une réunion de la *Nouvelle École de la paix*. « Réunion orageuse d'ailleurs, se souvient-il, où furent révélées au bambin que j'étais les luttes cruelles de la politique [22]. »

Louise a conservé une lettre d'un jeune Belge, datée du 7 juillet 1981. Yves de Jonghe d'Arvoye lui envoie des photos du château de ses parents en Périgord, le château de Marqueyssac-Vézac par Saint-Cyprien. Louise devant se rendre dans le Gers, la mère du jeune homme, la baronne de Jonghe d'Arvoye — une personne connue pour être toujours très bien informée —, l'a appris et souhaiterait beaucoup la recevoir à l'occasion de ce voyage. Elle promet d'organiser quelques festivités pendant son séjour.

La comtesse Sabine de Bonneval m'a raconté avoir reçu, chez

elle, à Bonneval, Louise qui revenait d'une cure, sans doute sa cure habituelle à Châtel-Guyon. S'agissait-il du même voyage ? Louise s'arrêta, ayant découvert que Bonneval était sur le chemin d'un autre château, et elle demanda à Sabine de bien vouloir l'accompagner pour faire quelques visites dans les environs. « Oui, répondit Sabine sur un ton de joyeuse autorité, mais dans un rayon de 100 km, pas plus. » Louise demanda aussitôt un compas, sortit une carte routière de son sac, pointa son compas sur Bonneval et traça un cercle autour. À l'intérieur de ce cercle, durant les trois jours, Sabine servit de chauffeur à Louise, mais le rayon de 100 km imposé au départ fut respecté. Ensuite, Louise reprit sa 2 CV pour continuer sa route[23].

Le 18 septembre, toujours en 1981, et toujours attirée par les manifestations protocolaires, Louise remet le prix Europa-Humanisme de la Fondation internationale pour le rayonnement des arts et des lettres au docteur Alfred Toepfer, au château de Klinenthal, près de Strasbourg. Au cours de la même séance, le prix Europa-Littérature est attribué à Ernst Junger. Alfred Toepfer est président du conseil d'administration de la fondation Freiherr von Stein, FVS, à Hambourg, destinée à resserrer les liens entre la France et la RFA. Cette fondation a institué la médaille de Strasbourg qui, en 1979, avait été remise à Joseph Rey, maire honoraire de Colmar, Pierre Pflimlin était parmi les orateurs. Louise fait aussi partie du premier groupe de signataires de l'association Comité français contre le neutralisme et pour la paix, créé en octobre 1981 par Philippe Malaud, président du Centre national des Indépendants. Ils vont d'abord parler du deuxième anniversaire de l'occupation de l'Afghanistan par les Soviétiques.

Louise ne néglige pas pour autant ses affaires personnelles. Elle fut désignée, en 1980, avec Marguerite Yourcenar, comme « Personnalité de l'année » dans les lettres et la littérature en France, « distinction internationale créée en 1970 », précise-t-elle ravie. Elle a également des projets : un livre pour les éditions Bordas sur « Le droit des femmes », elle essaie de faire jouer sa pièce *Sigmaringen*. Et elle réussit à faire paraître une réédition de *Sabine Legrand* avec sa nouvelle préface. Le 17 septembre, a lieu l'inauguration de ses dons au musée de Saverne, en présence de Mme Veil et de M. Pflimlin. Elle a organisé elle-même la réception. Ce musée, situé dans le palais des princes de Rohan, sera, par le testament que Louise rédigera deux années plus tard, le légataire universel de l'ensemble de ses biens mobiliers et objets d'art. Rénové, il sera définitivement inauguré le 1er juin 1996.

Louise pense monter une autre pièce de théâtre au début janvier 1982 et prononcer son discours de doyenne, qui sera diffusé en Eurovision, pour la réception du nouveau président du Parlement, après le terme du mandat de Mme Veil. Elle souffre en permanence d'une petite fièvre et doit aller à Vichy pour une conférence dans la série des « Grandes Conférences des ambassadeurs ». Pendant le congé du 15 août, elle préside l'assemblée d'une association « connue dans le monde entier pour ses recherches sur l'informatique et les nouvelles télécommunications », écrit-elle.

La Fondation internationale pour le rayonnement des arts et des lettres, qui a son siège à Cannes, a été créée par l'horloger-joaillier Yves G. Piaget, un publicitaire, Roger A. Dick et un journaliste, Kléber Michel Bertrand. Louise avait reçu le prix Europa 80 et était ensuite devenue membre du jury. Le grand prix Europa-Humanisme est attribué, cette année 1982, à Michel Woitrin, administrateur général de la Faculté catholique de Louvain-la-Neuve. Candidat proposé par Louise, Milan Kundera reçoit le prix Europa-Littérature, tandis que celui des Arts plastiques est attribué au peintre suisse Hans Erni. Louise écrit à Michel Bertrand, le 12 janvier, qu'elle sera absente les 20-21 janvier mais son retour est prévu pour le samedi 23. Et elle ira à Bruxelles le 3 février.

18 janvier 1982, séance solennelle du Parlement européen à Strasbourg, avec discours de Louise... La veille, M. Dankert, un socialiste néerlandais, a été nommé président au quatrième tour. Il remplace Simone Veil. Le discours de Louise est remarquable par sa finesse. Elle l'envoie *urbi et orbi* et reçoit en retour de très nombreuses lettres de félicitations des personnalités les plus variées. Louise a quatre-vingt-neuf ans tout juste. Il est extraordinaire qu'elle parvienne à faire tant de choses diverses, à se déplacer autant...

Côté santé physique, elle connaît tout de même quelques alertes. Le 30 avril de cette même année, elle écrit à Eva Borg et Monique Lancelot qui dirigent le Ballet de Versailles : « Je viens de passer quinze jours à l'hôpital Beaujon à cause de défectuosité cardiaque. » Borg est danseuse, Lancelot peintre et elle voulait faire le portrait de Louise. Cette dernière se remet rapidement de son petit accroc de santé. Elle reprend ses activités et se tient au courant des événements internationaux comme autrefois. Elle note, le

11 juin, que le Parlement européen s'inquiète de la violence qui s'accentue dans le nord d'Israël et au Liban. Il exige un cessez-le-feu immédiat de toutes les parties en présence au Liban et le retrait des troupes israéliennes. Le mois précédent, il avait appelé les dix États membres à maintenir et à renforcer leur représentation diplomatique au Liban.

Pour la session de Strasbourg du 5 au 9 juillet 1892, Louise garde les feuilles d'information israéliennes sur le Moyen-Orient. Il est surprenant de constater que l'intérêt de Louise Weiss pour ce qui se passe dans le monde ne fléchit pas. Ce n'est pas seulement l'habitude qui persiste en elle, c'est le besoin de participer aux événements, d'avoir une influence par la parole, l'action. Elle a écrit pour montrer ce qu'elle avait vu, ce qu'elle savait, ce qu'il fallait faire. Elle a réalisé des films pour les mêmes fins. Elle ira jusqu'au bout de sa vie, poussée par les mêmes raisons. Elle n'abandonne rien, tient ses engagements et ne songe pas même à se dégager de réunions qui doivent lui peser, le plus souvent. Le nombre d'associations dont elle fait partie est étonnant. Évidemment, elle occupe un poste officiel et elle a toujours aimé les institutions, même quand elle les rejetait parce qu'elle n'y avait pas la place souhaitée. Mais à présent, elle considère qu'elle est utile à la Société française pour les études éthiopiennes, à l'Académie européenne des sciences, des arts et des lettres, à l'Union européenne des travailleurs du film et de la télévision. Elle entre au comité d'honneur de la Maison de la Fondation européenne en 1981. Elle est membre de l'Association nationale Maréchal Lyautey et du Comité français à la mémoire de Lord Mountbatten... Ses relations demeurent aussi nombreuses que dans le passé, mais les rangs des amis, décimés par le temps, se sont peu renouvelés.

Albert Kirchmeyer, le cofondateur de Patriam Recuperare, continue d'être son correspondant le plus régulier. Il divague et Louise le flatte, sans qu'aucun attendrissement ou même un peu de sympathie ne passe dans les compliments sans nuance qu'elle lui adresse. Il lui envoie aussi des textes avec des variantes, ou simplement en plusieurs exemplaires. Comme : « Réflexion de l'Ermite du Marais pour les enfants des électeurs de 18 ans et leurs aînés », datant de 1983. Il lui survivra.

À la mi-janvier 1983, Louise est hospitalisée quelques semaines. L'écrivain Gérard Mourgue lui fait la cour pour la remplacer dans les commissions où elle siège. Il est à la direction générale de France Culture et secrétaire général de l'Université radiophonique et télévisuelle internationale, mais il désire être recommandé à M. le professeur Wilhelm Hahn qui dirige la commission de la jeunesse et de la culture. Le 3 février, Louise est encore à l'hôpital et elle écrit à Mourgue qu'elle compte sortir à la fin de la semaine. Elle est là pour des raisons de fatigue que ne définissent pas très bien les médecins.

Le 24 avril 1983, l'Académie catholique de Trèves lui envoie une lettre datée de Sarrebruck pour lui annoncer que le prix Peter Wust lui a été décerné. Louise remercie mais elle est souffrante et ne peut se déplacer ; Pierre Messmer la remplacera. Les académiciens de Trèves décident d'aller à Paris, ils lui remettront son prix, à domicile, le mardi 20 mai, à 14 heures.

Elle le mérite, ce prix. Comme elle méritait tous ceux qu'elle a désirés et obtenus. Est-elle à présent trop épuisée pour y penser ? Sait-elle qu'elle va mourir ou croit-elle qu'elle va pouvoir, encore une fois, se redresser pour continuer sa lutte ? Que pourrait-elle encore souhaiter conquérir ? Elle a vraiment, comme elle l'avait désiré petite fille, « participé à l'aventure de son siècle ». Nicole Zand le rappelle, quelques jours plus tard, dans l'article nécrologique qu'elle lui consacre [24].

Car Louise s'est éteinte, doucement, chez elle, le matin du jeudi 26 mai. Cette grande Européenne qui s'est battue pour la paix, avec Aristide Briand, parce qu'elle avait connu, à vingt ans, la plus cruelle des guerres, qui a dénoncé la montée du nazisme, l'inégalité des droits entre les hommes et les femmes, secouru les réfugiés du régime hitlérien, et qui a repris, à la fin de sa vie, ses combats contre la guerre et pour l'Europe, allait être honorée comme elle voulait l'être.

Le jour des obsèques, le 1er juin 1983, un service a lieu à 10 h 30 à l'église réformée de l'Annonciation, 19, rue Cortambert à Paris. Ce service, Louise l'a demandé dans son testament, « si la communauté voulait bien la recevoir dans son sein. Je demeure reconnaissante, écrivait-elle, à l'Église réformée de la protection qu'elle m'a accordée pendant l'occupation de la France par Adolf Hitler [25] ». Simone Veil, André Chandernagor, ministre délégué aux Affaires européennes, Pierre Pflimlin, Maurice Schumann, représentant le président du Sénat, Alain Poher, et Jacques Toubon, ainsi que plusieurs académiciens sont présents. Un détachement militaire rend les honneurs sur les marches du temple, Louise Weiss était grand officier de l'ordre de la Légion d'honneur. Le pasteur Daniel Adger rend hommage à « l'exigence prophétique qui a inspiré et nourri son combat ». Louise Weiss a les funérailles qu'elle souhaitait, empreintes de solennité et de rigueur. Le 7 juin, à Strasbourg, à l'église Saint-Thomas, un office aura également lieu, célébré par le pasteur J.J. Heitz[26].

Et toute la presse publie de longs articles retraçant la stupéfiante carrière de cette nonagénaire qui se voulait « Louise l'Euro-péenne ».

Notes

I. Née trop tôt

1. Louise Weiss, *Mémoires d'une Européenne*, t. VI : *Tempête sur l'Occident, 1945-1975*, Albin Michel, 1976, p. 23.
2. Élisabeth Roudinesco, *Généalogies*, Fayard, 1994.
3. Martin Nathusius, *Les Origines alsaciennes de Louise Weiss. Éléments de son ascendance paternelle*, in *Louise Weiss l'Européenne*, Fondation Jean Monnet pour l'Europe, Centre de recherches européennes, Lausanne, 1994, pp. 139-150.
4. Archives de Mme France Bursaux.
5. *Dictionnaire de biographies françaises*, fascicule CV, Paris, 1991, col. 548-550.
6. Louise Weiss, *Souvenirs d'une enfance républicaine*, Gallimard, 1945.
7. *Mémoires d'une Européenne, op. cit.*, t. I : *Une petite fille du siècle 1893-1919*, Albin Michel, 1978.
8. *Ibid.*, pp. 150-151.
9. Alexander Dietz, *Stammbuch der Frankfurter Judeu*, 1906, p. 481, cote BN : 4° M.
10. Louise Weiss, *Mémoires d'une Européenne, op. cit.*, t. I : *Une petite fille du siècle 1893-1919, op. cit.*, p. 27.
11. *Ibid.*, p. 32.
12. Élisabeth Roudinesco, *Généalogies, op. cit.*, p. 19.
13. Louise Weiss, *Mémoires d'une Européenne, op. cit.*, t. I : *Une petite fille du siècle 1893-1919, op. cit.*, p. 19.
14. *Dictionnaire de biographies françaises, op. cit.*, fascicule CV, col. 550.
15. Louise Weiss, *Mémoires d'une Européenne, op. cit.*, t. I : *Une petite fille du siècle 1893-1919, op. cit.*, p. 19.
16. *Ibid.*, p. 21.
17. *Dictionnaire de biographies françaises, op. cit.*, fascicule CV, col. 550.
18. Louise Weiss, *Mémoires d'une Européenne, op. cit.*, t. I : *Une petite fille du siècle 1893-1919, op. cit.*, p. 33.
19. *Ibid.*, p. 70.

II. Une étrange solitude

1. Louise Weiss, *Mémoires d'une Européenne, op. cit.*, t. I : *Une petite fille du siècle 1893-1919, op. cit.*, p. 40.
2. *Ibid.*, p. 135.
3. *Ibid.*, pp. 88-89.
4. Arlette Farge et Christiane Klapitch-Zuber, *Madame ou Mademoiselle, Itinéraire de la solitude féminine*, Arthaud-Montalba, 1984, p. 195.
5. Louise Weiss, *Mémoires d'une Européenne, op. cit.*, t. I : *Une petite fille du siècle 1893-1919, op. cit.*, p. 91.
6. Louise Weiss, *Souvenirs d'une enfance républicaine, op. cit.*, p. 190.
7. Louise Weiss, *Mémoires d'une Européenne, op. cit.*, t. I : *Une petite fille du siècle 1893-1919, op. cit.*, p. 94.
8. *Ibid.*, p. 93.
9. *Ibid.*, p. 113.
10. *Ibid.*, p. 77.
11. Bibliothèque nationale, Département des manuscrits, Fr. N.A. 17813.
12. Louise Weiss, *Mémoires d'une Européenne, op. cit.*, t. I : *Une petite fille du siècle 1893-1919, op. cit.*, p. 126.
13. *Ibid.*, p. 128.
14. Louise Weiss, *Souvenirs d'une enfance républicaine, op. cit.*, p. 195.
15. Louise Weiss, *Mémoires d'une Européenne, op. cit.*, t. I : *Une petite fille du siècle 1893-1919, op. cit.*, pp. 130-131.
16. Louise Weiss, *Mémoires d'une Européenne, op. cit.*, t. I : *Une petite fille du siècle 1893-1919, op. cit.*, p. 121.
17. *Ibid.*, p. 140.
18. *Ibid.*, p. 136.
19. *Ibid.*
20. *Ibid.*, p. 138.
21. Louise Weiss, *Souvenirs d'une enfance républicaine, op. cit.*, p. 190.

III. La plus terrible des guerres

1. Louise Weiss, *Mémoires d'une Européenne, op. cit.*, t. I : *Une petite fille du siècle 1893-1919, op. cit.*, p. 162.
2. *Ibid.*, p. 172.
3. *Ibid.*, p. 165.
4. *Ibid.*, p. 167.
5. *Ibid.*, p. 176.
6. *Ibid.*, pp. 177-178.
7. *Ibid.*, p. 182.
8. *Ibid.*, p. 183.
9. *Ibid.*, p. 196.
10. *Ibid.*, p. 198.
11. *Ibid.*, p. 199.
12. *Ibid.*, pp. 202-203.
13. *Ibid.*, p. 203.

14. Citation des *Mémoires* de Jean Monnet, *in* Éric Roussel, *Jean Monnet*, Fayard, 1996, p. 50.
15. Louise Weiss, *Mémoires d'une Européenne, op. cit.*, t. I : *Une petite fille du siècle 1893-1919, op. cit.*, p. 209.
16. *Ibid.*, pp. 206-207.
17. *Ibid.*, p. 207.
18. Bibliothèque nationale, Département des manuscrits, Fr. N.A. 17813.
19. Élisabeth Roudinesco, *Généalogies, op. cit.*, pp. 33-34.
20. Louise Weiss, *Mémoires d'une Européenne, op. cit.*, t. I : *Une petite fille du siècle 1893-1919, op. cit.*, p. 233 sqq.
21. Bibliothèque nationale, Département des manuscrits, Fr. N.A. 17813.
22. Louise Weiss, *Mémoires d'une Européenne, op. cit.*, t. I : *Une petite fille du siècle 1893-1919, op. cit.*, pp. 215-216.
23. *Ibid.*, p. 209.
24. *Ibid.*, p. 211.
25. Françoise Thébaud, *La Femme au temps de la guerre de 14*, Stock-Laurence Pernoud, 1986, pp. 105-106.
26. Louise Weiss, *Mémoires d'une Européenne, op. cit.*, t. I : *Une petite fille du siècle 1893-1919, op. cit.*, p. 219.
27. *Ibid.*, pp. 218-219.
28. *Ibid.*, p. 229.
29. *Ibid.*, p. 231.

IV. Succès professionnels, tragédie personnelle

1. Louise Weiss, *Mémoires d'une Européenne, op. cit.*, t. I : *Une petite fille du siècle 1893-1919, op. cit.*, p. 221.
2. *Ibid.*, p. 226.
3. Vincent Lagoguey, « Un général multiple et singulier, Milan Ratislav Stefanik », *Armées d'aujourd'hui*, n° 194, octobre 1994.
4. Louise Weiss, *Mémoires d'une Européenne, op. cit.*, t. I : *Une petite fille du siècle 1893-1919, op. cit.*, p. 243.
5. *Ibid.*, p. 245.
6. *Ibid.*, pp. 243-244.
7. *Ibid.*, p. 244.
8. *Ibid.*, p. 249.
9. *Ibid.*, p. 251.
10. *Ibid.*, p. 276.
11. *Ibid.*, p. 279.
12. *Ibid.*, p. 285.
13. *Ibid.*, p. 291.

V. Dans l'Europe en lambeaux

1. Louise Weiss, *Mémoires d'une Européenne, op. cit.*, t. I : *Une petite fille du siècle 1893-1919, op. cit.*, p. 294.

2. Bibliothèque nationale, Département des manuscrits, Fr. N.A. 17794.

3. Louise Weiss, *Mémoires d'une Européenne, op. cit.*, t. I : *Une petite fille du siècle 1893-1919, op. cit.*, p. 303.

4. Bibliothèque nationale, Département des manuscrits, Fr. N.A. 17794.

5. David Marquand, *Ramsay MacDonald*, Londres, Jonathan Cape, 1977, p. 251, cité par Ghislain de Diesbach, *La Princesse Bibesco*, Perrin, 1986, p. 395.

6. Louise Weiss, *Mémoires d'une Européenne, op. cit.*, t. II : *Combats pour l'Europe (1919-1934)*, Albin Michel, 1979, p. 50.

7. Bibliothèque nationale, Département des manuscrits, D. 8406.

8. Louise Weiss, *Mémoires d'une Européenne, op. cit.*, t. I : *Une petite fille du siècle 1893-1919, op. cit.*, p. 300.

9. Emmanuel Chadeau, *L'Économie du risque*, éd. Olivier Orban, 1988, pp. 252-265.

10. Louise Weiss, *Mémoires d'une Européenne, op. cit.*, t. II : *Combats pour l'Europe (1919-1934), op. cit.*, p. 17.

11. *Ibid.*, p. 20.

12. *Ibid.*, p. 48.

VI. *Pour que vive la paix*

1. Louise Weiss, *Mémoires d'une Européenne, op. cit.*, t. I : *Une petite fille du siècle 1893-1919, op. cit.*, pp. 301-302.

2. Louise Weiss, *Mémoires d'une Européenne, op. cit.*, t. II : *Combats pour l'Europe (1919-1934), op. cit.*, p. 57.

3. *Ibid.*

4. *Ibid.*, p. 61.

5. *Ibid.*, p. 68.

6. *Ibid.*, p. 74.

7. Bibliothèque nationale, Département des manuscrits, D. 8406.

8. Nina Berberova, *Histoire de la baronne Boudberg*, Actes Sud, 1988, *in* « Index biographique » établi par le traducteur Michel Niqueux.

9. Bibliothèque nationale, Département des manuscrits, D. 8406.

10. Louise Weiss, *Mémoires d'une Européenne, op. cit.*, t. II : *Combats pour l'Europe (1919-1934), op. cit.*, p. 72.

11. Lucian O. Meysels, *La Femme de Vienne*, Le Chemin Vert, 1984.

12. Louise Weiss, *Mémoires d'une Européenne, op. cit.*, t. II : *Combats pour l'Europe (1919-1934), op. cit.*, p. 120.

VII. *Une femme sans peur*

1. Louise Weiss, *Mémoires d'une Européenne, op. cit.*, t. II : *Combats pour l'Europe (1919-1934), op. cit.*, p. 95.

2. *Ibid.*

3. Nina Berberova, *Histoire de la baronne Boudberg, op.cit* , et *C'est moi qui souligne*, Actes Sud, *in* « Index biographique » établi par les traducteurs.

4. Louise Weiss, *Mémoires d'une Européenne, op. cit.*, t. II : *Combats pour l'Europe (1919-1934), op. cit.*, pp. 103-104.

5. Nina Berberova, *Histoire de la baronne Boudberg, op. cit.*, p. 98.

6. Pierre Pascal, *Mon Journal de Russie*, Lausanne, L'Âge d'homme, 1977-1982, 4 vol.

7. Louise Weiss, *Mémoires d'une Européenne, op. cit.*, t. II : *Combats pour l'Europe (1919-1934), op. cit.*, p. 117.

8. *Ibid.*, pp. 242, 244.

9. *Ibid.*, p. 111.

10. *Ibid.*, pp. 111-112.

11. Joan W. Scott, *La Citoyenne paradoxale. Les féministes françaises et les droits de l'homme*, Albin Michel, 1998, p. 173. Voir aussi « Doctoresse Pelletier : Mémoires d'une féministe », Mémoires inédits, dossier « Madeleine Pelletier », fonds Marie-Louise Bouglé, Bibliothèque historique de la Ville de Paris, et la Correspondance de Madeleine Pelletier, Bibliothèque Marguerite-Durand.

12. Dominique Desanti, *La Femme au temps des années folles*, Stock-Laurence Pernoud, 1984, p. 245.

13. Louise Weiss, *Mémoires d'une Européenne, op. cit.*, t. II : *Combats pour l'Europe (1919-1934), op. cit.*, p. 113.

14. *Ibid.*, p. 109.

15. *Ibid.*, pp. 128-129.

16. *Ibid.*, pp. 121-122.

17. *Ibid.*, p. 147.

VIII. La liberté pour elle, mais la paix pour le monde ?

1. Louise Weiss, *Mémoires d'une Européenne, op. cit.*, t. II : *Combats pour l'Europe (1919-1934), op. cit.*, p. 177.

2. *Ibid.*, p. 179.

3. Philippe Bernard, *La Fin d'un monde 1914-1929*, Le Seuil, 1975, p. 150.

4. Louise Weiss, *Mémoires d'une Européenne, op. cit.*, t. II : *Combats pour l'Europe (1919-1934), op. cit.*, p. 174.

5. *Ibid.*, pp. 192-193.

6. J. Barléty, « Sidérurgie, littérature, politique et journalisme, une famille luxembourgeoise, les Mayrisch, entre l'Allemagne et la France, après la Première Guerre mondiale », *Bulletin de la Société d'histoire moderne*, n° 10, 1969, cité par Philippe Bernard, *La Fin d'un monde 1914-1929, op. cit.*, p. 154.

7. Louise Weiss, *Mémoires d'une Européenne, op. cit.*, t. II : *Combats pour l'Europe (1919-1934), op. cit.*, p. 203.

8. *Dictionnaire national des contemporains*, éditions Lajeunesse, 1939, t. III, p. 670.

9. Louise Weiss, *Mémoires d'une Européenne, op. cit.*, t. II : *Combats pour l'Europe (1919-1934), op. cit.*, p. 282.

10. *Ibid.*, p. 266.

IX. Devoir de paix

1. Louise Weiss, *Mémoires d'une Européenne, op. cit.*, t. II : *Combats pour l'Europe (1919-1934)*, *op. cit.*, pp. 293-294.
2. *Ibid.*, p. 315.
3. Bibliothèque nationale, Département des manuscrits, D. 8406.
4. Corinne Rousseau, *Louise Weiss, l'Europe et la paix durant l'entre-deux-guerres*, in *Louise Weiss l'Européenne, op. cit.*, pp. 228-229.
5. Bibliothèque nationale, Département des manuscrits, Fr. N.A. 17817.
6. *Ibid.*, Fr. N.A. 17814.
7. *Ibid.*, Fr. N.A. 17815.
8. *Ibid.*, Fr. N.A. 17817.
9. Louise Weiss, *Mémoires d'une Européenne, op. cit.*, t. II : *Combats pour l'Europe (1919-1934)*, *op. cit.*, p. 284.
10. Bibliothèque nationale, Département des manuscrits, Fr. N.A. 17815-17816.
11. *Ibid.*, Fr. N.A. 17817-17818.
12. *Ibid.*, Fr. N.A. 17794.
13. *Ibid.*, Fr. N.A. 17818-17820.
14. Louise Weiss, éditorial de *L'Europe nouvelle*, 3 février 1934.
15. Louise Weiss, *Mémoires d'une Européenne, op. cit.*, t. II : *Combats pour l'Europe (1919-1934)*, *op. cit.*, p.327.
16. Pierre Assouline, *Jean Jardin, Une éminence grise*, Balland, 1986, p. 239.
17. Bibliothèque nationale, Département des manuscrits, D. 8406.
18. Daniel Rondeau et Roger Stéphane, *Des hommes libres. La France libre par ceux qui l'ont faite*, Grasset, 1997, p. 415.
19. Corinne Rousseau, *Louise Weiss, l'Europe et la paix durant l'entre-deux-guerres*, *op. cit.*, in *Louise Weiss l'Européenne, op. cit.*, p. 232.
20. Bibliothèque nationale, Département des manuscrits, Fr. N.A. 17821.
21. *Ibid.*, D.8406.

X. Femme parmi les femmes

1. Louise Weiss, *La Marseillaise*, Gallimard, 1945, t. I et II, New York, Brentano's, 1947, t. III.
2. Louise Weiss, *Mémoires d'une Européenne, op. cit.*, t. III : *Combats pour les femmes (1934-1939)*, Albin Michel, 1980, p. 16.
3. Bibliothèque nationale, Département des manuscrits, Fr. N.A. 17811.
4. Louise Weiss, *Mémoires d'une Européenne, op. cit.*, t. III : *Combats pour les femmes (1934-1939)*, *op. cit.*, p. 21.
5. Bibliothèque nationale, Département des manuscrits, Fr. N.A. 17794.
6. Louise Weiss, *Mémoires d'une Européenne, op. cit.*, t. III : *Combats pour les femmes (1934-1939)*, *op. cit.*, p. 19.
7. *Ibid.*, p. 89.
8. Roger L. Lachat, in *Le Progrès de Lyon*, 29 août 1977.

9. Louise Weiss, *Mémoires d'une Européenne, op. cit.*, t. III : *Combats pour les femmes (1934-1939), op. cit.*, p. 109.

XI. Une suffragette à la française

1. Bibliothèque nationale, Département des manuscrits, D. 8406.
2. Louise Weiss, *Mémoires d'une Européenne, op. cit.*, t. III : *Combats pour les femmes (1934-1939), op. cit.*, p. 56.
3. *Ibid.*, p. 109.
4. *Ibid.*, p. 116.
5. *Le Crapouillot*, mars 1936. Dans ce numéro, j'ai relevé qu'à la création de la Banque de France par Napoléon, en 1806, 12 régents sur les 15 élus par l'assemblée générale étaient choisis parmi les 200 plus forts actionnaires. Et p. 18, dans le paragraphe sur les hommes d'affaires les plus riches, et dans la liste, p. 23, figurent les noms d'Eugène et Paul Weiss.
6. Louise Weiss, *Mémoires d'une Européenne, op. cit.*, t. III : *Combats pour les femmes (1934-1939), op. cit.*, p. 129.
7. Henri Dubief, *Le Déclin de la IIIᵉ République*, Le Seuil, 1976, p. 199.
8. Louise Weiss, *Mémoires d'une Européenne, op. cit.*, t. III : *Combats pour les femmes (1934-1939), op. cit.*, p. 151.
9. *Ibid.*, p. 135.
10. Louise Weiss, *Délivrance*, Albin Michel, 1936.
11. *Ibid.*, pp. 287-288.
12. Louise Weiss, *Ce que femme veut (Souvenirs de la IIIᵉ République*, Galli-mard, 1946, p. 266.
13. Louise Weiss, *Mémoires d'une Européenne, op. cit.*, t. III : *Combats pour les femmes (1934-1939), op. cit.*, p. 181.

XII. Les honneurs, l'amour et la mort

1. Louise Weiss, *Mémoires d'une Européenne, op. cit.*, t. III : *Combats pour les femmes (1934-1939), op. cit.*, p. 203.
2. *Ibid.*, p. 168.
3. Bibliothèque nationale, Département des manuscrits, D.8406.
4. Louise Weiss, *Mémoires d'une Européenne, op. cit.*, t. III : *Combats pour les femmes (1934-1939), op. cit.*, p. 221.
5. Bibliothèque nationale, Département des manuscrits, Fr. N.A. 17794.
6. *Ibid.*, Fr. N.A. 17798.
7. Louise Weiss, *Mémoires d'une Européenne, op. cit.*, t. III : *Combats pour les femmes (1934-1939), op. cit.*, p. 235.
8. Bibliothèque nationale, Département des manuscrits, Fr. N.A. 17794.
9. Louise Weiss, *Mémoires d'une Européenne, op. cit.*, t. III : *Combats pour les femmes (1934-1939), op. cit.*, p. 243.
10. Louise Weiss, *Mémoires d'une Européenne, op. cit.*, t. IV : *Le Sacrifice du Chevalier (3 septembre 1939-9 juin 1940)*, Albin Michel, 1971, p. 19.
11. Bibliothèque nationale, Département des manuscrits, Fr. N.A. 17813.

12. Louise Weiss, *Mémoires d'une Européenne, op. cit.*, t. IV : *Le Sacrifice du Chevalier (3 septembre 1939-9 juin 1940), op. cit.*, pp. 13-14.

13. Louise Weiss, *Mémoires d'une Européenne, op. cit.*, t. V : *La Résurrection du Chevalier (juin 1940-août 1944)*, Albin Michel, 1974, p. 42.

XIII. Périples imprévisibles d'une femme célèbre

1. Daniel Rondeau et Roger Stéphane, *Des hommes libres. La France libre par ceux qui l'ont faite, op. cit.*, p. 51.

2. Jean Lacouture, *De Gaulle*, I : *Le Rebelle*, Le Seuil, 1984, pp. 15-16.

3. *Ibid.*, p. 173.

4. Bibliothèque nationale, Département des manuscrits, Fr. N.A. 17797.

5. Louise Weiss, *Mémoires d'une Européenne, op. cit.*, t. V : *La Résurrection du Chevalier (juin 1940-août 1944), op. cit.*, p. 36.

6. François-Georges Dreyfus, *Histoire de Vichy*, Perrin, 1990.

7. Marie-Claire Mendès France, « Dire la vérité sur le *Massilia* », *Le Monde*, 31 octobre 1997.

8. Louise Weiss, *Mémoires d'une Européenne, op. cit.*, t. V : *La Résurrection du Chevalier (juin 1940-août 1944), op. cit.*, p. 101.

9. Éric Roussel, *Jean Monnet, op. cit.*, p. 244.

10. Philippe Bourdrel, *La Cagoule, Histoire d'une société secrète du Front populaire à la Ve République*, Albin Michel, 1992, p. 207.

11. Voir Francine Muel-Dreyfus, *Vichy et l'éternel féminin*, Le Seuil, 1996.

12. Bibliothèque nationale, Département des manuscrits, Fr. N.A. 17797.

13. *Ibid.*

14. Louise Weiss, *Mémoires d'une Européenne, op. cit.*, t. V : *La Résurrection du Chevalier (juin 1940-août 1944), op. cit.*, p. 181.

15. Bibliothèque nationale, Département des manuscrits, Fr. N.A. 17811.

16. Louise Weiss, *Mémoires d'une Européenne, op. cit.*, t. V : *La Résurrection du Chevalier (juin 1940-août 1944), op. cit.*, pp. 188-189.

17. Guy Fritsch-Estrangin, *New York entre de Gaulle et Pétain, Les Français aux États-Unis de 40 à 46*, La Table Ronde, 1969, p. 59.

18. *Ibid.*, p. 60.

19. Bibliothèque nationale, Département des manuscrits, Fr. N.A. 17797.

20. Louise Weiss, *Mémoires d'une Européenne, op. cit.*, t. V : *La Résurrection du Chevalier (juin 1940-août 1944), op. cit.*, p. 222.

21. Bibliothèque nationale, Département des manuscrits, Fr. N.A. 17798.

22. Louise Weiss, *Mémoires d'une Européenne, op. cit.*, t. V : *La Résurrection du Chevalier (juin 1940-août 1944), op. cit.*, p. 235.

23. *Ibid.*, p. 241.

24. Louise Weiss, *Sabine Legrand*, Julliard, 1951.

25. Bibliothèque nationale, Département des manuscrits, Fr. N.A. 17812.

26. Bibliothèque nationale, Département des manuscrits, D. 8406.

27. Louise Weiss, *Mémoires d'une Européenne, op. cit.*, t. V : *La Résurrection du Chevalier (juin 1940-août 1944), op. cit.*, p. 265.

28. *Ibid.*, p. 264.

29. Bibliothèque nationale, Département des manuscrits, Fr. N.A. 17813.

30. Louise Weiss, *Mémoires d'une Européenne, op. cit.*, t. V : *La Résurrection du Chevalier (juin 1940-août 1944), op. cit.*, p. 278.
31. *Ibid.*, p. 41.

XIV. Les mauvaises surprises

1. Bibliothèque nationale, Département des manuscrits, Fr. N.A. 17798.
2. Louise Weiss, *Mémoires d'une Européenne, op. cit.*, t. V : *La Résurrection du Chevalier (juin 1940-août 1944), op. cit.*, p. 284.
3. *Ibid.*, pp. 286-287.
4. Bibliothèque nationale, Département des manuscrits, D. 8406.
5. Louise Weiss, *Mémoires d'une Européenne, op. cit.*, t. V : *La Résurrection du Chevalier (juin 1940-août 1944), op. cit.*, p. 308.
6. Bibliothèque de l'Institut d'Histoire du Temps présent, dossier 72AJ71.
7. Louise Weiss, *Mémoires d'une Européenne, op. cit.*, t. VI : *Tempête sur l'Occident, 1945-1975, op. cit.*, pp. 18-19.
8. Bibliothèque nationale, Département des manuscrits, Fr. N.A. 17795.
9. Louise Weiss, *Mémoires d'une Européenne, op. cit.*, t. V : *La Résurrection du Chevalier (juin 1940-août 1944), op. cit.*, p. 311.
10. Bibliothèque nationale, Département des manuscrits, Fr. N.A. 17798.
11. *Ibid.*, Fr. N.A. 17807.
12. Louise Weiss, *Mémoires d'une Européenne, op. cit.*, t. V : *La Résurrection du Chevalier (juin 1940-août 1944), op. cit.*, pp. 321-323.
13. *Ibid.*, pp. 316-317.
14. Bibliothèque nationale, Département des manuscrits, Fr. N.A. 17809.
15. *Ibid.*, Fr. N.A. 17799.
16. *Ibid.*, D.8406.

XV. Une héroïne de roman

1. Louise Weiss, *La Marseillaise, op. cit.*, t. I : *Allons enfants de la patrie*, t. II : *Le Jour de gloire est arrivé*, t. III : *L'Étendard sanglant*, New York, Brentano's, 1946-1947.
2. Louise Weiss, *Mémoires d'une Européenne, op. cit.*, t. IV : *Le Sacrifice du Chevalier (3 septembre 1939-9 juin 1940), op. cit.*, pp. 125-135.
3. Philippe Bourdrel, *La Cagoule, Histoire d'une société secrète du Front populaire à la Ve République, op. cit.*, p. 267.
4. Serge Bernstein, *Édouard Herriot ou la République en personne*, Presses de la Fondation nationale des Sciences politiques, 1985.
5. Bibliothèque nationale, Département des manuscrits, Fr. N.A. 17794.
6. Jean-Louis Crémieux-Brilhac, *Les Français de l'an 40*, t. I : *La Guerre oui ou non ?*, Gallimard, 1990, p. 108.
7. *Ibid.*, p. 30.
8. Louise Weiss, *Mémoires d'une Européenne, op. cit.*, t. IV : *Le Sacrifice du Chevalier (3 septembre 1939-9 juin 1940), op. cit.*, pp. 117-124.
9. Bibliothèque nationale, Département des manuscrits, Fr. N.A. 17798.

10. *Ibid.*

11. Louise Weiss, *Mémoires d'une Européenne, op. cit.*, t. IV : *Le Sacrifice du Chevalier (3 septembre 1939-9 juin 1940), op. cit.*, p. 123.

12. Louise Weiss, *Mémoires d'une Européenne, op. cit.*, t. V : *La Résurrection du Chevalier (juin 1940-août 1944), op. cit.*, pp. 354-355.

13. Bibliothèque nationale, Département des manuscrits, Fr. N.A. 17798.

14. Louise Weiss, *Mémoires d'une Européenne, op. cit.*, t. V : *La Résurrection du Chevalier (juin 1940-août 1944), op. cit.*, pp. 354-355 et 444-446.

15. Bibliothèque nationale, Département des manuscrits, Fr. N.A. 17797.

16. Bibliothèque de l'Institut d'Histoire du Temps présent, dossier 72AJ71, Patriam Recuperare, 11ᵉ cahier.

17. *Ibid.* Dans l'« Historique du Comité d'Action maçonnique » que contient le dossier de Patriam Recuperare à la bibliothèque de l'Institut d'Histoire du Temps présent, le colonel Eychêne déclare : « Patriam Recuperare, ce nom avait l'avantage de ne pas déceler son origine, ce qui était nécessaire en raison des éléments profanes qui, en grand nombre, étaient entrés dans nos rangs. »

18. Bibliothèque nationale, Département des manuscrits, Fr. N.A. 17806.

19. *Ibid.*, Fr. N.A. 17799.

20. Louise Weiss, *Mémoires d'une Européenne, op. cit.*, t. V : *La Résurrection du Chevalier (juin 1940-août 1944), op. cit.*, pp. 420-421.

21. Bibliothèque nationale, Département des manuscrits, Fr. N.A. 17799.

22. Claude Bellanger, Jacques Godechot, Fernand Terrou, *Histoire de la presse française*, PUF, 1975.

23. Bibliothèque nationale, Département des manuscrits, Fr. N.A. 17807.

24. *Ibid.*, Fr. N.A. 17799.

XVI. Temps nébuleux

1. Bibliothèque nationale, Département des manuscrits, Fr. N.A. 17794.

2. *Ibid.*, Fr. N.A. 17798.

3. Louise Weiss, *Mémoires d'une Européenne, op. cit.*, t. V : *La Résurrection du Chevalier (juin 1940-août 1944), op. cit.*, pp. 366-368.

4. *Ibid.*, p. 325.

5. *Ibid.*, p. 336.

6. *Ibid.*, p. 390.

7. Bibliothèque nationale, Département des manuscrits, Fr. N.A. 17806.

8. *Ibid.*, Fr. N.A. 17799.

9. Louise Weiss, *Mémoires d'une Européenne, op. cit.*, t. VI : *Tempête sur l'Occident, 1945-1975*, Albin Michel, 1976, p. 18.

10. Louise Weiss, *Mémoires d'une Européenne, op. cit.*, t. V : *La Résurrection du Chevalier (juin 1940-août 1944), op. cit.*, p. 370.

11. *Ibid.*, pp. 416-417.

12. Bibliothèque nationale, Département des manuscrits, Fr. N.A. 17806.

XVII. *Rien n'est plus pareil*

1. Bibliothèque nationale, Département des manuscrits, Fr. N.A. 17799.
2. Louise Weiss, *Mémoires d'une Européenne, op. cit.*, t. V : *La Résurrection du Chevalier (juin 1940-août 1944), op. cit.*, pp. 404-406.
3. Archives Élisabeth Roudinesco.
4. Copie de lettre, archives Élisabeth Roudinesco.
5. Bibliothèque nationale, Département des manuscrits, Fr. N.A. 17799.
6. *Ibid.*, Fr. N.A. 17807.
7. *Ibid.*, Fr. N.A. 17806.
8. *Ibid.*, Fr. N.A. 17813.
9. *Ibid.*, Fr. N.A. 17800.
10. *Ibid.*, Fr. N.A. 17800.
11. *Ibid.*
12. *Ibid.*, Fr. N.A. 17810.
13. *Ibid.*
14. *Ibid.* Fr. N.A. 17806.
15. *Ibid.*, Fr. N.A. 17800.
16. Louise Weiss, *Mémoires d'une Européenne, op. cit.*, t. V : *La Résurrection du Chevalier (juin 1940-août 1944), op. cit.*, p. 411.
17. Bibliothèque nationale, Département des manuscrits, Fr. N.A. 17810.
18. Louise Weiss, *Mémoires d'une Européenne, op. cit.*, t. V : *La Résurrection du Chevalier (juin 1940-août 1944), op. cit.*, p. 347.
19. Louise Weiss, *Mémoires d'une Européenne, op. cit.*, t. VI : *Tempête sur l'Occident, 1945-1975, op. cit.*, p. 21.
20. Bibliothèque nationale, Département des manuscrits, D.8406.
21. Louise Weiss, *Mémoires d'une Européenne, op. cit.*, t. VI : *Tempête sur l'Occident, 1945-1975, op. cit.*, pp. 45-46.
22. *Ibid.*, p. 37.
23. Bibliothèque nationale, Département des manuscrits, Fr. N.A. 17800.
24. *Ibid.* Fr. N.A. 17806.
25. *Ibid.*
26. Louise Weiss, *Mémoires d'une Européenne, op. cit.*, t. VI : *Tempête sur l'Occident, 1945-1975, op. cit.*, p. 66.
27. Bibliothèque nationale, Département des manuscrits, Fr. N.A. 17857.
28. *Ibid.*
29. *Ibid.*
30. *Ibid.*
31. *Ibid.*, Fr. N.A. 17800.
32. *Ibid.*, Fr. N.A. 17857.
33. *Ibid.*
34. Archives de Mme France Bursaux.
35. Bibliothèque nationale, Département des manuscrits, Fr. N.A. 17857.
36. *Ibid.*, Fr. N.A. 17803.
37. Louise Weiss, *Mémoires d'une Européenne, op. cit.*, t. II : *Combats pour l'Europe, 1919-1934, op. cit.*, p. 53.
38. Peter Kurt, *American Cassandra, the Life of Dorothy Thompson*, Boston, Little Brown and Co, 1990.

39. Bibliothèque nationale, Département des manuscrits, Fr. N.A. 17813.
40. *Ibid.*, Fr. N.A. 17803.
41. Louise Weiss, *Mémoires d'une Européenne, op. cit.*, t. VI : *Tempête sur l'Occident, 1945-1975, op. cit.*, p. 371 sqq.
42. Gjon Mili, *Photographs and Recollections*, Boston, New York Graphic Society, 1980, pp. 106-107.
43. Bibliothèque nationale, Département des manuscrits, Fr. N.A. 17802.
44. *Ibid.*, Fr. N.A. 17822.
45. *Ibid.*, Fr. N.A. 17823.
46. *Ibid.*, Fr. N.A. 17824.
47. *Ibid.*, Fr. N.A. 17809.

XVIII. Parier sur l'avenir

1. Bibliothèque nationale, Département des manuscrits, Fr. N.A. 17800.
2. Claude Guy, *En écoutant de Gaulle, Journal 1946-1949*, Grasset, 1996, pp. 243-247 et 295.
3. Bibliothèque nationale, Département des manuscrits, Fr. N.A. 17800.
4. *Ibid.*, Fr. N.A. 17807.
5. *Ibid.*, Fr. N.A. 17810.
6. *Ibid.*, Fr. N.A. 17825.
7. Louise Weiss, *Mémoires d'une Européenne, op. cit.*, t. VI : *Tempête sur l'Occident, 1945-1975, op. cit.*, pp. 269-281.
8. Bibliothèque nationale, Département des manuscrits, Fr. N.A. 17825.
9. *Ibid.*, Fr. N.A. 17806.
10. Louise Weiss, *Mémoires d'une Européenne, op. cit.*, t. VI : *Tempête sur l'Occident, 1945-1975, op. cit.*, pp. 288-297.
11. Bibliothèque nationale, Département des manuscrits, Fr. N.A. 17806.
12. *Ibid.*, Fr. N.A. 17830.
13. *Ibid.*, Fr. N.A. 17829.
14. *Ibid.*, Fr. N.A. 17825.
15. *Ibid.*, Fr. N.A. 17828.
16. *Ibid.*, Fr. N.A. 17809.
17. *Ibid.*, Fr. N.A. 17825.
18. *Ibid.*, Fr. N.A. 17827.
19. *Ibid.*, Fr. N.A. 17804.
20. *Ibid.*, Fr. N.A. 17831.
21. *Ibid.*, D. 8406.
22. Louise Weiss, *Mémoires d'une Européenne, op. cit.*, t. VI : *Tempête sur l'Occident, 1945-1975, op. cit.*, pp. 320-321.
23. *Ibid.*, p. 9.
24. Bibliothèque nationale, Département des manuscrits, Fr. N.A. 17832.
25. *Ibid.*, Fr. N.A. 17834.
26. *Ibid.*, Fr. N.A. 17835.
27. Éric Roussel, *Jean Monnet, op. cit.*, p. 521.
28. Bibliothèque nationale, Département des manuscrits, Fr. N.A. 17858.
29. *Ibid.*, Fr. N.A. 17810.

30. *Ibid.*, Fr. N.A. 17813.
31. Louise Weiss, *Sabine Legrand, op. cit.*, p. 19.
32. *Ibid.*, p. 249.
33. *Ibid.*, p. 214.
34. *Ibid.*, p. 233.
35. *Ibid.*, p. 256.
36. Élisabeth Roudinesco, *Généalogies, op. cit.*, p. 24.
37. Bibliothèque nationale, Département des manuscrits, D. 8406.
38. *Ibid.*, Fr. N.A. 17813.
39. *Ibid.*

XIX. L'audace paie

1. Louise Weiss, *Mémoires d'une Européenne, op. cit.*, t. VI : *Tempête sur l'Occident, 1945-1975, op. cit.*, p. 15.
2. *Ibid.*, pp. 86-87.
3. Claire Camperio-Tixier, dans *Un essai de recensement des films de Louise Weiss*, in *Louise Weiss l'Européenne, op. cit.*, pp. 419-440, donne une idée très juste de ce que Louise a réussi à faire et expose les difficultés qu'elle a rencontrées.
4. Bibliothèque nationale, Département des manuscrits, Fr. N.A. 17802.
5. *Ibid.*
6. *Ibid.*, Fr. N.A. 17810.
7. *Ibid.*, D. 8406.
8. *Ibid.*, Fr. N.A. 17812.
9. *Ibid.*, Fr. N.A. 17801.
10. *Ibid.*, Fr. N.A. 17811.
11. *Ibid.*, Fr. N.A. 17848.
12. *Ibid.*, Fr. N.A. 17806.
13. Jean Lacouture, *Pierre Mendès France*, Le Seuil, 1981, p. 198.
14. Bibliothèque nationale, Département des manuscrits, Fr. N.A. 17849.
15. *Ibid.*, Fr. N.A. 17812.
16. *Ibid.*, D. 8406.
17. *Ibid.*, Fr. N.A. 17805.
18. *Ibid.*, Fr. N.A. 17839.
19. Louise précise : « L'œil de Shiva, pastille rouge que les femmes portent sur le front entre les sourcils. C'est l'endroit où se fait la première concentration de la pensée. » *Ibid.*, Fr. N.A. 17805.
20. *Ibid.*, Fr. N.A. 17836.
21. *Ibid.*, Fr. N.A. 17839.
22. *Ibid.*
23. *Ibid.*, Fr. N.A. 17837.
24. *Ibid.*, Fr. N.A. 17838.
25. *Ibid.*, Fr. N.A. 17839.
26. *Ibid.*, Fr. N.A. 17805.
27. *Ibid.*, Fr. N.A. 17839.
28. *Ibid.*, Fr. N.A. 17841.

29. *Ibid.*, Fr. N.A. 17840.

30. *Ibid.*, Fr. N.A. 17813.

31. *Ibid.*

32. Voir Alfred Grosser, *Affaires extérieures, la politique de la France 1944-1989*, Flammarion, 1989, pp. 125-128.

33. Bibliothèque nationale, Département des manuscrits, Fr. N.A. 17850.

34. *Ibid.*, Fr. N.A. 17813.

35. *Ibid.*, Fr. N.A. 17809.

36. *Ibid.*, Fr. N.A. 17813.

XX. Rebondir

1. Bibliothèque nationale, Département des manuscrits, Fr. N.A. 17810.

2. *Ibid.*, Fr. N.A. 17811.

3. *Ibid.*, D. 8406.

4. Louise Weiss, *Mémoires d'une Européenne, op. cit.*, t. VI : *Tempête sur l'Occident, 1945-1975, op. cit.*, p. 443.

5. Bibliothèque nationale, Département des manuscrits, Fr. N.A. 17842.

6. *Ibid.*, Fr. N.A. 17843.

7. *Ibid.*, Fr. N.A. 17844.

8. *Ibid.*, Fr. N.A. 17846.

9. *Ibid.*, D. 8406.

10. *Ibid.*, Fr. N.A. 17805.

11. *Ibid.*, Fr. N.A. 17812.

12. *Ibid.*, Fr. N.A. 17811.

13. Anecdote racontée à l'auteur par Mme Geneviève Armilhon de Lorme, 20 novembre 1995.

14. Bibliothèque nationale, Département des manuscrits, Fr. N.A. 17810.

15. *Ibid.*, Fr. N.A. 17807.

16. *Ibid.*, Fr. N.A. 17810.

17. *Ibid.*, Fr. N.A. 17813.

18. *Ibid.*, Fr. N.A. 17851.

19. *Ibid.*, Fr. N.A. 17853.

20. *Ibid.*

21. *Ibid.*, Fr. N.A. 17811.

22. *Ibid.*

23. Note en bas de page d'un article de Gaston Bouthoul dans *La Presse de Tunis*, Tunis, 17 mars 1974.

24. Corinne Rousseau, *Louise Weiss, l'Europe et la paix durant l'entre-deux-guerres, op. cit.*, in *Louise Weiss l'Européenne, op. cit.*, p. 247.

25. Bibliothèque nationale, Département des manuscrits, D. 8406.

26. Louise Weiss, *Mémoires d'une Européenne, op. cit.*, t. VI : *Tempête sur l'Occident, 1945-1975, op. cit.*, p. 73 note 1.

27. Bibliothèque nationale, Département des manuscrits, D. 8406.

28. Louise Weiss, *Mémoires d'une Européenne, op. cit.*, t. VI : *Tempête sur l'Occident, 1945-1975, op. cit.*, p. 73 note 1.

29. Bibliothèque nationale, Département des manuscrits, Fr. N.A. 17810.

30. *Ibid.*, Fr. N.A. 17800.
31. *Ibid.*, Fr. N.A. 17810.
32. *Ibid.* D. 8406.
33. Louise Weiss, *Mémoires d'une Européenne, op. cit.*, t. VI : *Tempête sur l'Occident, 1945-1975, op. cit.*, p. 159.
34. Bibliothèque nationale, Département des manuscrits, Fr. N.A. 17854.
35. *Ibid.*, Fr. N.A. 17852.
36. *Ibid.*, Fr. N.A. 17854.
37. *Ibid.*, Fr. N.A. 17811.
38. *Ibid.*, Fr. N.A. 17806.
39. *Ibid.*, Fr. N.A. 17859.
40. *Ibid.*, Fr. N.A. 17861.
41. *Ibid.*, Fr. N.A. 17800.
42. *Ibid.*, Fr. N.A. 17812.
43. Louise Weiss, *Mémoires d'une Européenne, op. cit.*, t. VI : *Tempête sur l'Occident, 1945-1975, op. cit.*, pp. 74-76.
44. Bibliothèque nationale, Département des manuscrits, Fr. N.A. 17862.
45. *Ibid.*, D. 8406.
46. *Ibid.*
47. *Ibid.*
48. *Ibid.*
49. *Ibid.*
50. *Ibid.*
51. *Ibid.*
52. *Ibid.*, Fr. N.A. 17811.

XXI. Les actions et les récompenses de l'Européenne

1. Bibliothèque nationale, Département des manuscrits, Fr. N.A. 17811.
2. *Ibid.*, D. 8406.
3. Voir *Le Monde*, 24 décembre 1971.
4. Andrée et Hubert Martin, *Louise Weiss toujours avec nous*, in *Louise Weiss l'Européenne, op. cit.*, pp. 541-542.
5. Bibliothèque nationale, Département des manuscrits, D. 8406.
6. *Ibid.*
7. Henry Rousso, *Un château en Allemagne, la France de Pétain en exil, Sigmaringen 1944-1945*, Ramsay, 1978.
8. Bibliothèque nationale, Département des manuscrits, D. 8406.
9. Louise Weiss, *Lettre à un embryon*, Julliard, 1975, coll. « L'Idée fixe ».
10. « Carte blanche à Louise Weiss », *Paris-Match*, 9 novembre 1979.
11. Bibliothèque nationale, Département des manuscrits, D. 8406.
12. Louise Weiss, *Mémoires d'une Européenne, op. cit.*, t. I : *Une petite fille du siècle 1893-1919, op. cit.*
13. Andrée et Hubert Martin, *Louise Weiss toujours avec nous*, in *Louise Weiss l'Européenne, op. cit.*, p. 546.
14. Louise Weiss, *Un combat pour l'Europe*, in *Louise Weiss l'Européenne, op. cit.*, pp. 481-502.

15. Louise Weiss, *Dernières Voluptés*, Albin Michel, 1979, p. 55.

16. *Ibid.*, p. 35.

17. Andrée et Hubert Martin, *Louise Weiss toujours avec nous*, in *Louise Weiss l'Européenne, op. cit.*, p. 549.

18. Bibliothèque nationale, Département des manuscrits, D. 5406.

19. Henri Labrousse, *Hommage à Louise Weiss*, in *Louise Weiss l'Européenne, op. cit.*, p. 533.

20. *France Soir*, 19 octobre 1976.

21. Louise Weiss, *Mémoires d'une Européenne, op. cit.*, t. VI : *Tempête sur l'Occident, 1945-1975, op. cit.*, p. 24.

22. Jean Leclant, Introduction, in *Louise Weiss l'Européenne, op. cit.*, p. 15.

23. Entretien de la comtesse de Bonneval avec l'auteur, octobre 1996.

24. Nicole Zand, « L'Européenne, doyenne des féministes », *Le Monde*, 28 mai 1983.

25. Henri Labrousse, *Hommage à Louise Weiss*, in *Louise Weiss l'Européenne, op. cit.*, p. 534.

26. Lettre de René Boise, ambassadeur représentant permanent de la France auprès du Conseil de l'Europe, Bibliothèque nationale, Département des manuscrits, D. 8406.

Index des noms

Abernon, lord d', 168
Abetz, Otto, 290, 337
Acheson, Dean, 374, 394
Adenauer, Konrad, 393
Adger, Daniel, 485
Adler, Frédéric, 115
Adler, Victor, 115
Ador, Gustave, 77
Ajalbert, Jean, 52
Alain-Fournier, 72
Albane, Blanche, 308
Aldrin, 452
Alençon, Émilienne d', 103
Alexandre Ier Karageorgevitch, 138
Alibert, Raphaël, 196, 272, 276-277, 289-290,
Allainguillaume, Louis, 89
Allary, Jean, 129
Alphand, Hervé, 461
Amendola, 210
Amery, l'honorable L.S., 175
Amiel, Henri Frédéric, 77
Amin Dada (Idi), 473
Amodio, marquise de, 447
Ancel, Jacques, 196
Andrassy, Jules, 113
Andreïeva, Maria, 144
Annabella, 285
Anthonioz, Pierre, 437
Antoine, 430
Apollinaire, Guillaume, 91
Armand, Louis, 411

Armstrong, 452
Aronson, Naoum, 471
Artus, Louis, 369
Assailly, Gisèle d', 398, 447
Assouline, Pierre, 211
Astier de La Vigerie, Emmanuel d', 134
Aubouin, Roger, 129, 162, 175
Aubrac, Lucie, 353-354
Aubry, Jenny (Jenny Roudinesco, née Weiss, puis Jenny) 26, 32, 47, 67, 71, 216, 325, 342, 345, 352-353
Aubry, Octave, 307-308, 318
Aulard, Alphonse, 84
Auriol, Vincent, 410
Avenol, Joseph, 200
Avksentief, 132

Bade, grande duchesse Louise de, 20, 40, 68
Baechler, Jean, 460
Baldwin, 177
Balfour, lord, 127
Baò-Daï, S. M., 392
Barbusse, Henri, 105
Barclay, Sir Thomas, 95
Barléty, J., 173
Barnagaud, 126
Barney, Nathalie, 102-104, 244, 347, 398
Barre, Raymond, 466
Barrère, Igor, 468

Barrès, Maurice, 63
Barthélemy, Joseph, 290
Barthou, Louis, 172, 220, 300
Basch, Françoise, 470
Basch, Victor, 258
Bastid, Paul, 272, 292, 332, 348, 359, 454
Bastid, Suzanne, née Basdevant, 454
Bastié, Maryse, 226, 252
Baudouin Ier, 465
Baudouin, Eugène, 180, 195
Baudrier, Jacqueline, 435
Bayet, Albert, 84, 315-316, 330, 332
Bazin, René, 366
Béarn, comtesse de, 77
Beaud, 225
Beauharnais, Stéphanie de, grande duchesse de Bade, 20
Beaumarchais, marquis de, 218, 444, 461
Beaumont, Pauline de, 34
Beauvoir, Simone de, 220
Bédier, Joseph, 78
Belbœuf, marquis de, 104
Bellenger, Claude, 331-332, 344, 352, 388
Benda, Julien, 206, 209
Benès, Edvard, 88, 92, 94, 96, 99, 106, 110, 115, 119, 130, 134-135, 142-143, 147-148, 163, 166, 193-195, 245, 254, 341-343, 349, 354, 361-362
Benès, Hanna, 94, 106, 110, 115, 119, 341-343, 349
Ben-Natan, Asher, 460
Benoist-Méchin, Jacques, 175, 211
Bénouville, Guillain de, 367
Benson, 45
Benzoni, marquise Giuliana, 97-99
Bérard, Armand, 432
Berberova, Nina, 147
Bérenger, Henry, 198
Bergery, Gaston, 133, 237
Bergner, Marie, 342
Bergson, Henri, 269, 433
Bering, Vitus, 373,
Berl, Emmanuel, 198
Bernard, sœur, 368

Bernstein, Serge, 320
Berrurier, 445
Berthelot, Philippe, 82, 103, 128, 141-142, 187, 200
Berthoin, Jean, 277
Bertrand, Kléber Michel, 482
Bethouart, général, 404
Beugnot, 422
Beytout, Mme Jacqueline, 462
Bibesco, princesse Marthe, 139-140, 188
Bichelonne, 338
Bidault, Georges, 182, 211
Bion, pasteur, 297
Bleuret, 355
Bloch, Jean-Charles, 305
Blocq, Maxime, 196
Blum, Léon, 54, 129, 176, 198, 200, 235-237, 241-242, 245, 247, 250, 301, 394, 423, 472
Boas, 82
Boeckel, Charles, 15
Boeckel, Eugène, 15
Boeckel, Jacob, 14
Boeckel, Jonas, 14
Boeckel, Théodore, 15
Boegner, pasteur, 256, 411
Bogomolov, Mme, 355
Bois, Élie-Joseph, 106-107, 113, 124-125, 130-131, 138, 141, 160-161, 171, 200, 204-205, 244, 255, 260, 275, 479
Boisanger, Yves de, 128, 336
Bolland, Adrienne, 226
Bollardière, général Pâris de, 423-424
Bonaparte, 375, 378
Bonaparte, Marie, 205
Bonavista, colonel, 275
Bonheur, Rosa, 250
Bonnard, Abel, 467
Bonnefous, 388
Bonnefoy, Yves, 466
Bonnet, Georges, 128, 200, 253, 255-257, 321, 354, 445, 453
Bonnet, Henri, 175, 196, 201, 228, 375
Bonnet, Mme Hellé, 375

Bonneval, comtesse Sabine de, 480-481
Bonnier, Lukas, 462
Bopp, Franz, 51
Borg, Eva, 482
Boucher, Hélène, 226
Boulez, Pierre, 466
Bourbon-Busset, Jacques de, 388
Bourcier, Emmanuel, 228
Bourdelon, Georges, 402-403, 412-417, 420-421, 431, 436-441, 445, 465
Bourdet, Maurice, 338-339
Bourdet, Mme née Marie-Magdeleine de Rasky, 338, 340
Bourdrel, Philippe, 319
Bourguiba, Habib, 404
Bouthoul, Betty, 443, 450-451
Bouthoul, Gaston, 205, 442-443, 448, 450-451, 453-454, 459, 478-479
Boven, Théo Van, 460
Bradley, général Omar, 383
Branet, Jean, 196
Bréal, Michel, 51
Breitscheid, Rudolf, 207
Breynat, Mgr, 366
Briand, Aristide, 68, 88, 105, 128, 169-171, 177-178, 181-185, 190-195, 197, 199, 203-207, 210, 215, 229, 273, 281, 301-302, 382, 448, 455, 474, 484
Briant, Charles, 315-316, 330
Brinon, Fernand de, 467
Brook, Peter, 466
Bru, Laredo, 258
Brugère, 382, 388
Brüning, Heinrich, 192-193, 202, 244
Brunois, Albert, 454
Brunschvicg, Cécile, 222-225, 231, 237-238, 240, 354
Buchman, 221
Buisson, Ferdinand, 70
Bullitt, William, 281
Buneau-Varilla, 171
Buré, général, 63
Bursaux, Dominique, 342
Bursaux, France (née Weiss), 28, 32, 163, 216, 342

Bursaux, Jacques, 342
Bussière, 323, 325

Cachin, Marcel, 129, 150, 227
Caillaux, Joseph, 185
Cain, Julien, 129, 272
Cambon, Jules, 103, 189
Camoin, 229
Cantacuzène, princesse, 199
Carrière, Eugène, 53, 137
Carrère d'Encausse, Hélène, 461
Cartier, Pierre, 370
Cartier-Bresson, Henri, 430
Cassin, René, 194-195, 211, 459, 466
Castellane, marquis Boni de, 101
Castellane, comte Stanislas, 205
Catroux, 382
Cazaux, Yves, 462
Cazes, duc de, 304
Cecil, lord Robert, 192
Cézanne, Paul, 48
Chabannes, Jacques, 433
Chaliapine, Féodor, 144
Chamberlain, Neville, 253
Chambrun, Charles de, 198
Chambrun, René de, 284
Champeaux, Denys de, 263, 344-345, 349, 354, 429, 444-445, 468-469
Champollion, Jean-François dit le Jeune, 375
Chamson, André, 203
Chandernagor, André, 484
Chaplin, Charlie, 372-373
Chaplin, Mme, née Oona O'Neill, 372
Charles-Roux, François, 377
Charléty, Sébastien, 207
Charlotte, 296
Charmy, Émilie, 204
Chartier, Émile-Auguste, dit Alain, 51
Chastenet, Jacques, 198, 212, 453
Chateaubriand, René-Louis de, 34, 110
Chatrian, Alexandre, 14
Chaumont, Magdeleine, dite Magda, 224-225
Chaunu, Pierre, 460
Chautemps, Camille, 374
Chavanon, Léon, 109

Chenik, 409
Cheval, Mme A., 453
"Chevalier de Saint-Magloire", 260-265, 267, 269-271, 273-274, 278-279, 301, 303-306, 308, 317-320, 326, 337, 339-340, 347-348, 354, 395, 399, 427, 468
Chéron, Henri, 102
Cheysson, Claude, 466
Chi-Chao-ting, 430
Chirac, Jacques, 474, 477
Choay, Françoise, née Weiss, 395, 451
Choltitz, général von, 348
Chu-teh, général, 389
Ciampi, Mme Claude, 467
Ciampi, Yves, 466
Claudel, Paul, 83, 103, 370, 382
Claustre, Françoise, 473
Clauzel, comte, 199
Clémence, 21
Clemenceau, Georges, 74, 84, 95, 136
Clemenceau, Sophie, née Szeps, 136
Clemenceau-Gatineau, Georges, 103
Clermont-Tonnerre, Élisabeth de Gramont, duchesse de, 103, 398
Clos, Max, 453
Cocatrix, 21-22
Cochet, Jean-Laurent, 466
Cocteau, Jean, 91
Cognacq, Gabriel, 308
Colette, Mme, 82, 104, 189, 250, 300, 305, 386, 471
Colin-Simard, Annette, 454
Collard, père, 383
Collins, 452
Colombelle, Jean-Louis, 371
Comert, Pierre, 198
Comte, Auguste, 310, 345
Constantine, Eddie, 403
Contenot, Georges, 224-225
Corbin, Charles, 253
Cot, Pierre, 198, 202, 208
Coudenhove-Kalergi, comte Richard de, 186, 475
Coulon, Mme Georges, née Pelletan, 53
Couve de Murville, Maurice, 444

Crémieux-Brilhac, Jean-Louis, 321
Crémieux-Schreiber, Suzanne, 272, 306
Cröuy-Chanel, comte de, 453
Culberston, Ely, 370-371, 374
Curtius, docteur, 192
Curton, M. et Mme de, 389, 391
Czernoch, cardinal, 114

Daeschner, 187
Daillencourt, Bertrand, 412-419
Daladier, Édouard, 253-254, 272, 319, 321, 354
Danan, Alexis, 228
Dankert, 482
Dannecker, Theodor, 301, 364
D'Annunzio, Gabriele, 83-84, 103, 448
Darlan, amiral, 290
Darnand, Joseph, 467
Dautry, Raoul, 198
Dawes, général, 176-177, 190
Déat, Marcel, 198, 208, 290, 357, 467
Debaisieux, Huguette, 474
Debré, Michel, 381
Debré, prof. Robert, 353
Debussy, Claude, 373
Decaux, Alain, 451
Degas, Edgar 368
Deharme, Lise, 447
Dejean, Maurice, 362
Dekobra, Maurice, 361
Delarue-Mardrus, Lucie, 103
Delbos, Yvon, 272
Deleuze, Henri, 368, 379
Delna, 52
Delors, Jacques, 461
Derouineau, Mgr, 391
Desanti, Dominique, 470
Desgraupes, Pierre, 468
Devilelez d'Alamont, Hubert, 447
Dharura Rumarsnyhjii, prince, 418
Diaz, Porfirio, 368
Dieterlen, Germaine, 435
Disraëli, 136
Dollfuss, 407
Dominois, Fuscien, 247
Doriot, Jacques, 211, 246, 254, 357, 467

Dostoïevsky, Fiodor, 88
Doucet, 370
Dreyfus, capitaine Alfred, 27, 43, 269, 429
Dreyfus, Ferdinand, 79
Dreyfus, Mme Ferdinand, 79
Drieu la Rochelle, Pierre, 91, 198
Driotton, abbé, 376
Droz, Juliette, 43, 71-72
Duca, Jean, 139
Dufy, Raoul, 300, 353, 374
Dugard, Marie, 37, 41-43, 46, 48, 56, 121, 216
Dugardier, 390
Duhamel, Georges, 91, 198, 308
Dumba, 199
Dumoulin de Labarthète, 289, 291
Duncan, Isadora, 159-160
Dunoyer de Segonzac, André, 73, 91, 124, 300, 308
Dupuis, Jean, 107
Dupuis, Mme Paul, 281
Durand-Texte, Juliette, 375
Durckheim, Émile, 72
Duverne, Pierre, 338

Eichthal, baronne Sophie d', 19
Eichthal, Simon d', 19
Einstein, Albert, 210
Eisenmann, Louis, 196
Elisabeth II, 405
Elissef, professeur, 394
Ellissen, Eduard David, 20
Erckmann, Christina-Catharina, 14-15
Erckmann, Émile, 14
Erckmann, Jean-Philippe, 14
Erckmann, Juliana, née Weiss, 14
Erni, Hans, 482
Espiau, Marcel, 307
Essenine, Serguei, 159
Eychêne, 309-317, 329-332, 337, 343-344, 346, 352-353

Fabiola, reine, 465
Fabre-Luce, Alfred, 211
Fadilad, reine, 465
Falcon, Cesar, 368
Farouk, roi, 378

Fathy, Hassan, 376
Fauconnet, 196
Faure, Elie, 129, 468
Faure, Jean-Pierre, 468
Fay, Bernard, 302
Febvre, Lucien, 411
Fels, comtesse Marthe de, 304
Feltin, 407
Ferry, Mme Jules, 79
Feyder, Jacques, 233
Figuéras, André, 468
Finaly, Horace, 200, 278
Finkelstein, 394
Fischer, Max, 386
Flandin, Pierre-Étienne, 207, 290
Flaubert, Gustave, 375
Fleuriot, Zénaïde, 366
Foccart, Jacques, 444
Foch, maréchal, 86, 105, 174
Foinant, Mme, 234
Fotitch, 199
Fouad Ier, 465
Fouchet, 388
Fouchet, Paul, 462-463
France, Anatole, 83, 123, 336, 471
Franco, général, 242, 355
François, Louis, 212
François-Antoine, 209
François-Poncet, André, 364
François-Poncet, Jean, 466
Frédéric, colonel, 312
Frédéric-Dupont, Édouard, 252
Freund, Julien, 453-454, 459
Freund, Maria, 52, 364
Friesz, Othon, 229
Fritsch, Paola, 52
Frondaye, Pierre, 285

Gallieni, général, 68, 194
Galtier-Boissière, Jean, 236
Gambetta, Léon, 83
Gamelin, général, 254
Gandhi, Mahatma, 420
Garbo, Greta, 367
Garibaldi, Giuseppe, 83
Garibaldi, colonel Peppino, 83
Garibaldi, Ricciotti, 83
Garreau-Dombasle, Mme, 465

Gastambide, Raymond, 462
Gaulle, Charles de, 116, 269-270, 275, 278, 282-284, 291, 294, 348, 351, 359, 373, 380-382, 386, 395, 405-406, 410, 438-439, 444-445, 449-450, 455-456, 458, 471, 473
Gaulle, Mme Charles de, 456
Gaussen, Gérard, 462
Gayman, Rachel, 175
Geltzer, 159
Genevoix, Maurice, 91
Gentil, Pierre, 324
George, Lloyd, 170, 172
Geremek, Stanislas, 461
Germain, André, 83, 103
Germiny, capitaine de, 424
Giannoli, Paul, 479
Gide, André, 198
Gillerson, 132
Gillouin, René, 289
Giraudoux, Jean, 83
Giroud, Françoise, 470
Girsa, 146, 149, 151, 158, 160
Giscard d'Estaing, Valéry, 411, 471
Glaoui, le (Al Hadjdj Thami) 407, 422
Glass, Mme Guillaume, née Grethel Schweitzer, 297
Glouchevitch, Michel, 348
Goebbels, Josef, 210
Goering, Hermann, 363-364
Goldman, Lucien, 451
Gonse, Anna, née Ellissen, 20, 34-35, 49, 57
Gonse, Louis, 20, 22, 34-35, 49, 57
Gonse-Boas, Suzanne, 252
Gonset, 355
Gorki, Maxime, 143-144, 297, 455
Gosse, Sir Edmond, 175
Gostakesto, 199
Goudeket, Maurice, 305
Gould, Anna, 101
Gourmont, Jean de, 104
Gourmont, Suzanne de, 104
Gourmont, Rémy de, 103
Greffulhe, 263
Greffulhe, comtesse, 398
Gregh, Fernand, 398
Grethel, 29, 58, 95

Grigg, Sir Edward, 213
Grindberg, Suzanne, 252, 270-271, 375
"Grossmama", Theodora Ellissen, née Ladenburg, dite, 20-21, 25, 33, 47, 49, 54, 115, 137, 178, 362, 375
Grousset, René, 369, 384-385, 398
Guéguen, Pierre, 431-432, 445
Guelda, 363
Guérard, Jacques, 327-328, 356
Guérin-Charvet, Mme, 252
Guichard, Olivier, 460
Guignebert, Jean, 331
Guillain, Robert, 387-388
Guirand de Scévola, Victor, 73
Gunzburg, baron de, 306
Guy, Claude, 381

Habsbourg, archiduc François-Ferdinand de, 55
Habsbourg, archiduc Otto, 475
Habsbourg, archiduc Rodolphe de, 136
Haguenin, Émile, 167, 170
Hahn, Wilhelm, 484
Haïlé Sélassié, S.M., 440
Haldane, lord, 44
Halévy, Daniel, 175, 411
Halévy, Elie, 196, 203
Halifax, lord, 253
Halimi, Gisèle, 219
Hamburger, professeur Jean, 432
Hanotaux, 207,
Hanovre, princesse de, 362
Hautecloque, Jean de, 409
Hautecloque, Mme Jean de, 409
Havel, Vaclav, 461
Hébert, Max, 208,
Heim, Roger, 434-435, 444
Heimbure, von, 202
Heitz, J.J., 485
Helbronner, André, 293
Helbronner, Jacques, 255-256
Helmholtz, Hermann von, 25
Henderson, Arthur, 186
Henricks, Robert, 198
Henry-Haye, Gaston, 281
Hentsch, Marguerite, 78

Héritier, Jean, 467
Herriot, Édouard, 122, 129, 148, 176-177, 181-182, 185, 192, 198, 201, 207, 218, 222, 241, 243, 248, 271-272, 300, 321, 351, 357, 427
Hersant, Robert, 472
Hervé, Gustave, 53
Hervieu, Louise, 300, 308
Hirsch, Mme, 306
Hitler, Adolf, 84, 118, 184, 193-194, 202, 206, 209, 214, 233-234, 245, 253, 255, 262, 256-257, 271, 274, 277, 281-282, 304-305, 362, 409, 467
Hoare, Sir Samuel, 221
Hô Chi Minh, 405
Hogan, Mrs Eulalie-Berthe, 413-414
Hohenzollern, Kronprinz Wilhelm de, 363
Hohenzollern, princesse, 467
Homberger, docteur, 374
Honnorat, André, 128, 207
Hoover, Herbert, 102
Houdry, Eugène, 282-284
Houghton, Amory, 448
Hubert, Lucien, 207
Hugo, Georges, 52
Hugo, Jean, 52
Hugo, Victor, 52, 83, 475
Humbert, Charles, 101
Huntziger, général, 268
Hymans, Paul, 198

Ida, 69, 163
Imbert, José, 217, 261, 263
Ioussoupov, prince, 346
Isorni, Mᵉ, 466-467
Istel, René, 365
Izard, Georges, 212

Jacob, Max, 103
Jacques, ou "Jacquot", 399-400, 405, 407, 419, 425, 427
Jallu, Olivier, 143
Jaloux, Edmond, 103
Janin, général, 97
Janssen, Jules, 86
Jarosseau, Mgr, 447

Jaurès, Jean, 53, 58
Javal, 212
Javal, Augusta (née Augusta von Laemmel), 18-19, 110
Javal, Émile, 24, 31
Javal, Ernest, 76
Javal, Jacques (Hirsch Jacob dit), 16
Javal, Jacques (Hirsch Schiele dit), 16-17
Javal, Jean, 72, 103
Javal, Julie (née Schiffera Abraham. dite Julie Blumenthal), 16-17
Javal, Léopold, 17-18, 30, 88, 110
Javal, Mme Lili Jean, 103
Javal, Louis-Émile, 19
Javal, Marguerite, 76-79, 447
Javal, Maria (née Ellissen), 20, 72
Jean-Faure, André, 357, 444-445
Jean-Faure, Jeanine, 445
Jeanneney, Jules, 272
Jean-Paul II, 478
Johnson, Lyndon B., 449
Joliot-Curie, Irène, 237
Jonesco, Take, 139
Jongne d'Arvoye, baronne de, 480
Jonghe d'Arvoye, Yves de, 480
Joset, 314
Jouve, Pierre-Jean, 359
Jouvenel, Bertrand, 82, 104, 198, 212
Jouvenel, Mme Claire de, née Boas, 82, 85-87, 103, 326
Jouvenel, Henry de, 82, 84, 104, 129, 198, 202, 205, 207
Jouvenel, Robert de, 84
Joxe, Louis, 129, 175, 196, 207, 427
Joyce, James, 104
Jules-Henry, Hélène, 337-338
Juliette, 270-271, 280, 287
Julliard, René, 398
"Julot", 49-50
Junger, Ernst, 481
Junot, Michel, 466
Junot, Philippe, 464-465

Kaiserling, comte de, 475
Kamenev, Youri, 154-155
Kapnist, Elisabeth, 412-413, 415-416, 420, 438-439, 441

Karolyi, comte Michel, 113, 116
Kayser, Jacques, 202-203
Keitel, général Wilhelm, 364
Kellogg, Frank B., 183
Kemp, Isabelle, 283
Kennedy, Robert, 449
Kerenski, Alexandre, 96, 157
Kerstenn, Mme F.F., 198
Keynes, J.M., 170, 181
King, Martin Luther, 449
Kirchmeyer, Albert, dit Kir, 309-312, 330-331, 339-340, 345-346, 352, 427, 429, 435, 483
Kiritcesco, 199
Klebelsberg, 200
Kleber, général, 378
Kline, Walter, 370
Klück, général von, 67
Knochen, docteur, 364
Koft, Maxim, 365
Kollontaï, Alexandra, 156-157, 159
Koltchak, amiral, 143
Königsberg, 362
Kraemer-Bach, Marcelle, 222-223, 227
Krassine, Leonid, 132, 134
Krassine, Louba, 134
Kttari, cheikh el, 407
Kuentz, Charles, 376
Kun, Béla, 107, 113-114, 149
Kundera, Milan, 482

Laborderie, Simone de, 315, 333, 348
Labrousse, amiral Henri, 445-446, 466, 472, 474-475, 478
Lacore, Suzanne, 237-238
Lacoste, Robert, 212, 422
Lacoste, Mme Robert, 424
Lacouture, Jean, 269-270, 409
Laemmel, chevalier von, 19
Laemmel, Léopold von, 19
Laffitte, Jacques et Martin, 16
La Fournière, 392
La Hire, Jean de, pseudo de Adolphe d'Espir, 356-357
Lalou, Étienne, 468
Lamine Bey, 405
La Morandière, Léon Julliot de, 411

Lancelot, Monique, 482
Landru, 162, 372
Langeron, Roger, 225
Langevin, Paul, 228
Lanux, Pierre de, 196, 202
Lapicque, Louis, 316
Laroche, Jane, 480
La Rochefoucauld, duchesse de, 231, 411
La Rocque, colonel de, 245
La Roque, Mme, 207
Lasteyrie, comtesse Charlotte de, 263
Latty, docteur, 65
Laurent, Fernand, 252, 272
Lauzanne, Stéphane, 307
Laval, Pierre, 192, 194-195, 207, 233, 241, 271, 284, 289, 360
Lavisse, Ernest, 78
Lawrence, colonel T.E., 129
Lazareff, Pierre, 125, 280
Lazurick, Robert, 332-333, 352, 388
Lebrun, Albert, 234, 247, 254, 268
Lecat, Jean-Philippe, 466
Leclant, Jean, 480
Lecornu, Bernard, 328
Lefranc, Louis, 74, 76, 79-80
Lefrancq, Germaine, 244, 346-347
Léger, Alexis (voir aussi Saint-John Perse), 204, 281, 290, 374, 394
Léger, Mme, 290
Léger, Dorothy M., 470
Lelong, Lucien, 355
Lemonnier, Mme, 209
Lénine, 132, 144, 154, 157, 471-472
Lentz, Théo, 450
Lépine, Pierre, 411
Leprince-Ringuet, Louis, 466
Leroy, abbé, 441-442,
Leroy, Amé, 278
Leroy, R.P. Yves, 198
Lesseps, Ferdinand de, 377
Le Troquer, André, 272
Le Verrier, Charles, 196, 218
Le Verrier, Madeleine née Guex, 196, 210, 217-218
Lévine, 160
Lévi-Strauss, 77

Lévy, Roger, 161
Lévy-Solal, docteur, 336
Lewis, Sinclair, 281, 365
Lillers, marquis de, 256
Li-Mi, général, 389
Limouzin, docteur, 188
Liszt, Franz, 136
Livingstone, Dame Adelaïde, 221
Londres, Albert, 107
Lorenz, Konrad, 450
Loucheur, Louis, 170, 175, 178, 198, 204, 207, 301
Lounatcharski, Anatole, 158-159, 193
Louÿs, Pierre, 103
Lubac, père de, 411
Lubomirska, princesse, 118
Lucienne, 405, 421, 427, 456
Lucinge, princesse de, 263
Ludwig, Emil, 194, 245
Luynes, duc de, 469
Lwoff, André, 473
Lyautey, maréchal, 144, 175, 182, 344, 407
Lyrot, Hervé de, 230

MacArthur, général, 384, 386, 394
Mac Avoy, Édouard, 465
Machard, Raymonde, 225
MacDonald, Ramsay, 106, 177
MacLeish, Archibald, 281
Madariaga, Salvador de, 201, 300
Madden, amiral, 392
Maeterlinck, Maurice de, 104
Maheu, René, 466
Mahler, Gustav, 137
Maklakov, Vassili, 133
Malaparte, Curzio, 202, 300
Malaterre-Sellier, Germaine, 222
Malaud, Philippe, 481
Malibran, 373
Malkiel, Theresa, 470
Malraux, André, 381, 441, 455-458, 466, 473
Man, Henri de, 212
Mandel, Georges, 84, 226, 271-272
Mandel, docteur Gérard, 460
Mange, Georges, 410
Manhès, commandant, 311

Mann, Heinrich, 300
Mann, Thomas, 184, 193
Mantoux, Paul, 196
Marc, Alexandre, 460
Marcel, Gabriel, 411, 466
Marcuse, Herbert, 450
Mardrus, docteur J.-C., 91
Margerie, Roland de, 253
Margueritte, Victor, 123
Marin, Louis, 92, 411
Marinkovitch, 199
Marion, Paul, 254
Marjolin, Robert, 275
Marquet, Adrien, 226
Martel, comte Damien de, 144-145
Martin, Andrée, 463, 471, 474, 476
Martin, William, 198
Marty, commandant, 114
Marx, Karl, 45
Masaryk, Alice, 111
Masaryk, Jean, 112, 119, 247, 378
Masaryk, Olga, 111
Masaryk, Thomas, 86, 88, 92, 96, 99, 111, 113, 115, 119, 130-131, 245, 247
Maspero, Gaston, 72
Massa, duc de, 263
Massigli, René, 129
Massignon, Louis, 200, 376
Massip, Jean, 107
Massis, Mme Henri, 224, 246
Massu, général, 423-424
Massu, Mme, 423-424
Mauriac, François, 256
Maurice-Finat, Denise, 233
Maurois, André, 191
Maurras, Charles, 276, 355
Mayrisch, Émile, 182, 201
Mayrisch, Mme, 182
McKinley, 383
Medicus, général, 299
Ménard, René, 48
Ménard-Dorian, Mme, 52-54
Ménard-Dorian, Pauline, 52
Mendès, Catulle, 369
Mendès France, Marie-Claire, 272
Mendès France, Pierre, 272, 409, 419, 423

Mendl, Sir Charles, 198
Ménétrel, docteur, 467
Ménétrel, Mme, 467
Mercier, général, 28
Mercure, Jean, 467
Merlin, Henri, 239-240
Mérode, prince Werner de, 465
Messmer, Pierre, 484
Miaille, Louis, 431-432
Michaud, Yvonne, 338
Michelet, Edmond, 400, 405
Milhaud Sanua, Mme, 375
Mili, Gjon, 374
Milioukov, Pavel, 96, 133
Millerand, Alexandre, 75-76, 171
Millet, Philippe, 129-130, 143, 169, 171, 174-175
Milner, lord, 175
Milochevich, 199
Milosz, O.-V. de L., 103
Miomandre, Francis de, 103
Mirman, 223
Mistler, Jean, 256
Mitterrand, François, 445
Moghilevski, 145, 150-151
Monaco, princesse Caroline de, 464-465
Monick, Emmanuel, 275
Monnet, Jean, 69, 275, 371, 406, 466
Monnier, Adrienne, 104
Monod, Théodore, 437
Monod, pasteur Wilfrid, 298
Montandon, docteur, 299
Montbrial, Thierry de, 461
Montesquiou, Robert de, 103
Montrémy, baron de, 377
Montrémy, Mme de, 377-378
Monzie, Anatole de, 84, 86, 104, 300
Moorhead, Helen, 185
Moreno, Marguerite, 369
Mormand, Jean, 424
Morny, Mathilde de, 104
Moro-Giafferi, Vincent de, 372
Mountbatten of Burma, lord Louis, 460, 483
Mourgue, Gérard, 483-484
Mousset, Albert, 138-139
Moysset, Henri, 290

Mugnier, Emmanuel, 198
Muhammad ibn` Àrafa, sultan, 422
Murat, Jean, 285-287
Murat, Marie, 364
Murphy, Robert, 281
Mussolini, Benito, 184, 213, 241, 245, 271, 327, 354-355
Myrdal, Alva, 462
Myrdal, Gunnar, 461

Nalèche, M. de, 256
Nansen, docteur Fritjhov, 145
Nathan, Roger, 129, 175
Nehru, Jawāharlāl, 418
Nemo, Jane, 227, 246-247
Netter, Yvonne, 224, 231
Ney, maréchal, 424
Nez, Esther, 175
Nicolas, grand-duc, 97
Nicolle, générale Edna, 306
Nintchitch, Momtchilo, 139
Noailles, comtesse Anna de, 175, 188, 300
Noailles, vicomtesse Marie-Laure de, 447
Nobel, Rita, Mme Gustave, 462
Noël, Léon, 388
Novakovitch, 199

Oberlin, Jean-Frédéric, 14-15
Oberndorff, comte von, 201
Obolenski, N.A., 144
Ogino, professeur, 432
Ohnet, Georges, 366
Olivier, Marcel, 281
Oprescou, 199
Ormesson, Wladimir d', 129, 182, 198, 201-202
Ossinskky, 167
Ostrorog, Stanislas, 412
Osusky, Stefen, 113, 198
Ousti, 199

Paderewski, Ignace, 117
Paeyerimhof, Henri de, 128
Paget, Lady, 115
Painlevé, Paul, 131, 133, 182, 185, 197-198, 207

Palacký, František, 85, 88
Palewsky, Gaston, 198, 380-381
Panafieu, François de, 278
Papen, Franz von, 182, 337, 364
Parr, docteur, 394
Pascal, Pierre, 147
Pasteur Vallery-Radot, docteur, 288
Patenôtre, Raymond, 198, 246
Pau, général, 142
Paul-Boncour, Joseph, 207
Paul, Hermann, 52
Paulhan, Jean, 360-361
Pax, Paulette, 232-233
Pechkoff, Kyril, 296-297
Pechkov, Zinovi, 143-144, 297
Péguy, Charles, 72, 269
Pellé, général, 113, 115, 131, 175
Pelletier, docteur Madeleine, 150
Perchot, Justin, 74, 79-80, 82, 84-85, 89, 124
Pereire, Gustave, 263, 302
Périclès, 377-378
Périllier, Louis, 405
Perkins, Frances, 240
Pernoud, Régine, 470
Perret, Auguste, 216
Perrey, 445
Perrin, Jean, 272
Pertinax, 171, 211
Pétain, Philippe, 268, 273-277, 280, 288-289, 292 327, 333, 343, 360-361, 366, 405, 466-468
Petit, Charles, 477
Petlioura, 116
Petsche, Maurice, 198, 388
Peycelon, Gilbert, 204
Peyerimhoff, Jacques de, 411
Peyrefitte, Alain, 466
Peyrefitte, Roger, 464-465
Peyrolle, Mme, 353
Peyrouton, Marcel, 291, 293
Pflimlin, Pierre, 481, 484
Philippovich, Thomas, 475
Philouze, Hyacinthe, 89-91, 94, 96, 101, 105-106, 109, 121-123, 125-126, 128, 169, 175
Piaget, Yves G., 482
Picard, Ernest, 26, 298-299

Picasso, Pablo, 48
Picavet, 207
Pichon-Landry, Marguerite, 224, 231
Pierre Ier Karageorgevitch, 138
Pierre, abbé, 449
Pilsudski, 116-117
Pinay, Antoine, 406
Pinkney Tuck, S., 306
Pisani, Edgard, 466
Pivot, Bernard, 470
Pléven, René, 275
Podewils, comte, 202
Poe, Edgar, 374
Poher, Alain, 460, 463, 484
Poincaré, Raymond, 63, 95, 143, 172, 176, 301, 382
Poiret, Paul, 137
Pons, Vittorio, 475
Portes, comtesse Hélène de, 273, 281
Pougy, Liane de, 103
Pound, Ezra, 103
Power, Tyrone, 285
Prat, Marcelle, 104
Prévert, Jacques, 236
Prévost, Jean, 203
Priacel, Stéphane, 364
Psichari, 376
Puaux, Franck, 77
Puaux, Gabriel, 198
Pucheu, Pierre, 342
Puerari, 263
Pulitzer, Joseph, 145

Quesnay, Pierre, 198
Quilichini, 430

Radek, Karl, 156
Rageot, Gaston, 243
Rajhman, Ludwig, 198
Rakovski, 167, 194
Ramananda Saraswati, Swami, 416-417
Ramel, Stig, 462
Raspoutine, 346
Rathenau, Walter, 210
Ravel, Maurice, 137
Reclus, Maurice, 200, 410
Redlich, 188

Reignier, Yves, 375
Renouvin, Pierre, 411
Renthe-Fink, Cecil, 467
Repp, 373
Rey, Joseph, 481
Reynaud, Paul, 198, 268-269, 271-273, 337, 374
Ribbentrop, Joachim von, 467
Ribes, vicomtesse de, 447
Ricaumont, Jacques de, 447
Richardson, 450
Richemont, Jean, pseudonyme Alain Bozel, 381
Richet, général, 406
Ridell, lord, 105
Riefenstahl, Leni, 362-363
Rieger, Frantisek Ladislav, 85, 88
Rilke, Rainer-Maria, 103
Risier, Georges, 256
Rist, Charles, 175
Rivet, Charles, 116-117
Rivet, Paul, 228
Rivière, Georges-Henri, 435
Rivière, Jean, 198
Rivollet, Georges, 256
Robinet, Louis-Gabriel, 411
Robles, Alfonso Garcia, 462
Rocard, Michel, 464
Rockefeller, 449
Rodin, Auguste, 137
Roditi, Édouard, 212
Roger, Jean, 70
Rol, Guy, 89-90, 94, 121, 125-126
Röling, 451
Romains, Jules, 198, 212, 256
Rondeau, Daniel, 212
Roosevelt, Eleanor, 366, 373-374
Roosevelt, Franklin, 266, 281
Rosay, Françoise, 233
Rostand, Maurice, 83, 104
Rothschild, 255, 263
Roudinesco, Alexandre, 137, 216, 308, 336, 342, 353, 429, 434, 450, 467, 469
Roudinesco, Elisabeth, 11, 342, 352, 435
Rouen, 314
Roumanie, roi Carol de, 140

Roumanie, roi Ferdinand de, 140
Roumanie, reine Marie de, 140
Rousseau, Corinne, 212, 442
Rousseau, Jean-Jacques, 47
Rousselet, Marcel, 410
Rousso, Henry, 467
Roussy de Sales, 280
Rouveyre, André, 103
Roy, Gabrielle, 369
Rucart, Gilbert, 323-324
Rucart, Marc, 241, 321-325
Rucart, Mme, 325
Rueff, Jacques, 198, 410
Ruffat, Mme, 22, 33,
Rulhière, Claude-Carleman, 34
Russell, Lady, née Aliki Diplarakos, ex-Mme Paul-Louis Weiller, 367
Ryall, Walter, 162

Sacher, Mme, 21, 115
Sadate, Anouar el-, 460
Sagan, Françoise, 398, 429
Saint-Brice, 171
Saint-John Perse (voir aussi Alexis Léger), 129, 470
Saint-Quentin, comte Doysnel de, 280-281
Saint-Simon, comte de, 302
Salacrou, Armand, 232
Salomé, 58
Salomon, Charles, 51
Sandher, colonel, 429
Sangnier, Marc, 182
Sapritch, Alice, 465
Sarfati, Marguerite, 184-185
Sarrailh, Jean, 411
Sarraut, Albert, 169, 236, 258
Sarraut, Maurice, 207
Sauerwein, Jules, 171, 205
Sauguet, Henri, 453
Savigneau, Josyane, 470
Sceptitski, Mgr Andréas, 118
Schacht, Hjalmar, 174, 190, 300, 364
Schellinek, Jeanne, 250
Schmidt, Helmut, 260, 265, 477
Schober, vice-chancelier, 199
Schuman, Robert, 393, 404
Schumann, Maurice, 388, 484

Scott, Joan W., 151
Scott, Marguerite, 41, 46, 121
Sedova, Nathalie, 153
Seghal, Erich, 470
Ségur, comtesse de, née Sophie Rostopchine, 373
Seillière, baron, 198, 411
Selva, Isabel de, 465
Semashko, 154
Sembat, Georgette, 69
Sembat, Marcel, 53, 68, 91, 301
Séverine, 74
Seydoux, Jacques, 170, 175
Seydoux, René, 198
Sèze, Claude de, 278, 285
Sforza, comte, 300
Shafik, Doria, 375-376
Shatdjian, A.V., 446
Shaw, George Bernard, 46
Shindler, Alma, 137
Sideleau, chanoine, 366
Sieburg, Friedrich, 198, 206
Siegfried, André, 198, 200, 203, 411
Simenon, Georges, 366
Siriki, reine, 455
Smedley, Agnès, 389
Smets, G., 198
Smith, Charles, 449
Soder, Karin, 460
Solvay, Mme Jacques, 465, 480
Sommier, 263
Sonnenberg, Paul, 478
Soultrait, général de, 469
Soumé-Tcheng, 388
Soupault, Philippe, 198
Souriau, Étienne, 411
Soustelle, Jacques, 380-381, 388, 422, 424
Spanel, A.N., 449, 452
Speier, Hans, 451
Spellman, 373
Stanck, M., 111
Stefanik Milan, 85-87, 89, 91-93, 96-100, 125-126, 130-131, 134, 138, 142-143, 226, 229, 244, 260-261, 264, 327, 395, 427, 455, 468
Stoyadinovitch, 245
Straus, Percy, 280

Stresemann, Gustav, 174, 181, 184, 190, 193
Stürgkh, comte, 115
Suarez, 455
Surcouf, baronne, 253
Sverdlov, Jacob, 297
Szeps, Moritz, 136

Tabary, Guy, 445
Tabouis, Geneviève, 189, 355, 375, 388, 419, 453, 475
Tagore, Rabindranath, 103
Tardieu, André, 107, 200, 204, 300, 382
Tchang Kaï-chek, 374, 388-390
Tchitcherine, Georges, 145, 154-155
Tchlenoff, 203, 209
Teitgen, P.-H., 331
Tennyson, Alfred, 44
Tery, Gustave, 189
Tessan, François de, 340
Thiers, Adolphe, 298-299
Thil, Gaston, 331
Thivet, Horace, 197
Thomas, 355
Thomas, Albert, 51, 195, 198
Thomas, Jean, 198, 212
Thompson, Dorothy, 281, 365, 372
Thomson, Valentine, 84
Thorez, Maurice, 64, 241
Timardon, Mme, 306
Titulesco, Nicolas, 139
Titulesco, Philippe, 175
Toepfer, Alfred, 481
Tolstoï, Léon, 455, 471
Tomasini, René, 327
Tony Révillon, Adrienne, 377
Torrès, Henry, 198, 380, 423
Toubon, Jacques, 484
Tourgueniev, Ivan, 373,
Tower, amiral, 446
Troper, Morris C., 258-259, 274
Troper, Mrs, 258-259
Trotski, Léon, 116, 152-153, 155
Truman, Harry, 365, 370, 394
Tully, Alice, 448
Turner, J.M. William, 46

Ullstein, Franz, 371

Vacaresco, Hélène, 188, 321
Valéry, Paul, 103, 129, 188, 203, 206, 300, 471
Vallée, Mlle, 64
Vallon, Louis, 198, 212, 380
Vandenberg, 370
Van der Velde, Émile, 198, 300
Van Dongen, Kees, 91, 308
Van Gogh, Vincent, 48
Vauban, 315
Veil, Simone, 460, 470, 475-476, 481-482, 484
Verdier, cardinal, 256
Véra B., 149-150
Vérone, Maria, 231
Viardot, Pauline, 373
Victor, 315
Viénot, Pierre, 182, 196, 198, 201, 208, 272
Vigneau, Jean, 228
Vilmorin, Louise de, 447, 456
Viollis, Andrée, 107, 189
Visser't Hooft, Willem Adolph, 460
Vivian, Muguette, 470
Viviani, René, 63, 69, 169
Vlaminck, Maurice de, 91, 107, 161
Vlaminck, Solange de, 161
Vogel, 278
Vogüé, Melchior de, 130
Volpi, comte Giuseppe, 198, 207
Voyenne, Bernard, 460

Waglé, Mme, 418
Wague, Georges, 448
Wakhevitch, Georges, 466
Waldeck, Rosie, 371-372, 398, 400, 425
Waldheim, Kurt, 473
Wallerstein, Paul, 30
Wallerstein, Sophie, née Javal, 24, 30-32, 75-78, 81, 108, 270, 273-274, 280, 299
Watts, George Frederick, 46
Weill, Adrienne, née Brunschvicg, 454
Weiller, Lazare, 108-109, 366

Weiller, Mme Lazare, née Alice Javal, 108, 366
Weiller, Paul-Louis, 306, 366-367, 452, 465
Wei-So-Min, 388
Weiss, Alfred, 38
Weiss, André, 28, 67, 71, 216, 293, 310-312, 326-328, 342, 350, 355-356, 364, 376, 395
Weiss, Bernhart, 13
Weiss, Colette, 326-328, 342
Weiss, Émilie, née Sophie Boeckel, 14, 23, 28, 298
Weiss, Eugène, 15, 58, 60, 62-64
Weiss, Francis, 28, 55, 70-71, 216, 399
Weiss, Georges-Adam, 14
Weiss, Georges-Émile, 15, 28
Weiss, Jacques, 9, 28, 38, 55, 59, 70, 72-73, 216, 299, 342, 370-371, 395, 399
Weiss, Jeanne, née Javal, 9-10, 23-24, 28, 31-32, 35-36, 39, 43-44, 47, 49, 55-58, 60-61, 69, 71-72, 74-75, 79, 81, 83, 88, 98, 103, 108, 110, 119, 121, 148-149, 161-164, 168, 260, 296-297, 299, 302, 405, 407-408, 425, 427
Weiss, Marc, 72
Weiss, Paul Louis, 9-10, 13, 22-23, 28, 36, 46, 49-51, 55-56, 58, 60, 65, 68, 70, 74, 79, 88, 94, 121-122, 126, 148-149, 160-164, 179-180, 260, 294, 296-297, 299, 351, 355, 358, 364
Weiss, Philippe-Jacob, 13
Weiss, Pierre, général, 60, 408, 424, 435
Weiss, Théodore, 15
Weizmann, Chaïm, 300
Wells, H.G., 198
Weygand, général, 116, 153, 269
Wilson, Woodrow, 95, 105, 117, 121, 127
Willems, Édouard, 198
Williams, Mrs Harrison, 283
Woitrin, Michel 482
Wolde Jesus, père, 447

Wolff, Étienne, 462-463, 466
Wormser, André, 273
Wright, les frères, 109

Yougoslavie, reine Marie de, 140
Young, Owen, 190-191, 210
Yourcenar, Marguerite, 480-481

Zaharof, Sir Basil, 139
Zamenhof, Lejzer Ludwik, 27
Zand, Nicole, 484
Zay, Jean, 198
Zola, Émile, 83
Zuckerkandl, Berta, 136-138, 198
Zuckerkandl, Emil, 136

REMERCIEMENTS

D'abord un grand merci à Philippe Bourdrel, qui a lu et relu mon manuscrit avec toute sa compétence d'éditeur, guidée par une intelligence sensible, et à Élisabeth Roudinesco qui est à l'origine de ce livre. J'ai trouvé des encouragements chez ceux, familiers de Louise l'Européenne, que j'ai eu la chance de rencontrer et chez des amis historiens spécialistes de ce XXe siècle qu'elle a vécu presque en entier.

Qu'ils trouvent tous ici mes remerciements. Je cite, dans le désordre : Michèle Sacquin dont la grande gentillesse m'a soutenue durant les heures passées au Département des manuscrits de la Bibliothèque nationale, Anne-Marie Pathé et Jean Astruc, mes amis bibliothécaires de l'Institut d'Histoire du Temps présent, Annie Dizier-Metz, conservateur de la Bibliothèque Marguerite-Durand, qui, eux aussi, m'ont accueillie et aidée avec beaucoup de gentillesse, Mme France Bursaux, Françoise Choay, Élisabeth Kapnist, si pleine de générosité affectueuse, Mme Andrée Martin, Mme Geneviève Armilhon de Lorme, Mme Micheline Fuzier, Mme Bernard Halpern, l'amiral Henri Labrousse, Georges Bourdelon.

Michel-Edmond Richard a partagé une fois de plus avec moi les tourments et les joies que donnent les recherches et les découvertes, Anne Simonin et Jérôme Reich, toujours avec la même constance discrète, m'ont encouragée et soutenue ; ils ont droit, tous les trois, à ma très vive reconnaissance.

TABLE

I	Née trop tôt	9
II	Une étrange solitude	33
III	La plus terrible des guerres	56
IV	Succès professionnels, tragédie personnelle	81
V	Dans l'Europe en lambeaux	100
VI	Pour que vive la paix	120
VII	Une femme sans peur	141
VIII	La liberté pour elle, mais la paix pour le monde ?	166
IX	Devoir de paix	190
X	Femme parmi les femmes	214
XI	Une suffragette à la française	231
XII	Les honneurs, l'amour et la mort	249
XIII	Périples imprévisibles d'une femme célèbre	268
XIV	Les mauvaises surprises	296
XV	Une héroïne de roman	317
XVI	Temps nébuleux	335
XVII	Rien n'est plus pareil	351
XVIII	Parier sur l'avenir	380
XIX	L'audace paie	401
XX	Rebondir	427
XXI	Les actions et les récompenses de l'Européenne	458

Notes	487
Index	507
Remerciements	519

La composition de cet ouvrage
a été réalisée par Nord Compo
l'impression et le brochage ont été effectués
sur presse Cameron dans les ateliers
*de **Bussière Camedan Imprimeries***
à Saint-Amand-Montrond (Cher),
pour le compte des Éditions Albin Michel.

Achevé d'imprimer en mars 1999
N° d'édition : 18026. N° d'impression : 991098/4.
Dépôt légal : avril 1999.